Bernd Guggenberger · Claus Offe (Hrsg.)
An den Grenzen der Mehrheitsdemokratie

Bernd Guggenberger · Claus Offe (Hrsg.)

An den Grenzen der Mehrheits-
demokratie

Politik und Soziologie der Mehrheitsregel

Westdeutscher Verlag

CIP-Kurztitelaufnahme der Deutschen Bibliothek

An den Grenzen der Mehrheitsdemokratie: Politik
u. Soziologie d. Mehrheitsregel/Bernd Guggenberger;
Claus Offe (Hrsg.). − Opladen: Westdeutscher
Verlag, 1984.
   ISBN 978-3-531-11651-8   ISBN 978-3-322-91542-9 (eBook)
   DOI 10.1007/978-3-322-91542-9
NE: Guggenberger, Bernd [Hrsg.]

© 1984 Westdeutscher Verlag GmbH, Opladen

Umschlaggestaltung: Horst Dieter Bürkle, Darmstadt, unter Verwendung eines
Fotos von Ursula Speith

ISBN 978-3-531-11651-8

Inhalt

I. Einleitung

Bernd Guggenberger/Claus Offe
Politik aus der Basis — Herausforderung der parlamentarischen
Mehrheitsdemokratie 8

II. Historische Grundlagen des Mehrheitsprinzips

Otto v. Gierke
Über die Geschichte des Majoritätsprinzipes 22

Georg Simmel
Exkurs über die Überstimmung 39

III. Verschränkung von Verfassungsprinzipien — das Mehrheitsprinzip
im demokratischen Verfassungsstaat

Heinz Josef Varain
Die Bedeutung des Mehrheitsprinzips im Rahmen unserer
politischen Ordnung 48

Christoph Gusy
Das Mehrheitsprinzip im demokratischen Staat 61

Giovanni Sartori
Selbstzerstörung der Demokratie? Mehrheitsentscheidungen und
Entscheidungen von Gremien 83

Norberto Bobbio
Die Mehrheitsregel: Grenzen und Aporien 108

Heidrun Abromeit
Mehrheitsprinzip und Föderalismus 132

IV. An den Grenzen der Mehrheitsdemokratie?

Claus Offe
Politische Legitimation durch Mehrheitsentscheidung? 150

Bernd Guggenberger
An den Grenzen der Mehrheitsdemokratie 184

Iring Fetscher
Wieviel Konsens gehört zur Demokratie? 196

Bernd Guggenberger
Die neue Macht der Minderheit 207

Ulrich K. Preuß
Die Zukunft: Müllhalde der Gegenwart? 224

Robert Spaemann
Technische Eingriffe in die Natur als Problem der politischen Ethik . . . 240

Dieter Rucht
Recht auf Widerstand? Aktualität, Legitimität und Grenzen
„zivilen Ungehorsams" 254

Wolfgang Sternstein
Keine Macht für niemand! 282

Urs Müller-Plantenberg
Mehrheit und Minderheiten zwischen Macht und Markt. Formen
der Abwertung des Mehrheitsprinzips 297

V. Literaturverzeichnis 311

VI. Sachregister 318

VII. Personenregister 323

I. Einleitung

Bernd Guggenberger/Claus Offe

Politik aus der Basis – Herausforderung der parlamentarischen Mehrheitsdemokratie*

Die großen Themen der politischen Philosophie erlauben keine abschließenden Antworten. Zum Kreis solcher „auf ewig" fragwürdigen Bestände gehört auch das Grundproblem aller politischen Philosophie und aller politischen Praxis: Wie wird aus Vielheit Einheit? Welchen sozialen Ursachen, welchen politisch-institutionellen Wirkungszusammenhängen verdanken sich die spezifisch aggregativen Leistungen des politischen Gemeinwesen? Wie gelingt es, die empirische Vielheit der einzelnen mit ihren ganz unterschiedlichen Gefühlen, Meinungen, Vermögen, Interessen und Aspirationen zu einem aktionsfähigen Gesamtkörper zu „formieren"?

Ganz unabhängig von der jeweiligen Staatsform und den besonderen historisch-politischen Umständen, – jeder Politiker, ob Diktator, Demokrat oder Dauerrevolutionär muß auf diese Frage eine erfolgsverbürgende „Antwort" finden, damit aus der Vielheit der spontanen Willensträger ein zur Durchsetzung verbindlicher Entscheidungen fähiges Willensaggregat wird. Bei der Gewährleistung dieser politischen Grundfunktion der Willensvereinheitlichung wurde und werden höchst unterschiedliche Wege beschritten, die jeweils andere „Einigungsmittel" erfordern: Zwang und Terror, Gottesgnadentum und religiöse Gemeinschaft, Geschichte und Nation, ideologische Geschichtszielbenennungen und materielle Interessenübereinkunft, Expertenmeinungsmacht und Führercharisma und – last but not least – das für die modernen demokratischen Verfassungsstaaten dominante Mittel politischer Willensvereinheitlichung, der Mehrheitsentscheid.

Die mehrheitliche Entscheidungsfindung zielt letztlich darauf ab, die Einheit des Ganzen gegenüber dem Antagonismus der Teile zur Geltung zu bringen. Wahlen und Abstimmungen, bei denen auch die Minderheit sich schließlich dem Mehrheitswillen fügt, sind unter den Bedingungen modernen Regierens für die Gesellschaftsbildung wie für Existenz und Fortbestand des gesellschaftlichen Verbandes gänzlich unverzichtbar. Dabei trägt der Mehrheitsentscheid beidem Rechnung: dem Freiheitsanspruch der Subjekte und dem Verbindlichkeitsanspruch des sozialen Ganzen. Er berücksichtigt den Führungs- und Konsensbedarf der Gesellschaft, ohne das gleichermaßen unvermeidliche wie sozial erwünschte Maß an Konflikt und individueller Abweichung autoritativ einzuebnen. Er befähigt die Gesellschaft zu einheitlichem Handeln, ohne den Reichtum individueller Vielfalt zu ersticken. Er ist zweifellos der Mechanismus der Entscheidungsproduktion, welcher sowohl der neuzeitlichen Entdeckung des Individuums, seinen Subjektqualitäten als sozialem und politischem Handlungsträger, als auch dem kometenhaften Aufstieg des Staates, dem dramatischen Anwachsen des kollektiven Handlungsbedarfs in modernen Gesellschaften, am deutlichsten entspricht. Er strukturiert in geradezu „genialer" Einfachheit den Meinungs- und Interessenstreit der Individuen und Gruppen, indem er ihn schließlich in ein einheitliches Beschlußresultat einmünden läßt.

Die „modernen" politischen Systeme der kapitalistischen Industriegesellschaften des Westens tragen dem Problem der politischen Versöhnung von Differenz und Einheit vor allem dadurch Rechnung, daß sie dem Entscheidungsverfahren der Mehrheitsregel einen zentralen Platz zuweisen. Auf der einen Seite ist „Modernität" in gewissem Sinne gleichbedeutend mit struktureller und funktionaler Differenzierung der Gesellschaft, also mit einer Pluralität von koexistierenden Interessen, funktionalen Bezügen und Wertsystemen, deren Vielfalt sich kaum dauerhaft reglementieren und nicht einmal autoritär oder totalitär gleichschalten und politisch verantworten, ordnen oder in ein hierarchisches Schema pressen ließe; jedenfalls ließe sich ein solches Schema weder legitimieren noch implementieren. Auf der anderen Seite scheint aber gerade jene Differenziertheit und Pluralität einen Einigungs-, Regelungs-, Koordinierungs- und Lenkungsbedarf nach sich zu ziehen, der weder ignoriert noch nach dem Vorbild materiell „wahrer" Norm-Erkenntnis abgearbeitet werden kann. Die Bewältigung dieses politischen Dilemmas der Modernität hat man sich nun davon versprochen, daß man das unverzichtbare Maß an Einheit nicht mehr über die materielle (und zeitlich unlimitierte) theoretische „Erkenntnisse" des politisch Richtigen zustandezubringen suchte, sondern vielmehr über formelle und befristete empirische Feststellung des mehrheitlich Präferierten. Diesem Gegensatz entspricht der zwischen Parteien als „Weltanschauungsparteien" und Parteien als programmpolitisch „opportunistischen" Machterwerbsgruppen, die den Test ihrer empirischen Mehrheitsfähigkeit laufend zu bestehen haben und sich demgemäß auf dessen Bewältigung konzentrieren.

Die Einheit des politischen Gemeinwesens wird nicht mehr auf zeitlich prinzipiell unlimitierte Wahrheitsansprüche gegründet, sondern auf zeitlich limitierte und sachlich spezifizierte empirische Mehrheitsentscheidungen, die immer vorläufig und revidierbar sind und mithin die Differenz nicht auslöschen, sondern bewahren und bestätigen.

Bei aller Konsequenz und Eleganz dieser auf dem Prinzip der Mehrheitsdemokratie aufbauenden modernen Lösung des Problems der politischen Versöhnung von Differenz und Einheit bleiben zwei Fragen übrig, die als solche zwar keineswegs neu sind, heute (insbesondere) in der Bundesrepublik jedoch eine bemerkenswerte Virulenz zu entfalten scheinen. Mit diesen beiden Fragen und ihren verzweigten Folgeproblemen beschäftigen sich die Autoren der in diesem Band zusammengestellten Arbeiten. Es handelt sich (1) um die Frage, ob im Rahmen dieser verfassungspolitischen Problemlösung der Mehrheitsdemokratie (und ggf. wie) gewährleistet werden kann, daß tatsächlich *nichts anderes* als die numerische Mehrheit der politischen Aktivbürger zum Konstituens der jeweils amtierenden politischen Eliten und ihres Herrschaftsrechts wird. Denn andernfalls könnte es — wie etwa in autoritären Regimes, die in Mehrheitsentscheidungen ebenfalls oft und gern Akklamation und Scheinlegitimation suchen — dazu kom-

men, daß zwar nicht explizite politische Doktrinen, sehr wohl aber faktische Machtpositionen von gesellschaftlichen oder politischen Minderheiten
für den Inhalt politischer Herrschaftsausübung maßgeblich werden. Diese
Frage bezieht sich also auf den Grad und die Zuverlässigkeit, in dem bzw.
mit der die Gleichheitsnorm verwirklicht, die Agenda der politischen Entscheidungsthemen „offen" und die Freiheit der politischen Willensbildung
und Organisation verbürgt sind. Die andere Frage betrifft (2) das Problem,
ob im Rahmen der verfaßten Körperschaft des Staatsvolkes damit gerechnet werden kann, daß die Bindungskräfte einer historischen nationalen Gemeinschaft faktisch stark genug sind, um jedem Mitglied den Gehorsam
gegenüber Mehrheitsentscheidungen abzunötigen, ob also ein konstitutiver
Konsens unterstellt werden kann, der die Vielzahl der Bürger zu einem als
existent betrachteten erlebten und gewollten Verband eint, — und in welchen Grenzen ggf. das politische Recht der Mehrheit von diesem Konsens
gedeckt ist bzw. welche konkreten Entscheidungen ihn umgekehrt brüchig
werden lassen. Hier geht es also darum, die Tatsache zu beherzigen, daß
Mehrheiten nicht „von selbst" im Recht sind, sondern nur dank einer prä-
politisch verankerten, aber nicht unzerstörbaren kollektiven Identität, aus
der sie ihr Recht der Herrschaftsausübung wie aus einer Lizenz herleiten.

Beide Fragenkomplexe sind schon in der klassischen Begründung des
Mehrheitsprinzips durch John Locke gegenwärtig. Ad (1): Er schuf in der
Kombination des Vertragsgedankens mit der Annahme unveräußerlicher
Grund- und Menschenrechte die systematische Basis für die ideen- und institutionenpolitische Grundlegung der Mehrheitsregel als gesamtgesellschaft-
lichem Entscheidungsfindungsmuster. Erst in diesem Begründungskontext
erhält die Mehrheitsregel die höheren Weihen eines „Prinzips". Als technisches Instrument kollektiver Willensermittlung hat sie eine lange vordemokratische Tradition, die sich von den im römischen (Adels-)Senat praktizierten Abstimmungsverfahren über die Entscheidungsfindung in den mittelalterlichen Korporationen bis zur schließlichen Mehrheitswahl der Kaiser
des Heiligen Römischen Reiches erstreckt, welche die Goldene Bulle von
1356 endgültig sanktionierte.

Zu fast allen Zeiten haben sich auch oligarchische Regimes auf Verfahren nach der Mehrheitsregel gestützt. Erst dort, wo es wirklich auch die
substantielle Bevölkerungsmehrheit ist, die mit Hilfe der Mehrheitsregel
herrscht, wird diese Regel zu einem *qualitativen* Kriterium der Herrschaftsausübung und ihrer Rechtfertigung. Erst im demokratischen Verfassungsstaat, der vorstaatliche Grund- und Menschenrechte anerkennt und sichert
und in seinen Institutionen am Prinzip der politischen Gleichheit aller Ein-
zelglieder ausgerichtet ist, gewinnt das Mehrheitsprinzip legitimitätspoli-
tische Qualität, ja kann es zum Synonym für Demokratie schlechthin werden.

Die demokratische Mehrheitsherrschaft war für Locke die einzige Regierungsform, welche das Spannungsverhältnis zwischen individuellem Freiheitsanspruch und kollektiver Regelungsbedürftigkeit nach beiden Seiten
angemessen berücksichtigt und damit das kontradiktorische Verhältnis von
Freiheit und Herrschaft im Modus der „politischen Freiheit" überwindet.
Sein beredtes Plädoyer für die „Rechte der Mehrheit" verbindet erstmals
wert- und zweckrationale Argumente: Die Mehrheitsentscheidung ist, als

technische Verfahrensregel, unverzichtbar zur Produktion von Entscheidungen, da Einstimmigkeit und individueller Zustimmungsvorbehalt nach dem Muster des berüchtigten „liberum Veto" das Zustandekommen von Entscheidungen überhaupt blockieren würden; sie ist es jedoch nur im Rahmen einer anderen politischen Ordnung, für die politische Freiheit nicht essentiell wäre, würde nicht die Mehrheitsentscheidung den Zusammenhalt des Gesamtkörpers verbürgen, sondern, wie etwa noch bei Hobbes, ausschließlich die „auctoritas" und die von ihr ausgehende Furcht. Für Locke genügt es, daß die *Mehrheit* zustimmt, weil die Zustimmung *aller* praktisch nicht möglich ist; andererseits *muß* es aber eine Mehrheit sein, die für alle verbindlich beschließt, weil sonst die Freiheit unerträglich beschnitten würde.

Ad (2): Locke begründet jedoch nicht nur die Alternativlosigkeit der Mehrheitsregel in der Demokratie, sondern er benennt zugleich ihre wohl wichtigste Voraussetzung: Sie kann ihre legitimitätschaffende Wirkung nur im Rahmen einer geeinten politischen „Körperschaft" entfalten. Das Einigungswerk selbst, der „original compact", ist nicht Ergebnis einer Mehrheitsentscheidung. Ein politikfähiger Körper kommt nur durch den Willen aller zustande; er besteht jedoch nur dann weiter und ist nur dann handlungsfähig, wenn in der Folge die Mehrheit das unbezweifelte Recht hat, für die Gesamtheit verbindlich zu entscheiden. Ansonsten gliche das Eintreten in den Gesellschaftszustand nur Catos Besuch im Theater, der dieses bekanntlich nur betrat, um es alsbald wieder zu verlassen. Die einstimmige Vereinbarung, sich unter einer gemeinschaftlichen Regierungsgewalt zusammenzuschließen, beinhaltet für Locke automatisch auch die Zustimmung zum Recht der Mehrheit, für alle verbindlich zu entscheiden. Eine politische Körperschaft ohne dieses anerkannte Recht der Mehrheit ist politisch inexistent. „Denn wofern die *Mehrheit* die übrigen nicht binden kann, können sie nicht als eine Körperschaft handeln und folgerichtig werden sie unverzüglich wieder aufgelöst werden." Der Wille zur Gesellschaftsbildung schließt, wenn er sich nicht selbst ad absurdum führen soll, die Respektierung der Mehrheitsentscheidung ein. Und umgekehrt: Damit die Mehrheit für die Gesamtheit entscheiden kann, muß erst ein geeinter, von allen bejahter Verband existieren, welcher Mehrheitsentscheidungen auch für dissentierende Minderheiten erträglich macht. Die Voraussetzung für politisches Handeln ist ein tragfähiger vorpolitischer Konsens, die Teilhabe aller an einer über die formelle Rechtsgemeinschaft hinausweisenden politisch-kulturellen Identität. Nur fundamentale Gemeinsamkeiten dieser Art, deren Existenz und Erhaltungswürdigkeit von aktuellen Mehrheiten und Minderheiten gleichermaßen anerkannt werden, sichern langfristig die Möglichkeit und Akzeptanz von Mehrheitsentscheidungen.

Übergangszeiten, Zeiten des tiefgreifenden Wert- und Orientierungswandels, die mit einem hohen Grad an Ungleichzeitigkeit in der Wahrnehmung und Deutung von Situationen einhergehen, können daher für die Anwendbarkeit der Mehrheitsregel als Pazifizierungsinstrument sehr enge Grenzen ziehen. Wenn eine Gesellschaft — von ihren maßgeblichen Motiven und Maßstäben her gesehen — sich gleichsam in mehrere Teilkörperschaften aufspaltet, gewinnen regelmäßig zusätzliche Konfliktlösungsstrategien jenseits der Mehrheitsentscheidung an Aktualität, was gegenwärtig etwa die

Neokorporatismus-Diskussion in ihren Beobachtungen und Befunden über „informelles" und „extrakonstitutionelles Krisenmanagement" eindrucksvoll belegt. Im selben Maße, wie die Homogenität und die Verpflichtungsfähigkeit des Ganzen schrumpfen, verdrängen Proporzregeln und vertragsähnliche Vereinbarungsmuster auch die Gouillotine der Mehrheitsentscheidung, da für diese allein keine hinreichende Deckung durch einen präpolitischen „Kredit" und Konsens mehr unterstellt werden kann.

Demokratie und Mehrheitsherrschaft sind keine deckungsgleichen Begriffe. Daher stellt auch der in der Titelformulierung diesem Band vorangestellte Begriff der „Mehrheitsdemokratie" kein Pleonasmus dar. Das Mehrheitsprinzip ist eine notwendige, keineswegs jedoch bereits die hinreichende Bedingung für Demokratie. Nur im spannungsreichen Zusammenwirken mit einer Vielzahl anderer Bedingungen und Prinzipien (Toleranz, Mäßigung, funktionierende Öffentlichkeit, politische Lern- und Urteilsfähigkeit, Föderalismus, Gewaltenteilung, allgemeines, gleiches und freies Wahlrecht, wirksame Begrenzung der Konvertierbarkeit von gesellschaftlicher in politische Macht außerhalb von Wahlen und Abstimmungen, ein generalisierter Vertrauenskredit potentieller Minderheiten gegenüber potentiellen Mehrheiten u.a.) begründet die Mehrheitsregel Demokratie. Wir kennen aus der aktuellen Situation eine ganze Reihe beispielhafter Situationen, an denen man sich fragen kann, was denn „demokratischer" sei: das Beharren auf dem starren Prinzip der Mehrheitsentscheidung („Mehrheit ist Mehrheit") oder die Anwendung des flexibleren Prinzips des politischen Kompromisses, also der Lösung von Konflikten durch Verhandlung und vertragsähnliche Vereinbarungen zwischen den streitbeteiligten Parteien.

Unser Parteien- und Regierungssystem war und ist durchaus geeignet, Gruppenkonflikte und Verteilungskämpfe zu schlichten. Dies erfordert keinen weitreichenden Konsens, wohl aber eine annähernde Konfliktfreiheit im Grundsätzlichen. Tiefgreifende Wertkonflikte, wie sie z.B. aus Anlaß meinungspolarisierender Richtungsentscheidungen von historischer Tragweite aufbrechen oder aus der Latenz heraustreten, sind auf der Basis dieses Systems jedoch kaum auszufechten. Wird um solche Grundsatzüberzeugungen und nicht mehr nur um Interessen an Geld, Macht, Einfluß und Privilegien gerungen, so könnten die Grenzen der Integrationsfähigkeit des Mehrheitsprinzips sehr schnell erreicht sein, − mit der Folge, daß bestimmte politische Entscheidungsthemen und Entscheidungen die geltenden Legitimitätsgrundlagen politischen Entscheidens überstrapazieren.

Zwar kann wohl noch immer eine sich in den herkömmlichen Bahnen des Wachstums und des technischen Wandels bewegende Politik sich auf deutliche Bevölkerungsmehrheiten berufen. Was aber besagen − in der Perzeption von Minderheiten − Mehrheiten schon angesichts einer „drohenden Selbstvernichtung"? Was ist das, was apathische und ignorante „Akklamationsmehrheiten" und ihre Repräsentanten in solcher Situation tun, anderes als „Parteinahme für den Tod, die Vernichtung, ohne daß ihnen das voll bewußt (wäre)" (*R. Vogt*, MdB, die Grünen)? Vermag in einer solchen Situation der Hinweis auf bestehende Mehrheitsverhältnisse wirkliche Legitimität zu begründen, oder hat er nicht allenfalls arithmetischen und statistischen Wert für den „Vertreter eines (überholten) quantitativen Demokratieverständnisses" (*R. Vogt*)?

Steht die staatliche Überlebensgarantie in Frage, wird sie gar durch Aktivitäten des Staates selbst in Frage gestellt, so ist, für die Betroffenen, gleichsam der *Hobbes'sche* Naturzustand wiederhergestellt. Die Berufung auf die empirische Mehrheit wird als Legitimitätsgrundlage brüchig und haltlos, wenn der negativ entscheidungsbetroffene Bevölkerungsteil sich in fundamentalen Interessen wie denen an Überleben, Sicherheit, Freiheit, Glück, Menschenwürde, lebenswerte Umweltbedingungen usw. betroffen wähnt.

Daß das Mehrheitsprinzip kein voraussetzungsfreies politisches Formprinzip ist, die Beachtung dieses Umstandes haben wir in der politischen Philosophie wie in der politischen Praxis vernachlässigt. Es sind gegenwärtig eigentlich kaum „neue" theoretische Einsichten, welche die Erörterung des Mehrheitsprinzips auf die Tagesordnung setzen. Es sind die Herausforderungen durch den wachsenden Bürgerprotest und die schwindende Akzeptanz weitreichender politischer Entscheidungen der letzten Jahre, die uns Anlaß geben, die Voraussetzungen, an welche die integrative Kraft und die Rechtfertigungsfähigkeit der Mehrheitsregel gebunden sind, wieder deutlicher ins Bewußtsein zu heben.

Es ist höchste Zeit, alle Streitparteien mit einigen demokratiepolitischen Selbstverständlichkeiten (wieder) vertraut zu machen: daß die Verfassung nicht nur den Umweltschützern, den Atom- und Nachrüstungsgegnern Grenzen setzt, sondern daß die innere Funktionslogik der Mehrheitsdemokratie auch den politischen Exponenten des forcierten sozialen und technologischen Wandels Rücksichtnahme aufzwingt und Schranken weist, die sie nur um den Preis einer Gefährdung des Prinzips mehrheitlicher Entscheidungsfindung selbst, d.h. der umfassenden Anerkennung seiner Geltung, mißachten können. Auch unter den Handlungsbedingungen der Mehrheitsdemokratie gilt, daß niemand mit 51 Prozent der Stimmen „die Welt verändern" kann. Eine einmal erteilte Wählerstimmenmehrheit ist kein Freifahrschein für alle Zeiten und auch keiner, bei dem man die Route nach Belieben wählen kann. Die Ermächtigung durch Wählermehrheiten ist ein sachlich und zeitlich eng umschriebenes Mandat. Für denjenigen, der politisch etwas durchsetzen will, genügt es nicht, bloß eine Mehrheit für sich und seine Ziele zu gewinnen. Um sich durchzusetzen, sich zu behaupten, sprich: um zu gewährleisten, daß die Mehrheitsentscheidung als verbindlich für alle akzeptiert wird, muß es ihm auch gelingen, die Minderheit(en) „bei der Stange zu halten"; d.h. sich auf geltende Gründe und Normen berufen zu können, die ihre Folgebereitschaft motivieren können. Zwar ist es nicht nötig, auch die Minderheit von der jeweiligen Entscheidung inhaltlich zu überzeugen. Aber es gilt zu verhindern, daß eine Situation entsteht, in der sich Minderheiten durch Mehrheitsentscheidungen gleichsam zwangsweise „ausgebürgert" fühlen können.

Signalisiert die aktuelle Wahrnehmungs- und Bewußtseinszäsur, daß wir am Ende einer Epoche stehen, zu der auch der demokratische Verfassungsstaat samt der Mehrheitsregel als dem Grundelement politischer Willensbildung gehört? Befinden wir uns in einer Situation des Übergangs, in der die Tugenden von gestern zu den Lastern und Belastungen der Stunde werden? Ist die Mehrheitsdemokratie in ihrer aktuellen Struktur gar nicht jenes finale Verfassungsereignis, zu der sie gerne stilisiert wird? Und wenn

denn hinterfragt werden muß, was längst fragwürdig geworden ist, wenn
ergänzt und weiterentwickelt werden muß, was angesichts der historisch
in vieler Hinsicht unvergleichlichen Herausforderungen der vor uns liegenden Zukunft längst sich als unzulänglich erwiesen hat, – in welcher Richtung müssen wir weiterdenken, unter welchen Gesichtspunkten, nach welchen Prinzipien wären die zentralen Bestandteile unserer politischen Ordnung zeit- und problemangemessen fortzuschreiben? Nicht diejenigen, die
so fragen, stimmen den „Abgesang auf einen Verfassungstyp" (H. Oberreuter) an, der sich im Großen und Ganzen bewährt hat; viel eher schon
sind diejenigen verantwortlich zu machen, die diese notwendigen Fragen
mit Denk- und Erörterungsverboten zu unterbinden versuchen. Und erst
recht diejenigen, die unter oft genug fiktiver Berufung auf empirische Mehrheitsverhältnisse Entscheidungen forcieren, von denen man wissen kann,
daß sie die Mehrheitsregel als politisches Legitimationsprinzip weiter zu
verschleißen drohen.

Der moderne Verfassungsstaat begann mit der Bändigung und Ent-
waffnung der (konfessionellen) Bürgerkriegsparteien, mit der Monopoli-
sierung der Mittel legitimer physischer Gewaltsamkeit durch den Staat
kurz: mit der Durchsetzung der Souveränität, des innerstaatlichen Friedens
Seine weiteren Entwicklungsabschnitte lassen sich mit der Parole der Französischen Revolution umschreiben: Freiheit, Gleichheit, Brüderlichkeit.
Der Bogen spannt sich also von der staatlichen Gewährleistung allgemeiner
Überlebens- und Sicherheitsrechte („Frieden") über die Garantie persönlicher Freiheitsrechte, die unveräußerlichen Grund- und Menschenrechte
(„Freiheit") und die Verankerung politischer Teilhabe- und Mitwirkungsrechte („Gleichheit") bis zur anhaltend umkämpften Gewährleistung wohl-
fahrtsstaatlicher (Bürger-)Rechte („Brüderlichkeit").

An diesem Punkt scheint jedoch die Entwicklungsdynamik keineswegs
zuende zu sein. Hinter und jenseits dieser vierten Stufe, der Sozialstaats-
garantie, zeichnet sich bereits eine neue Dimension von Ansprüchen und
verfassungsrechtlichen Gewährleistungsforderungen ab, die zwar weder den
„souveränen" Bürgerkriegsverhinderungsstaat, noch den Toleranzen- und
Grundrechtestaat, weder die Volkssouveränität noch die moderne Rechts-
und Sozialstaatlichkeit a limine infragestellen, gleichwohl jedoch die vorangegangenen Stufen und Rechtsansprüche u. U. entscheidend relativieren
könnten: Die Rede ist von der „Neuentdeckung" der Umwelt- und Lebens-
rechte, genauer, der Forderung nach einer Art „Verfassungsgarantie" für
ökologische und lebensweltliche Unversehrtheitsansprüche gegenüber den
Imperativen industriellen Wachstums und sozialer wie militärischer Sicherheit.

Neben und jenseits des Fragehorizontes nach der angemessenen, Frieden, Freiheit, Gleichheit und Solidarität verbürgenden verfassungspolitischen Ordnung schiebt sich immer mehr der radikale Rückbezug aller die
politische Existenz des Staatsbürger betreffenden Fragen auf den Bedürf-
niskontext des Menschen und die elementaren Determinanten seiner Ge-
samtexistenz in den Vordergrund. Die „Lebensweise" der Menschen, die
psychischen und physischen „Umwelt-Bedingungen" entscheiden zunehmend über die Rechtfertigungsfähigkeit der politischen Ordnung. Legitimität gerät in direkte Abhängigkeit von der subjektiven Wahrnehmung und

Beurteilung der eigenen Lebenschancen und Lebensbedürfnisse. Hält man diese für gefährdet oder bedroht, wie es heute bereits in vielen umweltrelevanten Entscheidungsbereichen der Fall ist, so schlagen sich solche Wahrnehmungen unmittelbar als Legitimitätszweifel nieder, die durch den Verweis auf Mehrheitsentscheidungen kaum zu beschwichtigen sind. Die vielfach politisch veranlaßten, fast immer politisch (mit-)zuverantwortenden Beeinträchtigungen humaner Lebensverhältnisse geraten somit in den Rang eines Legitimitätsproblems.

Die Erfahrung, daß man auch „friedlich", „in Freiheit", „demokratisch" und sogar „wohlstandsgesegnet" in die Katastrophe schlittern kann, daß die politischen und institutionellen Grund- und Menschenrechtsgarantien, daß Mitwirkungsrechte und soziale Absicherung noch längst nicht die bedrohlichen Schatten zivilisatorischer Inhumanität, ja des gattungsweiten Rückfalls in die Barbarei zu bannen vermögen, — diese Erfahrung hat im ideenpolitischen Einzugsbereich der neuen sozialen Bewegungen eine Verunsicherung des demokratischen Verfassungsbewußtseins entstehen lassen. Hier geht es im Kern um die Erfahrung, daß es auch Gegnerschaften und Fronten innerhalb einer gemeinsamen Ordnung geben kann, die sich als unüberbrückbar und prinzipiell unversöhnlich erweisen, und für deren Beilegung die in der Bundesrepublik ohnehin und aus ziemlich einleuchtenden Gründen schwach entwickelten präpolitischen Bindungskräfte (sei es einer „historischen Schicksalsgemeinschaft", sei es einer von den Wechselfällen des Weltmarkts bedrohten „Export-Nation") schwerlich aussichtsreich in Anspruch genommen werden können. Solche Gegnerschaften können mithin, obgleich ihre ursprüngliche Stoßrichtung keineswegs eine „verfassungspolitische" war, auf Dauer gesehen als Sprengsätze eben dieser Ordnung selbst wirken. Die Mechanismen der durch neuartige politische Entscheidungsthemen und Entscheidungen provozierten Legitimitätszweifel setzen die Pazifizierungsfunktion eingelebter verfassungspolitischer Gemeinüberzeugung zumindest partiell außer Kraft. Solche Symptome unversöhnlicher Gegnerschaften innerhalb einer vom Prinzip her durchaus gemeinsam getragenen „demokratischen" Ordnung ruft uns wieder ins Bewußtsein, was für die klassischen Verfechter des Mehrheitsprinzips eine schiere Selbstverständlichkeit darstellte: daß sich auch der moderne Verfassungsstaat und das Konfliktregelungssystem der parlamentarischen (Mehrheits-)Demokratie immer im Medium eines im wesentlichen *vorpolitisch* gefügten Konsenses bewegten, aus dem sich die Gütekriterien und Legitimitätsbedingungen politischer Herrschaft ergeben.

Der Horizont dieser vorpolitisch konstituierten und vorpolitisch wirksamen Gemeinüberzeugungen ist im einzelnen schwer abzugrenzen. Die Schwierigkeit in der Beschreibung dieser „Gemeinüberzeugung" rührt vor allem daher, daß sie als eine kulturelle „Beiläufigkeit", als etwas „Selbstverständliches" selten bewußt gemacht und so gut wie nie systematisch thematisiert wird.

Diese Gemeinüberzeugung wäre annäherungsweise zu kennzeichnen als die alltagspraktisch wirksame, seit dem letzten Drittel des vergangenen Jahrhunderts nahezu alle relevanten Bevölkerungskreise einbeziehende „Festlegung" auf das wissenschaftlich, technisch und wirtschaftlich begründete Fortschrittsprogramm Bacon'scher Provenienz: das Vertrauen in den Dreiklang von objektivierendem Wissen, daraus abgeleiteter technischer Naturbeherrschung und der hierauf begründeten materiellen Wohlstandsmehrung. Diese „Verpflichtung" und noch mehr vielleicht die sie begleitenden Erwartungen (Wohlstandsversprechen) waren die ungeschriebene konsensuelle Bestandsgrundlage auch des Institutionengefüges des demokratischen Verfassungsstaats. Die Tatsache, daß seit den siebziger Jahren des 19. Jhdts. die Realeinkommen aller Bevölkerungsgruppen, über einen gewissen Zeitraum hinweg betrachtet, kontinuierlich gestiegen sind, hat den Handlungsspielraum der Politik nicht unerheblich bestimmt. „Wachstum" und die damit einhergehende allgemeine Wohlstandserwartung war gewiß eine, wenn nicht die entscheidende Bedingung für die Möglichkeit der Mehrheitsdemokratie. Sollten nun – aus ökonomischen oder/und ökologischen Gründen – tatsächlich „objektive", d.h. nicht verfügbare Grenzen dieses Wachstums in Sicht sein, dann fiele der eigentliche „Niveauregler" für soziale Konflikte aus, der pazifizierende, mildernde, politische Belastungstoleranzen konstituierende Puffer, der die explosive Dynamik von Gruppenkonflikten im Medium allgemeiner Wohlstandssteigerung weitgehend abzufedern vermochte. Der wachstums- und sicherheitsorientierte Basiskonsens trug in zweifacher Weise zur Entlastung des politischen Prozesses bei: er verdrängte „ideologische" Grundsatzkontroversen, und er konfrontierte das politische System mit Forderungen und Erwartungen distributiver Art, denen es unter Bedingungen kontinuierlichen Wirtschaftswachstums relativ leicht entsprechen konnte.

Einer solchen politischen, ökonomischen und kulturellen Normalität entspricht die Mehrheitsentscheidung als Methode der Konfliktschlichtung. Für die Bewältigung außerordentlicher Krisensituationen ist sie keine erfolgverbürgende Rezeptur. Man muß sich stets vor Augen halten, daß Abstimmung und Entscheidungsfindung nach dem Mehrheitsprinzip auf Dauer nur dort „funktionieren" und ihre Vorzüge entfalten können, wo es nicht „ums Ganze" geht, wo auf dem Schlachtfeld der politischen Willensbildung keine unbefriedbare Minderheit zurückbleibt, niemand endgültig „ausgegrenzt" wird. In existenziellen Fragen läßt man sich nicht überstimmen. Mit den „Mitteln der Normalität" (Th. Sommer) lassen sich politische Konflikte nur dort bewältigen, wo durch die Inhalte der Entscheidung selbst in der Wahrnehmung aller Beteiligten „die Normalität" nicht suspendiert wird.

Vielleicht sollten sich die Entscheidungsbefugten in hochrangig streitbefangenen Entscheidungssituationen stärker in die Position jener versetzen, für die durch die geplante Entscheidung ihre ganz spezifische „Normalität" gefährdet wird: in die Position jener, die sich wehren, ein seit zwanzig Jahren von ihnen bewohntes, nun vom Abriß bedrohtes Haus zu räumen; jener, die die Identität ihres Dorfes, ihrer Region, ihres Stadtteils durch eine großtechnologische Entscheidung (Kernkraftwerk, Flughafenerweiterung, Stadtsanierung) bedroht sehen; jener, für die es unerträglich ist, auf Dauer mit einem unkalkulierbaren Risiko zu leben.

Es geht hier nicht darum, in der Frage der Nato-Nachrüstung Partei zu ergreifen. Aber sollte es wirklich nicht einsichtig sein, daß beispielsweise durch die drastische Reduzierung der Vorwarnzeiten von ca. fünfzehn auf nurmehr drei Minuten, die mit den neuen Waffensystemen einhergeht, für wachsende Minderheiten die „Normalität" eines relativ friedlichen Alltags in unerträglicher Weise suspendiert wird? Und gilt nicht das Nämliche für jene — nun gewiß nicht politisch ferngesteuerte und fremdbestimmte — bodenständige Bevölkerung um Wyhl, die als Folge des geplanten Kernkraftwerks für sich und ihre Kindeskinder ein „Ruhrgebiet am Oberrhein" befürchtet? In der subjektiven Wahrnehmung der widerstandleistenden Gruppen ist es gerade der „von außen", von der verfaßten Mehrheitsgesellschaft drohende Eingriff in die „Normalität", in die Freiheit, zu leben und weiterzuleben, wie man es gewohnt ist, der das am Normalfall ausgerichtete Konfliktregelungssystem aus dem Gleichgewicht bringt. Durchgehendes Kennzeichen solcher Protestanlässe, die dann durch den Verweis auf vorausliegende Mehrheitsentscheidungen eher potenziert als neutralisiert werden, ist die plötzlich und massenhaft gemachte Erfahrung, daß physische und kulturelle Gegebenheiten (die Integrität von Landschaften und ihrer Bewohnbarkeit ebenso wie die Integrität einer vor Überwachung und Kontrolle geschützten Privatsphäre) nun ohne erkennbare Not zum Gegenstand von Kosten-, Standort- und Risikokalkulationen gemacht und damit zur zweckrationalen Disposition gestellt werden. Es ist ein Unterschied ums Ganze, ob die zukünftige Bewohnbarkeit einer Region als eine Selbstverständlichkeit behandelt, oder ob sie mit einem bewußt inkaufgenommenen Risiko von 10^{-7} belastet ist; es ist diese Differenz, die als „Übergriff", ja „Vertreibung" erlebt wird.

Solche Ausnahmesituation ist stets eine Situation der umkämpften „Souveränität", in der die verpflichtende Kraft von Verfahrensprinzipien leerläuft. Während sich für Theoretiker wie *Carl Schmitt* das „wahre Wesen des Politischen" gerade an diesem Punkt zeigt, verpflichtet der Verfassungsstaat, der die traditionelle Ein-Punkt-Souveränität vordemokratischer Regimes durch klar begrenzte, vielfältig balancierte Gewaltarrangements ersetzt hat, auf das Gegenteil: auf Ernstfallvermeidungspolitik. Der Ernstfall illuminiert nicht das „eigentlich" Politische, er indiziert das Ende der Politik. Nicht das Manifestwerden der Freund-Feind-Beziehung, sondern im Gegenteil: ihr Latentbleiben ist Kriterium „erfolgreicher" Politik im Rahmen des Verfassungsstaates. *Carl Schmitt* beschreibt gewiß die Struktur des Konflikts zutreffend. Statt auf demokratische Abhilfe zu sinnen, ontologisiert er ihn jedoch und verklärt ihn zum „wahren Wesen des Politischen". Unverkennbar ruht sein dezisionistisches Konfliktmodell auf der Basis einer monozentrischen Staatsauffassung und verfehlt damit das Wesen des vielgliedrigen („polyzentrischen") demokratischen Verfassungsstaates mit starken Partialgewalten und ausgeprägtem Gruppenpluralismus.

Wer will, daß Konflikte systemkonform, d.h. mit den Mitteln der „Normalität" bewältigt werden, der muß ganz besonders dafür Sorge tragen, daß auch in der Wahrnehmung von Minderheiten *deren* „Normalität" im großen und ganzen erhalten bleibt und jedenfalls erkennbar geschont wird.

Auch Entscheidungen, die sich direkt oder indirekt auf den Mehrheitswillen berufen, dürfen den Rahmen dieser „Normalität" nicht sprengen. Wer bewußt oder fahrlässig die Grundlagen einer gewohnten Lebensordnung von Minderheiten (die von deren Privilegien sehr wohl zu unterscheiden sind!) außer Kraft setzt oder sie bedroht, setzt damit auch die

Umgangsregeln außer Kraft, die zur politischen Normalsituation gehören. Auf der Basis einer von allen Beteiligten gewollten und bejahten Normalität friedlichen, unblutigen Umgangs erst gelingt die Integration von Mehrheit und Minderheit zum handlungsfähigen politischen Gesamtkörper. Sollen auch ungeliebte Entscheidungen akzeptiert werden, so darf für die überstimmten Minderheiten letztlich nie etwas auf dem Spiel stehen, das schwerer wiegt, als der durch die gemeinsame Verpflichtung auf den Modus mehrheitlicher Entscheidungsfindung gestiftete Friedenszustand selbst. Wo Mehrheitsentscheidungen die Kernbestände des — wenn auch nur für Minderheiten — „Normalen" irreversibel in Mitleidenschaft ziehen, tragen sie dazu bei, den Friedensrahmen der Verfassung zu zerstören.

Wir nähern uns offenbar in vielen (und von der staatlichen Politik zunehmend mitzuverantwortenden) Fortschrittsfeldern politischen Patt-Situationen. Es herrscht das „Nichts-geht-Mehr"; jedenfalls geht nichts *allein* unter Berufung auf das Prinzip mehrheitlicher Entscheidungsfindung. Dies gilt für die Kernenergie nicht weniger als für die moderne Waffentechnologie und die neuen Medien, ist bei der Umweltchemie nicht anders als bei der zentralen Datenerfassung, bei Flughafenplanungen genauso wie bei großflächigen Stadtsanierungsvorhaben. „Gorleben" sei im Moment politisch nicht durchsetzbar, so hat seinerzeit Ministerpräsident Albrecht in Niedersachsen formuliert und die ambitiösen Pläne für eine Wiederaufbereitungsanlage vorübergehend zu den Akten gelegt; in Wyhl sagt jeder Dritte der dort am Widerstand Beteiligten, der Kampf gehe für ihn weiter, er sei nicht bereit, sich in den abschließenden Spruch des Mannheimer Verwaltungsgerichts zu fügen.

Es wird nur gelingen, die Mehrheitsentscheidung als den zentralen Mechanismus unblutiger Stärkeermittlung zu erhalten, wenn es uns möglich ist, die Unversehrtheit des „Normalen" — also der physischen und kulturellen Bestände, die dem zweckrationalen Zugriff vorenthalten sind — im gemeinsamen Überzeugungsminimum von Staatsbürgern wie Eliten dauerhaft und zweifelsfrei zu verankern.

Wer heute über das Prinzip mehrheitlicher Entscheidungsfindung und seine Grenzen laut nachdenkt, gerät unvermeidlich in das Schußfeld zwischen den politisch-ideologischen Fronten. Dorthin kann man sich nur mit dem Mut begeben, der allenfalls aus dem Grundsatz zu beziehen ist, daß man nicht füglich den Seismographen fürs Beben wird verantwortlich halten wollen. Bei aller Unterschiedlichkeit des jeweiligen Ansatzes und der jeweiligen Argumentationsperspektive besteht eine der Gemeinsamkeiten der in diesem Band versammelten Beiträge darin, daß sie, wie kritisch immer sie die aktuellen Rahmenbedingungen für die Produktion langfristig notwendiger, „weiser" und verantwortungsbewußter Mehrheitsentscheidungen beurteilen, das Mehrheitsprinzip aus grundsätzlichen Erwägungen heraus bejahen, gleichzeitig aber Tendenzen zu seiner Perversion und damit zur Selbstaufhebung seiner Legitimationskraft konstatieren. Jedenfalls wird das Mehrheitsprinzip nicht von denen infragegestellt, die darüber nachdenken, welches seine ungeschriebenen politisch-kulturellen und sozialstrukturellen Voraussetzungen sind, wo die Grenzen seiner Gültigkeit, seiner Anwendbarkeit und seiner legitimatorischen Wirkung liegen. Die Rolle der Totengräber spielen vielmehr jene, die dem Prozeß, in dem diese Grenzen erreicht und überschritten werden, tatenlos und in doktrinärer Beharrung zusehen. „Wer das Mehrheitsprinzip auflöst, löst die Demokratie auf", schreibt Theo Sommer warnend in der ZEIT (vom 10. Juni 1983). Recht hat er! Doch lösen wirklich ein paar Sozialwissenschaftler dieses bewährte, altehrwürdige Prinzip auf? Und nicht vielmehr jene, die es, in Blindheit für seine Voraussetzungen und seine Mäßigung auferlegenden Grenzen, überdehen und überstrapazieren, indem sie mit weit in die Zukunft vorausgreifenden Entscheidungen aktuelle und künftige Minderheiten mit Lasten und Risiken überhäufen und Situationen schaffen, in denen das „Prinzip Verantwortung" (H. Jonas) leerläuft?

* Dieser Aufsatz wurde in geringfügig abweichender Fassung vorabgedruckt in: Aus Politik und Zeitgeschichte, B 47 (1983), S. 3 ff.

II. Historische Grundlagen des Mehrheitsprinzips

Otto v. Gierke

Über die Geschichte des Majoritätsprinzipes*

Zu keiner Zeit vielleicht hat das *Majoritätsprinzip* eine so gewaltige Rolle ge-spielt wie in der Gegenwart. Bei staatlichen und kommunalen Wahlen, bei den Beschlußfassungen von Parlamenten und Gemeindevertretungen, in ad-ministrativen und richterlichen Kollegien, in allen öffentlichen und privaten Körperschaften, in Vereinen für wirtschaftliche wie für ideale Zwecke ent-scheidet Stimmenmehrheit. Überall gilt, was die Mehrheit will, als Ausdruck des Gemeinwillens. Durch ein Rechenexempel wird festgestellt, was alle Be-teiligten als für sie bindend anerkennen müssen, mag es sich nun um 16 Mil-lionen Stimmender, wie jüngst bei der amerikanischen Präsidentenwahl, oder mag es sich um die Abstimmung in einem Dreimännerkollegium handeln. Erst unterhalb der Dreizahl versagt dieses Allheilmittel für Meinungsverschie-denheiten. In der Gemeinschaft zu Zweien gibt es keine Majorität. Die innig-ste aller menschlichen Verbindungen, die Ehe, muß sich ohne Abstimmungen behelfen.

Infolge solcher allgemeinen Anerkennung nehmen wir heute das Majori-tätsprinzip als etwas *Selbstverständliches* hin und zerbrechen uns nicht viel den Kopf darüber, *warum* denn hier überall der Teil so viel gilt wie das Gan-ze. Auch in juristischen, politischen und philosophischen Schriften begegnen nur selten eingehendere Versuche seiner Rechtfertigung[1].

Dem war nicht immer so! Das Majoritätsprinzip hat keineswegs von jeher in Kraft gestanden. Es hat sich erst in langem geschichtlichem Ringen durchgesetzt und dabei sehr verschiedene Entwicklungsstufen durchlaufen. Sein Geltungsgrund ist in mannigfach ungleicher Weise aufgefaßt und formu-liert worden. Ein Blick auf diesen Werdeprozeß bietet um so größeres histori-sches Interesse, als er sich in engem Zusammenhange mit dem Wandel der Grundanschauungen über das Wesen der menschlichen Verbände abgespielt hat. Zugleich aber mag er dazu dienen, ein tieferes Verständnis unseres heu-tigen Rechtszustandes zu fördern.

In diesem Sinne möchte ist es unternehmen, Ihre Aufmerksamkeit auf die *Geschichte* des *Majoritätsprinzips* zu lenken. Dabei beschränke ich mich aber auf die Darlegung der auf Grund des germanischen Rechts im Mittelalter und in der Neuzeit vollzogenen Entwicklung. Insbesondere gehe ich auf eine Untersuchung der Geschichte des Majoritätsprinzips in der *antiken Kultur-welt* nicht näher ein. Bei Griechen und Römern erfreut sich in den reifen Zeiten, von denen wir genauere Kenntnis haben, das Majoritätsprinzip bei allen Versammlungsbeschlüssen unbestrittener Herrschaft. Über Vorstadien, die es vermutlich gegeben hat, sind wir nicht sicher unterrichtet. Jedenfalls war man sich solcher nicht mehr bewußt, hegte vielmehr an der Berechtigung der Entscheidung durch Stimmenzählung keinerlei Zweifel. In der *griechi-*

schen Staatslehre stoßen wir überhaupt nicht auf Reflexionen über den Grund der Geltung des Stimmenmehrs. Erst die *römischen Juristen* suchen nach dem Geltungsgrunde. Sie begnügen sich aber mit einer sehr äußerlichen Rechtfertigung. Refertur ad universos quod publice fit per majorem partem, sagt Ulpian in I. 160 § 1 D. de R. J. Ähnlich meint Scaevola in I. 19 D. ad municipalem (56, 1): Quod major pars curiae effecit pro eo habetur, ac si omnes egerint. Diese Aussprüche, die später eine große Rolle gespielt haben, laufen auf eine juristische Fiktion hinaus, kraft deren die Mehrheit gelten soll, als seien es Alle. Wie sich zu dieser Fiktion der bekannte positive Rechtssatz verhält, der zur Gültigkeit eines Majoritätsbeschlusses der städtischen Kurie die Anwesenheit von zwei Dritteln fordert, lassen die römischen Juristen, die eine allgemeine Theorie der Korporationsbeschlüsse überhaupt nicht ausgebildet haben, unerörtert.

Dem *germanischen Recht* war auf der ungleich primitiveren Stufe, auf der es bei seinem Eintritt in das Licht der Geschichte stand, das Majoritätsprinzip fremd. Ihm deckte sich der Gesamtwille mit dem Versammlungswillen und der Versammlungswille mit dem Willen aller Versammelten. Für das durchaus sinnliche und konkrete Denken der alten Zeit waren Träger alles Verbandsrechtes sichtbare Versammlungen und sichtbare Herrscher. So wenig man bei dem Herrscher die Individualpersönlichkeit und die Stellung als Verbandshaupt unterschied, ebensowenig unterschied man bei der Versammlung die Gesamtheit von der Gesamtvielfalt. Alles Gemeinschaftsrecht hatte daher die Versammlung der vollberechtigten Genossen in ihrer zugleich einheitlichen und vielköpfigen Erscheinung auszuüben. In dem kollektiven Wollen und Handeln Aller offenbarte sich das lebendige Ganze.

Grundsätzlich bedurfte es also zu jedem Volks- oder Gemeindebeschluß eines *einhelligen Gesamtaktes.* Im Falle der Meinungsverschiedenheit zu einem solchen zu gelangen, war das Ziel der Beratung. Wenn aber die Überzeugungskraft der Gründe oder das Ansehen und die Beredsamkeit der führenden Männer nicht zur Übereinstimmung führten, so setzte sich freilich in der Regel die Meinung der überwiegenden Mehrheit durch. Allein dies geschah ursprünglich keineswegs im Wege einer die Minderheit von Rechts wegen bindenden Abstimmung. Von Stimmabgabe und Stimmzählung war nicht die Rede. Vielmehr gab die versammelte Menge mit gesamter Hand und mit gemeinem Munde ihre Willensmeinung kund. Zusammenschlagen der Waffen mit Beifallsruf oder sonstige Billigung mit Hand und Mund galt als Annahme, lautes Murren oder mißbilligender Zuruf als Verwerfung eines Vorschlags. So schildert uns Tacitus die Beschlußfassung in der altgermanischen Volksversammlung, und jüngere Quellen bestätigen es als gemeingermanische Übung[2]. Verhielten sich Dissentierende schweigend, so hatte schließlich doch die Versammlung mit gesamter Hand und gemeinem Munde ihre Willen erklärt. Und auch der Widerspruch des einen oder anderen mochte, wenn er überhört oder übertönt wurde, die Verkündigung des Ergebnisses als eines einstimmigen Versammlungsbeschlusses nicht hindern.

Eine *rechtliche Verpflichtung* aber, sich dem Mehrheitsbeschlusse zu fügen und ihn so zugleich als eigenen Beschluß anzuerkennen, gab es nicht. Wer seinen Widerspruch trotzig aufrecht hielt, war durch den Beschluß der anderen Genossen, die nicht mehr Alle waren, nicht gebunden. Allein er löste sich damit von der in sich einigen Gesamtheit der Anderen, er trat ihr als

Feind gegenüber und setzte sich ihrem gewaltsamen Zwange aus. War der Widerstand gegen solche Überwältigung wegen der Stärke der Mehrheit aussichtslos, so mußte regelmäßig schon die Erwägung der Folgen die Minderheit bewegen, den Widerspruch fallen zu lassen. Allein den Halsstarrigen konnte nur die tatsächliche Macht überwinden. Und wenn auch die Minderheit stark war und sich den Sieg zutraute, so trat an Stelle des einheitlichen Versammlungsbeschlusses die Spaltung in Teilgesamtheiten zwischen denen dann äußersten Falles die Waffen entschieden.

Ein deutliches Bild der Fortdauer dieser ursprünglichen Anschauungen bieten bis tief in das Mittelalter hinein die *deutschen Königswahlen*. Sie forderten Einstimmigkeit, anfangs Einstimmigkeit der versammelten Stammeshäupter und der zustimmenden Volksmenge, sodann Einstimmigkeit der Fürsten[3] und dann noch, seitdem die Kurfürsten aus Vorwählern zu alleinigen Wählern geworden waren, Einstimmigkeit der Kurfürsten. Erst die Goldene Bulle führte das Majoritätsprinzip als Grundsatz des Reichsrechtes ein[4]. Bis dahin mußte eine Minderheit, die sich nicht freiwillig fügte, durch Waffengewalt zur Anerkennung des gewählten Königs gezwungen werden. Die zahlreichen Waffengänge zwischen Königen und Gegenkönigen bei zwiespältigen Wahlen sind aus der Geschichte bekannt.

Auch sonst erhielten sich vielfach mit Zähigkeit die alten Anschauungen. Im deutschen wie im fränkischen *Reichstage* war zunächst zur Beschlußfassung Einigung erforderlich und die Unterwerfung derer, die sich ausschlossen, vom Zwange der Übermacht abhängig. Frühestens seit dem Ende des dreizehnten Jahrhunderts wurden Mehrheitsbeschlüsse als bindend anerkannt, sehr viel später erst Stimmzählungen unter Fixierung des Stimmengewichts eingeführt, bis zuletzt in den drei Kollegien, in die er zerfiel, das Majoritätsprinzip durchdrang und nur Einstimmigkeit der Kollegien oder im Falle der itio in partes der beiden Religionskörper notwendig blieb. Langsam und anfänglich nur in beschränktem Umfange wurde in den *landständischen Versammlungen*, und auch hier immer nur innerhalb der einzelnen ständischen Körper, der Grundsatz der Einstimmigkeit durch die Mehrheitsentscheidung überwunden, langsamer noch in den *föderativen Verbänden*, wie in der deutschen Hanse und der schweizerischen Eidgenossenschaft. Ebenso mußte überall in Europa das Majoritätsprinzip in den politischen Versammlungen die formale Geltung, die es endlich errang, sich erst mühsam erkämpfen. In manchen Ländern wurde sogar ihm gegenüber das Einstimmigkeitsprinzip zu formaler Geltung erhoben[5], dem jedoch der endgültige Sieg nur im polnischen Reichstage mit dem berüchtigten liberum veto beschieden war.

Länger noch, als auf den Höhen des öffentlichen Lebens, behauptete sich in dessen Niederungen das alte Recht. Insbesondere wurden auf dem Lande in *Marktgenossenschaften und Bauerschaften* die Beschlüsse stets von der versammelten Menge der Vollgenossen *einmütig* gefaßt und *einmündig* erklärt. Daß Beschlüsse, die das Sonderrecht des einzelnen Genossen kränken, dessen Zustimmung forderten, ist begreiflich; zu diesen aber rechnete man unter dem Gesichtspunkte des alten Gesamteigentums an der Mark vielfach auch die Aufnahme neuer anteilsberechtigter Genossen und jede Verfügung über die Allmende oder deren Erträge zugunsten von Ungenossen, räumte daher in solchen Fällen jedem Genossen ein formales Widerspruchsrecht ein, das erst durch Verschweigung in Jahr und Tag erlosch[6]. Allein auch wo es sich lediglich um die Ausübung des Gesamtrechtes oder um das gemeine Beste handelte, wo Recht gewiesen oder Recht gesetzt, wo ein Vorsteher oder ein Beamter gewählt wurde, bedurfte es einen ungezweiten Versammlungsaktes. Hierbei machte sich nun freilich stets das Übergewicht der Mehrheit geltend. Und seit dem dreizehnten Jahrhundert wurde mehr und mehr auch in den Landgemeinden der Stimmenmehrheit ein rechtlicher Vorzug zugestanden[7]. Allein damit wurde, wie wir sehen werden, zunächst das Erfordernis der schließlichen Übereinstimmung Aller keineswegs aufgegeben, so daß ausweislich unzähliger Weistümer und Urkunden fort und fort die Gemeindebeschlüsse als einstimmige Versammlungserklärungen verkündigt wurden[8].

Nicht minder lebendig blieb die ererbte Denkweise bei dem *Urteilsspruch in allen Gerichtsversammlungen*. Das gefundene Urteil erlangte Rechtskraft nur durch die vulbort, die allgemeine Zustimmung der vollberechtigten Dingleute. Wo Schöffen oder andere Urteilsfinder ohne Umstand zu entscheiden hatten, war mindestens eine einhellige Billigung unerläßlich. Und dieser Grundsatz überdauerte wieder die Einführung des Majoritätsprinzips. Etwas anders verhielt es sich bei dem *Wahrspruch der Geschworenen*, der ja von Hause aus nicht Urteil, sondern Zeugnis war[9]. Aber auch das Gesamtzeugnis forderte eine einhellige Gesamtaussage und scheiterte am Zwiespalt der Meinungen. Das bloße Nichtwissen des Einen oder Andern mochte der Kraft des gemeinen Wahrspruches nicht schaden, wie denn im normannischen Recht die feste Regel ausgebildet wurde, daß der einstimmige Wahrspruch von elf unter den zwölf Geschworenen genüge. Der ausdrückliche Widerspruch aber auch nur eines einzigen Geschworenen hinderte das Zustandekommen eines gültigen Spruchs[10]. Von hier aus konnte sich das starre Erfordernis der Einstimmigkeit in der englischen Jury entwickeln[11]. Es konnte aber auch das Majoritätsprinzip durchdringen, sei es nun, daß eine überwiegende Mehrheit erforderlich blieb, sei es, daß mit einfacher Mehrheit entschieden wurde, wie dies im normannischen Recht bei Besitzprozessen der Fall war[12] und in Deutschland bei der hier allein übrig gebliebenen Bekundung von Besitzverhältnissen durch die Umsassen galt[13].

Die allgemeine Entwicklungstendenz war, wie wir gesehen haben, auf die fortschreitende *Anerkennung des Majoritätsprinzips* gerichtet, das in der zweiten Hälfte des Mittelalters auch in Deutschland unbestritten in ständischen Versammlungen, Gerichten, Landgemeinden, Städten, Gilden und Zünften galt und in den Rechtsbüchern, den Weistümern und zahlreichen anderen Rechtsquellen als generelle Regel ausgesprochen wird. Allein ich habe schon darauf hingewiesen, daß es zunächst keineswegs einen Bruch mit den alten Anschauungen bedeutete, sondern sich in deren Rahmen als ein juristisches Mittel zur Erzielung eines einheitlichen Versammlungsbeschlusses einfügte. Denn es empfängt die Fassung: „*Die Minderheit soll der Mehrheit folgen*", minor pars sequatur majorem[14]. Durch diese Wendung aber oder durch ähnliche gleichbedeutende Wendungen wird ausgedrückt, daß die Minderheit ihren Widerspruch aufgeben und der Mehrheit zustimmen soll, damit ein einheiliger Gemeinwille zustande komme: eine sententia per approbationem et collaudationem communem, quae volga dicitur, ab omnibus et singulis stabilita, wie ein Weistum von 1340 sagt[15].

Hierin bekundet sich ein außerordentlicher Fortschritt der Rechtsauf-
fassung. Die Überwindung des Meinungszwiespalts soll nicht mehr von tat-
sächlichem Übergewicht und gewaltsamem Zwange abhängen, sondern durch
Erfüllung einer der Minderheit auferlegten *Rechtspflicht* herbeigeführt werden. Aus dem genossenschaftlichen Verhältnis entspringt für den Genossen
die Pflicht, um der Einheit des Ganzen willen sich dem Ergebnis der Abstimmung zu fügen und durch seinen Beitritt den Mehrheitswillen zum Gesamtwillen zu erheben. Allein immer noch ist schließlich Einstimmigkeit erforderlich, so daß der Beschluß nur Kraft erlangt, wenn wirklich die Minderheit der
Mehrheit folgt. Verharrt sie bei ihrem Widerspruch, so begeht sie vielleicht
ein strafbares Unrecht[16], ein rechtsgültiger Gemeinbeschluß aber kommt
dann nicht zustande. Ist eine Lösung des Konfliktes im Wege Rechtens unerläßlich, so kann sie nur durch höhere Entscheidung erfolgen[17].

In besonders klarer Ausprägung treten diese Anschauungen im *gericht-*
lichen Verfahren zutage[18]. Ist auf die richterliche Frage ein Urteil gefunden,
so kann ihm jeder Schöffe oder Dingmann ein ihm besser dünkendes Urteil
entgegenstellen. Damit beredet er die vulbort. Dann behält der, dem bei der
Abstimmung die meisten folgen, sein Urteil. Dieses Urteil erhält dann dadurch, daß sich die Minderheit der Mehrheit anschließt, die vulbort und
steht nun als Rechtsspruch der Gesamtheit, als „gemeines", „gesamtes",
„einstimmiges", „ungezweites" Urteil unanfechtbar da. Allein der dissentierende Schöffe oder Dingmann kann, solange die vulbort nicht erteilt ist,
auch anders verfahren. Er kann das Urteil „schelten" oder „verwerfen". Damit wirft er dem Urteilsvorschlage Rechtswidrigkeit vor und erklärt auf
eigene Gefahr hin, daß er demselben niemals und auch nicht, wenn ihm die
Mehrheit folgt, zustimmen werde. In diesem Falle kommt ein gemeines Urteil nicht zustande, es wird um vulbort überhaupt nicht gefragt und jede
Möglichkeit rechtskräftiger Entscheidung durch das verhandelnde Gericht ist
zerstört. Die Streiterledigung erfolgt durch Zug an ein anderes und womöglich höheres Gericht, vor dem in einem neuen Prozeß über Gerechtigkeit oder
Ungerechtigkeit des mit der Urteilsschelte erhobenen Vorwurfs entschieden
wird. Wer unterliegt, verliert nicht nur sein Urteil, sondern wird auch buß-
fällig. Der Sachsenspiegel aber betont es als ein besonderes Vorrecht der
Sachsen, daß er auch einen anderen Weg wählen kann, indem er das geschol-
tene Urteil an die rechte Hand zieht. Dann entscheidet gerichtlicher Zwei-
kampf. Selbsiebent seiner Genossen muß er wider andere sieben fechten; auf
welcher Seite die Mehrheit siegt, die behält das Urteil[19]. Hier ist also in eigen-
artiger Weise das Majoritätsprinzip in die altertümliche Waffenentscheidung,
die in den Rechtsgang verlegt ist, hineingetragen: wo die Stimmenmehrheit
versagt, dringt die Siegermehrheit durch.

Doch ist auch im Bereiche vorbehaltloser Geltung der Stimmenmehrheit
mit dem Satze „Die Minderheit soll der Mehrheit folgen" die alte sinnliche
Vorstellung von den Verbandseinheiten noch nicht überwunden. Denn immer noch wird dabei die Gesamtheit als Einheit mit der Vielheit aller identifiziert. Eine Änderung tritt erst ein, *wenn der Mehrheitsbeschluß unmittelbar*
als Ausdruck des Gesamtwillens gilt. Diese Entwicklungsstufe mußte erreicht
werden, sobald der alte Genossenschaftsbegriff zum *Körperschaftsbegriff* gesteigert wurde, was am frühesten in den Städten geschah[20]. In der Tat läßt
sich verfolgen, wie mit der korporativen Ausgestaltung der Verbände diese

neue Auffassung des Majoritätsprinzips Hand in Hand geht und demgemäß die nachträgliche Zustimmung der Minderheit mehr und mehr als überflüssige Formalität in Wegfall kommt.

Vollzog das germanische Recht eine derartige Umbildung des Majoritätsprinzips aus sich heraus, so empfing sie doch ihre begriffliche Fassung durch *die vom römischen und kanonischen Recht ausgehende mittelalterliche Jurisprudenz.* Sie zuerst stellte eine bis in die feinsten Einzelheiten ausgearbeitete, für die ganze Folgezeit grundlegend gewordene Korporationstheorie auf, in der das Majoritätsprinzip eine zentrale Rolle spielte.

Die *Legisten* entnahmen dem Corpus Juris Civilis die grundsätzliche Geltung von Mehrheitsbeschlüssen und deren Rechtfertigung durch eine Fiktion, kraft deren die Mehrheit rechtlich so angesehen wird, als seien es alle. Während aber die Glossatoren noch überwiegend in der Vorstellung befangen blieben, daß die Gesamtheit sich mit der Summe der einzelnen decke[21], führten die Postglossatoren die Unterscheidung von omnes ut universi und omnes ut singuli ein, die schon bei *Odofredus* das Fundament der Lehre von den Korporationsbeschlüssen bildet und bei *Bartolus* ihre abschließende Gestalt empfängt[22]. Nur wo das Gesetz eine Vielheit als universitas zusammenfasse, stelle es die Mehrheit allen gleich, während überall, wo eine Vielheit nur als Summe von einzelnen gelte, der Widerspruch eines einzigen die Übereinstimmung aller übrigen überwinde. Von hier aus erkannte man in dem Vorrang des Mehrheitswillens ein spezifisch korporatives Prinzip. Man leitete ihn aus dem Wesen der Korporation her, weil diese eben die Mitglieder zur universitas verbinde, und versagte umgekehrt, von singulären Ausnahmen abgesehen, dem Majoritätsprinzip die Anerkennung in der bloßen Gesellschaft oder Gemeinschaft, weil diese nur ein Verhältnis von plures ut singuli sei. Weiter aber band man die Kraft des Mehrheitsbeschlusses an dessen Zustandekommen in einer gehörig berufenen und ordnungsmäßig verhandelnden Versammlung, da nur in einer solchen die Gesamtheit sich rechtlich als Einheit darstelle, und baute die Lehre von den Erfordernissen eines jeglichen Korporationsbeschlusses im einzelnen aus. Die Beschlußfähigkeit der Versammlung machte man unter Verallgemeinerung des römischen Dekurionenrechtes von der Anwesenheit von zwei Dritteln der Mitglieder abhängig, sah aber abweichende Verfassungsbestimmungen als zulässig an. Endlich entwickelte man auf Grund der Unterscheidung von omnes ut universi und omnes ut singuli die Theorie von den für den Mehrheitsbeschluß unantastbaren jura singulorum[23], die dann durch die Jahrhunderte hindurch sich behauptet hat, während die Abgrenzung der Sonderrechte bis heute das umstrittenste Problem des Körperschaftsrechtes geblieben ist. Konnte doch einerseits durch übermäßige Ausdehnung des Begriffes der jura singulorum alle Kraft der Gemeinschaftsgewalt gebrochen werden, wie ja vielfach bei der ständischen Steuerbewilligung die Geltung des Stimmenmehrs unter dem Gesichtspunkt, daß die Verfügung über den Geldbeutel des Genossen sicherlich in dessen Sonderrecht eingreife, in Frage gestellt und später in Deutschland sogar die Reichsgewalt durch die Versteifung der jura singulorum lahmgelegt wurde. Auf der anderen Seite aber lag in der Festhaltung dieser Schranke ein unentbehrlicher Schutz gegen Majoritätstyrannei. Doch bildet der wechselvolle Kampf um die jura singulorum ein eigenes Kapitel der Rechtsgeschichte.

Mit der Lehre der Legisten berührte sich die Lehre des *kanonischen Rechtes und der Kanonisten*[24], die mehr und mehr auch auf jene einen tiefgreifenden Einfluß gewann. Wenn in der Kirche das Majoritätsprinzip in Glaubenssachen stets ausgeschlossen blieb, so drang es doch bei Wahlen und bei allen kollegialen Beschlüssen über äußere Angelegenheiten, obschon auch hier Einstimmigkeit als das Erwünschtere galt, allgemein durch. Dabei wirkten im früheren Mittelalter auf die Ausgestaltung des Majoritätsprinzips germanische Anschauungen ein, so daß es nur als Mittel behandelt wurde, den Weg zum communis consensus zu ebnen[25]. Die ausgebildete kanonistische Theorie aber stimmte mit der romanistischen Theorie in der Gleichsetzung des Mehrheitswillens mit dem Gesamtwillen überein. Auch sie lehrte, daß im Gegensatz zu den res communes pluribus ut singulis bei allen negotia universitatis kraft gesetzlicher Fiktion quod major pars facit, totum facere videtur. Sie suchte jedoch nach einem inneren Grunde dafür und fand ihn in der Wahrscheinlichkeit, daß viele leichter als wenige das Richtige treffen werden: quia per plures melius veritas inquiritur[26].

Dies war der treibende Gedanke für die eigenartige Umprägung, die das Majoritätsprinzip durch die Einführung des Satzes erfuhr, daß wahre Mehrheit nur die major et sanior pars ist[27]. Die pars numerosior hat nur die Vermutung der besseren Einsicht für sich, kann aber nicht als der größere Teil gelten, sobald diese Vermutung widerlegt wird. Von Theorie und Gesetzgebung seit dem zwölften Jahrhundert allmählich ausgebildet und im Jahre 1179 von *Alexander III.* auf dem dritten Lateranensischen Konzil bereits als allgemein gültig behandelt, errang sich das Dogma von der major et sanior pars alsbald die unbestrittene Herrschaft im kirchlichen Recht. Die Anschauung, daß die Stimmen nicht nur zu zählen, sondern zu wägen sind, war ja auch dem germanischen Recht nicht fremd und kam in dem Übergewicht der Stimmen der Angesehensten bei der Feststellung des Versammlungsbeschlusses zum Ausdruck. Das kanonische Recht aber goß sie in juristische Form und verinnerlichte den Maßstab der Abwägung. Bei der Ermittlung, welcher Teil der „gesündere" ist, sollen neben dem Ansehen (auctoritas) der Stimmenden ihre geistigen und sittlichen Eigenschaften (ratio et pietas) und die Lauterkeit ihrer Motive (bonus zelus et aequitas) in Erwägung gezogen werden, zugleich aber soll die Vernünftigkeit des Ergebnisses (insbesondere bei Wahlen die Würdigkeit des Gewählten) geprüft werden. In den genauen Regeln über die Bewertung der einzelnen Momente offenbart sich in charakteristischer Weise der spiritualistische Zug des kanonischen Rechts. Gleichzeitig aber bedeutet das Erfordernis der sanioritas die Beugung des Majoritätsprinzips unter das hierarchische Autoritätsprinzip. Denn die Entscheidung liegt ausschließlich in der Hand des kirchlichen Oberen. Vielfach wurde sogar die Ansicht verfochten, daß auch eine Minderzahl durch sanioritas zur majors pars werde, womit im Grunde das Majoritätsprinzip überhaupt in die Luft gesprengt war. Doch siegte schließlich die Meinung, daß zum gültigen Beschluß major et sanior pars unerläßlich sei, also Übergewicht der Zahl und des Wertes der Stimmen zusammentreffen müsse. Und mindestens bei Wahlen drang die Anschauung durch, daß bei einer Zweidrittelmehrheit die Vermutung für sanioritas sich zur Gewißheit steigere. In dem einzigen Falle, in dem es an der Möglichkeit einer Prüfung der sanioritas durch einen kirchlichen Oberen fehlte, bei der Papstwahl, war gerade deshalb Zweidrittelmehrheit erforderlich.

Wenn die Kanonisten anfänglich für ihre Forderung der major et sanior pars Allgemeingültigkeit beanspruchten und hier und da hiermit Beifall fanden[28], so siegte schließlich die Meinung, daß es sich um eine Besonderheit des *kirchlichen Rechtes* handle[29]. Nur vereinzelt begegnen Nachbildungen im weltlichen Recht[30]. Dagegen gewann die kanonistische Anschauung, daß ein starkes, und zwar mindestens doppeltes Übergewicht der Zahl eine Gewähr für die Vernünftigkeit der Mehrheitsentscheidung biete, allgemeine Bedeutung. Auf sie geht das Erfordernis einer Zweidrittel- oder Dreiviertelmehrheit zu besonders wichtigen Beschlüssen, insbesondere zu Verfassungsänderungen zurück, das schon im Mittelalter oft vorkommt[31] und heute zu den verbreitetsten Einschränkungen des Majoritätsprinzips gehört.

In vielen anderen Punkten führten die Kanonisten der Lehre von den Korporationsbeschlüssen bleibenden Gewinn zu. Nur auf zwei will ich hinweisen. Gegenüber der von den Legisten verfochtenen Regel, daß zur *Beschlußfähigkeit* einer Versammlung die Anwesenheit von zwei Dritteln erforderlich sei, setzten sie die Ansicht durch, daß an sich bei ordnungsmäßiger Versammlung die Anwesenheit einer noch so geringen Zahl genüge, weil die Ausgebliebenen für dieses Mal sich selbst ausgeschlossen haben (se alienos fecerunt)[32]. Alle Fälle, in denen die Beschlußfähigkeit von der Anwesenheit einer bestimmten Zahl von Mitgliedern abhängt, erscheinen demgemäß, wie ja auch im heutigen Recht, als besonders begründete Ausnahmen. Sodann befruchteten die Kanonisten die Lehre von den *Einzelrechten* durch die erstmalige Unterscheidung zwischen den freien Individualrechten und den körperschaftlichen Sonderrechten, den jura singulorum propria und den jura singulorum collegialia oder in universitate[33].

Fragen wir nach dem Verhältnis der romanistisch-kanonistischen Korporationstheorie zur Grundauffassung vom Wesen der Verbände, so leuchtet ein, daß sie mit der durchgängigen Unterscheidung der omnes ut universi und der omnes ut singuli die der älteren germanischen Vorstellung noch nicht geläufige Abstraktion der Gesamteinheit von der Gesamtvielfalt vollzogen hatte. Allein in der Identifizierung der Körperschaft mit der Gesamtheit als einheitlichem Inbegriff blieb sie zunächst stecken. Die universitas deckt sich eben mit den omnes ut universi; darum wurde in stets wiederkehrenden Wendungen die wollende und handelnde Mitgliederversammlung als die Körperschaft selbst, die universitas ipsa bezeichnet[34]. Im Bereiche der Geltung des Majoritätsprinzips kommt in der major pars die universitas ipsa zur Erscheinung. Kraft einer neuen Fiktion werden Repräsentantenversammlungen, z.B. Stadträte, der universitas ipsa gleichgestellt[35]. Hier überall handelt die universitas *per se*. Dagegen liegt ein agere *per alium* vor, wenn Vorsteher und Beamte tätig werden. Sie sind bloße Vertreter der Gesamtheit und handeln nur da, wo die universitas ipsa nicht zu handeln vermag, kraft gesetzlicher oder rechtsgeschäftlicher Vollmacht an ihrer Stelle. Diese Unterscheidung zwischen dem eigenen Handeln der Körperschaft und dem Handeln ihrer Vertreter war für den Aufbau der mittelalterlichen Korporationstheorie von fundamentaler Bedeutung und beherrschte namentlich die viel umstrittene Lehre von den Körperschaftsdelikten[36].

Neben der kollektiven Verbandsauffassung aber brach sich eine ganz andere Auffassung Bahn, die von den Kanonisten, und zwar in voller Schärfe zuerst von Innocenz IV. im Sinne des kirchlichen Anstaltsbegriffes entwickelt und dann auf alle korporativen Verbände erstreckt wurde. Sie findet die Verbandseinheit in einer der Mitgliedergesamtheit *transzendenten* Wesenheit, einer *besonderen Verbandspersönlichkeit*, die so gut von der Versammlung aller Mitglieder wie von Vorstehern und Beamten nur repräsentiert wird. Das Mittel ihrer Konstruktion aber ist eine neue Fiktion. Es ist die im Corpus Juris Civilis erst angedeutete, nun jedoch scharf herausgemeißelte und in den Mittelpunkt gerückte *fingierte Person*, die persona ficta, repraesentata, imaginaria, das erdichtete künstliche Individuum! Bei folgerichtiger Durchführung dieser neuen Fiktion verschwindet die Gleichsetzung der Gesamtheit der Mitglieder mit der universitas ipsa. Die universitas ipsa ist allein das unsichtbare ideale Rechtssubjekt, das auch, wenn die Versammlung beschließt, per alium agit. Damit wird die Theorie der Korporationsbeschlüsse auf eine höhere Stufe gehoben. Denn nunmehr kann die Wirksamkeit aller Versammlungsakte in Korporationsangelegenheiten in die Schranken einer der Versammlung selbst zugewiesenen verfassungsmäßigen Zuständigkeit, innerhalb deren allein sie die fingierte Person repräsentiert, gebannt werden. Diese Zuständigkeit wird vor allem durch den korporativen Lebensbereich, aber auch durch die Zuständigkeiten eines Vorstandes oder anderer Vertreter des künstlichen Rechtssubjektes begrenzt. Darüber hinaus vermag auch der einstimmige Versammlungsbeschluß nichts auszurichten, versagt daher erst recht das Majoritätsprinzip, das nur den Mehrheitswillen zum Versammlungswillen stempelt. Alle solche Fortschritte aber werden mit der Verdrängung der lebendigen Verbandseinheit durch das Gespenst der fingierten Persönlichkeit erkauft. Die neue Herrin der gemeinheitlichen Sphären ist ein willens- und handlungsunfähiges Begriffswesen. Sie gleicht dem Kinde oder vielmehr, da daß Kind einmal mündig wird, dem unheilbar Wahnsinnigen. Die Verantwortlichkeit für unerlaubte Handlungen wird ihr abgenommen, sie wird aber zugleich in allem Handeln vormundschaftlicher Vertretung unterstellt. Der germanische Genossenschaftsgedanke wird ausgetilgt. Der Korporationsbegriff empfängt eine rein anstaltliche Färbung[37].

Die Theorie der persona ficta wurde auch von den Zivilisten angenommen und beherrschte äußerlich die gesamte Jurisprudenz der folgenden Jahrhunderte. Sie leistete bei der Umbildung alles Verbandsrechtes im Geiste des obrigkeitlichen Staates wichtige Dienste. Allein selten wurde sie folgerichtig durchgeführt, ging vielmehr fast durchweg ein Kompromiß mit der zäh festgehaltenen *kollektiven* Auffassung ein. So setzte sich auch in der Lehre von den Korporationsbeschlüssen immer wieder die Behandlung des übereinstimmenden Willens aller Mitglieder als Willen der Körperschaft selbst durch. Fort und fort wurde daher, soweit die rechtliche Gleichsetzung der Majorität mit allen reichte, der Mehrheitsbeschluß als Willenserklärung der universitas ipsa betrachtet und zwischen dem eigenen Handeln der Gemeinheit und ihrem Handeln durch Vertreter unterschieden[38]. Damit verwickelte man sich in zahlreiche Widersprüche, gewann aber die Möglichkeit, nach Bedürfnis den fortlebenden Gebilden germanischer Herkunft gerecht zu werden und genossenschaftlichen Gedanken Raum zu geben. Erst im neunzehnten Jahrhundert machten Savigny und seine Schüler mit dem Begriffe der fingierten Person als eines der verbundenen Gesamtheit fremden künstlichen Individuums wieder Ernst und legten ihn ihrem Neubau der Lehre von den „juristischen Personen", wie man nun sagte, zugrunde, in dem auch das Majoritätsprinzip wieder die entsprechende Fassung empfing.

Diese Restauration aber entsprang vor allem dem Gegensatz gegen die *naturrechtliche Gesellschaftslehre*, die inzwischen zur Übermacht emporgediehen war und das positive Recht überschwemmt hatte. Denn das Naturrecht trieb die rein kollektive Auffassung aller menschlichen Verbände auf die Spitze. Es leitete alle Verbände bis aufwärts zum Staat aus der vertragsmäßigen Vereinigung der von Hause aus freien und gleichen Individuen her und konstruierte alles Verbandsrecht als vergemeinschaftetes Individualrecht. Ihm war so gut der Staat wie die Ehe und jede Erwerbsgesellschaft eine vertragsmäßig begründete societas. Der Sozietätsbegriff verschlang den Korporationsbegriff wie den Anstaltsbegriff. Nun fordert aber der Vertrag den Konsens aller Kontrahenten. Darum bereitete gerade das Majoritätsprinzip den Naturrechtslehrern nicht geringe Schwierigkeiten. Sie halfen sich mit der Annahme, daß in den ursprünglichen Gesellschaftsverträgen einstimmig die künftige Geltung des Mehrheitswillens in Gesellschaftsangelegenheiten vereinbart sei. Die so errichtete Gesellschaft konnte dann durch Mehrheitsbeschlüsse sich eine Verfassung küren. Dabei konnte bestimmt werden, daß künftig die Gesamtheit durch eine engere Versammlung repräsentiert werde und in dieser wieder der Mehrheitswille entscheide. Weiter aber mußte die als societas aequalis entstandene Gesamtheit, wenn die Innehaltung des Gesellschaftsvertrages gesichert werden sollte, sich einer Zwangsgewalt unterwerfen und so zur societas inaequalis werden. So erschien denn vor allem der Staat erst als das Produkt eines zweiten Vertrages, durch den die bürgerliche Gesellschaft in irgendeiner Weise die erforderliche summa potestas auf einen imperans übertragen hatte. In der Monarchie hatte sie sich einem Einzelherrscher, in der Republik einem Kollektivherrscher unterworfen. Und im letzteren Fall war es wieder eine Versammlungsmehrheit, der die Gewalt eingeräumt war, so daß man sogar nicht davor zurückscheute, in der Demokratie einen besonderen Unterwerfungsvertrag zwischen der mit Mehrheit beschließenden, ursprünglichen Gesamtheit und der jeweiligen, künftigen Mehrheit aller zu konstruieren. Aus einem solchen Netze von Verträgen ließ man schließlich einen einheitlichen, gesellschaftlichen Körper hervorgehen. Allein dessen Einheit war das Werk künstlich geschaffener Kollektiv- und Repräsentationsverhältnisse. Wenn man daher auch den gesellschaftlichen Einheiten Persönlichkeit zuschrieb, so erhob man sich doch nicht zu dem Begriff einer selbständigen Persönlichkeit des Ganzen, sondern blieb in den Begriffen einer kollektiven Persönlichkeit der Gesamtheiten und einer repräsentativen Persönlichkeit der Herrscher stecken. Um das Verhältnis zwischen Volkspersönlichkeit und Herrscherpersönlichkeit drehte sich in der naturrechtlichen Staatslehre der große, weltbewegende Streit. Die lebendige Staatspersönlichkeit blieb unentdeckt. Ausgeschaltet aber wurde mehr und mehr die überindividuelle persona ficta. An ihre Stelle trat das, was die Naturrechtslehrer als persona moralis bezeichneten. Unter der moralischen Person aber verstanden sie nur eine kollektive Personeneinheit. Sie meinten, daß mehrere Menschen in ihrer gesellschaftlichen Verbundenheit die Rolle einer einzigen Person spielen, wie ja auch umgekehrt ein einzelner Mensch kraft repräsentativer Stellung mehrere Personenrollen spielen kann.

Verfolgen wir noch etwas näher die naturrechtliche Auffassung des Majoritätsprinzips, so findet sich zuerst bei *Grotius* eine eingehende Begründung des Satzes, daß die Geltung der Stimmenmehrheit auf einstimmiger Vereinbarung im ursprünglichen Gesellschaftsvertrage beruhe[39]. Seitdem wurde dieser Satz zum Axiom der naturrechtlichen Soziallehre. *Hobbes* und *Locke, Ulrich Huber, Pufendorf, Thomasius, Christian Wolff, Rettelbladt* und *Achenwall* tragen ihn übereinstimmend vor[40], *Rousseau* legt ihn zugrunde[41], und *Kant* erklärt ausdrücklich, daß die in großen Staaten unentbehrlichen Einrichtungen der Mehrheitsentscheidung und der Repräsentation nur aus einer „mit allgemeiner Zustimmung, also durch einen Kontrakt", vollzogenen Annahme gerechtfertigt werden können[42]; Das Bedenken, daß doch jeder Einzelne zur Versagung seines Konsenses berechtigt gewesen sei, beseitigte man mit dem Hinweis darauf, daß er damit sich von der Gesellschaft ausgeschlossen habe und diese ohne ihn errichtet sein würde. *Hobbes* meint, dann hätten die zum Staate verbundenen anderen ihm gegenüber das Kriegsrecht des Naturzustandes, der ja nach *Hobbes* ein bellum omnium contra omnes war, behalten. Die meisten Naturrechtslehrer aber bemühten sich gleichzeitig um eine rationelle Rechtfertigung des Majoritätsprinzips, aus der sie eine bis zum Nachweise abweichender Abreden durchgreifende Vermutung für dessen vertragsmäßige Einführung bei jeder Gesellschaftsgründung herleiteten. Es sei anzunehmen, daß, wer eine Gesellschaft wolle, auch ihren Fortbestand und ihre Aktionsfähigkeit wolle. Zur Erreichung dieses Zieles aber sei die Anerkennung von Mehrheitsbeschlüssen das geeignetste Mittel. *Grotius* führt aus, daß, da es irgendeine vernünftige Art einheitlicher Geschäftserledigung geben müsse, das Verlangen aber der Unterwerfung der Minderheit unter die Mehrheit unbillig wäre, nichts übrig bleibe, als der Mehrheit das jus integri beizulegen. *Hobbes, Pufendorf, Gundling* und viele andere betonen, daß jede zur Sozietät verbundene Gesamtheit imstande sein müsse, einheitlich zu wollen, daß es aber hierfür kein besseres Auskunftsmittel gebe, als die Gleichsetzung des Mehrheitswillens mit dem Willen aller. *Locke* geht von dem Begriffe des gesellschaftlichen Körpers aus, der gleich jedem Körper durch eine einzige Kraft in einheitlicher Weise bewegt werden müsse, und meint, daß hier die bewegende Kraft nur in der von der Mehrheit getragenen größeren Kraft gefunden werden könne; darum entspreche es den Natur- und Vernunftgesetzen, den Mehrheitswillen als Willen des Ganzen gelten zu lassen. Auch sonst berief man sich öfter auf das Übergewicht der Mehrzahl an äußerer Stärke[43], griff aber auch hier und da auf die germanische Vorstellung einer rechtlichen Folgepflicht der Minderheit zurück[44]. *Rousseau* suchte mit seiner berühmten Unterscheidung der volonté générale von der volonté de tous durch einen dialektischen Kunstgriff zu erweisen, daß der allgemeine Wille notwendig zugleich der vernünftige und gerechte Wille sei, weil er das Besondere und Zufällige der in ihm verschmolzenen Einzelwillen nicht in sich aufnehme; allein die Erklärung dafür, warum dieser allgemeine Wille sich mit dem Mehrheitswillen decke, blieb er schuldig, begnügte sich vielmehr mit der nichts erklärenden Fiktion der einstimmigen Vereinbarung im Urvertrage. Im Grunde hätte ihn die Konsequenz der Gedanken, die ihn zur Ablehnung des Repräsentativprinzips führten, auch zur Verwerfung des Majoritätsprinzips bewegen müssen. Und zu dieser äußersten Konsequenz des Individualismus schritten dann auch einzelne Naturrechtslehrer vor. Sie behaupteten, daß aus dem Naturrecht allein die Forderung einstimmiger Beschlüsse zu begründen sei, daß daher in jeder Sozietät die Vermutung für das Einstimmigkeitsprinzip spräche und nur kraft besonders vereinbarter Ausnahmen das Majoritätsprinzip gelten könne. So z.B. die beiden *Schlözer*, Vater und Sohn[45]. Den Gipfel aber erklomm *Fichte*, indem er die rechtliche Geltung des Majoritätsprinzips schlankweg verneinte und höchstens in gewissen Fällen der Mehrheit das Recht zur Ausschließung der Dissentierenden zugestand[46].

In dem Maße, in dem im neunzehnten Jahrhundert die naturrechtliche Gesellschaftslehre überwunden wurde, verlor auch ihre individualistische Erklärung des Majoritätsprinzips ihr Ansehen. Bleibend aber behauptete sich die von ihr angebahnte Wiederbelebung des *germanischen Genossenschaftsgedankens*. Die genossenschaftliche Auffassung der menschlichen Verbände drang gegenüber der anstaltlichen Staats- und Korporationsauffassung wiederum siegreich vor. Darum war auch in Ansehung der Mehrheitsbeschlüsse der restaurierten romanistisch-kanonistischen Theorie kein endgültiger Erfolg beschieden. Vielmehr gewannen ihr neue Anschauungen, wie sie zuerst von der germanistischen Genossenschaftstheorie aus verjüngtem germanischen Recht entwickelt wurden, immer breiteren Boden ab.

Doch kann ich das bis heute nicht erledigte Ringen der gegensätzlichen Auffassungen und die mannigfachen Ausgleichsversuche hier nicht verfolgen. Nur das will ich kurz andeuten, welche Gesichtspunkte für die Wertung des Majoritätsprinzips bestimmend sein müssen, wenn die in allen Jahrhunderten lebendig gebliebene und im modernen Bewußtsein zur Vorherrschaft gelangte, der juristischen Konstruktion aber erst im Gefolge der Genossenschaftstheorie zugrunde gelegte *historisch-organische Verbandsauffassung* durchgeführt wird.

Sind die menschlichen Verbände soziale Organismen, bringen sie als selbständige Lebewesen über dem Einzeldasein das Gattungsdasein zur Entfaltung, so treten sie auch für das Recht den Einzelpersonen als *Personen höherer Ordnung* gegenüber. Sie lassen sich nicht im Sinne des Naturrechts als bloße Zusammenballungen von Individuen zu kollektiven Einheiten begreifen. Sie dürfen aber auch nicht im Sinne der Fiktionstheorien als künstliche Individuen von den verbundenen Gesamtheiten losgerissen werden. Vielmehr sind sie *reale Gesamtpersonen*, selbständige Gemeinwesen mit immanenter Lebenseinheit, organische Ganze, die sich aus Einzelwesen aufbauen, aber keineswegs mit der Summe ihrer Teile decken. Darum ist nicht bloß das äußere, sondern auch das innere Leben der Verbandspersonen, das ja zugleich äußeres Leben der verbundenen Personen ist, Gegenstand der Rechtsordnung. Über Zusammensetzung und Gliederung des Verbandskörpers, über dessen Organisation zum einheitlichen Ganzen, über die Beziehungen der Teile zueinander und zum Ganzen entscheiden Rechtsnormen. So entsteht der Rechtsbegriff des verfassungsmäßigen *Organs*. Organe sind die in einem bestimmten Tätigkeitsbereiche zur Darstellung der Verbandspersönlichkeit berufenen Glieder und Gliederkomplexe. Sie sind keine Vertreter im Sinne des Individualrechts, sondern sichtbare Werkzeuge der unsichtbaren Lebenseinheit des sozialen Körpers. Was das Organ innerhalb seiner Zuständigkeit

will und tut, das will und tut im Rechtssinne die Verbandsperson selbst.
Durch Organe und nur durch Organe tritt der Staat und jeder andere körper-
schaftliche Verband als wollendes und handelndes Gemeinwesen in die Erscheinung. So kann denn auch die Gesamtheit aller Mitglieder den einheitlichen Gemeinwillen nur insoweit zum Ausdruck bringen, als sie verfassungsmäßig in ihrer rechtlich geordneten Versammlung oder in sonstigem kollektiven Zusammenwirken zum Willensorgan der Verbandsperson berufen ist.
Das Gemeinwesen als solches ist etwas durchaus anderes als die Summe der
ihm jeweilig angehörigen Individuen, und keine Kunst vermag dem übereinstimmenden Einzelwillen den einheitlichen Staats- oder Körperschaftswillen
zu entlocken. Als Glieder des Verbandes aber können die einzelnen Menschen nur in ihrem organisierten Zusammenhange das lebendige Ganze in
seiner rechtlichen Einheit zur Darstellung bringen. Jede Versammlung also
ist nichts als Organ. Sie ist selbst dann, wenn sie alle jeweiligen Mitglieder
umfaßt und einstimmig beschließt, nur Organ des Verbandes und daher nur
im Bereiche ihrer verfassungsmäßigen Zuständigkeit zur Bildung und Äußerung des Gemeinwillens befähigt. In gleicher Weise aber ist sie Organ, wenn
sie kraft der Lebensordnung des Verbandes einen gültigen Mehrheitsbeschluß
faßt. Zur Erklärung des Majoritätsprinzips ist also die Gleichsetzung der
Mehrheit mit der Gesamtheit weder ausreichend noch erforderlich. Die Geltung des Mehrheitsbeschlusses als eines der verfassungsmäßigen Mittel zur
Beschaffung einer einheitlichen Versammlungsaktion ist lediglich ein Stück
der rechtlich geordneten Organbildung. Sie ist ein Element der Organisation
eines zusammengesetzten Organs.

Von diesem Standpunkte aus kommt nun freilich dem Majoritätsprinzip keine im Wesen der menschlichen Verbände begründete absolute Geltung,
sondern nur ein *historisch bedingter relativer Wert* zu. Die Herrschaft des
Stimmenmehrs allein vermag keinen Verband und am wenigsten den Staat
zur lebendigen Verbandsperson zu stempeln. Immer bedarf es neben einer
mit Mehrheit beschließenden Mitgliederversammlung führender Organe, damit ein handlungsfähiges Gemeinwesen zustande komme. Soweit durch eine
monarchische Verfassung ein Verbandshaupt zum obersten Organ bestellt
ist, versteht es sich von selbst, daß keine Versammlungsmehrheit für sich
allein den einheitlichen Verbandswillen erzeugen kann. Aber auch wo kraft
streng demokratischer Verfassung der mit Mehrheit beschließende Inbegriff
der Mitglieder als oberstes Organ fungiert, offenbart sich nur bei den ihm
vorbehaltenen letzten Entscheidungen in dem Abstimmungsergebnis der Gemeinwille, während andere selbständige Organe in ihren Zuständigkeitsbe-
reichen gleich unmittelbar die Persönlichkeit des Ganzen zur Erscheinung
bringen. Irgendwie wird in jedem sozialen Organismus kraft der verfassungsmäßigen Funktionenverteilung das Majoritätsprinzip durch das Autoritätsprinzip ergänzt. Darauf laufen auch die in größeren Verbänden unentbehrlichen repräsentativen Einrichtungen hinaus, kraft deren anstatt der regelmäßig auf den Vollzug von Wahlen beschränkten Gesamtheit der stimmberechtigten Mitglieder engere Versammlungen oder Kollegien, die nach orga-
nischer Auffassung keineswegs Vollmachtträger der Gesamtheit, sondern unmittelbar Willensorgane des Gemeinwesens sind, zur Bildung des Gemeinwillens berufen werden. Gilt für ihre Beschlußfassungen wiederum das Majoritätsprinzip, so kann es unmöglich mehr als ein Organisationsprinzip für

einen Teil des Gesamtorganismus bedeuten. Soweit nun aber das Majoritäts-
prinzip kraft der geschichtlich entwickelten positiven Rechtsordnung gilt,
hängt von dieser auch sowohl seine Ausgestaltung, wie seine Begrenzung ab.
Hinsichtlich seiner *Ausgestaltung* sind mancherlei Einrichtungen darauf be-
rechnet, die Überwindung der wahren Mehrheit durch eine bloß scheinbare
Mehrheit zu verhindern. So die Anforderungen an die Beschlußfähigkeit von
Versammlungen, die Verhältniswahlen, die Abstimmungs- oder Wahlpflicht.
Andere Einrichtungen aber zielen auf Ermäßigung des Übergewichtes der
größeren Zahl ab. Dahin gehören alle Einschränkungen des Kreises der
stimmberechtigten Mitglieder, alle Abstufungen des Stimmgewichts nach
Fähigkeit, Bildung oder Besitz durch Klassenbildung oder Pluralstimmen, alle
Gliederungen der Abstimmung nach Korporationen oder Berufsständen. Sie
alle sind, wenn die Gleichsetzung des Gesamtwillens mit dem Mehrheitswillen durchgeführt wird, verwerfliche Fälschungen des Gesamtwillens. Dagegen kann die organische Verbandsauffassung dem mechanischen Kopf-
zahlprinzip keine Allgemeingültigkeit zusprechen. Eine *Begrenzung* des Majoritätsprinzips liegt in den Bestimmungen, nach denen es zu gewissen Beschlüssen einer verstärkten oder qualifizierten Mehrheit oder gar der Einstimmigkeit bedarf. Wird hierdurch oder durch andere Mittel eine Minderheit in
den Stand gesetzt, einen Mehrheitsbeschluß zu verhindern, so neigt darüber
hinaus gerade das neueste Recht auch zur Anerkennung positiver Minder-
heitsrechte, die eine Minderheit von bestimmter Stärke befähigen, in gewissen Fällen wirksam für das Ganze zu handeln und so als Organ der Verbandsperson zu funktionieren. Im Sinne der Herleitung des Majoritätsprinzips aus
dem Wesen der Verbände sind solche Einrichtungen offenbar irrational.
Selbstverständlich wird endlich durchweg die Geltung des Majoritätsprinzips
durch die Unantastbarkeit der Sonderrechte begrenzt. Hier aber handelt es
sich um die Schranken, die im Sinne unserer Rechtsordnung aller Verbands-
macht überhaupt gezogen sind, weil jeder Verband die ihm eingegliederten
Menschen nur hinsichtlich eines Teiles ihrer Wesenheit in sich schließt und
darüber hinaus ihre freie Einzelpersönlichkeit unberührt läßt. Die Sonderrechte aber fallen, auch wenn sie im Verbandsrechte wurzeln, in die den
Mitgliedern vorbehaltenen Individualbereiche. Darum kann über sie nicht einmal ein einstimmiger Körperschaftsbeschluß verfügen. Vielmehr ist dazu die
Mitwirkung eines individuellen Zustimmungsaktes erforderlich.

So ist in der Tat für die *historisch-organische* Betrachtungsweise das
Majoritätsprinzip zwar ein bedeutungsvoller Faktor für den Aufbau der
Verbände, aber für sich allein zur Gestaltung lebendiger sozialer Körper nicht
befähigt. Sein Geltungsbereich kann nicht rationell, sondern nur geschichtlich begründet, sein Wert nicht absolut bestimmt, sondern nur nach seiner
jeweiligen Wirkungsweise im organischen Leben der Gemeinwesen bemessen
werden.

Anmerkungen

* Rede, gehalten auf dem Internationalen Historikerkongreß zu London im April 1913.
  Wiederabdruck aus: Schmollers Jahrbuch, 39. Jg., 1915, Heft 2, S. 565 ff.
1 Eindringlich erörtert das Problem *Simmel*, Soziologie, 1908, S. 186 bis 197 (Exkurs
  über die Überstimmung). Eine Erklärung, die aber in den sinnlichen Vorstellungen pri-

mitiver Zeitalter stecken bleibt, versucht auch *Bolze*, Der Begriff der juristischen Person, 1879, S. 109 ff.

2 Germ. c. 11: sin placuit, frameas concutiunt; honoratissimum assensus genueas est armis laudare. Vgl. Hist. v. 17. Die Waffenrührung begegnet auch später bei den Franken als besonders feierliche Form des Volksbeschlusses: Zusammenschlagen der Schilde und Beifallsruf bei der Wahl Chlodwigs durch die ripuarischen Franken nach Gregor Tur. II. 40; vocibusque simul et armorum plausu sententiam ducis firmaverunt, nach Annales Mettenses z. Z. 690, MG. S.S. I. 318. Bei den nordischen Völkern als vápnatak bei Gesetzgebungsakten und Königsannahme. – Doch war, wie sich schon aus Germ. c. 11 ergibt, der Waffenschlag nicht die einzige Form der Zustimmung. Es genügte die acclamatio. Bei den deutschen Königswahlen wird Emporheben der Hände neben dem Beifallsruf erwähnt; *Widukind*, Res gest. Sax. I. 26, II. 1. Also, wie dies dem alten Rechtsformalismus entspricht, Billigung mit Hand und Mund.

3 Noch der Sachsensp., III. 57 § 2, fordert Einigung aller Fürsten über die Wahl als Grundlage des formellen Kurspruchs: „sven die vorsten alle to koninge erwelt, den solen sie (die Kurfürsten) aller erst bi namen kiesen."

4 Für die kurfürstliche Genehmigung königlicher Veräußerungen hatte schon ein Reichsweistum von 1281 (MG. Const. III. 290) das Mehrheitsprinzip anerkannt. Bei der Königswahl wurde zuerst in der Const. Lud. Licet juris vom 6. Aug. 1338 die Beschlußfähigkeit einer Mehrheit von vier Kurfürsten festgesetzt, mit dem Erfordernis der Einhelligkeit der Versammelten aber noch nicht gebrochen.

5 So bis 1292 in Aragonien.

6 Für die Aufnahme neuer Genossen vgl. mein Genossenschaftsr. II. 232, Anm. 156, *Maurer*, Einl. 141 ff., Markenv. 112 ff., und dazu über das ursprüngliche Recht, wie es der richtig verstandene Tit. leg. Sal. de migrantibus bekundet, mein Genossenschaftsr. I. 76 ff. Für Verfügungen über die Allmende mein Genossenschaftsr. II. 232, Anm. 153, 158–160, *Lamprecht*, Deutsches Wirtschaftsleben im Mittelalter I. 310, Anm. 6; insbesondere noch die Kundschaft von 1487, bei *Grimm*, Weist. I. 400. Für Gestattung der Rodung nach Zeugenaussage von 1560, bei *Landau*, Territorien, S. 117, Anm. 1. – Dazu vgl. man *Pollok* and *Maitland*, I. 684.

7 Ausdrücklich heißt es schon im Sachsensp. II. 55: „Svat so die burmester schept des dorpes vromen mit wilkore der merren menie der bure, dat ne mach die minre deil nicht wederreden." Vgl. Schwabensp. (L.) 214 (mit dem Zusatz: „daß selbe recht sol man halden in den stetten"). Rupr. Freis. I. 142. Dazu zahlreiche Belege aus den Weistümern in meinem Genossenschaftsr. II. 220 ff., 478 ff. Vgl. auch *Maurer*, Markenv. S. 359 ff., Dorfv. I. 220, II. 86 ff.; *Thudichum*, Gau. u. Markv. S. 315.

8 Vgl. mein Genossenschaftsr. II. 483, 501 ff.

9 Eingehend handelt von dem Stimmenverhältnis beim Wahrspruch *Brunner*, Entstehung der Schwurgerichte, S. 363–371.

10 *Brunner*, a. a. O., S. 365.

11 *Pollok* and *Maitland*, II. 625 ff.

12 *Brunner*, a. a. O., S. 367 ff.

13 Sachsensp. III. 21 § 1 a. l.: „Sve de merren mennie an me getüge hevet, die behalt dat gut."

14 Zusammenstellung zahlreicher Belegstellen in meinem Genossenschaftsr. II. 482 –483.

15 *W. v. Trense* bei *Grimm*, I. 810.

16 Bisweilen wird die Erfüllung der Folgepflicht im voraus förmlich versprochen, ein solches Versprechen auch in den Schöffeneid aufgenommen; mein Genossenschaftsr. II. 484, Anm. 25–26.

17 Vgl. mein Genossenschaftsr. II. 483, Anm. 23.

18 Vor allem im Sachsensp. II. a. 12, mit dem aber die anderen sächsischen und im Kern auch die süddeutschen Quellen übereinstimmen. Vgl. über die hier in Betracht kommenden Gesichtspunkte mein Genossenschaftsr. II. 483 ff.

19 Sachsensp. II. 12 § 8 und I. 18 § 3 und Lehnr. 69 § 3. Jeder Besiegte muß dem Richter Wette und dem Gegner Buße zahlen.

20 Hiervon handelt mein Genossenschaftsr. II. 578 ff., 829 ff.

21 Über die Lehre der Glossatoren vgl. mein Genossenschaftsr. III. 220 ff. In der Gl. ord. zu I. 7 § 1 D. h.t.v. non debetur (ebend. Anm 107) heißt es noch: universitas nihil aliud est quam singuli homines qui ibi sunt.

22 Mein Genossenschaftsr. III. 391 ff.

23 Die Anfänge schon bei *Azo* in der Glosse; a.a.O. S. 222, Anm. 108. Über die spätere Jurisprudenz S. 393, Anm. 263, S. 445 ff., 472 ff.

24 A.a.O., S. 312 ff.

25 A.a.O., S. 323 ff.

26 Ausspruch von Innocenz IV. ebenda S. 324, Anm. 246.

27 Über Ursprung und Entfaltung dieser Lehre a.a.O., S. 324 ff., 175. Schmollers Jahrbuch XXXIX 2.

28 Vgl. die Nachweise a.a.O., S. 394, Anm. 169, S. 475, Anm. 284.

29 A.a.O., S. 475. Im kirchlichen Recht wurde das Prinzip der major et sanior pars niemals aufgegeben, allmählich aber zurückgedrängt. Mit der Zulassung geheimer Abstimmungen wurde es praktisch undurchführbar.

30 Vgl. die Stellen aus Weistümern in meinem Genossenschaftsr. II. 481.

31 Mein Genossenschaftsr. II. 481, Anm. 15.

32 A.a.O. III. 320 ff., 467 ff. Die Folge ist, daß jus universitas recidit in ceteros vel in unum. Man sprach von einer „magna controversia" zwischen Legisten und Kanonisten.

33 A.a.O., S. 297 ff., wo die wichtigsten Stellen aus Innocenz IV., Joh. Anbrege, Antonius de Butrio und Panormitanus wiedergegeben sind: dazu S. 445 ff., 472.

34 A.a.O., S. 219 ff., 390 ff., 461 ff., 477 ff.

35 A.a.O., S. 222 ff., 394 ff., 478 ff.

36 A.a.O., S. 234 ff., 402 ff., 491 ff.

37 Über den kanonistischen Ursprung der Theorie der persona ficta und ihre Bedeutung für die Lehre vom körperschaftlichen Wollen und Handeln vgl. a.a.O., S. 277 ff., 308 ff., 342 ff.

38 A.a.O., S. 363 ff., 390 ff., 402 ff., 425 ff., 461 ff., 491 ff. Die Verneinung der Deliktsfähigkeit der Korporationen drang nicht einmal bei den Kanonisten durch; a.a.O., S. 343.

39 *Grotius*, De j. b. et p. ii. c. 5, § 17. In den früheren rechtsphilosophischen Erörterungen über den Staat und die anderen publizistischen Verbände wurde die Geltung des Majoritätsprinzips nebst den sonstigen Regeln über Korporationsbeschlüsse in Anlehnung an die romanistisch-kanonistische Theorie für jede einmal konstituierte universitas und somit auch für die Volksgesamtheit ohne weiteres angenommen; vgl. mein Genossenschaftsr. III. 599 ff., meine Schrift über Johannes Althusius, S. 85, Anm. 30, S. 138, Anm. 48, S. 215, Anm. 14.

40 *Hobbes*, De cive, c. 6, §§ 1–2; *Locke*, II. c. 8, §§ 96–99; *U. Huber*, De jure civ., I. 2, c. 3, § 27 ff., II. 3, c. 1, §§ 21–22, c. 2, §§ 3–4; *Pufendorf*, Elem. j. b. 12, § 27, Jus nat. et gent. VII. c. 2, §§ 15–19, c. 5, § 6; De officio civis, II. c. 6, § 12; *Thomasius*, Inst. jur. div. III. c. 6, § 64; *Wolff*, Inst. §§ 841–845; *Nettelbladt*, Syst. § 338; *Achenwall*, Jus nat. II. §§ 24–28. Besonders ausführlich *Ickstatt*, De jure majorum in conclusis civitatis communibus formandis. Opusc. II. op. 1, insbes. c. 1, §§ 65–68. Vgl. auch *Gundling*, Diss. de universitate delinquente, §§ 6–8.

41 *Rousseau*, Contr. soc. IV. c. 2. Vgl. auch *Sieyès*, I. 144 ff., 167, 207 ff.

42 *Kant*, Werke, VI. 328 ff.

43 So besonders *Ickstatt*, a.a.O., der ausführt, bei motiva disparia müßten die motiva fortiora entscheiden, der Maßstab könne aber nur ein äußerer sein.

44 *Daries*, Inst. jurispr. univ. §§ 750–762 (an sich ist Einstimmigkeit nötig, aber es be-
    steht für die Minderheit eine obligatio perfecta zum Beitritt). So meint auch *Pufen-
    dorf*, wer aus bloßer pertinacia sich seinen consensus vorbehalte, hindere den Ver-
    sammlungsbeschluß nicht, dieser binde ihn vielmehr kraft der allgemeinen Vorschrift,
    ut pars se conformet ad bonum totius.

45 *A. L. Schlözer*, Allg. Staatsr., S. 76 ff., *Chr. v. Schlözer*, De jure suffragii in societate
    aequali, Göttingen 1795, §§ 9–14.

46 *Fichte*, Naturrecht, Einl. Nr. III. i. 198, 217 ff., 225 ff. (Werke, III. 16, 164, 178 ff.,
    184 ff.).

Georg Simmel

Exkurs über die Überstimmung*

Das Wesen der Gesellschaftsbildung, aus dem die Unvergleichlichkeit ihrer Erfolge, wie die Ungelöstheit ihrer inneren Probleme gleichmäßig hervorgeht, ist dies: daß aus in sich geschlossenen Einheiten — wie die menschlichen Persönlichkeiten es mehr oder weniger sind — eine neue Einheit werde. Man kann doch nicht ein Gemälde aus Gemälden herstellen; es entsteht doch kein Baum aus Bäumen; das Ganze und Selbständige erwächst nicht aus Ganzheiten, sondern aus unselbständigen Teilen. Ganz allein die Gesellschaft macht das Ganze und in sich Zentrierende zum bloßen Gliede eines übergreifenden Ganzen. All die ruhelose Evolution der gesellschaftlichen Formen im Großen wie im Kleinen ist im letzten Grunde nur der immer erneute Versuch, die nach innen hin orientierte Einheit und Totalität des Individuums mit seiner sozialen Rolle als eines Teiles und Beitrages zu versöhnen, die Einheit und Totalität der Gesellschaft vor der Sprengung durch die Selbständigkeit ihrer Teile zu retten. Indem nun jeder Konflikt zwischen den Gliedern einer Gesamtheit deren Weiterbestand zweifelhaft macht, ist es der Sinn der Abstimmung, in deren Resultat auch die Minorität sich zu fügen einwilligt, daß die Einheit des Ganzen über den Antagonismus der Überzeugungen und Interessen unter allen Umständen Herr bleiben soll. Sie ist, in all ihrer scheinbaren Einfachheit, eines der genialsten unter den Mitteln, den Widerstreit der Individuen in ein schließlich einheitliches Resultat münden zu lassen.

Aber diese Form, auch den Dissentierenden einzuschließen, mit der jeder, an der Abstimmung teilnehmend, ihr Resultat praktisch akzeptiert, es sei denn, daß er auf dies Resultat hin überhaupt aus dem Kreise austritt — diese Form ist keineswegs immer so selbstverständlich gewesen, wie sie uns heute vorkommt. Teils eine geistige Ungelenkheit, die die Herstellung einer sozialen Einheit aus dissentierenden Elementen nicht begreift, teils ein starkes Individualgefühl, das sich keinem Beschluß ohne volle eigene Zustimmung fügen mag, haben in vielerlei Gemeinschaften das Majoritätsprinzip nicht zugelassen, sondern für jeden Beschluß Einstimmigkeit gefordert. Die Entscheidungen der deutschen Markgenossenschaft mußten einstimmig sein; was keine Einstimmigkeit erreichen konnte, unterblieb. Bis tief in das Mittelalter hinein hat der englische Edle, der bei der Bewilligung einer Steuer dissentiert hatte oder nicht anwesend war, sich oft geweigert, sie zu bezahlen. Wo für die Erwählung eines Königs oder Führers Einstimmigkeit gefordert wird, ist jenes Individualitätsgefühl wirksam; von dem, der den Herrn nicht selbst gewählt hat, wird auch nicht erwartet oder verlangt, daß er ihm gehorche. Im Stammesrat der Irokesen wie im polnischen Reichstag war kein Beschluß gültig, bei dem auch nur eine Stimme dissentiert hatte. Dennoch hat das Motiv: daß es widerspruchsvoll wäre, eine Gesamtheitsaktion mitzumachen, der man als Individuum widerspricht – solche Forderung von Einstimmigkeit noch nicht zur logischen Folge; denn wenn ein Vorschlag bei nicht völliger Stimmeneinheit als zurückgewiesen gilt, so ist damit zwar die Vergewaltigung der Minorität verhindert, aber nun ist umgekehrt die Majorität durch diese vergewaltigt. Auch das Unterlassen einer von einer Majorität gebilligten Maßregel pflegt etwas durchaus Positives, von fühlbaren Folgen Begleitetes zu sein, und eben dies wird der Gesamtheit, vermöge des Prinzips notwendiger Einstimmigkeit, durch die Minorität oktroyiert. Abgesehen von dieser Majorisierung der Majorität, mit der das Einstimmigkeitsprinzip die erstrebte individuelle Freiheit prinzipiell negiert, ist es gerade im Historisch-Praktischen oft genug in denselben Erfolg ausgelaufen. Für die spanischen Könige gab es gar keine günstigere Situation für die Unterdrückung der aragonesischen Cortes als eben diese „Freiheit": bis 1592 konnten die Cortes keinen Beschluß fassen, wenn auch nur ein Mitglied der vier Stände widersprach – eine Lähmung der Aktionen, die deren Ersatz durch eine weniger behinderte Instanz direkt forderte. Wo nun das Fallenlassen eines Antrages, der Verzicht auf ein praktisches Resultat nicht möglich ist, sondern das letztere unter allen Umständen gewonnen werden mußte, wie bei dem Verdikt einer Jury, da ruht die Forderung ihrer Einstimmigkeit, der wir z.B. in England und Amerika begegnen, auf der mehr oder weniger unbewußt wirkenden Voraussetzung, daß die objektive Wahrheit auch immer subjektiv überzeugend sein müsse, und daß umgekehrt die Gleichheit der subjektiven Überzeugungen das Kennzeichen des objektiven Wahrheitsgehaltes sei. Ein bloßer Majoritätsbeschluß enthalte also wahrscheinlich noch nicht die volle Wahrheit, da es ihm sonst gelungen sein müßte, die Gesamtheit der Stimmen auf sich zu vereinigen. Der, trotz seiner scheinbaren Klarheit, im Grunde mystische Glaube an die Macht der Wahrheit, an das schließliche Zusammenfallen des Logisch-Richtigen mit dem Psychologisch-Wirklichen vermittelt hier also die Lösung jenes prinzipiellen Konfliktes zwischen den individuellen Überzeugungen und der Forderung an sie, ein einheitliches Gesamtresultat zu ergeben. In seinen praktischen Folgen biegt dieser Glaube, nicht weniger als jene individualistische Begründung der Stimmeneinheit, seine eigene Grundtendenz um: wo die Jury eingesperrt bleibt, bis sie zu einem einstimmigen Verdikt gelangt ist, liegt für eine etwaige Minorität die Versuchung fast unüberwindlich nahe, entgegen ihrer Überzeugung, die sie nicht durchzusetzen hoffen kann, sich der Majorität anzuschließen, um damit das sinnlose und eventuell unaushaltbare Verlängern der Sitzung zu vermeiden.

Wo umgekehrt Majoritätsbeschlüsse gelten, kann die Unterordnung der Minorität auf zwei Motive hin geschehen, deren Unterscheidung von äußerster soziologischer Bedeutung ist. Die Vergewaltigung der Minorität kann nämlich, erstens, von der Tatsache ausgehen, daß die Vielen mächtiger sind als die Wenigen. Obgleich, oder vielmehr, weil die Einzelnen bei einer Abstimmung als einander gleich gelten, würde die Majorität – mag sie sich durch Urabstimmung oder durch das Medium einer Vertreterschaft als solche herausstellen – die physische Macht haben, die Minorität zu zwingen. Die Abstimmung dient dem Zwecke, es zu jenem unmittelbaren Messen der Kräfte nicht kommen zu lassen, sondern dessen eventuelles Resultat durch die Stimmzählung zu ermitteln, damit sich die Minorität von der Zwecklosigkeit eines realen Widerstandes überzeuge. Es stehen sich also in der Gruppe zwei

Parteien wie zwei Gruppen gegenüber, zwischen denen die Machtverhältnisse, repräsentiert durch die Abstimmung, entscheiden. Die letztere tut hier die gleichen methodischen Dienste wie diplomatische oder sonstige Verhandlungen zwischen Parteien, die die ultima ratio des Kampfes vermeiden wollen. Schließlich gibt auch hier, Ausnahmen vorbehalten, jeder einzelne nur nach, wenn der Gegner ihm klar machen kann, daß der Ernstfall für ihn eine mindestens ebenso große Einbuße bringen würde. Die Abstimmung ist, wie jene Verhandlungen, eine Projizierung der realen Kräfte und ihrer Abwägung auf die Ebene der Geistigkeit, eine Antizipation des Ausgangs des konkreten Kämpfens und Zwingens in einem abstrakten Symbole. Immerhin vertritt dieses die tatsächlichen Machtverhältnisse und den Unterordnungszwang, den sie der Minorität antun. Manchmal aber sublimiert sich dieser aus der physischen in die ethische Form. Wenn im späteren Mittelalter oft das Prinzip begegnet: Minderheit soll der Mehrheit folgen — so ist damit offenbar nicht nur gemeint, daß die Minderheit praktisch mittun soll, was die Mehrheit beschließt; sondern sie soll auch den Willen der Mehrheit annehmen, soll anerkennen, daß diese das Rechte gewollt hat. Die Einstimmigkeit herrscht hier nicht als Tatsache, sondern als sittliche Forderung, die gegen den Willen der Minorität erfolgte Aktion soll durch nachträglich hergestellte Willenseinheit legitimiert werden. Die altgermanische Realforderung der Einstimmigkeit ist so zu einer Idealforderung abgeblaßt, in der freilich ein ganz neues Motiv anklingt: von einem inneren Rechte der Majorität, das über das Übergewicht der Stimmenzahl und über die äußere Übermacht, die durch dieses symbolisiert wird, hinausgeht. Die Majorität erscheint als die natürliche Vertreterin der Gesamtheit und hat Teil an jener Bedeutung der Einheit des Ganzen, die, jenseits der bloßen Summe der Individuen stehend, nicht ganz eines überempirischen, mystischen Tones entbehrt. Wenn später Grotius behauptet, die Majorität habe naturaliter jus integri, so ist damit jener innerliche Anspruch an die Minorität fixiert; denn ein Recht muß man nicht nur, sondern man soll es anerkennen. Daß aber die Mehrheit das Recht des Ganzen „von Natur", d.h. durch innere, vernunftmäßige Notwendigkeit habe, dies leitet die jetzt hervorgetretene Nuance des Überstimmungsrechtes zu dessen zweitem, bedeutsamem Hauptmotiv über. Die Stimme der Mehrheit bedeutet jetzt nicht mehr die Stimme der größeren Macht innerhalb der Gruppe, sondern das Zeichen dafür, daß der einheitliche Gruppenwille sich nach dieser Seite entschieden hat. Die Forderung der Einstimmigkeit ruhte durchaus auf individualistischer Basis. Das war die ursprüngliche soziologische Empfindung der Germanen: die Einheit des Gemeinwesens lebte nicht jenseits des Einzelnen, sondern ganz und gar in ihnen; daher war der Gruppenwille nicht nur nicht festgestellt, sondern er bestand überhaupt nicht, solange noch ein einziges Mitglied dissentierte. Aber auch wo Überstimmung gilt, hat sie noch eine individualistische Begründung, wenn ihr Sinn eben ist, daß die Vielen mächtiger sind als die Wenigen, und daß die Abstimmung nur das eventuelle Ergebnis der realen Messung der Kräfte ohne diese Messung selbst erreichen soll. Dem gegenüber ist es nun eine prinzipiell neue Wendung, wenn eine objektive Gruppeneinheit mit einem ihr eigenen einheitlichen Willen vorausgesetzt wird, sei es bewußt, sei es, daß die Praxis so verläuft, als ob ein solcher für sich seiender Gruppenwille bestünde. Der Wille des Staates, der Gemeinde, der Kirche, des Zweckverbandes besteht nun ebenso jenseits des Gegen-

satzes der in ihm enthaltenen Individualwillen, wie er jenseits des zeitlichen
Wechsels seiner Träger besteht. Er muß, da er nur einer ist, in bestimmter,
einheitlicher Weise agieren, und da dem die Tatsache der antagonistischen
Wollungen seiner Träger entgegensteht, so löst man diesen Widerspruch
durch die Annahme, daß die Majorität diesen Willen besser kennt oder repräsentiert als die Minorität. Die Unterordnung der letzteren hat hier also einen
ganz andern Sinn als vorher, denn sie ist prinzipiell nicht aus-, sondern eingeschlossen, und die Majorität agiert nicht im Namen ihrer eigenen größeren
Macht, sondern in dem der idealen Einheit und Gesamtheit, und nur dieser,
die durch den Mund der Majorität spricht, ordnet sich die Minorität unter,
weil sie ihr von vornherein zugehört. Dies ist das innere Prinzip der parlamentarischen Abstimmungen, insofern jeder Abgeordnete sich als der Beauftragte
des ganzen Volkes fühlt, im Gegensatz zu Interessenvertretungen, für die es
schließlich immer auf das individualistische Prinzip der Kräftemessung her-
ausläuft, und ebenso zu Lokalvertretungen, die auf der irrigen Vorstellung
beruhen, daß die Gesamtheit der Lokalinteressen gleich dem Gesamtheitsin-
teresse wäre. Der Übergang zu diesem fundamentalen soziologischen Prinzip
ist in der Entwicklung des englischen Unterhauses zu beobachten. Seine Mitglieder gelten von vornherein nicht als die Vertreter einer bestimmten Zahl
von Bürgern, aber auch nicht als die der Volksgesamtheit, sondern als Abgeordnete bestimmter politischer Lokalverbände, Ortschaften und Grafschaf-
ten, die eben das Recht hatten, an der Parlamentsbildung mitzuwirken. Dies
Lokalprinzip, so streng festgehalten, daß lange Zeit jedes Mitglied der Commons in seinem Wahlort seinen Wohnsitz haben mußte, war immerhin schon
irgendwie idealer Natur, indem es sich über die bloße Summe der individuellen Wähler erhob. Nun bedurfte es nur des Überhandnehmens und des Be-
wußtwerdens der allen diesen Verbänden gemeinsamen Interessen, um den
höheren Verband, dem sie alle angehörten: die Staatseinheit, allmählich als
das eigentliche Subjekt ihrer Beauftragung erscheinen zu lassen. Die einzelnen Bezirke, die sie vertreten, wachsen durch die Erkenntnis ihrer wesentlichen Solidarität zu dem Staatsganzen derart zusammen, daß jene Bezirke nur
noch die Funktion üben, den Abgeordneten für die Vertretung dieses Ganzen
zu designieren. Wo derart ein einheitlicher Gruppenwille supponiert wird, da
dissentieren die Elemente der Minorität sozusagen als bloße Individuen, nicht
als Gruppenglieder. Dies allein kann der tiefere Sinn der Lockeschen Theorie
über den Urvertrag sein, der den Staat begründen soll. Dieser muß, weil er
das absolute Fundament der Vereinigung bildet, durchaus einstimmig abgeschlossen sein. Allein er enthält nun seinerseits die Bestimmung, daß jeder
den Willen der Majorität als den seinigen ansehen werde. Indem das Individuum den Sozialvertrag schließt, ist es noch absolut frei, kann also keiner
Überstimmung unterworfen werden. Hat es ihn aber geschlossen, so ist es
nun nicht mehr freies Individuum, sondern Gesellschaftswesen und als solches ein bloßer Teil einer Einheit, deren Wille seinen entscheidenden Ausdruck in dem Willen der Mehrheit findet. Es ist nur eine entschiedene Formulierung dafür, wenn Rousseau in der Überstimmung deshalb keine Vergewaltigung erblickt, weil nur ein Irrtum des Dissentierenden sie provozieren
könne; er habe etwas für die volonté générale gehalten, was sie nicht sei. Es
liegt dem eben auch die Überzeugung zugrunde, daß man als Gruppenele-
ment nichts andres wollen könne als den Willen der Gruppe, über den sich

wohl der Einzelne, aber nicht die Mehrheit der Einzelnen täuschen könne. Darum trennt Rousseau sehr fein die formale Tatsache der Stimmabgabe von deren jeweiligem Inhalt, und erklärt, daß man schon durch jene an und für sich an der Bildung des Gemeinwillens teilnähme. Man verpflichtet sich dadurch, so könnte man den Rousseauschen Gedanken explizieren, sich der Einheit dieses Willens nicht zu entziehen, sie nicht zu zerstören, indem man seinen Eigenwillen der Mehrheit entgegensetzt. So ist die Unterordnung unter die Majorität nur die logische Konsequenz der Zugehörigkeit zu der sozialen Einheit, die man durch die Stimmabgabe deklariert hat. Die Praxis steht dieser abstrakten Theorie nicht völlig fern. Über die Föderation der englischen Gewerkvereine sagt ihr bester Kenner, daß Majoritätsbeschlüsse in ihnen nur in soweit berechtigt und praktisch möglich wären, als die Interessen der einzelnen Konföderierten gleichartige wären. Sobald aber die Meinungsverschiedenheiten der Majorität und der Minorität aus einer wirklichen *Interessenverschiedenheit* hervorgingen, so führte jeder durch Überstimmung ausgeübte Zwang unvermeidlich zu einer Trennung der Teilnehmer. Das heißt also, daß eine Abstimmung nur dann Sinn hat, wenn die vorhandenen Interessen zu einer Einheit zusammengehen können. Verhindern auseinandergehende Bestrebungen diese Zentralisierung, so wird es widerspruchsvoll, einer Majorität die Entscheidung anzuvertrauen, da der Einheitswille, den sie sonst freilich besser als die Minderheit zu erkennen vermöchte, sachlich nicht vorhanden ist. Es besteht der scheinbare Widerspruch, der aber das Verhältnis von seinem Grunde her beleuchtet: daß gerade, wo eine überindividuelle Einheit besteht oder vorausgesetzt wird, Überstimmung möglich ist; wo sie fehlt, bedarf es der Einstimmigkeit, die jene prinzipielle Einheit durch die tatsächliche Gleichheit von Fall zu Fall praktisch ersetzt. Es ist ganz in diesem Sinn, wenn das Stadtrecht von Leiden 1266 bestimmt, daß zur Aufnahme von Auswärtigen in die Stadt die Genehmigung der acht Stadtschöffen erforderlich ist, für Gerichtsurteile aber nicht Einstimmigkeit, sondern nur einfache Majorität unter diesen verlangt wird. Das Gesetz, nach dem die Richter urteilen, ist ein für allemal einheitlich bestimmt, und es handelt sich nur darum, das Verhältnis des einzelnen Falles zu *erkennen;* was der Mehrheit voraussichtlich richtiger als der Minderheit gelingt. Die Aufnahme eines neuen Bürgers aber berührt all die mannigfaltigen und auseinanderliegenden Interessen innerhalb der Bürgerschaft, so daß ihre Bewilligung nicht aus der abstrakten Einheit derselben, sondern nur aus der Summe aller Einzelinteressen heraus, d.h. bei Einstimmigkeit, ausgesprochen werden kann.

Diese tiefere Begründung der Überstimmung, nur den sozusagen ideell bereits bestehenden Willen einer maßgebenden Einheit zu offenbaren, hebt indes praktisch die Schwierigkeit nicht auf, die der Majorität als bloßem, vergewaltigendem Machtplus anhaftet. Denn der Konflikt darüber, was denn nun der Willensinhalt jener abstrakten Einheit wäre, wird oft nicht leichter zu lösen sein als der der unmittelbaren, realen Interessen. Die Vergewaltigung der Minorität ist keine geringere, auch wenn sie auf diesem Umwege und unter einem andern Titel geschieht. Wenigstens müßte dem Begriff der Majorität noch eine ganz neue Dignität zugefügt werden: denn es mag zwar plausibel sein, ist aber keineswegs von vornherein sicher, daß die bessere Erkenntnis auf seiten der Mehrheit ist. Insbesondere wird dies da zweifelhaft sein, wo die Erkenntnis und das ihr folgende Handeln auf die Selbstverantwort-

lichkeit des Einzelnen gestellt ist, wie in den vertiefteren Religionen. Die
ganze christliche Religionsgeschichte hindurch lebt die Opposition des individuellen Gewissens gegen die Beschlüsse und Aktionen der Majoritäten. Als
im zweiten Jahrhundert die christlichen Gemeinden eines Bezirkes Versammlungen zur Beratung religiöser und äußerer Angelegenheiten einführten, waren ausdrücklich die Resolutionen der Versammlung für die dissentierende
Minderheit nicht verbindlich. Allein mit diesem Individualismus trat die Ein-
heitsbestrebung der Kirche in einen nicht lösbaren Konflikt. Der römische
Staat wollte nur eine einheitliche Kirche anerkennen; sie selbst suchte sich
durch Imitation der staatlichen Einheit zu festigen — so wurden die ursprünglich selbständigen christlichen Gemeinden zu einem Gesamtgebilde ver-
schmolzen, dessen Konzilien mit Stimmenmehrheit über die Glaubensinhalte
entschieden. Dies war eine unerhörte Vergewaltigung der Individuen oder
mindestens der Gemeinden, deren Einheit bisher nur in der Gleichheit der
von jedem für sich besessenen Ideale und Hoffnungen bestanden hatte. Eine
Unterwerfung in Glaubenssachen mochte es aus inneren oder persönlichen
Gründen geben; daß aber die Majorität als solche die Unterwerfung forderte
und jeden Dissentierenden für einen Nichtchristen erklärte — das ließ sich
nur, wie ich andeutete, durch die Hinzunahme einer ganz neuen Bedeutung
der Majorität rechtfertigen: man mußte annehmen, daß Gott immer mit der
Majorität wäre! Dieses Motiv durchzieht, als unbewußt grundlegendes Gefühl
oder irgendwie formuliert, die ganze spätere Entwicklung der Abstimmungs-
formen. Daß eine Meinung nur deshalb, weil ihre Träger ein größeres Quan-
tum ausmachen als die einer andern Meinung, den Sinn der überindividuellen
Einheit aller treffen sollte, ist ein ganz unerweisliches Dogma, ja, von vornherein so wenig begründet, daß es ohne Zuhilfenahme einer mehr oder weniger mystischen Beziehung zwischen jener Einheit und der Majorität eigentlich in der Luft schwebt oder auf dem etwas kläglichen Fundament ruht,
daß eben doch irgendwie gehandelt werden muß, und daß, wenn man auch
schon von der Majorität nicht annehmen darf, sie wisse als solche das Richtige, doch erst recht kein Grund vorliegt, dies von der Minorität anzunehmen.

Alle diese Schwierigkeiten, die die Forderung der Einstimmigkeit wie
die Unterordnung der Minorität von verschiedenen Seiten her bedrohen, sind
nur der Ausdruck für die fundamentale Problematik der ganzen Situation:
eine einheitliche Willensaktion aus einer Gesamtheit zu extrahieren, die aus
verschieden gerichteten Individuen besteht. Diese Rechnung kann nicht glatt
aufgehen, so wenig man aus schwarzen und weißen Elementen ein Gebilde
herstellen kann, mit der Bedingung, daß das Gebilde als Ganzes schwarz oder
weiß sei. Selbst in jenem günstigsten Fall einer supponierten Gruppeneinheit
jenseits der Individuen, für deren Tendenzen die Stimmzählung nur Erkennt-
nismittel ist — bleibt es nicht nur unausgemacht, daß die sachlich notwendige Entscheidung mit der aus der Stimmzählung folgenden identisch sei; sondern, selbst angenommen, die Elemente der Minorität dissentieren wirklich
nur als Individuen, nicht als Elemente jener Gruppeneinheit, so sind sie doch
als Individuen *vorhanden,* gehören doch jedenfalls der Gruppe im weiteren
Sinne an und sind nicht vor dem Ganzen schlechthin ausgelöscht. Irgendwie
ragen sie doch auch als Individuen mit ihrem Dissens in das Ganze der Gruppe hinein. Die Trennung des Menschen als Sozialwesen von ihm als Individuum ist zwar eine nötige und nützliche Fiktion, mit der aber die Wirklich-

keit und ihre Forderungen keineswegs erschöpft sind. Es charakterisiert die Unzulänglichkeit und das Gefühl des inneren Widerspruchs der Abstimmungsmethoden, daß an manchen Stellen, zuletzt wohl noch im ungarischen Reichstag bis in die dreißiger Jahre des 19. Jahrhunderts, die Stimmen nicht gezählt, sondern gewogen wurden; so daß der Vorsitzende auch die Meinung der Minorität als Ergebnis der Abstimmung verkünden konnte! Es erscheint unsinnig, daß ein Mensch sich einer für falsch gehaltenen Meinung unterwirft, bloß weil andre sie für richtig halten — andre, von denen jeder einzelne, gerade nach der Voraussetzung der Abstimmung, ihm gleichberechtigt und gleichwertig ist; aber die Forderung der Einstimmigkeit, mit der man diesem Widersinn begegnen will, hat sich als nicht weniger widerspruchsvoll und vergewaltigend gezeigt. Und dies ist kein zufälliges Dilemma und bloß logische Schwierigkeit, sondern es ist nur eines der Symptome der tiefen und tragischen Zwiespältigkeit, die jede Gesellschaftsbildung, jede Formung einer Einheit aus Einheiten, in ihrem Grunde durchzieht. Das Individuum, das aus einem inneren Fundament heraus lebt, das sein Handeln nur verantworten kann, wenn seine eigene Überzeugung es lenkt, soll nicht nur seinen Willen auf die Zwecke andrer einstellen — dies bleibt, als Sittlichkeit, immer Sache des eigenen Willens und quillt aus dem Innersten der Persönlichkeit; sondern es soll mit seinem auf sich ruhenden Sein zum Gliede einer Gesamtheit werden, die ihr Zentrum außerhalb seiner hat. Es handelt sich nicht um einzelne Harmonien oder Kollisionen dieser beiden Forderungen; sondern darum, daß wir innerlich unter zwei gegeneinander fremden Normen stehen, daß die Bewegung um das eigne Zentrum, die etwas völlig andres ist als Egoismus, ebenso etwas Definitives und der entscheidende Sinn des Lebens zu sein verlangt, wie die Bewegung um das soziale Zentrum dieses fordert. In die Abstimmung über die Aktion der Gruppe nun tritt der Einzelne nicht als Individuum, sondern in jener gliedmäßigen, überindividuellen Funktion ein. Aber der Dissens der Stimmen verpflanzt auf diesen schlechthin sozialen Boden noch einen Abglanz, eine sekundäre Form der Individualität und ihrer Besonderheit. Und selbst diese Individualität, die nichts als den Willen der überindividuellen Gruppeneinheit zu erkennen und darzustellen verlangt, wird durch die Tatsache der Überstimmung noch verneint. Selbst hier muß die Minorität, zu der zu gehören die unvermeidbare Chance eines jeden bildet, sich unterwerfen, und zwar nicht nur in dem einfachen Sinne, in dem auch sonst Überzeugungen und Bestrebungen von entgegenstehenden Mächten verneint und ihre Wirkung ausgelöscht wird: sondern in dem sozusagen raffinierteren, daß der Unterlegene, weil er in der Gruppeneinheit befaßt ist, die Aktion positiv mitmachen muß, die gegen seinen Willen und seine Überzeugung beschlossen ist, ja, daß er durch die Einheitlichkeit der schließlichen Entscheidung, die keine Spur seines Dissenses enthält, als Mitträger derselben gilt. Dadurch wird die Überstimmung, über die einfache praktische Vergewaltigung des einen durch die vielen hinaus, zu dem übersteigertsten Ausdruck des in der Erfahrung oft harmonisierenden, im Prinzip aber unversöhnlichen und tragischen Dualismus zwischen dem Eigenleben des Individuums und dem des gesellschaftlichen Ganzen.

---

* Wiederabdruck aus: Soziologie, 1908, S. 186—197 (Exkurs über die Überstimmung).

III. Verschränkung von Verfassungsprinzipien – das Mehrheitsprinzip im demokratischen Verfassungsstaat

Heinz Josef Varain

Die Bedeutung des Mehrheitsprinzips im Rahmen unserer politischen Ordnung*

Die Entscheidung durch Mehrheit ist neben anderen Formen politischer Entscheidung nur eine, um der Beratung ein Ende und dem Handeln ein Ziel zu setzen oder zwischen Personen die Wahl zu treffen. Das Mehrheitsprinzip erfüllt in unserer heutigen Staatsordnung eine bestimmende Funktion, wenn ihm auch Schranken seiner Wirksamkeit gesetzt sind. Über seinen Geltungsanspruch innerhalb dieser Schranken, über die Berechtigung jener ihm gesetzten Grenzen und über den Zusammenhang des Mehrheitsprinzips mit den Grundwerten und -vorstellungen unserer politischen Ordnung soll diese Erörterung Überlegungen anstellen.

Die Geschichte der Einbürgerung des Mehrheitsprinzips hier zu behandeln, ist dagegen nicht die Absicht dieses kurzen Überblicks. Das haben manche Arbeiten schon in Nachfolge und Ergänzung von Otto von Gierkes Aufsatz „Über die Geschichte des Majoritätsprinzips" getan.[1] Auch an einer systematischen Behandlung dieser Frage fehlt es nicht gänzlich.[2] Insgesamt aber fällt eine Zurückhaltung gegenüber einer analytisch-kritischen Erörterung unserer Frage auf. Kennzeichnend dafür ist der geringe Raum, der ihr in den großen Handbüchern der Politik eingeräumt wird. Und selbst dort überwiegt die historische Herleitung des Prinzips. Das Prinzip selbst wird hingenommen. Nicht mangelnder Widerspruch läßt die Debatte ruhen, sondern die fehlende Alternative. Die Frage nach dem Grund des Mehrheitsprinzips scheint abgeschnitten durch die Gegenfrage: Was sonst? Zur Klärung der politischen Grundlagen unserer Zeit gehört aber auch die Vergewisserung, was es mit diesem so durchgehend angewandten Prinzip, daß die Mehrheit entscheiden solle, auf sich hat.

I.

Auf der Suche nach der begründenden Kraft des Mehrheitsprinzips schien die einfachste Lösung darin zu liegen, daß es die bloß physische Überlegenheit sei, der sich die geringere Zahl beuge. Ein Moment, das schon Aristoteles als Grundlage der reinen Volksherrschaft angesehen hat.[3] Aber er hat auch in seine gemischte Verfassungsform, die „Politie", Momente der Mehrheitsentscheidung eingefügt. Und dort führt er zur Begründung an: Viele können vereint mehr bewirken als nur wenige selbst der tüchtigsten Männer. Und er fügt noch hinzu, es sei gefährlich, eine große Zahl von der Teilnahme am politischen Leben auszuschließen.[4] Die römischen Juristen begnügten sich dagegen mit der Fiktion, daß die Handlung des größeren Teils als Handlung der gesamten Körperschaft gelten solle. Otto von Gierke hat den Einfluß dieser Lehre auf die Erörterung der Frage im Mittelalter hervorgehoben.[5] Hier soll diese Entwicklung, wie sie in den genannten Arbeiten aufgezeichnet worden ist, nicht erneut verfolgt werden.

Eine verstärkte Bedeutung gewann die Lehre vom Mehrheitsprinzip mit dem Aufkommen der Vertragstheorien in der Neuzeit. Damit wurde das Mehrheitsprinzip über den Rahmen kleinerer Gremien hinaus zu einer Entscheidungsform der staatlichen Ordnung überhaupt und erhielt somit eine weitere Dimension. Denn die Mehrheitsentscheidung als Volksentscheidung ist von einer anderen Qualität als die Mehrheitsentscheidung im Schoße zahlenmäßig kleiner Kollegien. Neue Probleme seiner Begründung und Anwendbarkeit traten damit in den Vordergrund.

John Locke hat die Lehre von der Mehrheitsherrschaft mit seiner Vertragslehre dadurch verknüpft, daß er voraussetzte, daß die einheitliche Körperschaft, zu der sich die Menschen zunächst durch einstimmigen Beschluß verbunden haben, auch einen gemeinsamen Willen haben müsse. Wenn nicht die größere Kraft — und das ist die Mehrheit, sagt er — Willen und Weg des Gemeinwesens bestimmt, dann ist es unmöglich, als geeinte Körperschaft zu handeln. Würde die Mehrheitsentscheidung nicht anerkannt, dann wäre der ganze Vertrag nutzlos. „Denn inwiefern würde sonst ein Vertrag in Erscheinung treten? Welche neue Verpflichtung gäbe es denn, wenn der einzelne durch die Anordnungen der Gemeinschaft nur so weit gebunden wäre, als er sie selbst für richtig hält und ihnen tatsächlich zustimmt?"[6]

John Lockes Theorien haben die Gedanken der Gründerväter der Vereinigten Staaten von Amerika nachhaltig geprägt. Vor allem Thomas Jefferson hat wiederholt das unbedingte Recht der Mehrheitsentscheidung als Grundlage der demokratischen Republik hervorgehoben.[7] Doch bei ihm — wie schon bei Locke — sind solche Aussagen eingebettet in die grundsätzliche Anerkennung von unverletzlichen Rechten des einzelnen, die auch keiner Mehrheit zur Disposition stehen.

Auf dem Kontinent ist die Theorie der Mehrheitsentscheidung im demokratischen Staat vor allem mit der Lehre Rousseaus vom Urvertrag verbunden. Ihr Kern liegt darin, daß sich die Menschen nicht einem Herrscher, sondern nur dem allgemeinen Willen des durch sie selbst gebildeten kollektiven Körpers unterwerfen. Sie gehorchen im Staate nur sich selbst und sind dadurch frei; sie alle sind an der Willensbildung beteiligt und sind dadurch gleich. Es besteht die Identität von Herrscher und Beherrschtem. Doch muß bemerkt werden, daß Rousseau auch den irrenden Mehrheitswillen kennt, der nicht dem Gemeinwillen entspricht. Es kann darum nicht einfach die Mehrheit der Stimmen sein, die den Ausschlag gibt, sondern nur der recht geleitete Wille, der auf das allgemeine Beste abzielt.[8]

Die allmählich einsetzende Demokratisierung erreichte mit der fast durchgängigen Einführung des gleichen und allgemeinen Wahlrechts am Ende des Ersten Weltkrieges ihren Höhepunkt. Sie führte in ihrem Gefolge auch die Anerkennung des Mehrheitsentscheides in dem Sinne mit sich, daß die Rechtmäßigkeit einer Regierung nur auf dem mehrheitlichen Willen des Volkes beruhen sollte. Im Kampf um das neue Prinzip wurden oft die Grenzen nicht bedacht, die seiner Anwendbarkeit gesteckt sind. Und die Gegner des

Prinzips betonten diese Gefahr und seine, wie es ihnen schien, reine Formalität. Hier setzte ihre Kritik an.

II.

Alle Kritiker des Mehrheitsprinzips haben in dem 7. Kapitel des zweiten Bandes von Tocquevilles „Demokratie in Amerika" ein Arsenal ihrer Argumente
gefunden. Er beginnt dieses Kapitel mit der lapidaren Feststellung: „Es gehört zum Wesen der demokratischen Regierungen selbst, daß die Herrschaft
der Mehrheit dort absolut ist; denn in den Demokratien gibt es außerhalb der
Mehrheit nichts, was widersteht."[9] Die Vorstellung, daß mit der wachsenden
Zahl auch die Einsicht wachse, sei „die Theorie der Gleichheit auf den Verstand angewandt." (S. 136) Da unter den Bewohnern der Vereinigten Staaten eine weitgehende Gleichheit der Lebensumstände herrsche, werde dort
das Mehrheitsprinzip auch von der augenblicklichen Minderheit anerkannt,
weil sie hoffen könne, einmal die Mehrheit für sich zu gewinnen. Daraus er-
wachse dem Prinzip dort seine ungeheure Stärke. (S. 137 f.) Darin liege aber
auch die große Gefahr für die Zukunft. Denn alle unbegrenzte Macht sei in
sich selbst schlecht und gefährlich. Auch reiche dieses Prinzip der unbedingten Mehrheitsherrschaft weit über die politische Sphäre hinaus; es durch-
dringe den gesamten sozialen und geistigen Bereich. Kein König könne in der
Weise die Gedanken kontrollieren, wie es in Amerika die Gesellschaft tue.
(S. 150) Und der Politiker sei zum Höfling des neuen Souveräns, der Menge,
geworden. (S. 157).
  Auch andere Kritiker haben die Befürchtung ausgesprochen, daß eine
Herrschaft der Majorität die natürlichen Unterschiede von Begabung und Einsicht verwischen, ja negieren müsse. Werde nicht, war die bange Frage, die
Georg Jellinek um die Jahrhundertwende stellte, die schöpferische Tat des
einzelnen, seine freie Entwicklung und Entfaltung durch den Zwang der ni-
vellierenden Menge gehemmt?[10] Rund dreißig Jahre später heißt es dann bei
Julius Binder: „Die Demokratie führt so nicht zur Entwicklung, sondern vielmehr zur Erstickung der Persönlichkeit." Der einzelne werde in ihr geradezu
zum Atom gemacht, das Volk zur Masse. Diese Masse herrsche, und nicht der
Ausgezeichnete.[11]
  Ein entscheidender Angriffspunkt gegen das Mehrheitsprinzip ist immer
dieser Vorwurf geblieben, daß die bloße Quantität umgesetzt werden solle
in Qualität. Bei Binder war schon angeklungen, was dann Ernst von Hippel
am nachdrücklichsten nach dem Zweiten Weltkrieg in wiederholten Wendungen vorgetragen hat. In der modernen Demokratie, lautet seine Kritik, „tritt
an die Stelle qualitativer Unterschiedlichkeit die bloße Quantität, welche
nicht abwägt, sondern nur zählt".[12]
  Von anderem Gesichtspunkt aus hat Carl Schmitt das radikale Prinzip
der Mehrheitsentscheidung kritisch zu Ende gedacht. „Nur wer staatliche
oder staatsähnliche Gewalt ausübt, ohne die 51prozentige Mehrheit auf seiner Seite zu haben", heißt es bei ihm, „ist illegal und ein ,Tyrann'. Wer diese
Mehrheit hat, würde nicht mehr Unrecht tun, sondern alles, was er tut, in
Recht und Legalität verwandeln."[13] Er hat nicht den naheliegenden Gedanken ausgesprochen — und wohl auch nicht aussprechen wollen —, den Rudolf

Laun an dieselbe Überlegung geknüpft hat: „Der Gedanken, daß eine Partei von 50% plus einer Stimme eine Tyrannei ausüben darf, ist demokratischem Denken ebenso unerträglich, wie der, daß eine Partei von 50% minus einer Stimme es dürfte. Die Zahl kann also nicht das allein Entscheidende sein."[14]

Gerade wenn die Schrankenlosigkeit einer 51%-Herrschaft nicht anerkannt wird, wenn ihr Grenzen gesetzt sind, drängt sich die Frage nach Geltung und Reichweite des Mehrheitsprinzips mit verstärkter Macht nach vorn. Handelt es sich bei ihm um eine Beliebigkeit, die ebenso von anderen Prinzipien ersetzt werden könnte? Wenn nicht, wie steht es dann um seinen Zusammenhang mit den Grundvorstellungen einer demokratischen und freien Staatsordnung?

III.

Beginnen muß solche Untersuchung mit der scheinbar überflüssigen Frage: Was ist, vielmehr was bedeutet im politischen Bereich eigentlich „Mehrheit"?

Mehrheit scheint eine eindeutige Verhältnisbestimmung zwischen Zahlengruppen zu sein. Der jeweils wenigstens um eins den Rest eines Zahlenganzen übertreffende Teil ist die Mehrheit. Doch diese Eindeutigkeit der Bestimmung geht verloren, sobald der Begriff in den politischen Bereich übertragen wird. Denn es stellt sich sofort die Frage: Was ist das jeweilige Zahlenganze?

Anatole France schildert in seinem Roman aus den Tagen der französischen Revolution „Die Götter dürsten" ein kurzes Gespräch. Da heißt es: „Die Lauheit", fuhr Dupont der Ältere fort, „ist unser Verderben. In einem Bezirk von neunhundert stimmberechtigten Bürgern kommen keine fünfzig zur Versammlung. Gestern waren wir achtundzwanzig." „Wohlan!" rief Gamelin, „so muß man sie bei Strafe zum Herkommen zwingen." „Oh! Oh!" rief der Tischler stirnrunzelnd. „Wenn sie alle kommen, sind die Patrioten in der Minderzahl."[15]

Wie in einer Nußschale haben wir hier eines der Probleme: Nur der Anwesende, oder was das Gleiche gilt, nur der Abstimmende zählt meist zu jener Zahlenganzheit, von der die Mehrheit gesucht wird. „Mehrheit" bedeutet also im gewöhnlichen Gebrauch „Stimmenmehrheit". Um die Theorie einer Mehrheitsentscheidung aufrechtzuerhalten, muß darum entweder die schweigende Billigung der Nichtabstimmenden vorausgesetzt werden, oder aber es muß die Zahlengesamtheit von Beginn an auf die Abstimmungs-Teilnehmenden, ja schließlich sogar auf bloß jene eingeengt werden, die nicht nur teilnehmen, sondern auch eine Ja- oder Nein-Stimme abgeben.

Und so wird auch in den sieben westdeutschen Verfassungen, die einen Volksentscheid für die einfache Gesetzgebung möglich machen, hierfür nur die bloße Mehrheit der abgegebenen Stimmen gefordert. Im Gegensatz dazu wird aber bei verfassungsändernden Gesetzen die Zustimmung der Mehrheit der Abstimmungsberechtigten verlangt.

Diese Schwierigkeit der Zurechnung vermehrt sich noch beträchtlich, wenn wir uns dem heute vorherrschenden Anwendungsbereich zuwenden, bei dem die Gremien selbst, die das Zahlenganze darstellen, erst aus einer direkten oder indirekten Wahl hervorgegangen sind. Mit der Einführung des allgemeinen und gleichen Wahlrechts war die Erwartung verbunden, daß das so gewählte Parlament in seiner Mehrheit auch die Mehrheit der Wähler repräsentieren werde. Auch das System der relativen Mehrheitswahl gründet auf dieser stillschweigenden Voraussetzung; in ihm wird dagegen eine vom Stimmenverhältnis oft weit abweichende Stärke der Fraktionen untereinander wegen der erwarteten Funktion dieses Wahlrechts in Kauf genommen. Durch seine Besonderheit ist aber vor allem zu Zeiten sogenannter Dreieckswahlen auch eine Parlamentsmehrheit, die nicht die Mehrheit der Wähler hinter sich hat, erreichbar.

Jedoch auch bei Wahlen nach dem Verhältniswahlsystem sind Abweichungen — wenn auch in geringerem Maße — möglich. Das wurde in Österreich bei den Wahlen von 1953 und 1959 sichtbar. Zwei verschiedene Zahlenganzheiten liegen dort bei der Berechnung der Mandate zu Grunde. Weil die Streuung der Mandate über das Land sich nach der Bevölkerungsdichte richtet, werden die kinderreichen, ländlichen Gebiete vor den Städten im Hinblick auf die jeweils ansässige wahlberechtigte Bürgerschaft, die die eigentliche Wahlkörperschaft darstellt, bei der Mandatszuteilung bevorzugt. So erreichte die Volkspartei in beiden genannten Jahren mit einem geringeren Stimmenanteil jeweils einen Parlamentssitz mehr als die Sozialistische Partei.

Noch weiter klafft das Verhältnis zwischen den Zahlen von Wahlbürgern und Körperschaftsvertretung da auseinander, wo die Zuteilung der Mandate bestimmte Eigenrechte von Gliedbereichen in Rechnung stellt. Das bekannteste Beispiel einer solchen Aufteilung sind die Sitze im amerikanischen Senat. Eine eigenartige Mischform stellt das Delegationsprinzip zum Bundesrat in der Bundesrepublik dar. Die wechselnden Mehrheiten, die sich dort ergeben, sind Mehrheiten ohne direkten Bezug auf die Zahl der Länder oder deren Bevölkerung.

Das Phänomen der verkehrten Mehrheiten kann sich aber auch im Bereich der Personenwahl einstellen, wenn sie wie im Fall der amerikanischen Präsidentschaftswahl mit der Einrichtung staatenweiser Einmannwahlkreise einhergeht, die für jeden Kandidaten entweder ganz gewonnen oder ganz verloren gehen. Dadurch war es bisher zweimal möglich (1876 und 1888), daß der Kandidat Präsident wurde, der weniger Wählerstimmen erhalten hatte.

Kehren wir aber zu den Parlamenten zurück, so begegnet uns hier noch eine weitere Freiheit in der Bestimmung dessen, was als Mehrheit gelten soll. Meist ist in den Verfassungen oder Geschäftsordnungen festgelegt, daß im Regelfall die Beschlußfähigkeit der Parlamente bei Anwesenheit der Hälfte der gesetzlichen Mitgliederzahl gegeben ist, und daß zu einem Beschluß — wiederum im Regelfall — die Mehrheit der abgegebenen Stimmen erforderlich ist. So kann in einem Parlament, dem 100 Abgeordnete angehören, ein Beschluß in gegebenem Fall von nur 26 Abgeordneten gefaßt werden.

Auch wechselt die Bestimmung darüber, was Mehrheit sein soll. Bei der Wahl des Regierungschefs finden wir in den westdeutschen Verfassungen einen dreifachen Mehrheitsbegriff: 1. die Mehrheit der Stimmen der gesetzlichen Mitgliederzahl, 2. die Mehrheit der abgegebenen Stimmen, 3. schließlich bloß die meisten Stimmen.

Ein instrumentaler Charakterzug des Mehrheitsbegriffs im politischen Bereich tritt damit zutage. Die Aussage „Das *ist* Mehrheit" hat hier zunächst lediglich den Sinn „Das *bedeutet* Mehrheit."

IV.

Vor einer weiteren Erörterung der Bedeutung und Anwendbarkeit des Mehrheitsprinzips müssen wir uns zunächst wenigstens vier entscheidender Voraussetzungen bewußt sein, die ihm erst Sinn und Form geben.

Die erste dieser Bedingungen hat Heinrich Höpker[16] knapp und zutreffend formuliert: „Mehrheitsentscheidungen können nur in einer geordneten Form vollzogen werden, die den Kreis der Beteiligten weder durch Zufall noch durch Willkür bestimmt."

Die zweite Voraussetzung hat der Zweite Senat des Bundesverfassungsgerichts in einer Urteilsbegründung zur Neugliederung des Südweststaates genannt: „Majorität entscheidet in der Demokratie nur innerhalb des Kreises derjenigen, die zur Entscheidung ein und derselben Frage aufgerufen sind."[17]

Auch das dritte Merkmal finden wir in einer Urteilsbegründung des Bundesverfassungsgerichts, die besagt, daß das Mehrheitsprinzip nur gelten kann in einer zu einer Einheit „verfaßten" Gemeinschaft.[18] Schon Georg Simmel hat auf die scheinbare Paradoxie aufmerksam gemacht, daß gerade der feste Wille, einen einheitlichen politischen Körper zu bilden, die Möglichkeit des Auseinanderbrechens in überstimmende Mehrheit und überstimmte Minderheit in sich beschließt, während dort, wo diese Einheit nicht besteht, die reine Individualität erhalten bleibt und mit ihr der Zwang zur Einstimmigkeit.[19]

Handelte es sich bei diesen drei Vorbedingungen um Voraussetzungen von eher formaler Natur, so erweist sich die vierte von anderer Art. Sie richtet sich auf die innere Gestalt der Körperschaft, in der das Mehrheitsprinzip gelten soll. Sie verlangt ihre bis zu einem gewissen Grade gehende politische, soziale und kulturelle Homogenität. So hat Gerhard Leibholz 1933 in einem Augenblick äußerster Zerrissenheit, als eine alles verbindende Grundhaltung fehlte, ausgesprochen, daß damit auch das Ende jeder sinnvollen Anwendung des Mehrheitsprinzips gekommen sei.[20] Aber selbst dann, wenn kein solcher akuter politischer Erregungszustand die Einheit zerreißt, können andere tiefgehende Verschiedenheiten dem Mehrheitsprinzip Grenzen seiner Anwendungsmöglichkeit setzen. Georg Jellinek hat den Blick auf heftig empfundene Religionsunterschiede und auf das Nationalitätenproblem gelenkt.[21]

In weiterem Zusammenhang mit dieser Frage steht auch das, was einerseits als eine „negative" und andererseits als eine „diffuse" Mehrheit bezeichnet werden kann. Der Zustimmung zu einer bestimmten Entscheidung auf der einen Seite braucht nicht eine von den Ablehnenden ebenso gemeinsam gebilligte Alternative gegenüberzustehen. Die Verneinung kann eine über die bloße Verneinung hinaus inhaltslose Willenskundgebung sein oder kann sich doch mit auseinanderstrebenden Zielsetzungen unter den Ablehnenden verbinden. Sie ist dann Ausdruck einer „negativen" Mehrheit. Das Institut des konstruktiven Mißtrauensvotums läßt in seinem Bereich eine solche positiv unerfüllte Willenskundgebung nicht mehr zu.

Aber dieses Problem stellt sich nicht nur angesichts des Wirkens von negativen Mehrheiten. Auch die zustimmende Mehrheit kann durchaus unterschiedlichen Willens sein. Wir haben es dann mit einer „diffusen" Mehrheit
zu tun. Es handelt sich dann nur um die Äußerlichkeit des Willens, die über-
einstimmt. Nur diese gleichlautenden Äußerungen werden zusammengezählt,
wenn solche Mehrheiten entstehen, nicht die Gründe, nicht die Motive. Solche Mehrheit trägt in sich selbst oft den Keim zum Verfall.[22]

Mehrheit kann immer nur als Teil eines einheitlichen Ganzen begriffen
werden. Wo solche Einheit noch nicht oder nicht mehr existiert, ist es im
Grunde ohne Sinn, nach einer Mehrheit zu fragen. Doch zwischen zu ertra-
gendem Pluralismus und zerstörendem Separatismus liegt ein weites Feld von
Übergängen, dessen Grenzen nur in der jeweils konkreten Situation zu bestimmen sind.

Allen diesen Beobachtungen liegt die Einsicht zugrunde, daß der Allgemeingültigkeit des Mehrheitsprinzips innere Schranken gesetzt sind, daß
die Voraussetzungen für seine Anwendbarkeit einer sorgfältigen Prüfung und
Bestimmung bedürfen. Es wird ein Rahmen erkennbar, in dessen Grenzen
nur das Institut der Mehrheitsentscheidung in sinnvoller Weise angewandt
werden kann, wenn nicht die Mehrheitsentscheidung zu einem willkürlichen
Akt werden soll. Nur in gehörige Form gebracht kann überhaupt die Mehrheitsentscheidung den Charakter eines politischen und rechtlichen Instituts
annehmen.

V.

Auch eine aufgeklärte Autokratie kann bestimmte Aufgaben verwirklichen,
die sich ein freiheitlich-demokratischer Staat zum Ziel setzt: Rechtsstaatlichkeit, Förderung des kulturellen Lebens, soziale Wohlfahrt usw. Aber sie
bleibt ohne verantwortliche Teilnahme der Staatsbürger. Hier liegt die Bedeutung des Mehrheitsprinzips für die Demokratie. Zwar ist auch in ihr das
Mehrheitsprinzip zunächst eine *Form* der Entscheidungsweise, doch ist es
nicht nur von formal-instrumentalem Charakter.

Carl Schmitt hat gemeint, es mache für eine abstrakte Logik eigentlich
gar keinen Unterschied, „ob man den Willen der Mehrheit oder den Willen
der Minderheit mit dem Willen des Volkes identifiziert, wenn es doch in
keinem Falle der absolut einstimmige Wille aller (auch der unmündigen)
Staatsbürger sein kann".[23] Es geht aber nicht um „abstrakte Logik". Werner
Kägi hat „vor der unmenschlichen Logik des geschlossenen Systems" gewarnt.[24]

Weil das Mehrheitsprinzip zugleich dem Inhalt der demokratischen Ordnung angemessen ist, ist es für diese keine bloß willkürliche, auswechselbare
Form. Durch die Mehrheitsentscheidung wird wesentliche Inhaltsverwirkli-
chung — Teilnahme, Gleichheit, Freiheit — in größter Annäherung an das
erreichbare Maß möglich. Selbstbestimmung des Volkes in gleicher Freiheit
tritt so mit dem Mehrheitsprinzip als unauswechselbarem Institut der Willensbildung einer solchen Ordnung auf.

Während Gerhard Leibholz, der in der Gleichheit das „Kardinalprinzip"
der Demokratie sieht, die Legitimität des Mehrheitsprinzips gerade auf seiner

größtmöglichen Berücksichtigung des Gleichheitssatzes gründet,[25] gilt für Hans Kelsen die Freiheit als das Fundament, auf dem das Majoritätsprinzip ruht. Das Prinzip der absoluten Majorität bedeutet ihm „die relativ größte Annäherung an die Idee der Freiheit". „Daß die menschlichen Willen untereinander gleich seien" — was nur als Bild zu verstehen sei, und nicht eine effektive Meßbarkeit bedeuten könne —, soll nur Voraussetzung hierfür, nicht aber Begründung sein. Durch die inhaltliche Erfüllung der bloßen Gleichheit, die Kelsen dadurch gewinnt, daß er sie auf die Idee der Freiheit bezieht, da nicht „gerade dieser oder jener frei sein soll", wird dem Mehrheitsprinzip die reine Formalität seiner Gestalt genommen.[26]

Dabei tritt jedoch zugleich und noch stärker als schon in der Verbindung von Mehrheitsprinzip und Gleichheitsidee zutage, daß es sich bei solchen Voraussetzungen keineswegs um selbsteinsichtige Axiome handelt. Wenn Gleichheit und Freiheit aller Menschen als unmittelbar offenkundige Wahrheiten gelten, dann folgt auch die selbstverständliche Anwendung des Mehrheitsprinzips, wie Thomas Jefferson es vertreten hat. Aber solche Feststellung — etwa in der amerikanischen Unabhängigkeitserklärung — kann nicht darüber hinwegtäuschen, daß es sich dabei nicht um objektive Evidenz unbestreitbarer .Grundverhältnisse, sondern vielmehr um politisch-sittliche Postulate handelt. Die Mehrheitsentscheidung setzt somit nicht die Realität des Gleich-Seins, sondern die Anerkennung des Gleich-Geltens voraus. Sie ist nicht Garantie politischer Freiheit, sondern der Versuch zu einer größtmöglichen Annäherung an sie.

VI.

Starosolskyj hat auf die eigene Qualität des Über- und Unterordnungsverhältnisses hingewiesen, die im Majoritätsverband durch die Chance der wechselnden Mehrheiten gegenüber der starren Relation im Herrschaftsverband hervortritt. Die Stellung eines jeden ist nicht von vornherein festgelegt, sondern kann sich von Fall zu Fall ändern.[27] Eine Voraussetzung für die Chance zum Wechsel der Mehrheit ist aber die Chance zur Werbung um Mehrheit. Das Mehrheitsprinzip ist darum seinem Wesen nach mit der freien öffentlichen Diskussion und der Möglichkeit der Kritik an den Maßnahmen der Herrschenden verbunden.

Mehrheitsprinzip innerhalb einer politisch unfreien Staats- und Gesellschaftsordnung kann es darum gar nicht geben, mögen auch Plebiszite und Einheitswahlen in die äußere Form mehrheitlicher Entscheidungen gekleidet sein. Nur, wo eine echte Alternative eingeräumt wird und nicht bloß die machtlose Enthaltung oder das ebenso ohnmächtige Nein, kann zu Recht von einer Mehrheitsentscheidung gesprochen werden.

Werbung, Diskussion und Öffentlichkeit sind die der Mehrheitsentscheidung angemessenen Medien. In diesem werbenden Prozeß um Mehrheit durchdringen sich schließlich die entgegenstehenden Auffassungen bis zu einem gewissen Grade. Es tritt damit ein Merkmal hervor, das zu tieferen Grundlagen der Mehrheitsentscheidung führt. Das ist: Anerkennung von Mehrheitsentscheidungen kann sich nur auf solche Bereiche erstrecken, in denen ein Ausgleich denkbar ist, in denen Überstimmung ertragen wird, in denen jedenfalls die Geltung auch der anders gerichteten Entscheidung der unterlegenen Minderheit zugemutet werden kann.

Drei Dinge allein sind dem Spruch der Mehrheit unterworfen: 1. Sie kann bestimmen, welche Person ein Wahlamt bekleiden soll. Sie gibt aber nicht Auskunft über Eignung des obsiegenden oder unterliegenden Bewerbers. − 2. Sie setzt dem Handeln ein Ziel. Doch nicht, ob es richtig oder falsch ist, so oder anders zu handeln, sondern nur, dieses zu tun und jenes zu lassen, ist Inhalt der Weisung. − 3. Die Mehrheit setzt Normen fest, deren Verletzung geahndet werden soll. Ob zu Recht oder Unrecht, bleibt offen; die Diskussion um die ethische Indikation diene als Beispiel.

In allen drei Fällen braucht die überstimmte Minderheit nicht anzuerkennen, daß sie sich mit ihrer Auffassung in einem Irrtum befunden habe; sie ist nicht der irrende Einzelwille, der den wahren Gemeinwillen nicht erkannte. Eine Antwort darauf, ob etwas richtig oder falsch, gut oder schlecht, schön oder häßlich sei, liegt außerhalb der Möglichkeit dessen, was durch Mehrheitsspruch entschieden werden kann.

Das Mehrheitsprinzip wird unter solchem Aspekt von seiner unersetzbaren Funktion getragen, die es in einer Gesellschaft des Pluralismus von Werten und Gruppen erfüllt. In ihr ist der Anspruch auf allseitige Teilnahme und Einflußsicherung zu einem Datum der politischen Ordnung geworden. Der Mangel jeder anderen Entscheidungsform, diesem Verlangen gerecht zu werden − was immer ihre sonstigen Vorzüge auch sein mögen −, nimmt ihr die Grundlage zu allgemeiner Anerkennung.

Heute gibt es kaum eine Mehrheit im gesellschaftlichen und politischen Raum, die nicht ihrerseits nur eine Summe von Minderheiten darstellte. Viele dieser Mehrheiten sind nur Bündnisse auf Zeit oder zu besonderem Zweck; manche von ihnen von größerer Dauer, andere nur flüchtige Gebilde des Augenblicks. Aber allen steht die Möglichkeit des Lösens und Verbindens zu neuen Mehrheiten offen. So ist in der Mehrheitsentscheidung eine anschmiegsame Form des Willensausdrucks gefunden, die diesen lebendigen Prozeß des Wechsels nicht in starre Fronten zwingt. Sie wird damit in einem pluralistischen Gefüge das allein kongruente Instrument zur Bestimmung des Handelns im Rahmen dessen, was politischer Entscheidung anheim gegeben ist.

VII.

Diese Grenze politischer Entscheidungsbefugnis wird dabei zugleich als die Grenze der Mehrheitsentscheidung gegenüber dem Recht des einzelnen und der Minderheit aufgerichtet. Und von daher erhält auch die Stellung der Minderheit unter der Mehrheitsherrschaft ihre spezifische Bedeutung.

Um den Minderheiten Schutz zu gewähren, sind von altersher Schranken gesetzt worden, die den Entscheidungsprozeß eines Gemeinwesens dem ungehemmten Zugriff der Gesamtkörperschaft entzogen haben. Georg Jellinek nennt u. a. die Gliederung der Völker in Klassen, Centurien, Curien, der Stände in mehrere Kollegien, der Parlamente in zwei Häuser mit verschiedener Zusammensetzung.[28] Ernst Fraenkel hat auf die Sicherung der Minoritäten durch einen föderativen Staatsaufbau hingewiesen, wie er zu diesem Zweck auch im „Federalist" (Nr. 51) gefordert wurde.[29]

Auch im parlamentarischen System haben Anerkennung und Schutz von Minderheit und Opposition ihren Ausdruck in vielfältigen Institutionen gefunden. Hier soll nur jenes Institut des Minderheitenschutzes im Parlament Erwähnung finden, das am sichtbarsten eine Einschränkung der einfachen Mehrheitsherrschaft darstellt: die Regelung der qualifizierten Stimmenentscheidung. Dabei ist nicht nur an die für besondere Beschlüsse geforderte qualifizierte Mehrheit zu denken, sondern auch an jene Bestimmungen, durch die nach dem Willen einer qualifizierten Minderheit das Parlament oder ein anderes Staatsorgan tätig werden muß.

Georg Jellinek hat angesichts der Forderung nach Zweidrittelmehrheit in Sonderfällen bemerkt, daß jede Festsetzung derartiger Relationen „etwas Willkürliches" habe.[30] Tatsächlich finden wir auch in der Bundesrepublik unterschiedliche Qualifikationsziffern. Die Zweidrittelmehrheit wird teils von der Mitgliederzahl, teils lediglich von den anwesenden Mitgliedern gefordert. Verschiedene Bestimmungen über das Quorum führen weitere Differenzierungen ein. Bremen und Hamburg kennen in ihren Verfassungen außerdem noch eine Dreiviertelmehrheit.[31]

Wendet man sich den Rechten der qualifizierten Minderheiten zu, so wird die Beliebigkeit in der Festsetzung der jeweiligen Qualifikationen noch augenscheinlicher. Zu diesen Rechten, die selbst durch eine mehrheitlich entgegenstehende Abstimmung der Minderheit nicht genommen werden können, gehören als wichtigste: 1. Die Einsetzung eines Untersuchungsausschusses, 2. die Einberufung des Parlaments, 3. das Antragsrecht auf Überprüfung der Verfassungsmäßigkeit eines Gesetzes. In ganz unsystematischem Nebeneinander stehen hier in den verschiedenen westdeutschen Verfassungen als Qualifikationsziffern für eine berechtigte Minderheit die Brüche $1/10$, $1/5$, $1/4$ und $1/3$ der Mitglieder der gesamten Abgeordnetenzahl. Zu dieser Beliebigkeit in der Zahlenrelation tritt die Beliebigkeit in der Wertung der Sachgewichtigkeit. Wie schon bei der Bestimmung des Begriffs „Mehrheit" zeigt sich auch hier, daß die qualifizierenden Zahlenverhältnisse auf einer bloßen Übereinkunft über das beruhen, was jeweils als berechtigte Mehrheit oder Minderheit gelten soll. Alle festgelegten Relationen könnten gleichermaßen anderer Ordnung sein.

Aber in diesen Anordnungen wird der Wille sichtbar, einen Raum auszusparen, in dem die Minderheit politisch wirkungsvoll agieren und dem Mehrheitswillen eine Grenze setzen kann. Karl Marx hat in einem seiner epigrammatischen Umkehrsätze treffend gekennzeichnet, wie die Bedingungen der qualifizierten Mehrheit zur Verfassungsänderung der Minorität die Macht zu erfolgreichem Widerstand gibt. Er schreibt: „Die Majorität des Parlaments erklärte sich so gegen die Verfassung, aber diese Verfassung selbst erklärte sich für die Minorität und ihren Beschluß für bindend."[32]

Solche bewußte Beschränkung des Mehrheitswillens entspringt einem Verständnis vom Staat, dem zwar Macht gegeben, dessen Macht aber nicht unbegrenzt sein soll. Ja, von einer abstrakten Logik her könnte gar die Einstimmigkeit als allein angemessene Entscheidungsform zwischen Gleichen und Freien gefordert werden. Doch die Anerkennung der Mehrheitsentscheidung ist Ausfluß der nüchternen Überlegung, daß eine politische Körperschaft Handlungsfähigkeit besitzen muß, die ihr genommen wird, wenn ein „liberum veto" jede Bewegung hemmen kann. Auch wäre die Forderung nach Einstimmigkeit — darauf hat Georg Simmel hingewiesen[33] — eine Vergewaltigung der Mehrheit durch die sich widersetzende Minderheit. Denn auch das Unterlassen einer Maßnahme kann etwas durchaus Positives, von fühlbaren Folgen Begleitetes sein.

Wenn also die Mehrheitsentscheidung im Regelfall auch die einer freien Gesellschaft entsprechende Entscheidungsform ist, so hindert das nicht, daß sie der politische Wille dieses Gemeinwesens dennoch nach seinen Wert- und Ordnungsvorstellungen bestimmten Einschränkungen unterwirft. Die positiven Ausgestaltungen solcher eingrenzenden Institute mögen in ihrer oft willkürlichen Setzung dem kritisch analysierenden Verstand nicht Genüge tun. Ihren Sinn gewinnen aber auch diese unvollkommenen Formen dadurch, daß sie an die Grenzen menschlicher Herrschaftsbefugnis überhaupt erinnern.

VIII.

Mehrheitsentscheidungen können immer nur innerhalb des festen Rahmens einer übergreifenden Ordnung Legalität begründen. Diese Ordnung selbst ruht auf der Anerkennung jener, denen sie als legitim gilt. Legitimität beruht auf Geltung. Doch ein Legitimitätsprinzip ist nicht etwas Beliebiges, das in die Ermessensfreiheit der Generation der Lebendigen gestellt ist. Ferrero und Erich Kaufmann haben den Zusammenhang des Legitimitätsprinzips mit dem Ganzen der geschichtlichen, geistigen und sozialen Kräfte eines Volkes betont. In den Grundrechten der Verfassung finden diese Prinzipien einen Ausdruck; sie richten die Schranken gegenüber einer ungehemmten Mehrheitsherrschaft auf.

Nur in diesem Rahmen bestimmt die Mehrheit das politische Handeln, oder genauer gesagt: billigt oder mißbilligt sie jene Maßnahmen, die ihr politische Führungsgruppen zur Beschlußfassung vorlegen. Denn Mehrheitsentscheidung ist dem Gehalt nach nicht vor allem eigenes Setzen politischer Ziele, sondern eine Bekundung der Zustimmung oder deren Versagen. Durch diese Bindung der Führungsgruppen an ausgesprochenes Vertrauen wird im Werben um Mehrheit die dauernde Einflußnahme der Zustimmungsberechtigten auf Inhalt und Richtung der Staatsführung gesichert.

Ein letztes Wort muß jenem Mangel im Erscheinungsbild des Mehrheitsprinzips gewidmet sein, der früher erwähnt worden ist aber jetzt erst seine Erklärung finden kann und darin liegt, daß der Begriff der Mehrheit selbst so häufig nur einer scheinbar willkürlichen Setzung entspricht. Alle jene Mehrheitsbestimmungen, die wie im amerikanischen Senat, im Bundesrat oder in ähnlich geordneten Gremien Ausfluß föderativer Staatsgestaltung sind, können ohne Schwierigkeit dem erörterten Minderheitenschutz — hier in Anwendung auf eigenberechtigte Gliedbereiche — zugerechnet werden. Doch wo sich durch die Kluft zwischen Abstimmungsberechtigten und Abstimmungsteilnehmenden eine Mehrheitsbestimmung ergibt, die weit unter der eigentlichen Mehrheit aller Berechtigten liegt, muß ein anderes Moment zur Geltung kommen. Knapp formuliert besagt es: Kein politisches Recht vermag zu bestehen, wo der Wille fehlt, es auszuüben.

Allzu gern wird heute als das demokratische Element unserer Staatsordnung die beliebige Freiheit von Pflicht und der gesicherte Anspruch auf

Recht verstanden. Es gibt aber kein „natürliches" Recht des Individuums, in einer Ordnung des Schutzes und der Freiheit zu leben. So sehr allen Staatsvertragstheorien ein Moment des abstrakt Unhistorischen zueigen sein mag, diese ihre Einsicht gilt auch heute noch, daß die Einfügung in ein politisches Gemeinwesen nicht sein kann ohne Übernahme von Pflichten und Begrenzung von Ansprüchen. Denn nur wo der Wille lebendig ist, mit eigenem Tun die Ordnung zu tragen und zu prägen, verwirklicht sich das Recht auf mitbestimmende Teilnahme. Demokratie als eine Staatsform solch allgemein mitbestimmender Teilnahme kann darum nicht zuerst durch das *Recht* auf Teilnahme ihrem Wesen nach gekennzeichnet werden, sondern vielmehr erst durch die *Bereitschaft* dazu. Wo nur das Recht ohne die Bereitschaft existiert, wandelt die lebende Staatsform trotz aller geschriebenen Verfassung ihre Gestalt. Die fallengelassenen Zügel werden von anderen Händen aufgenommen.

Politik ist ein Prozeß ohne Ruhe; sie ist eine dauernde Auseinandersetzung um die Ordnung menschlichen Zusammenlebens. Keiner kann sich ihr entziehen; nur, ob er Subjekt oder Objekt ist, heißt die Frage. Das in seinen Grenzen erkannte und anerkannte Mehrheitsprinzip stellt nichts anderes dar als die angemessene Form politischer Entscheidung, die in größter Annäherung die Teilnahme aller in gleicher Freiheit ermöglicht. Wer das Angebot zur Teilnahme nicht nutzt, bringt sich selbst um das Recht auf Gehör.

Das Mehrheitsprinzip gilt nicht, weil es eine absolute, immer gültige Form der Entscheidung im politischen Kampf zwischen Menschen ist. Es ist nur Teil einer umgreifenden, selbst zerbrechlichen Ordnung, die den Kampf zügeln, die Rechte von einzelnen und Minderheiten anerkennen und den dauernden Versuch unternehmen will, die freie Selbstbestimmung aller zu gewährleisten. Wird diese Ordnung menschlichen Zusammenlebens nicht mehr von Willen und Tat der Bürger getragen, dann verliert auch das Mehrheitsprinzip seinen stützenden Grund.

Anmerkungen

* Nachdruck aus: Zeitschrift für Politik 3/1964, S. 239—250.
1 Schmollers Jahrbuch, 39 (1915), Heft 2; vgl. daneben vor allem Wolodymyr Starosolskyj, Das Majoritätsprinzip, Wiener wissenschaftliche Studien, 13, 2. Heft. Wien und Leipzig 1916. Ferdinand Elsener, „Zur Geschichte des Majoritätsprinzips" in: Zeitschrift der Savigny-Stiftung für Rechtsgeschichte, Kanonistische Abteilung, XLII (1956), S. 73 ff.
2 S. bes. G. Jellinek, Das Recht der Minoritäten, Wien 1898. G. Simmel, „Exkurs über die Überstimmung" in seiner Soziologie, 3. Aufl. München und Leipzig 1923, S. 141 ff. (auch in diesem Band). F. Haymann, „Die Mehrheitsentscheidung. Ihr Sinn und ihre Schranken" in: Festgabe für R. Stammler, Berlin und Leipzig 1926. Henry Steele Commager, Die Rechte der Minderheit im Rahmen der Mehrheitsherrschaft, Wiesbaden 1947. Rudolf Laun, „Mehrheitsprinzip, Fraktionszwang und Zweiparteiensystem" in: Gedächtnisschrift für Walter Jellinek, München 1955. — Mehrere Dissertationen haben in der einen oder anderen Weise das Thema behandelt. Am weitesten führt noch in einzelnen Teilen Heinrich Höpker (Grundlagen, Entwicklung und Problematik des Mehrheitsprinzips und seine Stellung in der Demokratie, Kölner Diss. 1957), der sich aber mit dem Versuch, den ganzen Komplex von der antiken

Demokratie durch alle Zeiten und Staatsformen hindurch bis in unsere Gegenwart zu verfolgen, zu viel vorgenommen hat. Als Hinweis noch die Verfassernamen: Stefan Lamp (Diss. Mainz 1950), Kurt Schatz (Diss. Heidelberg 1951), Karl Georg Schneider (Diss. Heidelberg 1951), Hansjürgen Paul (Diss. Göttingen 1953).

3 Politik, 1281a (3. Buch, 10. Kap.).
4 ebd., 1281b und 1282a.
5 a.a.O., S. 8.
6 The Second Treatise of Government, § 97 (Übers. des Verf.).
7 Vgl. u.a. seinen Brief an Alexander von Humboldt vom 13. Juni 1817, in: Thomas Jefferson, Auswahl aus seinen Schriften, übersetzt und hrsgg. v. Walter Grossmann. Cambridge, Mass. o. J., S. 127f.
8 Vgl. Contract social, II, 3 und 4.
9 Alexis de Tocqueville, De la démocratie en Amérique. 4. Aufl. Paris 1836, 2. Bd., S. 134 (Übers. d. Verf.) — Im Text folgen nur noch die Seitenzahlen.
10 a.a.O., S. 40ff.
11 Julius Binder, Philosophie des Rechts, Berlin 1925, S. 300f.
12 „Zur Problematik der Grundbegriffe des öffentlichen Rechts" in: Gedächtnisschrift für Walter Jellinek, München 1955, S. 23; vgl. auch in E. v. Hippels Aufsatzsammlung: Mechanisches und Moralisches Rechtsdenken, Meisenheim 1959, S. 312, 407f. u.ö.
13 Legalität und Legitimität, München und Leipzig 1932, S. 33.
14 a.a.O., S. 191f.
15 Zit. nach d. dt. Ausgabe, Nürnberg 1948, S. 6f.
16 a.a.O., S. 106.
17 BVerfGE 1, S. 46; vgl. Franz Haymann, a.a.O., S. 440.
18 BVerfGE 1, S. 314f.
19 a.a.O., S. 145.
20 Die Auflösung der liberalen Demokratie in Deutschland und das autoritäre Staatsbild, München und Leipzig 1933, S. 16.
21 a.a.O., S. 28f.
22 Vgl. Starosolskyj, a.a.O., S. 54.
23 Die geistesgeschichtliche Lage des heutigen Parlamentarismus, 2. Aufl. München und Leipzig 1926, S. 35.
24 „Rechtsstaat und Demokratie" in: Festgabe für Giacometti, Zürich 1953, S. 135.
25 Strukturprobleme der modernen Demokratie, Karlsruhe 1958, S. 147 und 151.
26 Vom Wesen und Wert der Demokratie, 2. Aufl. Tübingen 1929, S. 9f.
27 a.a.O., S. 27. — Was über die Nichtanwendbarkeit dieser Regel angesichts struktureller Minderheiten gesagt worden ist, darf jedoch nicht aus dem Auge verloren werden.
28 a.a.O., S. 5.
29 Die repräsentative und die plebiszitäre Komponente im demokratischen Verfassungsstaat. (Recht und Staat 219/220), Tübingen 1958, S. 23.
30 a.a.O., S. 23.
31 Art. 85 bzw. 13,2.
32 Der achtzehnte Brumaire des Louis Bonaparte, Berlin 1946, S. 84.
33 a.a.O., S. 142.

Christoph Gusy

Das Mehrheitsprinzip im demokratischen Staat*

Demokratische Herrschaft ist Mehrheitsherrschaft. Sie trägt dadurch der Tatsache Rechnung, daß Einstimmigkeit im Gemeinwesen regelmäßig real nicht besteht oder doch nicht festgestellt werden kann. Daher soll der Wille der Mehrheit im demokratischen Staat bestimmen, ohne daß er aber deshalb mit dem Willen aller gleichgesetzt werden könnte[1]. Vielmehr geht das Mehrheitsprinzip gerade von der Verschiedenheit der Anschauungen im Volke aus. Eine Mehrheit kann nur dort existieren, wo auch — zumindest — eine Minderheit vorhanden ist. In dieser Spannung zwischen Herrschaft der Mehrheit einerseits und Existenz und rechtlich gesicherter Betätigungsmöglichkeit der Minderheit andererseits gründen Herausforderung und Dilemma des Mehrheitsprinzips[2].

I. Das Mehrheitsprinzip als Entscheidungsprinzip

1. Demokratische Herrschaft und Mehrheitsprinzip

Die Anwendung der Regeln über Mehrheit und Minderheit ist nur sinnvoll, sofern eine Frage Angelegenheit einer Mehrzahl von Personen ist. Solange jedes Mitglied des Gemeinwesens ein Problem für sich allein in Angriff nehmen und autonom lösen kann, ist für solche Regeln kein Raum. Der Einzelne entscheidet selbst in relativer Autonomie nach den für ihn selbst bestehenden Präferenzregeln. Dieser Zustand kann sich erst in dem Moment ändern, in welchem bezüglich einer Angelegenheit im Gemeinwesen ein Koordinations- und Steuerungsbedarf entsteht, so daß die Interessen der einzelnen Mitglieder miteinander abgestimmt und so für alle verbindliche Präferenzregeln geschaffen werden müssen. Erst dann kann die Angelegenheit zum Anliegen einer mehr oder weniger großen Gemeinschaft, staatlicher oder sonstiger sozialer Gruppen, werden. Diese übernehmen dann die Aufgabe, jene allgemein geltenden Regeln herzustellen und — soweit notwendig — deren Einhaltung durch die Betroffenen zu überwachen. Die Präferenzbildung wird dadurch dem Einzelnen entzogen und auf die Allgemeinheit übertragen; statt autonomer Entscheidung hat er sich heteronomer Regulierung unterzuordnen. Zugleich stellen sich damit die Fragen nach der *Anwendbarkeit*, der *Legitimation* und der *Problematik des Mehrheitsprinzips* im demokratischen Staat.

Die Setzung verbindlicher Regeln für Dritte ist *Herrschaft*. Sie befriedigt den Gestaltungs- und Steuerungsbedarf des Gemeinwesens durch Herstellung bindender Entscheidungen. Deutlich wird so der enge Konnex zwischen Herrschaft und Mehrheitsprinzip. Dieses ist ein Mechanismus zur Befriedigung des Entscheidungsbedarfs im Gemeinwesen. Als solcher besitzt die Mehrheitsregel kein Monopol: Herrschaft durch verbindliche Entscheidung ist durchaus ohne Zustimmung der Majorität denkbar und in den meisten Staaten der Welt auch real; umgekehrt ist jedoch das Mehrheitsprinzip ohne den Zusammenhang zur Entscheidung unter einer Vielzahl von Mitwirkenden sinnlos. So ist dieses Prinzip als Abstimmungsregel ein Entscheidungsprinzip. Umgekehrt ist damit auch die Grenze der Entscheidungsbefugnisse des Gemeinwesens zugleich die Grenze der Mehrheitsentscheidung gegenüber den Rechten der Einzelnen und der Minderheit[3]. Das Grundgesetz geht davon aus, daß die Mehrheitsregel das zentrale Mittel zur Herstellung von Entscheidungen im demokratischen Staat darstellt[4]. Sie ist in Art. 42 Abs. 2, 52 Abs. 3, 54 Abs. 6, 63 Abs. 2–4, 67 Abs. 1, 68 Abs. 1 GG als Abstimmungsgrundsatz für Bundestag, Bundesrat und Bundesversammlung ausdrücklich normiert; eine allgemeine Anordnung dieses Prinzips für alle demokratisch gefällten Entscheidungen fehlt hingegen. Nichtsdestoweniger wird es als Ausprägung der demokratischen Staatsform begriffen[5]. Durch diese spezifische Zuordnung erfährt das Mehrheitsprinzip besondere Anforderungen. Demokratie unterscheidet sich von anderen Staatsformen nicht dadurch, daß in diesen Herrschaft ausgeübt würde, in jener hingegen nicht. Demokratie ist nicht Herrschaftslosigkeit, sondern eine spezifische Form, wie Herrschaft zustandekommen, begründet, legitimiert und ausgeübt werden kann. In diesem Zusammenhang ist das Mehrheitsprinzip die Regelung, nach welcher Entscheidungen gefällt werden können.

2. *Personalentscheidungen und Sachentscheidungen*

Im Zuge der historischen Entwicklung der demokratischen Idee hat diese eine charakteristische Wandlung erfahren. Ging in der Frühzeit etwa Rosseau davon aus, daß in der Demokratie alle verbindlichen Entscheidungen von allen Bürgern gemeinsam getroffen werden müßten[6], so hat sich dieser Gedanke der Identität von Regierenden und Regierten in der Folgezeit nicht durchgesetzt. Wesentlichster Grund dafür war die Tatsache, daß die sich herausbildenden Staaten nicht von der unbedeutenden Größe waren, welche *Rousseaus* Verfassungsmodell voraussetzte[7]. Unter den Bedingungen des modernen Flächenstaates bliebe ein solches Postulat mehr denn je Fiktion und würde für den Einzelnen zur Vermittlung vielfältiger Enttäuschungen führen.

Vielmehr hat sich das Grundgesetz für die repräsentative Demokratie entschieden. Nach Art. 20 Abs. 2 Satz 1 GG wird die Staatsgewalt nicht vom Volk selbst und unmittelbar ausgeübt, sie „geht vom Volke aus". Die praktische Ausübung erfolgt „vom Volke in Wahlen und Abstimmungen und durch besondere Organe". Deutlich wird so, daß das Grundgesetz von einer *Verschiedenheit von Regierten und tatsächlich Regierenden* ausgeht; die Tatsache, daß im Staat nur wenige effektiv herrschen können, wird von ihm rezipiert und zur Grundlage seiner Konzeption demokratischer Staatsgewalt gemacht. Die praktische Herstellung verbindlicher Entscheidungen ist somit an die „besonderen Organe" delegiert, diese müssen ihrerseits eine demokratische Legitimation aufweisen. Art. 20 Abs. 2 Satz 2 GG sieht hierfür den

Mechanismus der „Wahlen und Abstimmungen" vor. Beide stehen zur Ausübung der Staatsgewalt durch besondere Organe nicht in einem alternativen Verhältnis; die Organe vermögen die Abstimmungen keineswegs zu ersetzen. Vielmehr wird ein kumulatives Verhältnis zwischen beiden angeordnet; Wahlen und Abstimmungen durch das Volk und die Handlungen der besonderen Organe müssen sinnvoll aufeinander bezogen sein und sich wechselseitig ergänzen[8].

Dadurch verdoppelt sich die Anwendbarkeit des Mehrheitsprinzips im demokratischen Staat. Zunächst gilt es für die Bestellung der Organwalter, sofern diese durch Wahlen gestellt werden, hier ist das Mehrheitsprinzip eine Regel für die *Personalauswahl;* für das Staatsvolk stellt sich — anders als nach dem Urbild Rousseaus — keine unmittelbare *Sachalternative,* sondern eine Personalalternative[9]. Die Sachalternative stellt sich demgegenüber in der repräsentativen Demokratie erst den unmittelbar handlungsbefugten Staatsorganen. Auch wenn real bisweilen Wahlen zum Plebiszit über einzelne politische Fragen werden, so ist doch jene Unterscheidung für die Anwendung des Mehrheitsprinzips von Bedeutung.

II. Die Anwendbarkeit des Mehrheitsprinzips

Zentraler Mechanismus zur Bildung und Feststellung von Mehrheit und Minderheit ist die *Abstimmung.* Als Entscheidungsprozeß kommt ihr zugleich befriedende Funktion zu. Diese Bedeutung würde unterlaufen, wenn nach dem Abstimmungsvorgang Streitigkeiten über die Grundlagen der Mehrheitsfindung einsetzen und so die Entscheidungsfunktion der Abstimmungsprozedur unterminiert würde.

1. Abstimmungsberechtigte Personenmehrheit

Majorität entscheidet in der Demokratie nur innerhalb des Kreises derjenigen, die zur Entscheidung ein und derselben Frage aufgerufen sind[10]. Mehrheit kann sich stets nur als *Teil einer* — mehr oder weniger — *organisierten Vielzahl von Personen* begreifen. Dieser Personenkreis ist die Summe derer, welche zur Mitwirkung an der Entscheidungsfindung berechtigt sind. Er muß nach feststehenden Regeln abgrenzbar sein, um so die Bildung und die Ermittlung einer Mehrheit überhaupt erst zu ermöglichen. Verfälscht wird die Mehrheitsbildung, wenn Personen bei der Abstimmung mitwirken, die nicht an der Entscheidungsfindung zu beteiligen sind oder aber mitwirkungsberechtigte Personen an der Teilnahme bei der Abstimmung gehindert werden.

Im demokratischen Staat kommt somit der Regelung des entscheidungsberechtigten Personenkreises grundlegende Bedeutung zu. Das Grundgesetz selbst legt für den Wahlvorgang die maßgeblichen Grundsätze fest (Art. 20 Abs. 2 Satz 1, 38 Abs. 1 Satz 1 Abs. 2 GG); die Regelung des Details überläßt es dem einfachen Gesetzgeber (Art. 38 Abs. 3 GG)[11]. Diese relativ starre Fixierung sichert so überhaupt erst die Möglichkeit der Herbeiführung einer demokratischen Wahlentscheidung „des Volkes". Ebenso ist in den Staatsor-

ganen die *Regelung der Stimmberechtigung* Voraussetzung der Funktionsfähigkeit einer demokratischen Mehrheitsbildung. Grundsätzlich sind hier alle
„gesetzlichen Mitglieder"[12] bei der Entscheidung mitwirkungsberechtigt;
eine Sonderstellung nehmen allerdings die Berliner Abgeordneten des Bundestages und des Bundesrates ein[13]. Der Ausschluß etwa befangener Personen von der Abstimmung bedarf einer ausdrücklichen, an vorher festgesetz-
ten Kriterien orientierten Regelung[14], ebenso wie eine mögliche Stellvertre-
tung bei der Stimmenabgabe. Solche Vorschriften betreffen regelmäßig lediglich den Kreis der Mitwirkungsberechtigten; diese sind hingegen nicht notwendig zur Mitwirkung an jeder Entscheidungsfindung rechtlich verpflichtet.
Allerdings wird die Mehrheitsentscheidung dem gesamten Gremium zugerechnet, nicht etwa lediglich den an der Abstimmung tatsächlich Teilneh-
menden. Auch wenn nur eine Minderheit anwesend war, gilt der Beschluß
als Entscheidung der Körperschaft insgesamt. Um hier Mißbräuche zu verhindern, ist die Regelung der Beschlußfähigkeit eines Gremiums von maßgebli-
cher Bedeutung für die Erhaltung der Funktionsfähigkeit des demokratischen
Verfahrens. Mehrheitsentscheidungen können nur in einer geordneten Form
vollzogen werden, die den Kreis der Beteiligten weder durch Zufall noch
durch Willkür bestimmt[15].

2. Organisation der Abstimmungsberechtigten

Der zur Entscheidung berufene Personenkreis muß bereits vor der Entscheidungsbildung organisiert sein. Diese *Organisation* ist der Zusammenschluß
zu einer sinnorientiert handelnden Personenmehrheit, in der eine oder mehrere Angelegenheiten ihrer Mitglieder gemeinsam wahrgenommen werden
sollen. So kann das Mehrheitsprinzip nur in einer „verfaßten Gemeinschaft"
gelten[16]. Diese Organisation ist keine ideologisch verfaßte Einheit; ausschlaggebend ist vielmehr der Wille der Mitglieder zur Organisation. Eine Personen-
gruppe, die bei der Entstehung von Meinungsverschiedenheiten und dadurch
aufkommenden Abstimmungsbedürfnissen gleich auseinander fällt, kann keine Mehrheitsentscheidung durchführen. Diese setzt vielmehr das Bewußtsein
von der Notwendigkeit oder doch dem Nutzen der Organisation voraus, welches in der Präferenzskala der Mitglieder die Vorteile einer individuellen
Wahrnehmung der von dem Zusammenschluß übernommenen Angelegenheiten überwiegen muß. Die Zugehörigkeit zu dem konkreten Zusammenschluß
mit der Möglichkeit des Überstimmtwerdens muß insgesamt als vorteilhafter
erscheinen als die isolierte Zweckverfolgung mit der Möglichkeit, stets die
eigene Ansicht zu verfolgen. Wo solche Einheit noch nicht oder nicht mehr
besteht, ist es im Grunde ohne Sinn, nach einer Mehrheit zu fragen.
      Das gilt auch für den Staat und seine Organe. Zwar besteht hier keine
Austrittsfreiheit; nichtsdestoweniger bedarf die Möglichkeit der Wirksamkeit
demokratischer Formen und Verfahren eines Mindestmaßes an Zustimmung
der Bürger[17]. Wo jeglicher Grundkonsens insoweit fehlt, besteht keine Möglichkeit, durch Mehrheitsentscheidungen die Aufgaben des Gemeinwesens
wirksam zu regeln; „negative Mehrheiten" betreiben auf längere Sicht Ob-
struktion und keine gestaltende Politik. Der Zustimmung zu einer bestimmten Entscheidung braucht dann keine den Ablehnenden gemeinsame Alter-

native gegenüberzustehen; die Verweigerung ist so eine über die bloße Verweigerung hinaus inhaltlose Willenskundgebung oder nach den Absichten ihrer Träger diffus. Hierher bezieht der Satz, daß die Demokratie von dem Willen der Bürger zu dieser Staatsform lebe, seine Berechtigung[18]. Sofern das Staatsvolk etwa durch Religions- oder Nationalitätenfragen gespalten ist, kann diese Zustimmung nicht festgestellt werden, wenn die jeweiligen Gruppen stets primär aufgrund ihrer Gruppenzugehörigkeit abstimmen[19]. Der notwendige Wille zur demokratischen Staatsform ist jedoch nicht mit dem Erfordernis politischer Harmonie gleichzusetzen.

3. Pluralität der Anschauungen

Das Mehrheitsprinzip setzt gerade die *Verschiedenheit der Anschauungen unter den Abstimmenden* voraus[20]. Kann eine Mehrheit nur existieren, wo eine Minderheit vorhanden ist, so steht völlige Übereinstimmung der Anschauungen und Willensrichtungen der Anwendung des Mehrheitsprinzips entgegen. So hängen Pluralismus und Mehrheitsprinzip untrennbar zusammen. Die Unterschiedlichkeit der Anschauungen darf nicht nur real bestehen, sie muß auch innerhalb des politischen Systems anerkannt sein. Der Ausschluß bestimmter Ansichten aus dem legitimen Spektrum möglicher Gestaltungsideen läßt diese nicht zur Abstimmung zu; sie können in dem Prozeß der Entscheidungsbildung nicht auf zulässige Weise eingehen. Eine demokratische Mehrheitsbildung kann erst stattfinden, wenn alle vorhandenen Ideen zumindest eine reale Zugangschance zum Willensbildungs- und Entscheidungsprozeß besitzen. Voraussetzung dafür ist, daß Existenz und Verhalten der Minderheit ebenso legal ist wie dasjenige der Mehrheit. Aus dieser Voraussetzung des Mehrheitsprinzips legitimiert sich erst die *Opposition* im demokratischen Staat[21].

Angesichts der vielfach tatsächlich vorfindlichen Meinungsverschiedenheiten und der Unmöglichkeit, alle Entscheidungen einstimmig zu treffen, ist das Mehrheitsprinzip ein pragmatischer Mechanismus, entstehende Entscheidungsbedürfnisse trotz solcher Anschauungsunterschiede zu befriedigen. Voraussetzung der Entscheidung ist, daß aus der Vielfalt der Ansichten ein Konsens über den jeweiligen Entscheidungsgegenstand zumindest insoweit erzielt werden kann, daß eine Mehrheit sich für eine Alternative ausspricht. Akzeptiert das Mehrheitsprinzip die Anschauungspluralität als Verhaltens- und Entscheidungsinput, so entsteht doch das Bedürfnis nach Abstimmung und *Koordination* zur Herstellung konkreter Mehrheit. Jedes noch so atomistische Meinungsspektrum muß für den Abstimmungsbedarf wenigstens in Einzelfragen zu einer übereinstimmenden Mehrheit organisiert werden, sofern etwa ein Gesetz beschlossen werden soll. Dieser Prozeß ist elementare Voraussetzung demokratischer Entscheidung. Das Mehrheitsprinzip setzt *Mehrheitsbildung* voraus. Diese wird weitgehend durch die *Parteien* sichergestellt[22].

4. Regelung des Abstimmungsmodus

Die Abstimmung unter den so gebildeten Anschauungen muß nach festen
Regeln vollzogen werden. Dazu zählen etwa der vorgeschriebene Abstim-
mungsmodus, also die Umstände sowie die Art und Weise der Stimmenabgabe, das erforderliche Mehrheitsquorum und die Gewichtung der Stimmen.
    Die erforderlichen *Mehrheitsquoten* sind in unterschiedlichster Weise
abgestuft, je danach, inwieweit eine Entscheidung dem Einstimmigkeitsprinzip angenähert sein soll[23]. Das höchste Erfordernis ist eine qualifizierte
Mehrheit, etwa die Zwei-Drittel-Majorität, welche etwa für Änderungen des
Grundgesetzes (Art. 79 Abs. 2 GG) oder zentrale Entscheidungen im Vertei-
digungsfall (Art. 115a Abs. 1, Art. 115e Abs. 1, Art. 115n Abs. 2 GG) vorgesehen ist. Im Regelfall entscheidet die Mehrheit der gesetzlichen Mitgliederzahl einer Körperschaft (Art. 121 GG) oder die einfache Mehrheit der abgegebenen Stimmen (Art. 42 Abs. 2 Satz 1 GG). Dieses Quorum muß vor Beginn des Abstimmungsvorganges feststehen, um nach der Entscheidung Streitigkeiten über die Entscheidungsmodalitäten auszuschließen.
    Daneben ist auch eine Regelung der *Gewichtung der Stimmen* unab-
dingbar. Wie viele Stimmen die Beteiligten abgeben dürfen, ist ebenso festzulegen wie die Zählweise. Dabei läßt das Mehrheitsprinzip durchaus unterschiedliche Stimmgewichtungen zu, wie sie etwa Art. 51 Abs. 2, Abs. 3 GG
für den Bundesrat vorsieht[24]. Demgegenüber normiert jedoch Art. 38 Abs. 1
Satz 1 GG für die Wahl die Gleichheit der Stimmen[25]; ebenso werden in den
Vertretungskörperschaften die Stimmen gleich gewichtet, sofern nicht ausdrücklich andere Regelungen bestehen. Die Wertung der nicht abgegebenen
Stimmen erfolgt nach den jeweils erforderlichen Mehrheitsquoten. Im demokratischen Staat begründet nicht das Mehrheitsprinzip, sondern der Demo-
kratiegedanke die Gleichheit der Stimmen.

5. Durchsetzbarkeit der gefällten Entscheidung

Zudem setzt die Anwendung des Mehrheitsprinzips die *Durchsetzbarkeit der
gefällten Entscheidung* voraus. Auch wenn man davon ausgehen könnte, daß
die Mehrheit die von ihr selbst getragenen Beschlüsse stets befolgt, so entsteht das Problem der Durchsetzung gegenüber der Minderheit sowie gegenüber denjenigen, die an der Entscheidung nicht teilgenommen haben, durch
sie aber gleichwohl verpflichtet werden. In der repräsentativen Demokratie
ist dies bei Gesetzesbeschlüssen die Mehrheit der Bevölkerung.
    Von dieser kann nicht ohne weiteres erwartet werden, daß sie ständig
die Beschlüsse der Mehrheit befolgt. Dementsprechend müssen Vollzugs- und
Überwachungsmechanismen zur Verfügung stehen, die notfalls mit Sanktionsdrohungen die konkreten Entscheidungen verwirklichen. Andernfalls
blieben diese folgenlos und zur Hervorbringung von Herrschaft ungeeignet.
Deutlich zeigt dies ein Vergleich mit dem Völkerrecht. Zwar können — insbesondere in Internationalen Organisationen — durchaus Abstimmungen erfolgen; sofern sie jedoch mehr als bloße Willensäußerungen enthalten, fehlt
es den Organisationen, wie der Staatengemeinschaft überhaupt, an Mitteln,
die überstimmte Minderheit zur Befolgung der Beschlüsse anzuhalten. Damit

ist die Entscheidung auf freiwillige Befolgung angewiesen, welche gerade von denjenigen kaum erwartet werden kann, die sich gegen sie ausgesprochen haben. Aus diesem Grunde ist das *Mehrheitsprinzip im Völkerrecht* zwar nicht unanwendbar, aber doch ineffektiv[26]. Eine Rechtsverordnung ohne Zwangsmittel ist im wesentlich höheren Maße auf das Konsensprinzip angewiesen als ein System, welches über solche Mittel verfügt. Das gilt um so mehr, wenn kein Austrittsrecht und keine Austrittsmöglichkeit aus einem Zusammenschluß besteht, der notwendig universal ist wie die „Völkergemeinschaft". Die Durchsetzbarkeit der Entscheidung ist somit Voraussetzung der Anwendbarkeit des Mehrheitsprinzips im Entscheidungsverfahren.

III. Legitimation des Mehrheitsprinzips durch vermutete Richtigkeit?

Das *Mehrheitsprinzip ist eine formelle Regel* der Entscheidung, kein Prinzip mit materieller Grundlage[27]. Eben aus diesem Grunde stellt sich die Frage der Legitimation der Mehrheitsentscheidung. Warum ist die Minderheit eigentlich verpflichtet, den Entscheidungen der Mehrheit Folge zu leisten? Die ursprüngliche Idee Rousseaus, Demokratie sei nichts anderes als Selbstbestimmung im Kollektiv, fortgeführt in der Annahme, die Bürger müßten demokratischen Entscheidungen Folge leisten, da sie ihnen zugestimmt hätten[28], wirkt auch in der neueren Zeit nach. Danach ist das Mehrheitsprinzip „die relativ größte Annäherung an die Idee der Freiheit"[29]. Diese Legitimation ist jedoch untrennbar mit dem Postulat der Identität von Regierenden und Regierten verknüpft; eine Forderung, die in der repräsentativen Demokratie gerade nicht verwirklicht ist.

1. Objektive Vernunft und Richtigkeitsvermutung

Demgegenüber wird in der Gegenwart bisweilen die „*vermutete Richtigkeit" von Mehrheitsentscheidungen* als Legitimationsgrundlage herangezogen[30]. Ausgangspunkt ist eine historisch-philosophische Deutung des Parlamentarismus. Dieser steht danach in einem aus der „gesamteuropäischen Naturrechtstradition" herzuleitenden „inneren Zusammenhang" mit den Ideen der Menschenrechte, der Vernunft, der Gerechtigkeit und des Fortschritts. Sinn des Parlamentarismus ist es danach, den „Prozeß der geschichtlichen Auseinandersetzung" in Verfahrensregeln einzubinden und dadurch zu befrieden, um ihn vor freiheitszerstörenden Radikalisierungen zu bewahren. So begründet das parlamentarische Verfahren eine „dialektische Diskussion". Der in ihr hervorgebrachte dialektische Fortschritt entsteht aus der Entgegensetzung von Ideologie und Vernunft. Ideologien sind Überzeugungen, die nicht auf Gründen, sondern auf politischen, sozialen oder ökonomischen Interessen beruhen. Sind Interessenträger zumeist Gruppen, so sind auch Ideologien Gruppenüberzeugungen. Dabei ist die Ideologie nicht die unmittelbare Interessenartikulation, sondern deren Verschleierung; sie soll die innere Integration ebenso wie das politische Verhalten der Trägergruppe begründen. Gegenüber Außenstehenden tritt sie regelmäßig mit dem „Mangel an Bereitschaft, mit sich reden zu lassen", auf. Konsequent sind Ideologien im sozialen Bereich ihrer Natur nach kaum ausgleichs- oder kompromißfähig.

An diesem Punkt setzt die Leistung der dialektischen Diskussion ein. Ihr liegt die Prämisse von der „*Einheit der menschlichen Vernunft*" zugrunde; an dieser Vernunft als etwas Objektivem, Allgemeinem, als „common sense", hat jeder Mensch, abgestuft nach dem Grade seiner Einsichtsfähigkeit und der Trübung seiner Perspektive durch Leidenschaften, Tradition oder Interessen, teil. Begründet wird eine solche Teilhabe durch „tiefreichende Erfahrungen", die ihrerseits durch Erlebnisse, Argumente oder Diskussion geprägt werden. Diese Teilhabe an der Vernunft prägt die Idee der parlamentarischen Repräsentation durch das Medium des „Amtsethos". Inhalt dieses Ethos ist es, der Verwurzelung der Repräsentanten in Tradition, Leidenschaft, Vorurteil und Eigeninteressen soviel Vernunft wie möglich abzuringen. Es verpflichtet die Amtsinhaber zur Unparteilichkeit und Sachlichkeit; Quelle dieser verpflichtenden Kraft sind ihre Ehre, ihr Anstand und ihre Sittlichkeit.

Dieses *Amtsethos* ist die Grundlage des parlamentarischen Verfahrens als prozedurale Regel der vernunftbildenden Diskussion. Im geschichtlichen Prozeß dialektischer Rechtfertigung begründet es die relativ größte Chance der Verwirklichung der Vernunft, konkret der Gerechtigkeit im positiven Recht. Äußere Bedingungen für diesen Fortschritt sind ein institutionalisierter Verfassungsstaat, der erst die Bereitschaft schafft, auf Argumente zu hören und die Bewahrung des schon Erreichten. Dieses Erreichte ist die gegenwärtige Stufe der menschlichen Teilhabe an der objektiven Vernunft und trägt als solches die widerlegliche Vermutung seiner Vernünftigkeit in sich. Daraus leitet sich die „vermutete Vernünftigkeit unseres Rechts" her[31], welche die Chance weiteren Fortschritts eröffnet. Dieser Fortschritt wird durch *Überzeugungsfähigkeit* geschaffen. In der freien geistigen Auseinandersetzung hat das bessere Argument eine etwas bessere Chance, und im großen und ganzen behält die Wahrheit doch einen Überschuß an Überzeugungsfähigkeit. Ganz in diesem Sinne ist die Chance der Mehrheit, die Wahrheit zu gewinnen, auf das Große und Ganze gesehen etwas größer als die Chance, die die Minderheit besitzt. Aus der Einsicht in die Unvollkommenheit menschlicher Existenz und der Chance eines potentiellen Vorsprungs der Mehrheit bei der Gewinnung richtiger Erkenntnis resultiert das demokratische Mehrheitsprinzip als Antwort auf zeitbedingte Entscheidungsnotwendigkeiten angesichts der Unendlichkeit der Wahrheitsfindung.

Ist die Wahrheit demnach aktuell unerreichbar, so ist das Mehrheitsprinzip, gebildet auf der Grundlage vernunftbildender Verfahren, die größtmögliche Chance zum Fortschritt auf die Wahrheit zu. Die diesem demokratischen Fortschritt zugrundeliegende Prämisse von der Einheit der menschlichen Vernunft, welche danach „von allen großen politischen Denkern" von *Aristoteles* bis *Hegel* geteilt wird, wird ihrerseits als *nicht beweisbar* qualifiziert. Desungeachtet soll sie „Bedingung der politischen Diskussion überhaupt" sein. Das durch sie begründete Ethos wird ebenso wie die Möglichkeit seiner Einhaltung zerstört, „wenn die ideologiekritische Skepsis in einem Land erst einmal total und allgemein geworden ist". Die Theorie, es gäbe keinen „common sense", sei eine „spielerische Behauptung", eigens erfunden für den Zweck akademischer Theoriediskussionen. „Die Theorie gilt für das

Seminar, nicht für das Leben." Rechtsetzung bezeichnet demnach die Umsetzung des Anteils eines Volkes an der objektiven Vernunft in verbindliche Normen, die ihrerseits durch verbesserte Erkenntnis überholt wird. Dabei sind temporäre Rückschritte im Sinne dialektischer Ausschläge nicht ausgeschlossen.

2. *Vermutete Richtigkeit und demokratischer Pluralismus*

Die Anschauung von der vermuteten Richtigkeit von Mehrheitsentscheidungen basiert demnach auf *zwei Grundpostulaten.* Zunächst behauptet sie die Existenz einer „objektiven Vernunft", des common sense, als Ziel; zudem dessen Vorwirken in die Gegenwart im Sinne einer gestuften Teilhabe der jeweiligen Zeit an ihr, verbunden mit der Möglichkeit oder Notwendigkeit eines dialektischen Fortschritts auf sie zu.

Die These von der *Existenz einer „objektiven Vernunft"* behauptet das Vorhandensein und die Auffindbarkeit einer für alle Menschen gleichen Vernunft; die Vernunft der Individuen resultiert notwendig aus ihrer Teilhabe an dieser objektiven Vernunft. Negiert wird die Möglichkeit, daß jedem seine individuelle Vernunft, aus eigenen Quellen gebildet, nur ihm als Einzelnem zukommt. Eine mögliche Pluralität jeder individuellen Vernünftigkeit wird zugunsten von deren Einheit und Allgemeinheit bestritten. Ein Beweis für die Existenz einer solchen objektiven Vernunft wird jedoch nicht erbracht, sondern sogar eigens ausgeschlossen. Die Falsifizierung jener Aussage[32] ist allerdings theoretisch unmöglich. Das Fehlen eines Phänomens kann logisch nicht bewiesen werden. Sind daher wissenschaftstheoretisch solche „negativen Beweise" a priori ausgeschlossen, so kann, wer das Fehlen eines Phänomens darlegt, auch nicht beweispflichtig sein. Vielmehr ist dazu gehalten, wer seine Existenz behauptet. Hierfür ist allerdings bezüglich der objektiven Vernunft — außer der ihrerseits beweisbedürftigen These von der Notwendigkeit und Existenz des common sense — nichts erkennbar.

Mehr als nur theoretische Relevanz kommt der objektiven Vernunft gegenwärtig erst durch das zweite Postulat, die *behauptete Geschichtsteleologie* als einer dialektisch fortschreitenden Verwirklichung dieser Vernunft zu. Voraussetzung einer solchen These ist, daß die objektive Vernunft nicht nur existiert, sondern für den handelnden Menschen verpflichtende Kraft aufweist, also bereits in der Gegenwart wirkt. Liegt das Zentralproblem dieser Ansicht schon darin, daß jenes Ziel derzeit zumindest nicht vollständig erkennbar und definierbar ist, so daß die Vernünftigkeit gegenwärtiger Phänomene nicht bewiesen, sondern nur vermutet werden kann, so bleibt letztlich auch der Weg zur Vernunft offen. Auch jeder „Fortschritt" erweist sich als Annäherung an die Vernunft nur kraft einer *Vermutung,* nie hingegen bereits real ex ante, sondern stets erst ex post. Die Unklarheit über das Ziel impliziert so die Problematik der Definition eines Weges zu ihm. Die „vermutete Vernünftigkeit" gegenwärtiger Zustände bezieht das einzig greifbare Kriterium aus deren Existenz; eine positive Beziehung zur nichterkannten objektiven Vernunft kann weder dargetan noch begründet werden[33]. Für das gegenwärtige politische Handeln stellt sich bei der Verwirklichung des postulierten Fortschritts die Frage nach seiner „Richtigkeit" oder „Fortschrittlichkeit". Damit wird eine fatale Konsequenz eröffnet. Politisches Handeln des Staates ist stets auf verbindliche Entscheidung zur Gestaltung des Gemeinwesens ausgerichtet; staatlicher Herrschaft kommt so Verbindlichkeit gegenüber jedermann zu. Das gilt unabhängig davon, ob er einer Maßnahme zugestimmt hat oder nicht. Hat das Bestehende ebenso wie das Handeln der Mehrheit die Vermutung seiner Vernünftigkeit für sich, so erscheint die Ablehnung staatlicher Maßnahmen, etwa das Opponieren gegen eine Mehrheit, als Angriff auf das Bestehende, das Vernünftige. Wird dessen Bewahrung als Bedingung rechtlichen Fortschritts angesehen, so sind Änderungsbestrebungen der Vermutung nach tendenziell unvernünftig. Sie erscheinen als Hindernis auf dem vorgezeichneten Wege zur objektiven Vernunft und potentiell als Rückschritt hinter das bereits Erreichte. Damit erscheinen die Minderheiten nicht nur als Dissentierende, als Opposition, sondern als unvernünftig, gefährlich oder gar wahnsinnig[34]. Erst eine Änderung der Mehrheitsverhältnisse wäre ein dialektischer Sprung, wobei nunmehr die Maßnahmen der neuen Mehrheit ihrerseits die Vermutung ihrer Vernünftigkeit für sich hätten. Gerade eine solche Änderung zugunsten einer Ansicht, welche bislang in der Minderheit stand, muß jedoch zuvor im Gemeinwesen als Bedrohung des erreichten Fortschritts erscheinen, welche mit allen Mitteln zu verhindern ist. Das kann letztlich die Ausschaltung Dissentierender aus dem politischen Prozeß, gar ihre physische Eliminierung, rechtfertigen.

Eine solche Konsequenz ist mit den *Grundsätzen des demokratischen Pluralismus,* innerhalb dessen die Opposition ein Konstitutionselement darstellt, unvereinbar. Die Mehrheitsherrschaft ist hier Herrschaft, deren Änderbarkeit vorausgesetzt wird. Eine ex ante vorgenommene inhaltliche Bewertung von Entscheidungen nach den Kriterien „richtig" oder „falsch" ist dabei ausgeschlossen. Schließt demgegenüber die objektive Vernunft als Grundlage vermuteter Richtigkeit von Herrschaft den demokratischen Wechsel letztlich ebenso aus wie den Schutz der Dissentierenden, so ist sie mit der demokratischen Herrschaftsform schlechthin unvereinbar. Die Legitimation der Mehrheitsherrschaft durch vermutete Richtigkeit steht zu den Grundsätzen der Demokratie in einem unauflösbaren Gegensatz[35].

IV. Die demokratische Legitimation des Mehrheitsprinzips

1. Vorläufigkeit und Änderbarkeit von Mehrheitsentscheidungen

Das Mehrheitsprinzip wird vielfach als Herrschaft der Mehrheit über die Minderheit qualifiziert. Diese Gegenüberstellung ist in doppelter Hinsicht korrekturbedürftig[36]. Mehrheit und Minderheit stehen sich nicht als personal abgegrenzte, nach allgemeinen Merkmalen umrissene Personengruppen gegenüber. Vielmehr weist jeder Einzelne ein diffuses Bild von Interessen, Bedürfnissen und Belangen auf, welche er mit je ganz unterschiedlichen Bevölkerungsgruppen teilt. Diese *Anspruchs- und Rollendifferenzierung* prägt nicht nur das Individuum, sondern auch die soziale Gliederung der Bevölkerung. Sofern im Volk zwei Gruppen einander gegenüberstehen, die durch einen einzigen grundsätzlichen Gegensatz dauerhaft gespalten wird, ist eine Anwendung des Mehrheitsprinzips ohnehin nicht möglich[37]. Aus diesem Grunde ist nicht Gegensatz, sondern politische Integration unabdingbare Notwendigkeit der Wirksamkeit des Mehrheitsprinzips. Sofern überhaupt eine Mehrheitsentscheidung zustande kommen soll, ist es notwendig, die Pluralität vorhandener Anschauungen zu einer in Einzelfragen übereinstimmenden Mehrheit zusammenzufügen[38]. So wird jede Mehrheit aus Individuen mit völlig divergierenden Präferenzbildungen bezüglich ihrer Interessenverfolgung konstituiert, die sich aus unterschiedlichen Gründen zusammengeschlossen haben. Solche Gründe können ähnliche politische Sympathien ebenso wie die Erwartung der möglichst hohen Durchsetzungschance individueller Interessen sein. Die Mehrheit ist demnach in sich politisch weitgehend diffus; sie setzt zu ihrer Bildung eine Vielzahl von Kompromissen und Ausgleichsmechanismen voraus.

Daraus resultiert ihre *Inhomogenität und Instabilität*. Ist die Interessenidentität auch innerhalb der Mehrheit nur eine partielle, so bestehen auch teilweise gemeinsame Anschauungen und Interessen mit einzelnen Gruppen der Minderheit, die ihrerseits gleichfalls diffus ist. Sobald sich aufgrund eines Anspruchs- oder Anschauungswandels die Präferenzbildung in der Mehrheit ändert, kann sich daraus zugleich eine Änderung der Mehrheitsverhältnisse herleiten, indem Gruppen, die bislang in der Mehrheit standen, mit solchen Gruppen, die bislang Teil der Minderheit waren, kooperieren und eine gemeinsame Interessenverfolgung anstreben. Mehrheitsverhältnisse sind als solche nicht stabil, sondern in hohem Maße wandelbar. Auch das Streben einer existierenden Mehrheit nach ihrem Erhalt begründet ein hohes Maß an Angewiesenheit auf Kompromißbildung. Nicht das Gegeneinander, sondern der *Ausgleich* ist so das prägende Element des Mehrheitsprinzips. Dabei werden keineswegs lediglich solche Interessen verwirklicht, die allen Gruppen der Mehrheit gemeinsam sind und gegen die Belange der Minderheit gerichtet erscheinen; vielfach werden auch Gruppenbelange verfolgt, welche zumindest Teilen der Minderheit entgegenkommen. So ist die Mehrheit schon um ihrer eigenen Selbsterhaltung willen darauf angewiesen, auch solche Belange zu berücksichtigen, deren Trägerschichten auch Teile der Minorität sind.

Die jeweilige Minderheit ist ihrerseits keineswegs verpflichtet, die Abstimmungsergebnisse und damit den Mehrheitswillen hinzunehmen, weil ihnen ein System von Kompromissen vorausgegangen ist. Diese begründet weder einen Anspruch auf Richtigkeit noch eine Vermutung der Unabänderlichkeit. Deshalb ist die Minorität auch keineswegs gehalten, die Resultate jeder Abstimmung ihrem eigenen politischen Verhalten zugrunde zu legen. Die Entscheidung ist für jedermann verpflichtend, ihre Befolgung auch durch die Dissentierenden kann notfalls mit Sanktionsdrohungen durchgesetzt werden[39]. Demgegenüber kann die Minderheit sich jedoch vor wie nach der Abstimmung politisch für Änderungen einsetzen, indem sie auf die Meinungsbildung im Gemeinwesen einwirkt und so die Mehrheitsverhältnisse in einer Weise zu beeinflussen sucht, daß eine spätere Revision des Abstimmungsergebnisses vorgenommen werden kann. Wegen der Inhomogenität und Instabilität der Mehrheit bestehen dazu vielfältige Möglichkeiten. Gerade diese Möglichkeit ist eine Konsequenz des Pluralismus, welcher der Demokratie wie dem Mehrheitsprinzip im demokratischen Staat zugrunde liegt. Sie begründet die *Vorläufigkeit und Änderbarkeit einer Mehrheitsentscheidung* in der Demokratie, welche zugleich als Legitimation des Mehrheitsprinzips dient. Diese Legitimation resultiert aus der politischen Chance der Minderheit, ihrerseits zur Mehrheit zu werden und dann die staatliche Sozialgestaltung in ihrem Sinne zu beeinflussen. Das System des alternativen Wechsels wird so zur Grundlage und Legitimation des Mehrheitsprinzips in der Demokratie[40].

Das Grundgesetz stellt für die Verwirklichung dieser Grundlagen eine Vielzahl einander ergänzender Mechanismen bereit. Dabei sind im repräsentativen System die beiden Stufen der Ausprägungen des Mehrheitsprinzips zu entscheiden. Die 4. Stufe ist die *Bestellung der Organwalter*, also der tatsächlich „Regierenden", insbesondere in den gesetzgebenden Körperschaften. Deren Berufung genügt jedoch noch nicht allein zur *Ausübung demokratischer Herrschaft;* sie müssen darüber hinaus auch in der Lage sein, die ihnen anvertraute Herrschaft durch verbindliche Entscheidungen auszuüben. Diese 2. Stufe setzt insbesondere in den Parlamenten, welche ihrerseits aufgrund des Mehrheitsprinzips entscheiden, eine Fülle von Informations-, Kommunikations- und Vermittlungsprozessen voraus, welche ihrerseits nicht ohne demokratische Legitimation bleiben dürfen[41]. Jede der beiden Stufen bedarf somit für sich der demokratischen Legitimation.

2. Wahl

Zentraler Mechanismus zur Vermittlung demokratischer Legitimation ist die *Wahl* als Vorgang der Bestellung der Organwalter in Parlamenten und Vertretungskörperschaften auf Kommunalebene[42]. Eine Körperschaft darf nur tätig werden, wenn und so lange ihre Mitglieder über eine vorher bestimmte, durch Wahl begründete Legitimation verfügen[43].

Die Wahl setzt tatsächlich eine — zumindest partielle — *Verschiedenheit von Wählern und Gewählten* voraus. Im Falle ihrer vollständigen Identität wäre der Wahlvorgang nicht nötig; wo Wähler und Gewählte sämtlich notwendig übereinstimmen, braucht keine Wahl stattzufinden. Geht die repräsentative Demokratie von einer Unterscheidung zwischen Regierenden und Regierten aus, so überbrückt die Wahl bezüglich der Rekrutierung der regierenden Personen verfahrensmäßig diesen Unterschied, indem sie zwischen der personellen Zusammensetzung der Wähler und der Gewählten einen Konnex herstellt. Die spezifisch demokratische Legitimation des Parlaments resultiert auf der Einseitigkeit des Wahlaktes. Das Volk als Gesamtheit der Wähler bestimmt die Personalauswahl für die gesetzgebenden Gremien, diese hingegen nicht die — durch Art. 20 Abs. 2 Satz 1, Art. 38 abs. 1 Satz 1, Abs. 2 GG bereits weitgehend vorgegebene — Summe der Aktivbürger. Die einseitige Kreation begründet die Rückführbarkeit der Abgeordnetenbestellung auf das Gesamtvolk.

Weitere Voraussetzung der Wahl als Verfahren zur Vermittlung demokratischer Legitimation ist das tatsächliche wie rechtliche *Vorhandensein von Entscheidungsalternativen* für die Wähler[44]. Eine solche Alternative besteht grundsätzlich stets dann, wenn der Entscheidende zumindest ein ablehnendes oder ein zustimmendes Votum abgeben kann. Das gilt jedoch in dieser Form lediglich für Sachentscheidungen, nicht hingegen für die Wahl als

Personalentscheidung. Sie soll jedem die Möglichkeit bieten, bei der Bestellung der Organwalter mizuwirken. Ein lediglich einen Kandidaten ablehnendes Votum ermöglicht dem Abstimmenden jedoch noch nicht, selbst auf die Zusammensetzung des Parlaments einzuwirken, da der nur Verneinende keinen Vertreter für das zu wählende Gremium benennen würde. Entscheidend ist bei der Parlamentswahl vielmehr, daß eine Auswahl unter verschiedenen Kandidaten stattfinden kann. Das bedingt die Kandidatur mehrerer Bewerber oder — bei Listenwahl — mehrerer Gruppierungen. Schließlich vermögen solche Wahlentscheidungen demokratische Legitimation nur zu verleihen, wenn sie frei sind[45]. Demnach darf auf die Abstimmenden kein Druck ausgeübt werden. In dem Moment, in dem ein Kandidat oder sonstige Dritte wegen der Wahlentscheidung Sanktionen verhängen können, so daß ein zumindest faktischer Zwang zu einer bestimmten Stimmabgabe entsteht, ist die einseitige Kreation des Parlaments durch die Wähler aufgehoben. Die Freiheit der Wahl wird durch Art. 38 Satz 1 GG garantiert und durch das Wahlgeheimnis geschützt.

3. Kontrolle

Vermittelt die demokratische Wahl die Legitimation für die Bestellung der Organwalter, so erstreckt sich diese Legitimation noch nicht zugleich auf das parlamentarische Verfahren. Die dabei stattfindenden Vorgänge der Entscheidungsfindung und Abstimmung werden durch die *demokratische Kontrolle* legitimiert. Diese politische Kontrolle umfaßt die Überwachung auf der Grundlage aller denkbaren Werte und Kriterien, nicht nur derjenigen des Rechts[46]. Jede Kontrolle setzt eine verantwortliche und eine kontrollierende Instanz, das Vorhandensein von Kontrollmitteln und von Sanktionsmöglichkeiten voraus. Politische Kontrolle, die durch das Parlament ausgeübt wird, wird zumeist als Interorgankontrolle gegenüber Exekutive oder Regierung verstanden[47]. Demnach richtet sie sich auf das Verhalten anderer Zweige der Staatsgewalt; diese treten ausschließlich als kontrollierte, das Parlament hingegen ausschließlich als kontrollierende Instanz auf. Damit erschöpft sich jedoch die parlamentarisch ausübbare Kontrolle nicht. Ist neben die institutionelle, organisatorische und verfahrensmäßige Gegenüberstellung von Parlament und Regierung verstärkt der politische Gegensatz zwischen Mehrheits- und Minderheitsparteien getreten, so erhalten Kontrollbedürfnis und -mechanismen eine zusätzliche Dimension. Das Kontrollrecht ist nicht nur zu einem primär von der Opposition ausgeübten Recht geworden, gewandelt hat sich auch der Adressat der Kontrolle[48]. Nicht mehr ausschließlich Regierung und Exekutive, sondern daneben auch die jeweilige parlamentarische Mehrheit ist zum Kontrollierten geworden. Dieser Art von *Intra-Organ-Kontrolle* kommt gerade im Gesetzgebungsverfahren besondere Bedeutung zu, da die Gesetze vom Parlament mehrheitlich beschlossen werden und so Beschlußverfahren und beschlossenes Normergebnis den gesetzgebenden Gremien zugerechnet werden. Unabhängig von aller möglichen Vorbereitung der Gesetze durch die Exekutive sind es die Abgeordneten, die sie verbindlich machen. Politische Kontrolle im Gesetzgebungsverfahren findet somit im Verhältnis zwischen „Regierungs"- und Oppositionsparteien statt.

Als Kontrollmittel garantiert Art. 77 Abs. 1 Satz 1 GG die parlamentarische Befassungs- und Beschlußpflicht gegenüber Gesetzen. Alle als förmliche Gesetze zu beschließende Normen müssen dem Bundestag zur Beratung vorgelegt werden. Ist ein Entwurf eingebracht, so ist das primäre Kontrollmittel die parlamentarische Verhandlung, also die unmittelbare und mündliche Beratung des Vorschlags[49]. Zur Effektivierung des Beratungsrechts stehen dem Bundestag das Informations-, Zitier- und Fragerecht zur Verfügung, die es ihm ermöglicht, relevante Informationen vor das Forum der Abgeordneten zu bringen[50].

Eine solche Kontrolle vermag der parlamentarischen Mehrheitsentscheidung, auf welche sie sich bezieht, demokratische Legitimation zu verleihen. Der Grund dafür liegt darin, daß die parlamentarische Kontrolle nicht ausschließlich das Zugangsrecht der Abgeordneten insgesamt oder der Opposition zu den Zielen und Hintergründen der jeweiligen Vorschläge oder Anträge darstellt, sondern darüber hinaus durch die Einbringung des Problems in das Parlament, dessen potentielle Öffentlichkeit für die Allgemeinheit hergestellt wird. Damit erhält das Volk als Gesamtheit der Aktivbürger gleichfalls die Möglichkeit der Information, Meinungsbildung und -äußerung und damit der Überwachung der Beschlußvorlagen und Gesetzesanträge. Mit der öffentlichen Behandlung einer Materie im Parlament (Art. 42 Abs. 1 Satz 1 GG) entsteht somit zugleich ihre *potentielle Transparenz* für die Allgemeinheit. Der Kreis der Kontrollierenden vermag sich dadurch zu erweitern: Nicht nur die parlamentarische Opposition, sondern auch die Bürger sind in die Nachprüfung einbezogen. Vielfach dient die Einbringung oder Diskussion einzelner Materien im Parlament durch die Opposition gerade dazu, die gesamte Öffentlichkeit in den Prozeß der Meinungsbildung einzubeziehen und so auch außerparlamentarische Artikulations- und Reaktionsmechanismen in Gang zu setzen. Wird so der Entscheidungsprozeß öffentlich, so erhält der Mehrheitsbeschluß eine demokratische Legitimation; diese bezieht sich speziell auf einzelne Vorhaben. Das bedeutet nicht, daß über jedes Detail eine öffentliche Diskussion und Meinungsbildung in der gesamten Bevölkerung stattfinden muß; vielmehr genügt die öffentliche Kontrollierbarkeit. Gerade zu deren Herstellung ist das Parlament wie kein anderes Staatsorgan geeignet. Freie Herstellung von Kommunikation ist das Spezifikum seines Verfahrens gegenüber demjenigen anderer staatlicher Stellen; es wird so zum *latenten Forum des Öffentlichen im Staat.*

Aus dieser Bedeutung politischer Kontrolle beantwortet sich die Frage nach den jeweiligen Sanktionsmechanismen. Sie ist für die jeweils Kontrollierenden unterschiedlich zu betrachten. Das Parlament hat die Möglichkeit, Mißbilligungen auszusprechen, ein Mißtrauensvotum einzubringen (Art. 67 GG) oder auf Antrag der Bundesregierung das Vertrauen zu verweigern (Art. 68 Abs. 1 GG). Diese Instrumente sind allerdings für die Opposition als Minderheit wenig effektiv. Anders hingegen sind die Sanktionsmöglichkeiten der Bürger. Sie können nicht nur über den Prozeß außerparlamentarischer Meinungsäußerung und Willensbildung durch die öffentliche Meinung versuchen, auf die Abgeordneten einzuwirken, sondern insbesondere als wirksamstes Kontrollinstrument die — jeweils nächste — Wahlentscheidung fällen. Ist diese rechtlich die Bestellung der Organwalter für eine begrenzte Zukunft, so stellt sie politisch zugleich eine Urteilsbildung über die bisherigen Amtsinhaber dar. So wirkt die nächste Wahl als potentieller Sanktionsmechanismus vor. Erst dadurch begründet sich die Periodizität der Wahl. So stehen Wahl und Kontrolle als Mechanismen zur Herstellung demokratischer Legitimation von Mehrheitsentscheidungen in der repräsentativen Demokratie in einem unauflösbaren Zusammenhang[51].

4. Revisibilität

Die periodische Wahl ermöglicht zwar Kontrolle durch eine Auswechslung von Abgeordneten, die von deren Vorgängern erlassenen Gesetze werden dadurch jedoch noch nicht tangiert. Sie haben mit ihrem Inkrafttreten eigenständige Geltung erlangt, welche von der konkreten Zusammensetzung des Bundestages unabhängig ist. Ist demokratische Legitimation nicht nur Legitimation der Wahlentscheidung, sondern des einzelnen Gesetzesbeschlusses, so muß zur Kontrolle noch eine weitere Dimension hinzutreten: Die freie Möglichkeit der Aufhebung oder Abänderung von Maßnahmen des Parlaments der vergangenen Legislaturperiode. Erst diese *Revisibilität* führt die Gesetzgebung an die demokratische Mehrheitsherrschaft mit der Möglichkeit alternativer Mehrheitsbildung heran. Besteht die Kontrolle der parlamentarischen Mehrheitsentscheidung durch die Bürger neben der Artikulation der öffentlichen Meinung primär in der Möglichkeit der Auswechslung des Herrschaftspersonals durch Wahl, so kann sich dieser Wandel auf konkrete Gesetzgebungsakte nur dadurch auswirken, daß die bisherigen Gesetze dem Zugriff des neuen Parlaments offenstehen. Erst dadurch wird die Möglichkeit demokratischer Konkurrenz von einer *Personal- zur Sachalternative*[52].

Grundsätzlich kann ein erlassenes Gesetz zu jedem Zeitpunkt aufgehoben oder geändert werden; eine Selbstbindung des parlamentarischen Gesetzgebers existiert nach dem Grundgesetz insoweit nicht. Vielmehr ist in der Realität ein erheblicher Teil der Rechtsetzung Rechtsänderung[53]. Zwar ist das Gesetzgebungsverfahren nicht auf kurzfristigen Wandel, sondern auf ein Mindestmaß an Kontinuität angelegt; dem entspricht jedoch bereits die Tatsache, daß die bisherigen Gesetze mit der Wahl nicht eo ipso außer Kraft treten, sondern das Parlament nach einer Neuwahl ein Zugriffsrecht, aber keine Zugriffspflicht auf die Materie hat.

Revisibilität früherer Gesetze ergänzt demnach in sachlicher Hinsicht die Elemente der Wahl und Kontrolle als zusätzlicher, vom Grundgesetz rezipierter Mechanismus demokratischer Legitimation. Wesentlich ist dabei, daß die demokratische Alternative als *Personal- und Programmkonkurrenz* eine Möglichkeit darstellt, die vom Bürger auch wahrgenommen werden kann. Inwieweit der Bürger an der Wahl teilnimmt, wie er entscheidet, und ob er am Prozeß der Entscheidungsbildung durch Meinungsäußerung und Diskussion teilnimmt, bleibt seine demokratische Freiheit.

5. Minderheitenschutz durch Grundrechte

Diese *demokratische Freiheit als Ausdruck des Pluralismus* im Gemeinwesen
ist die weitere Legitimationsgrundlage des Mehrheitsprinzips. Sie unterscheidet die Anwendung dieser Entscheidungsregel im demokratischen Staat von
derjenigen in sonstigen Staatsformen. Das Verhalten der dissentierenden Minderheit in der Demokratie ist weder illegitim noch illegal. Mehrheitsprinzip
bedeutet hier keine Bewertung des Verhaltens der Abstimmenden nach den
Maßstäben „richtig" oder „falsch". Existenz und Verhalten der Minderheit
ist ebenso legal wie dasjenige der Mehrheit. Zur Sicherung dieser Rechte, sich
in Abweichung von der Majorität als Minorität bestätigen und so die demokratische Konkurrenz erst ermöglichen zu können, ist das Mehrheitsprinzip
durch die Verfassung vielfach begrenzt und eingebunden. Formal geschieht
dies durch Verfahrens- und Abstimmungsregeln, materiell durch die Garantie von Grundrechten und sonstige Verbürgungen für jedermann, auch der
Dissentierenden[54]. Durch diesen Schutz werden bestimmte Rechtsfragen der
Disposition der Mehrheit im Parlament entzogen, partiell sogar dem Zugriff
des Parlaments überhaupt.

Von besonderer Bedeutung sind dabei die Abwehrdimensionen der
Freiheitsrechte ebenso wie die *Gleichheitssätze* des Grundgesetzes. Sie sind
die zentralen Komponenten des grundgesetzlichen Minderheitsschutzes[55].
Die Minderheit ist zwar an der Herrschaftsausübung nicht unmittelbar beteiligt, soll jedoch durch die Majorität nicht in ihrer elementaren Rechtsposi-
tion tangiert werden. Erst dadurch wird der Minorität verfassungsrechtlich
die Möglichkeit garantiert, sich abweichend vom Konsens der Majorität politisch zu betätigen und ihre Ansichten in öffentliche Meinungs- und Willensbildung einzubringen. So wird die Möglichkeit demokratischer Kontrolle und
alternativen Verhaltens der Opposition verbürgt. Hier werden durch die
Grundrechte nicht nur menschenrechtliche Standards positiviert, sondern zugleich wesentliche Grundlagen für den demokratischen Prozeß von Mehr-
heits- und Minderheitsbildung gelegt. Legitimiert sich das Majoritätsprinzip
durch die Vorläufigkeit und Änderbarkeit von Entscheidungen, so ist dafür
elementare Voraussetzung, daß der Minderheit die Möglichkeit zu eigener
politischer Betätigung bleibt. Diese wird hier durch die Verbürgung der politischen Grundrechtsgarantien der Partei-, Vereinigungs-, Versammlungs-
und Meinungsfreiheit unverbrüchlich garantiert. Erst so können zumindest
die rechtlichen Voraussetzungen alternativer Mehrheitsbildung geschaffen
werden. Der Minderheit bleibt so die Möglichkeit garantiert, selbst einmal
die Mehrheit für ihre Ansichten zu gewinnen. Diese Chance hängt allerdings
wesentlich von der Effektivität des grundrechtlichen Minderheitenschutzes
ab. Nur wenn wirksame Vorkehrungen bestehen, die Einhaltung solcher Garantien zu überwachen, kann dieses Spannungs- und Komplementärverhältnis
zwischen demokratischer Mehrheitsherrschaft und verfassungsrechtlichem
Minderheitenschutz funktionsfähig bleiben. Bei dessen Verwirklichung findet
das Bundesverfassungsgericht seine wesentlichste Aufgabe[56]. Diese bringt es
zugleich in ein notwendiges Spannungsverhältnis zur jeweiligen politischen
Mehrheit.

V. Defizite des Mehrheitsprinzips

Das Mehrheitsprinzip ist niemals unbestritten gewesen[57]. Die Befürchtungen der einen Seite drückte prägnant Tocqueville aus: „Es gehört zum Wesen der demokratischen Regierung selbst, daß die Herrschaft der Mehrheit dort absolut ist; denn in der Demokratie gibt es außerhalb der Mehrheit nichts, was widersteht."[58] Die vermeintliche Schrankenlosigkeit begründet stets neue Kritik an einem mutmaßlichen Vorrang der Quantität vor der Qualität. Umgekehrt wird von der jüngeren kritischen Demokratietheorie die Auffassung begründet, das Mehrheitsprinzip sei nichts anderes als eine Verschleierung der wahren Machtverhältnisse. Angesichts der tatsächlich vorgefundenen Einfluß- und Manipulationskapazitäten stellt sich danach die Frage, ob es in der Demokratie wirklich die Mehrheit ist, die tatsächlich herrscht[59]. Sachlich lassen die Diagnosen der Kritik tatsächlich einige praktische Defizite des Mehrheitsprinzips deutlich hervortreten.

1. Limitierter Zugang zur Entscheidung

Dazu zählt in der repräsentativen Demokratie zunächst der *limitierte Zugang* zu der Mitwirkung an der Sachentscheidung[60]. Herrschaft wird nach dieser Staatsform nicht direkt vom Volk, sondern „durch besondere Organe" in Form von Gesetzen, Satzungen und sonstigen Maßnahmen ausgeübt und durch das Volk lediglich legitimiert. Damit sind die effektiven Einflußmöglichkeiten des Bürgers auf die Gestaltung des Gemeinwesens sehr beschränkt. Er ist selbst lediglich bei der Auswahl des Herrschaftspersonals der außerparlamentarischen Meinungsbildung beteiligt und vermag dabei seine individuelle Ansicht zur Geltung zu bringen. Dabei kann die Vertretungskörperschaft — schon infolge ihrer limitierten Personenzahl — nicht die gesamte Vielzahl der Ansichten und Meinungen in der Bevölkerung widerspiegeln; vielmehr reduziert sich in ihnen das Spektrum der Standpunkte und Ziele weitgehend auf die Perspektiven der dort vertretenen Parteien. Alternative und Außenseiterstandpunkte finden dabei kaum Resonanz. Sie sind vielmehr darauf angewiesen, selbst Parteien oder Wählerinitiativen zu gründen, um bei der nächsten Wahl Vertreter ihrer eigenen Auffassung in die jeweilige Körperschaft entsenden zu können. Dieses Ziel ist jedoch in Anbetracht des durch die 5 %-Klausel vorgeschriebenen Mindestquorums an Stimmen nur schwer zu erreichen. Es setzt eine Vielzahl von Interessenbündelungen und Kompromissen voraus, um eine Gruppierung erst für ausreichende Schichten attraktiv erscheinen zu lassen. Gelingt dieses den Parteien infolge ihrer vielfältigen Interessen und Zielrichtungen, so vermögen oppositionelle Ein-Punkt-Bewegungen kaum hinreichende Anziehungskraft auszuüben. Der Verweis auf den Wahlvorgang wird so insbesondere für opponierende Gruppen zu einem enttäuschungsreichen Unterfangen, das Unzufriedenheit über die Auswirkungen des Mehrheitsprinzips schnell in Unzufriedenheit über die demokratische Staatsform umschlagen läßt.

Selbst wenn es solchen Gruppen jedoch gelingen sollte, Vertreter ihrer Ansicht in die Parlamente zu entsenden, so stellen sie dort gegenüber den überkommenen Parteien zumeist nur eine verschwindende Minderheit, die

als prinzipielle Opposition von effektiven Arbeitsmöglichkeiten in den Ausschüssen, dem Rederecht oder gar praktischer Einflußnahme auf die Entscheidungsbildung bis zum zulässigen Minimum ausgeschlossen ist. Auch der
vermeintliche Erfolg bei der Wahl demonstriert so nachträglich zumeist nicht
mehr als die relative Einflußlosigkeit solcher alternativer Gruppierungen. Erst
in dem Moment, in dem sie eine ausschlaggebende Bedeutung für die Mehrheitsbildung erlangen oder eine Protestbewegung bereits weite Kreise der
Bevölkerung erfaßt hat, kann ihren Ansichten tatsächlich Durchsetzungskraft
im politischen Prozeß zukommen. Das ist jedoch äußerst selten praktisch
der Fall. Der limitierte Zugang zur Herrschaft führt so zu einem enttäuschungsreichen Weg alternativer Minderheiten, der in einen Fundamentalpro-
test gegen die Demokratie überhaupt umschlagen kann, wenn es dem parlamentarischen System an Integrations- und Überzeugungskraft fehlt[61].

2. Faktische Alternativreduktion

Ein weiteres praktisches Problem des Mehrheitsprinzips resultiert aus der
tatsächlichen Umwelt staatlicher Sozialgestaltung. Diese setzt niemals am
Nullpunkt des sozialen Lebens ein, sondern stößt auf bereits gestaltete Verhältnisse, aus denen jeder Politik tatsächliche und rechtliche Vorgaben erwachsen. Sie resultieren zumeist aus den vorhandenen Gesetzen und Institutionen, die soziale Sachverhalte in hohem Maße vorgeprägt haben, indem sie
Tatsachen schufen, an denen spätere Gestaltungsbemühungen nicht vorbei-
gehen können. Solche Prägungen können rechtlicher Art sein, wenn etwa
Beamten- oder Sozialgesetze „faktisch unaufhebbar" werden; sie können
tatsächlicher Art sein, indem Verhältnisse geschaffen wurden, die nur unter
erheblichem Aufwand rückgängig zu machen sind, etwa der praktische Vorrang des Individualverkehrs gegenüber Massenverkehrsmitteln. Staatliche
Sozialgestaltung kann diese Phänomene nicht einfach übergehen, wenn ihr
in der Realität praktische Wirksamkeit zukommen soll[62].

Dadurch entsteht eine erhebliche *faktische Bindung aller Staatsorgane.*
Sie wird geprägt durch faktische Alternativenreduktion und „Sachzwänge",
welche sich verstärken, je professioneller und spezialisierter Politik nicht nur
in der Exekutive, sondern auch im Parlament betrieben wird. Dieses gerade
bei politischen Funktionären vielfach anzutreffende Denken[63] resultiert aus
einer wechselseitigen Identifikation der eigenen Ziele mit den Eigenarten des
jeweiligen Sachbereichs und umgekehrt der Übernahme der Verantwortung
für diese Eigenheiten. So wird die tatsächliche Alternativreduktion durch
das Denken in Sachzwängen unter weitgehender Aussparung möglicher politischer Alternativen zu einem zusätzlichen hemmenden Faktor des Mehrheitsprinzips, da technische oder soziale „Notwendigkeiten" auch dem Zugriff einer Mehrheit entzogen erscheinen. Ist so eine Änderung häufig ausgeschlossen, so werden immer mehr Sachbereiche mangels spezialisierten Sach-
verstands in den gewählten Gremien unkontrollierbar und dadurch dem Einfluß von Außenseitern entzogen. In solchen Bereichen erscheint dann Politik
als Administration von Sachzwängen, die faktisch unaufhebbare Vorteile
und Besitzstände begründen. Dadurch sinkt das Innovationspotential auch
der Mehrheit in der Demokratie erheblich. In der Folge erhöht sich das Ent-

täuschungspotential in der politisch aktiven Bevölkerung. Ist es wegen des limitierten Zugangs für Außenseiter bereits fast unmöglich, auf die Willensbildung der Mehrheit Einfluß zu gewinnen, so erscheint durch Alternativreduktion und „Sachzwänge" selbst der Handlungsspielraum der Mehrheit immer begrenzter. Dadurch begründete Enttäuschungen können in Staat- oder Parteiverdrossenheit umschlagen.

3. Mehrheitsprinzip und Zeit

Eng damit verknüpft ist das prekäre Verhältnis zwischen *Mehrheitsbildung und Zeit*. Es setzt an bei der „Revisibilität" von Mehrheitsentscheidungen[64]. Ist der Weg zu einer Änderung der Mehrheitsverhältnisse ein langwieriges Unterfangen, so bleibt die Revisibilität der zuvor gefällten Entscheidungen vielfach nur theoretisch und unter außergewöhnlichen Kosten gewährleistet. Auch durch die Aufhebung eines Gesetzes und die Beendigung seines Vollzuges treten die bislang getroffenen Maßnahmen nicht in das Stadium des Nie-Dagewesenen ein, sondern prägen nicht nur die Vergangenheit, sondern auch die Gegenwart bis zu ihrer Aufhebung fort. Soweit sie lang- oder mittelfristige Entwicklungen begründet, gefördert oder beeinflußt haben, können diese nicht kurzfristig in andere Richtungen gelenkt werden. Vielmehr wirken die Folgen früherer Entscheidungen in vielfältigen Beziehungen nach. Deutlich wird dies am Beispiel der gegenwärtigen Energiepolitik. Infolge der langfristigen, einseitigen Förderung der Kernenergie durch den Staat ist es faktisch fast unmöglich geworden, sie gegenwärtig nicht zu nutzen. Fehlende Ersatzmöglichkeiten und hohe Kosten lassen ein Umdenken jedenfalls als risikoreich erscheinen.

So prägen Entscheidungen früherer Mehrheiten auch die Möglichkeiten späterer anderer Mehrheitsbildungen vielfach vor. Die Chance des demokratischen Wechsels wird dadurch in hohem Maße nurmehr eine Personalalternative, als Sachalternative ist sie hingegen vielfach nur noch unter Schwierigkeiten realistisch. Damit gerät jedoch die Grundlage des Mehrheitsprinzips, die Möglichkeit des demokratischen Wechsels, in Gefahr. Je langfristiger die Politik ist, desto spürbarer wird die „Herrschaft der Vergangenheit über die Gegenwart". Hier liegt ein unübersehbares Legitimationsdefizit langfristiger Planung im demokratischen Staat[65].

IV. Zusammenfassung

Das Mehrheitsprinzip ist in der Demokratie eine formelle Entscheidungsregel. Es gilt in unterschiedlicher Weise sowohl für die Personalauswahl als auch für die Sachentscheidungen in den Vertretungskörperschaften.

Voraussetzungen seiner Anwendbarkeit sind: Feste Abgrenzung des abstimmungsberechtigten Personenkreises, ein Mindestmaß an Organisation der Beteiligten, Pluralismus der Anschauungen unter den Beteiligten, ein festgelegtes Abstimmungsverfahren und die Durchsetzbarkeit der Mehrheitsentscheidungen gegenüber Dissentierenden.

Das Mehrheitsprinzip wird nicht durch eine vermutete Richtigkeit gefällter Entscheidungen legitimiert. Es ist kein materiales Prinzip. Vielmehr erfolgt seine Legitimation durch die politische Änderbarkeit der Mehrheitsverhältnisse.

Bedingungen und Elemente dieser Änderbarkeit sind: Die demokratische Wahl, die Kontrollierbarkeit der Entscheidungsbildung und der Entscheidung selbst, die Revisibilität der Mehrheitsentscheidung und ein effektiver Minderheitenschutz.

Die Probleme des Mehrheitsprinzips resultieren aus dem Enttäuschungspotential dieser Regel. Es wird begründet durch den limitierten Zugang zu den Sachentscheidungen, faktische Alternativenreduktion und „Sachzwänge" sowie die Zeit als beeinträchtigenden Faktor der Revisibilität von Sachentscheidungen.

Anmerkungen

* Dieser Aufsatz wurde erstmals veröffentlicht in: Archiv des Öffentlichen Rechts 3/ 1981, S. 329–354.
1 Kägi, Die Verfassung als rechtliche Grundordnung des Staates, 1945, S. 153; Scheuner, FS Kägi, 1979, S. 301 f.
2 Zur geschichtlichen Entwicklung des Mehrheitsprinzips: Scheuner, Das Mehrheitsprinzip in der Demokratie, 1966, S. 13 ff.; Höpker, Grundlagen, Entwicklung und Problematik des Mehrheitsprinzips, Diss. 1957, S. 26 ff.
3 Varain, ZfP 1964, 239, 247.
4 BVerfGE 44, 125, 141; zust. Häberle, Verfassung als öffentlicher Prozeß, 1978, S. 526, 532 ff. m.w.N.
5 BVerfGE, ebd.; Varain, a.a.O. (Fn. 3), pass.; Häberle, a.a.O. (Fn. 4), S. 565 ff.; Scheuner, a.a.O. (Fn. 1); Kelsen, Wesen und Wert der Demokratie, 2. Aufl., 1929, S. 53 ff.
6 Du contrat social, II 7; dazu Scheuner, a.a.O. (Fn. 1), S. 308 ff.
7 Ebd. III, 4.
8 Billing, Das Problem der Richterwahl zum Bundesverfassungsgericht, 1969, S. 116 f.; zum Problem der Repräsentation: Rausch, Theorie und Geschichte der Repräsentation, 1968, pass.; Mantl, Repräsentation und Identität, 1975, S. 121 ff.; Hartmann, JöR 1980, 43 ff.
9 Das bedeutet nicht, daß hier das Mehrheitsprinzip notwendig zur Annahme eines Mehrheitwahlrechts führen müßte; ebenso Scheuner, a.a.O. (Fn. 2), S. 45.
10 BVerGE 1, 14, 46; Varain, a.a.O. (Anm. 3), S. 244.
11 Dazu eingehend Frowein, AöR 1974, 72 ff.
12 S. dazu Art. 121 GG.
13 Näher Stern, Staatsrecht II, 1980, S. 140, 161, 174, 183.
14 Ausführl. zum Kommunalrecht von Mutius, JuS 1979, 37 ff.
15 Höpker, a.a.O. (Fn. 2), S. 106.
16 G. Simmel, Soziologie, 3. Aufl., 1923, S. 145; Scheuner, a.a.O. (Fn. 2), S. 54 ff.; Varain, a.a.O. (Fn. 3), S. 244 f. m.w.N.
17 Durch die Unmöglichkeit, einen solchen Grundkonsens noch herzustellen, scheiterte letztlich seit 1930 die Funktionsfähigkeit des Reichstages der Weimarer Republik.
18 Die Frage, wie solche Zustimmung her- und festgestellt werden darf, ist ein Grundproblem der demokratischen Staatsform, das hier nicht behandelt werden kann.
19 Jellinek, Das Recht der Minoritäten, 1898, S. 28 f. Das gilt etwa für die gegenwärtige Situation in Nord-Irland. Dieser Grundsatz trifft jedoch lediglich in extremen Fällen zu, dazu Kelsen, a.a.O. (Fn. 5), S. 66 ff., gegen bestimmte marxistische Einwände.

20 Scheuner, a.a.O. (Fn. 2), S. 57ff.

21 Siehe zu der Notwendigkeit und Legitimität der Opposition grundlegend H.P. Schneider, Parlamentarische Opposition, 1974, S. 32ff.

22 Kelsen, a.a.O. (Fn. 5), S. 62f.

23 Dazu Häberle, a.a.O. (Fn. 5), S. 574f.; ob tatsächlich das Gewicht eines Gegenstandes ein bestimmtes Quorum stets fordern kann und wie dabei die Gewichtung vorzunehmen ist, bleibt allerdings offen.

24 Anders Scheuner, a.a.O. (Fn. 2), S. 46, der die Stimmengleichheit als notwendiges Element des Mehrheitsprinzip ansieht.

25 Überblick über die Rechtsprechung des BVerfG bei Leibholz-Rinck, Grundgesetz, 6. A., 1980, Art. 38 Rdnr. 2ff.

26 Zu einem ähnlichen Ergebnis gelangt auch Honoré in FS Schelsky, 1978, S. 229ff., der allerdings materiale Erwägungen heranzieht und so letztlich die Anerkennung des Mehrheitsprinzips von der Erwünschtheit der Abstimmungsergebnisse abhängig machen will.

27 Scheuner, a.a.O. (Fn. 1), S. 311.

28 Rousseau, a.a.O. (Fn. 6), I 6.

29 Kelsen, a.a.O. (Fn. 5), S. 9; Varain, a.a.O. (Fn. 3), S. 246.

30 Ausführlich Kriele, Einführung in die Staatslehre, 1975, S. 181ff., daher auch die folgenden Zitate; ferner Krüger, Allgemeine Staatslehre, 2. A., 1966, S. 284.

31 Dazu Kriele, DSt 1967, 45ff.

32 Zu diesem Verfahren Popper, Logik der Forschung, 6. A., 1976, S. 46ff.

33 Zu der Problematik des teleologischen Geschichtsverständnisses: Topitsch, Ursprung und Ende der Metaphysik, 2. A., 1972, S. 335ff.; Stegmüller, ratio 1969, 4ff.; Popper, Die offene Gesellschaft und ihre Feinde I, 3. A., 1973, S. 213ff.; Bärsch, Die Gleichheit der Ungleichen, 1979, S. 120ff. m.w.N.

34 Eckertz, DSt 1978, 183, 200ff.

35 Zurückhaltend auch Denninger, Staatsrecht II, 1979, S. 21f.; Scheuner, a.a.O. (Fn. 2), S. 57f.

36 Zum folgenden eingehend Kelsen, a.a.O. (Fn. 5), S. 56ff.

37 S. o. II 2.

38 S. o. II 3.

39 S. o. II 5.

40 Deutlich zeigt sich darin zugleich die formell-technische Regel des Mehrheitsprinzips, welches in der Demokratie gerade seine eigene Relativität durch die politische Möglichkeit der Mehrheitsänderung beweist. Eine Materialisierung könnte dem kaum nützen. Zum Alternativdenken in der Demokratie auch Häberle, a.a.O. (Fn. 4), S. 19ff.

41 Stuby, DSt 1969, 304, 316ff.; Jarass, Politik und Bürokratie, 1975, S. 148f.; Zimmer, Funktion — Kompetenz — Legitimation, 1979, S. 257.

42 BVerfGE 44, 125, 138f.; zu Wahlen ausführlich Badura, AöR 1972, 1ff.

43 BVerfGE 1, 14, 33.

44 Hesse, Grundzüge des Verfassungsrechts der Bundesrepublik Deutschland, 12. A., 1980, S. 64.

45 BVerfGE 44, 125, 139.

46 Grundlegend dazu Leibholz, Strukturprobleme der Demokratie, 3. A., 1974, S. 195ff.; zum folgenden Scheuner, FS G. Müller, 1970, S. 379ff.

47 Vgl. die Begriffsbestimmung bei Gerlich, Parlamentarische Kontrolle, 1973, S. 4ff.; dazu auch Eichenberger, FS H. Huber, 1961, S. 109ff.

48 Scheuner, a.a.O. (Fn. 46), S. 397f.

49 Eingehend hierzu Achterberg, Die parlamentarische Verhandlung, 1979, S. 16ff.

50 Die einzelnen Mittel untersucht zusammenhängend Gerlich, a.a.O. (Fn. 47), S. 55ff.

51 Zu der dadurch begründeten demokratischen Verantwortung: Kriele, VVDStRL 29, 52; Herzog in Maunz/Dürig/Herzog/Scholz, GG, Art. 20 Rdnr. 70; s. auch BVerfGE 18, 151, 154, 44, 125, 139.

52 Ansätze dazu bei Häberle, a.a.O. (Fn. 4), S. 114ff.

53 Noll, Gesetzgebungslehre, 1973, S. 77.

54 BVerfGE 44, 125, 138ff.; Häberle, a.a.O. (Fn. 4), S. 533ff.

55 Zum folgenden Scheuner, DöV 1980, 473, 479f.; Müller, VVDStRL 39, 53, 92ff.

56 Scheuner, DöV 1980, 473, 479f.

57 Einige Auszüge bei Varain, a.a.O. (Fn. 3), S. 241.

58 Über die Demokratie in Amerika, II 7.

59 Zusammenfassend etwa Agnoli in: Matz, Grundprobleme der Demokratie, 1973, S. 461, 463ff.

60 Klassisch dargestellt etwa bei J. Schumpeter, Kapitalismus, Sozialismus und Demokratie, 5. A., 1980, S. 427ff.

61 Auf die notwendigen Konsequenzen weist Denninger, a.a.O. (Fn. 35), S. 45f., hin.

62 Faktische Lagen und vollendete Tatsachen erörtert Degenhardt, AöR 1978, 163, 167ff.; zu der daraus resultierenden Notwendigkeit der Planung Würtenberger, Staatsrechtliche Probleme politischer Planung, 1979, S. 25ff.

63 Dazu v. Arnim, Gemeinwohl und Gruppeninteresse, 1977, S. 163ff.

64 S. o. IV 4.

65 Statt dessen scheint eine Planung mittlerer Reichweite geboten, die einerseits nicht langfristig bindet, andererseits aber die Gefahren eines bloßen staatlichen Reagierens auf technische oder soziale Sachzwänge verhindert.

Giovanni Sartori

Selbstzerstörung der Demokratie?

Mehrheitsentscheidungen und Entscheidungen von Gremien

Vorbemerkung: Der folgende Beitrag des italienisch-amerikanischen Politikwissenschaftlers Giovanni Sartori ist die Übersetzung einer Zusammenfassung spiel- und entscheidungstheoretischer Argumente des Verfassers über den Gegensatz von Mehrheitsentscheidungen und Entscheidungen von „Gremien" („committees"). Die Übersetzung stützt sich auf den Text, der in der Zeitschrift *Government and Opposition* 10 (1975) S. 131–158 erschienen ist. Die Fußnoten sind gekürzt. Eine ausführlichere italienische Fassung der Argumentation findet sich in *Revista Italiana di Scienza Politica* 1 (1974), S. 5–42.

D. Hrsg.

Individuelle Entscheidungen werden von jedem Individuum für sich selbst getroffen (ungeachtet der Frage, ob es „innengeleitet" oder „außengeleitet" entscheidet). *Gruppen*entscheidungen dagegen bedeuten, daß Entscheidungen von einer „konkreten" Gruppe, also einer physisch versammelten Mehrzahl von Individuen getroffen werden, von denen man daher sagen kann, daß sie sich an den Entscheidungen beteiligen oder an ihnen teilhaben. *Kollektive* Entscheidungen lassen sich dagegen nicht so einfach und präzise definieren; gewöhnlich versteht man darunter Entscheidungen, die von einer „Vielzahl" getroffen werden. Außerdem gibt es noch *kollektivierte* Entscheidungen. Kollektive und kollektivierte Entscheidungen haben gemeinsam, daß sie nicht sinnvollerweise als individuelle Entscheidungen aufgefaßt werden können. Aber kollektivierte Entscheidungen unterscheiden sich grundlegend von allen anderen Typen. Individuelle Entscheidungen, Gruppenentscheidungen und kollektive Entscheidungen beziehen sich alle auf die *Akteure*, welche die Entscheidung tatsächlich treffen. Kollektivierte Entscheidungen dagegen sind solche, die ein Kollektiv *betreffen* oder ihm aufgezwungen werden, – unabhängig davon, ob sie tatsächlich von einzelnen, von wenigen oder von vielen getroffen worden sind. Das entscheidende Merkmal ist hier nicht länger, *wer* die Entscheidung trifft, sondern ihre *Reichweite*: Wer auch immer entscheidet, entscheidet für *alle*.

Im folgenden will ich politische Prozesse unter dem Gesichtspunkt betrachten, daß sie aus kollektivierten Entscheidungen bestehen. Wohlgemerkt: aus kollektivierten, *nicht* aus kollektiven Entscheidungen. Kollektive und kollektivierte Entscheidungen sind nur dann deckungsgleich, wenn die Gruppe der „Beteiligten" dieselbe ist wie die Gruppe der „Betroffenen". Eine solche Kongruenz ist zwar von großem theoretischen Interesse, aber sie ist in der politischen Wirklichkeit ein sehr seltenes Ereignis. Praktisch kann man vielmehr davon ausgehen, daß Politik letzten Endes aus Entscheidungen besteht, die der Beteiligung jedes einzelnen Individuums entzogen sind, die also irgendjemand *für andere* trifft.[1]

Während nun alle „politischen" Entscheidungen kollektivierte Entscheidungen sind, gilt das Umgekehrte nicht: Nicht alle kollektivierten Entscheidungen sind politische Entscheidungen. Wenn wir etwa von ökonomischer Macht sprechen, beziehen wir uns ebenfalls auf kollektivierte Entscheidungen, nämlich auf die Tatsache, daß irgendjemand (z.B. der Kapitalist, die Unternehmung) Entscheidungen für Arbeitnehmer und Verbraucher trifft und ihnen die Folgen dieser Entscheidung auferlegt. Der Unterschied zwischen politischer Macht und ökonomischer Macht (bzw. anderen Machtquellen) kann also nicht darin gesucht werden, daß etwa *nur* politische Macht in kollektivierten Entscheidungen ihren Ausdruck findet. Der Unterschied besteht vielmehr im übergeordneten Status politischer Entscheidungen. Damit ist gemeint, daß kollektivierte Entscheidungen dann politische Entscheidungen sind, wenn sie (a) souverän sind, (b) die Option der „Abwanderung" verwehren und (c) sanktionierbar sind. Souverän sind sie in dem Sinn, daß sie allen anderen Machtquellen überlegen sind; sie verwehren, wie Hirschman sagen würde, die Option der „Abwanderung", insofern sie bis in die entferntesten Winkel einer staatlich organisierten Gesellschaft reichen, wo ihnen niemand sich entziehen kann; und sie sind sanktionierbar in dem Sinn, daß sie sich auf ein legales Gewaltmonopol stützen.

Wenn man nun unter Politik derartige kollektivierte Entscheidungen versteht, die sowohl „flächendeckend" wie von höchster Bedeutung für das Wohl und Wehe aller einzelnen Bürger sind, so kann man sehr wohl, aus der Sicht der libertären Vorstellungen eines Karl Marx, mit der Frage der Anarchisten beginnen: Wozu soll eine solche Sphäre politischen Entscheidens überhaupt gut sein? Das ist keineswegs eine triviale Frage. Warum sollten wir schließlich mit Entscheidungen zufrieden sein, die *von anderen* für uns getroffen werden, insbesondere dann, wenn sie als politische Entscheidungen keine Schranken und keine höhere Berufungsinstanz kennen? Darauf sind tausende von Antworten gegeben worden; aber es lohnt sich, solche grundsätzlichen Fragen aufzuwerfen, weil sie helfen, Abstand zu gewinnen. Zum Beispiel sieht man, daß der Bereich der kollektivierten Entscheidungen unter sonst vergleichbaren Bedingungen in sozialistischen Ländern viel größer ist als in nichtsozialistischen Ländern. Wir müssen also unterscheiden zwischen der rechtfertigenden Ideologie und dem tatsächlichen „Nutzen" kollektivierter Entscheidungen, und die Aufgabe besteht darin, die Ausdehnung der Machtsphäre der Politik unter diesen Kriterien zu bestimmen.

Externe Risiken und Entscheidungskosten

Was immer unsere ideologischen Vorlieben sein mögen, das Problem bleibt: Nach welchen *Prozeduren* sollen Entscheidungen kollektiviert werden, — gleichgültig, ob diese Prozeduren durch unsere Vorliebe oder schlichten Sachzwang begründet sind? Ich denke, daß dies keine unbeantwortbare Frage ist, sondern daß wir sie mit zwei sehr einfachen analytischen Mitteln bewältigen können. Diese sind: (a) die *Kosten* der Entscheidung und (b) die *Risiken*, die aus kollektivierten Entscheidungen resultieren. Dabei gehe ich von folgenden Axiomen aus:

Axiom 1: Alle *kollektiven* Entscheidungen haben *interne Kosten*, d.h. Kosten, die als *Entscheidungskosten* für die Entscheidenden selbst anfallen.

Axiom 2: Alle *kollektivierten* Entscheidungen bedingen *externe Risiken*, d.h. Risiken für die Entscheidungsbetroffenen, die die Entscheidungen als etwas ihnen Äußerliches entgegennehmen.

Nun klingen die Begriffe „Kosten" und „Risiken" recht vertraut[2], werden aber in den genannten Axiomen in einer ganz bestimmten Bedeutung verwendet. Zunächst: Warum sprechen wir erst von „Kosten", dann von „Risiken"? Der Unterschied liegt darin, daß die internen Kosten sich auf die Entscheidungs*subjekte* beziehen, die externen Risiken aber auf die Objekte oder *Adressaten* der Entscheidung. Nun kann die Gruppe, die von den Entscheidungen betroffen ist, aus ihnen entweder Nutzen oder Nachteile ziehen. Im Falle eines Nutzens wäre es irreführend, von „externen Kosten" zu sprechen, denn unsere „internen Kosten" bedeuten ja tatsächlich „Kosten", also das Gegenteil von Vorteilen. Andererseits besteht aus dem Blickwinkel der unbeteiligten Betroffenen das Problem ja gerade darin, daß nicht von vornherein feststeht, ob die Wirkung der Entscheidung auf sie vorteilhaft sein wird. Anders gesagt, eine Gruppe, die von Entscheidungen bloß betroffen ist, aber sie nicht selbst trifft, ist *immer* einem Risiko ausgesetzt. Daher ist der Begriff des Risikos der kleinste gemeinsame Nenner für das Situationsverständnis der Entscheidungsbetroffenen. Der Kern der Sache besteht darin, daß die Gruppe der Entscheidungssubjekte (unabhängig davon, worum es sonst noch gehen mag), Entscheidungs*kosten* aufbringt, die Gruppe der Entscheidungs*empfänger* aber Risiken konfrontiert ist, die dann einen positiven oder negativen Ausgang nehmen mögen.

Hinsichtlich der „internen" Kosten oder der „Entscheidungskosten" muß man sehen, daß sie nur bei Entscheidungskollektiven auftreten, nicht bei Willensakten von Individuen. Eine diktatorische Ein-Mann-Entscheidung verursacht keine Entscheidungskosten. Zwar mag der Diktator bei seiner einsamen Entscheidung hohe psychische Kosten verspüren; aber diese sind für unser Problem belanglos. Entscheidungen verursachen nur dann Kosten, wenn sie von mehr als einem Individuum getroffen werden. Dabei sind wohlgemerkt die fraglichen Kosten nicht solche, die in Geldgrößen anfallen. Sie stellen sich im wesentlichen dar als Zeit-Kosten und Ermüdung. Im allgemeinen sind Entscheidungen, für die eine Menge Zeit benötigt wird, kostspieliger als schnell zu erledigende Entscheidungen. Wenn jedoch der Zeitverbrauch ein guter Maßstab sein soll, muß auch die „verlorene Zeit" eingerechnet werden, womit die Zeit gemeint ist, die auf die Arbeit an Entscheidungen verwendet wird, die dann doch nie getroffen oder endlos verzögert werden. Geringe Produktivität, Ineffizienz, Immobilismus, die Blockade von Entscheidungsprozessen sind Anzeichen und Beispiele für Entscheidungskosten. Des weiteren sei hier betont, daß die Entscheidungskosten, wie wir sie hier definiert haben, mit den aus Entscheidungen resultierenden Gewinnen und Verlusten der Mitglieder der entscheidenden Gruppe nichts zu tun haben; sie sind lediglich die Kosten, die im Prozeß der Entscheidung selbst anfallen.

Wenden wir uns nun den externen Risiken zu. Das Axiom behauptet implizit, daß sie nur dort auftauchen, wo ein Entscheidungsbereich „kollektiviert" ist. Das würde bedeuten, daß wenn eine Entscheidung von allen Mitgliedern der Gruppe, auf die sie sich auswirkt, getroffen würde, keine externen Risiken vorkämen. Zwar würde es bei einer Gruppenentscheidung durchaus Gewinner und Verlierer geben. Aber nichtsdestoweniger würden ja auch die Verlierer am kollektiven Entscheidungsprozeß teilgenommen haben. Insofern würde man nicht sagen können, sie seien in der gleichen Weise einem „externen" Risiko ausgesetzt gewesen wie das bei Nicht-Beteiligten der Fall wäre. „Extern" bezeichnet also die Position zum Entscheidungsprozeß: die Position betroffener „Dritter", die nicht am Entscheidungsprozeß teilnehmen.

Die nächste Frage könnte sein: Wie verhalten sich Risiken und Kosten zueinander? Ein Risiko bezieht sich auf die Ungewißheit, auf das bedrohliche Potential der *Zukunft*, während Kosten erst *ex post* feststehen. Dies würde bedeuten, daß Risiken definitionsgemäß nicht meßbar sind. Nur bereits feststehende Ergebnisse können gemessen werden. Was aus einem Risiko wird, muß ja nicht notwendig „Kosten" sein, d.h. ein nachteiliges Ergebnis; wenn man sich auf das Risiko angemessen einstellt, kann es sehr wohl auch ein Vorteil oder Nutzen sein. Daher können externe Risiken sehr wohl bestimmt werden, — aber erst als Ergebnisse, nämlich als Verhältnis von externen Kosten und externen Nutzen. Genaugenommen lautet das Argument also, daß (a) kollektivierte Entscheidungen externe Risiken mit sich bringen, daß (b) diese Risiken nicht zwangsläufig zu Nachteilen führen, sondern daß (c) das Problem gerade darin besteht, die Wahrscheinlichkeit von „vorteilhaften" Ergebnissen zu steigern und die von nachteiligen Ergebnissen zu senken. Aber hier ist schließlich noch eine weitere Frage zu klären. Selbst wenn wir die Vorstellung von „Vorteilen" undefiniert lassen, was meinen wir mit *externen Kosten*? Im Grunde und vor allem anderen meine ich damit „Kosten der Unterdrückung", also willkürliche Machtausübung, Ungerechtigkeit und Schreckensherrschaft. Aber zu den externen Kosten gehören gewiß auch „Verschwendungskosten", z.B. Kosten, wie sie sich aus Inkompetenz, Ungeschick und Korruption ergeben.

Die Optimierung kollektivierter Entscheidungen

Bezüglich der Entscheidungskosten ist die wichtigste Variable die *Zahl der Personen*, die an einer Entscheidung teilnehmen. Man kann als von einer Erfahrungsregel davon ausgehen, daß je größer ihre Zahl, desto größer die Entscheidungskosten sind. Die Entscheidungskosten sind also eine Funktion der Größe der Entscheidungskörperschaft. Das gilt natürlich nur unter der Annahme, daß die Mitglieder dieser Körperschaft unabhängige Individuen sind und die Freiheit haben, ihre Positionen zum Ausdruck zu bringen. Wenn tausend Leute sich versammeln und per Akklamation verfahren, dann fällt dies nicht unter die genannte Regel, weil sie in Wirklichkeit gar nicht entscheiden; sie ratifizieren bloß Entscheidungen, die schon getroffen sind. Die Regel kann also folgendermaßen umformuliert werden. Wenn jeder Teilnehmer ein unabhängiges Mitwirkungsrecht hat, dann steht die Zahl der Teilnehmer in *direkter* Beziehung zu den Entscheidungskosten. Wenn das aber so ist, dann wäre es irrational, eine Entscheidungskörperschaft (und damit die Entscheidungskosten) ohne guten Grund zu vergrößern. Ein solcher guter Grund besteht darin (oder sollte darin bestehen), die externen Risiken zu vermindern, die außenstehenden Dritten aufgebürdet werden. Dementsprechend können wir eine zweite Regel aufstellen: Die Zahl der Entscheidungsbeteiligten steht in *inverser* Beziehung zu den externen Risiken: je größer die Entscheidungskörperschaft, desto geringer die externen Risiken.

Doch dieses Argument könnte eine verborgene Schwachstelle haben. Nehmen wir der Einfachheit halber an, daß wir eine Gruppe von 100 Menschen haben, und daß im einen Extremfall eine Person für die übrigen 99 entscheidet. In diesem Fall sind die externen Risiken am höchsten, während die Entscheidungskosten Null sind. So weit, so gut. Zweiter Fall: die Entscheidungen werden von 10 Leuten getroffen, und die Entscheidungskosten werden wohl steigen. Wird aber das externe Risiko sinken? Schwer zu sagen. Es wird in dem trivialen Sinne sinken, daß jetzt nur noch 90 statt 99 Personen „betroffen" sind. Aber wir können keineswegs sicher sein, daß jene 90 Personen mit einem geringeren Risiko belastet werden. Jedenfalls müßten wir für diese Annahme spezielle Gründe anführen; hier liegt offenbar ein Problem. Dritter Fall: alle 100 Menschen sind an der Entscheidung beteiligt. Hier sind dann natürlich die externen Risiken gleich Null und die Entscheidungskosten am höchsten. Auch im anderen Extremfall gibt es also kein Problem mit unserer Regel.

Wir haben eine gewisse Unvollständigkeit des Arguments aufgedeckt, aber im großen und ganzen scheinen die beiden Regeln sich zu bestätigen. Wenn das so ist, geraten wir aber offenbar in ein Dilemma. Wenn Entscheidungskosten und externe Risiken umgekehrt proportional miteinander in Beziehung stehen, und wenn beide als mehr oder weniger „monotone" Funktionen verstanden werden, dann lassen sich für die Kollektivierung von Entscheidungen kaum gute Gründe anführen. Wir mögen von Sachzwängen genötigt sein, in kollektiver Weise zu entscheiden. Aber das wäre noch kein wirklicher Fortschritt. Denn entweder sind die externen Risiken zu groß oder die Entscheidungskosten zu groß; und jeder Fortschritt, den wir auf der einen

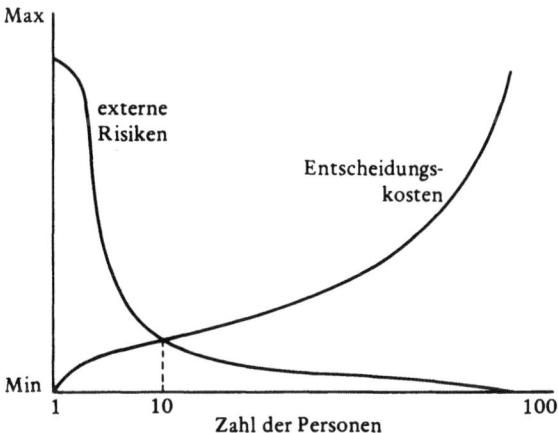

Seite dieses Dilemmas erzielten, müßte mit einem entsprechenden Rückschritt auf der anderen Seite bezahlt werden.
Natürlich ist die Annahme eines „monotonen" Kurvenverlaufs unrealistisch.
Aber auch, wenn wir das anerkennen, haben wir noch keine Lösung. Eine
Lösung würde darin bestehen, daß man die externen Risiken sehr viel schneller sinken läßt als die Entscheidungskosten steigen, und zwar an einem
Punkt, an dem die Entscheidungskosten noch nicht eskaliert sind. Wie in
unserem Diagramm illustriert, müßte die Kurve der externen Risiken steil abfallen und die Kurve der Entscheidungskosten an einem Punkt schneiden, an
dem diese noch keinen großen Steigungsgrad erreicht hat. Übertragen auf
unsere Gruppe von 100 Personen läge der Schnittpunkt der beiden Kurven,
an dem ein optimales Gleichgewicht zwischen externen Risiken und Entscheidungskosten erreicht wäre, bei einer Entscheidungskörperschaft von 10
Personen. Dieser Optimalpunkt zeigt an, *wann* es angemessen ist, die Entscheidungen in einem Sachgebiet zu kollektivieren, und ebenso, *wie* dabei am
besten vorzugehen ist.

Aber die Frage bleibt: Auf welche Weise können wir unter realen Verhältnissen Kurvenverläufe der Art erreichen, wie sie im Diagramm unterstellt
wurden? Man sieht sofort, daß das Problem unlösbar wäre, wenn die Anzahl
der Entscheidungsbeteiligten die einzige Stellgröße wäre. Aber es kommen
noch zwei weitere Variablen infrage, nämlich:
— die Methode, nach der die Entscheidungskörperschaft rekrutiert und zusammengesetzt wird, sowie
— die Entscheidungsregeln, das heißt die Prinzipien und Regeln der Entscheidung.
Die erste dieser beiden Variablen spielt eine entscheidende Rolle für die Verminderung externer Risiken. Demgegenüber bezieht sich die zweite Variable
vornehmlich (wenn auch nicht ausschließlich) auf die Entscheidungskosten
selbst.

Mit diesen drei Variablen — die Zahl der Entscheidungsbeteiligten, die
Regeln ihrer Auswahl, und ihre Entscheidungsregeln — können wir schon
einiges ausrichten. Das Problem besteht, wie wir sahen, darin, die externen
Risiken im Verhältnis zu den Entscheidungskosten zu minimieren. Genauer
gesagt: Wir suchen eine Lösung, bei der einerseits eine überproportionale
(sogar exponentielle) Senkung der externen Risiken und andererseits eine
unterproportionale Steigerung der Entscheidungskosten selbst zusammentreffen. Das Problem kann in zwei Richtungen bzw. aus zwei Gründen gelöst
werden.

Die erste Alternative ergibt sich daraus, daß die externen Risiken nicht so
sehr von der Zahl der Entscheidungs*beteiligten* abhängen, sondern in erster
Linie davon, wie die entscheidende Körperschaft *ausgewählt* und beschaffen
ist. Dabei kommt alles darauf an, ob die Entscheidungskörperschaft „*repräsentativ"* ist oder nicht. Da die Theorie und Praxis der politischen Repräsentation in jüngerer Zeit allerlei Zweifeln ausgesetzt gewesen ist, soll unterstri-
chen werden, daß außer den „*repräsentativen" Techniken einer kontrollierten Machtübertragung* keine Technik bekannt ist, die mit dem Problem der
externen Risiken fertigzuwerden erlaubte. Um auf unser Zahlenbeispiel
zurückzukommen: Der Grund dafür, daß die 100 Menschen die Kompetenz, für alle zu entscheiden, getrost einer Körperschaft von nur 10 Mitglie-

dern anvertrauen können, besteht darin, daß man vom repräsentativen Charakter dieser entscheidungsbefugten Gruppe ausgeht. Anderenfalls könnte sich die Gesamtgruppe nur dadurch schützen, daß *alle* ihre Mitglieder zu Angehörigen der Entscheidungskörperschaft werden. Das mag mit 100 Menschen noch angehen, aber wenn ihre Zahl steigt, wird diese Lösung bald zu einer praktischen Unmöglichkeit.

Die andere Alternative beruht darauf, daß die Entscheidungskosten nicht nur von der Zahl der Entscheidungsbeteiligten, sondern auch von den verwendeten Entscheidungs*regeln* abhängen. Auf diese Entscheidungsregeln werde ich gleich zurückkommen. Zuvor nur eine Warnung: Das Verhältnis zwischen unseren beiden Variablen, den Rekrutierungsregeln und den Entscheidungsregeln ist nicht symmetrisch. Die repräsentative Rekrutierungsregel bedingt ein steiles Abfallen der Kurve externer Risiken, während die Entscheidungsregeln allenfalls zu einer leichten Abflachung der Kurve der Entscheidungskosten führen können. Anders gesagt, die beiden Kurven weisen eine stark differierende Elastizität auf. Von entscheidender Bedeutung ist daher die Frage der Repräsentativität. Trotz häufig geäußerter und oft gerechtfertigter Klagen über das Prinzip der Repräsentation muß man also sagen, daß nur die drastische Reduzierung der Totalität der Repräsentierten auf eine kleine Gruppe von Repräsentanten eine ausschlaggebende Verminderung der externen Risiken erlaubt, ohne daß dabei die Entscheidungskosten steigen müssen.

Null-Summen-Spiele und Positiv-Summen-Spiele

Bisher habe ich mich hauptsächlich auf die externen Risiken und die Frage konzentriert, wie man mit den aus ihnen resultierenden Problemen umgehen kann. Ich beschäftige mich jetzt mit dem Entscheidungsprozeß selbst, also mit den Entscheidungsregeln und den von ihnen abhängigen Ergebnissen. Die Frage ist: Wie hängen die Entscheidungsregeln mit welchen Ergebnissen und gegebenenfalls welchen Nebeneffekten zusammen. Dabei müssen wir die folgenden drei Elemente berücksichtigen: (a) *Art des Ergebnisses* (Null-Summen-Ergebnis oder Positiv-Summen-Ergebnis), (b) *Entscheidungskontext* (diskontinuierlich oder kontinuierlich), und (c) *Intensität* der Präferenzen.

Der erste dieser drei Punkte bezieht sich auf die Unterscheidung zwischen einem Spiel, auf das man sich in Erwartung eines Null-Summen-Ergebnisses einläßt, und einem Spiel, bei dem die Summe aller Gewinne und Verluste positiv ist. Ein drittes mögliches Ergebnis besteht in einer Negativ-Summe. Aber diese Variante soll uns hier nicht beschäftigen; es sollten nur die Definitionen in Erinnerung gerufen werden.

Ein Spiel fällt dann in die Kategorie der Null-Summen-Spiele (oder summenkonstanter Spiele), wenn ein Spieler genausoviel gewinnt wie ein anderer verliert. Für jeden besteht also das Problem darin, selbst zu gewinnen. Ein waghalsiger Spieler wird versuchen, den größtmöglichen Schaden für seine(n) Gegner zu verursachen, mag dabei auch sein eigenes Risiko groß sein. Ein vorsichtiger Spieler wird dagegen eher eine Strategie wählen, die seine eigenen denkbaren Verluste minimiert. So oder so stellt sich aber in einem Null-Summen-Spiel die einfache Alternative, entweder zu gewinnen oder zu verlieren. Im Gegensatz dazu spricht man von einem Positiv-Summen-Spiel, wenn jeder Spieler gewinnen kann. Im Grunde verweist die Erwartung eines Positiv-Summen-Ergebnisses die Spieler auf kooperative Strategien. Bei solchen Spielen taucht das Problem auf, wie der Kuchen dann aufgeteilt werden soll und wie die Gewinne dann verteilt werden sollen. Wenn wir diese spieltheoretischen Unterscheidungen auf die Politik übertragen, so können wir sagen, daß der Übergang von einem Null-Summen- zu einem Positiv-Summen-Spiel dem Übergang von einer Politik als unversöhnlichem Kampf (Carl Schmitt) zu einer „Politik des Verhandelns" entspricht.

Vereinzelte Entscheidungen und kontinuierliches Entscheiden

Zweitens zum Entscheidungs*kontext*. Er kann, wie gesagt, diskontinuierlich óder kontinuierlich sein. Der Kontext ist *diskontinuierlich*, wenn wir es mit vereinzelten und unverbundenen Entscheidungen zu tun haben, wie etwa im Fall von Volksabstimmungen oder auch von Wahlen. Unabhängigkeit von ihrer Häufigkeit und selbst dann, wenn bei einer Volksabstimmung den Wählern ein ganzes Bündel von Entscheidungen vorgelegt wird, reagiert der Wähler zwangsläufig mit getrennten Entscheidungen. Auch Wahlen sind für die Wähler vereinzelte Entscheidungen. Andererseits gibt es auch Gruppen, die mit einem kontinuierlichen Entscheidungsfluß befaßt sind. Ihre Entscheidungsthemen sind nicht vereinzelt, jedenfalls ist die Entscheidungs-Körperschaft nicht gezwungen, sie als vereinzelte zu behandeln. Man beachte, daß die Entscheidungen in einem theoretisch endlosen Strom aufeinanderfolgen, und daß niemand isoliert entscheiden kann. Aus beiden Gründen ist es wahrscheinlich, daß die Gruppe, ganz unabhängig vom sachlichen Zusammenhang der Entscheidungsthemen, ihre Entscheidungen in einen Zusammenhang *stellen* wird, so daß es einen wechselseitigen Tausch unter den Angehörigen der Gruppe gibt. Eine Gruppe, die so verfährt, bezeichnet man als ein „Gremium" (committee). Darauf kommen wir sogleich zurück. Hier ist nur festzuhalten, daß ein Entscheidungskontext dann „kontinuierlich" ist, wenn ein stetiger Strom von Entscheidungsthemen in der Weise abgearbeitet wird, daß sie als miteinander im Zusammenhang stehend betrachtet und nicht als vereinzelt behandelt werden.

Es ergibt sich, daß „diskontinuierliche" und kontinuierliche Entscheidungskontexte nicht durch eine scharfe, „objektive" Grenze getrennt sind. Ob ein Entscheidungsthema als „vereinzelt" behandelt wird oder nicht, das wird vermutlich von dem Zusammenhang abhängen, in den es gestellt wird. Andererseits ist aber auch richtig, daß große Gruppen (wie bei Wahlen oder Volksabstimmungen) *nur* vereinzelte Entscheidungen treffen können. Insofern kann man sagen, daß dort diskontinuierliche Kontexte von den Umständen erzwungen werden.

Intensität von Präferenzen und Mehrheitsentscheidung

Mit der Intensität der Präferenzen ist die Tatsache berührt, daß jedes Entscheidungsthema einen unterschiedlichen Grad von Gefühlsreaktionen, Engagement oder Desinteresse hervorruft. Wir haben es mit einer *ungleich verteilten Intensität individueller Präferenzen* zu tun: Präferenzen unterscheiden sich nicht nur durch ihre Richtung, sondern auch durch den Nachdruck, mit dem wir sie hegen. Das ist uns aus der alltäglichen Lebenserfahrung gut vertraut, aber es hat politische Implikationen, die uns oft entgehen.

Nehmen wir die verschiedenen Varianten der Mehrheitsregel, die ja gewiß ein wichtiger Teil der Entscheidungsregeln sind. Wir behelfen uns mit der Mehrheitsregel, wenn anzunehmen ist, daß die Menschen konträre[3] Präferenzen haben und daß, falls die Entscheidung nicht blockiert werden soll, die Präferenzen von 51 Prozent (jedenfalls im Falle einer absoluten Mehrheitsregel) gegenüber den Präferenzen der verbleibenden 49 Prozent obsiegen müssen. So weit, so gut. Aber wir sollten nicht übersehen, daß diese Regel völlig von der Tatsache absieht, daß diese Präferenzen tatsächlich eine unterschiedliche Intensität aufweisen. Mehrheitsregeln berücksichtigen Individuen *als* Individuen, und folglich *ebnen sie ein Gefälle der Intensität ein.* Mehrheitsregeln beruhen daher auf einer Fiktion, auf einer gewagten und unrealistischen Unterstellung: Wir nehmen einfach an, daß die Intensität der Präferenzen gleich ist. Wir können das ruhig unterstellen; aber wir sollten dabei im Kopf behalten, daß das nicht die Realität ist.

Damit will ich keineswegs nahelegen, daß wir nur gleiche *Intensitäten* als gleich behandeln sollten, — statt die *Individuen*, die ja rechtlich als gleich gelten. Das Intensitätskriterium kann nicht als Grundlage einer praktikablen Entscheidungsregel dienen — und eine solche Regel benötigen wir ja als erstes. Ich möchte nur erklären, warum das Mehrheitsprinzip niemals voll akzeptiert ist, warum seine Anwendung oft unbefriedigend bleibt, und warum insbesondere Minderheiten mit hoher Intensität ihrer Präferenzen das Mehrheitsprinzip anzweifeln und sich sogar standhaft weigern, sich einer Mehrheitsentscheidung zu unterwerfen.

Tatsache ist, daß ein nachdrückliches Nein in aller Regel gegen zwei schwache Jas siegt, und daß umgekehrt ein entschlossenes Ja gewöhnlich zwei schwächliche Neins aussticht. Man könnte verallgemeinern, daß jedenfalls langfristig Minderheiten mit hoher Intensität über apathische Mehrheiten den Sieg davontragen. Dies würde wohlgemerkt selbst dann der Fall bleiben, wenn die Ressourcen, die jeder einbringen könnte, einander angeglichen würden. So könnten wir auch sagen, daß „Intensität" eine meist übersehene, aber dennoch die ausschlaggebende Machtressource ist. Aber wir wollen uns genauer mit einem speziellen Fall befassen, nämlich dem Fall, in dem direkte Demokratie anzutreffen ist, worunter wir die gleichberechtigte Selbstregulierung einer Zahl von Bürgern verstehen wollen, die so klein ist, daß sie visuell überblickt werden kann (also eine Größenordnung von Hunderten oder allenfalls Tausenden, aber gewiß nicht von Hunderttausenden oder gar Millionen).

In der Vergangenheit haben viele von uns direkt-demokratische Verhältnisse (wie wir sie definiert haben) sogar selbst in Aktion erlebt*, wobei sich bestätigte, was schon Platon und Aristoteles wußten, nämlich, daß es sich dabei um ein wahres Paradies für *aktive Minderheiten* handelt. Wir konnten oft beobachten, daß, je größer die Zahl der angeblich sich selbst regierenden

---

* Hier spielt der Verfasser offensichtlich auf Erfahrungen mit der „Teach-in-Demokratie" der Studentenbewegung von 1968 an (Anm. d. Übers.).

gleichberechtigten Versammelten war, desto geringer auch der Prozentsatz war, der zur Selbstbehauptung einer Minderheit und der Durchsetzung ihres Willens ausreichte. Wie kommt es nun, daß zum Beispiel 5 Prozent einer solchen Gruppe nahezu über die Gesamtheit der gleichberechtigten Übrigen dominiert? Die Antwort liegt im Tatbestand der „Intensität". Intensität ist der Faktor, der die Gruppe zusammenbringt und aktiviert, der ihre Wirkung und Anziehungskraft erklärt. All das ist, wie ich meine, ebenso offensichtlich wie unvermeidlich. Man kann das Problem aber weiter zuspitzen und fragen: Warum sollte hohe Intensität eine Eigenschaft (kleiner) Minderheiten, nicht aber auch von Mehrheiten sein? Das ist eine interessante Frage, aber kaum ein wirklicher Einwand. Eine Mehrheit mit hoher Intensität mag es sehr wohl geben; aber sie wird sich aller Wahrscheinlichkeit nach auf eine einzelne Entscheidungsfrage oder auf wenige Fragen beschränken, die sich um einen gemeinsamen Kern drehen. Wenn wir es daher mit einer breiten Vielfalt oder einer langen Serie von Entscheidungsthemen zu tun haben, dann können wir bestenfalls erwarten, für jede *Einzel*frage „intensive" Mehrheiten anzutreffen, von denen sich aber jede wieder auflöst und neu gruppiert, sobald das Entscheidungsthema wechselt. Eine *„intensive"* Mehrheit ist also eine *Gelegenheits*mehrheit. Im Gegensatz dazu können kleine Gruppen dauerhaft bestehen und mit gleichbleibender Intensität zu einer umfassenden Reihe von Entscheidungsthemen Stellung nehmen. Darin liegt sogar die Art und Weise, wie – und der Grund dafür, daß – sie entstehen. Der Unterschied ist, daß „intensive" Minderheiten reale und konkrete Gruppen sind, während „intensive" Mehrheiten nichts sind als flüchtige Aggregate. Sollte das einmal nicht der Fall sein, dann wird man freilich bei genauerem Hinsehen entdecken, daß jene scheinbar „intensiven" Mehrheiten selbst von „intensiven" Minderheiten mobilisiert worden sind – und so sind wir wieder am Ausgangspunkt.

Die Tatsache, daß das Mehrheitsprinzip die ungleiche Verteilung individueller Präferenzen unbeachtet läßt, sowie das Ausmaß, in dem diese ungleiche Verteilung das Mehrheitsprinzip begrenzt und seine Anwendung fehlsteuert, gibt uns Anlaß zu fragen, ob es wohl andere und bessere Entscheidungsregeln gibt. Wäre nicht etwa das Prinzip und die Regel der Einstimmigkeit besser?

Im Prinzip kann man kaum bestreiten, daß die Einstimmigkeitsregel der Intensität von Präferenzen Gerechtigkeit angedeihen läßt. Sie übertreibt diese Gerechtigkeit sogar, denn sie legitimiert sogar das Veto eines Einzelnen, der intensiv einer anderen Meinung ist. Doch wenn man auch das Einstimmigkeitsprinzip aus diesem und anderen Gründen gutheißen mag, es versagt offenbar in der Praxis. Der Einwand ist wohlbekannt und scheint durchschlagend: Die Entscheidungskosten der Einstimmigkeitsregel sind unerträglich hoch, denn sie addieren sich zu einer Entscheidungs-Blockade. Damit scheint die Sache besiegelt zu sein, und sie ist es zweifellos auch in den Fällen, in denen die Blockade tatsächlich das Ergebnis ist. Aber das führt uns zu der weiteren Frage, die zu untersuchen bleibt, nämlich zu der Frage, ob es *immer* der Fall ist, daß die Einstimmigkeitsregel Entscheidungsprozesse blockiert?

Bis jetzt haben wir die ungleiche Intensität der Präferenzen als ein Hindernis der Mehrheitsregel betrachtet. Aber umgekehrt kann man die Tatsache, daß Intensitäten differieren, auch in einem positiven Licht sehen und als *Vorteil* betrachten. Denn wenn jedermann bei allen Entscheidungsthemen immer gleichermaßen starke Intensitäten mit seinen Präferenzen verbände, wie könnte dann irgendein Entscheidungsgremium jemals zur Übereinstimmung gelangen? Tatsächlich wird die Übereinstimmung gerade dadurch erreicht, daß *nicht* alle Mitglieder des Gremiums gleichermaßen intensive Präferenzen mit allen Entscheidungsthemen verbinden. Kurz: Der Mechanismus der Vereinbarung innerhalb von Gruppen besteht zum großen Teil darin, daß die „Nicht-Intensiven" den „Intensiven" nachgeben. Und das ist in besonders hohem Maße der Fall bei Entscheidungskörperschaften, die wir als „Gremien" bezeichnen.

Gremien und die Einstimmigkeitsregel

Der Begriff des „Gremiums" wurde schon kurz berührt und bedarf jetzt der Klärung. Ein Gremium ist zunächst einmal eine *kleine* Gruppe, deren Mitglieder miteinander in *unmittelbarem Interaktionskontakt* stehen. Begrifflich können es nicht weniger als drei Mitglieder sein, weil alle sinnvollen Interaktionen „triadisch" sind. Aber wie groß kann das Gremium sein, um noch „klein" zu sein? Das Kriterium des direkten Kontakts setzt hier eine Grenze; aber auch eine Versammlung erlaubt noch direkten Kontakt unter den Anwesenden, kann aber dennoch weit größer sein als ein Gremium. Die zuträgliche Maximalgröße eines Gremiums hängt wesentlich von seiner Arbeitsweise ab. In der Praxis bedeutet das, daß Gremien im allgemeinen eine Größe von zwischen drei und etwa dreißig Mitgliedern haben. Die Zahl dreißig ist dabei gewiß nur ein lockerer Anhaltspunkt. Ein Gremium mag mit zwanzig Mitgliedern schlecht funktionieren, und ein anderes mag mit vierzig gut zurechtkommen; aber das hängt davon ab, in welchem Maße sich seine Mitglieder voll an die operativen Regeln seiner Arbeitsweise halten, die ich im weiteren beschreiben werde.

Zweitens ist ein Gremium eine dauerhafte und institutionalisierte Gruppe. Institutionalisiert bedeutet, daß seine Existenz legal oder zumindest faktisch anerkannt ist; bestimmte Dinge müssen von dem Gremium bzw. auf dem Wege über das Gremium erledigt werden. Wir können auch sagen, daß das Gremium durch die Aufgaben institutionalisiert ist, die ihm übertragen werden. Eine Gruppe kann aber nicht institutionalisiert werden, ohne eine gewisse Dauerhaftigkeit aufzuweisen. Die Dauerhaftigkeit des Gremiums hat nichts zu tun mit der tatsächlichen Dauer oder Stabilität der personellen Zusammensetzung der Gruppe. Rollentheoretisch könnte man argumentieren, daß derjenige, der Mitglied einer institutionalisierten Gruppe wird, den Zeithorizont der Institution übernimmt. In diesem Sinne ist eine Gruppe dauerhaft, wenn ihre Mitglieder — ganz unabhängig von der tatsächlichen Mitglieder-Fluktuation — so handeln, daß sie dabei die Dauerhaftigkeit der Gruppe unterstellen. Worauf es ankommt, ist die Dauerhaftigkeit auf der Ebene der Erwartungen.

Drittens ist ein Gremium eine Entscheidungskörperschaft, die mit einem *kontinuierlichen Fluß* von Entscheidungen konfrontiert ist. Wir könnten auch sagen, daß immer dann, wenn Entscheidungen serienweise, wie Perlen auf einer Kette, anfallen, es einen „natürlichen" Bedarf nach einer Art

Gremium gibt. Wenn wir also von Gremien sprechen, unterstellen wir einen *kontinuierlichen Entscheidungskontext*, im Gegensatz zu dem schon erwähnten Typ eines Kontextes, in dem Entscheidungen vereinzelt auftauchen.

Aus zwei Gründen habe ich diese Definitionsprobleme so ausführlich behandelt. Der erste Grund ist, daß Gremien (und das aus ihnen aufgebaute Gremien-System) in der Regel nicht nur weithin unsichtbar sind, sondern daß auch das Bewußtsein ihrer Existenz oft lückenhaft ist. Das kommt nicht allein daher, daß Gremien es in der Regel tatsächlich vorziehen, im Halbschatten und unter Bedingungen geringer Sichtbarkeit zu operieren, sondern auch wegen der Verstreutheit und feinen Verästelung des Gremiensystems. Im Ergebnis wird jedenfalls die Rolle, die in jedem „politischen System" vom Subsystem des „Gremiensystems" gespielt wird, entweder weit unterschätzt oder weitgehend verborgen, oft sogar beides. Der andere Grund, mich bei der Definition aufzuhalten, war der, daß das Gremiensystem gleichermaßen der wichtigste und am meisten mißverstandene Teil des „Stoffes" ist, aus dem der politische Prozeß gemacht ist. Denn alle Entscheidungen, die in irgendeinem politischen System getroffen werden, werden zunächst einmal von einem oder mehreren Gremien erwogen, diskutiert und entworfen. Auch eine Regierung ist ein Gremium, und oft ein Gremium, das letztinstanzlich entscheidet.

Wie funktionieren nun Gremien tatsächlich? Niemals, oder jedenfalls kaum jemals, auf der Basis von Mehrheitsregeln. Gewöhnlich werden Entscheidungen nicht zur Abstimmung gestellt. Wenn das doch geschieht, geschieht es gemeinhin nur *pro forma*. Gewöhnlich sind Entscheidungen von Gremien einstimmig, und man könnte dazu sagen, daß Gremien der Einstimmigkeitsregel gehorchen. Aber das ist nicht deshalb der Fall, weil ihre Mitglieder einer Meinung wären — sie sind es nämlich nicht. Gremienberatungen laufen im allgemeinen deshalb auf Einmütigkeit hinaus, weil jedes Mitglied die Erwartung hegt, daß eigene Zugeständnisse bei einer bestimmten Streitfrage durch reziproke Zugeständnisse bei anderen Streitfragen wieder ausgeglichen werden. Darüber besteht ein stillschweigendes Einverständnis, das wir als eine operative Regel bezeichnen können.

Für eine solche Operationsregel gibt es verschiedene Bezeichnungen. Eine davon ist der lateinische Ausdruck *do ut des*: Ich gebe, damit ich eine Gegenleistung bekomme. Geläufig ist uns der Ausdruck „Stimmentausch" („logrolling") oder auch der Ausdruck des kompromiß-orientierten Verhandelns. Aber nichts davon paßt genau auf das hier Gemeinte. Ein „Kompromiß" besteht darin, daß man sich jeweils auf halbem Wege trifft, bei jeder Streitfrage gesondert. „Stimmentausch" und „Verhandeln" sind sehr umfassende und vage Begriffe. Vielfach wird gegenwärtig auf spieltheoretische Gedankengänge zurückgegriffen und zwischen „Stimmentausch" und Stimmengewinn durch „Bestechung" gesprochen. Aber auch Stimmentausch ist noch nicht spezifisch genug. Das Problem, das ich mit allen diesen Begriffen habe, besteht darin, daß sie nicht hinreichend das herausstellen, worin die Besonderheit der Operationsweise von Gremien besteht, nämlich ihre Zeitstruktur. Die Mitglieder eines Gremiums stehen in *intertemporalen* Tauschbeziehungen und richten ihren Blick speziell auf die Zukunft. Jedes Mitglied der Gruppe hegt unausgesprochene Erwartungen. Ich möchte deshalb von einem Prinzip der *vertagten äquivalenten Gegenleistung* sprechen.

Natürlich fallen solche operativen Regeln nicht vom Himmel. Ein Mechanismus der Vertagung von Gegenleistungen kommt nur unter zwei Bedingungen zustande, die wir schon kennengelernt haben: Ungleiche Verteilung der Intensität von Präferenzen und ein kontinuierlicher Strom von Entscheidungsproblemen. Die Mitglieder des Gremiums können sich entweder deshalb zur Einmütigkeit von Beschlüssen durchringen, weil die Intensitätsverteilung der Präferenzen von Tagesordnungspunkt zu Tagesordnungspunkt wechselt, so daß jeweils die Mitglieder, die kein besonders starkes Interesse an einem Problem haben, geneigt sind, denjenigen Zugeständnisse zu machen, bei denen das sehr wohl der Fall ist. Aber zweitens muß diese Neigung ihrerseits laufend „geschmiert" und am Leben erhalten werden, nämlich durch die später anfallenden Gegenleistungen: Wer Zugeständnisse macht, tut das in der Erwartung, sie über kurz oder lang vergolten zu bekommen.

Auf den ersten Blick mag uns eine solche Operationsweise als zerbrechlich und gefährdet anmuten, da sie von allzuvielen Bedingungen abhängt. In Wirklichkeit aber wird sie weithin praktiziert und funktioniert reibungslos, — und das deshalb, weil sie auf durchaus realistischen Anreizen und Entschädigungen beruht. Es ist wohl schon klar geworden, daß Gremien-Entscheidungen Positiv-Summen-Entscheidungen sind. Das Wesen von Entscheidungssystemen, die auf „vertagten äquivalenten Gegenleistungen" beruhen, besteht schließlich darin, daß alle Mitglieder der Gruppe die Aussicht haben, hinzuzugewinnen, und außerdem darin, daß dieses Positiv-Summen-Spiel ohne „Schlußtermin" endlos weitergehen kann. Daher stehen solche operativen Regeln keineswegs auf tönernen Füßen. Ganz im Gegenteil. Sobald es einmal die „Disposition zum Nachgeben" gibt, die aus einer ungleichmäßigen Verteilung von Intensitäten folgt, werden Gremien diese gutwillige Disposition am Leben erhalten und aktivieren, weil ja alle Beteiligten ein konkretes Interesse an Positiv-Summen-Ergebnissen haben.

Natürlich hat jedes Gremium aus mindestens zwei Gründen seine internen Konflikte: Erstens wird die Verteilung der Präferenzen ja keineswegs von einem göttlichen Willen oder einer prästabilierten Harmonie gelenkt, und zweitens sind auch die Gewinne niemals gleichmäßig verteilt. Daher gibt es auch sogar in Gremien gelegentlich harte Konfrontationen, und dann muß mehrheitlich abgestimmt werden. Wenn aber der Rückgriff auf das Mehrheitsprinzip von der Ausnahme zur Regel wird, dann bedeutet das, daß ein Gremium kein Gremium mehr ist. Weil Gremien durch einmütige Stellungnahmen charakterisiert sind, markiert die Mehrheitsregel eine Grenzlinie. Sehen wir, warum das so ist.

Wir wissen jetzt, daß Gremien in sinnvoller Weise von der Tatsache der ungleichen Verteilung von Präferenz-Intensitäten Gebrauch machen, während Mehrheitsregeln diese Tatsache bloß neutralisieren. Dies ist also ein erster Gesichtspunkt, unter dem Gremienentscheidungen und Mehrheitsentscheidungen sich nicht vertragen. Aber sie sind in noch einer weiteren Hinsicht unverträglich. Gremienentscheidungen sind Positiv-Summen-Entscheidungen, während Mehrheitsentscheidungen, wie ich jetzt nachtragen muß, im Prinzip Null-Summen-Entscheidungen sind. Wenn wir nach dem Mehrheitsprinzip verfahren, verliert die Minderheit alles und die Mehrheit gewinnt im Hinblick auf die fragliche Entscheidungsfrage alles. Das gilt wohlgemerkt nur für das Mehrheits-„Prinzip"; überall, wo wir konkrete Anwendungsfor-men dieses Prinzips finden, ergeben sich Einschränkungen dieser These, wie wir sehen werden. Hier genügt es jedoch festzuhalten, daß eine Gruppe, die regelmäßig und nicht nur *pro forma* durch Mehrheitsabstimmung entscheidet (a) jedes Thema ihrer Entscheidung als ein „Einzelthema" behandelt, was (b) zu einem Null-Summen-Ergebnis führt, was wiederum (c) einen Anreiz dafür schafft, innerhalb der Gruppe eine behauptungsfähige Mehrheit als Block zu formieren bzw. zu stabilisieren. Unter jeder dieser Bedingungen fällt, wie man sieht, das wesentliche Bedingungsgefüge für den Typus der „Gremienentscheidung" in sich zusammen.

Bisher habe ich Gremien isoliert betrachtet. Tatsächlich ist jedoch jedes Gremium in ein dichtes Beziehungsgewebe mit anderen Gremien verflochten; es ist Teil eines Gremien*systems*. Wie funktioniert nun ein solches Gremiensysten, oder genauer: Wie sieht die Interaktion und Koordination zwischen Gremien, die zum selben Gremiennetz gehören, aus? Diese Koordination funktioniert durch *externe Begünstigungen*, wie man im Anklang an die Spieltheorie sagen könnte.

Wir erinnern uns: Im Hinblick auf jedes einzelne Gremium haben wir zuvor von *internen* Leistungen und Gegenleistungen gesprochen. Bei externen Leistungen handelt es sich offensichtlich um Zugeständnisse, die ein Gremium anderen Gremien macht. Auch beim Stimmentausch („logrolling") kann man sowohl die Erwartung interner wie externer Gegenleistungen unterstellen. Begünstigungen im Verhältnis zwischen Gremien können diesem Muster des Stimmentausches folgen. Aber damit haben wir die Besonderheit dieser Leistungsverhältnisse als eines *Koordinationsmechanismus* noch nicht erfaßt. Denn je größer die Komplexität des Gremiengeflechts — und in Demokratien wird es in der Tat sehr komplex — desto größer ist der Bedarf an automatischen oder halbautomatischen Anpassungsprozessen. Das bedeutet, daß die meisten externen Begünstigungen sich nicht aus förmlichen Tausch- oder Verhandlungsakten ergeben, sondern sich schlicht auf dem Wege *antizipierter Reaktionen* einstellen. Gemäß der von Carl J. Friedrich formulierten „Regel der antizipierten Reaktion" stellen wir im vorhinein und implizit die wahrscheinlichen Reaktionen der betroffenen Dritten, die von unseren Handlungen und Entscheidungen berührt werden, in Rechnung. Wenn eine negative Reaktion zu erwarten ist, kann das dazu führen, daß wir eine schon getroffene Entscheidung erneut überdenken, oder daß wir aus einer konsistenten Entscheidung eine in sich widersprüchliche machen, um „allen zu gefallen". Ich unterstelle daher nicht, daß ein zwischen verschiedenen Gremien sich abspielender Koordinationsmechanismus tatsächlich alle zufriedenstellt. Ich versuche nur klarzumachen, wie ein solcher Mechanismus überhaupt funktionieren kann. Wenn auch Koordination das objektive Ergebnis ist, auf das dieser Prozeß hinausläuft, so kann doch der Prozeß selbst allenfalls als Serie blinder Einzelreaktionen („muddling through") verstanden werden.

Um das zusammenzufassen: Ein Gremiensystem funktioniert auf der Ebene jedes einzelnen Gremiums unter der Voraussetzung „vertagter äquivalenter Gegenleistungen", durch Tausch und Rückzahlung; auf der Ebene des *Systems* aber unter der Voraussetzung, daß durch antizipierte Reaktionen der Fluß von externen Rücksichtnahmen aufrechterhalten wird. Die *internen* Gegenleistungen fördern einmütige Entscheidungen und Positiv-

Summen-Ergebnisse. *Externe* Rücksichtnahmen sind die Kosten und unerläßlichen Bedingungen dafür, daß ein spontaner (und nicht etwa ein von oben gesteuerter) Anpassungs- und Koordinationsprozeß zustandekommt. Solche externen Rücksichtnahmen sind keineswegs zwangsläufig auf die Verhältnisse zwischen einzelnen *Gremien* beschränkt. Wenn ein Gremien-System auch „repräsentative" Gremien (d.h. solche, die an den Volkswillen gebunden sind) enthält, dann erstrecken sich Begünstigungen auch auf Akteure *außerhalb* des Gremiensystems. Wir werden darauf zurückkommen.

Gremien, Partizipation und Volks-Wohlstand

Gremien sind immer mindestens entscheidungs-*präformierende* Instanzen, und im Ergebnis oft auch die Entscheidungs*träger*. Das ist so in jedem denkbaren politischen System oder Regime. Nichtsdestoweniger unterliegt das Gremiensystem dem Einfluß des politischen Systens, dessen Teil es ist. So nimmt ein Gremiensystem, das im Rahmen einer Demokratie operiert, spezifische Merkmale an. Das gilt zunächst in quantitativer Hinsicht: In Demokratien sind Gremien offensichtlich besonders zahlreich. Diesen Umstand kann man in zwei entgegengesetzten Weisen interpretieren: Entweder handelt es sich dabei um so etwas wie die Bildung von „Anti-Körpern" und stellt insofern eine undemokratische Entwicklung dar; oder er verträgt sich völlig mit einer „pluralistischen" Weiterentwicklung der Demokratie. Entscheidet man sich für diese Sichtweise, dann könnte man sagen, daß das Wuchern des Gremienwesens die demokratische Beteiligung gerade maximiert, insofern es schließlich doch die Gelegenheit für „wirkliche Beteiligung" schafft.

Dafür spricht in der Tat einiges. Da der Begriff der Beteiligung keinen eindeutigen Inhalt hat als den, daß man „persönlich mitmacht", und da Beteiligung umso besser verwirklicht wird, je häufiger man „mitmacht", muß man sich wundern, wieviel Nebel um einen Begriff erzeugt worden ist, den man so einfach operationalisieren kann. „Partizipation" ist einfach eine *Verhältnis*zahl, die mit einem *Häufigkeits*index versehen werden muß. Wenn in einer Gruppe von 10 Menschen jeder teilnimmt, hat jeder den Teilnahmewert 1/10; und je öfter die Gruppe zusammentrifft, desto höher steigt der Häufigkeitsindex der Partizipation. In einer Gruppe von 100 Menschen beträgt der Teilnahmewert 1/100, und so fort, wenn der Nenner wächst, sinkt die „Teilnahme" jedes Beteiligten, sein Anteil oder Gewicht. Wenn die Häufigkeit abnimmt, sinkt mit ihr die Bedeutung der Teilnahme. Insofern trifft es unbestreitbar zu, daß „wirkliche", d.h. bedeutsame, echte und wirksame Teilnahme nur in kleinen Gruppen (höchstens von der Größe von Versammlungen) möglich ist. Wenn wir von Bürgerbeteiligung durch Wahlen oder allgemein von demokratischer „Massenbeteiligung" sprechen, dann ist der Begriff einfach überdehnt und läßt bloß noch erkennen, daß es um „symbolische Beteiligung" oder um das Gefühl geht, „irgendwie dabeizusein". Aber andererseits ist nicht schon dann, wenn wir uns auf die Behauptung verlassen, Gremien böten die Chance für wirkliche Beteiligung, daraus auch zu schließen, daß solche Gremien der Forderung nach demokratischer Partizipation auch tatsächlich entgegenkommen.

Wenn man die Gelegenheiten zur politischen Beteiligung dadurch erhöht, daß man die Zahl der Gremien erhöht, dann löst man zwar sehr wohl das Problem derer, die diesen Gremien angehören. Aber was ist mit denen, die von ihnen ausgeschlossen sind? Deren Probleme lösen sich selbstverständlich nicht dadurch, daß andere stellvertretend für sie an den Gremien teilnehmen; das Problem kann nur durch die *Kontrolle* gelöst werden, durch die sie — die Bürger einer Demokratie — das Geschehen in den Entscheidungskörperschaften bestimmen können. Damit gelangen wir wieder an den Punkt, an dem es auf Mechanismen der Repräsentation ankommt, durch deren Wirken die externen Risiken des Entscheidens minimiert werden sollen. Aber dabei stoßen wir auch gleichzeitig auf *die* kennzeichnenden Merkmale von Gremiensystemen in Demokratien: Das Vorhandensein *repräsentativer Gremien*, die ihren Wählern verantwortlich sind und sich als Sachwalter ihrer Wünsche und Interessen verhalten. Auch in Demokratien gibt es Gremien, und deren Zahl vergrößert sich sogar. Aber das alles spielt eine weit geringere Rolle als die Tatsache, daß in Demokratien eine andere Methode der *Zusammensetzung* von Gremien angewendet wird.

Das bedeutet natürlich nicht, daß *alle* Gremien aus Repräsentanten bestehen, die durch freie Wahlen und die Bestimmungen des Wahlrechts in ihr Amt gelangen. Tatsächlich sind nicht einmal in Demokratien die meisten Gremien auf diese Weise zusammengesetzt; vielmehr sind es auf bestimmte Aufgaben spezialisierte Gruppen, deren Mitglieder entsprechende Fähigkeiten und technische Kompetenzen aufweisen. Doch mit einem Entscheidungssystem verhält es sich wie mit einem Verkehrssystem: Es kann durch den Zugriff auf einige wenige Kreuzungen und Auffahrten unter Kontrolle gehalten werden. Die Bedingung „demokratischer Kontrolle" kann daher auf dem Wege über einige wenige repräsentative Gremien erfüllt werden, die an den entscheidenden Stellen plaziert sind. Musterbeispiele dafür sind Regierungen bzw. die Hauptausschüsse von Parlamenten. Selbst dann, wenn kein anderes Gremium der Idee der Repräsentation entspräche, würde immer noch zutreffen, daß in einem solchen politischen System das Gremiensystem eine besondere Qualität aufwiese, die mit dem demokratischen Charakter des politischen Systems insgesamt im Einklang stünde.

Wir sind nun für die Behandlung der zentralen Frage präpariert, die lautet: Wie *verhält* sich ein Gremiensystem zum demokratischen System? Wenn man dramatisch formulieren will, ist das gleichbedeutend mit der Frage, ob Gremien und demokratische Verhältnisse einander ausschließen. In einer etwas bedächtigeren Tonlage kann man fragen: Stehen Gremien einer Fortentwicklung der Demokratie im Wege? Sind sie der demokratischen Entwicklung irgendwie dienlich?

Natürlich hängt jede Beurteilung des demokratischen Charakters eines politischen Systems — die Frage nach dem Vorhandensein und dem Grad von Demokratie — davon ab, welche Maßstäbe man anlegt. Wenn Demokratie wörtlich übersetzt wird als buchstäbliche Volks-Herrschaft, dann wird ein solches Kriterium niemals zu erfüllen sein. Wenn es ernst wird, liegt die Macht immer bei denen, die sie ausüben, nicht bei denen, denen sie nominell zugeschrieben wird. Demokratie im wörtlichen Sinne wäre gleichbedeutend mit strikter Selbstregierung des Volkes. Und eine solche strikte Selbstregierung des Volkes könnte man in ähnlicher Weise messen wie das Kriterium der

„Beteiligung": nämlich durch die Verhältniszahl zwischen denen, die die anderen regieren, und der Zahl jener anderen. Daraus folgt, daß Demokratie im wörtlichen Verstande keine quantitativ „große" Demokratie sein kann.

Aber das ist kein Anlaß zur Resignation, sondern nur dazu, eine andere Perspektive einzunehmen. Während Demokratien im „Kleinformat" durchaus als unmittelbar vom Volk *ausgehende* Macht begriffen werden können („Volks-Herrschaft"), können Demokratien im „Großformat" allenfalls verstanden und entwickelt werden im Hinblick auf eine dem Volke *zugutekommende* Macht-Verwendung („Volks-Wohlfahrt").[4] Was in der Tat noch wesentlich verbessert werden kann, ist nicht die Lösung des Herkunfts-Problems der Macht (etwa nach der Parole „Mehr Macht für das Volk!"), sondern die Lösung des Problems, was durch Macht bewirkt wird: Eine gleichmäßigere Verteilung der Vorteile und Belastungen im Volk. Selbst wenn die Demokratietheoretiker sich ein wenig genieren, es zuzugeben, so beschäftigen sie sich doch tatsächlich immer weniger mit der Frage, *wer* die Macht hat und wenden sich stattdessen immer mehr der Frage zu, welche *Auswirkungen* die Machtverwendung hat, wem welche Vorteile zugutekommen, und wer wieviel bekommt. Und man wird kaum bestreiten können, daß für die breite Öffentlichkeit „Volksherrschaft" soviel bedeutet wie die Erfüllung verbreiteter Wünsche und Bedürfnisse.

Wenn man aber „Demokratie" solchermaßen in „Output"-Kategorien mißt, dann hat es durchaus den Anschein, daß ein Gremiensystem zwar nicht der Herrschaft des Volkes, aber der Herrschaft *für* das Volk durchaus zugutekommt. Das gilt, um es zu wiederholen, unter der Voraussetzung, daß demokratische Systeme *repräsentative* (d.h. zur Verantwortung zu ziehende und verantwortlich handelnde) Gremien an strategischen „Kreuzungen" plazieren. Unter dieser Bedingungen werden die externen Begünstigungen, die im System der Gremien geleistet werden, nicht nur den jeweils anderen Gremien zugutekommen, sondern sich auf die Gesamtheit der Repräsentierten erstrecken. Aus diesem Grunde ist ein auf dem Positiv-Summen-Prinzip begründetes Entscheidungssystem, das durch die Bande der Repräsentation mit dem Volke verbunden ist, ein Entscheidungssystem, das auch *zugunsten des Volkes Positiv-Summen-Ergebnisse erzeugt.* Diese Behauptung kann man freilich nicht bis zu dem Punkte zuspitzen, daß man sicher sein könnte, auf diesem Wege ein Pareto-Optimum, eine Gleichverteilung oder gar die von Rawls konstruierte Lösung zu erreichen. Zwar kommt definitionsgemäß ein Positiv-Summen-Ergebnis allen zugute, aber keineswegs allen gleichermaßen. Dies und nicht mehr ist gemeint, wenn ich statt von „Volksherrschaft" von „Volks-Wohlfahrt" spreche.

Obwohl es sich also um die bescheidene Behauptung handelt, daß bei repräsentativer Gremienherrschaft alle *etwas* gewinnen, sollte man die Bedeutung dieses Arrangements nicht herabwürdigen; diese Bedeutung träte machtvoll zutage, sobald man daran gehen wollte, ein Positiv-Summen-Entscheidungssystem durch Mehrheitsherrschaft und Null-Summen-Ergebnisse zu ersetzen. Dies bringt mich zu einem letzten Punkt. Er betrifft das Ausmaß, in dem die Mehrheitsregel tatsächlich gleichbedeutend ist mit einem Null-Summen-Spiel des Entscheidungsprozesses.

Wir hatten zuvor gesagt, daß zwar das Mehrheitsprinzip *als solches* ein Null-Summen-Prinzip ist, daß aber daraus nicht folgt, daß die konkrete Anwendung des Mehrheitsprinzips zwangsläufig Null-Summen-Verhältnisse hervorruft. Unter welchen Bedingungen ist dies gleichwohl der Fall? Das Mehrheitsprinzip führt zu Null-Summen-Ergebnissen in den folgenden Fällen: Bei Wahlen, bei Volksabstimmungen und wenn eine konkrete Mehrheit relativ stabil konsolidiert ist. Man sieht leicht, daß dies aus zwei verschiedenen Gründen der Fall ist. Wegen der einmaligen Einzelentscheidung (im Falle von Wahlen und Volksabstimmungen) einerseits, wegen der Beschaffenheit der Mehrheit (stabil und konsolidiert) andererseits. Daraus folgt, daß das Mehrheitsprinzip *Gesamt*ergebnisse von der Art eines Null-Summen-Spiels *dann* nicht hervorruft, wenn zwei Bedingungen gleichzeitig erfüllt sind: Erstens muß es einen kontinuierlichen Fluß von Einzelentscheidungen geben, die zweitens relativ flüchtigen, in der Zusammensetzung fluktuierenden Mehrheiten (im Gegensatz zu konsolidierten Blöcken) vorgelegt werden. Gewiß ist selbst dann noch jede einzelne Entscheidung eine Null-Summen-Entscheidung. Aber der Prozeß wird insgesamt auf dem Wege über Gegenleistungen, die zwischen den in ihrer Zusammensetzung wechselnden Mehrheiten ausgetauscht werden, zu Gesamtergebnissen führen, welche den Kriterien eines Positiv-Summen-Ergebnisses genügen. Das Kriterium eines kontinuierlichen Flusses von Entscheidungen braucht nicht unbedingt dadurch eingelöst zu werden, daß es sich um eine konkrete oder natürliche Gruppe von Menschen handelt; an deren Stelle kann auch eine *institutionalisierte* Gruppe treten, — im Effekt also entweder eine Gruppe von der Größe eines Gremiums oder eine Körperschaft von der Art eines Parlaments. Nur reichen dafür gelegentlich zusammenkommende, schwer zu bändigende Massenversammlungen, zu denen vielleicht jedesmal andere Individuen zusammenkommen, zur Erfüllung des Kriteriums der „Kontinuität" nicht aus.

Wir sehen also, daß unter besonderen Umständen die Mehrheitsregel sich *nicht* im Sinne einer Null-Summen-Regel auszuwirken braucht. Das bedeutet für die praktische Politik, daß Parlamente zwar notwendig der Mehrheitsregel folgen müssen, daß parlamentarische Entscheidungsprozesse aber gleichwohl auf lange Sicht Positiv-Summen-Ergebnisse haben können, wenn (a) Mehrheiten aus ihrer einmal bestehenden Mehrheitsposition verdrängt werden können, oder wenn (b) eine parlamentarische Mehrheit für die Forderungen der Opposition aufgeschlossen ist, und/oder wenn (c) die Mehrheit ein geringes Maß an innerer Disziplin und Zusammenhalt aufweist. Wenn aber von alledem nichts zutrifft und mithin der Entscheidungskontext das Bild von unzusammenhängenden Einzelentscheidungen vermittelt, dann *ist* die Mehrheitsregel eine Null-Summen-Regel.

Wir wissen nicht, was wir tun

Wenn wir jetzt die verschiedenen Fäden der Argumentation verknüpfen, dann ergibt sich, daß ein „ideales" Entscheidungssystem den folgenden Bedingungen genügen müßte:
— jeder Stimme müßte das gleiche Gewicht zukommen;
— gleiche Präferenz-Intensitäten müßten das gleiche Gewicht haben;
— Positiv-Summen- und Null-Summen-Ergebnisse sollten in einem angemessenen Verhältnis stehen;

– externe Risiken müßten minimiert sein;
– die Entscheidungskosten selbst müßten minimiert sein.
Diese Aufzählung genügt schon für den Nachweis, daß es kein einziges Prinzip, kein Verfahren oder Entscheidungssystem gibt, das auch nur ansatzweise allen diesen Erfordernissen zugleich genügt. Stattdessen verwendet jede Gruppe die Entscheidungsregeln, die praktikabel und ihr gemäß sind. Diese Gruppen lassen sich einteilen in Gremien, institutionalisierte Versammlungen und irgendwelche allgemeinen Wähler-Gesamtheiten.

Gremien verzichten auf die Anwendung der Mehrheitsregel. Sie erzielen übereinstimmende Beschlüsse auf dem Wege über zeitlich verschobene interne Gegenleistungen, und sie stimmen sich mit der Umwelt und ihren Forderungen durch externe Rücksichtnahmen ab. Institutionalisierte Versammlungen dagegen folgen der Mehrheitsregel. Ob sie auf lange Sicht Null-Summen-Ergebnisse produzieren, hängt von der Konsolidiertheit ihrer Mehrheiten ab. Allgemeine Wählergesamtheiten sind, unabhängig von ihrer Größe, durch die Tatsache charakterisiert, daß die verstreuten Angehörigen dieser Gesamtheit unfähig sind, miteinander zu interagieren und Verhältnisse des Stimmentausches miteinander einzugehen; jeder Wähler trifft seine Entscheidung von Fall zu Fall als eine isolierte Entscheidung. Gemeinsam sind einer solchen Wähler-Gesamtheit die folgenden Merkmale: Jeder Akteur kann nichts tun als wählen; seine Wahl wird von Fall zu Fall getroffen; und seine Stimme zählt nur, wenn sie sich als Teil der gewinnenden Mehrheit herausstellt. Die Ergebnisse sind immer und notwendigerweise Null-Summen-Ergebnisse. Hier sind noch zwei weitere Punkte anzumerken. Erstens ist die „Wähler-Gesamtheit" als Typus einer Entscheidungsgruppe zwar nicht durch ihre Größe definiert, aber das bedeutet nicht, daß quantitative Schwellenwerte keine Rolle spielten. Sollte etwa die Zahl der Wähler nicht größer sein als die Größenordnung einer Versammlung, so kann die Wählerschaft tatsächlich physisch zusammenkommen. Jenseits dieser Größenordnung handelt es sich zwangsläufig um eine „verstreute" Gesamtheit. Der zweite Punkt bezieht sich auf den Unterschied zwischen den beiden großen Äußerungsformen einer solchen Gruppe, nämlich den zwischen allgemeinen *Wahlen* und *Abstimmungen*. Im ersten Fall hat die Wählerschaft eine Person oder eine Partei zu wählen, die dann das Recht gewinnt, Entscheidungen für sie zu treffen. Während also hier die Wahlergebnisse selbst Null-Summen-Charakter haben, werden diese Ergebnisse doch in Prozesse übersetzt, die ihrerseits (in Parlamenten, und besonders in den von ihnen besetzten Gremien) Positiv-Summen-Charakter annehmen können. Kurz: Der Wahlakt produziert keine endgültigen, nicht mehr abwandelbaren Entscheidungen. Im Gegensatz dazu sind Volksabstimmungen endgültig. In diesem Falle entscheiden die Wähler nicht über die Auswahl von Entscheidungsberechtigten, sondern über Sachfragen. Deshalb haben Referenden definitiv Null-Summen-Charakter.

Da ich mich hier auf die erste der drei unterschiedenen Einheiten kollektiven Entscheidens konzentriert habe, nämlich auf Gremien, und weil Gremiensysteme selten adäquat gewürdigt werden, möchte ich eine solche Würdigung versuchen. Viel spricht nämlich für die Entscheidung durch Gremien. Erstens können nur persönlich interagierende kleine Gruppen mit fest verankerten und zugleich höchst flexiblen Arbeitsregeln (zeitlich verschobene wechselseitige Gegenleistungen) „wohlbedachte", gründlich erörterte

Entscheidungen ausarbeiten. Die Entscheidungsform des Gremiums kann daher beanspruchen, die optimale entscheidungsbildende Einheit zu sein. Es kommt hinzu, daß Gremien nicht nur Rücksicht nehmen auf die ungleiche Verteilung von Präferenz-Intensitäten, sondern diese Ungleichheit gerade sinnvoll ausnutzen. Wenn ein Gremium außerdem noch „repräsentativ" besetzt ist, weist es zusätzlich die folgenden Vorteile auf: Es ermöglicht eine drastische Verminderung der externen Risiken, ohne dabei die Entscheidungskosten (verglichen etwa mit den Entscheidungskosten einer parlamentarischen Versammlung) zu steigern; und ein solches Gremium erzeugt außerdem Positiv-Summen-Ergebnisse für die Gesamtheit, die es repräsentiert.

Dieses hohe Lob der Gremien bedeutet nicht, daß man ihre Grenzen aus dem Blick verlieren müßte. Die Kehrseite der Medaille besteht nämlich im wesentlichen darin, daß Positiv-Summen-Ergebnisse grundsätzlich zu einem bloß „inkrementalen" Wandel führen.[5] Schneller und einschneidender Wandel, die Befolgung von Idealen und moralischen Imperativen, — all das erfordert klare Ja-Nein-Alternativen und folglich Null-Summen-Entscheidungen. Es ist hier also nicht impliziert, daß etwa Positiv-Summen-Politik unter allen Umständen einer Null-Summen-Politik vorgezogen werden sollte. Wenn man aber andererseits berücksichtigt, daß die Mehrheitsregel keine Rücksicht auf ungleiche Intensitäten der individuellen Präferenzen nehmen kann und daß ihre Anwendung von dieser Tatsache gestört und beeinträchtigt wird, so würde doch die Schlußfolgerung naheliegen, daß (a) die Mehrheitsregel nur in klarer Kenntnis ihrer Mängel angewendet werden sollte und daß (b) die Mehrheitsregel allenfalls entweder *faute de mieux*, also wegen eines Mangels an besseren Alternativen angewendet werden sollte oder nur dann, wenn alles darauf ankommt, die Richtung einer Entwicklung (unter welche Kosten auch immer) wirksam zu verändern. Was ich hier versuche, ist ein Kriterium für die „richtige Mischung" von Gremienherrschaft und Mehrheitsherrschaft zu entwickeln, bei der keine von beiden überwiegt und so das Boot zum Umkippen bringen würde.

Damit bin ich schließlich und endlich bei der im Titel dieses Aufsatzes aufgeworfenen Frage: Ob die Demokratie selbst die Demokratie gefährden kann, und ob gegebenenfalls unsere gegenwärtigen demokratischen Systeme sich auf einem solchen selbstmörderischen Weg befinden? Das Problem selbst ist nicht gerade originell, aber wir verfügen über neue analytische Werkzeuge zu seiner Behandlung. So lenkt das von mir vorgestellte analytische Schema den Blick auf die folgenden demokratiepolitischen Meinungstendenzen:
(1) Eine völlig ungerechtfertigte und sogar gefährliche Neigung, das Problem der *externen Risiken* außer acht zu lassen.
(2) Es gibt bloß höchst unklare Vorstellungen über die *quantitativen Schwellenwerte* in ihrer Auswirkung auf die Entscheidungskosten bzw. den Übergang von der Einmütigkeitsregel von Gremien zur Mehrheitsregel.
(3) Eine einseitige Betonung der politisch „*sichtbaren*" Themen und eine Vernachlässigung der weniger auffälligen Politikbereiche, ohne daß klar wäre, welche Folgen das haben kann.
(4) Ein hypertrophes Wachstum der Lebensbereiche, die zunächst von der Politik okkupiert und dann selbst *politisiert* werden.

(5) Schließlich ein höchst naiver demokratischer Primitivismus, der dazu
neigt, *direkte Demokratie* und direkte Beteiligung polemisch gegen die
Prinzipien der Führung und Repräsentation zu setzen.

Die beiden ersten dieser Vorwürfe bedürfen kaum der näheren Erläuterung.
Das unzulängliche Bewußtsein von den externen Risiken ist wohl hinreichend durch den Niedergang des verfassungspolitischen Grundrechtsschutzes
zu illustrieren, dem eine exponentiell wachsende Eingriffstiefe staatlicher
Macht gegenübersteht. Und unsere hemmungslose Vernachlässigung quantitativer Schwellenwerte, bei der wir weder auf die steigenden Entscheidungskosten noch auf die Schattenseite der Mehrheitsregel Rücksicht nehmen, ist
wohl gut zu illustrieren an der verhängnisvoll gedankenlosen Weise, in der die
Gesetzgeber in den meisten europäischen Ländern die Forderung nach Uni-
versitätsreformen behandelt haben: Sie haben nämlich aus Gremien Parlamente werden lassen. Während wir also die ersten beiden der genannten Meinungstendenzen damit auf sich beruhen lassen, sollen die folgenden drei etwas detaillierter illustriert werden.

Das Problem der *Sichtbarkeit* ist bisher nur am Rande berührt worden,
nämlich mit Bezug darauf, daß geringe Sichtbarkeit für die Arbeitsweise von
Gremien sehr wichtig ist. Andererseits scheint es so, daß Demokratie nach
Transparenz verlangt: Der Sitz der Macht soll gläsern sein. Die rationale
(wenn auch nicht unbedingt die moralische) Rechtfertigung dieses Stand-
punktes ist, daß hohe Sichtbarkeit bessere Kontrolle erlaubt und dadurch
externe Risiken mindert. Das ist in der Tat der Fall, und folglich mag hohe
Sichtbarkeit selbst dann gerechtfertigt sein, wenn sie die Entscheidungskosten selbst steigert. Aber die Medaille hat immer auch eine andere Seite. Wie
wir wissen, verhält sich ein und dieselbe Person ganz anders, je nachdem ob
sie in einem Kontext hoher oder geringer Sichtbarkeit operiert. Das bedeutet, daß Sichtbarkeit eine Handlungsweise verbessern, aber auch verbiegen
kann. So schützt zum Beispiel die Unsichtbarkeit, die vom Wahlgeheimnis gesichert wird, die Freiheit des Wählers. Umgekehrt wirkt hohe Sichtbarkeit
schädlich, wenn sie „Imagepflege" statt „verantwortliches Handeln" nahe-
legt. Zudem ist es sehr wohl möglich, daß hohe Sichtbarkeit Konflikte verschärfen, sogar auslösen kann; das ist in einem solchen Maße der Fall, daß
der „Rückzug aus dem Blickfeld der Öffentlichkeit" als eine Methode gang
und gäbe ist, Spannungen abzubauen. Die beiden letztgenannten Aspekte
können anhand der tatsächlichen Arbeitsweise des italienischen Parlaments
illustriert werden, wo die meiste Gesetzgebungsarbeit sich in parlamentarischen Ausschüssen vollzieht und dort nur möglich ist, weil diese Ausschüsse
wirklich „unsichtbare" Gremien sind. Hier ist die Erzeugung von „Sichtbarkeit", etwa indem man eine Vorlage ins Plenum bringt, ein nahezu sicherer
Weg zu ihrer Beerdigung: Die Kosten bestehen in einem extremen Maß an
Entscheidungs-Blockade. Und wenn wir an die Außenpolitik denken, dann
steht es mit dem Prinzip, daß internationale Abmachungen „öffentlich seien
und öffentlich beschlossen worden sein" sollen, nicht besser. Natürlich kann
man legitimerweise fordern, daß nicht Poker gespielt wird, sondern ein anderes Spiel. Aber wir können nicht gut einen der Spieler auffordern, seine
Karten aufzudecken, während der andere fortfährt, Poker zu spielen. Wenn
„mehr Transparenz", wie das häufig der Fall ist, als ein Allheilmittel ange-
priesen wird, dann ist es alles in allem wahrscheinlich, daß dieses Mittel mehr

Probleme schafft als behebt. Soweit es zutrifft, daß Transparenz verantwortliches Handeln beeinträchtigt, der Imagepflege und Demagogie Vorschub
leistet, Konflikte intensiviert, Entscheidungsprozesse blockiert und im Felde
der internationalen Politik Nachteile erzeugt, ist es besser, daß die aus „Unsichtbarkeit" resultierenden externen Risiken auf anderem Wege als durch
„Öffentlichkeit" unter Kontrolle gehalten werden; ganz abgesehen davon,
daß die Wirksamkeit eines Scheinwerfers abnimmt, je größer die Fläche ist,
die er beleuchtet: Zu viel Sichtbarkeit von zu vielen Dingen hebt sich selbst
auf.

Eine noch vertracktere Sache ist die Hypertrophie des Politischen. Von
vornherein steht fest, daß in vielen Bereichen und Sphären der Politik die
Entscheidungen nicht „kollektive", sondern „kollektivierte" sind. Die Politik
beginnt dort, wo es sich um kollektivierte Entscheidungen von „souveränen"
Entscheidungsträgern, nämlich Politikern, handelt. In den vorangegangenen
Ausführungen habe ich mich vornehmlich mit den Risiken und Kosten kollektivierten Entscheidens beschäftigt. Aber die soeben gegebene Definition
des Politischen lenkt den Blick auch auf die Differenz, die zwischen einer
Ausdehnung der Politik und einer „*Politisierung*" besteht. Es kann sehr wohl
sein, daß immer mehr Entscheidungen kollektiviert werden und — in einer
Demokratie — den parlamentarischen Körperschaften zugestanden werden,
und daß ihre *Durchführung* dennoch „entpolitisiert" bleibt; dies zum Beispiel dann, wenn sie der rechtsprechenden Gewalt anvertraut ist. Sehr wohl
mag, wie oft behauptet wird, die Politik alles durchdringen, aber auch *wenn*
dies der Fall ist, braucht nicht alles politisiert zu sein. Es gibt bei weitem
kein übereinstimmendes Urteil über die Grenze, bis zu der die Ausdehnung
des Politischen voranschreiten muß und darf. In dieser Frage und für die Bestimmung dessen, was eine „Hypertrophie" des Politischen bedeuten soll,
läßt sich noch am ehesten das Kriterium der „strukturellen Differenzierung"
zurateziehen. Weniger Streit gibt es dagegen über die Vorzüge und Nachteile
der *Politisierung*. Um mein Argument so kurz und klar wie möglich zu formulieren, werde ich mich auf die Frage der „*Politisierung der Politik*" beschränken.

Wenn ein gegebener Problembereich politisiert wird, dann mag dies eine
Änderung zum Besseren sein (wie dort, wo ein bisher apathischer Bürger be-
ginnt, sich zu interessieren und zu engagieren), oder eine Wendung zum
Schlechteren. Wann ist nun das Letztere der Fall? Ich würde sagen, in zwei
Fällen: erstens, wenn der politische Prozeß durch Gewalt, Einschüchterung,
Intoleranz und ideologische oder parteipolitische Diskriminierung überhitzt
wird; und zweitens, wenn der politische Streit, und sei es auch nur in milden
Formen, in Rechtsprechung, Armee, Beamtenkörper oder Bildungs- und Wis-
senschaftseinrichtungen einsickert. Ich habe hier zwar wenig zu der Frage zu
sagen, welche Ursachen eine solche Überhitzung der Politik hervorrufen, aber
ich möchte dennoch eine Reihe von Maßregeln nennen, die diesen Prozeß be-
grenzen könnten. Zunächst sollte man sich davor hüten, so unbedenklich,
wie es manchmal geschehen ist, neue Wahlkörperschaften, aus denen dann
neuartige gewählte Organe hervorgehen, zu begründen. Ganz abgesehen von
der Frage, ob dabei die Entscheidungskosten angemessen berücksichtigt werden und der Kostenaufwand sich überhaupt lohnt, ist die grundlegende
Frage, ob das, was da über den Mechanismus des Wählens erzeugt wird, wirk-

lich nur „Politik" in ihrem unschuldigen und positiven Sinn ist, oder nicht
vielmehr „Politisierung" in ihren schädlichen Aspekten und Folgewirkungen.
Das ist natürlich wiederum eine Sache klarer Kriterien. Verfügen wir über
solche?

Im Grunde geht es darum, daß sowohl die partizipatorische wie die repräsentative Demokratie Schaden nehmen werden, wenn man davon ausgeht,
daß Partizipation mit Repräsentation im Konflikt liegt und wenn Partizipation die repräsentativen Elemente unterminiert, statt sie zur Geltung zu bringen: Dann *wird* die Demokratie sich tatsächlich selbst vernichten. Aber verfolgen wir das Argument in seinen einzelnen Schritten. Die sogenannte „partizipatorische" Demokratie bezieht sich begrifflich auf verschiedene Dinge.
Zum Beispiel ist damit gemeint, eine Beteiligung nach Maßgabe der jeweiligen Interessiertheit, Sachkunde und Informiertheit; oder eine Beteiligung
zum Zwecke der Verlautbarung von oppositionellen Stimmen, zum Beispiel
im Sinne einer „Demonstrations-Demokratie"[6]; oder Partizipation als Macht-
Beteiligung, im Sinne einer wirklichen und effektiven Entscheidungsbeteiligung; oder Beteiligung im Sinne einer wirklichen direkt-demokratischen
Selbstverwaltung. Was die erste Bedeutung angeht, so kann man leicht zustimmen: Wir benötigen dringend stärker interessierte und besser informierte
Bürger, denn der Mangel an politischen Kenntnissen in der politischen Öffentlichkeit ist in der Tat verhängnisvoll. Was die „Demonstrations-Demokratie" angeht, so mag man sagen, daß eine Stärkung der Stimme der Opposition so lange heilsam ist, wie diese Stimme nicht in „Gewalt" umschlägt.
Zurückhaltung ist dagegen bei der dritten Bedeutung von Partizipation am
Platze, die gegenwärtig die wichtigste ist. Wie wir wissen, ist die „Wirklichkeit" der Partizipation durch eine Verhältniszahl zu messen, und am wirk-
samsten ist die Beteiligung in Gremien. Ein Weg zur Steigerung wirklicher
Partizipation besteht daher darin, die Zahl der Gremien zu steigern. Aber
wenn man sich auf diesen Weg begibt, zeigt sich bald, daß er selbstwider-
sprüchlich ist und in eine Sackgasse führt. Je mehr Gremien es gibt, desto
länger wird der Verfahrensweg und seine zeitlichen Kosten, und umso häufiger kommen externe Nebenwirkungen vor, die bis an die Grenze eines
extremen Mangels an Koordination gehen können. Wenn die Zahl der Gremien wächst, erreichen wir schnell eine Grenze, an der das, was an Macht-
Beteiligung gewonnen wird, in überproportionalem Maße an Effizienz und
Wirksamkeit geopfert werden muß. Wenn der Umfang an wirklicher Gre-
mien-Partizipation so weit wachsen soll, daß alle entsprechenden Forderungen befriedigt werden, würde das ganze System an der Last seiner Größe und
Komplexität zusammenbrechen.

Haben wir es also mit einem unlösbaren Problem zu tun? Die in der
Luft liegende Antwort ist, daß die Technologie eine Lösung bieten könnte.
Sie erlaube wirkliche direkte Demokratie im großen Maßstab. Alles was man
braucht, ist der Anschluß jeden Haushaltes an ein Datennetz, in das man laufend Ja-Nein-Entscheidungen eingeben kann. So könnte jeder Bürger zuhause
vor seinem Gerät sitzen und auf die anstehenden Entscheidungsfragen durch
Knopfdruck reagieren. Auf diese Weise könne die direkte Demokratie im
Wege einer tagtäglichen Volksabstimmung realisiert werden. Wie hübsch —
und wie tödlich! Da bei Volksabstimmungen keine Auswahl der Auswählen-
den vorgeschaltet ist, sondern ohne weitere Umstände die Fragen selbst ent-

schieden werden, steht und fällt der Vorteil dieses Verfahrens zunächst mit dem Informationsstand und der Entscheidungskompetenz des Publikums. Schon Rousseau ging davon aus, daß die Menschen das Gute erstreben, ohne indes manchmal in der Lage zu sein, es zu erkennen. Und die Welt, die Rousseau im Auge hatte, war unvergleichlich einfacher und einsehbarer als unsere gegenwärtige Welt. Selbst unsere besten Experten — und in dieser Hinsicht stehen Politikwissenschaftler noch schlechter da als die Ökonomen — scheinen heute zunehmend unfähig, diese Welt zu begreifen. Folglich erscheint die Vorstellung, daß die Lenkung unserer phantastisch komplexen, interdependenten und gefährdeten Gesellschaften Millionen von *vereinzelten* Einzelwillen und ihren zwangsläufig *anfälligen* Entscheidungen anvertraut werden könnte, also einem Null-Summen-Verfahren, das den täglichen Sieg der am wenigsten Engagierten und am wenigsten Informierten über die relativ Kompetenteren programmiert, als eine Vorstellung, die nun wirklich einen gigantischen Beweis für den Abgrund von Inkompetenz liefert, der uns bedroht.

Abgesehen von dieser *reductio ad absurdum* scheint es mir insgesamt so, als verfolgten wir heute mit Starrsinn und Blindheit isolierte Einzelziele und als bewegten wir uns dabei auf, um das Mindeste zu sagen, einen Zustand unkontrollierbarer und verhängnisvoller *Überlastung* zu. Das Niederschmetternde an dem Prozeß, an den ich mit den fünf genannten Stichworten erinnert habe, ist der geistige Nebel, in dem er sich abspielt. Risiken und Kosten, Gremienentscheidung und Mehrheitsentscheidung, die Bedeutung der Größe und die Bedeutung der Unterscheidung von Null-Summen- und Positiv-Summen-Ergebnissen, — alle diese Elemente sind hier schon in einer fast unverantwortlichen Vereinfachung dargestellt worden. Und dennoch sind sie heute wenig geläufig; es gibt wenig Anhaltspunkte dafür, daß das benötigte Wissen dort, wo es benötigt wird, auch vorhanden ist. In den Wohlstandsdemokratien fangen wir an zu merken, daß wir über unsere Verhältnisse leben. Aber ebenso leben wir, und das ist noch beklagenswerter, über unsere *intellektuellen* Verhältnisse; wir haben kein zureichendes Verständnis von dem, was wir tun. Je mehr wir uns anschicken, die „Geschichte zu planen", desto mehr befällt mich das unangenehme Gefühl, daß wir Zauberlehrlinge sind, die dabei sind, die Politik in ein gigantisches Null-Summen-, ja ein Negativ-Summen-Spiel zu verwandeln, — in ein Spiel also, bei dem wir alle nur verlieren können.

Anmerkungen

1 Um mich nicht dem Vorwurf der Übervereinfachung von komplexen Sachverhalten auszusetzen, auf die ich hier nicht näher eingehen kann, verweise ich auf G. Sartori, „What ist Politics?", *Political Theory* Feb. 1973, S. 5—26.

2 Die Unterscheidung von „Entscheidungskosten" und „externen Kosten" spielt eine wichtige Rolle in J. Buchanan und G. Tullock, The Calculus of Consent, 1965. Obwohl ich dieser wichtigen Arbeit viel verdanke, stütze ich mich auf abweichende Prämissen.

3 Ich sage hier nicht mehr „verschiedene", sondern „konträre" Präferenzen, weil die Mehrheitsregel eine Bandbreite oder ein Spektrum von Alternativen in eine Ja-Nein-Struktur verkürzt. Sie ist damit ein Instrument der Konfliktregelung, das nicht konfliktminimierend wirkt.

4 Meine Unterscheidung bezieht sich lediglich auf die Extrempunkte der Größen-Skala. Eine „Mikro-Demokratie" kann sich nicht auf Größenordnungen oberhalb der polis, einer kleinen Stadt, erstrecken. Umgekehrt meine ich mit „Makro-Demokratie" die zentralstaatliche Ebene unserer territorial großräumigen nationalen Gesellschaften. Ich würde Dahl und Tufte zustimmen, daß es in den meisten anderen Hinsichten schwierig ist, klare Beziehungen zwischen Größe und Demokratie zu behaupten (vgl. dies., Size and Democracy, Stanford University Press 1973).

5 So C. E. Lindblom, The Intelligence of Democracy: Decision Making Through Mutual Adjustment, 1965.

6 Vgl. A. Etzioni, Demonstration Democracy, 1970.

Norberto Bobbio

Die Mehrheitsregel: Grenzen und Aporien*

1.

Die politischen Systeme, die man demokratisch oder häufiger Systeme der westlichen Demokratie zu nennen pflegt, sind Systeme, in denen sowohl bei der Wahl derer, denen die Macht übertragen ist, für die ganze Gemeinschaft gültige Entscheidungen zu treffen, als auch bei der Entscheidungsfindung der höchsten Kollegialorgane die Mehrheitsregel gilt. Dies impliziert jedoch nicht, daß: a) die Mehrheitsregel ausschließlich demokratischen Systemen vorbehalten ist; b) daß Kollektiventscheidungen in diesen Systemen ausschließlich nach der Mehrheitsregel gefällt werden.

Mit anderen Worten: Trotz der allgemeinen Ansicht, wonach ein demokratisches im Gegensatz zu autokratischen Systemen durch die Mehrheitsregel charakterisiert ist, als seien Demokratie und Mehrheitsregel zwei gleichbedeutende (...) Begriffe, trifft es nicht zu, daß a) die Mehrheitsregel *nur* in demokratischen Systemen gilt; b) Kollektiventscheidungen *allein* mittels Mehrheitsregel getroffen werden.

Demokratie und Mehrheitsregel sind also zwei unterschiedliche Begriffe, die nur in einem Teil ihrer Bedeutung übereinstimmen (...), sodaß es auf der einen Seite nicht-demokratische Systeme geben kann, die die Mehrheitsregel sowohl bei der Wahl des obersten Entscheidungsorgans als auch bei der Herbeiführung der höchsten Kollektiventscheidungen kennen; andererseits kollektive Entscheidungen demokratischer Systeme, die nicht aufgrund der Mehrheitsregel getroffen werden, ohne daß solche Systeme deshalb nicht mehr zu den demokratischen gezählt würden.

Diese fälschliche Gleichsetzung entspringt der Fehlinterpretation der klassischen und im Anschluß an die Klassiker geläufig gewordenen Definition der Demokratie als Mehrheitsherrschaft.

Wenn in der klassischen Dreiteilung der Staatsformen Demokratie im Gegensatz zu Oligarchie und Anarchie als Herrschaft der Mehrheit definiert wird, so soll damit gesagt werden, daß die politische Macht in den Händen der Mehrheit und der Vielen liegt im Gegensatz zur Macht eines Einzigen oder Weniger; keineswegs aber soll gesagt werden, daß politische Macht durch Anwendung der Mehrheitsregel ausgeübt wird. Für Aristoteles bedeutet Demokratie Herrschaft der Vielen, insofern sie die Herrschaft der Armen ist, die im allgemeinen die Bevölkerungsmehrheit darstellen, während Oligarchie Herrschaft der Wenigen, weil Herrschaft der Reichen ist, die im allgemeinen eine Minderheit bilden.[1]

Wenn man in einem solchen Zusammenhang von Demokratie als Mehrheitsherrschaft sprechen will, so mag man das tun, wenn nur klar ist, daß unter „Mehrheit" das kollektive Subjekt politischer Herrschaft im Gegensatz zu anderen Subjekten wie dem Monarchen, den Reichen, dem Adel etc. zu verstehen ist; keineswegs versteht man darunter Herrschaft mittels einer bestimmten Verfahrensregel zur Ausübung politischer Macht. Der Begriff Mehrheitsherrschaft zeigt an, *wer* herrscht, nicht *wie* Herrschaft ausgeübt wird.[2]

Die im allgemeinen negative Einschätzung der Mehrheitsherrschaft, welche die Geschichte der Demokratie von der Antike bis auf den heutigen Tag begleitet, entspringt nicht so sehr der Ablehnung der Mehrheitsregel als vielmehr der Geringschätzung der als regierungsunfähig betrachteten Masse.

Selbst antidemokratische Verfasser haben keinerlei Schwierigkeit, die Mehrheitsregel in ihrer Anwendung auf die Entscheidungsfindung eines aristokratischen Organs wie dem römischen Senat, dem Großen Rat der Republik Venedig oder dem Konklave zur Papstwahl zu akzeptieren. Mussolini stürzte über ein gemäß der Mehrheitsregel vom Großen Rat des Faschismus ausgesprochenes Mißtrauensvotum; dieser aber war kein Organ eines demokratischen Regimes, sondern grundlegendes Verfassungsorgan eines Herrschaftssystems, das den Kampf gegen die Demokratie zu einem der Hauptmotive seiner Existenz und seines Erfolges gemacht hatte.

Man kann sagen, daß von Seiten antidemokratischer Verfasser eine Ablehnung der formalen Mehrheitsregel, wenn überhaupt, nur dann erfolgt, wenn sie der empirischen Mehrheit erlaubt, die Oberhand zu gewinnen.

Aber dies bedeutet keine Ablehnung der Mehrheitsregel als solcher. Damit die Mehrheitsregel zum formalen Prinzip wird, aufgrund dessen die empirische Mehrheit die Macht ergreift, bedarf es besonderer historischer Umstände, deren Entstehung in der Regel nicht von einer auf der Basis des Mehrheitsprinzips getroffenen Entscheidung abhängt. Nicht diesem können daher die Nachteile der Mehrheitsherrschaft angelastet werden, welche stets — ich wiederhole es — nicht deshalb als schlechte Herrschaftsform verstanden worden ist, weil in ihr die Mehrheit *auch* mittels jenes technischen Instruments der Mehrheitsregel herrscht, dessen sich bei Bedarf gerade Minderheitsregierungen bedienen.

2.

Die Geschichte des Mehrheitsprinzips fällt nicht mit der Geschichte der Demokratie als Staatsform zusammen. Seine Geschichte ist schon des öfteren erzählt worden, es ist daher nicht notwendig, bekannte oder leicht in Erfahrung zu bringende Dinge zu wiederholen. Jedoch kann es nützlich sein, einige Aspekte in Erinnerung zu rufen. Allgemein kann man sagen, daß die Mehrheitsregel seit dem römischen Recht (das römische Recht wurde jahrhundertelang und wird unter Juristen des Kontinents noch heute als Ausgangspunkt aller Überlegungen zu diesem Thema betrachtet) als notwendiges oder angemessenstes Verfahren kollektiver Entscheidungsfindung in den *universitates* angesehen wird; das soll heißen in jenen Gemeinschaften von Personen, in denen die einzelnen Mitglieder durch ihre Vereinigung eine von ihren Teilen unterschiedene und ihnen übergeordnete Totalität hervorbringen, und in denen daher die Mitglieder — aufgerufen, ihre Zustimmung nicht *uti singuli*, sondern *uti universi* zu äußern — verpflichtet sind, diese *collegialiter* und nicht *separatim* zum Ausdruck zu bringen.

Daß die Mehrheitsregel dann auf der Basis des Prinzips „refertur ad universos quod publice fit per maiorem partem" (D. 50, 17, 160, 1), nur in Gesellschaften des öffentlichen Rechts und nicht auch in privatrechtlichen angewandt wurde, in denen das Prinzip absoluten Respekts gegenüber der Autonomie des Einzelnen galt – daher die Maxime „qoud omnes similiter tangit ab omnibus comprobetur" (C. 5, 59, 5); oder daß im germanischen Recht die Regel „quod maior pars facit totum facere videtur" nach Gierkes bekannter Interpretation nur in *Körperschaften* und nicht auch in *Genossenschaften** galt; daß man noch im modernen Recht weiter darüber diskutiert, ob die Mehrheitsregel – immer im Gegensatz zur Einstimmigkeitsregel, die jedem Einzelnen ein *ius prohibendi* zugesteht – nur in als juristische Person anerkannten oder auch anderen Vereinigungen beachtet werden solle[3]: das alles sind Probleme, die an dieser Stelle nicht vertieft zu werden brauchen, weil sie für unseren Zweck irrelevant sind.

All diese Diskussionen zeigen jedoch, daß die jahrhundertealte Debatte über Wesen, Funktion und Anwendungsweisen der Mehrheitsregel völlig unabhängig von der Debatte über die Demokratie und die verschiedenen Staatsformen verläuft und sich ausschließlich auf Wesen, Funktion und Funktionsweisen von Kollegialorganen bezieht, deren Existenz nicht im geringsten an die Form politischer Herrschaftsausübung gebunden und daher auch mit nichtdemokratischen Staatsformen völlig vereinbar ist. Die römischen Kollegialorgane einschließlich des Senats, in denen kollektive Entscheidungen mehrheitlich getroffen werden, überleben auch unter der Fürstenherrschaft. Die Entwicklung der Körperschaften im germanischen Mittelalter vollzieht sich in einem allgemeinen historischen Kontext, in dem sich das Problem der Demokratie als von Monarchie und Aristokratie unterschiedener Staatsformen nicht einmal stellt. Daß bei den Wahlen des Kaisers des Heiligen Römischen Reiches allmählich ein Übergang von der einstimmigen, auf das *liberum veto* gegründeten zur Wahl auf der Basis des Mehrheitsentscheids stattgefunden hat, der durch die Goldene Bulle (1356) endgültig sanktioniert wird, bedeutet allerdings nicht, daß das politische System als Ganzes demokratischer geworden wäre (in dem Sinn, in dem man seit Aristoteles unter Demokratie die Herrschaft der Mehrheit und nicht allein eine Staatsform versteht, in der einige Organe mehrheitlich gewählt werden und entscheiden). Dasselbe gilt für den Übergang von der einstimmigen Wahl (mittels Akklamation) zur direkten Wahl des Dogen in der Republik Venedig.

3.

Zum Beweis meiner Aussage betrachte man die Argumente, die als rationale Rechtfertigung einer scheinbar irrationalen Regel wie der Mehrheitsregel angeführt worden sind (das heißt einer Regel, die einem quantitativen Kriterium eine eminent qualitative Option wie bei einer Wahl oder einer Entscheidung anvertraut). Diese Argumente können in wertbezogene und technische unterschieden werden; oder (in Anlehnung an die Webersche Unterschei-

---

* Im Original deutsch (Anm. d. Übers.).

dung) anders ausgedrückt: Mit einigen von ihnen versucht man die Wertrationalität, mit anderen die Zweckrationalität der Regel aufzuzeigen.

Zu den ersten gehören jene, mit denen die Regel deshalb gerechtfertigt wird, weil sie besser als jede andere die Verwirklichung fundamentaler Werte wie Freiheit und Gleichheit gestattet. Zu den zweiten solche, die den mit der Mehrheitsregel angestrebten Zweck in Betracht ziehen, der vor allem darin besteht, eine kollektive Entscheidung zwischen Personen unterschiedlicher Meinung zu erlauben. Für diejenigen, die auf die erste Art argumentieren, bezieht die Mehrheitsregel ihre Geltung aus dem Wert oder den Werten, denen sie dient, für die anderen gilt sie als nützliches technisches Hilfsmittel.

Angesichts der unterschiedlichen Art der Rechtfertigungsgründe ist die erste Bemerkung, die ich machen möchte, die, daß beide in verschiedenen Kontexten gelten, insofern sie verschiedene Ziele in der Auseinandersetzung verfolgen. Wer unter Berufung auf die Werte Freiheit und Gleichheit zugunsten der Mehrheitsregel argumentiert, verteidigt diese vor allem als Gegenmittel gegen die Wahl oder Entscheidung eines Autokraten, der weder die Wahlfreiheit der Subjekte respektiert noch sie als Gleiche anerkennt. Wer hingegen zugunsten der Mehrheitsregel argumentiert, weil er sie als nützliches, ja unentbehrliches technisches Instrument jedes Gemeinwesens betrachtet, verteidigt sie hauptsächlich als Gegenmittel gegen die Einstimmigkeit. Daß die Anwendungsbereiche dieser beiden Argumentationsmuster verschieden sind, kann man *e contrario* an dieser Bemerkung demonstrieren: Man hätte nicht ganz Unrecht mit der Behauptung, daß, während die Mehrheitsregel dem autokratischen Prinzip gegenüber als wertrationaler, dieses ihr gegenüber der Einstimmigkeitsregel als zweckrationaler erscheint, letztere ihr gegenüber wertrationaler zu sein scheint. Wenn man nämlich das Problem allein unter dem Gesichtspunkt des Zwecks, der Zweck-Mittel-Beziehung, das heißt unter dem Gesichtspunkt der schnellsten Art kollektiver Beschlußfassung betrachtet, so scheint es nicht zweifelhaft, daß das autokratische funktionaler als das Mehrheitsprinzip ist; betrachtet man das Problem unter dem Aspekt der Werte Freiheit und Gleichheit, dann scheint kein Zweifel daran zu bestehen, daß die Einstimmigkeitsregel diese besser garantiert als die Mehrheitsregel.

4.

Die zweite Bemerkung ist die, daß wertorientierte Argumente vorzugsweise von demokratischen Autoren vorgetragen werden, das heißt von denen, die eine eindeutige Beziehung zwischen demokratischem politischem System und Mehrheitsregel herstellen und die Mehrheitsregel als wesentliches, wenn nicht gar ausschließliches Charakteristikum der Demokratie als Herrschaftsform betrachten. Nun sind diese Argumente bei genauem Hinsehen die schwächsten, sie sind insgesamt weniger überzeugend als technische oder organisationstechnische Argumente, die zur Rechtfertigung der Mehrheitsregel weniger als grundlegende Regel der Demokratie als vielmehr als beste Regel zur Bildung eines Allgemeinwillens in jedweder organisierten Gruppe dienen.

Als exemplarisch wähle ich die Argumentation Kelsens sowohl wegen
des Ansehens des Autors als auch wegen seiner beispielhaften Berufung auf
beide demokratischen Werte. Als Schlußfolgerung seiner Überlegungen sagt
Kelsen nämlich, daß „das Mehrheitsprinzip und daher die Idee der Demokratie (wie man sieht, wird die Idee der Demokratie in Abhängigkeit vom Mehrheitsprinzip gesehen) eine Synthese aus den Ideen der Freiheit und Gleichheit ist"[5]. Das zweite Argument der Beziehung nämlich zwischen Mehrheitsprinzip und dem demokratischen Wert der Gleichheit, kann leicht abgetan
werden: Zwischen dem Prinzip des „gleichen politischen Werts" aller Individuen, wie Kelsen sagt, und dem Mehrheitsprinzip gibt es keine notwendige
Beziehung. Eine Beziehung gibt es zwar, jedoch nur in demokratischen Staaten, in denen das allgemeine Männer- und Frauenwahlrecht in Kraft ist (aber
selbst dort, wo das allgemeine Wahlrecht gilt, gibt es immer Ausnahmen.); in
einem Staat, in dem zwar das allgemeine, aber nur auf den männlichen Bevölkerungsteil begrenzte in Kraft ist, kann das Mehrheitsprinzip sehr wohl
ein grundlegendes Prinzip bei politischen Wahlen und bei kollektiven Grund-
satzentscheidungen sein, ohne daß das Prinzip des gleichen politischen Werts
aller Individuen Gültigkeit hat. Man kann aber unzählige andere Beispiele
anführen, in denen Mehrheitsprinzip und Gleichheitsprinzip nicht zusammenfallen: es handelt sich um all jene Fälle, in denen die Stimmenmehrheit berücksichtigt wird, aber nicht alle Stimmen gleich sind. In der Hauptversamm-
lung einer Aktiengesellschaft ebenso wie in ganz kleinen Versammlungen gemeinsamer Hauseigentümer hat jeder eine seinem Anteil entsprechende
Stimme, was dazu führt, daß sich eine Mehrheit aus ungleichen Stimmen bildet. Auch eine hypothetische politische Abstimmung mit stimmengewichten-
dem Votum (oft gilt die Regel, daß im Fall von Stimmengleichheit die Stimme des Vorsitzenden doppelt gezählt wird) widerspräche dem Mehrheitsprinzip nicht, obwohl sie das demokratische Prinzip des gleichen Werts der
Individuen mißachtet.

Das bedeutet nicht, daß es keinen Zusammenhang zwischen demokratischer Gleichheitsidee und dem Mehrheitsprinzip gibt. Aber der Zusammenhang besteht in dem Sinn, daß sich das Mehrheitsprinzip durchsetzt, sobald
diese Idee akzeptiert worden ist; nicht im umgekehrten Sinn, daß das Mehrheitsprinzip die Gleichheitsidee implizierte. Genau dies sollte gezeigt werden: die Gleichheitsidee kann nicht zum Rechtfertigungsgrund für das Mehrheitsprinzip erhoben werden.

5.

Im Hinblick auf die Beziehung zwischen der Mehrheitsregel und der Idee der
Freiheit ist die Auseinandersetzung ganz anderer Art, auch wenn sie zu keinen anderen Ergebnissen führt. Kelsens Argument lautet in Kürze folgendermaßen: Versteht man Freiheit als Selbstbestimmung, so könnte keine gesellschaftliche Ordnung mit dem höchsten Grad an Selbstbestimmung bestehen,
so nämlich, daß jedes Individuum ohne Rücksicht auf die Selbstbestimmung
aller anderen nur über sich selbst bestimme. Um überhaupt eine Form von
Gesellschaft zu ermöglichen, ist daher eine Einschränkung der Selbstbestimmung notwendig. Das Mehrheitsprinzip ist dasjenige Prinzip, welches die

Begrenzung der Selbstbestimmung erlaubt und doch den höchstmöglichen Grad an Freiheit sichert, wobei politische Freiheit als „in der gesellschaftlichen Ordnung zum Ausdruck kommende Übereinkunft zwischen individuellem und Allgemeinwillen" zu verstehen ist[6].

Mit einem Ausdruck aus der Sprache der Ökonomie, die Kelsen nicht benutzt, würde man heute sagen, man könne zugunsten des Mehrheitsprinzips behaupten, daß es die Regel darstellt, deren Anwendung eine „Maximierung von Freiheit" oder, mit einem analogen Ausdruck, die „Maximierung von Konsens" erlaubt (da — hat man Freiheit erst als Selbstbestimmung verstanden — „Frei-sein" Gehorsam gegenüber den Gesetzen bedeutet, denen man selbst die Zustimmung erteilt hat). Daß das Mehrheitsprinzip Freiheit als Selbstbestimmung oder den Konsens maximiert und daher als solches gegen das autokratische Prinzip geltend gemacht werden kann, kann man akzeptieren, und man kann dies als wertbezogenes Argument akzeptieren, welches, wie ich oben sagte, das Mehrheitsprinzip als wertrationales begründet.

Was aber hat dieses Argument mit der Demokratie als politischem System zu tun? Zumindest in dem Sinn hat es damit zu tun, daß ein demokratisches System nicht ohne das Mehrheitsprinzip auskommt, während ein autokratisches politisches System dies im allgemeinen kann. Es hat jedoch in dem Sinn nichts damit zu tun, daß das, was die Demokratie charakterisiert, die Selbstbestimmung oder der Konsens *der größeren Zahl* ist bzw. die Tatsache, daß sie zuerst Herrschaft der Mehrheit und erst dann Herrschaft vermittels des Mehrheitsprinzips ist.

Mit anderen Worten: um sagen zu können, ein System sei demokratisch, genügt es nicht zu wissen, daß das Mehrheitsprinzip die Selbstbestimmung und daher den Konsens maximiert, sondern man muß wissen, wer diejenigen sind, die aus diesen Vorteilen des Mehrheitsprinzips Nutzen ziehen (...); wer diejenigen sind, denen Selbstbestimmung oder die Äußerung des eigenen Konsenses mittels des Mehrheitsprinzips zugestanden wird.

Kurz, was ein demokratisches politisches System kennzeichnet, ist nicht das Mehrheitsprinzip, sondern das allgemeine Wahlrecht oder, wenn man so will, die Anwendung des Mehrheitsprinzips auf nach dem allgemeinen Wahlrecht durchgeführte Abstimmungen[7]. Ist das allgemeine Wahlrecht einmal zugestanden, so ist zwar die Auszählung der Stimmen unvermeidlich, und es ist nur opportun, die Mehrheitsregel anzuwenden, um ihnen Wirkung zu verleihen. Aber auf diese Weise enthüllt die Mehrheitsregel ihr Wesen als technisches Instrument, auf das man aus Gewohnheit zurückgreift, wenn es darum geht, Stimmen zu zählen — seien es viele oder wenige —, -zig Millionen wie bei politischen Wahlen in einem großen Staat oder nur sieben wie bei der Wahl des Kaisers des Heiligen Römischen Reiches.

Aber ist es wirklich wahr, daß die Mehrheitsregel Freiheit als Selbstbestimmung sichert, verstanden als „in der gesellschaftlichen Ordnung zum Ausdruck kommende Übereinkunft zwischen individuellem und Allgemeinwillen"? Es wäre wahr, wenn der sich in der Stimmabgabe äußernde und gemeinsam mit anderen um die Mehrheitsbildung konkurrierende individuelle Wille sich frei entscheiden könnte.

Aber der freie individuelle Willensentschluß* setzt eine Reihe günstiger Ausgangsbedingungen (wie Anerkennung und Garantie der Freiheitsrechte, Pluralität politischer Gruppierungen, freie Auseinandersetzung untereinander, Freiheit der Propaganda, geheime Abstimmung etc.) voraus, die der Stimmenäußerung und daher auch dem Funktionieren der Mehrheitsregel vorausgehen, welche einzig und allein eine Regel zur Stimmenberechnung darstellt. Als technisches Mittel ist die Mehrheitsregel gleichgültig gegenüber der Tatsache, daß die zu zählenden Stimmen mehr oder weniger frei, aus Überzeugung oder aus Angst, aus Liebe oder aufgrund von Zwang abgegeben worden sind.

Daß eine kollektive Entscheidung mehrheitlich getroffen worden ist, daß diese bestimmte Kollektiventscheidung die Entscheidung der Mehrheit ist, beweist absolut nichts im Hinblick auf das Ausmaß an Freiheit, unter dem diese Entscheidung getroffen worden ist. Der Mehrheitsregel dennoch die Fähigkeit zur Maximierung von Freiheit zuzuschreiben heißt ihr eine Kraft zuschreiben, die ihr nicht zukommt. Was die Mehrheitsregel maximiert, sind nur jene, die eher im einen als im anderen Sinn stimmen. Aber dennoch bilden sich Mehrheiten nur zu oft nicht aus den Freiesten, sondern aus den am meisten Angepaßten. In der Regel erhebt sich daher bei wachsenden Mehrheiten, besonders denen, die nahe an die Einstimmigkeit heranreichen, umso eher der Verdacht, die Stimmabgabe sei nicht frei gewesen. In diesem Fall hat die Mehrheitsregel alle Dienste geleistet, die man von ihr verlangen kann, aber die Gesellschaft, deren Spiegel sie ist, ist keine freie Gesellschaft.

6.

An diesem Punkt scheint es fast überflüssig zu bemerken, daß von allen Argumenten zur Rechtfertigung des Mehrheitsprinzips die technischen überzeugender sind als die wertbezogenen. Ein Weiteres kommt jedoch hinzu: Die Mehrheitsregel ist als Regel entstanden, die dazu bestimmt ist, die Bildung eines kollektiven Willens in einer Versammlung auf der Basis des Erfahrungssatzes „universi facile consentire non possunt" zu ermöglichen oder, wenn man so will, auf der Basis des entgegengesetzten Erfahrungssatzes, nach dem die einzige Alternative, die Einstimmigkeitsregel, die Bildung eines kollektiven Willens verhindert oder geradezu ausschließt oder diese nur in Ausnahmefällen zuläßt, in denen man entweder auf Akklamation oder stillschweigenden Konsens („Wenn niemand eine abweichende Meinung äußert, ist die Entscheidung als einstimmig angenommen zu verstehen") zurückgreift, und in denen man übrigens (...) die Freiheit, Dissens zu äußern, nicht vollständig ausüben kann; denn es besteht in der Tat kein Zweifel, daß sich der Andersdenkende sowohl im Fall von Akklamation wie im Fall stillschweigenden Konsenses unter Bedingungen gestellt sieht, unter denen er seine eigene abweichende Meinung nicht mit der gleichen Leichtigkeit ausdrücken kann, mit der die mit der herrschenden Meinung Übereinstimmenden ihren Willen äußern.

---

* (wobei unter „freiem Entschluß" eine über Abwägung der Argumente pro und contra vermittelte Entscheidung angesichts verschiedener möglicher Alternativen zu verstehen ist, nicht eine in Situationen, in denen es keine Alternativen gibt, und auf alle Fälle keine aus Furcht vor schwerwiegenden Konsequenzen für Person und Eigentum getroffene Entscheidung).

Da das Ideal einhelliger Zustimmung praktisch nicht zu verwirklichen ist (die Betonung auf „praktisch") oder doch nur in Ausnahmefällen, in denen Dissens allerdings fast immer erstickt wird, wird die Mehrheitsregel als technische oder instrumentale Regel, das heißt als Regel des Typs „wenn du x willst, mußt du y tun" angenommen, deren Gültigkeit ausschließlich davon abhängt, daß sie ein geeignetes, ja sogar das einzig geeignete Mittel zur Erreichung eines wünschenswerten, ja mehr: eines objektiv notwendigen Ziels ist.

Dort wo kein vollständiger, sondern nur partieller Konsens möglich ist, erzwingt die Mehrheitsregel die Betrachtung des Teilkonsenses der *maior pars* als volle Zustimmung auf der Basis der einfachen und offenkundigen Feststellung, daß, wäre vollständiger Konsens gefordert, man nie oder fast nie zu einer Kollektiventscheidung, das heißt zu einem für den Zweck der Existenz eines jeden Gemeinwesens notwendigen Resultat gelangte, und daß, wäre ein geringerer als der von der Mehrheit manifestierte Partialkonsens gefordert, diese Entscheidung nicht im selben Maß als kollektiv betrachtet werden könnte wie eine Entscheidung, der die Mehrheit zugestimmt hat.

Als Beweis möge die Tatsache dienen, daß sich der Übergang von der Einstimmigkeits- zur Mehrheitsregel immer im Zuge der Herausbildung eines Gemeinwesens vollzieht: im Fall der auf das *liberum veto* gegründeten Einstimmigkeit handelt es sich um den Verzicht der Stimmberechtigten auf das Recht, *uti singuli* zu stimmen (wie es noch heute unter den fünf Großmächten des Sicherheitsrats der Vereinten Nationen geschieht), und um die Anerkennung der Notwendigkeit, *uti universi*, als Teil eines Ganzen zu stimmen. Im Fall von Einstimmigkeit mittels Akklamation handelt es sich um die Transformation einer informalen in eine institutionalisierte Gruppe, in der die Entscheidungsgewalt der Versammlung zukommt, wenn diese, wie die Juristen der Antike sagten, „*legitime congregata et convocata*" war. In beiden Fällen sieht man, wie eng die Mehrheitsregel an das Funktionieren des Gemeinwesens gebunden ist.

Man kann einwenden, daß diese Bemerkungen die zwei einerseits gegen die Einstimmigkeitsregel, andererseits gegen monokratische Macht gewandten Seiten der Mehrheitsregel nicht berücksichtigen, und daß die Betrachtung der Mehrheitsregel als technisches Mittel vor allem im ersten und nicht im zweiten Fall gilt, in dem das wertbezogene Argument weiter sein Gewicht behält.

Der Einwand ist berechtigt, jedoch nur insofern, als man nicht vergißt, daß der Vorrang der „aufsteigenden" über die „absteigende" Gewalt zwar das grundlegende Ideal ist, auf dem das demokratische System beruht; damit dieses Ideal jedoch verwirklicht werden kann, ist die Ausdehnung der aufsteigenden Gewalt auf die größere Zahl notwendig; oder mit anderen Worten: sofern man nicht vergißt, daß das, was ein demokratisches gegenüber einem oligarchischen System auszeichnet, (...) in der Anzahl der Personen zu sehen ist, die zur Äußerung ihres Konsenses (oder Dissenses) aufgerufen sind.

7.

Der zweite Punkt, dem ich mich widmen will, betrifft die Differenz von Mehrheitsregel und Demokratie unter dem Gesichtspunkt der Existenz anderer, von der Mehrheitsregel verschiedener Arten der Bildung eines kollektiven Willens in demokratischen Systemen.

Ich beziehe mich besonders auf die Lösung sozialer Konflikte mittels Verhandlung (oder Vertragshandlung), die mit einer Übereinkunft abschließt (wenn sie abgeschlossen wird).[8] Die Mehrheitsregel erfüllt ihre Funktion innerhalb eines Gemeinwesens, in dem der kollektive Wille Resultat der Summe von Teilen ist, die eine organische Totalität bilden und daher als Teile von diesem Ganzen abhängen; demgegenüber wird in der Übereinkunft zwischen vergleichsweise unabhängigen Elementen (Individuen oder Gruppen) die Bildung eines gemeinsamen Willens durch wechselseitige Konzessionen auf der Basis des Prinzips *do ut des* erreicht; diese Form der Willensbildung erweist sich daher als eine Art der Lösung äußerer Konflikte zwischen Gruppen. Die Idee von der Herrschaft des Gesetzes ist die dominante Vorstellung jener politischen Schriftsteller, die von Hobbes bis Locke, von Rousseau bis Hegel mit ihren Theorien die Entstehung des modernen Staates begleiten, — genauso wie später die Staatsrechtler von Jellinek bis Kelsen im Zeitalter des Rechtspositivismus. Im Gegensatz zu dieser Idee von der Herrschaft des Gesetzes, das heißt von der Herrschaft jenes Ausdrucks des Allgemeinwillens, zu dem man durch Anwendung der Mehrheitsregel gelangt, wenn die Parlamentsversammlung zum obersten Entscheidungsorgan wird, hat im gegenwärtigen demokratischen Staat einer durch die Anwesenheit großer, miteinander konfligierender Gruppen charakterisierten fortgeschrittenen Industriegesellschaft der Vertrag im eigentlichen Sinn als zweiseitige Übereinkunft zwischen formal gleichen Partnern nichts von seiner Wirksamkeit als Problemlösungsmittel verloren.

Der traditionelle Gegensatz zwischen dem Vertrag als Privatrechtsinstitut, als Ursprung aller Regeln *inter partes*, und dem Gesetz als öffentlichrechtlichem Institut, Ursprung aller *super partes* gültigen Regeln, ist schematisch und irreführend. In einer pluralistischen Gesellschaft verhalten sich die großen organisierten Gruppen als quasi-souveräne Institutionen, die keine andere Konfliktlösungsweise anerkennen als wechselseitige Vertragshandlungen, der gegenüber sich die Regierung auf Ausübung der Vermittler- und Schiedsrichterfunktion und, nach Verhandlungsabschluß, der Funktion des (oft machtlosen) Garanten ihrer Wirksamkeit zu beschränken hat.

Die Idee von der Vorherrschaft des Gesetzes war die notwendige Schlußfolgerung einer monozentrischen Staatsauffassung, die ihre vollkommenste Formulierung bereits in Hobbes' Leviathan gefunden hatte. Die monozentrische Staatsauffassung leitete sich ihrerseits aus der Überzeugung ab, der Staat sei zur Beherrschung und sogar zur Abschaffung untergeordneter Systeme (Hobbes), von Partialgesellschaften (Rousseau), von Zwischenorganen bestimmt. Die politische Entwicklung ist in entgegengesetzter Richtung vorangeschritten. Die Partialgesellschaften sind nicht nur nicht absorbiert worden, sondern sie sind an Zahl und Stärke gewachsen. Die gegenwärtigen Staaten sind ökonomisch und sozial umso fortgeschrittener, je mehr sie polyzentrisch (um nicht zu sagen polykratisch) geworden sind. Wenn auch mit einer gewissen Übertreibung, kann man sagen, daß der Allgemeinwille in einem monokratischen Staat im Gesetz zum Ausdruck kommt (unabhängig davon, ob es nun von einem Fürsten oder vom Volk, beides übrigens juristische Fiktionen, erlassen und verkündet wurde), in einem polyzentrischen Staat dagegen im Vertrag.

8.

Nach der Darlegung seiner Mehrheitstheorie führt Kelsen (...) den Kompromiß als für die Existenz der Demokratie wesentlichen modus vivendi ein. Er schreibt: „Die freie Diskussion zwischen Mehrheit und Minderheit ist wesentlich für die Demokratie, weil auf diese Weise eine für einen Kompromiß zwischen Mehrheit und Minderheit günstige Atmosphäre geschaffen wird, und der Kompromiß gehört zum Wesen der Demokratie selbst."[9] Es sei erlaubt hinzuzufügen, daß, wenn es eines Kompromisses bedarf, dieser statt zwischen Mehrheit und Minderheit zunächst im Innern der Mehrheit zustandekommt, – es sei denn, die Mehrheitsbildung erfolgt spontan (was jedoch ganz unwahrscheinlich ist), oder sie ist durch Befehl erzwungen, zum Beispiel mit Hilfe der Parteidisziplin (was jedoch mit demokratischen Prinzipien nicht zu vereinbaren ist).

Gegen diese Annäherung von Mehrheitsprinzip und Kompromiß ist dann nichts einzuwenden, wenn man erkennt, daß es sich um zwei unterschiedliche Verfahren zur Bildung eines Allgemeinwillens handelt. Wenn Kelsen sagt, der Kompromiß bedeute Konfliktlösung mittels einer Norm, die „weder den Interessen einer Seite völlig konform noch den Interessen der anderen völlig konträr ist", so suggeriert er ohne weitere Präzisierung eine Antwort für den, der nach dem Unterschied zwischen der Bildung eines Allgemeinwillens mittels Anwendung der Mehrheitsregel und der Bildung eines Allgemeinwillens durch Kompromiß fragt.

Eine Antwort bietet uns die Spieltheorie, die Spiele mit Nullsummenergebnis und Spiele mit von Null verschiedenem Ergebnis, das positiv oder negativ sein kann, unterscheidet. Die Mehrheitsentscheidung ist eine typische Nullsummenentscheidung, eine Entscheidung, bei der – wie beim Würfelspiel – einer gewinnt und einer verliert: in Bezug auf den Spieleinsatz gewinnt in der Tat die Mehrheit, während die Minderheit verliert, und die Minderheit verliert genau das, was die Mehrheit gewinnt. Wenn – wie bei einem Referendum – der Spieleinsatz Monarchie oder Republik heißt, so lautet das der Mehrheitsregel überlassene Endergebnis entweder Monarchie oder Republik, es kann weder republikanische Monarchie noch monarchische Republik lauten.

Im Unterschied dazu ist das Ergebnis eines Kompromisses, dessen typische rechtliche Form der Vertrag ist, im allgemeinen ein Ergebnis mit positivem Wert, das heißt ein Ergebnis, bei dem beide Partner etwas gewinnen, wie bei einem beliebigen Tauschvertrag, der gerade deshalb geschlossen wird, weil beide Vertragspartner dabei auf ihre Kosten kommen. (Ich sage „im allgemeinen", weil es durchaus auch ein negatives Ergebnis insofern geben könnte, als sich beide Vertragspartner gegenseitig betrogen hätten.) Wenn die Wahl der Staatsform nicht der Funktionsweise des Mehrheitsprinzips, son-

dern einem Kompromiß zwischen den Parteien, zwischen – um ein banales
historisches Beispiel zu nehmen – einem absoluten Monarchen und neuen,
Regierungsbeteiligung fordernden aufsteigenden Schichten überlassen wird,
so schließt nichts aus, daß das Resultat eine republikanische Monarchie (die
konstitutionelle Monarchie) oder eine monarchische Republik (die präsidiale
Republik) ist[10].

Kommen wir noch einmal auf Kelsen zurück, nach dem „der Kompromiß zum Wesen der Demokratie gehört", so kann man sich schließlich fragen, ob das Prinzip freier Verhandlung oder das Mehrheitsprinzip „demokratischer" ist. Ich habe bereits die Gründe genannt, aus denen ich glaube, daß
das Mehrheitsprinzip notwendig, aber nicht hinreichend für die Demokratie
ist. Dasselbe kann man zum Prinzip freier Verhandlung sagen.

Wie das Mehrheitsprinzip unter der Bedingung seiner Anwendung auf
die größere Zahl, so ist das Prinzip freier Verhandlung demokratisch unter
der Bedingung (eine Grenzbedingung und daher schwer zu realisieren!), daß
beide Partner gleiche Macht besitzen; unter Macht ist dabei die Menge der
zur Beeinflussung des Gegners geeigneten Mittel zu verstehen. Das mindert
nicht die von mir betonte Bedeutung dieser Art der Bildung eines Allgemeinwillens, die nicht auf das Mehrheitsprinzip rückführbar und gleichzeitig völlig kompatibel ist mit dem Ensemble all der Werte, die wir gewöhnlich mit
dem Begriff „Demokratie" assoziieren. Ich möchte noch weitergehen. Das
Ideal der Demokratie ist untrennbar verbunden mit dem Prinzip des Gesellschaftsvertrages, das heißt mit der Idee einer Übereinkunft zwischen jedermann und allen anderen über einige grundlegende Regeln des Zusammenlebens, handele es sich auch nur um eine einzige, die Mehrheitsregel.

Ich hatte schon andere Gelegenheit, das Fortbestehen des Vertragsideals
im gegenwärtigen politischen Denken (nicht zufällig spricht man von „Neo-
kontraktualismus") ungeachtet der Kritik des 19. Jahrhunderts und trotz
seiner Eintrübung als Folge des gemeinsamen Angriffs konservativer und re-
volutionärer Autoren hervorzuheben. Der Grund dieses Fortbestehens liegt
in der Tatsache, daß es schwierig, wenn nicht gar unmöglich ist, das Ideal
einer freien Gesellschaft über das auf die größere Zahl angewandte Mehrheitsprinzip hinaus von der Praxis der Verhandlung zwischen formal freien und
gleichen Individuen und Gruppen zu trennen.

9.

Die bisherigen Bemerkungen beabsichtigen nicht, die Bedeutung des Mehrheitsprinzips für das Funktionieren eines demokratischen politischen Systems in Frage zu stellen. Sie haben einfach die Absicht, die Aufmerksamkeit
auf die Tatsache zu lenken, daß das Mehrheitsprinzip nur eines der für das
Funktionieren eines demokratischen Systems notwendigen Elemente ist, das
heißt das, was man die Grenzen der Bedeutung des Prinzips nennen kann, zu
unterstreichen.

Wir werden nun einen Schritt weitergehen und andere Arten von Grenzen über die seine Bedeutung betreffenden hinaus analysieren, die dem Mehrheitsprinzip entgegenstehen. Man kann drei Arten unterscheiden, die ich als

Grenzen der Gültigkeit, der Anwendung und der Wirksamkeit bezeichnen möchte.

Unter Grenze der Gültigkeit verstehe ich jene Grenze, die sich aus der negativen Antwort auf die Frage ableitet: „Kann auch denen die Teilnahme an einer auf der Basis des Mehrheitsprinzips zu treffenden kollektiven Entscheidung zugestanden werden, die dieses Prinzip selbst ablehnen; das heißt die, falls ihnen die Eroberung der Mehrheit gelänge, sich dieser zu seiner Abschaffung bedienen würden?" Ich bezeichne diesen Grenztypus als Grenze der „Gültigkeit", weil das Problem im allgemeinen mit diesen Fragen gestellt wird: „Hat das Mehrheitsprinzip absolute Gültigkeit? (Wobei unter „absoluter Gültigkeit" zu verstehen ist, daß das Mehrheitsprinzip in jedem Fall gilt, das heißt auch dann, wenn die mehrheitlich gefällte kollektive Entscheidung Abschaffung des Mehrheitsprinzips heißt.) Oder ist die Mehrheitsregel selbst einer anderen, übergeordneten Regel unterworfen, die die Abschaffung des Mehrheitsprinzips per Mehrheitsentscheid verbietet? Ist seine Gültigkeit daher nicht absolut?"

Auf Fragen dieser Art hat man gegensätzliche Antworten gegeben. Wie immer hängen auch in diesem Fall die unterschiedlichen Antworten vom Standpunkt ab, den man einnimmt. Denn es ist eine Sache, das Problem als Problem politischer Opportunität zu sehen; eine andere dagegen, es als prinzipielles Problem zu behandeln, auch wenn es stimmt, daß oft praktische Argumente zur Stützung der These dessen angeführt werden, der sich auf den prinzipiellen Standpunkt stellt, und umgekehrt: daß man behauptet, es sei politisch opportun, daß die Mehrheitsregel auch für die Gegner des Mehrheitsprinzips gelten solle, weil man nur so das Freiheitprinzip respektiere; oder daß man behauptet, die Regel dürfe prinzipiell nur für die Befürworter des Mehrheitsprinzips gelten, da, wenn man seine Gültigkeit auch gegenüber seinen Gegnern einräumen würde, die praktischen Konsequenzen verheerend sein könnten. In Wirklichkeit hat man sowohl mit den praktischen wie mit den theoretischen Argumenten die beiden entgegengesetzten Thesen verteidigt, was noch einmal zeigt, wie weit das Gebiet der Argumentation über Wertfragen offen ist für Diskussionen.

Soweit es die praktischen Argumente angeht, denke man nur an die verschiedenen, von einem liberaldemokratischen und einem Regime mit verfassungsmäßig geschützter Demokratie geübten Lösungen. In einer liberalen Verfassung wie der italienischen ist der Ausübung der politischen Bürgerrechte in Bezug auf die Zustimmung zur Mehrheitsregel ausdrücklich keinerlei Grenze gesetzt, während Artikel 18 der Verfassung der Bundesrepublik Deutschland Grundrechtsverwirkung für diejenigen vorsieht, die diese Rechte mißbrauchen, um „die Prinzipien der freiheitlichen demokratischen Grundordnung zu bekämpfen", zu denen auch das Mehrheitsprinzip gehört.

Diese verschiedenen Lösungen hängen von einer unterschiedlichen Bewertung der historischen Situation, der Subversionsgefahren, der gesellschaftlichen Kräfteverhältnisse etc. ab. Es handelt sich in der Tat darum, die Unannehmlichkeiten, die daraus entstehen können, daß man Bürger von den Vorteilen des Mehrheitsprinzips ausschließt, die im Verdacht stehen, im Fall ihrer Mehrheitseroberung die Mehrheitsregel selbst nicht zu respektieren, und die Unannehmlichkeiten, die für die Wahrung der Freiheit aus einer unbegrenzten Freiheit entstehen können, gegeneinander abzuwägen.

Was die theoretischen Argumente angeht, so wird einerseits behauptet, die Mehrheitsregel könne keine absolute Geltung haben, „weil das wahre und eigentliche Wesen eines Prinzips im Verbot seiner eigenen Negation besteht". Im Gegensatz dazu wird behauptet, die Regel, daß die Mehrheit die absolute Autorität sei, könne nach ihrer Anerkennung nicht ohne Widersprüche begrenzt werden.[11]

Angesichts der Vielfalt und Widersprüchlichkeit der Meinungen halte ich das Argument, welches sich nicht so sehr auf den Inhalt der Regel, sondern vielmehr auf ihren Status als Spielregel oder Metaregel stützt, für das einzige, das eine gewisse Überzeugungskraft haben kann. Im Unterschied zu allen anderen Regeln müssen die Spielregeln einstimmig aus dem einfachen Grund angenommen worden sein, daß die Nichtanerkennung einer von ihnen auch von Seiten eines einzigen Spielers den Ablauf des Spiels unmöglich macht. Das bedeutet, daß die Zustimmung zur Teilnahme an einer auf der Basis der Mehrheitsregel sich vollziehenden Entscheidung oder Wahl die Anerkennung der Regel selbst als Entscheidungs- oder Wahlmodus impliziert. Anders gesagt: Wer es akzeptiert, gemäß der Mehrheitsregel zu entscheiden oder zu wählen, hat nicht eine bestimmte Entscheidung zu einem spezifischen Problem, die er ebenso gut auch zurückweisen kann, nicht die Vertretung durch eine bestimmte Person, die er auch ablehnen kann, sondern er hat ein bestimmtes Entscheidungs- und Wahlverfahren akzeptiert. Man kann sogar hinzufügen, daß die größere bindende Kraft der Spielregeln gegenüber allen anderen Regeln in der Überlegung wurzelt, die jeder Spieler hinsichtlich des Vorrangs des Allgemeininteresses am Erhalt der Spielregeln anstellt gegenüber dem Partikularinteresse, der eigenen Partei bei einer spezifischen Entscheidung zum Sieg zu verhelfen.

10.

Unter Grenzen der „Anwendung" des Mehrheitsprinzips verstehe ich Grenzen, die sich auch in diesem Fall entweder aus Gründen der Opportunität oder des Prinzips aus der Existenz einer Materie herleiten, auf die sich diese Regel im allgemeinen nicht anwenden läßt. Es handelt sich dabei um eine Materie, deren Entscheidung der Regel der größeren Zahl anzuvertrauen inopportun (nicht zielgemäß) oder geradezu ungerecht erschiene. Die denkbaren Bereiche solcher Grenzen sind vielfältig. Wir können daher hier nur einige der bedeutendsten aufzeigen.

Alle liberalen Verfassungen sind durch die Bestätigung der als „unverbrüchlich" bezeichneten Menschen- und Bürgerrechte charakterisiert. Ihre Unverbrüchlichkeit besteht nun gerade darin, daß sie auch durch eine mehrheitlich getroffene kollektive Entscheidung nicht eingeschränkt und erst recht nicht aufgehoben werden können. Gerade wegen dieser ihrer Unantastbarkeit durch jede Art von Mehrheitsentscheidung hat man solche Rechte als Rechte *gegen* die Mehrheit bezeichnet.[12] In einigen Verfassungen werden sie sogar rechtlich durch Verfassungskontrolle der Gesetze (das heißt der mehrheitlich beschlossenen Entscheidungen) und durch Unrechtmäßigkeitserklärungen sie mißachtender Gesetze garantiert.

Der weite Raum von Freiheitsrechten kann als eine Art Grenzgebiet interpretiert werden, vor dem die Macht des Mehrheitsprinzips haltmacht. Will man aus dieser Tatsache ein allgemeines Prinzip ableiten, so kann man die These aufstellen, daß ein Unterscheidungskriterium zwischen dem, was der Mehrheitsregel unterworfen werden kann und was nicht, in der Unterscheidung zwischen dem Diskussionsfähigen und dem Nicht-Diskussionsfähigen besteht; eine Unterscheidung, die eine andere nach sich zieht zwischen dem, was öffentlich verhandelt werden kann und was nicht. Werte, Prinzipien, ethische Postulate und natürlich Grundrechte sind nicht diskussionsfähig und können daher auch nicht öffentlich verhandelt werden. Deswegen ist die Regel der größten Zahl, die nur mit dem Diskussionsfähigen zu tun hat, zu ihrer Beurteilung ungeeignet.

Neben ethischen Postulaten, die per definitionem nicht diskussionsfähig sind (andersfalls wären es keine Postulate), und Grundrechten, denen man im allgemeinen den Status ethischer Postulate zuschreibt, gibt es Materien, die aus objektiven und subjektiven Gründen nicht nach dem Mehrheitskriterium zu entscheiden sind.

Aus objektiven Gründen unentscheidbar sind Fragen, über die Wissenschaftler oder Techniker untereinander debattieren; allerdings nicht, weil auch sie nicht diskussionsfähig wären, sondern weil eine Entscheidung zugunsten der einen oder der anderen These über andere und sehr viel komplexere Verfahrensweisen getroffen wird, als es das Abzählen der Personen darstellt, die sie sich auf eine bestimmte Weise denken.

Kein wissenschaftlicher Kongreß wäre dazu bereit, die Lösung einer kontroversen Fragestellung einer Mehrheitsentscheidung zu unterwerfen, während er die Wahl des Präsidenten und die Modalitäten der Organisation des nächsten Kongresses mehrheitlich zu entscheiden bereit ist. Dasselbe gilt für Entscheidungen in technischen Fragen. Dies sind im heutigen Staat der größte Teil aller wirtschafts- und finanzpolitischen Entscheidungen, für die aus eben diesem Grund das Urteil von Experten gesucht wird. Der wachsende Gegensatz zwischen technokratischer und demokratischer Gewalt hängt eben von der Erkenntnis ab, daß viele für die Regelung politischer Konflikte wichtige Entscheidungen technischer Art und als solche schlecht der Meinung der größten Zahl zu unterwerfen sind. Im Grenzfall bedeutete der Triumph der Technokratie die totale Niederlage der Demokratie.

Den besten Beweis für die Gültigkeit des Diskussionsfähigkeitskriteriums als Kriterium zur Rechtfertigung einer Entscheidung nach der Zahl der Stimmen kann man in der Rechtfertigung der Herrschaft einer aufgeklärten Minderheit finden, die sich gewöhnlich auf die Behauptung stützt, der Gegenstand politischer Entscheidungen sei deshalb nicht diskussionsfähig, weil es Naturgesetze gesellschaftlicher Herrschaft gebe, die nach ihrer Aufdeckung sehr viel zutreffendere und sicherere Lösungen erlauben als die, die man aufgrund von Stimmabzählung beschließe.

Für diese Ideologie gibt es zwei große historische Beispiele: die physiokratische Lehre, nach der der aufgeklärte Despotismus die beste Herrschaftsform ist, weil die Pflicht des Herrschers in Erkenntnis und Unterstützung der natürlichen Ordnung besteht; und den Vulgärkommunismus, zu dessen Verteidigung man hat behaupten können: „Da der wissenschaftliche Sozialismus die Wahrheit selbst darstellt, hat die Minderheit, die sich im Besitz dieser

Wahrheit befindet, die Pflicht, sie unter den Massen zu verbreiten" (um von Bucharins „rêve mathématique" gar nicht erst zu sprechen).[13]

Aus subjektiven Gründen sind Gewissensfragen nach dem Kriterium der größeren Zahl unentscheidbar, wobei unter „Gewissen" das zu verstehen ist, was man einst das „innere Gericht", das innere Tribunal nannte; ein Tribunal, bei dem der einzige Richter das Subjekt selbst als Vertreter eines höheren, durch kein anderes Gesetz aufzuhebenden Gesetzes ist, sei es das Gesetz Gottes oder das kantisch verstandene moralische Gesetz. Um ein elementares, aber eindrucksvolles Beispiel zu bilden: man kann die Wahl zwischen Christentum und Atheismus, zwischen der Verpflichtung, den einen oder einen anderen oder gar keinen Got zu verehren, einem Referendum unterwerfen. Oder man kann zumindest eine Religion oder Lehre durchsetzen, wie Gewalt in bestimmten historischen Situationen alles vermag. Falls jedoch die Durchsetzung einer bestimmten Religion oder einer bestimmten Lehre mittels Anerkennung einer mehrheitlich getroffenen Entscheidung gelungen ist, so vermag sie nicht glauben machen, diese sei nicht aufgezwungen, sondern im Gegenteil der freien Wahl überlassen worden. Das Hauptargument dafür, daß das Mehrheitsprinzip vor dem Gewissen Halt macht, ist kein anderes als das dafür, daß es vor der wissenschaftlichen Wahrheit Halt macht. In beiden Fällen handelt es sich um eine Lösung, die nicht zum Bereich des Diskussions- und daher Verhandlungsfähigen gehört, selbst wenn die Gründe für die Nichtdiskutierbarkeit in beiden Fällen unterschiedlich sind. Im ersten Fall sind sie von der zur Erreichung allgemein annehmbarer Lösungen für angemessen gehaltenen Verfahrensart sowie vom Verfahren zum Zählen der Meinungen abhängig; im zweiten hängen sie von der Art der Autorität ab, auf die man sich als letzte Autorität beruft und vor der jede andere Autorität weichen muß, und sei es die der Mehrheit. Beide Fälle lassen sich darüber hinaus deshalb miteinander vergleichen, weil die praktischen Konsequenzen identisch sein können: Diskreditierung des Ansehens der Mehrheitsregel bis hin zu ihrer Abschaffung. In der Tat sind daraus zwei klassische Formen von Despotismus entstanden, die wir traditionellen oder modernen Despotismus nennen können: der eine auf der unfehlbaren Autorität Gottes, der andere auf der ebenso unfehlbaren Autorität der Wissenschaft, beide also auf einer Autorität beruhend, deren Glaubwürdigkeit keiner Abstimmung unterworfen werden kann.

Als eine der subjektiven Grenzen der Anwendung des Mehrheitsprinzips kann man schließlich jene anführen, die sich aus der Existenz dessen herleiten, was man in Hegelschen Begriffen als „Geist" oder als Gebräuche, Sitten, Sprache, Traditionen eines Volkes bezeichnen kann. Dieses Problem ist besonders offensichtlich im Fall ethnischer Minderheiten, die als solche immer unterlegen wären, wendete man das Mehrheitsprinzip in aller Strenge an. Um das einfachste Beispiel zu nehmen: Einer sprachlichen Minderheit die Sprache der Mehrheit aufzuherrschen, wird von der Minderheit immer als Diktakt angesehen, es spielt dabei keine Rolle, daß die Entscheidung mehrheitlich getroffen wurde.

Wohlverstanden muß man den Minderheitenschutz eines die Mehrheitsregel benutzenden Gemeinwesens vom Schutz einer ethnischen oder Glaubensminderheit unterscheiden: Der Schutz der ersten besteht darin, ihr nicht die Möglichkeit zu verwehren, Mehrheit zu werden, der Schutz der zweiten, die aus objektiven Gründen niemals Mehrheit werden können wird, besteht hingegen darin, die Mehrheit in ihrer Fähigkeit zur Intervention in bestimmte Reservatbereiche, wie eben die zum Bereich des „Volksgeistes" gehörenden, zu beschneiden.

Eine solche Grenze der Anwendung des Mehrheitsprinzips ist ungefähr derselben Art wie die, die sich aus der Anerkennung der Grundrechte ergibt: es handelt sich um eine Grenze, die eher von der Nichtverfügbarkeit bestimmter Materien als von der Unangemessenheit des Prinzips abhängt.

11.

Unter der allgemeinen Kategorie der Grenzen der „Wirksamkeit" der Mehrheitsregel verstehe ich alle Grenzen, die von denjenigen hervorgehoben werden, die behaupten, daß die Anwendung der Mehrheitsregel alle Verheißungen, zuallererst die Verheißung, unter der die am weitesten entwickelten demokratischen Regierungssysteme entstanden sind: die sozialen Klassenverhältnisse radikal zu transformieren, nicht erfüllt hat und nicht erfüllen kann, und die sie daher beschuldigen, ein zwar nützliches, aber ungenügendes Verfahren zu sein.

Es handelt sich hierbei um ein gängiges Thema der politischen Tagespresse vor allem der Linken, auf das einzugehen mir wegen seiner weiten Verbreitung nicht nötig erscheint oder doch nur, um darauf hinzuweisen, daß die Mehrheitsregel trotz allem jeder Kritik standhält, weil man nichts Besseres gefunden hat.

Ich beschränke mich auf die Kommentierung einer einzigen dieser Grenzen, welche die Irreversibilität vieler einmal getroffener und ausgeführter Entscheidungen betrifft. In welchem Sinn kann Irreversibilität der Auswirkungen einer Entscheidung als Grenze der Wirksamkeit der Mehrheitsregel interpretiert werden?

Einer der verbreitetsten Gemeinplätze über die Vorzüge der Mehrheitsregel besagt, die rigorose und kohärente Anwendung der Mehrheitsregel setze der Möglichkeit der Minderheit, Mehrheit zu werden, keinerlei formale Hürde, erlaube periodischen Regierungswechsel und damit die Veränderung der politischen Richtung. Da wir Kelsen schon einmal zur Rechtfertigung der Mehrheitsregel zitiert haben, können wir ihn auch in diesem Fall wieder zitieren: „In dem Moment, in dem die Zahl derer, die die Ordnung oder eine ihrer Normen ablehnen, größer wird als die Zahl derer, die ihr zustimmen, wird eine Veränderung möglich."[14] Die Möglichkeit einer Veränderung als Vorzug der Mehrheitsregel zu betrachten setzt offensichtlich ein positives Werturteil über eine Veränderung als solche voraus, was sehr zu bestreiten ist. Aber selbst wenn man einer Veränderung positiven Charakter zuschreibt, bleibt zu fragen, in welchem Umfang die neue Mehrheit in der Lage ist, die unter der Herrschaft der vorherigen Mehrheit geschaffene Situation zu verändern. Kelsen spricht von der Veränderung der bestehenden Ordnung oder einer ihrer Normen. Es handelt sich aber nicht allein darum, die bestehende Ordnung oder eine ihrer Normen zu verändern. Es geht darum, von der vorhergehenden Ordnung oder einer ihrer Normen de facto geschaffene Verhältnisse zu verändern, die, nachdem sie einmal anerkannt sind, nicht mehr geändert werden können, irreversibel geworden sind.

Ich weiß nicht, ob es ein speziell zur Unterscheidung reversibler von irreversiblen Verhältnissen ersonnenes Kriterium gibt. Einige Beispiel zeigen aber, daß dieser Unterschied besteht. Reversibel sind zum Beispiel viele der wirtschafts-, sozial- und steuerpolitischen Maßnahmen wie Krediterleichterungen, Anhebung oder Erleichterung der Steuerlasten, Ausweitung oder Restriktion sozialer Sicherungen; nur schwer umkehrbar von großangelegten Reformen geschaffene Verhältnisse wie die Zersplitterung des Großgrundbesitzes oder die Nationalisierung eines Industriezweiges; irreversibel bestimmte Gebietsveränderungen in Folge einer die Bauspekulation begünstigenden Politik (in Italien wird keine, selbst nicht die aufgeklärteste neue Minderheit die Landschaft dort bewahren können, wo sie auf nicht wiedergutzumachende Weise verunstaltet worden ist).

Man kann dagegen einwenden, daß jede führende Klasse an der Macht, nicht nur die im Namen der Mehrheit herrschende, irreversible Verhältnisse schafft. Das ist ganz richtig. Aber kein anderes Herrschaftsprinzip außer jenem, das auf der Mehrheitsregel beruht, hat den Anspruch, eine verfahrensgemäße und friedliche Veränderung sicherzustellen. Nur der auf die Mehrheit gestützten Herrschaft wird der Vorzug geregelter und friedlicher Veränderung zugesprochen. Während daher die Existenz irreversibler Verhältnisse für ein zum Beispiel auf Eroberung beruhendes Herrschaftssystem keinen Widerspruch darstellt, da dieses die Nichtschaffung irreversibler Verhältnisse nicht zu seinen Prämissen zählt (vielmehr hat es gerade die entgegengesetzte Prämisse), stellt dies einen Widerspruch oder, wie ich es genannt habe, eine Aporie für ein auf die Mehrheitsregel gestütztes Herrschaftssystem dar, zu dessen Vorzügen es gehören sollte, Veränderungen zu ermöglichen.

12.

Eine vollständige Analyse der die Mehrheitsregel betreffenden Probleme darf nicht nur die dieser Regel entgegenstehenden Grenzen berücksichtigen, die ich bisher untersucht habe, sie muß auch die der Anwendung der Mehrheitsregel allein als technischem Mittel inhärenten Schwierigkeiten berücksichtigen, Schwierigkeiten, die ich lediglich deshalb „Aporien" nenne, um den Unterschied zu den „Grenzen" zu unterstreichen, mit denen ich mich bisjetzt beschäftigt habe. Während die „Grenzen" im wesentlichen die Wertdimension des Problems betreffen, beziehen sich die „Aporien" auf seine technische Dimension. Diese Aporien sind dergestalt und so zahlreich, daß ich nicht den Anspruch erhebe, sie alle aufzuzählen. Ich werde einige von ihnen vor allem zu dem Zweck untersuchen, das ganze Ausmaß des Problems und die Notwendigkeit einer erschöpfenderen Analyse deutlich zu machen, als ich sie auf den nächsten Seiten vorlege.

a) Die Stimmberechtigten

Die Mehrheitsregel bestimmt allein, daß die von der Mehrheit der Stimmberechtigten getroffene Entscheidung als kollektive Entscheidung anerkannt wird. Sie sagt jedoch nichts über die Zusammensetzung des auf der Grundlage dieser Regel zur Entscheidung aufgerufenen Korpus. Sie gibt keinerlei Antwort auf die Frage: „Wer und wie zahlreich sind die Stimmberechtigten?"

Ich sagte bereits im ersten Teil: Was das Mehrheitsprinzip zu einer demokratischen Institution macht, ist das allgemeine Wahlrecht, d. h. die Zahl derer, die an Entscheidungen teilhaben, welche durch die Aufsummierung der größeren Zahl zustande kommen. Die größere Zahl im Verhältnis wozu? Die größere Zahl der Bürger der antiken griechischen Städte in einer Gesellschaft, in der freie Bürger die Minderheit darstellten, ist nicht auch die größere Zahl in Bezug auf einen modernen Staat, in dem, um es mit Hegel zu sagen, „alle frei sind"; die größere Zahl in einem Kolonialstaat, in dem die Eingeborenen kein Stimmrecht besitzen, oder unter einem Regime der proletarischen Diktatur, wo das Stimmrecht der Nichtproletarier nicht anerkannt wird, ist nicht auch die größere Zahl eines Staates der Metropole, in dem es keine Rassendiskriminierungen, oder eines formal demokratischen Staates, in dem es, zumindest was das Stimmrecht betrifft, keine Klassendiskriminierungen gibt.

Das Problem, Mehrheitsregel und demokratisches Prinzip in Einklang zu bringen, scheint in einem formal demokratischen System, in dem allgemeines Männer- und Frauenwahlrecht existiert, gelöst. Aber ist das wirklich wahr?

Sicherlich ist es gelöst, soweit es die größere Zahl der Bürger dieses Staates angeht. Aber aus welchem Grund sollte das zur Entscheidung aufgerufene Gremium sich nicht auch aus den Bürgern eines anderen Staates konstituieren, wenn die kollektiven Entscheidungen der Bürger dieses Staates sich mit den Interessen und Rechten anderer Staaten überlagern? Handelt es sich nicht auch in diesem Fall um eine Diskriminierung, die sich von der nicht unterscheidet, die die Eingeborenen in einem Kolonialstaat, die Nichtproletarier in einem proletarischen Staat, die Besitzlosen im bürgerlichen Staat ausschließt?

Man erinnere sich, daß das Hauptargument zugunsten einer Begrenzung politischer Rechte für die Proletarier und des Ausschlusses der Besitzlosen immer in der Behauptung ihres fehlenden Interesses an der Verwaltung der öffentlichen Angelegenheiten bestanden hat. Wie ist es da möglich zu unterstellen, die Bürger eines anderen Staates seien nicht an der von den Bürgern des Angreiferstaates getroffenen Entscheidung, in ihr Land einzudringen, interesssiert, auch wenn diese mehrheitlich getroffen wurde? Ich bin mir völlig bewußt, die Problemtermini zu sprengen, aber ich tue dies nur um begreiflich zu machen, daß das Verhältnis zwischen Mehrheit und Minderheit sich nur bei einer Veränderung der Zusammensetzung des Wahlkorpus ändern wird, oder krasser ausgedrückt: daß das Problem, wer wählt, nicht weniger wichtig ist als das, wie gewählt wird. Ich möchte den Bereich der Hypothesen verlassen und zu einem historischen Beispiel kommen, das uns aus der Nähe betrifft: Als man nach der Befreiung diskutierte, ob die Wahl zwischen Republik und Monarchie in Italien der verfassunggebenden Versammlung oder einem Volksreferendum anvertraut werden sollte, war nicht die Mehrheitsregel Gegenstand der Auseinandersetzung, sondern wer zu diesem Mehrheitsbeschluß aufgerufen werden sollte. Die Debatte verlief erbittert, weil ein für die Republik günstiges Ergebnis erwartet wurde, wenn das Wahlgremium aus den Mitgliedern der Verfassungsgebenden Versammlung gebildet worden wäre; würde es dagegen aus den wahlberechtigten Bürgern gebildet, so wäre das Ergebnis ungewiß (und tatsächlich kam die republikanische Lösung nur um Haaresbreite durch).

Die Mehrheitsregel ist ein willfähriges Instrument: sie kann tatsächlich entgegengesetzte Resultate hervorbringen, je nachdem, ob die Zugangstür für Benutzer offener oder geschlossener ist. Die Tür mehr oder weniger zu öffnen kann aber durchaus eine Entscheidung sein, die nicht von der Anwendung der Mehrheitsregel abhängt: oft ist sie eine Entscheidung von oben durch Folge eines Kompromisses zwischen konfligierenden gesellschaftlichen Kräften (hier taucht erneut das Problem der Verhandlung als alternativem Mittel kollektiver Entscheidungsfindung auf).

b) Die Nichtwähler

Bis jetzt haben wir von Mehrheit gesprochen, als sei die Minderheitsvorstellung klar und eindeutig. Das ist sie jedoch nicht. Ich lasse alle Fragen bezüglich der verschiedenen Mehrheitsformen: relative, absolute, qualifizierte etc. beiseite. Aber selbst wenn man nur die absolute als die normale Mehrheit betrachtet, so ist die Berechnung einer Mehrheit in einem beliebigen Gemeinwesen nicht so einfach, wie es scheint, und hat den Kompilatoren und Kommentatoren von Versammlungsgeschäftsordnungen schon immer viel Kopfzerbrechen bereitet. Es wäre einfach, sogar sehr einfach, wenn immer diese beiden Bedingungen einträten: a) daß alle, die das Recht dazu haben, ihre Stimme abgeben; b) daß man nur mit Ja oder Nein antworten könnte, oder die Abstimmenden verpflichtet würden, mit Ja oder Nein zu antworten. In Wirklichkeit treten beide Bedingungen fast nie ein: im allgemeinen werden die Fragen nicht so gestellt, daß sie keine andere als eine positive oder negative Lösung zulassen; und es ist den Abstimmenden erlaubt, ihren Willen in Form der Enthaltung durch Abgabe eines leeren Stimmzettels auszudrücken.

Ich beginne mit der ersten Frage. Wie das Abstimmungsergebnis sich mit der Veränderung des Wahlkorpus verändert, so ändert es sich bei gleichbleibendem Wahlkorpus je nach der Höhe der Wahlbeteiligung. Daraus folgt, daß jede Mehrheitsberechnung die Übereinkunft über einige Eingangsregeln bezüglich des Berechnungsverfahrens voraussetzt. Es macht einen großen Unterschied bei den Ergebnissen aus, ob die Mehrheitsberechnung unter Bezug auf die Stimmberechtigten (und daher auch auf jene, die, obwohl sie das Recht dazu haben, nicht abstimmen) oder auf die abgegebenen Stimmen erfolgt.

Um die Berechnung möglich zu machen, bedarf es im zweiten Fall einer weiteren Eingangsregel, der Regel, die festlegt, wie hoch die Zahl der abgegebenen Stimmen sein muß, damit die Abstimmung Gültigkeit erhält. Wenn man festlegt, daß die Entscheidung oder Wahl dann gilt, wenn die Mehrheit der Stimmberechtigten ihre Stimme abgegeben hat, so wird die Mehrheitsregel angewandt zum Beschluß über die Gültigkeit einer Mehrheitsentscheidung. Einen Grenzfall bilden die Statuten von Vereinigungen, in denen die Mitgliederversammlung bei der zweiten Einberufung ungeachtet der Zahl der Anwesenden gültig ist: einen Grenzfall, weil er zeigt, daß das Mehrheitsprinzip formal beachtet werden kann, selbst wenn seine Funktion, die größtmögliche Entsprechung zwischen kollektiver Entscheidung und dem Willen der Mitglieder des Gemeinwesens zu sichern, vollständig entleert ist.

Das Phänomen der Nichtausübung des Stimmrechts ist eine der auffallendsten Erscheinungen in den ältesten und stabilsten Demokratien. Um nicht zu der Schlußfolgerung zu gelangen, daß sich die Demokratie als auf der Partizipation des Volkes basierende Herrschaftsform in der Krise befindet oder ihrer Aufgabe nicht mehr gerecht wird, rechtfertigt man die große und wachsende Zahl der Stimmenthaltungen mit der Annahme, daß, wer sich nicht an der Abstimmung beteilige, zwar nicht gerade das demokratische Verfahren im allgemeinen ablehne, jedoch in diesem besonderen Fall den beiden zur Abstimmung gestellten Alternativmöglichkeiten gleichgültig gegenüberstehe, gleichgültig in dem Sinn, daß er sich als zufriedengestellt betrachtet, welche Alternative auch gewinnt. Mit anderen Worten: Der Nichtwähler ist jemand, für den „dies oder das" „gleichwertig" sind. Er wählt nicht deshalb nicht, weil er nicht wählen will, sondern weil er nicht weiß, was er wählen soll, und er weiß nicht, was er wählen soll, weil beide Wahlmöglichkeiten gleichermaßen gut und gleichermaßen schlecht sind.

c) *Stimmenthaltungen*

Unter Enthaltungen verstehe ich hier nicht so sehr diejenigen, die sich der Stimmabgabe enthalten, von denen ich im vorhergehenden Abschnitt gesprochen habe, sondern die, die zwar ihre Stimme abgeben, aber sich der Willensäußerung enthalten. Es sind die, die einen leeren Stimmzettel abgeben.[15] Beide Situationen sind verschieden, auch wenn man das Wort „Enthaltung" oft für beide gebraucht. Wenn ich auf die letzten Worte des vorigen Punktes zurückkomme, kann man sagen, daß, während die Enthaltung des seine Stimme nicht Abgebenden als Ausdruck der Gleichgültigkeit gegenüber beiden Alternativen interpretierbar ist, die Enthaltung dessen, der einen leeren Stimmzettel abgibt, im Gegenteil als Ausdruck der Gegnerschaft hinsichtlich der einen und der anderen Alternative interpretiert werden muß. Mit anderen Worten sagt der Nichtwähler Ja zum Präsidenten X und zum Präsidenten Y, da zwischen dem einen und dem anderen kein Unterschied besteht (daher seine Gleichgültigkeit). Wer einen leeren Stimmzettel abgibt, manifestiert in aller Deutlichkeit sein negatives Urteil über beide: Seine Logik ist die des Weder-Noch und nicht die des Entweder-Oder, – welche hingegen die Logik zweier potentieller Mehrheiten ist, die sich gegenseitig auszuschließen suchen. Bei Meinungsumfragen erkennt jeder den Unterschied zwischen dem Nichtäußern der eigenen Meinung durch Nichtbeantworten des Fragebogens und der Äußerung einer von Ja und Nein verschiedenen Meinung, indem man sein Kreuzchen in das der dritten Antwort „weiß nicht" vorbehaltene Kästchen setzt.

Überflüssig hinzuzufügen, daß die klare Unterscheidung von Nichtwählern und Enthaltungen praktisch bedeutsame Konsequenzen in dem Fall hat, in dem die Mehrheit auf der Grundlage der Zahl der abgegebenen Stimmen einschließlich der Enthaltungen oder auf der Grundlage der Zahl der Stimmberechtigten errechnet wird. Die Auseinandersetzung über die Art, das Problem der Bewertung der leeren Stimmzettel zu lösen, hätte fast die Entstehung der italienischen Republik aufs Spiel gesetzt. Folgendes Problem erhob sich sofort, nachdem die Anhänger der Monarchie das Ergebnis des Referendums über die Staatsform erfuhren: Sollte die Gesamtzahl der Stimmen beim Auszählen der die Republik befürwortenden Mehrheit nur die Summe der Für- und Gegenstimmen oder (noch zusätzlich zu den ungültigen Stimmen) auch die Stimmen derer enthalten, die einen leeren Stimmzettel abgegeben hatten? Es war offensichtlich, daß jede Erhöhung der Gesamtzahl auch die Schwelle der erforderlichen Mehrheit bis zu einem Punkt anhob, an dem der Sieg der Befürworter der Republik ungewiß wurde. Entgegen der *communis opinio* der Juristen, die sich mehrfach zugunsten der Unterscheidung zwischen Nichtwähler und sich der Stimme enthaltendem Wähler ausgesprochen hatte, wies der sofort zu diesem Problem einberufene Kassationshof die Unterscheidung zurück und stellte auch die den Nichtwählern gleich, die ihre Stimme zwar abgegeben, aber ihren Willen nicht zugunsten der einen oder anderen Alternative geäußert hatten, womit er die Gesamtzahl der zur Errechnung der Mehrheit auszuzählenden Stimmen und konsequenterweise auch die Schwelle der erforderlichen Mehrheit senkte. Sein Hauptargument kam in diesen Worten zum Ausdruck: „Die leeren Stimmzettel stellen Formen der Stimmenthaltung dar; so wird die rechtliche Gleichwertigkeit der Träger dessen, der sich des Ganges zur Urne vollständig enthält, und der Position dessen offenkundig, der sein Wahlrecht nicht ausübt, indem er keinerlei Willen auf dem vorgelegten Stimmzettel zu erkennen gibt."[16]

Daß das Verhalten von jemandem, der sich durch seine Stimmabgabe enthält, trotz des historischen Urteils des Kassationshofes nicht mit dem Verhalten von jemandem gleichgesetzt werden darf, der sich durch Nichtabgabe der Stimme enthält, scheint unbestreitbar. Nicht ebenso unbestreitbar ist es, die Stimme des Sichenthaltenden, betrachtet man sie als gültige Stimme, zu den Nein- statt zu den Ja-Stimmen zu zählen. Es geht also darum festzustellen, ob bei zwei möglichen gegensätzlichen Positionen Konsens und Dissens die Enthaltung eher als Nichtkonsens oder als Nichtdissens anzusehen ist. Es ist klar, daß, wenn man sie zu den Nein-Stimmen zählt, man ihre Eigenschaft als Nichtkonsens unterstreicht. Aber kann es nicht Fälle geben, in denen die Stimme der Sichenthaltenden durch Hervorhebung ihrer Eigenschaft als Nichtdissens zu den Ja-Stimmen gezählt werden müßte? Man kann die Frage auch so stellen: Ist die Mehrheit der Konsensstimmen notwendig oder genügt die der Nichtdissensstimmen, damit eine Gremienentscheidung als Ausdruck des allgemeinen Willens anerkannt werden kann? Diese Frage ist alles andere als müßig. Artikel 94 unserer (der italienischen, B. G.) Verfassung besagt, daß „die Regierung das Vertrauen beider Kammern haben muß". In der Praxis unseres Parlaments hat sich das Problem kürzlich folgendermaßen gestellt: Benötigt die Regierung zu ihrer legitimen Funktionserfüllung das Vertrauen beider Kammern oder reicht das Nichtmißtrauen aus?

Unterschiedliche Antworten auf diese Frage implizieren unterschiedliche Bewertungen der Stimmenthaltungen. Wenn Vertrauen Ziel der Abstimmung ist, bedeuten die Stimmenthaltungen Nein-Stimmen; wenn es Nichtmißtrauen ist, so stellen sie Ja-Stimmen dar. Da, wer sich der Stimme enthält, gleichzeitig Nichtkonsensient und Nichtdissensient ist, so fällt er heraus, wenn die Forderung nach Konsens vorherrscht; er wird mitgezählt, wenn die Forderung nach Nichtdissens Vorrang hat. Um Vertrauen zu genießen, muß die Regierung die absolute Mehrheit der Ja-Stimmen besitzen, und Stimmenthaltungen gelten nicht als solche; für ein Nichtmißtrauen genügt es, daß die Gegenstimmen keine absolute Mehrheit haben, und da Stimmenthaltungen nicht zu diesen zählen, werden sie nicht zu den Nein-Stimmen gerechnet. Wer sich enthält, ist — wie wir gesehen haben — zugleich Nichtkonsensient und Nichtdissensient: Im ersten Fall wird er als Nichtkonsensient, im zweiten als Nichtdissensient betrachtet.

d) *Ist eine Mehrheit immer möglich?*

Unter allen Aporien der Mehrheitsregel ist dies sicher die offensichtlichste. So offensichtlich, daß es nicht nötig ist, viele Worte zu ihrer Erläuterung zu verlieren. Wenn man unter Mehrheit (mißverständlich) absolute Mehrheit versteht, so ist diese nur möglich, wenn es zwei Lösungsvorschläge oder Kandidaten für eine Aufgabe gibt. Sind es mehr als zwei, so kann es eine absolute Mehrheit geben oder auch nicht. In diesen Fällen ist die Bildung einer absoluten Mehrheit Ergebnis einer Übereinkunft. Eine durch Vereinbarung geschaffene Mehrheit setzt aber jenes Verfahren der Verhandlung zwischen konfligierenden Parteien voraus, welches auch als technisches Mittel für sich betrachtet ein von der Mehrheitsregel verschiedenes Verfahren der Bildung eines kollektiven Willens ist. Man kann also nur sagen, daß die Mehrheitsregel ein Moment der Bildung eines kollektiven Willens ist, wenn auch das abschließende.

13.

Grenzen und Aporien der Mehrheitsregel müssen von der Kritik unterschieden werden, die ihr von verschiedenen minoritären Theorien, von der mittelalterlichen Lehre der *sanior pars* bis zu modernen Elitetheorien reichend, entgegengebracht worden ist. Die bisher gemachten Bemerkungen zielen nicht darauf ab, die Bedeutung des Mehrheitsprinzips für das Funktionieren eines demokratischen politischen Systems in Frage zustellen: Sie gehören nicht zu dieser Art von Kritik. Sie beabsichtigen einfach, die Aufmerksamkeit wieder auf die Tatsache zu lenken, daß das Mehrheitsprinzip nur eines der Elemente für das Funktionieren eines demokratischen Systems ist: Es ist ein Verfahren, das nicht immer funktioniert (die Grenzen), und nicht immer, wenn es funktioniert, einfach in Gang zu setzen ist (die Aporien). Sicher stellen die angedeuteten Schwierigkeiten ein Hindernis für das Funktionieren eines demokratischen Systems dar, aber sie sind nicht derart, es von sich aus in eine Krise zu stürzen. Es gibt ganz andere Gründe für die Krise der Demo-

kratie, die nicht von den Grenzen und Aporien des Mehrheitsprinzips abhängen, doch zum Glück gibt es unzählige andere Gründe, die demokratische
Herrschaftsform einer autokratischen trotz dieser Grenzen und dieser Aporien
vorzuziehen.

Übersetzt und unter Durchführung geringfügiger Kürzungen überarbeitet von Ursula
Krüsemann und Bernd Guggenberger.

Anmerkungen

* Erstveröffentlichung: La regola di maggioranza: limiti e aporie in: Fenomenologia e
  Societá 4 (1981), Nr. 13/14, S. 3–21
1 Die drei Staatsformen werden von Aristoteles als Herrschaft eines Einzelnen, von
  Wenigen und von *Vielen* (Politica 1279a) definiert. Die Verwirrung entspringt oft den
  Übersetzungen; „die Vielen" wird in der Laterza-Übersetzung, S. 87, als „die Mehrheit der Bürger", in der Utet-Übersetzung, S. 144, als „die Mehrzahl" übersetzt. Was
  nicht ausschließt, daß Entscheidungen in demokratischen Staatsformen mehrheitlich
  getroffen werden, wie sich aus Politica 1317b ergibt. Es schließt dies nicht aus, aber
  es impliziert dies auch nicht. Der klassische Ausdruck, der zugleich a) Zahl, große
  Zahl, Menge; b) Volk, Volksmasse; c) demokratische Herrschaft bedeutet, ist πλῆϑοϛ.
  Vgl. *R. Roncali* und *E. Zagaria*, Lessico politico, in: „Quaderni di Storia", Nr. 12,
  Juli–Dezember 1980, S. 213–221.
2 Was schon Aristoteles vollkommen klar war, wie sich aus einem bekannten Abschnitt
  ergibt, in dem er bemerkt, nachdem er über Arstokratie, Oligarchie und Demokratie
  gesprochen hat: „Die Mehrheit als Herrschaftsregel kommt in allen Verfassungstypen
  vor, weil das, was dem größten Teil der an der Regierung Beteiligten als richtig erscheint, in der Aristokratie, Oligarchie und Demokratie von der Autorität sanktioniert wird." (Politica 1294a). Für diese historischen Hinweise habe ich mich der
  grundlegenden Beiträge *E. Ruffinis*, Il principio maggioritario (1927), Neuauflage
  Adelphi, Mailand 1976, und La ragione dei più, Sammlung der Schriften von 1925
  –1927, mit neuer Einleitung wiederveröffentlicht Bologna, Il Mulino, 1977, und der
  breiten, dort zitierten Literatur bedient.
3 Für diese Anmerkungen habe ich mich auch des Werks *F. Galganos*, Il principio di
  maggioranza nelle società personali, Padua, Cedam, 1960, bedient.
4 Zur Analyse und Kritik der Argumente zugunsten der Mehrheitsregel bei einigen
  gegenwärtigen Autoren siehe *W. Fach*, Demokratie und Mehrheitsprinzip, in: Archiv
  für Rechts- und Sozialphilosophie, LXI, 1975, S. 201–222. Siehe auch *B. Leoni*,
  Decisioni politiche e regola di maggioranza, in: Il politico, 1960, Nr. 4, S. 711–722.
5 *H. Kelsen*, Teoria generale del diritto e dello Stato. Mailand, Edizioni die Comunità,
  1952, S. 292.
6 Op. cit., S. 292.
7 Was aus der italienischen Republik einen zumindest formal demokratischen Staat
  macht, ist der Art. 48 der Verfassung, nach dem „alle Bürger, Männer und Frauen,
  wahlberechtigt sind, die die Volljährigkeit erreicht haben".
8 Auf dieses Thema bin ich in dem Artikel „La contrat social aujourd'hui", in: Le
  public et le privé, Istituto di studi filosofici, Rom 1979, S. 62–68 ausführlicher
  eingangen.
9 Op. cit., S. 293.
10 Siehe hierzu *G. Sartori*, Techniche decisionali e sistemi di comitati, in: Rivista
   italiana di scienza politica IV, 1974, S. 22 ff.

11 Ich beziehe mich besonders auf zwei Artikel von *H. McClosky*, The Fallacy of Absolute Majority Rule, in: The Journal of Politics, XI, 1949, S. 637–654. und von *W.
Kendall*, Prolegomena to any Future Work Majority Rule, in: The Journal of Politics,
XII, 1951, S. 694–713, von denen der erste die erste These aufstellt, der zweite zugunsten der entgegengesetzten These argumentiert.

12 „The Constituion and particularly the Bill of Rights is designed to protect individual
citizens and groups against certain decision that a majority of citizens might want to
make even when the majority acts in what it takes to be the general or common
interest". So *R. Dworkin*, Taking Rights Seriously, London, Duckworth, 1977, S.
133.

13 Dieser Satz stammt von Charles Naine und wird bei *J. Martov*, Bolscevismo mondiale,
Turin, Einaudi, 1980, S. 37 zitiert.

14 Op. cit. S. 291.

15 Das Thema Enthaltung ist eines der Themen, die stets die Leidenschaft der Juristen
entfesselt haben wegen der spitzfindigen Kontroversen, die manchmal ihren Zweck in
sich selbst zu haben scheinen und doch bedeutende praktische Auswirkungen haben.
Bibliographische Hinweise zu diesem Thema finden sich in dem Band AA.VV. Il rego-
lamento della Camera dei Deputati, Rom, Camera dei Deputati, 1968, S. 799 ff.

16 Die Gegenthese wurde damals mit gewichtigen und gut begründeten Argumenten von
C. Esposito, La maggioranza nel referendum, in: Giurisprudenza italiana, Teil I, 1.
Abschnitt, 11. Auflage 1946, in einem Kommentar zur am 18. Juni 1946 erlassenen
Anordnung des Kassationshofs verfochten.

Heidrun Abromeit

Mehrheitsprinzip und Föderalismus

Das Mehrheitsprinzip, lange Zeit als das einzige demokratischen Regierungsformen adäquate Entscheidungsprinzip unangefochten akzeptiert, ist un-
vermutet wieder in die Diskussion geraten. Seit verzweifelte Protest- und
Widerstandsaktionen von Bürgerinitiativen — die immerhin z.T. Hundert-
tausende auf die Beine bringen und mit einigem Recht für sich reklamieren
können, „Mehrheit der Betroffenen" zu sein — von Regierungs- und Par-
teienvertretern mit dem Argument beiseitegeschoben werden, daß es sich
hier um Unbotmäßigkeit von Minderheiten handele, deren eigentlich demokratische Staatsbürgerpflicht es sei, sich stillschweigend den im Parlament
gefaßten Mehrheitsbeschlüssen zu unterwerfen; — seither kommen man-
chem Beobachter der Szenerie Zweifel, ob denn wirklich der parlamentarischen Mehrheitsentscheidung, die sich ihrerseits zwar auf Wählermehrheiten, doch im Regelfall auf apathische („schweigende Mehrheit") zurück-
führt, stets und grundsätzlich die im demokratischen Staat nötige Legitimität zukomme. Ein wachsender Teil der Bevölkerung jedenfalls scheint
nicht mehr bereit, diesen Grundsatz ohne weiteres anzuerkennen; die neue
Partei der Grünen streitet mit ihren Konzepten der Basisdemokatie und
der Fundamentalopposition der Parlamentsmehrheit die Herrschaftsbe-
rechtigung ab; Minderheiten, die sich von Mehrheitsbeschlüssen existentiell
betroffen fühlen, ersetzen Unterwerfung durch Widerstand.

Die Geltung des Mehrheitsprinzips lebt aber von der Bereitschaft der
Minderheit, sich der Mehrheit zu fügen. Fehlt diese Bereitschaft, steht mit
der Legitimität und Pazifizierungsfunktion des Mehrheitsprinzips dieses
selbst in Frage. Das bloße Insistieren auf der Mehrheit bringt dann eben
keine Lösung, sondern nur die Verschärfung des Konflikts.

Ist es also an der Zeit, sich nach Alternativen, zumindest nach Ergänzungen zum Mehrheitsprinzip umzusehen? Das Gegenstück zum Mehrheitsprinzip ist das Konsens- oder Einstimmigkeitsprinzip; alle denkbaren
demokratischen Entscheidungssysteme, die nicht auf Mehrheit basieren
— wie Tausch-, Konkordanz- oder föderalistische Systeme — fordern Einstimmigkeit. Diese Entscheidungsverfahren verfügen über den Vorteil, Konsens zu *erzeugen*, nicht ihn, wie das Mehrheitsverfahren, schon vorauszu-
setzen; sie scheinen das Übergehen von Minderheiten und damit Machtmißbrauch auszuschließen. So forderten die Autoren der Federalist Papers
vor 200 Jahren den Föderalismus als notwendige Ergänzung der (Mehr-
heits-)Demokratie[1]; heute fordern Autoren „Dezentrierung, Koordination
und Subsidiarität" als „Grundgerüst für eine alternative politische Organisation"[2].

Nun verfügt die Bundesrepublik bereits über eine föderalistische Struktur. Braucht man also eigentlich gar nichts zu ändern, müßte man nur einige Akzente anders setzen, um die im Zusammenhang mit dem Mehrheitsprinzip jüngst aufgetretenen legitimatorischen Probleme zu entschärfen? Bieten föderale Entscheidungsmodi realiter wirklich eine Alternative und legitimatorische Entlastung?

I. Zur Problematik des Mehrheitsprinzips

1. Das Mehrheitsprinzip als „Notlösung"

Jedes Entscheidungssystem hat sein Für und Wider. So wurde auch das Mehrheitsprinzip kaum je idealisiert, ja seit über 200 Jahren überwog eher die Kritik an ihm. Daß es sich dennoch durchsetzen konnte, liegt offenkundig an seiner Praktikabilität: Die Mehrheitsregel eroberte die demokratisch-parlamentarischen Systeme als brauchbare Notlösung[3].

Sowohl die demokratische Vorstellung von der Identität der Regierenden und Regierten wie das liberale Ideal individueller Freiheit und Selbstbestimmung fordern eigentlich das Einstimmigkeitsprinzip; Abweichungen von ihm sind nur durch die mit ihm verbundenen hohen Entscheidungskosten zu erklären — man einigt sich darauf „not because they will produce ‚better' collective decisions (they will not), but rather because, on balance, the sheer costs involved in reaching decisions unanimously dictates some departure from the ‚ideal' rule."[4] Als optimale Abweichung gilt dabei das Prinzip, Beschlüsse mit einfacher Mehrheit zu fassen. Das garantiert zwar keine pareto-optimalen Ergebnisse, ist aber „entscheidungstechnisch optimal", da es „ein Maximum an Gewißheit darüber, daß überhaupt eine Entscheidung getroffen wird, mit relativ geringen Entscheidungskosten verknüpft."[5]

Der Kosten- und Praktikabilitätsvorteil erhielt erst durch den Versuch seiner Rechtfertigung gegenüber demokratisch-liberalen Idealen die Weihen besonderer Legitimationskraft: In einer Theorie-Variante (Rousseau) ist die empirische Mehrheit nur Indikator für den rationalen Willen der Gesamtheit (volonté générale); die Tatsache, zur Minderheit zu gehören, besagt nicht mehr und nicht weniger, als daß man sich über den eigentlichen Inhalt der volonté générale geirrt hat (wobei indes nicht auszuschließen ist, daß auch die Mehrheit sich hierin irrt. Im letzteren Fall „gibt es keine Freiheit mehr, welche Partei man auch ergreife"[6]). In der liberalen Variante (J. St. Mill u.a.) fließt die Rechtfertigung aus der Unterstellung, daß im Konkurrenzkampf der Meinungen die beste Annäherung an die Wahrheit über das für die Gesamtgesellschaft Richtige in den Köpfen der Mehrheit sich durchsetzen müsse[7]. In beiden Fällen wird das Mehrheitsprinzip nicht mit Argumenten empirischer Interessenrepräsentanz, sondern als Garant bestmöglicher Annäherung an das Vernünftige legitimiert.

2. Die frühe Kritik am Mehrheitsprinzip

Eben das letztere allerdings wurde von der frühen Kritik am Mehrheitsprinzip durchweg angezweifelt. Vor allem die Liberalen selbst blieben skeptisch — zumal seit mit der Ausdehnung des Wahlrechts die Majorisierung des Bürgertums durch die Arbeiterschaft drohte: Seither mehrten sich die Warnungen vor der „Entrechtung" der Minderheiten durch die Mehrheit, vor der „Tyrannei" der Mehrheit, und wurde der „superior force of an interested and overbearing majority"[8] die „wahre Demokratie" entgegengehalten, die auf proportionaler Vertretung aller gesellschaftlichen Gruppen beruhe (so z. B. J. St. Mill, der darum das Mehrheitswahlrecht ablehnte)[9] und mittels der Garantie zureichender Repräsentation der gesellschaftlichen Interessendiversität einen heilsamen Zwang zum Kompromiß ausübe (so der Federalist No. 51). Obwohl also „Demokratie" üblicherweise mit der Mehrheitsregel identifiziert wurde, ging von Anbeginn diese Gleichsetzung einher mit dem Bestreben „to include in the definition some concept of restraint on majorities."[10]

Von konservativer Seite wurde — verständlicherweise — die Berechtigung des Mehrheitsprinzips noch um einiges grundsätzlicher in Frage gestellt, zumal die Kritik sich hier mit der an den anderen demokratischen Prinzipien Gleichheit und Volkssouveränität verband. Die entsprechenden Argumentationszusammenhänge sind bekannt und brauchen nicht im einzelnen wiedergegeben zu werden. Erwähnenswert dagegen ist ein Argument, das von Demokratietheoretikern im Gefolge Schumpeters ebenfalls herangezogen wird und zugleich einen Teil der derzeitigen Kritik an der „Macht der Mehrheit" akkurat wiedergibt — das Argument Carl Schmitts nämlich, daß „die öffentliche Meinung ... im allgemeinen nur von einer aktiven und politisch interessierten Minderheit des Volkes getragen (wird) ... Es ist nun keineswegs demokratisch und wäre überhaupt ein merkwürdiges politisches Prinzip, daß diejenigen, die keinen politischen Willen haben, gegenüber den anderen, die einen solchen Willen haben, entscheiden sollen", woraus zu folgern ist, daß das Mehrheitsprinzip sich nur auf die Interessierten und Sachkundigen beziehen dürfe[11].

3. Funktionsbedingungen des Mehrheitsprinzips[12]

Die intensive Kritik, die das Mehrheitsprinzip von Anbeginn begleitet hat, verweist auf bestimmte Bedingungen, die gegeben sein müssen, um dieses Prinzip erträglich und annehmbar zu machen.

Die wichtigste dieser Bedingungen (und schon von Lohn Locke in seinen Two Treatises of Government als solche benannt) ist das Vorhandensein eines Basis-Konsens, der jeweilige Mehrheit und Minderheit verbindet; er muß sich zum einen auf die Legitimität des Mehrheitsentscheidungsverfahrens selbst erstrecken, zum anderen aber auch ein Minimum an gemeinsamen Rechts- und Wertüberzeugungen umfassen: Die Minderheit muß sicher sein können, daß ihre Grundüberzeugungen von der Mehrheit nicht verletzt werden. Von der demokratietheoretischen Systematik her wäre diese Regel weit schärfer zu fassen, sind doch dann Abstimmungen nichts als der Modus, die (grundsätzlich vorhandene oder schließlich erreichte) Einmütigkeit festzustellen.

Zweitens und in engem Zusammenhang hiermit muß ein Mindestmaß an sozio-ökonomisch-kultureller Homogenität gegeben sein: Jenseits eines bestimmten Schwellenwerts von Interessenheterogenität und Intensität gesellschaftlicher Konfliktlagen ist es Minderheiten nicht zumutbar, sich den von „gegnerischen" Interessen getroffenen Mehrheitsbeschlüssen zu unterwerfen.

Drittens setzt die Anwendung des Mehrheitsprinzips die Abwesenheit struktureller Minderheiten voraus — keine Minderheit wird zur Unterwerfung unter eine Mehrheit bereit sein in „sozialen Verhältnissen, die der Minderheit keine Hoffnung auf das Erringen der Mehrheit lassen"[13]. Desgleichen dürfen Mehrheitsbeschlüsse nicht dazu benutzt werden, zunächst „jeweilige" Minderheitspositionen zu dauerhaften festzuschreiben.

Vierte Bedingung ist annähernde Gleichverteilung der Intensitäten von alternativen Präferenzen: Steht einer Majorität mit schwacher eine Minderheit mit sehr starker Präferenz gegenüber, muß die Anwendung des Mehrheitsprinzips heftige Konflikte hervorrufen[14].

Fünftens muß, gerade weil das Mehrheitsprinzip nach „Jeweiligkeit" und Periodizität verlangt, also die Chance impliziert, daß Minderheiten zur Mehrheit werden, ausgeschlossen sein, daß per Mehrheitsbeschluß langfristig irreversible und unkorrigierbare Entscheidungen getroffen werden — d.h. Entscheidungen, die die Minderheit, wenn sie denn zur Mehrheit aufgestiegen ist, nicht mehr rückgängig machen kann.

Damit sind zwar nicht alle, aber doch die in unserem Zusammenhang wohl wichtigsten Funktionsbedingungen des Mehrheitsprinzips benannt. Während nämlich in den 50er und 60er Jahren, zu Zeiten von Wirtschaftswunder und stetigem Wohlstandswachstum, ein Basiskonsens und Homogenität durchaus unterstellt werden konnten, während im Zeichen des Sozialstaats praktisch alle gesellschaftlichen Interessen im gemeinsamen Status quo-Interesse sich zusammenfanden, ist das Vorliegen der betreffenden Bedingungen heute in Frage zu stellen. Mit der bei der „postmaterialistischen Intelligenz der Nachkriegsgeneration" einsetzenden Wertverschiebung schwindet der Basiskonsens; zwischen ökonomischer und ökologischer Orientierung tut sich eine neue Konfliktdimension auf, die bisher kaum überbrückbar scheint; gleichzeitig sieht die „ökologische Opposition" sich in der Situation einer strukturellen Minderheit — aber einer Minderheit mit hoch intensiven Präferenzen, da sie sich von bestimmten Mehrheitsentscheidungen (wie Bau von Kernkraftwerken oder Nachrüstung), die noch dazu z.T. irreversiblen Charakter haben, existentiell bedroht fühlt. Mit dem Auftauchen der ökologischen Opposition ist demnach die Mehrheitsdemokratie in der Bundesrepublik an einem kritischen Punkt angelangt, der erneut über den Schutz der Minderheit nachzudenken zwingt, will man sie nicht auf die Alternative Widerstand oder Auswandern verweisen.

4. Mehrheit und Minderheit in der Konkurrenzdemokratie

Eigentlich sollte die Mehrheitsregel selbst schon einen Minimalschutz für die Minderheit implizieren — schließlich setzt „das Recht der Majorität die Existenzberechtigung einer Minorität voraus."[15] Von einer Herrschaft der Mehrheit über die Minderheit — so Hans Kelsen — könne zumindest in parlamentarischen Regierungssystemen keine Rede sein, weil sich dort der nach Majoritätsprinzip gebildete Gemeinschaftswille „gar nicht als Diktat der Majorität gegen die Minorität, sondern als Ergebnis der gegenseitigen Beeinflussung beider Gruppen ... ergibt."[16] Die „dialektisch-kontradiktorischen" parlamentarischen Verfahren erzwängen „einen langen Prozeß der Willensbildung, in welchem mit der Minderheit nach Kompromissen und Konsens gesucht wird", weshalb man „in der realen Demokratie" das Mehrheitsprinzip ohnehin „besser als das Majoritäts-Minoritätsprinzip" bezeichnen solle[17].

Da der heilsame Zwang zum Kompromiß um so größer ist, je zahlreicher die am Zustandekommen der Mehrheit beteiligten Gruppen sind, folgert Kelsen, „daß das Prinzip der qualifizierten Majorität ... eine noch größere Annäherung an die Freiheit, weil eine gewisse Tendenz zur Einstimmigkeit in der Gemeinschaftswillensbildung bedeuten kann."[18] In dieser Argumentation liegt indes, systematisch betrachtet, schon eine Abkehr vom Mehrheitsprinzip als solchem und drückt sich heimlicher Zweifel daran aus, ob es tatsächlich im eben beschriebenen Sinn optimal funktioniere. Vor allem ist damit anerkannt, daß eine der wesentlichen Funktionsbedingungen des Mehrheitsprinzips, die grundsätzliche Homogenität der Entscheidungsbeteiligten/-unterworfenen, realiter nicht gegeben ist; Carl Schmitt folgert daraus (in gewohnter Überspitzung), daß die einzig sinnvolle Konsequenz aus diesem Befund nicht die Anreicherung der Mehrheitsentscheidungsverfahren mit Quoren, sondern die „Anerkennung des Rechts auf Exodus und Sezession" sei[19].

Ohnehin aber sind die Suche nach möglichst großen Mehrheiten wie der Zwang zum Kompromiß gerade *nicht* Charakteristika des für Parteienstaat und Konkurrenzdemokratie typischen Entscheidungssystems. Der Grundsatz, daß Mehrheitsentscheidungen, die den parlamentarischen Diskussionsprozeß durchlaufen haben, quasi systemnotwendig die Züge von Kompromissen mit der Minderheit tragen müßten, ist hinfällig, seit fest organisierte Parteien mittels Fraktionsdisziplin dafür sorgen, daß im Parlament Entscheidungen von Regierung bzw. Mehrheitspartei sanktioniert werden; Abstimmen, nicht gegenseitiges Überzeugen ist Aufgabe der Parlamentarier. So überflüssig Versuche erscheinen, mit der Minderheit zum Kompromiß zu kommen, so irrational ist für Konkurrenzparteien die Suche nach großen Mehrheiten. Je größer die Mehrheit, desto umständlicher und langwieriger werden Einigungsprozesse, desto höher steigen die Entscheidungskosten; folglich ist die „minimale Gewinnkoalition"[20], ist das Erreichen von genau 51 % und nicht mehr, die einzig rationale Parteienstrategie. Die Minderheitspartei, weit davon entfernt, sich unterdrückt zu fühlen, tröstet sich mit der Erwartung, bei der nächsten Wahl ihrerseits (knappe) Mehrheit werden zu können.

Das Problem ist, daß sich dieses Spiel kompromißfreier Mehrheits-
politik (das sich in Reinkultur übrigens in den britischen „adversary politics" darstellt) auf der Ebene der Repräsentanten abspielt, die sich im Normalfall von relativ uninformierten, apathischen Bevölkerungsmehrheiten
wählen lassen. Schon seit langem wird zu Recht kritisiert, daß die Konkurrenzparteien und folglich die Repräsentanten von der Basis abgehoben
seien und die nötige Responsivität gegenüber Problemlagen in der Bevölkerung vermissen ließen. Das Wechselspiel von Mehrheit und Minderheit
in der parlamentarischen Konkurrenzdemokratie schließt demnach nicht
aus, daß sich in nennenswertem Umfang Basis-Bedürfnisse in der Position
der dauerhaften, „strukturellen Minderheit" befinden.

II. Der Föderalismus als alternatives Prinzip

Nun stimmt das hier gezeichnete Bild für die Parteiendemokratie in der
Bundesrepublik deshalb nicht, weil Mehrheiten hier durchaus mit einem
Zwang zum Kompromiß zu rechnen haben: Die BRD ist föderalistisch
strukturiert, d.h. das Mehrheitsprinzip mischt sich hier mit einem anders-
artigen Entscheidungssystem.

1. Funktionen des Föderalismus

Sinn und Zweck föderalistischer Arrangements ist es, staatliche Einheit
und staatliche Entscheidungen auch bei gesellschaftlicher *Heterogenität*
sicherzustellen. Während im traditionellen Verständnis von Föderalismus
dessen Hauptaufgabe in der Integration zunächst selbständiger, ethnisch,
kulturell, religiös oder sonst unterschiedlicher Einheiten zu einem Gesamtstaat gesehen wurde, hat sich in heutiger Sicht der Akzent von solchen In-
tegrationsprozessen verschoben auf die Funktionen, die föderalistische
Formen im Gesamtstaat (dem somit die Priorität zugesprochen wird) zu
erfüllen haben.
    Diese Funktionen (über die in der Literatur weitgehend Einigkeit
herrscht) sind schnell aufgezählt[21]:
1. vertikale Gewaltenteilung, als Komplement zur horizontalen Gewaltenteilung im parlamentarischen Regierungssystem;
2. Minderheitenschutz und, damit eng verknüpft, parteipolitischer Spannungsausgleich. Die Aufteilung staatlicher Macht auf teilautonome Gebietskörperschaften ermöglicht der gesamtstaatlichen Minderheit (Opposition) teilstaatliche Machtausübung;
3. erhöhte Realisierungschancen demokratischer Werte, i.S. vermehrter
   Partizipationsmöglichkeiten der Bevölkerung und verbesserter Durch-
   setzungschancen ihrer (regional differenzierten) Interessen;
4. Entlastung der gesamtstaatlichen Entscheidungszentren durch Verlagerung von Aufgaben und Konflikten auf die regionalen Einheiten,
   aber auch durch Kanalisierung von Unzufriedenheit mit der Zentral-
   regierung;

5. Status quo-Sicherung und Verhinderung radikaler Politikwechsel durch
   den institutionalisierten Zwang zum Kompromiß bzw. durch Ausstat-
   tung bestimmter Gruppen/Einheiten/Organe mit Vetomacht.

Damit erscheint der Föderalismus in zweierlei Hinsicht als Alternative zum
Mehrheitsprinzip: Zum einen gehört das, was dem reinen Mehrheits-Entscheidungssystem gerade fehlt, nämlich der Zwang zur Mitberücksichti-
gung von Minderheitenpositionen, zu seinem innersten Wesen; auf Heterogenität aufbauend, verbietet er, jedenfalls auf der *gesamtstaatlichen* Ebene, ein Übergehen der Minderheit durch die gesamtstaatliche Mehrheit und
erzwingt stattdessen mit allerlei institutionellen Regelungen das Aushandeln von Kompromissen. Zum zweiten, und hier fallen Minderheitenschutz
und Staatsentlastung ineins, baut er auf dem Grundsatz auf, daß alle hoch-
konfliktären Politikbereiche – die Bereiche also, in denen die gesellschaftliche Diversität, die ursprünglich schon die föderalistische Lösung begründete, voll durchschlägt – aus der Regelungskompetenz der gesamtstaatlichen Entscheidungsorgane ausgeklammert bleiben.

2. Das Einstimmigkeitsprinzip

Das föderalistische Entscheidungssystem sieht demnach – idealtypisch –
entweder Einstimmigkeit oder Nicht-Entscheidung vor, wobei mit Nicht-
Entscheidung nicht zufälliges Versagen des Einigungsprozesses gemeint ist,
sondern absichtliches Nicht-Befassen. In der ökonomischen Theorie des
Föderalismus wird dieses Entscheidungssystem folgendermaßen formali-
siert: Über öffentliche Güter, für die im Gesamtstaat Einstimmigkeit zu
erzielen ist, wird von den Bundesorganen entschieden; Güter betreffend,
für die auf dieser Ebene keine Einstimmigkeit zu erzielen ist, wird die Entscheidung auf die Länderebene verlagert; über Güter wiederum, für die auch
auf Länderebene keine Einstimmigkeit zu erzielen ist, müßte dann logischer-
weise auf lokaler Ebene entschieden werden. Jede staatliche Ebene also soll
nur über die Fragen entscheiden (bzw. die öffentlichen Güter erstellen), für
die auf dieser Ebene Einstimmigkeit herrscht, was zugleich eine der Bedingungen des Pareto-Optimums ist – „Mir scheint, daß in einer heterogenen Gesellschaft der Föderalismus ... der einzige Weg (ist), ein Pareto-Optimum zu realisieren."[22]
    Das Prinzip erscheint auf den ersten Blick bestechend; mit seiner Rea-
lisierung scheint das Problem des Übergehens interessierter Minderheiten
gelöst, ohne zugleich das andere Problem heraufzubeschwören, daß die
Minderheit mittels ihrer Vetomacht der Mehrheit ihren Willen aufzwingt
bzw. Entscheidungen überhaupt verhindert – die Entscheidungen werden
ja nur auf jeweils andere Entscheidungsebenen verlagert. Gleichwohl hat
dieses Prinzip schon unter idealen Bedingungen den gravierenden Nachteil
erheblichen Zeitbedarfs und damit auch hoher Kosten der Entscheidungsprozesse. Bevor nämlich „ausgeklammert" und verlagert werden kann, muß
ja erst einmal festgestellt werden, ob oder ob nicht (oder ob nicht mehr
oder ob inzwischen doch) für den jeweiligen Entscheidungsgegenstand auf
der jeweiligen Entscheidungsebene Einstimmigkeit zu erzielen ist; und da
man sich den Entscheidungsprozeß mindestens 3-stufig wird vorstellen müs-

sen (Bund-Länder-Gemeinden), kommen auf diese Weise zeitraubende Entscheidungsketten zustande, an deren Ende schließlich doch, ganz ungewollt, die *zufällige* Nichtentscheidung, also das Versagen des Entscheidungsprozesses stehen kann.

3. Das Homogenitätsproblem

Die optimale Lösung bei konfliktären Politikbereichen, so verheißt die Föderalismus-Theorie, „is to find ways by which these policies can be made by smaller groups of like-minded people"[23]. Gerade hierin aber, in der Unterstellung größerer Homogenität auf der Ebene der Region, liegt das entscheidende Problem, sobald man von den idealen Modellbedingungen abgeht. Die Realität moderner industrieller Gesellschaften ist im Regelfall gerade *nicht* durch eine primär regionale Verteilung der Konflikte gekennzeichnet; vor allem der klassische Verteilungs- und industrielle Herrschaftskonflikt zieht sich bis in die unterste lokale Ebene hindurch, ja ist auf dieser sogar von besonderer Virulenz.

Die ökonomische Theorie des Föderalismus setzt zwar die „ideale föderative Struktur" einer Zusammenfassung homogener Bevölkerungsgruppen in der regionalen Gliederung nicht immer voraus, erwartet aber zumindest eine Entwicklung hin zu diesem Idealzustand: Die modellnotwendigen homogenen föderativen Gruppen seien durch Umschichtungen einer mobilen Bevölkerung zu erreichen, durch ein „voting by feet" gewissermaßen bzw., in den Termini von Albert Hirschman, mittels Ersetzung der eigentlich politischen Variante „voice" durch die (ökonomische) Variante „exit". Die unterstellten Wanderungsbewegungen, in denen jeder sich aufmacht, den Wohnort zu suchen, in dem er die für ihn günstigsten Bedingungen vorfindet, sind indes nicht nur unrealistisch (hauptsächlich wegen der damit verbundenen Informations- und Kostenprobleme), sondern würden, wenn sie denn stattfänden, mit einiger Wahrscheinlichkeit zu so kleinen Gruppengrößen führen, daß die gemeinsam gewünschten öffentlichen Güter nicht mehr erstellt werden können. Eine weitere wahrscheinliche Folge wäre eine „Segregation nach Einkommen"[24], also eine Ausdifferenzierung reicher und armer Kommunen, bei krasser Ungleichheit zwischen solchen Gemeinden, was sozial kaum wünschbar sein kann und notwendigerweise Spannungen und neue Konflikte produziert. Kurz: die per „voting by feet" herbeigeführte „Idealstruktur" homogener Gruppen wäre extrem instabil.

4. Mehrheit und Minderheit im Föderalismus

Das von der ökonomischen Föderalismustheorie erwartete „Wandern" wäre naturgemäß die Strategie der jeweiligen lokalen/regionalen Minderheiten. Stimmt aber die Mobilitätshypothese nicht, ist folglich die Annahme der Homogenität auf regionaler Ebene irreal, so ist auch die Vermutung nicht mehr zwingend, daß der Föderalismus das geeignete Mittel zum Schutz von Minderheitsrechten wäre. Korrekter: föderalistische Strukturen schützen in der Tat keine anderen als regional konzentrierte Minderheiten — d.h. aber Gruppen, die auf regionaler Ebene ihrerseits Mehrheiten sind.

Die Position des Föderalismus im Hinblick auf das Minderheitenproblem ist also zumindest ambivalent: Zwar erlaubt er (1.), daß jedenfalls die parteimäßig organisierte gesamtstaatliche Minderheit (Opposition) auf einzelstaatlicher Ebene sowie in der in Bundesstaaten üblichen und notwendigen Zweiten Kammer zu ihrem Recht kommt, und bewirkt insofern einen gewissen parteipolitischen Spannungsausgleich, der durchaus konsensfördernd sein kann. Derselbe föderalistische Mechanismus, der dieses erfreuliche Ergebnis ermöglicht, kann allerdings (2.) gesamtstaatliche (und regional konzentrierte) Minderheiten mit einer Vetomacht ausstatten, die entweder Entscheidungen überhaupt verhindert oder zu permanenter Vergewaltigung der Mehrheit durch die Minderheit führt[25]. Drittens schließlich, und hier liegt wohl das entscheidende Problem, basiert der gesamtstaatliche Minoritätenschutz auf einzelstaatlicher Mehrheitsherrschaft. Schon in den Federalist Papers wird implizit davor gewarnt, daß in den Einzelstaaten, in denen die Interessen weniger vielfältig seien als im gesamten Bund, „interested majorities" dazu neigen könnten, die gleichwohl auch dort vorhandenen Minderheiten zu unterdrücken[26]; heute läßt sich am selben Beispiel USA ablesen, daß föderative Strukturen auf regionaler Ebene gerade nicht notwendigerweise ein Mehr an Freiheit, sondern umgekehrt „local tyranny" ermöglichen[27]. Die Lage der Neger in den Südstaaten der USA verweist darauf, daß das föderalistische Prinzip der Repräsentation nur der jeweiligen regionalen *Mehrheit* auf Bundesebene eben deren Herrschaft zumal über strukturelle regionale Minderheiten stabilisiert.

Der Föderalismus bietet somit keine Lösung für das Problem der „minorities within minorities"[28], ein Problem, das dadurch verschärft wird, daß es sich bei ihnen in der Tat mit hoher Wahrscheinlichkeit um strukturelle Minderheiten handelt. Regionale Autonomie basiert ja gerade darauf, daß die regionale Mehrheit sich durch traditionelle, im Zeitablauf stabile, andere Konflikte partiell überlagernde Gemeinsamkeiten geeint fühlt; — um so bitterer für die dortige Minderheit, die, gewissermaßen in der Diaspora lebend, keine Chance hat, zur Mehrheit zu werden.

Und schließlich gilt für bestehende föderalistische Strukturen das gleiche, was schon für das Entscheidungssystem der Konkurrenzdemokratie angemerkt wurde: Die entscheidenden Mehrheiten finden sich im Regelfall auf der Ebene der Repräsentanten. Auch der Föderalismus bietet keine Gewähr dagegen, daß bestimmte *Basis*-Bedürfnisse sich in dauerhafte Minderheitenpositionen gedrängt sehen.

III. Der Föderalismus in der Praxis der BRD

Das föderalistische Entscheidungssystem präsentiert sich demnach nur sehr bedingt als Alternative zum Mehrheitsprinzip; eher erscheint es als bloße Modifikation, indem nämlich die Mehrheits-Minderheitsproblematik lediglich auf andere Ebenen verlagert wird. Noch weniger kann es als Alternative gelten im Parteistaat, wenn auf Bundes- wie Länderebene die gleichen Parteien das politische Geschehen bestimmen. Welche Resultate sich daraus ergeben, soll im folgenden anhand des bundesdeutschen Beispiels skizziert werden.

1. „Kooperativer Föderalismus" oder die Umgehung des Einstimmigkeitsprinzips

Zuvor allerdings ist darauf hinzuweisen, daß ohnehin der Föderalismus der Bundesrepublik sich seit geraumer Zeit das Prädikat „kooperativ" zugelegt hat. Von Anbeginn schon hatte das föderalistische Prinzip, Entscheidungsmaterien auf die Länder zu verlagern, einen Koordinierungsbedarf erzeugt, der seinerseits die Frage provozieren mußte, ob in der Bundesrepublik die soziokulturellen Differenzen, die üblicherweise Ursache und Basis föderativer Systeme sind, denn wirklich größer seien als die Gemeinsamkeiten. Der Koordinierungsbedarf führte zum Aufbau eines im Lauf der Zeit immer dichter werdenden, formellen wie informellen Institutionen- und Beziehungsgefüges, das von Staatsrechtlern gern als „Dritte Ebene" charakterisiert und, da von der zweigliedrig konzipierten bundesstaatlichen Verfassung nicht vorgesehen, gelegentlich als verfassungs- und systemwidrig angegriffen wird. Immerhin ist diese „Dritte Ebene" der Selbstkoordination der Länder in Fachministerkonferenzen und der Bund-Länder-Koordination in gemeinsamen Ausschüssen usw. noch durch das klassisch-föderalistische Entscheidungsverfahren geprägt, das 1. Einstimmigkeit vorsieht und 2. selbst bei Einstimmigkeit die gemeinsamen Beschlüsse so lange unverbindlich beläßt, wie sie nicht durch die lt. Verfassung jeweils zuständigen Organe, namentlich durch die Landesparlamente, ratifiziert worden sind.

Diese Art der Koordination, bei der naturgemäß der Langsamste das Tempo bestimmt, wird seit langem als nicht mehr ausreichend empfunden. Hatten grundsätzlich schon Wirtschaftswunder und sozialstaatliche Entwicklung die verbliebenen Reste „landsmannschaftlicher" Besonderheiten dem Postulat der „Einheitlichkeit der Lebensverhältnisse" gegenüber kontinuierlich an Bedeutung verlieren lassen, so erschien spätestens mit der Rezession Mitte der 60er Jahre Einheitlichkeit des Handelns als das Gebot der Stunde. In der Folge wurde mit dem Institut der Gemeinschaftsaufgaben die bislang extrakonstitutionelle „Dritte Ebene" partiell in die Verfassung hereingeholt (Art. 91a GG) und wurden vor allem, ebenfalls verfassungsrechtlich abgesichert, Abweichungen vom föderalistischen Einstimmigkeitsprinzip zugelassen: Die zur Durchführung der Gemeinschaftsaufgaben einzurichtenden Planungsausschüsse entscheiden mit Dreiviertelmehrheit, und zur Koordinierung der Konjunktur- und Fiskalpolitik reicht, da sie nun per (zustimmungsbedürftigem) Bundesgesetz erfolgt (Art. 109 GG), sogar die einfache Mehrheit.

Beide Varianten der Umgehung des Einstimmigkeitsprinzips höhlen die föderalistische Struktur aus und gehen ihr letztlich an den Lebensnerv, die eine durch administrative Politikverflechtung, die andere durch legislative Unitarisierung. Die letztere muß dabei sowohl als die typischere als auch in unserem Zusammenhang als die problematischere Variante gelten. Möglich wurde sie durch extensive Nutzung des ohnehin umfassenden Ge-

genstandskatalogs der konkurrierenden Gesetzgebung (Art. 74 GG) durch den Bund, was dazu führte, daß Entscheidungsmaterien, die vormals Sache der Länder waren, nun beim Bund konzentriert sind. Dieser Prozeß aber hat die entscheidungssystematische Konsequenz, daß föderalistische Prinzipien von den Spielregeln der Konkurrenzdemokratie eingeholt werden.

2. *Unitarisierung durch Parteienkonkurrenz*

Die Parteienkonkurrenz ist ohnehin der entscheidende Faktor, wenn es um bundesstaatliche Realitäten geht. Riker hat die These aufgestellt, daß die spezifische – eher dezentrale oder zentralistische – Ausprägung eines föderativen Systems, ja letztlich seine Überlebenschance *als* föderatives System, vom Zentralisierungsgrad des Parteiensystems abhänge[29] – eine These, die sich nicht nur mit der Entwicklung der Bundesrepublik illustrieren läßt. Landespolitiker sind schließlich zugleich Parteipolitiker, d.h. Landesinteressen werden von den Parteien definiert. Je zentralisierter daher das Parteiensystem, desto einheitlicher müssen, über kurz oder lang, die Interessen der von Politikern der gleichen Partei regierten Länder werden, und desto leichter fällt dann z.B. auch die (informelle) Selbstkoordination der Länder gleicher parteipolitischer Couleur. Die Entwicklung der Bundesrepublik zum „unitarischen Bundesstaat" (Konrad Hesse) ist demnach (u.a.) ein Reflex auf den Konzentrations- und Zentralisierungsprozeß im westdeutschen Parteiensystem.

Diese Entwicklung hat übrigens Carl Schmitt Ende der 20er Jahre vorausgesehen: Im Maße des Vordringens der (Parteien-)Demokratie müsse die politische Selbständigkeit von Gliedstaaten sich verringern; die Verbindung von Demokratie und Bundesstaat führe zum „Bundesstaat ohne bündische Grundlage"[30]. Im Sog des Stimmenmaximierungsprinzips müssen Parteien, die ursprünglich regionale Besonderheiten, also gesamtstaatliche Minderheiten repräsentierten, entweder Erfolgsaussicht und Existenz oder aber ihre regionsspezifische Interessenprägung aufgeben – es sei denn, sie verfallen auf die glückliche Idee, sich mit einer bundesweit als Volkspartei organisierten „Schwesterpartei" zusammenzutun. Wenn aber regionale Differenzen sich nicht mehr im Parteiensystem abbilden, haben sie keine Relevanz für die politische Willensbildung, und das wiederum beeinträchtigt die Erfüllung der Föderalismus-Funktion „Minderheitenschutz".

Interessanterweise wird der beschriebene Unitarisierungsprozeß durch die Existenz eines Verfassungsorgans noch besonders gefördert, das häufig fälschlich für ein Organ zur Vertretung von Länderinteressen gehalten wird. Der Bundesrat als quasi-Zweite Kammer ist in der Bundesgesetzgebung in dem Maß wichtiger geworden, in dem der Bund Zuständigkeiten aus der konkurrierenden Gesetzgebung an sich zog. Daß in den betreffenden Gesetzgebungsmaterien Gesetze im Regelfall zustimmungspflichtig wurden, also des Placets des Bundesrats bedurften, wird gelegentlich als eine Art Trostpflaster für die Länder oder sogar als Stärkung der föderativen Struktur der Bundesrepublik gewertet[31], hat aber faktisch eher die umgekehrte Wirkung. Denn mit zunehmender Wichtigkeit des Bundesrats in der Bundespolitik zieht er naturgemäß das Interesse der Parteien auf sich, die nun versuchen, seine parteimäßige Zusammensetzung zu beeinflussen, mit der Folge, daß Landtagswahlen zunehmend bundespolitisch dominiert, gewissermaßen zu „Bundesratswahlen" werden[32]. Damit fällt ein weiteres Stück politisch relevanter regionaler Besonderheit der gesamtstaatlichen Parteienkonkurrenz zum Opfer.

3. Bundesrat und „Allparteienkoalitionen"

Es gehört indes zu den Eigentümlichkeiten der Zwitter-Konstruktion Bundesrat, daß er die Funktionsweise nicht nur des föderalistischen Systems, sondern auch der Parteienkonkurrenz beeinträchtigt. So gründet Lehmbruch seine These von der Unvereinbarkeit von Bundes- und Parteienstaatlichkeit[33] eben darauf, daß der Einbau des Bundesrats in den gesamtstaatlichen Gesetzgebungsprozeß das der Konkurrenzdemokratie zugehörige Mehrheits-Entscheidungssystem aufhebe und praktisch „Allparteienkoalitionen" erzwinge. Nicht fehlender Minderheitenschutz konstituiere demnach die gegenwärtigen Legitimationsprobleme, sondern umgekehrt ein Zuviel an Mitwirkungsrechten der Minderheitspartei: Die Legitimationskraft des parlamentarischen Parteienwettbewerbs gehe verloren, weil „es den Wählern zunehmend schwerfallen wird, sich mit einem Parteiensystem zu identifizieren, das hinter einer Fassade von Konkurrenz faktisch als widerwillig durchgehaltene Große Koalition funktioniert."[34]

In der Tat agierte während der Regierungszeit der sozialliberalen Koalition der Bundesrat ganz explizit als Oppositionsinstrument[35] und verwies die Union mit einigem Stolz darauf, „daß die CDU/CSU-Mehrheit im Bundesrat bei einer Reihe politisch bedeutsamer Gesetze im Vermittlungsverfahren grundlegende Verbesserungen erreicht hat"[36]. Wichtige Reformprojekte der Regierung wurden namentlich in der Arbeit des Vermittlungsausschusses z. T. bis zur Unkenntlichkeit verwässert, was bei den Regierungsparteien zu erheblichen Profil- und Vertrauensverlusten und insgesamt zu einer Verwischung von Verantwortlichkeiten führte, die weder Erfolge noch Mißerfolge zurechenbar erscheinen ließ. Begünstigt war dadurch einseitig die Opposition: Sie konnte zunächst Erfolge der Regierungspolitik verhindern und ist nun, selbst zur Regierung geworden, in der Lage, auf die erschreckende „Erblast" zu verweisen.

Obwohl diese Tendenz, die Opposition zum „stillen Teilhaber der Regierung" (Scheuner)[37] zu machen, der Glaubwürdigkeit des parteienstaatlich-parlamentarischen Systems nicht eben förderlich ist, kann daraus noch nicht auf Unvereinbarkeiten zwischen Bundes- und Parteienstaat geschlossen werden. Die gleiche Wirkung, ein Mindestmaß an Allparteienkonsens zu erzwingen, hat *jedes* Zweikammersystem, in dem die Zweite Kammer mit wirklicher politischer Macht ausgestattet ist, hat jedes System von „checks and balances", die ja schließlich just zu dem Zweck konstruiert wurden, die Umsetzung des jeweiligen Mehrheitswillens zu behindern und die Gefahr einer „Mehrheitstyrannei" abzuschwächen. Entsprechende Konstruktionen gibt es, mehr oder weniger ausgeprägt, in der Mehrzahl der parlamentarischen (und präsidentiellen) Regierungssysteme, nicht nur in Bundesstaaten; es erscheint müßig, ein Prinzip, das Wegbereiter und Verfechter des demokratisch-parlamentarischen Systems von Anbeginn als eine im Interesse des Minderheitenschutzes notwendige Ergänzung desselben ansahen, nun für mit eben diesem System unvereinbar zu erklären.

In der Bundesrepublik allerdings erfährt dieses Prinzip eine ganz spezifische Ausprägung insofern, als es bisher nur einseitig wirkt. Noch nie nämlich ist es der SPD gelungen, eine Mehrheit im Bundesrat zu erlangen. Folglich schützt der vom Bundesrat ausgehende Zwang zum Kompromiß nicht die *jeweilige* parteipolitische Minderheit, sondern eine bestimmte. Nicht umsonst wurde die Parteipolitisierung des Bundesrats, die faktisch lange schon besteht, erst während der Regierungszeit der sozialliberalen Koalition in den Rang eines verfassungspolitischen Problems erhoben. Mehrheitsherrschaft wird also durch den Bundesrat nicht grundsätzlich behindert: nur die Herrschaft einer ganz bestimmten Mehrheit. Statt wirklichen Minderheitenschutz zu bieten, verstärkt er damit letztlich die (auf das Gesamt der Bundesrepublik bezogen) tendenziell gegebene strukturelle Minderheitenposition der SPD.

4. *Verschärfung oder Entschärfung der Konsensprobleme?*

Im Endeffekt hat die im Regierungssystem der Bundesrepublik vorliegende Mischung von konkurrenzdemokratischem und föderalistischem Entscheidungssystem weder der Konkurrenzdemokratie noch dem Föderalismus gutgetan. So verhindert der vom gesamtstaatlichen Parteienwettbewerb ausgehende Sog die Erfüllung wesentlicher Föderalismus-Funktionen: Die Funktionen vertikaler Gewaltenteilung sowie vermehrter Partizipationschancen laufen mangels inhaltlicher Gestaltungsmöglichkeiten leer; die Entlastungsfunktion durch Verlagerung konfliktärer Entscheidungsbereiche auf die Regionen ist durch allumfassende bundes-parteipolitische Präsenz beeinträchtigt oder wird dem neuen Prinzip des „kooperativen Föderalismus" geopfert; die Funktion des Minderheitenschutzes ist auf die des einseitigen Schutzes bestimmter Oppositionsparteien auf Bundesebene reduziert. Der föderativen Struktur scheint demnach die eigentliche raison d'être weitgehend entzogen; damit fehlt es dem Föderalismus der BRD an legitimatorischer Leistungsfähigkeit.

Er taugt damit nicht nur nicht zu legitimatorischer Entlastung der Mehrheitsdemokratie, sondern beeinträchtigt seinerseits deren Legitimationskraft, indem zumindest zeitweise bundesstaatliche Mechanismen politische Verantwortlichkeit und parlamentarisch-demokratische Zurechenbarkeit verdunkeln. So erzeugt die Mischung beider Entscheidungssysteme mit der Erschwerung eigenständiger, alternativer Politikgestaltung in den Regionen und mit der Tendenz zur Politik des kleinsten gemeinsamen Nenners im Bund neue Frustrationen und zusätzliche Legitimationsprobleme.

Schon gar nicht hilft diese Mischung den Minderheiten der „Betroffenen", die seit einiger Zeit vor allem auf Länderebene gegen Mehrheitsbeschlüsse aufbegehren. Denn erstens sind diese Minderheiten nicht so regional konzentriert, daß sie in einem Land die Mehrheit zu stellen vermöchten — Brokdorf, Kalkar, Wyhl oder die Startbahn West liegen eben nicht im selben Land, Umweltprobleme treten in Gemengelage in allen Ländern auf. Zum zweiten funktioniert der föderalistische Entlastungsmechanismus in zwei Richtungen und im Zweifelsfall zuungunsten der Betroffenen-Gruppe. Wie das Schicksal des Volksbegehrens gegen die Startbahn-West zeigt, können starke regionale Minderheiten im Notfall mit dem Verweis auf übergeordnete Zuständigkeiten des Bundes abgewiesen werden, d.h. die vor allem mit der Entwicklung des kooperativen Föderalismus sich ausbreitende Mixtur von Kompetenzen erweist sich als beidseitig nutzbares Instrument, politischem Erwartungsdruck aus der Bevölkerung wirksam zu begegnen. Drittens schließlich ist zum wiederholten Mal daran zu erinnern, daß föderalistische Strukturen per se nichts ändern am Problem mangelnder Responsivität der Parteien, der Abgehobenheit der Repräsentanten von der Basis. Die dort bestehenden Bedürfnisse fallen, wie es scheint, allemal durch's Netz.

IV. Auf dem Weg zur Konkordanzdemokratie?

In einer etwas überspitzten Formulierung könnte man die Bundesrepublik kennzeichnen als ein asymmetrisches Konkordanzsystem ohne plebiszitäres Ventil: Im Falle einer SPD-geführten Regierung sind alle relevanten Parteien und die in ihnen vertretenen Interessen am staatlichen Entscheidungsprozeß beteiligt, im Falle von Unions-geführten Regierungen nicht unbedingt.

Franz Lehner, der die faktischen Auswirkungen des theoretisch zunächst so überzeugenden Konzepts föderalistischer Dezentralisierung in modernen Industriegesellschaften ebenfalls kritisch beurteilt (wenngleich weniger im Hinblick auf Konsensprobleme als auf die Steuerungskapazität des politischen Systems)[38], sieht aber gerade das Konkordanzsystem als einzig brauchbaren Ausweg aus den diversen Dilemmata derzeitiger Regierungen an. Am Beispiel der Schweiz versucht er darzulegen, daß nur die Konkordanzdemokratie, in der Entscheidungen nicht nach dem Mehrheitsprinzip gefällt, sondern zwischen den beteiligten Interessen als Kompromisse ausgehandelt werden, den mit wachsendem Steuerungsbedarf in ausdifferenzierten und hochorganisierten Gesellschaften im gleichen Maß wachsenden Konsensbedarf befriedigen könne[39]. Zwar seien die reinen Entscheidungs*findungs*kosten bei diesem dem Einstimmigkeitsprinzip angenäherten Entscheidungssystem relativ hoch; zum Ausgleich seien aber die externen Kosten der einmal getroffenen Entscheidung sehr gering, so daß die *gesamten* Entscheidungskosten keinesfalls höher seien als die der Konkurrenzdemokratie, deren Prinzip der minimalen Gewinnkoalition ständig hohe externe Kosten produziere. Dem föderalistischen Entscheidungssystem ist das Konkordanzsystem damit verwandt, doch fehlt ihm die heute zunehmend unrealistische Unterstellung, relevante Interessen seien regional konzentriert.

Dagegen ist im Konkordanzsystem unterstellt, daß jedes potentiell entscheidungsbetroffene Interesse sich auch tatsächlich an der Entscheidung beteiligen kann, also irgendwie im politischen System abgebildet wird. Da nicht alle Interessen im gleichen Maß organisationsfähig und -willig sind und zumal neu entstehende Problemlagen von den bestehenden politischen Organisationen üblicherweise lange vernachlässigt werden, da überhaupt das Repräsentationsprinzip in der Praxis zu unzureichender Problemrepräsentanz tendiert, bedarf die Konkordanzdemokratie darum des plebiszitären Korrektivs (das mit dem Referendum in der Schweiz in der Tat gegeben ist)[40]. Fehlt dieses Korrektiv, funktioniert sie als geschlossenes Elitenkartell, von dem nicht nur Minderheits-, sondern schließlich auch Mehrheitsinteressen sich vernachlässigt fühlen können und das mangels organisierter Opposition nahezu zwangsläufig Protestbewegungen provozieren muß. Konsens erzeugt ein solches politisches System nicht mehr in der Bevölkerung, sondern, von dieser abgehoben, nur noch in sich selbst, und das in ihm geltende Einstimmigkeitsprinzip schützt nur noch die Minderheit der Herrschenden.

Anmerkungen

1 Vgl. bes. Federalist No. 51.
2 Gerda Zellentin/Günther Nonnenmacher: Abschied vom Leviathan, Hamburg 1979, S. 158.
3 „Das Mehrheitsprinzip ist … keine Legitimierungsweise, sondern eine Verlegenheitslösung". Niklas Luhmann: Legitimation durch Verfahren, Neuwied/Berlin 1969, S. 196.
4 James M. Buchanan/Gordon Tullock: The Calculus of Consent, Ann Arbor 1965, S. 96.
5 Claus Offe: „Politische Legitimation durch Mehrheitsentscheidung?", in: Journal für Sozialforschung 22. Jg. 1982, Heft 3 (S. 311–335); S. 313.
6 J. J. Rousseau: Contrat Social, II, 1. Vgl. P. C. Mayer-Tasch: Hobbes und Rousseau, Aalen 1976, S. 42 f., 51.
7 Vgl. bes. J. St. Mill: On Liberty, II.
8 Federalist No. 10 (s. Federalist Papers, hg. von Clinton Rossiter, New York 1961, S. 77).
9 J. St. Mill: Betrachtungen über die repräsentative Demokratie, 7. Kap. („Wahre und falsche Demokratie").
10 Robert A. Dahl: A Preface to Democratic Theory, Chicago 1962, S. 35.
11 Carl Schmitt: Verfassungslehre (1928), 5. Aufl. Berlin 1970, S. 279 ff.
12 Vgl. hierzu in jüngster Zeit ausführlich Claus Offe, op. cit., S. 318 ff.; s. auch Bernd Guggenberger: „Krise der repräsentativen Demokratie?", in: Guggenberger/Kempf, Hg.: Bürgerinitiativen und repräsentatives System, Opladen 1978, S. 27 ff.
13 So schon Alexis de Tocqueville: Über die Demokratie in Amerika, dtv München 1976, S. 286. S. zum Problem struktureller Minderheiten auch Georg Jellinek: Das Recht der Minoritäten, Wien 1898.
14 S. hierzu vor allem Robert A. Dahl, op. cit., S. 99 ff.
15 Hans Kelsen: Vom Wesen und Wert der Demokratie, 2. Aufl. 1929, S. 53.
16 ebd. S. 56 f.
17 ebd. S. 57; Heinrich Oberreuter: „Abgesang auf einen Verfassungstyp?", Aus Politik und Zeitgeschichte B 2/83, S. 23. Vgl. auch J. St. Mill: Betrachtungen …, a.a.O., S. 101 f.
18 Kelsen, ebd. S. 55.
19 Carl Schmitt: Legalität und Legitimität, München/Leipzig 1932, S. 44.
20 Vgl. William H. Riker: The Theory of Political Coalitions, New Haven/London 1962.

21 Ausführlicher dazu Heidrun Abromeit: „Die Funktion des Bundesrates und der Streit um seine Politisierung", in: ZParl 4/82, S. 462—472.

22 Manfred Neumann: „Zur ök. Theorie des Föderalismus", in: Kyklos Vol. XXIV, 1971, S. 502.

23 Robert A. Dahl: Pluralist Democracy in the United States, Chicago 1967, S. 23.

24 Vgl. dazu Wallace E. Oates: „An economist's perspective on fiscal federalism", in: Oates, ed.: The Political Economy of Fiscal Federalism, Lexington (Mass.)/Toronto 1977, S. 7 ff.

25 Vgl. u.a. Carl J. Friedrich: Trends of Federalism in Theory and Practice, London 1968, S. 59 f.; William H. Riker: Federalism. Origin, Operation, Significance, Boston/Toronto 1964, S. 139 ff.

26 Vgl. Federalist No. 10.

27 Vgl. Riker: Federalism, a.a.O., S. 143.

28 Robert A. Dahl: A Preface to Democratic Theory, a.a.O., S. 115.

29 Riker: Federalism, a.a.O., S. 51.

30 Carl Schmitt: Verfassungslehre, a.a.O., S. 388 f.

31 So z.B. Heinz Laufer: Der Föderalismus der Bundesrepublik Deutschland, Stuttgart 1974, S. 155.

32 Vgl. Georg Fabritius: Wechselwirkungen zwischen Landtagswahlen und Bundespolitik, Meisenheim am Glan 1978.

33 Gerhard Lehmbruch: Parteienwettbewerb im Bundesstaat, Stuttgart 1976.

34 ebd. S. 160.

35 Zum Problem der Parteipolitisierung des Bundesrats s. H. Abromeit: „Die Funktion des Bundesrats ...", a.a.O.

36 Gerhard Stoltenberg: „Bundesrat erreichte entscheidende Gesetzes-Verbesserungen", in: ZParl 7. Jg. 1976, S. 427.

37 Ulrich Scheuner in: „Fehlentwicklungen im Verhältnis von Bundesrat und Bundestag?", in: ZParl 7. Jg. 1976, S. 308.

38 Franz Lehner: Grenzen des Regierens, Königstein 1979, S. 167 ff.

38 ebd. S. 186 ff.

40 ebd. S. 199; s. auch Benno Homann: „Das Konkordanzsystem der Schweiz", in: PVS 4/1982, S. 418—438.

IV. An den Grenzen der Mehrheitsdemokratie?

Claus Offe

Politische Legitimation durch Mehrheitsentscheidung?*

Kollektiv bindende Entscheidungen können nicht getroffen *werden*, wenn nicht eine logisch vorgelagerte Entscheidung bereits getroffen *ist*. Diese vorgelagerte Entscheidung betrifft die Frage, nach welchem Verfahren entschieden werden soll. Das Mehrheitsprinzip ist ein Entscheidungsverfahren, nach dem in der Demokratie die „vom Volke ausgehende" staatliche Gewalt konstituiert wird; „zu den fundamentalen Prinzipien der Demokratie gehört das Mehrheitsprinzip" (BVerfG 29: 165). Normalerweise erübrigt es sich für die Akteure, die an einem politischen Entscheidungsprozeß beteiligt sind, jene vorgelagerte Entscheidung über das Entscheidungsverfahren zu problematisieren oder gar selbst zu treffen. Denn diese Verfahrensentscheidung ist in Verfassungen, Satzungen, Geschäftsordnungen usw. festgelegt, die den Akteuren (a) bekannt und (b) ihrer Disposition entzogen sind, so daß sie als feststehende Prämisse in ihr Handeln eingehen. Diese Vorgegebenheit des Verfahrens im alltäglichen Entscheidungsprozeß entzieht dieses freilich nicht völlig der Kontingenz. „Im Prinzip" sind immer auch Möglichkeiten zur Abänderung der Verfahrensentscheidungen vorgesehen und zu bedenken. Der „pouvoir constitué" wird dann im Extremfall vom „pouvoir constituant" revidiert.

Aber auch *innerhalb* konstituierter, d.h. verfassungsförmig institutionalisierter Verfahren werden Verfahrensentscheidungen notwendig und sind demgemäß vorgesehen. Ein Beispiel ist die verfahrensgemäße Entscheidung über die Verfahren, nach denen über Angelegenheiten ausländischer Arbeitnehmer im kommunalen politischen System entschieden werden soll: soll die ausländische Wohnbevölkerung über spezielle Beiräte repräsentiert werden oder soll sie im kommunalen Wahlrecht der einheimischen Wohnbevölkerung gleichgestellt werden? Das Beispiel zeigt, daß für neu entstehende Politikfelder und neue entscheidungsbedürftige Materien häufig nicht nur neue Entscheidungen (über Gesetze, Maßnahmen, Programme), sondern zudem Entscheidungen über neue Entscheidungs*verfahren* notwendig werden. Solche Verfahrensentscheidungen („political designs", vgl. Anderson 1977) führen dann zur Konstruktion von politischen „Arenen" (vgl. Kitschelt 1980: 12 −34), die auf die Bearbeitung bestimmter Themen- und Interessenkomplexe spezialisiert sind und festlegen, wer in welcher Weise an der dort fälligen Produktion von Entscheidungen teilnehmen soll.

* Erweiterte und revidierte Fassung eines Aufsatzes, der unter gleichem Titel erschienen ist in *Journal für Sozialforschung* 22 (1982), 311−335.

Aber nicht nur in solchen Innovationsfällen werden Verfahrensentscheidungen erforderlich. Vielmehr besteht die eigentümliche Bindungskraft gerade der obersten Verfahrensentscheidungen, wie sie in der Regel in Verfassungen niedergelegt sind, nicht in ihrer Unumstößlichkeit als einer einmal geschaffenen und fortan unantastbaren Tatsache, sondern gerade umgekehrt darin, daß sie sich dem Test ihrer eigenen Rationalität und damit Stabilität aussetzen und ihn laufend bestehen. Das würde voraussetzen, daß der pouvoir constituant keineswegs wie ein Sekundenphänomen im pouvoir constitué auf- und untergeht, sondern daß diese kontinuierlich einer Kontrollgewalt ausgesetzt bleibt, deren Kriterien sie zu genügen hat. Die „Stabilität" von obersten Verfahrensregeln ergäbe sich dann als Restsumme der gegen sie nicht in Anspruch genommenen, von ihnen aber sehr wohl eingeräumten Einspruchsmöglichkeiten. Eine solche Auffassung über die Gründe der Verbindlichkeitsgrade von („obersten") Verfahrensnormen, die sich auf die Formel „Stabilität durch Reversibilität" bringen läßt, steht im übrigen mit der liberalen Auffassung eines J. S. Mill im Einklang, die davon ausgeht, daß sich „wahre" Normen als solche einzig und allein durch die Haltbarkeit herausstellen, die sie in beständiger Rivalität mit „falschen" Normen unter Beweis stellen.

Das ist für die heutige staatsrechtliche Dogmatik offenkundig ein ungereimter, überdies politisch riskanter Gedanke (vgl. z.B. Kriele 1975: 224 ff.). Dennoch wird er durch zahlreiche sozialwissenschaftliche und politische (ein Beispiel für Dutzende: Hamm-Brücher 1981) Beiträge zumindest negativ insofern bestätigt, als dort (a) Zweifel daran artikuliert werden, ob jene Verfahrensentscheidungen, welche die Verfassung für den politischen Machterwerb und die Machtverwendung aufstellt, von der Masse der Bürger als die „richtigen" und daher Legitimität verbürgenden anerkannt werden und (b) als Ergebnis dieser Diskrepanz Bestandsrisiken für die Verfassungsordnung selbst prognostiziert werden. Dieser mit Stichworten wie Parteien-, Demokratie- und Staatsverdrossenheit gegenwärtig vielfältig variierte Gedanke besagt ja nichts anderes, als daß die Verfahrensregeln des politischen Entscheidens mit den kulturellen und ökonomischen Strukturen einer Gesellschaft „realsoziologisch" kompatibel sein und von ihnen abgestützt werden müssen, wenn solche Verfahrensregeln überhaupt Bestand haben sollen. Das bedeutet, daß jene Regeln trotz noch so massiver juristisch-intellektueller und sonstiger Anstrengungen keineswegs imstande sind, als ein für allemal getroffene Verfahrensentscheidungen *sich selbst* zu verbürgen, sondern zusätzlich darauf angewiesen sind, kontinuierlich den Test ihrer realen Anerkennung zu bestehen. Selbst wenn es nicht, wie Varain (1969: 239) meint, „mangelnder Widerspruch" sein sollte, der die Debatte um eine so fundamentale Verfahrensregel wie das Mehrheitsprinzip „ruhen läßt", sondern die „fehlende Alternative", kann die Verlegenheit, welche sich auf die Frage „Was sonst?" einstellt, diese Anerkennung kaum dauerhaft ersetzen.

Die fundamentalen Verfahrensregeln kollektiven Entscheidens nehmen einen eigentümlichen Doppelstatus ein. Auf der einen Seite müssen sie, wo immer Entscheidungen getroffen werden sollen, als fraglos gültig vorausgesetzt werden können. Andererseits *können* sie aber nur in dem Maße als gültig vorausgesetzt werden, in dem ihr Geltungsanspruch einer kontinuierlichen *Infragestellung standhält*; denn woraus sonst sollten sie ihre institutionelle Stabilität beziehen, wenn nicht aus der empirischen Bewährung gegenüber Rechtfertigungsansprüchen, die sich nur aus dem disziplinär verengten Blickwinkel der juristischen Staatslehre als prinzipiell unerheblich und abweisbar ausnehmen. Wir beenden deshalb diese Vorüberlegungen mit der Schlußfolgerung, daß nicht nur bei politischen Innovationsentscheidungen der oben genannten Art, sondern auch bei Routineentscheidungen das Dauerproblem (Offe 1976) im Hintergrund steht, daß Verfahrensentscheidungen, d.h. Entscheidungen des Typus „to choose how to choose" (Elster) getroffen und begründet werden müssen. Solche Verfahrensentscheidungen folgen eigenen normativen Gütekriterien und empirischen Argumenten. Das gilt auch für die nur scheinbar so selbstverständliche und traditionsgefestigte „demokratische" Entscheidungsregel des Mehrheitsprinzips, für deren Erörterung gewiß die Aufforderung zu beherzigen ist, „Grundsatzfragen rechtzeitig und regelmäßig neu ‚auf Vorrat' zu erörtern, um nicht von politischen Entwicklungen unvorbereitet überrollt zu werden." (Häberle 1977: 241)

I.

Wenn man die Auswahl zwischen definierten Handlungsalternativen (oder zwischen Personen, die jeweils ein Bündel zukünftiger Handlungsalternativen repräsentieren) nach der Mehrheitsregel trifft, so wählt man damit bereits eines von mehreren denkbaren und möglichen Entscheidungsverfahren. Daß man wählt bzw. abstimmt — und nicht entweder befiehlt oder bis zur völligen Übereinstimmung verhandelt (vgl. zu dieser Dreiteilung möglicher kollektiver Entscheidungsregeln schon Dahl/Lindblom 1953) —, ist eine Verfahrensentscheidung, die ihrerseits begründet werden muß und kann. Drei Gründe sind es, die man zugunsten der Entscheidung anführen kann, Entscheidungen nach der Mehrheitsregel zu treffen.

(1) Unter dem Gesichtspunkt der (vor allem: zeitlichen) *Kosten der Entscheidungsproduktion* ist zwar das Verfahren des einfachen Befehlens der Mehrheitsregel überlegen (und das Verfahren des Verhandelns-bis-zur-Einstimmigkeit der Mehrheitsregel unterlegen); das Problem bei der Verfahrensalternative „Befehlen" besteht jedoch darin, daß nicht jederzeit als gewiß vorausgesetzt werden kann, wer befehlsberechtigt ist; ebenso kann es vorkommen, daß bei Eindeutigkeit des Befehlsberechtigten dieser sich weigert, eine Entscheidung zu treffen, so daß der Entscheidungsprozeß verzögert wird. In Anbetracht solcher Eventualitäten kommt der Mehrheitsregel der eindeutige Vorteil zu, jederzeit, kurzfristig und zuverlässig Entscheidungen produzieren zu können. Daher kann man sagen, daß die Mehrheitsregel ein Entscheidungsverfahren darstellt, welches insofern entscheidungstechnisch optimal ist, als es ein Maximum an Gewißheit darüber, daß überhaupt eine Entscheidung getroffen wird, mit relativ geringen Entscheidungskosten verknüpft.

(2) An Entscheidungen interessiert uns aber normalerweise nicht nur, *daß* sie getroffen werden; mindestens ebenso sehr interessiert ihre *Qualität*. Im Hinblick auf die Qualität von Entscheidungen (ihre Richtigkeit oder „Ratio-

nalität") läßt sich argumentieren, daß die Mehrheitsregel einen zweiten Vorteil aufweist, und zwar speziell unter gesellschaftlichen Bedingungen, unter denen die Unterscheidung von „pars maior" und „pars sanior" ihre Grundlage verloren hat und keine gesellschaftliche Gruppe mit Aussicht auf Anerkennung den Anspruch erheben kann, a priori über eine höhere Einsicht und Urteilsfähigkeit zu verfügen als irgendeine andere. (Die einzige Ausnahme von dieser Regel ist der „Vernunftvorsprung", der Erwachsenen gegenüber Minderjährigen unterstellt wird.) Unter solchen egalitären Bedingungen und Prämissen könnte man dann zugunsten der Mehrheitsregel anführen, daß sie ein Maximum an heterogenen, aber eben *nicht hierarchisierbaren* Gütekriterien, die in den empirischen Personen der Abstimmungsbeteiligten repräsentiert sind, ins Spiel bringt, und insofern besser als jedes andere Verfahren geeignet ist, die „Richtigkeit" der resultierenden Entscheidung zu gewährleisten. Dies kann insbesondere unter der Zusatzbedingung angenommen werden, daß der Mehrheitsentscheidung eine Debatte bzw. ein Wahlkampf vorausgeht, in dessen Verlauf die Entscheidungsbeteiligten ihre jeweiligen Gütekriterien, die sie an die Entscheidung anlegen, sich wechselseitig bekannt machen. Natürlich ist die überlegene Rationalität von Mehrheitsentscheidungen nur für solche Situationen anzunehmen, in denen der Maßstab der Entscheidungsrichtigkeit approximativ gehandhabt werden muß, das heißt, in denen es kein absolutes Maß für die Richtigkeit einer Entscheidung gibt. Interessanterweise findet die Mehrheitsregel demgemäß auch in Kontexten Verwendung, in denen im übrigen der Maßstab (wissenschaftlicher) Wahrheit ausschlaggebend ist (z.B. in Fakultäten, Gerichtshöfen und Kardinalskollegien), und zwar genau von dem Punkt des Entscheidungsprozesses an, an dem man mit wissenschaftlicher Wahrheit als dem operativen Richtigkeitskriterium nicht mehr weiterkommt; so z.B. bei Personalentscheidungen.

(3) Schließlich gibt es noch einen dritten Gesichtspunkt, der für die Anwendung der Mehrheitsregel spricht. Dieser ergibt sich daraus, daß Entscheidungen nicht nur zeitsparend getroffen werden und möglichst „richtig" sein müssen, sondern daß sie auch als richtig *anerkannt* werden müssen. Das bedeutet, daß Entscheidungen dann „gut" sind, wenn die Wahrscheinlichkeit maximiert wird, daß sie als bindende Prämissen für das *künftige Handeln anderer* anerkannt werden. Wenn dies der Fall ist, bezeichnen wir eine Entscheidung als anerkennungswürdig oder „legitim". Im Hinblick auf dieses Legitimationsproblem wird nun der Mehrheitsregel ein doppelter Vorzug zugesprochen: einmal der Vorzug, daß sie — *gleiches* und *geheimes* Wahlrecht vorausgesetzt — die indirekte Wirkung von Abhängigkeits- und Beeinflussungsverhältnissen neutralisiert. Und zweitens deswegen, weil sie — *allgemeines* und *direktes* Wahlrecht vorausgesetzt — die Gesamtheit der Entscheidungsbetroffenen in unverfälschter Weise auch zu Entscheidungsbeteiligten macht. Schließlich ergibt sich ein Argument für die Legitimationskraft von Mehrheitsentscheidungen auch aus ihrer *Periodizität*: Wahlen und Abstimmungen produzieren Entscheidungen, die niemals „letztmalig" getroffen werden, sondern an bestimmte Wahl- und Amtsperioden gebunden sind. Das bedeutet, daß der jeweiligen Minderheit der Gehorsam gegenüber der Mehrheitsentscheidung insofern erleichtert wird, als sie gewiß sein kann, eine „nächste Gelegenheit" zu haben, bei der die Entscheidung erneut getroffen

werden muß. Dieser „Vertröstungseffekt" wird dadurch bestärkt, daß bei
der öffentlichen Bekanntgabe von Wahl- und Abstimmungsergebnissen nicht
nur die Entscheidung, sondern auch die *verneinte* Entscheidungsalternative
(nicht nur der Sieger, sondern auch der Wahl- oder Abstimmungs*verlierer*
und seine Stimmenstärke) durch förmliche Erwähnung respektiert wird.

Ich werde mich im folgenden ausschließlich mit dem dritten dieser Argumente für das Mehrheitsprinzip befassen, d. h. mit seiner angeblich überlegenen Legitimationsfunktion, und einige Bedingungen formulieren, unter
denen angenommen werden kann, daß Mehrheitsentscheidungen tatsächlich
legitime, d. h. empirisch befolgte und theoretisch als verpflichtend begründbare Entscheidungen sind. Wir werden sehen, daß die Legitimationsfunktion
des Mehrheitsprinzips in modernen kapitalistischen Demokratien durchaus
problematisch und bestreitbar ist. Mit diesem Nachweis soll und kann jedoch
noch keineswegs die unmittelbar anschließende Frage geklärt werden, welche
alternativen Entscheidungsverfahren eventuell ein höheres Maß an Legitimationsfähigkeit aufweisen. Die Frage, mit der ich mich im folgenden nicht aus
rechts- und verfassungstheoretischer, sondern aus politologisch-sozialwissenschaftlicher Perspektive befassen möchte, lautet also: Unter welchen Bedingungen und mit welchen Gründen kann die Fügsamkeit der Minderheit gegenüber der Entscheidung der Mehrheit erwartet werden, − „erwartet" sowohl
im Sinne faktischer Voraussage wie im Sinne einer normativ begründeten
Forderung?

II.

In fast allen Ländern der westlichen Welt ist mit dem Ende des Ersten Weltkrieges eine Periode ihrer verfassungsgeschichtlichen Entwicklung abgeschlossen, die als politischer Modernisierungs- bzw. Demokratisierungsprozeß beschrieben werden kann (vgl. Therborn 1977). Die drei wichtigsten Resultate
dieses Modernisierungsprozesses sind:

(a)   die Durchsetzung des allgemeinen und gleichen *Wahlrechts*, d. h. die
      Aufhebung der Schranken vor allem des Eigentums (teilweise auch der
      Bildung, des Geschlechts, des Alters), die bis dahin der Verallgemeinerung politischer Beteiligungsrechte im Wege gestanden hatten;

(b)   die Anerkennung der *Organisationsfreiheit* und Verhandlungslegitimation für politische Parteien und insbesondere die Gewerkschaften;

(c)   in vielen Ländern die *Parlamentarisierung der Regierung*, d. h. die Erweiterung der verfassungsmäßigen Rechte der gewählten parlamentarischen Körperschaften um die entscheidende Befugnis, nicht nur über
      Haushalts- und andere Gesetze abstimmen, sondern zusätzlich die Regierung wählen bzw. abwählen zu können.

Die vorherrschende Interpretation dieser verfassungspolitischen Errungenschaften läuft zweifellos auf die These hinaus, daß durch die Verallgemeinerung politischer Beteiligungs- und Organisationsrechte die Klassengesellschaft
ihre innere Struktur verändert habe. Es sei eine neue Balance der Klassenkräfte zustande gekommen, weil das *gesellschaftliche* Machtdefizit des Proletariats durch einen *politischen Macht-Vorsprung kompensiert worden sei.*
Markt und Staat, Ökonomie und Politik bilden dieser Interpretation zufolge

(die insbesondere von Hilferding und anderen Austro-Marxisten sowie später von der gesamten sozialdemokratischen Bewegung ausgearbeitet wurde) keine monolithische, von der Klassendominanz des Kapitals geprägte Einheit mehr, sondern es sei möglich geworden, die ökonomische Macht des Kapitals durch die neu institutionalisierte politische Macht der Mehrheit der Lohnabhängigen in ihren politischen Effekten großenteils zu neutralisieren.

Zu dieser wohlbekannten und hier nicht weiter zu belegenden Interpretation steht eine andere im scharfen Gegensatz, — die These nämlich, daß die Institutionalisierung des Klassenkonflikts auf politischer Ebene und die Zuerkennung von politischen Beteiligungs- und Organisationsrechten an die Arbeiterklasse keineswegs deren reale gesellschaftliche Macht *gesteigert*, sondern gerade in hintergründiger Weise *das revolutionäre Potential der Arbeiterbewegung gebrochen* und in einer für den Fortbestand der Kapitaldominanz unschädlichen Weise integriert habe. Für diese, der demokratischen Republik und ihrer Verfassungsordnung kritisch gegenüberstehende Position finden sich in der Tradition der Arbeiterbewegung die Auffassungen Lenins (vor allem in „Staat und Revolution") einerseits, die der Anarchisten andererseits. Aber auch die parteien- und organisationstheoretischen Schriften Max Webers („Parlament und Regierung im neugeordneten Deutschland", 1917) und Robert Michels' („Soziologie des Parteienwesens", 1911) liefern eine Reihe von Anhaltspunkten für diese skeptische These. Deren Verfechter weisen — unter Berufung auf eine Fülle von politisch und analytisch recht heterogenen Argumenten und Befunden — im Ergebnis doch übereinstimmend darauf hin, daß die Anerkennung der „politischen Spielregeln" der Parteienkonkurrenz einerseits, der gewerkschaftlichen Organisation andererseits die Ziele der Arbeiterbewegung erheblich beeinträchtigen müßten.

Auch heute ist die Kontroverse zwischen diesen beiden Interpretationen keineswegs beigelegt, obwohl eine Betrachtung der herrschenden politikwissenschaftlichen und demokratietheoretischen Literatur, insbesondere soweit sie in der Nachfolge von Schumpeter steht, den Eindruck vermitteln mag, als sei die erstgenannte These heute generell akzeptiert. Der *theoretische* Gegensatz zwischen den beiden Positionen läßt sich mit dem Begriff „Herrschaft durch Exklusion" versus „Herrschaft durch Inklusion" charakterisieren. Die — vorwiegend sozialdemokratischen — Vorkämpfer für die Einführung des allgemeinen Wahlrechts wollten ein Herrschaftsverhältnis brechen, das ihrer Auffassung nach auf „Exklusion", d.h. auf der Tatsache beruhte, daß der Mehrheit der Bevölkerung politisch-institutionelle und rechtliche Beteiligungsmöglichkeiten vorenthalten wurden; ihnen mußte demgemäß die rechtliche Gleichstellung der Organisationen des Proletariats bzw. der einzelnen Angehörigen der Arbeiterklasse als ein wesentlicher Fortschritt erscheinen. Die zweitgenannte Position operiert demgegenüber mit einem Herrschaftskonzept, das auf „Inklusion" beruht: gerade die Bändigung des revolutionären Kampfes, die bürokratisch-opportunistische Zerstörung des emanzipatorischen Impulses (etwa durch das berühmte „eherne Gesetz der Oligarchie") wird als der objektive Sinn und die unausweichliche Folge jener „Errungenschaften" beargwöhnt. Diese Problematik, die seither selten wieder so gründlich wie von Rosa Luxemburg durchdacht worden ist, liegt im Kern auch den modernen Kämpfen, etwa der Auseinandersetzung zwischen „parlamentarischen" und „autonomen" Strategien sowohl im Produktions- wie im Reproduktionsbereich zugrunde. Diese Kontroverse soll hier nicht weiter verfolgt oder gar entschieden werden. Es liegt aber auf der Hand, daß die Beurteilung der legitimitätsstiftenden Kraft der Mehrheitsregel, um die es uns hier geht, ganz entscheidend mitbestimmt sein wird von der Position, die man in dieser sehr viel umfassenderen Kontroverse bezieht und zu begründen vermag. Jedenfalls wäre es soziologisch naiv, ohne weiteres davon auszugehen, daß eine *soziale* Verallgemeinerung individueller oder kollektiver Partizipationsrechte irgendwie zwangsläufig auch zu einer gesteigerten *sachlichen* Verschiedenartigkeit (und damit Konfliktualität) der durch die Partizipationskanäle geleiteten Inhalte führen müsse. Vielmehr läßt sich an vielen Institutionen der Massendemokratie — an ihren Parteien, Parlamenten, Verbänden, Medien und Wahlkämpfen — studieren, wie — in nur scheinbar paradoxer Weise — die Öffnung der Eingänge gerade eine engere Auswahl der Inhalte, Resultate und „Ausgänge" politischer Kommunikationen nach sich zieht und konditioniert.

Von unmittelbarer politischer Relevanz ist das Problem „choosing how to choose" z.B. in der Satzungskontroverse innerhalb der britischen Labour-Party gewesen, die maßgeblich zur Abspaltung der neuen SDP beigetragen hat. Hier geht es um die Frage, welches Gewicht der Parlamentsfraktion, den Gewerkschaften und den Mitgliedern bei der Entscheidung über grundsätzliche Programm- und Personalfragen der Partei zukommen soll. Die Aktualität dieser Frage ist ersichtlich Resultat des — im britischen Fall ungelösten — Problems, ob die Partei sich als „Klassenpartei" oder „Volkspartei" versteht. Explizit tut die Labour Party beides: it „defined itself as the party of the working class, though in an essentially populist way." (Rustin 1981: 19). Aus dieser Doppelnatur der Partei ergab sich für die „rechte", später als SDP abgespaltene Fraktion das Votum für die „Volkspartei"-Lösung, d.h. für ein partei-internes Mehrheits-Entscheidungsverfahren bei weitgehend geschützter Autonomie der Parteielite und Parlamentsfraktion gegenüber der Basis: „decisions about the leadership, and by extension about candidates and policies, should be taken by the whole membership of the party, by secret ballot" (a.a.O. 24). An dieser Lösung mißfällt der „klassenpolitisch" argumentierenden Parteilinken, daß die kollektive Erörterung der Entscheidungen umgangen und die „individualistische Stimmenaggregation" mit übermäßigem Gewicht ausgestattet werde; zur Vermeidung der entsprechenden Verzerrungen des Entscheidungsprozesses müsse den Gewerkschaften ein quasi-ständisches Verfahrensprivileg im innerparteilichen Entscheidungsprozeß eingeräumt werden; zumal nur auf diese Weise der Einfluß der bürgerlichen Medien und anderer Agenturen der politischen Sozialisation einigermaßen neutralisiert werden könnte, der bei individualistisch-mehrheitlichen Verfahren sonst voll zum Zuge käme. „By enfranchizing the least committed and the least knowledgeable, it is felt largely to enfranchise the hostile media. ... Ballots would carry the risk of merely plebiscitary appeals to a membership influenced far more by mass media than by face-to-face discussion. It would reduce the automatic weight given to political activists merely by virtue of their commitment and participation." (a.a.O. 31, 32/33). Das aus dieser Analyse folgende Plädoyer für ein föderales und korporatives Willensbildungsverfahren innerhalb der Labour Party setzt sich dann wiederum dem doppelten Einwand bzw. der Beweislast dafür aus, daß die Gewerkschaften und andere kollektive Akteure innerhalb der Partei tatsächlich die Ergebnisse eines lebendigen und durch kollektive Identität gestützten Diskussionsprozesses in die Politik der Partei einbringen – und nicht nur die Präferenzen eines „oligarchischen" Funktionärskörpers; sowie, zweitens, daß jene „different interests and social constituencies that can share socialist goals" (a.a.O. 39) sich tatsächlich als konsenfähig hinsichtlich der Bedeutung jener „socialist goals" erweisen, um den Fortbestand einer föderal strukturierten sozialistischen Partei zu erlauben – und nicht nur den eines taktisch motivierten Parteienbündnisses. Wie immer diese Fragen im Kontext der britischen Labour Party – oder auch anderswo (vgl. Offe 1979, 1980) – zu beantworten sein mögen, das Beispiel dieses innerorganisatorischen Verfassungskonflikts illustriert, wie wenig selbstverständlich, wie bestreitbar und wie begründungsbedürftig die egalitär-universalistische Mehrheitsregel als Verfahrensgrundlage für kollektives Entscheiden gerade auf der politischen Linken auch heute noch ist.

Gleichwohl stellt die Mehrheitsregel in den politischen Systemen moderner westlicher Industriegesellschaften sowohl auf der Ebene der Wahlentscheidung wie auf der Ebene der parlamentarischen Wahl bzw. Abstimmung die wichtigste Entscheidungsregel zumindest in dem Sinne dar, daß sie als letzte Quelle demokratischer Legitimation in Anspruch genommen wird (vgl. Kielmansegg 1977: 249). Sowohl Wahlkämpfe wie parlamentarische Strategien stehen jedoch in einem organisatorischen Kontext, der Zweifel an dieser legitimitätsstiftenden Kraft der in ihnen angewandten Mehrheitsregel aufkommen lassen kann. Diese Zweifel ergeben sich aus der inneren organisatorischen Dynamik der Parteiapparate einerseits, der Regierungsbürokratien andererseits. Wenn es z.B. richtig ist – wie Max Weber und Robert Michels in ganz ähnlichen Formulierungen behaupten – daß die Organisationsdynamik von Massenparteien das einzelne Mitglied bzw. den einzelnen Wähler individualisiert, auf den Status eines passiven Konsumenten reduziert und seine politische Urteilskraft geradezu zwangsläufig einschränkt, während umgekehrt eine schmale und ihrer sozial-strukturellen Zusammensetzung nach durchaus unrepräsentative Führungsschicht in den Parteien die zur Abstimmung gestellten personellen und sachlichen Alternativen nahezu uneingeschränkt kontrolliert; wenn es ferner zutrifft, daß die Dynamik der Parteienkonkurrenz auf dem „politischen Markt" zur Annäherung an die politische „Mitte", zur Kurzfristigkeit der strategischen Orientierung, ja zur Innovationsunfähigkeit der Parteiapparate führt; und wenn es schließlich zutrifft, daß von einer Unabhängigkeit der Mitglieder parlamentarischer Körperschaften weder gegenüber den Parteiapparaten, von denen sie dominiert werden, noch gegenüber den Regierungsbürokratien, von denen sie informiert (oder auch desinformiert) werden können, in irgendeinem ernsthaften Sinne die Rede sein kann, – dann ergeben sich bereits eine Reihe von Gesichtspunkten, unter denen man den empirischen Entscheidungen sowohl der Wähler wie der Parlamentsmehrheiten ihre politische Autorität durchaus absprechen könnte. Zumindest wird deutlich, daß das Mehrheitsprinzip nicht als solches, sondern nur im Kontext der Organisationsstrukturen von kollektiven Akteuren beurteilt werden kann, die der Wirkung der Mehrheitsregel sozusagen vorgeschaltet sind.

Von einer sozialwissenschaftlichen Analyse der *Bedingungen* der Geltung der Mehrheitsregel ist die prinzipielle politisch-philosophische *Zurück-*

weisung der Mehrheitsregel sorgfältig zu unterscheiden. Die konservative
Variante dieser politisch-philosophischen Einwände gegen das Mehrheitsprinzip bedient sich der traditionellen Antithese von Gleichheit und Freiheit,
indem sie erstens behauptet, daß die Verwendung der Mehrheitsregel immer
in eine Diktatur der Mehrheit auch über die *private Freiheitssphäre* umschlagen könne (Tocqueville) oder zur Unterdrückung „struktureller Minderheiten" nationaler oder religiöser Art (Jellinek) führen müsse, und indem sie
zweitens das der Mehrheitsregel zugrundeliegende Gleichheitspostulat („one
man one vote") mit der Behauptung angreift, daß die Fähigkeit zu „vernünftigen" politischen Entscheidungen eben nicht als gleichverteilt unterstellt
werden könne und infolgedessen Mehrheitsentscheidungen qualitativ immer
gegenüber „aristokratischen" Entscheidungsverfahren unterlegen sein müßten. Eine „radikale" Entsprechung finden diese Einwände in den Prämissen
der durch Rousseau begründeten Tradition der politischen Philosophie,
insbesondere in der Unterscheidung von „volonté générale" und „volonté de
tous", die ja die Vorstellung von einem kognitiv erfaßbaren „wahren" Gemeinwohl, das freilich nicht allen empirischen Bürgern gleichermaßen zu-
gänglich ist, enthält (vgl. Kielmansegg 1977: 152 ff.). Politisch-philosophische Einwände dieser Art können heute zweifellos nicht mehr unmittelbar
gegen die Geltung der Mehrheitsregel angeführt werden, wenn sie auch
wichtige Bezugspunkte für die sozialwissenschaftliche Analyse der Geltungsbedingungen des Mehrheitsprinzips liefern können.

III.

a) Das gilt insbesondere für die *erste* der hier zu erörternden Bedingungen.
Alle neuzeitlichen Kommentatoren stimmen darin überein, daß das Mehrheitsprinzip eine Entscheidungsregel ist, die für den „öffentlichen" oder
„politischen" Bereich der menschlichen Angelegenheiten gilt, nicht jedoch
für einen hiervon zu unterscheidenden Bereich „privater" Disposition. Dabei
ist die sachliche Beschränkung des Mehrheitsprinzips auf „öffentliche" Angelegenheiten meist unter dem liberalen Gesichtspunkt des Schutzes von Freiheit
und Eigentum gefordert worden, zum Teil interessanterweise aber auch
unter dem reziproken Gesichtspunkt des Schutzes des Mehrheitsprinzips
selbst: wollte man nämlich das Mehrheitsprinzip auch auf Zuteilungsent-
scheidungen für private Güter anwenden, dann würde dieses Prinzip laufend
auf eine schlechterdings unbestehbare Probe gestellt, weil die berührten Interessen so intensiv und unmittelbar wären, daß von keiner (enteigneten)
Minderheit erwartet werden könnte, einer sich auf ihre Kosten bereichern-
den Mehrheit Folge zu leisten (Usher 1983, 37 ff.). U. Scheuner, der Verfasser der gründlichsten neueren deutschen Untersuchung zum Thema „Das
Mehrheitsprinzip in der Demokratie" (1973) spricht von einer „Begrenzung
der Anwendung des Mehrheitsprinzips", die in „seiner Nicht-Anwendung
auf Fragen, die außerhalb der politischen Entscheidungszone liegen", bestehe. Zugleich fügt er jedoch hinzu: „Wo freilich, etwa im Gebiet von Wirtschaft und Erziehung, die Grenzen (sc. des politischen Raumes) liegen, bleibt
eine weitere schwere Frage, die nicht näher behandelt werden kann". (61/
62) So verständlich der Verzicht auf die Behandlung dieser Frage in dem von

Scheuner behandelten Kontext auch sein mag, so leichtfertig wäre andererseits doch die Unterstellung, daß die verfassungsmäßige Garantie der bürgerlichen Freiheitsrechte (insbesondere der Schutz des Eigentums, des Berufs, der Familien- und Erziehungssphäre, der Meinung und des religiösen Bekenntnisses) für sich genommen schon ausreichen, um einer mißbräuchlichen oder illegitimen Anwendung des Mehrheitsprinzips, d.h. „mehrheitlichen" Übergriffen in die „eigentlich" private Sphäre des Bürgers vorzubeugen (vgl. Häberle 1977: 243). Vielmehr müssen wir im modernen Sozial- und Interventionsstaat durchweg damit rechnen, daß es einen breiten Überschneidungsbereich zwischen der Sphäre gibt, welche die Bürger als Entfaltungsbereich ihrer privaten Autonomie reklamieren, und der Sphäre, die dem Bereich der „öffentlichen Angelegenheiten" angehört. Die Tatsache, daß es solche Überschneidungen gibt, ja daß sogar vielfach (etwa im Wohnungswesen) die öffentliche Regelung Voraussetzung dafür ist, daß überhaupt von einer nicht bloß nominellen privaten Dispositionsfreiheit gesprochen werden kann, impliziert die *Schwierigkeit, den sachlichen Geltungsbereich von Mehrheitsentscheidungen präzise zu definieren.* Natürlich gibt es immer Entscheidungsgegenstände, bei denen die Mehrheitsregel in dieser Hinsicht unproblematisch ist (z.B. die Bestellung einer Regierung), wie auch solche „privater Natur", bei denen sie uns als zweifelsfrei absurd erschiene (z.B. bei einer etwaigen Mehrheitsentscheidung über die Wahl der Farbe der Bekleidung). *Zwischen* diesen eindeutigen Extremfällen liegen aber eine Fülle von Entscheidungsmaterien, bei denen Freiheitsschutz und Mehrheitsprinzip miteinander im Konflikt liegen. In diesen Fällen sind also Gründe für die Erwartung, daß die Minderheit sich einem förmlichen Mehrheitsbeschluß auch fügen werde, nicht leicht zu finden. Beispiele für die in diesem Überschneidungsbereich auftretenden Konflikte sind Beschlüsse über den Abriß bzw. die Sanierung städtischer Wohngebiete, über die Ansiedlung umweltschädlicher Industrien, die Frage der Freigabe bzw. Regulierung der Abtreibung, die Probleme des grundrechtlichen Freiheitsschutzes bei sozialen und gesundheitlichen Dienstleistungen, Probleme der polizeilichen Überwachung und Strafverfolgung, Fragen des Datenschutzes und ähnliche Problemlagen, bei denen typischerweise der Konflikt nicht der zwischen einer Minderheit und einer Mehrheit ist, sondern sich vielmehr um die *vorgelagerte* Frage dreht: ob das Entscheidungsthema überhaupt eines ist, das nach der Mehrheitsregel behandelt werden *darf*? Solange und in dem Maße, wie *diese* Frage kontrovers ist, werden Minderheiten sich als berechtigt betrachten, den Mehrheitsentscheidungen Widerstand entgegenzusetzen. Probleme der Sphärentrennung zwischen „Öffentlichkeit" und „Privatheit", von deren Lösung die Anerkennung des Mehrheitsprinzips abhängt, verschärfen sich gerade auch im Kontext der wirtschaftspolitischen Strategien kapitalistischer Industriegesellschaften mit hohem Grad der Sättigung privater Konsumbedürfnisse und (u.a. deswegen) ausgeprägten Stagnationstendenzen. Unabhängig von der Alternative von „keynesianischen" oder „angebotsorientierten" Strategien kommen in solchen politisch-ökonomischen Systemen nämlich nur Wachstumsstrategien in Betracht, die ihren gemeinsamen Nenner darin haben, daß die Investitionen politisch entschieden, politisch finanziert und die Produkte durch politisch verfügten kollektiven „Zwangskonsum" zugeteilt werden. Beispiele für großindustrielle Wachstumsstrategien, für die dies gilt, sind Rüstungs-, Energie-, Verkehrs- und Medieninvestitionen. Die entsprechenden Bedarfs-, Standort- und Qualitätsentscheidungen sind zwar aus Mehrheitsentscheidungen (Wahlen und parlamentarische Gesetzgebung) abgeleitet, affizieren aber durch ihre unmittelbaren und mittelbaren Folgen für „Nutzer" und Betroffene Bereiche der Lebensgestaltung (z.B. Gesundheit), auf die der Durchgriff von „Mehrheitsentscheidungen" schlechterdings nicht legitimiert werden kann. Zumindest wird die stimmige Grenzziehung zwischen „öffentlichen" und „privaten" Sphären immer schwieriger, und diese Schwierigkeit begründet die einfache, aber folgenreiche Wahrheit: „The lack of consensus on ... the scope of the government's tasks means that there is no rational argument to accept majority rule if this leads to decisions in areas which one considers ought to remain free from government interference." (Daudt und Rae 1978: 336).

b) Zweitens stimmt die neuere Literatur zum Mehrheitsprinzip durchweg in dem Grundsatz überein, daß das Mehrheitsprinzip nur *im Rahmen rechtlich verfaßter Organe* Anwendung finden kann (vgl. Varain 1964, Scheuner 1973). Das bedeutet konkret, daß überall dort, wo eine Mehrheitsentscheidung stattfinden soll, eine Struktur von Rechtspositionen vorausgesetzt werden muß, die der Mehrheit (jedenfalls der „einfachen" Mehrheit) *nicht* zur Disposition steht. In Übereinstimmung mit diesem Grundsatz würde es dem Alltagsbewußtsein z.B. als eine krasse Perversion des Mehrheitsprinzips erscheinen, wenn etwa die Mehrheit beschließen könnte, daß die Angehörigen der Minderheit deshalb, weil sie bei einer Abstimmung in der Minderheit geblieben sind, ihr Recht, an zukünftigen Abstimmungen teilzunehmen, verlieren. Daraus ergibt sich das Prinzip: Mehrheiten können nur im Rahmen einer rechtlich *und faktisch gesicherten Struktur* legitim entscheiden, über welche (dieselben) Mehrheiten *nicht* entscheiden können. So einleuchtend und sogar trivial dieser Grundsatz erscheinen mag, so leicht lassen sich andererseits Zweifel daran begründen, ob die institutionellen Mechanismen des Parteienstaats und der Massendemokratie tatsächlich geeignet sind, diesem Prinzip uneingeschränkt zur Geltung zu verhelfen, − oder ob es nicht im Gegenteil Tendenzen gibt, durch die das Mehrheitsprinzip seine eigenen Geltungsvoraussetzungen aufzehrt. Das wäre z.B. dann der Fall, wenn eine Mehrheit lediglich dadurch, daß sie einmal zur Mehrheit geworden ist, ihre Chancen verbessern kann, auch in Zukunft Mehrheiten zu gewinnen; die Mehrheit wäre demgemäß in der Lage, den Verfahrensstatus der unterlegenen Minderheit faktisch und sogar legal, relativ oder sogar absolut, zu mindern und sich auf diese Weise auf Dauer den Charakter einer „Mehrheit" zu verschaffen. Das braucht natürlich nicht in der Weise zu geschehen, daß die Mehrheit die Angehörigen der Minderheit einfach physisch liquidiert, auch nicht in der schon etwas subtileren Weise, daß die Mehrheit sich aufgrund der Machtbefugnisse, die sie als Mehrheit genießt, in den Besitz der Zeitungen, Rundfunkstationen usw. setzt und dadurch die publizistischen Chancen der Opposition zerstört. Heute beruht eine gewisse Fähigkeit von Mehrheiten, sich zu *permanenten* Mehrheiten (und die Minderheiten zu *strukturellen* Minderheiten) zu machen, auf Mechanismen wie dem wahlpolitischen „Amtsinhaber-Bonus" oder auch dem im Wahlrecht der Bundesrepublik Deutschland praktizierten Verfahren der Fünf-Prozent-Sperrklausel

(vgl. Antoni 1983). Zudem ist der Wettbewerb um Mehrheiten über Parteiapparate vermittelt, die einerseits eine nahezu monopolistische, den Zutritt
neuer „Anbieter" auf dem politischen „Markt" außerordentlich erschweren-
de Position einnehmen, andererseits, wie aus der Theorie des oligopolistischen Wettbewerbs bekannt, zur „Produkt-" bzw. Programmangleichung neigen. Es ist gewiß eine spekulative, aber nicht völlig abwegige Überlegung,
wenn man sich vorstellt, daß ein offeneres, aus anderen parteipolitischen
Grundpositionen zusammengesetztes Parteiensystem sehr wohl ganz andere
„Mehrheiten" erzeugen könnte. Jedenfalls illustriert diese Überlegung den
hier angesprochenen Sachverhalt, daß Mehrheitsentscheidungen nur solange
und in dem Maße legitimationskräftig sein können, wie die jeweils gewonnenen Mehrheiten gegen den Verdacht immun sind, *auf der strategischen
Selbstbefestigung und Selbstperpetuierung der Machtpositionen politischer
Eliten zu beruhen*; die Struktur und Dynamik der politischen Öffentlichkeit
der repräsentativen Parteiendemokratie bieten jedoch diesem Verdacht zahlreiche Anhaltspunkte, von denen einige bereits von O. Kirchheimer in seinem
Aufsatz über den Wandel der Opposition untersucht wurden. Der moderne
Wohlfahrts- und Interventionsstaat einerseits und die Mittel der Massenkom-
munikation andererseits bieten mannigfache Handhaben für eine solche
„Selbstbefestigung" von Mehrheiten und die Verdrängung aktueller und potentieller Konkurrenten vom politischen Markt. Der strategische Einsatz
materieller Ressourcen („Klientelismus", Wahlgeschenke) sowie ihr Zugang
zu Medien, die den politischen Eliten eine plebiszitär-charismatische Dauer-
präsenz in den Köpfen der Bürger einräumen, lassen es (ähnlich wie analog
die imperative Festlegung des Abgeordnetenwillens durch die Direktiven
innerparteilicher Führungsgruppen) zumindest fraglich werden, ob der
empirische Mehrheitswillen als unabhängige oder nicht vielmehr als abhän-
gige Variable des politischen Prozesses interpretiert werden muß.

Je mehr Anhaltspunkte für letztere Alternative sich bieten, desto geringeren Unterschied würde es machen, ob man statt der Gesamtheit des
Wählerpublikums nur noch die Mitglieder des Herausgeberstabs großer Me-
dienkonzerne zu „Wahlen" zuließe. Die Differenz bestünde dann lediglich
in dem Verzicht auf jenen „Beruhigungseffekt", der darin besteht, daß ein —
hypothetisch — diesem durchaus *fremder* Wille durch das nach Mehrheitsregeln wählende Volk *selbst* zum Ausdruck gebracht und mithin demonstriert wird, wie aussichtslos — *im Rahmen* dieser Regeln — eine Änderung
der politischen Machtverteilung jeweils ist. Empirische Mehrheiten würden in
einem solchen Falle nur die Rolle eines (zu diesem Zwecke ggf. auch noch
fälschbaren) numerischen Indikators dafür spielen, wie fest politischen Eliten ihre Gefolgschaften vermöge der symbolischen Gewalt, welche sie über
diese ausüben, im Griff haben bzw. umgekehrt dafür, wie geringfügig die
Chancen rivalisierender Eliten tatsächlich sind. Dieser — aus der Kritik an
„Wahlen" in totalitären Staaten geläufige — Gesichtspunkt macht deutlich,
wie sehr die legitimierende Wirkung der mehrheitlichen Entscheidung mit
dem effektiven Schutz von Freiheits- und Teilhaberechten steht und fällt,
die weder politischen Eliten selbst noch ihren Mehrheiten zur Disposition
stehen. Das Mehrheitsprinzip gründet in der institutionell gesicherten und
faktisch unangetasteten Autonomie derer, die ihren Willen als den eigenen im
Akt der Wahl und Abstimmung bekunden.

Die formale Eleganz der klassischen liberalen Demokratietheorie (Mill und de Tocqueville) beruhte u.a. darauf, daß sie individuelle Autonomie nicht nur als Voraussetzung, sondern gleichermaßen als unausbleibliche *Folge* demokratischer Teilnahme ansah (vgl. Pateman 1970). Die Funktion der Teilnahme des Bürgers an öffentlichen Entscheidungen diente nicht sowohl *deren* Qualität, sondern vor allem der intellektuellen und moralischen Selbstvervollkommnung („development") des Bürgers selbst. Zu diesem kühnen Theorem fehlt uns heute jedes soziologisch ernstzunehmende (d.h. nicht nur pädagogisch gemeinte) Äquivalent; am ehesten wäre es noch in betriebs- und wirtschaftsdemokratischen Reformkonzepten (vgl. Novy 1978) der 20er Jahre zu finden, deren Wiederaneignung seit kurzer Zeit stattfindet. Im übrigen fehlt es aber, wenn ich recht sehe, an tragfähigen demokratietheoretischen Konzepten, die den Bürger als Wahlrechtssubjekt (oder auch den Abgeordneten im Parlament) mit Gründen als eine Instanz voraussetzen können, dessen Entscheidungs*kompetenzen* mit den über das Mehrheitsprinzip aggregierten *Folgen* seiner Entscheidungen schritthalten. Gewiß sollte man den Maßstab für „Entscheidungskompetenz", d.h. für Autonomie, Verantwortung und selbständiger Urteilskraft, der hier anzulegen ist, nicht auch noch idealistisch überziehen. Aber allein was den Informationsaspekt jener Entscheidungskompetenz angeht, so wird man auf das Kriterium einer „capability of synthesizing vast amounts of information that more or less clearly bears on the problem at hand, in such a way that no element is given undue importance" (Elster 1981: 38) kaum verzichten wollen. Gleichwohl ist es ein Gemeinplatz, daß die meisten Bürger bei den meisten „problems at hand" schon nach diesem Kriterium versagen würden. Und das gleiche gilt wohl von den normativen Grundlagen der staatsbürgerlichen Beurteilungskompetenz, deren Lücken weder durch die Selbstverständlichkeit einer eingelebten politischen Kultur noch von „ideologischen" Globalkonzepten politischer Parteien kompensiert werden. Es kommt hinzu, daß — wie immer man die Anforderungen an „autonome" Entscheidungskompetenz des wählenden Bürgers (und abstimmenden Abgeordneten) im einzelnen lockern will — man schwerlich in diesem Zusammenhang auch die *egalitäre* Prämisse des Mehrheitsprinzips wird aufopfern wollen, die in dem Grundsatz zum Ausdruck kommt: „one man one vote", d.h. keine Stimme soll mehr Gewicht haben als irgendeine andere. Empirisch läßt sich jedoch nicht nur ein durchschnittliches Defizit gegenüber selbst bescheidenen Maßstäben für Kompetenz nachweisen, sondern vor allem auch eine nach Klassen- und Schichtzugehörigkeit *scharf ungleich* verteilte Entscheidungskompetenz (vgl. für eine Übersicht Baum 1981). Folglich würde das Mehrheitsprinzip — entgegen seinem ursprünglich egalitären Pathos — die Angehörigen jener Schichten gerade begünstigen, in denen „man weiß, was man will".

Die hier angedeuteten Befunde über durchschnittliche Qualität und sozialstrukturelle Verteilung jener autonomen Entscheidungskompetenz erübrigen es praktisch, in unserem Zusammenhang auch noch nach institutionell rechtlichen Einschränkungen weiterzufragen, denen die individuelle Entscheidungsautonomie in der wohlfahrtsstaatlichen Massendemokratie unterliegt. Auch ohnedies dürfte deutlich sein, in welch hohem Maße die Voraussetzung der Mehrheitsregel, jedenfalls ihrer demokratischen Legitimationskraft, die in der Annahme einer gleichverteilten und problemadäquaten Entscheidungskompetenz der Aktivbürger besteht, fiktiv ist. Je mehr dies der Fall ist, desto wahrscheinlicher wird es, daß das mehrheitliche Wählervotum zum Resonanzboden für Eliten bzw. für Strategien zur Selbstbefestigung der Macht wird, — mit der Folge, daß dann andererseits auch der empirische Mehrheitswille selbst als politisch irrelevant ausgegeben und zugunsten anderer Strategien des Machterwerbs als bloßes Artefakt diskreditiert werden kann.

Die Frage nach der „Echtheit" oder „Authentizität" empirischer Mehrheitsverhältnisse stellt sich auch im Zusammenhang mit dem sog. „Ostrogorski-Paradox" (vgl. Daudt und Rae 1978, Rae und Daudt 1976). Dieses Paradox ergibt sich, wenn man einige einfache und nicht unrealistische Annahmen über die Bedingungen kombiniert, unter denen Volkswahlen in Massendemokratien stattfinden. Dazu gehören die Annahmen:

(1) Es gibt weniger Parteien als politische Streitfragen („issues"); Parteien (im Beispiel: zwei) sind „Plattform-Parteien", die in ihrer Wahlaussage zu mehreren *issues* (im Beispiel: drei, etwa Außen-, Wirtschafts-, Sozialpolitik) Stellung nehmen.

(2) Wähler entscheiden sich „issue-orientiert", d.h. sind nicht einer bestimmten Partei treu, sondern wählen jeweils die Partei, die bei den meisten issues die vom Wähler jeweils präferierte Alternative anbietet.

Dann kann folgender Fall eintreten (Parteien X und Y):

Wähler-gruppen	Anteil	issue-bezogene Parteipräferenz für issue 1	issue 2	issue 3	Wahlergebnis nach Wähler-gruppen	Wahlergebnis insgesamt
A	20 %	X	Y	Y	Y	
B	20 %	Y	X	Y	Y	Partei Y siegt
C	20 %	Y	Y	X	Y	mit 60 % der
D	40 %	X	X	X	X	Stimmen
Mehrheiten für Partei X nach issues:		60 %	60 %	60 %		

Das Paradox besteht also darin, daß Partei Y gewinnt, obwohl die von Partei X vorgeschlagenen politischen Alternativen jeweils mehrheitlich bei den Wählern Anklang finden. Die Mehrheit der Partei Y kann insofern als „unecht" diskreditiert werden. Die strukturellen Voraussetzungen, die das Auftreten dieses Paradox' wahrscheinlich machen, liegen auf der Hand. Es handelt sich einerseits um eine Differenzierung von sozialen Lagen und politischen Präferenzen innerhalb der Wählerschaft („Pluralisierung"); zweitens um eine Erweiterung der Liste von Themen und Streitfragen, die politisch zu entscheiden sind; drittens um „oligopolistische" Tendenzen im Parteiensystem, die zu faktischen und/oder legalen Beschränkungen des politischen „Marktzutritts" führen; und viertens um qualitative Veränderungen der politischen Parteien zu Plattform- und Volksparteien, die *weder* bestrebt oder in der Lage sind, die von ihnen angebotenen issue-spezifischen Politik-Alternativen erkennbar auf den auch zeitlich stabilen „roten Faden" einer (liberalen, christlichen, sozialistischen usw.) politischen Theorie aufzuziehen (und so

eventuell parteipolitisch „gemischte" Präferenzstrukturen vom Typus A, B,
C in der einen oder anderen Richtung zu polarisieren), *noch* vermögen, gegenüber ihrer jeweiligen Wählerschaft eine „hegemoniale", politisch-kultu-
rell verpflichtende Rolle zu etablieren (und so „konsistente" Wählerbasen
vom Typ D zu konservieren). Kehrseite dieser sachlichen, zeitlichen und sozialen Verflüssigung des politischen Gehalts von Parteien, ihrer vom Wähler-
publikum gelegentlich mit Anzeichen von Zynismus registrierten ideologischen und konjunkturellen „Quecksilbrigkeit", ist dann ein offenbar wachsendes Maß an „issue-orientierten" Wahlentscheidungen (vgl. Offe 1980).

c) Mit dem Prinzip der Wähler-Autonomie, das der jeweiligen Minderheit
zumindest die formelle Chance bietet, dank der selbständigen Urteilskraft
der Wähler selbst einmal zur Mehrheit zu werden, hängt eine dritte Geltungsbedingung des Mehrheitsprinzips zusammen. Mehrheitsentscheidungen können nur über solche Sachfragen legitimerweise getroffen werden, von
denen angenommen werden kann, daß sie jedenfalls im Prinzip revidierbar,
reversibel oder hinsichtlich ihrer potentiellen negativen Konsequenzen korrigierbar sind. Selbst aus noch so großen Mehrheiten könnte also nicht das
Recht abgeleitet werden, für unabsehbare Zeit unumstößliche, vor allem in
ihren Risiken und Bedrohungen nicht-revidierbare Tatsachen zu schaffen,
welche dann naturgemäß die Entscheidungsfreiheit zukünftiger Mehrheiten
mit anderen Präferenzen einschränken (vgl. dazu ausführlich Hofmann
1980). Dieses Argument ist interessanterweise in abgewandelter Form von
konservativen Wirtschaftspolitikern verwendet worden, um eine nach ihrer
Auffassung überhöhte Verschuldung der öffentlichen Hand und die mit ihr
einhergehende langfristige Rückzahlungsverpflichtung des Staates (welche die
„Zukunft unserer Jugend" belaste) zu bekämpfen. Sehr viel aktueller und
gravierender ist dieses Argument aber offenbar in bezug auf mehrheitlich
getroffene Entscheidungen über großtechnische Anlagen, insbesondere
Atomkraftwerke; das gilt insbesondere dann, wenn ein Plutonium-Kreislauf
geschaffen wird, der nicht (wie das bei Atomkraftwerken selbst unter allerdings phantastischen volkswirtschaftlichen Kosten für die dann „unproduk-
tiv" gewordenen Investitionen noch der Fall ist) einfach abgeschaltet werden
kann, sondern buchstäblich als eine Naturtatsache für Jahrtausende die Lebensbedingungen zukünftiger Generationen bestimmt. Eine ähnliche Problematik ergibt sich im Zusammenhang mit militär- und rüstungspolitischen
Entscheidungen, deren ökonomische und physische Auswirkungen schlicht
irreversibel und unkontrollierbar sein können und bei denen aus diesem
Grunde schon das Recht einer noch so großen Mehrheit, die Unterwerfung
und den Gehorsam einer noch so geringen Minderheit zu verlangen, bestreitbar ist und bestritten wird. Die Sicherung der ökologischen Systeme und die
Sicherung des Friedens stellen sich somit als zwei Aufgabenbereiche der modernen Politik dar, deren lebenswichtige Vordringlichkeit und zeitliche Fernwirkung der legitimierenden Kraft des Mehrheitsprinzips Schranken setzt.
  Überhaupt bringt die *Zeitstruktur* von Mehrheitsentscheidungen einige
bedenkenswerte Probleme mit sich. Wie eingangs erwähnt, empfiehlt sich
überall dort, wo es auf rasche Produktion von Entscheidungen ankommt, das
Mehrheitsprinzip aus dem technischen Grunde, daß man nicht zu warten
braucht, bis sich alle Beteiligten geeinigt haben (und auch nicht, bis der Be-

fehlsberechtigte feststeht und sich zu einer Entscheidung durchgerungen hat). Mit den heute gebräuchlichen technischen Mitteln können die kollektiven Entscheidungen von Millionen-Elektoraten binnen Stunden festgestellt und bekanntgegeben werden, die von parlamentarischen Körperschaften mittels Knopfdruck binnen Sekunden. Bezahlt wird dieses Tempo allerdings mit einer extremen Zeitpunkt-Bezogenheit der Entscheidung: es sind – bei einer oft ausschlaggebenden Marge von Wählern – die augenblicklichen Stimmungen, Wahrnehmungen, Eindrücke, Erlebnisse usw., die das Ergebnis bestimmen. Im Normalfall dürfte der Wähler mit einem „nach vorn" eng terminierten Risiko rechnen, das bis zum Abschluß der nächsten Legislaturperiode reicht (nach dessen Ende kann man sich dann ggf. anders entscheiden); und „nach rückwärts" sind es die Leistungen der letzten Legislaturperiode, mit denen zumindest die Regierungspartei für ihre Wiederwahl wirbt. Aus dieser Kurzfristigkeit der Wählerorientierung ergibt sich wiederum das oft kommentierte Phänomen der Kurzfristigkeit der Regierungs- und Gesetzgebungspraxis: ein rational handelnder mehrheitsabhängiger Politiker wird sich vorzugsweise mit solchen Materien beschäftigen, deren zeitliche Problemstrecke kurz genug ist, um für den nächsten Wahltag bereits vorzeigbare Erfolge zu ermöglichen. Die Nachteile der strukturellen Diskontierung von Vergangenheit und Zukunft, die von der Mehrheitswahl auf den politischen Prozeß insgesamt ausstrahlt, hat v. Hayek zu dem bizarr anmutenden Vorschlag veranlaßt, daß jeder Bürger nur einmal in seinem Leben, und zwar in der Nähe seines vierzigsten Lebensjahres, das Wahlrecht solle ausüben dürfen. Damit ist beabsichtigt, dem Wahlakt selbst die Bedeutung einer einmaligen, im Lebenszyklus hervorgehobenen Entscheidung zu verleihen und damit die Verantwortlichkeit zu steigern, mit der er vollzogen wird, in ihn die in der ersten Lebenshälfte akkumulierten Erfahrungen und Wertorientierungen eingehen zu lassen und die Entscheidungen auf die Erwartungen und Befürchtungen zu beziehen, welche die jeweils wahlberechtigte Jahrgangskohorte für ihre zweite Lebenshälfte hegt. So unrealistisch diese Idee unter Gesichtspunkten des Gleichheitssatzes sein dürfte, so deutlich beleuchtet sie das Problem der Zeitpunkt-Fixierung des Wahlakts. Dieses Problem gewinnt offensichtlich in dem Maße an Gewicht, wie als Nebeneffekte der kurzfristig motivierten Wahl- und Regierungsentscheidungen langfristige und irreversible Festlegungen der Lebensverhältnisse eintreten. Ähnlich wie Markttransaktionen scheinen Wahlentscheidungen und nach dem Mehrheitsprinzip vollzogene Abstimmungen dazu zu neigen, die Zukunft zu diskontieren, d.h. prinzipiell absehbare zeitliche Fernwirkungen und Spätfolgen gegenwärtigen Entscheidens aus dem Kalkül von Regierten wie Regierenden auszublenden. Das Mehrheitsprinzip macht für die politischen Eliten die Mehrheitsbeschaffung zur obersten Bedingung politischen Erfolgs, – und diese Mehrheiten sind *heute* zu beschaffen: das Ergebnis ist die „opportunistisch" sich am jeweiligen politischen „Markt" orientierende „Plattform-Partei". Umgekehrt kann die Qualität von deren „Angebot" seitens des Wählers nur kontrolliert werden, wenn er bereit ist, sich aus traditionalen Loyalitäten zu „seiner" Partei zu lösen und sich als „Wechselwähler" zu verhalten. Wenn man es als Merkmal politischer Rationalität ansehen will, daß Zielvorstellungen und Prioritäten über längere Zeiträume hinweg durchgehalten und intertemporale Konsistenz und Kontinuität des

Handelns aufgebaut werden, dann ergibt sich, daß der Kampf um Mehrheiten das Handeln der Wähler wie der Parteien und Kandidaten in einer Weise konditioniert, die *dieser* Rationalität zumindest nicht förderlich ist.

Ein weiteres Merkmal der Zeitstruktur von Mehrheitsentscheidungen ist ihre Periodizität, die entweder durch ein starres oder (wie in Großbritannien) in Grenzen variables Zeitschema von Legislaturperioden festgelegt ist. Das hat die Ungereimtheit zur Folge, daß in hohem Maße zeit*punkt*bezogene Umstände, etwa das Wetter am Wahltag (über die von ihm stark und schichtabhängig beeinflußte Wahlbeteiligung) für die gesamte *Zeitstrecke* von mehreren Jahren fixierte Tatsachen schafft. Nicht vereinzelt sind ja die Fälle, in denen unterlegene Wahlbewerber ihre Niederlage damit erklären — und damit das „Wählermandat" des siegreichen Rivalen zugleich diskreditieren — daß sie u. U. durchaus plausibel darauf hinweisen, der Wahltermin habe eben zwei Wochen „zu früh" oder spät gelegen; und eine andere Lage der Tagesnachrichten, des Ausflugsverkehrs oder der aktuellen Anzeichen für die wirtschaftliche Entwicklung hätte die entscheidenden Prozentpunkte verschieben können. (Eine durchaus plausible, wenn auch schwer testbare Hypothese wäre die eines autonomen „Sonntagseffekts" auf die Wahlentscheidung: die in der Bundesrepublik übliche zeitliche Plazierung des Wahlakts auf einen Tag, an dem die lebensweltlichen Bezüge zur Arbeitssphäre meist gelockert, diejenigen zu Familie, Freizeitaktivität und z.T. Kirche jedoch akzentuiert sind, könnten durchaus eine nach Promille-Punkten ins Gewicht fallende Rolle spielen.)

Ein völlig ungelöstes Problem der normativen politischen Theorie der Mehrheitswahl ist mit der Frage bezeichnet, wie ein unter so kontingenten und zufallsabhängigen Prämissen zustandegekommenes Mehrheitsvotum in der Lage sein sollte, ganze Parlamente und Regierungen für mehrere Jahre und für die Gesamtheit der von ihnen zu treffenden Entscheidungen mit einem legitimen „Mandat" zu versehen. Warum sollte das für eine Periode von vier Jahren möglich sein, nicht aber für zwei oder zehn (vgl. Dahl 1956: 57 f.)? Wäre es nicht technisch möglich und konsequent, Politik auf die Exekution der täglich und stündlich ermittelten Mehrheitspräferenzen der Bevölkerung zu reduzieren und eben dadurch „Demokratie zu verwirklichen". (vgl. Kielmansegg 1977: 198). Will man nicht in wahrhaft magisches Denken verfallen bei der Suche nach einer Antwort auf diese Fragen, dann bleibt nur die pragmatische Erwägung, daß eben Regierungen und parlamentarische Körperschaften einen gewissen, konventionell festzulegenden Zeitkredit für ihre Arbeit benötigen und für diese Periode von der Sorge um ihre wahlpolitische Bewährung gerade *freigestellt* werden müssen. Wie überzeugend dieses Argument auch immer sein mag — und es ist sicher nicht für alle Entscheidungsgegenstände und -gremien *gleichermaßen* überzeugend — es gibt doch im Umkehrschluß nur zu erkennen, daß Wahlen eher als ein „Störfaktor" der Entscheidungsroutine denn als ein Vorgang aufgefaßt werden, der diese Routine begründet und ihre Ergebnisse rechtfertigt.

d) Ein Topos der konservativen Kritik des Mehrheitsprinzips besteht in der Feststellung, daß die Mehrheitsregel Quantität gegen Qualität, die Anzahl der Masse gegen Würde und Einsicht des Individuums ausspiele. Soweit mit diesem Argument auf eine Wiederbelebung der Unterscheidung von „pars maior" und „pars sanior" spekuliert wird, ist es unter egalitären Prämissen sicher normativ hinfällig. Der Kritik an der vom Mehrheitsprinzip implizierten „mechanischen Gleichmacherei" ist jedoch sehr wohl insoweit zuzustimmen, als Mehrheitsentscheidungen in der Tat auf der Zählung individueller Präferenzen beruhen, während sie die *Intensität*, mit der die Präferenzen von den Abstimmenden vertreten werden, unberücksichtigt lassen. Das Problem ist, in den Worten von Dahl (1956: 90): „What if the minority prefers its alternative much more passionately than the majority prefers a contrary alternative?" (vgl. auch Krippendorff 1962). In der empirischen sozialpsychologischen und Meinungsforschung werden nun manchmal Instrumente verwendet, die geeignet sind, sowohl die quantiative Verteilung *wie* die Intensität von Einstellungen zu messen, so daß dann ein kombinierter Indikator für das „Gewicht" der einen oder der anderen Einstellung ermittelt werden kann. Es ist sogar vorgeschlagen worden, ein solches Intensitätsmaß auch in den politischen Prozeß der Mehrheitsbildung einzubeziehen. Die Naivität dieses Vorschlages ist jedoch auf den ersten Blick ersichtlich: jeder Wähler würde im Interesse des Sieges seiner Präferenz die Angaben über die Intensität, mit der er diese Präferenz vertritt, wahrheitswidrig, aber in schlechterdings nicht prüfbarem Umgang inflationieren. Der Effekt wäre annähernd der gleiche, als wenn jeder Wähler fünf statt einer Stimme abgäbe. Immerhin ist diese Überlegung insofern lehrreich, als sich aus ihr eine *vierte* Beschränkung der Legitimationskraft der Mehrheitsregel ergibt: Mehrheitsentscheidungen sind nur unter solchen Bedingungen unproblematisch, unter denen vorausgesetzt werden kann, daß die Intensitäten der Präferenzen von Majorität und Minorität nicht drastisch differieren.* Fragwürdig werden sie dagegen dann, wenn eine Minderheit, die ihre Präferenz als sehr wichtig und dringlich empfindet, von einer Mehrheit überstimmt wird, der ihre Präferenz nahezu gleichgültig ist. Gegen diesen Einwand ließe sich das Argument anführen (und empirisch gut belegen), daß ein solches Intensitätsgefälle sich in Variationen der gruppenspezifischen Wahlbeteiligung niederschlagen und auf diesem Wege zu einem gewissen Ausgleich führen würde: die Praxis von Referenden, z.B. in der Schweiz, zeigt die Neigung der von einer Entscheidungsfrage nicht unmittelbar betroffenen Bürger, auf ihre Beteiligungsrechte zu großen Anteilen zu verzichten. Dann stellt sich allerdings sofort die weitere Frage nach einem Quorum, bzw. die umgekehrte nach der Legitimationskraft von Abstimmungen, an denen sich, wie in der Schweiz nicht selten, nicht mehr als 11 Prozent der Abstimmungsberechtigten beteiligen (oder auch die nach der

---

* Als weiterer Hilfsmechanismus zur Milderung des Problems des Intensitätsgefälles wird, allerdings nur für die *parlamentarische* Ebene, der Stimmentausch („log-rolling") diskutiert (vgl. Tullock 1959). Für den *Wähler* selbst ergibt sich eine Chance, Intensitäten positiv zur Geltung zu bringen, nur in dem Maße, wie er durch *andere* Mittel der politischen Willensbildung (Demonstration, politischer Streik, Boykott usw.) die Möglichkeit hat, seinem Votum Nachdruck zu verleihen − *und* wie diese Ausdrucksformen nicht etwa illegalisiert oder als plebiszitäre Pressionen eines „Pöbels" diskreditiert, sondern als notwendige Ergänzungen der Mehrheitswahl respektiert werden (vgl. Hirschman 1982). Auch in diesem Fall aber ergibt sich noch kein eindeutiger Verfahrensweg, nach dem Quantität und Intensität miteinander verrechnet werden könnten.

Legitimationskraft der amerikanischen Präsidentenwahl, an der sich im Jahre
1980 nur 52 Prozent der Wahlberechtigten beteiligten). Es zeigt sich also,
daß die scheinbar triviale Frage, was eigentlich eine Mehrheit ist und wie sie
ermittelt werden soll, insbesondere in indirekten Wahlsystemen und hinsichtlich ihrer Ausgestaltung nach der Alternative Mehrheitswahl/Verhältniswahl
keineswegs überflüssig ist (vgl. Varain 242 ff.). — Statt die damit angesprochenen Konstruktions- und Verfahrensprobleme auch nur ansatzweise zu
erörtern, möchte ich die These vertreten, daß die Politik des modernen Wohl-
fahrts- und Interventionsstaates sich typischerweise auf *solche Entscheidungsmaterien ausdehnt und konzentriert, bei denen eine Gleichverteilung
der Interessenintensität zwischen den Angehörigen der „Mehrheit" und der
„Minderheit" nicht unterstellt werden kann.* Vielmehr führen die wachsende
„Disaggregation" und die wohl ebenfalls wachsende „Eingriffstiefe" dieser
Politik dazu, daß von gesetzgeberischen Entscheidungen immer kleinere
Gruppen oder soziale Kategorien (abgegrenzt z. B. nach Beruf, Einkommens-
niveau, Lebensalter, Wohnort, Familienstand, Branche usw.) betroffen bzw.
begünstigt werden, während es gleichzeitig eine immer größer werdende
Mehrheit von schwach oder überhaupt nicht Interessierten (bzw. auch nur
Informierten) gibt. In dem Maße, wie der Anteil solcher hochgradig „spezialisierter", gleichzeitig aber für die jeweils Betroffenen äußerst „wichtiger"
Politiken zunimmt, und in dem Maße, wie zudem aus strukturellen Gründen
die Fähigkeit politischer Organisationen abnimmt, globale theoretische Ge-
bäude oder „Ideologien", die als Regeln für die Bestimmung von Präferenzen
auch unter den nicht unmittelbar Betroffenen brauchbar wären, zu erhalten
oder neu aufzubauen, wird die Bereitschaft von „Minderheiten" steigen, sich
„sezessionistisch" zu verhalten und der formellen Mehrheit unter Berufung
auf die besondere Dringlichkeit und Intensität ihrer Präferenzen den Gehorsam aufzukündigen.

Schon die Rousseausche Konstruktion des Gesellschaftsvertrages, in
der der Bürger zugleich absoluter Untertan und absoluter Souverän ist, macht
von einer unhaltbaren Annahme Gebrauch: der Annahme nämlich, daß der
kollektive Souverän *wegen* eben jener Identität den kollektiven Untertan
schonen, d. h. ihm keine „unzumutbaren", letztlich zur Lösung des Vertrages
führenden Gehorsamspflichten aufbürden werde. Prämisse ist hier eine nahezu undifferenzierte Gesellschaft und/oder eine geringe Eingriffstiefe der Gesetze. Diese Konstruktion ist jedoch nicht überzeugend — und sie ist es heute
weniger denn je. „Sobald aber ein Gesetz konkrete Verhältnisse regelt, trifft
es notwendigerweise gewisse Bevölkerungskategorien stärker als andere ...
Drückend ist die Pflicht, einem Gesetz zu gehorchen, stets nur für jene Bürger, die Gesetzesvorlagen bekämpfen und dann, aufgrund des Resultats der
demokratischen Abstimmung, genötigt werden, sich dem Willen der Mehrheit
zu unterziehen. Wie soll man der unterlegenen Minderheit plausibel machen,
daß sie dabei ‚nur sich selber gehorche'?" (Gitermann 1958: 91/92). — Die
gleiche abwegige Fiktion enthält das ökonomische Konzept der „reinen öffentlichen Güter", insofern es auf irgendwelche realen Erscheinungs- und
Äußerungsformen des modernen Staates angewandt wird; denn dieses Konzept setzt ja — ähnlich wie die Rousseausche Gleichsetzung von kollektivem
Souverän und kollektivem Untertan — eine Identität von kollektivem Nutz-
nießer und kollektivem Steuerzahler voraus. Gegen den Wirklichkeitsgehalt

dieses Konzepts ist überzeugend eingewandt worden (Benjamin 1980), daß es im modernen Staat keine „öffentlichen", sondern nur noch „kategoriale" Güter gebe, also Güter, deren Nutzen und Kosten jeweils auf nicht-kongruente Teilmengen der Gesamtheit der Bürger beschränkt seien: eine neue Eisenbahnlinie oder ein neuer Tarifvertrag nützt vielen und belastet wenige (z. B. Anwohner der Trasse, zahlende Gewerkschaftsmitglieder), ein Sozialhilfeprogramm verfährt umgekehrt, usw. (vgl. a. L. Thurow 1980).

e) Ein paralleles Problem für die Legitimationskraft der Mehrheitsregel ergibt sich – *fünftens* – im Anschluß an die Frage nach der *Extension*, d. h. nach dem räumlichen und sozialen Geltungsbereich von Mehrheitsentscheidungen. Alessandro Pizzorno hat in einer Diskussion in den sechziger Jahren ironisch die Frage aufgeworfen, weshalb an einer Abstimmung über die Beendigung des amerikanischen Krieges in Vietnam nicht eigentlich auch der Vietcong beteiligt werden sollte. Ähnlich könnte man sich fragen, ob an Auseinandersetzungen über den Ausbau von Flughäfen, die gegenwärtig in zahlreichen Regionen Europas und der USA aktuell sind, nicht auch Interessenvertretungen von Flugpassagieren aus aller Welt beteiligt werden müßten, und nicht nur die lokalen bzw. nationalen Entscheidungskörperschaften. An der Verlegenheit, in die uns solche Fragen bringen, wird deutlich, daß die Mehrheitsregel in engem Zusammenhang steht mit der *nationalstaatlichen* Form politischer Herrschaft. Der Nationalstaat ist der Rahmen, in dem die Subjekte und die Objekte politischer Herrschaft in ihrer Gesamtheit kongruent sind. Unterhalb der nationalstaatlichen Ebene gibt es zwar (von dieser sanktionierte) Selbstverwaltungsrechte, in deren Rahmen kommunale oder regionale Teilkörperschaften ihre „eigenen Angelegenheiten" regeln können. Auf supranationaler Ebene, also für den Fall, daß von einer Entscheidung mehr und andere Personen betroffen sind als die Bürger eines Nationalstaates, fehlen jedoch die Voraussetzungen für die Anwendung der Mehrheitsregel. Hier findet sich allenfalls, wie in der UN-Vollversammlung, die problematische Mischung korporativer und majoritärer Entscheidungsverfahren: „one nation, one vote" – was in der Praxis bedeutet, daß alle nicht nur-deklamatorischen Entscheidungen, wie sie z. B. vom Sicherheitsrat der UN getroffen werden, auf Einstimmigkeit angewiesen sind. Offensichtlich ist heute nicht nur, wie zuvor erörtert, die in der Verknüpfung von Mehrheitsregel und Nationalstaat implizierte Annahme unrealistisch, daß alle Entscheidungen des Nationalstaates *alle* Bürger (in gleicher Intensität) berühren, sondern auch die reziproke Annahme, daß die Entscheidungen des Nationalstaates nur *seine* Bürger berühren. Damit wird die schon dem mittelalterlichen Rechtsdenken vertraute, dort allerdings noch nicht demokratisch verstandene Formel: „quod omnes similiter tangit, ab omnibus comprobetur" hinfällig. Die Praxis der auf den nationalstaatlichen Rahmen beschränkten Anwendung der Mehrheitsregel führt dazu, daß *beide* logisch denkbaren Abweichungen von dieser Regel heute an der Tagesordnung sind: entweder ist der Kreis der Betroffenen kleiner als der der Beteiligten, oder er ist größer. Selbst wenn wir das etwas anders gelagerte Problem der Repräsentation außer acht lassen, werden sich nicht leicht Entscheidungsgegenstände finden lassen, bei denen im Streitfalle nachgewiesen werden kann, daß sich beide Kreise in Deckung befinden. Das Problem der nationalen bzw. europäischen

Agrarpolitik bzw. die irritierende Tatsache, daß Atomkraftwerke und ähnliche Anlagen eine Tendenz zu haben scheinen, nahe den Grenzen zu Nachbarländern plaziert zu werden, sind Illustrationsfälle für die hier berührte Problematik. Sie läßt erkennen, daß die Fiktion einer „nationalen Schicksalsgemeinschaft" Voraussetzung ist für die legitimitätsstiftende Kraft der Mehrheitsregel, und daß diese Fiktion von der Natur der Entscheidungsthemen, die vom modernen Staat bearbeitet werden müssen, zunehmend unterhöhlt wird.

f) Die klassische Begründung des Mehrheitsprinzips, die wir z.B. bei Locke im *Second Treatise* finden, ging davon aus, daß die „nationale Schicksalsgemeinschaft" nicht nur objektiv-funktional besteht, sondern von den Bürgern auch *aufgrund geteilter kultureller Traditionen erlebt und vollzogen wird*. Die Bürger müssen, wenn sie bereit sein sollen, sich dem Mehrheitsvotum zu unterwerfen, davon überzeugt sein, daß es sich um gewisser übergeordneter Werte einer kollektiven Identität willen lohnt, auch Abstimmungsniederlagen hinzunehmen, ohne mit Widerstand oder Separatismus zu reagieren; und diese Überzeugung muß ihrerseits wiederum durch das Vertrauen darauf abgestützt sein, daß die Mehrheit auch ihrerseits das Fundament dieser kulturellen Gemeinsamkeiten nicht zerstören, sondern eine material gerechte, die Minderheit schonende und respektierende Herrschaft ausüben werde. Wie prekär und umstritten die Vorstellung von einer solchen nationalen kollektiven Identität, auf die sich die Mehrheit immer berufen muß, wenn sie die Gehorsamspflicht der Minderheit begründen will, heute geworden ist, zeigt sich u.a. daran, daß die Problematik der Nation heute nicht nur im konservativen und reaktionären Lager, sondern auch auf der Linken diskutiert wird (cf. Nairn 1978, Walser 1979), wo dieses Konzept lange Zeit umgangen oder allenfalls im Hinblick auf die Völker der Dritten Welt verwendet wurde. Nur die Bindung an eine historisch und kulturell begründete nationale Identität kann der in wichtigen Fragen unterlegenen Minderheit die Gründe bieten, die sie braucht, um nicht die Sezession (oder deren „anarchistische" Äquivalente) zu wählen. Dieser Zusammenhang wird von Abraham Lincoln in seiner *First Inaugural Adress* beschworen: „Plainly, the central idea of secession is the essence of anarchy. A majority held in restraint by constitutional checks and limitations, and always changing easily with deliberate changes of popular opinions and sentiments, is the only true sovereign of a free people. Whoever rejects it does, of necessity, fly to anarchy or despotism." Aber der Verwerflichkeit der Sezession entspricht eine positive moralische Tatsache: „We are not enemies, but friends. ... The mystic chords of memory, stretching from every battlefield and patriot grave to every living heart ... all over this broad land, will yet swell the chorus of the Union, when again touched ... by the better angels of our nature." Dieses Zitat verdeutlicht im Kontrast, daß es für die positive Seite von Lincolns Argument, die doch allein die Fügsamkeit gegenüber der Mehrheitsregel begründet, heute kein ernstzunehmendes Äquivalent gibt. Insofern gibt es nicht nur — aus den zuvor erörterten Gründen — vermehrten Anlaß, sondern auch verminderte Hemmungen, die moralische Verpflichtungskraft von Mehrheitsentscheidungen in Zweifel zu ziehen. Mit guten Gründen behauptet Guggenberger für die Bundesrepublik Deutschland, und hierfür las-

sen sich auch in anderen Ländern Anhaltspunkte finden: „Was sich abzeich-
net, ist eine bevölkerungsweite Fundamentalpolarisierung, welche die kon-
fliktkanalisierenden Pazifizierungsmuster der parlamentarisch-repräsentativen
Demokratie Stück für Stück außer Kraft setzt", wobei er insbesondere die
Anerkennung von Mehrheitsentscheidungen im Auge hat (1980: 59 ff.).

g) Die wohl zugleich wichtigste und problematischste Geltungsvoraussetzung
für Mehrheitsentscheidungen steht in einem komplementären Verhältnis zu
der zuerst genannten Bedingung. Mit dieser hatten wir postuliert, daß Mehrheitsentscheidungen nur dann legitimationskräftig und verpflichtend sein
können, wenn sie sich strikt auf „öffentliche" Angelegenheiten beschränken
und die private Dispositionssphäre unberührt lassen. Die Grenze zwischen der
„öffentlichen" und der „privaten" Sphäre muß jedoch *beiderseits* gesichert
werden, – so schwierig sie auch, gerade im interventionistischen Wohlfahrtsstaat, festzulegen ist. Dieser Gesichtspunkt führt zu der Formulierung einer
weiteren Geltungsbedingung der Mehrheitsregel: Mehrheitsentscheidungen
haben dann verpflichtende Kraft, wenn sie sich *ausschließlich* auf öffentliche
Angelegenheiten, aber gleichzeitig auch auf *ausnahmslos alle* öffentlichen
Angelegenheiten und auf diese Angelegenheiten in ihrem vollen Umfang erstrecken. Mit anderen Worten: Ebensowenig wie Mehrheitsentscheidungen in
die Privatsphäre eingreifen dürfen, kann umgekehrt die private Präjudizierung
öffentlicher Entscheidungen, ihre Präjudizierung durch private gesellschaftliche Machtpositionen hingenommen werden. Mehrheitsentscheidungen können nur dann zu Gehorsam verpflichten, wenn diese Entscheidungsregel für
den Gesamtbereich der „öffentlichen Angelegenheiten" Anwendung findet,
jedenfalls private Machtpositionen wirksam daran gehindert sind, öffentliche
Entscheidungen anders als durch den egalitären Kampf um Mehrheiten zu
beeinflussen.

Jedermann würde ein Schachspiel für völlig absurd halten, wenn es nach
folgenden Regeln ausgeführt würde: (a) Schwarz gewinnt, wenn der weiße
König mattgesetzt wird, (b) Weiß gewinnt, wenn der schwarze König mattgesetzt wird, (c) Schwarz gewinnt auch dann, wenn es das Spiel abbricht oder
mit dem Abbruch des Spiels droht. Die Regel (c), die uns für das Schachspiel
zu widersinnig anmutet, hat aber eine ziemlich genaue Entsprechung in der
Dynamik von Machterwerb und Machterhaltung in kapitalistischen Gesellschaften. In diesen Gesellschaften sind es *nicht ausschließlich* Mehrheiten,
die das Handeln und Entscheiden von Regierungen und parlamentarischen
Körperschaften programmieren (vgl. z.B. Nadel 1975). Da Parteien, Regierungen und Parlamente heute regelmäßig ein gewisses Maß an politischer Verantwortung für Wirtschaftswachstum und Vollbeschäftigung übernehmen, machen sie sich abhängig von Handlungen und Unterlassungen der
Eigentümer und Funktionäre des Kapitals, die in letzter Instanz darüber entscheiden, ob und in welchem Umfange Wachstum und Vollbeschäftigung realisiert werden. Von diesen Investitionsstrategien, die selbstverständlich einer
Bestimmung durch das Mehrheitsprinzip nicht unterliegen, wird man allerdings kaum bestreiten können, daß sie den Umfang und der Intensität ihrer
Auswirkungen nach ein wie auch immer spezifiziertes Allgemeinwohl positiv
oder negativ berühren. Dieser Zusammenhang wird heute als das zentrale
Konstruktionsproblem der liberalen Demokratietheorie nahezu überall aner-

kannt. „The economy, the prime concern of modern governments, cannot prosper without business activities. But business cannot be forced to be active. It cannot be punished, given the ruling ideology and legal system, for scaling down its activities. So business is free to use the threat of doing less." (van Gunsteren 1979: 268) Ebenso besteht weithin Einigkeit darüber, daß wohlfahrtsstaatliche Methoden, die Transformation gesellschaftlicher Ressourcen in politische Macht – und damit die Durchlöcherung der egalitären Prämissen von allgemeinem Wahlrecht und Mehrheitsprinzip – auf dem Wege der Etablierung von Minima (allgemeine Schulpflicht, Sozialversicherung) oder Maxima (Parteienfinanzierung) einzuschränken, gegenüber „*Unterlassungs*phänomenen" wie dem „Investitionsstreik" völlig untauglich sind. Und ebenso unstrittig ist schließlich, daß es sich dem Ergebnis nach bei den Investitionsstrategien zumindest der Banken und der Großinvestoren um die Entscheidung „öffentlicher" Angelegenheiten nicht durch das Mehrheitsprinzip, sondern durch – wenn auch indirekt wirkende – Drohungen, Pressionen und Nötigungen von seiten der Inhaber privater Machtpositionen handelt (Böckenförde 1976). Nicht nur ist in kapitalistischen Industriegesellschaften definitionsgemäß der Geltungsbereich der Mehrheitsregel von Domänen durchsetzt, in denen – sozusagen am allgemeinen und gleichen Wahlrecht vorbei – gesellschaftliche Ressourcen und soziale Macht in Bestimmungsfaktoren für staatlichen Politik konvertiert werden können. Es gibt außerdem – ich stütze mich hier auf noch unveröffentlichte vergleichende Studien von Przeworski über Demokratisierungsprozesse in Lateinamerika und Südeuropa in den 70er Jahren – starke Anhaltspunkte für die Vermutung, daß Demokratisierungsprozesse (d.h. Parteienkonkurrenz, Wahlrecht und Mehrheitsprinzip) in der Regel nur zugelassen werden, wo bzw. wenn starke gesellschaftliche Macht- und Vetopositionen die Gewähr dafür bieten, daß die Demokratisierung den sozialökonomischen Status quo ante nicht tangiert wird. Przeworski resümiert seine Ergebnisse: „Social and economic conservatism may be the necessary price for democracy ... Political democracy is possible only at the cost of limiting social and economic transformations." Nur solange die Verwobenheit von Mehrheitsprinzip und gesellschaftlicher Privilegienstruktur undurchschaut ist, wird man daher auf die Verpflichtungskraft der Mehrheitsregel setzen können.

Eine weitere Kategorie solcher Pressionen, die der Regulierung durch das Mehrheitsprinzip entzogen sind, besteht in der Handhabung positiver oder negativer Sanktionen für bestimmte Regierungsentscheidungen, die von den Regierungen *anderer* Staaten oder auch von supranationalen Organisationen wie der Europäischen Gemeinschaft, der NATO oder der Weltbank ausgehen. In allen diesen Fällen büßt das Mehrheitsprinzip an verpflichtender Kraft gegenüber den Minderheiten dadurch ein, daß es evidentermaßen lückenhaft gehandhabt wird, d.h. nicht für *alle* das öffentliche Wohl berührenden Entscheidungsgegenstände Verwendung findet. Die legitimierende Kraft der Mehrheitsregel steht auf besonders schwachen Füßen dann, wenn sich begründeter und plausibler Anlaß für den Verdacht bietet, daß nicht nur die Entscheidungen von Parteien, Regierungen und Parlamenten, sondern die Mehrheitsentscheidungen der Wähler selbst unter dem Einfluß von Pressionen stehen, die durch den Einsatz solcher privater Machtmittel wirksam werden. Das ist z.B. der Fall, wenn Wahlentscheidungen unter dem Einfluß einer verbreiteten Angst vor Inflation und/oder Arbeitslosigkeit stehen, oder wenn der Wähler durch die publizistische Macht privater Informationsmedien getäuscht, desinformiert oder zu unrealistischen Hoffnungen bewogen wird. Natürlich handelt es sich hier immer um eine Frage, die nicht völlig „objektiv" zu entscheiden ist, sondern bei der man auf Plausibilitäten und die Überzeugungskraft von ad-hoc-Argumenten angewiesen ist. Es ist jedoch zu erwarten, daß in dem Maße, wie solche Plausibilitäten erzeugt werden *können* — und dafür gibt die für kapitalistische Gesellschaften charakteristische Auswirkung privater Dispositionen von Kapitaleigentümern auf öffentliche Belange einen strukturell erhöhten Anlaß —, die bindende Kraft von Mehrheitsentscheidungen in Frage gestellt werden kann und wird.

Ein etwas anders gelagertes Problem für die Mehrheitsregel entsteht dort, wo *neben* der Mehrheitsregel andere politische Entscheidungsverfahren Verwendung finden, die nicht auf den Gebrauch *privater* Ressourcen und Machtmittel zurückgehen. In den meisten politischen Systemen westlicher Industriegesellschaften finden wir eine Koexistenz von korporativen bzw. föderativen Entscheidungsverfahren einerseits, Mehrheitswahlen und -abstimmungen andererseits. In den neuen politikwissenschaftlichen Arbeiten über die Entwicklung *korporatistischer Strukturen* wird sogar die These vertreten, daß Mehrheitsentscheidungen hinter korporativen Entscheidungsverfahren — d.h. dem Aushandeln von Kompromissen zwischen Interessenorganisationen und Gebietskörperschaften — zunehmend an Gewicht verlieren und zurückbleiben. Wo immer die Prinzipien territorialer Repräsentation (durch Parteienkonkurrenz, Wahlen und Parlamente) und funktionaler Repräsentation (durch „inkorporierte" Verbände oder auch föderative Teilkörperschaften) auf Verfassungsebene koexistieren, stellt sich die Frage, was „Mehrheiten" für das Entscheidungsergebnis eigentlich wert sind und ob nicht-mehrheitsdemokratische Machterwerbsstrategien nicht eigentlich vielversprechender seien. Stein Rokkan hat diese Frage mit der ernüchternden Formel beantwortet: „Votes count, but organizational resources decide." Selbst wenn man in verbändepluralistisch zusammengesetzten Beiräten oder Kommissionen die einzelnen Verbände mit Stimmen ausstattet und abstimmen läßt, wird die Ungereimtheit nicht beseitigt: „the principle of voting equality is necessarily violated whenever units ... are granted equal votes" (Dahl 1982: 92). Da aber moderne Regierungen auf die förmliche Einschaltung von Mechanismen funktionaler Repräsentation nicht verzichten können und sich solcher Entscheidungsverfahren offenbar sogar zunehmend — u.a. im Interesse der Staatsentlastung — bedienen, wirken sie selbst mit an einer schleichenden Diskreditierung des Mehrheitsprinzips und der Legitimationstheorie, auf die es sich stützt.

Die Beobachtung, daß das Mehrheitsprinzip bei weitem nicht das einzige, sondern sogar ein an Boden verlierendes Prinzip der Entscheidungsfindung in der politischen Wirklichkeit westlicher Industriestaaten ist, kann man durch den Hinweis darauf unterstützen, daß die Entscheidungspraxis von Regierungen und Parteien zunehmend von *demoskopischen* Verfahren zur Ermittlung des „Volkswillens" programmiert wird. „The methods of the social survey become the pricipal means of predicting and synthesizing putative majorities, aggregating the attitudes of masses of individuals. Parties do this rather than creating and responding to collective, deliberative ex-

pressions of political goals." (Rustin 1981: 38) Hier mag der Einwand
naheliegen, daß die Demoskopie eigentlich nur ein abgewandeltes (und
zudem kostensparendes) Verfahren zur Feststellung des Mehrheitswillens ist.
Dagegen hat jedoch Scheuner (56 f.) mit einleuchtenden Argumenten auf
„den qualitativen Unterschied der rechtlich bedeutsamen Stimmabgabe des
Wählers von der Meinungsumfrage" hingewiesen. Dieser Unterschied besteht
in der Förmlichkeit des Mehrheitsprinzips bzw. der rechtlichen Formlosig-
keit der Meinungsumfrage: Zum Mehrheitsprinzip gehören institutionelle
Elemente wie die Periodizität von Wahlen und Abstimmungen (bzw. mindestens das definierte Recht von Minderheiten, Wahlen und Abstimmungen
zu beantragen), häufig ein Quorum (und nicht nur eine Stichprobe), ein
zeitlicher Ablauf, der Raum für Debatten bzw. Wahlkämpfe bietet, sowie die
Pflicht definierter Instanzen, die Abstimmungsergebnisse unverzüglich,
öffentlich und vollständig (und nicht, wie bei Meinungsumfragen möglich,
nach Gutdünken, zu einem beliebig gewählten Zeitpunkt und selektiv)
bekanntzugeben. Außerdem finden wir bei der institutionellen Ausgestaltung
des Mehrheitsprinzips den Grundsatz der (zumindest auf Antrag oder bei
bestimmten Kategorien von Entscheidungen) gewährleisteten Geheimhaltung
der Stimmabgabe, während in der Demoskopie eine solche Geheimhaltung
nicht als Rechtsanspruch der „Abstimmenden", sondern allenfalls aus
forschungspragmatischen Erwägungen der Meinungsforscher stattfindet. Alle
diese formellen Regelungen, welche die Anwendung des Mehrheitsverfahrens
auf politische Entscheidungen institutionell ausgestalten, lassen sich so
interpretieren, daß sie dazu dienen, die Unabhängigkeit und Rationalität des
Entscheidungsverhaltens der Abstimmenden zu maximieren. Der verbreitete
Gebrauch demoskopischer Techniken sowohl durch Regierungen wie durch
Parteien führt demnach — ebenso wie das Vordringen „korporativer" Entscheidungsverfahren — dazu, daß die begrenzte Rationalität des Mehrheitsverfahrens durch die politische Praxis der Staatsapparate selbst unterhöhlt
und diskreditiert wird. Der Befund einer faktischen Zurückdrängung der
Verfahrensprinzipien des Parteienwettbewerbs und der ihm zugrundeliegenden Mehrheitsregel wird auch von neueren Analysen der Funktionsweise des
Föderalismus in der Bundesrepublik bestätigt. Gerade die „Parteipolitisierung des Bundesrates führt ... zu einem Ergebnis, das mit parteienstaatlichem
Parlamentarismus eigentlich nicht vereinbar ist: zur Ablösung des Konflikt-
regelungsmechanismus des dualistischen Parteienwettbewerbs durch Prozesse
des Aushandelns, zur Ablösung der Herrschaft des parlamentarischen Mehrheitswillens durch einen (von Fall zu Fall hergestellten) Allparteienkonsens"
(Abromeit 1981: 8; vgl. a. Lehmbruch 1976).

VI.

Die bis hierher erörterten Einwände gegen die realen Geltungsbedingungen
und die Haltbarkeit der dem Mehrheitsprinzip zugrundeliegenden Legitimationstheorie haben in keinem Punkt die grundlegende *normative* Idee des
Mehrheitsprinzips, nämlich die der *Gleichheit staatsbürgerlicher Partizipationsrechte* infragegestellt. Mit elitären oder partikularistischen Rechtferti-
gungen für eine Ablehnung des Mehrheitsprinzips hat die entwickelte Argu-

mentation insofern nichts gemein. Im Gegenteil: vor allem im letzten Abschnitt wurde gezeigt, daß die Mehrheitsregel in kapitalistischen Demokratien durch eine Reihe von Mechanismen durchlöchert und umgangen werden kann, die ihren egalitären Anspruch leerlaufen läßt. Diese Feststellung nötigt freilich zu einer Präzisierung dessen, was mit diesem Anspruch selbst eigentlich gemeint ist.

Berg unterscheidet in seiner Studie über das Mehrheitsprinzip (1965) drei Varianten des Begriffs der politischen Gleichheit. Die erste und anspruchsloseste heißt „equality of participation" und bezieht sich auf die Gleichheit der *Verfahrensbeteiligung.* Sie ist durch das allgemeine und gleiche Wahlrecht (für volljährige Inländer) gewährt, bleibt aber unter dem Gesichtspunkt der Legitimation der Verfahrens*ergebnisse* insofern schwach, weil ich keinen Grund habe, nur weil ich an einem Verfahren ebenso wie alle anderen teilnahmeberechtigt war, seine Resultate als bindend anzuerkennen. Das ist deshalb und insofern nicht der Fall, weil die Gleichheit des Verfahrensstatus noch keineswegs die zweite Form von Gleichheit, nämlich die *Gleichheit des Einflusses auf das Ergebnis* nach sich zieht. Das Ergebnis kann nämlich durch Einflußfaktoren bestimmt sein, die jenseits der gleichen Verfahrensrechte wirksam werden *und* ungleich verteilt sind: jeder hat eine Stimme, aber manche haben außerdem noch das, was Rokkan „organizational resources" nennt. Aber auch die effektive Egalisierung nicht nur der Beteiligungsrechte, sondern darüber hinaus der Kontrolle von Faktoren, die auf das Verfahrensergebnis Einfluß ausüben, räumt noch nicht alle Einwände aus. Denn ein solches Arrangement ignoriert, daß verschiedene Entscheidungsthemen und -ergebnisse mich in ganz ungleichem Maße betreffen und interessieren, und es leistet insofern jenem Verstoß gegen den Gleichheitsgrundsatz Vorschub, der darin besteht, daß Ungleiches gleich behandelt wird: jeder Bürger hat gleichen Einfluß auf ein Ergebnis, das tatsächlich einige viel stärker berührt als andere. Wir haben gesehen, daß Entscheidungsmaterien, die diese Eigenschaft haben, in interventionistischen Wohlfahrtsstaaten eher die Regel als die Ausnahme sind. Eine Lösung für dieses Problem wäre nur durch eine weitere Radikalisierung des Gleichheitsgrundsatzes zu finden, die Berg als „*weighted* equality of influence" bezeichnet und die er dadurch definiert „that individuals are given a greater share in the control of decisions in which they are more interested than in the control of decisions in which they are less interested" (125). Die Schwierigkeiten, auf die man stößt, wenn man sich nach Modalitäten zur institutionellen Ausgestaltung auch dieser dritten und anspruchsvollsten Interpretation des Gleichheitsgrundsatzes umtut, bestehen vor allem in der Definition eines nicht-subjektivistischen Kriteriums für Betroffenheit: woran erkennt man und wie kann man im Streitfalle klären, wessen Anspruch, „betroffen" zu sein, in welchen Abstufungen anerkannt werden muß oder zurückgewiesen werden kann?

Diese Frage kann hier nicht weiterverfolgt werden. Die Erörterung der drei Versionen des Gleichheitsbegriffs hatte in unserem Zusammenhang nur den Zweck zu zeigen, daß eine Kritik des Mehrheitsprinzips und der Legitimität von Mehrheitsentscheidungen keineswegs nur von anti-egalitären Positionen aus geführt werden kann oder solche Positionen impliziert; vielmehr folgt diese Kritik gerade aus dem Nachweis, daß das Mehrheitsprinzip nur der schwächsten Version der Gleichheitsnorm Genüge tut — der Gleichheit der Verfahrensbeteiligung —, die Gleichheit des Einflusses auf Entscheidungs-ergebnisse (oder gar des nach „Betroffenheit" gewichteten Einflusses auf dieses Ergebnis) keineswegs verbürgt (Berg 1965: 157). Nur wenn dies der Fall wäre, ließe sich der Widerstand gegen Mehrheitsentscheidungen als un-berechtigt disqualifizieren.

V.

Die Aufzählung und Illustration der dem Mehrheitsprinzip innewohnenden Fiktionen und Aporien kann Schlußfolgerungen sehr verschiedener Art nahe-legen. Eine Schlußfolgerung ist, das Thema tunlichst ruhen zu lassen bzw. die verfügbaren moralisch-politischen Ressourcen gegen den zu mobilisieren, der dennoch daran rührt (vgl. den Briefwechsel zwischen einem Bonner Ministe-rialbeamten und dem Verfasser in: Mez, Wolter 1980: 135—146). Eine an-dere Reaktion besteht in der „realistischen" Anerkennung all' der Mängel und Engpässe, in die jeder Versuch gerät, die demokratietheoretischen Vor-aussetzungen des Mehrheitsprinzips als erfüllt auszugeben, und der demnach konsequente Rückzug von dem normativen Anspruch, allgemeines Wahlrecht nach dem Mehrheitsprinzip genüge politischen Wertvorstellungen wie denen der Gleichheit, der Rationalität oder der Legitimität kollektiven Entschei-dens auch nur annähernd. Ein Beispiel für diese Position liefert William Riker (1980: 456/7) mit einem schneidenden Resümee seiner Position: „... the products of majority rule are probably seldom defensible as consistent or as the true choice of the voting body. ... what comes out of majority rule is a function not only of the tastes of persons, but also of the political institu-tions surrounding the process of voting, of the skill with which individuals manipulate the selection of alternatives and the statement of issues, and in-deed even of the intelligence and character of the voters. ... there is simply no possible way to interject meaning into majority rule decisions." Der ein-zige Sinn, den er der Mehrheitsregel dann noch zuzubilligen vermag, besteht in ihrem defensiven Potential bei der (negativen) Mehrheitsentscheidung über Personen: „the protection of rights by means of popular vetoes over offi-cials." Diese von demokratischer Ideologie gänzlich unbefangene, durch und durch „realistische" Sicht des Problems läuft freilich auf zwei Fragen auf. Erstens: warum sollte es dem Manipulationsgeschick politischer Eliten und/ oder dem stummen Zwang institutioneller Arrangements nicht gelingen, auch die ihnen potentiell bedrohlich werdende *Veto*macht von Mehrheiten noch zu entschärfen? Zweitens: Warum sollte es, selbst wenn dies nicht geschieht, nicht andere und wirksamere (vielleicht auch weniger riskante) Formen der Verteidigung individueller Freiheitsrechte gegenüber hoheitlichen Übergrif-fen geben als ausgerechnet das Mehrheitsprinzip? Wie man sieht, handelt es sich bei der Position Rikers um die Renaissance eines im Prinzip vordemokra-tischen Eigentümer-Liberalismus, der sich halbherzig vorbehält, demokra-tisch-majoritäre Beteiligungsformen als Abwehrwaffe gegen die hoheitliche Beeinträchtigung der individuellen Freiheitssphäre einzusetzen.

Mit einer anderen und sozialtheoretisch wesentlich aufwendigeren Ar-gumentation entkleidet Luhmann das Mehrheitsprinzip seiner herrschaftsbegründenden Funktion. In modernen komplexen Gesellschaften sei das Festhalten an der liberalen Vorstellung, „gerechte" Verfahren und „richtige" Ergebnisse könnten noch eine Einheit bilden, ohnehin naiv (im Ergebnis ähnlich Kielmansegg 1977: 254). Ebensowenig wie im Gerichtsverfahren „procedural fairness" als (bestgeeignetes) Mittel zur Produktion richtiger Urteile aufgefaßt werden könne, lasse sich Wahl und Mehrheitsentscheidung als zweckmäßiger Weg zu richtigen politischen Entscheidungen konstruieren. Die „Übereinstimmung instrumenteller und expressiver Verfahrensfunktionen" (1969: 227) sei heute ebenso passé wie es die Übereinstimmung von Motiven und Funktionen in komplexen Sozialsystemen generell ist. Weil das so ist, erhalten nun die sozusagen übriggebliebenen Verfahren neue Funktionen zugewiesen: die an ihnen Beteiligten kontrollieren oder programmieren nicht etwa per Verfahren die Entscheidungen, sondern sie trösten sich gleichsam durch Ausagieren ihrer Emotionen über die Tatsache hinweg, daß die wirklichen Entscheidungen sowieso ohne ihre Mitwirkung stattfinden. Gerade dadurch, daß der Bürger in gewisse *Verfahren* einbezogen wird (als Öffentlichkeit in die Gerichtsverhandlung, als Wähler in die Politik), gelingt es umso zuverlässiger, ihn aus den *Entscheidungen* herauszuhalten, − wodurch die Politik dann die von ihr benötigten Dispositionsspielräume, ihre Autonomie aufbaut und verteidigt. Diesen beiderseits − für Bürger wie für Eliten − wohltätigen Entlastungseffekt diskutiert Luhmann ausdrücklich an der Institution der Wahl (155 ff.) und des Mehrheitsprinzips (176 f., 196). Beide übertragen nicht etwa Interessen, Forderungen und Richtungsvorgaben des wählenden Volkes auf staatliches Entscheiden oder führen gar zur Formulierung eines „Wählerauftrages". Derartige „ideologische Zusatzannahmen" (21) über die Funktion demokratischer Institutionen sind heute völlig obsolet: „Das Mehrheitsprinzip ist ... keine Legitimierungsweise, sondern eine Verlegenheitslösung" (196) und die Funktion der Wahl besteht darin, dem Wähler die Gelegenheit zu zweckfreiem Ausdrucksverhalten zu gewähren, zur befriedigenden „Abreaktion" der Motive von Protest oder Unterstützung. Wenn schon nicht „der Wähler" die Inhalte künftigen kollektiven bindenden Entscheidens bestimmt, so nährt die Institution der Wahl und des Mehrheitsprinzips das Vertrauen darauf, daß jedenfalls nichts und niemand *anderes als* der Wähler die letzte Entscheidung über die personelle Zusammensetzung von Parlaments- und Regierungspersonal treffe. Dies freilich ist ein Effekt, der sich mit ein paar Würfeln ebensogut erzielen ließe.

Wahlen und Mehrheitsentscheidungen sind demzufolge Mechanismen, mit denen das politische System seine „Selbstlegitimation" bewerkstelligt und den Bürger veranlaßt, dessen von ihm ohnehin nicht lenkbaren Entscheidungen in der Haltung des „fast motivlosen Akzeptierens" (28) entgegenzunehmen. So einleuchtend und „realistisch" diese Analyse sich in vielen ihrer einzelnen Argumente und Anhaltspunkte ausnimmt, so unrealistisch bleibt sie doch insofern, als sie sowohl der offiziellen Deutung der Institutionen von Wahl und Mehrheitsprinzip als Medien der Betätigung von „Volkssouveränität" wie vor allem der vorwissenschaftlichen *Selbstauslegung* des Handelns von Wählern und Mehrheiten widerstreitet. Die Überzeugungskraft der Luhmannschen Analyse ist folglich selbstzerstörerisch: ließen sich die Wähler vom Soziologen über die wahre Funktion ihres Tuns „aufklären", sie

könnten sie nicht mehr erfüllen — ebensowenig, wie man vorsätzlich einen
Irrtum begehen oder Selbstbewußtsein erwerben kann.

Eine dritte mögliche Reaktion auf die Analyse der Kontext- und Anwendungsbedingungen des Mehrheitsprinzips besteht natürlich darin, *sowohl
die empirische Verletzung seines normativen Anspruchs* wie aber auch die
soziale *Realität dieses Anspruchs selbst* ernstzunehmen und nach Möglichkeiten zu suchen, diesen Anspruch durch geeignete institutionelle Modifika-
tionen oder Ergänzungen des Mehrheitsprinzips selbst wie seiner gesellschaftlichen Anwendungsbedingungen in einem höheren Maße einzulösen als dies
heute der Fall ist.

Dieses „konstruktive" Problem ist auf zwei alternativen Wegen zu lösen.
Zum einen durch die Einschränkung des Anwendungsbereichs des Mehrheitsprinzips, zum anderen durch dessen Ausdehnung. Was die erste Alternative
angeht, so steht ein umfangreiches Instrumentarium zur Verfügung, dessen
einzelne Elemente in mannigfaltiger Kombination eingesetzt werden können
(und z.T. werden), um die Reichweite des Mehrheitsprinzips einzuschränken
und seine pervertierten Effekte abzuschwächen. Zu nennen sind etwa
— *föderale Entscheidungsverfahren,* denen einerseits die Funktion des Minderheitenschutzes, andererseits die der Entlastung des Entscheidungsprozesses von wahlpolitischen Opportunismen zugutegehalten wird; ein-
   schränkend zu der ersten Funktion wäre jedoch auf das Problem hinzuweisen, daß die wenigsten Minderheiten „gerade *regional*/bundesstaat-
   lich konzentriert sind" (Abromeit 1981) und daß es außerdem „minorities
   within minorities" (Dahl 1956: 115) gibt, und zur zweiten Funktion wäre
   zumindest für das Beispiel der BRD auf die entsprechenden Befunde von
   Lehmbruch (1976) hinzuweisen;
— *Dezentralisierung/Zentralisierung*; sie könnten zur Bewältigung der oben
   unter IIIe) angesprochenen Probleme eingesetzt werden, wobei diese
   Probleme ja alle in einer räumlichen und sozialen Nicht-Kongruenz von
   Betroffenen und Beteiligten bestehen; ihre Grenze fänden solche Korrek-
   turen jedoch zweifellos an rasch steigenden externen Effekten bzw. Koor-
   dinationskosten einerseits, an der geringen Leistungsfähigkeit *supra*nationaler Problem-Zentralisierung andererseits;
— Stärkung der *proportionalen Komponenten* im Wahlrecht und im parlamentarischen Gesetzgebungsverfahren; die entsprechenden Gefahren lägen
   in der Ausbildung „latenter großer Koalitionen", die nicht mehr durch
   Mehrheitsentscheidungen, sondern nur noch durch Verhandlungskompro-
   misse operieren könnten und deshalb den alternativen Gefahren der Entscheidungsblockade oder des Immobilismus ausgesetzt wären;
— verfahrensmäßige Befestigungen des *Minderheiten-* (evtl. sogar des Mehr-
   heits-)*schutzes* durch verstärkten Gebrauch von *Quoren* bzw. von *qualifizierten* Mehrheits-Anforderungen; auch hier stößt man bald an das (u.U.
   inkaufzunehmende) Problem der Entscheidungsblockade;
— ein Ausbau der *Grundrechte* und institutionellen *Garantien* der Verfassung sowie gesetzliche „Negativkataloge", die (wie eine Reihe von Fragen
   im Hochschulrecht) „mehrheitsimmun" zu machen wären (vor allem in
   Bezug auf die Probleme IIIa) und IIIc));
— Maßnahmen zur Sicherung der *Autonomie* und *Entscheidungskompetenz*
   der Wähler bzw. Abgeordneten zur Vermeidung der unter IIIb) diskutier-

ten Probleme durch politische Bildung, neue Formen der Kommunikation zwischen Wissenschaft und Öffentlichkeit, materielle und institutionelle Sicherung der Medien- und Wissenschaftsfreiheit, institutionelle, materielle und pädagogische Sicherung „rationaler" politischer Willensbildung unter Einschränkung der Kontrolle desselben durch die politischen Parteien;

— „kurzgeschlossene" Legitimations- und Konfliktregelungsmechanismen im Verhältnis zwischen betroffenen Bürgern und den Ordnungs- und Lei-stungs-*Verwaltungen* zum Ausgleich des „Intensitätsgefälles" (s. o., Punkt IIId)) unter Verstärkung von Formen der Selbsthilfe, Selbstverwaltung und Klientenautonomie; dementsprechend die Ausdünnung spezifischer Detailregelungen und Erweiterung von administrativen Dispositionsspiel-räumen bei der Programm-Implementation; generell Erprobung von „verwaltungsnahen" Formen der Bürgerbeteiligung einschließlich neuer Formen der „Wählerspezialisierung" bzw. der „Fachwählerschaften" (Horn 1980);

— Erweiterung sozialstaatlicher Teilhaberechte und Kontrolle der unter IIIg) erörterten ökonomischen „Erpressungs-" bzw. „Nötigungs"mechanismen durch extensiven Gebrauch des Instruments der Sozialisierung; entspre-chende „protektionistische" Anstrengungen zur Lockerung außenwirt-schaftlicher und militärisch-politischer „Sachzwänge";

— Einführung von „Eventualstimmen" ins Wahlrecht, um den Entmutigungs-effekt der 5 %-Sperrklausel (vgl. IIIb)) zu unterlaufen (vgl. Wagenbach 1980).

Diese Aufzählung hat hier nur den Zweck der Illustration; sie ist weder voll-ständig, systematisch, unbedingt konsistent noch als verfassungspolitisches Aktionsprogramm gedacht. Sie soll lediglich andeuten, in welchem Umfang, in welchen Grenzen und z.T. mit welchen Nebenfolgen das Mehrheitsprinzip mit anderen Verfahrensregeln kombiniert und in seinen zuvor diskutierten problematischen Effekten eingeschränkt werden kann.

Nur scheinbar entgegengesetzt ist der andere Weg zur Lösung des „kon-struktiven" Problems, nämlich einer *Ausweitung* des Mehrheitsprinzips. Die-se Ausweitung könnte die Form haben, daß die Gegenstände, Modalitäten und Grenzen der *Anwendung des Mehrheitsprinzips selbst zur mehrheitli-chen Disposition gestellt*, d.h. das Mehrheitsprinzip auf sich selbst angewandt wird. Eine solche reflexive Schleife fehlt bei den üblichen Anwendungsfor-men der Mehrheitsentscheidung, in Wahlen und Abstimmungen. Dort sind sämtliche Parameter der Entscheidungssituation durch vorausgegangene Ver-handlungen, gesetzliche Normierungen oder hierarchische Anordnungen fest-gelegt, und zu entscheiden ist nur zwischen den Voten Ja/Nein/Enthaltung bzw. den Alternativen A, B, C ... N. Weitere Alternativen sind lediglich die im Verfahren nicht vorgesehenen der Nicht-Beteiligung und der „mißbräuch-lichen" Benutzung des Verfahrens für nicht-erfragte Kommunikationen (bzw. Optionen für nicht-vorgesehene Alternativen); beide Möglichkeiten werden als „ungültig" (bei Wahlpflicht sogar als illegal) behandelt und durch den Verfahrensablauf selbst folgenlos gemacht. Der Disposition der Wählen-den/Abstimmenden sind also (zumindest zum Zeitpunkt der Wahl/Abstim-mung) die folgenden Parameter entzogen:

— ob eine Frage überhaupt durch Wahl oder Abstimmung entschieden wird;

— die personellen oder sachlichen Alternativen, zwischen denen zu wählen ist (begrenzte Ausnahme: „primaries");
— der Zeitpunkt der Wahl, die Dauer der vorausgehenden Wahlkämpfe und Debatten; sowie der Zeitpunkt der nächsten Wahl;
— die Abgrenzung der Wahlberechtigten, evtl. von Quoren und Sperrminoritäten;
— die Modalitäten der Umsetzung von Wahlentscheidungen in parlamentarische Sitzverteilungen (Mehrheits-/Verhältnis-Wahlrecht), der Umsetzung von Sitzverteilungen in die Regierungsbildung (Koalitionsbildung) und der Regierungsbildung in Gesetzgebungs- und Entscheidungsprogramme und Politikziele;
— der Grad der räumlichen und sozialen „Disaggregation" bzw. Aggregation der Entscheidungsthemen, also die Frage, ob dies durch Mehrheiten verliehene pauschale Handlungsmandat für die kommunale, die Landes-, die Bundesebene gelten bzw. evtl. sogar für noch anders zugeschnittene Kategorien von Betroffenen und Beteiligten Wirksamkeit erlangen soll.

Diese außerordentliche Starrheit der Randbedingungen, unter denen Mehrheitsentscheidungen erhoben werden, läßt sich — im Interesse der Steigerung ihres aus den zuvor genannten Gründen höchst zweifelhaften Legitimationspotentials — durchaus lockern. Natürlich kann man nicht über alles zu ein und demselben Zeitpunkt entscheiden, und insofern sind der rekursiven Anwendung des Mehrheitsprinzips auf sich selbst gewisse Grenzen gesetzt. Eine weitere Grenze ergibt sich daraus, daß Mehrheitsentscheidungen über (Teile der) Verfahrensmodalitäten anstehender Mehrheitsentscheidungen ja durchaus von den Effekten inspiriert sein können, welche sich die „sachlichen" Mehrheiten von den zur Entscheidung stehenden Verfahrensalternativen jeweils erwarten; das würde dazu führen, daß eine bestehende Mehrheit ein Verfahren durchsetzt, das ihre Position stabilisiert. Dagegen spricht jedoch, daß die materialen Folgen der Verfahrenswahl nicht immer bekannt und kalkulierbar sind und deshalb die Debatte um das „richtige" Verfahren zumindest *auch* unter Berücksichtigung von Kriterien der Angemessenheit, Gerechtigkeit und Fairness geführt werden muß. Im übrigen zeigen historische Beispiele, daß eine Problematisierung des Verfahrens auch dort zustandegekommen *ist*, wo die Initiatoren (zumindest kurzfristige) Einbußen ihrer Position nach dem veränderten Verfahren erwarten konnten (Beispiel: Arbeiterparteien haben sich für das Frauenwahlrecht eingesetzt), während solche Initiativen umgekehrt selbst bei verlockenden Aussichten auf wahlpolitische Vorteile unterblieben (Beispiel: der Niedergang der Sozialdemokratie in den Großstädten geht zum Teil auf den hohen Ausländeranteil der Wohnbevölkerung zurück, d.h. ein Teil des klassischen Wählerreservoirs dieser Partei, nämlich die Arbeiterschaft, erleidet faktisch den Verlust des Wahlrechts; dennoch sind nur vereinzelt sozialdemokratische Vorstöße zur Einführung des kommunalen Wahlrechts für Ausländer erkennbar).

Auch sind dem geltenden Wahlrecht solche „rekursiven" Figuren nicht völlig fremd. So stellt z.B. das bayerische, das baden-württembergische und neuerdings das niedersächsische Kommunalwahlrecht dem Wähler durch die Techniken des Kumulierens bzw. Panaschierens nicht nur die Auswahl *zwischen vorgegebenen* personellen Alternativen (Listen), sondern auch die *Wahl der Alternativen selbst* in engen Grenzen zur Disposition. Dasselbe würde von einer Veränderung des Wahlrechts gelten, die „Eventualstimmen" zuließe (vgl. Wagenbach 1981): der Wähler könnte dann angeben, in welchem Falle (z.B. wenn eine Partei fünf Prozent erreicht oder nicht, wenn eine Regierungskoalition gebildet wird oder nicht usw.) seine Stimme wie gewertet werden soll.schließlich ist mit dem Instrument des Volksbegehrens, das in verschiedenen Landesverfassungen vorgesehen ist, eine verfahrensmäßige — freilich erschwerte und begrenzte — Möglichkeit zur Entscheidung der Frage gegeben, welche Fragen zu welchem Zeitpunkt aus dem parlamentarischen Routineverfahren herausgenommen und auf eine andere Verfahrensschiene gesetzt werden sollen.

Denkt man entlang solcher relativ schwacher Ansatzpunkte weiter, so kämen durchaus verfahrensbezogene Mehrheitsabstimmungen zu bestimmten Entscheidungsthemen in Betracht, mit denen eine Reihe von gegenwärtig weitgehend unregulierten und brisanten innenpolitischen Konfliktthemen in Bereichen wie Ökologie, Energiepolitik, Stadtsanierung und Wohnungsbau, Verkehrspolitik, Frauen- und Familienpolitik angegangen werden könnten. Alle diese Politikbereiche zeichnen sich dadurch aus, daß Entscheidungen anstehen, die zwar „von allen" (mittelbar) getroffen werden, deren Kosten und Folgekosten aber mehr oder weniger scharf abgegrenzte Bevölkerungskategorien treffen. Hier handelt es sich offenbar um Beispielsfälle für die oben unter IIIa), IIIc) und IIId) diskutierten Probleme. Deshalb liegt es hier nahe, die Verfahrensentscheidung (einschließlich einer Entscheidung über Kriterien für „Betroffenheit") selbst zu demokratisieren statt schematisch und doktrinär auf den demokratischen Gehalt des Mehrheitsprinzips zu setzen. Es wäre keineswegs ausgemacht (und sogar höchst überraschend), daß sich die Mehrheit immer dafür entschiede, daß immer die Mehrheit entscheiden soll. Plausibel und selbst bei starken Interessenvorbehalten vorstellbar wäre vielmehr, daß je nach der spezifischen Nutzen- und Kostenverteilung, die ein spezifisches Entscheidungsthema impliziert, von dieser schematischen Regel mehrheitlich mehr oder weniger weit abgewichen würde — etwa durch Festlegung von Moratorien, Negativkatalogen, Quoren, Abstimmungswiederholungen, themenbezogene Umdefinitionen von Wahlkreisen, Entscheidungsdelegation an bestimmte Gremien, Neudefinition der Wahlberechtigung nach Personenkategorien, usw.

Durch die kontinuierliche, jedenfalls nicht unmäßig erschwerte Vorschaltung solcher Verfahrensentscheidungen vor die Sach- und Personalentscheidungen selbst würde zwar ein Teil des höchst ambivalenten „Vorteils" des Mehrheitsprinzips verlorengehen, der in der Geschwindigkeit der mit ihm produzierbaren Entscheidungen besteht; dieser Verlust würde jedoch durch die Förderung der öffentlichen Einsicht in die Tatsache mehr als aufgewogen, daß das Mehrheitsprinzip keineswegs „von selbst" Gerechtigkeit und Richtigkeit politischer Entscheidungen verbürgt, sondern allenfalls dann, wenn die Frage, *ob* dies in konkreten Entscheidungslagen unterstellt werden darf, zuvor selbst der mehrheitlichen Prüfung durch die Bürger unterzogen worden ist.

Literatur

Abromeit, H., „Die Funktion des Bundesrates und der Streit um seine Politisierung", *Zeitschrift für Parlamentsfragen* 13 (1982), 462—472

Anderson, C. W., „Political Design and the Representation of Interest", *Comparative Political Studies* 10 (1977), Nr. 1, 127—152, Neudruck in Schmitter/Lehmbruch (Hrsg.), *Trends toward Corporatist Intermediation*, 271—297

Antoni, M., „Grundgesetz und Sperrklausel", *Zeitschrift für Parlamentsfragen*, 11 (1980), 93—109

Benjamin, R., *The Limits of Politics. Collective Goods in Postindustrial Societies*, Chicago: University of Chicago 1980

Berg, E., *Democracy and the Majority Principle. A Study in Twelve Contemporary Political Theories*, Akademieförlaget 1965

Basso, L., *Rosa Luxemburgs Dialektik der Revolution*, Frankfurt/M. Europäische Verlagsanstalt 1972

Dahl, Robert A., *A Preface to Democratic Theory*, Chicago: The University of Chicago Press 1956

Dahl, R. A., *Dilemmas of Pluralist Democracy. Autonomy vs. Control*, New Haven: Yale UP 1982

Dahl, R. A., Lindblom, C. E., *Politics, Economics and Welfare*, New York 1953

Daudt, H., D. W. Rae, „Social Contract and the Limits of Majority Rule", P. Birnbaum et al. (eds.), *Democracy, Consensus, and Social Contract*, London etc.: SAGE 1978, 335—357

Elster, J., „Risk, Uncertainty and Nuclear Power", *Social Science Information* 18 (1979), 371—400

Elster, J., Three Lectures on Constitutional Choice, unv. Ms., Oslo Juni 1981

Fach, W., „Demokratie und Mehrheitsprinzip", *Archiv für Rechts- und Sozialphilosophie*, 61 (1975), 200—222

Gierke, O. v., „Über die Geschichte des Majoritätsprinzips", *Schmollers Jahrbuch* 39 (1915), 565 ff.

Giterman, V., „Jean Jaques Rousseau und die Problematik der modernen Demokratie", *Deutsche Universitätszeitung* 13 (1958), 85—97

Guggenberger, B., *Bürgerinitiativen in der Parteiendemokratie. Von der Ökologiebewegung zur Umweltpartei*, Stuttgart etc.: Kohlhammer 1980

Gunsteren, H. v., „Public and Private", *Social Research* 46 (1979), 255—271

Hamm-Brücher, H., „Aktuelle Probleme der demokratischen Entwicklung", *Bulletin des Presse- und Informationsamts der Bundesregierung* Nr. 81 v. 22.9.81, 716 ff.

Hilferding, R., „Das historische Problem", *Zeitschrift für Politik* 1 (1954), 293 ff.

Hirschman, A. O., *Shifting Involvements*, Princeton 1982

Hofmann, H., „Langzeitrisiko und Verfassung. Eine Rechtsfrage der atomaren Entsorgung", *Scheidewege*, Heft 4, 1980, 449—479

Horn, G. H., *Wählerspezialisierung. Ein Langzeitproblem der Demokratie*, Frankfurt: Lang 1980

Jellinek, G., *Das Recht der Minoritäten*, Wien 1898

Kielmansegg, P. Graf, *Volkssouveränität. Eine Untersuchung der Bedingungen demokratischer Legitimität*, Stuttgart: Klett 1977

Kirchheimer, O., „Wandlungen der politischen Opposition", in: ders.: *Politik und Verfassung*, Frankfurt a.M.: Suhrkamp 1964, 123 ff.

Kitschelt, H., *Kernenergiepolitik. Arena eines gesellschaftlichen Konflikts*, Frankfurt: Campus 1980

Krauch, H., *Computer-Demokratie*, Düsseldorf: VDI-Verlag 1972

Kriele, M., *Einführung in die Staatslehre*, Reinbek: Rowohlt 1975

Krippendorff, E., „Legitimität als Problem der Politikwissenschaft", *Zeitschrift für Politik* 9 (1962), 1—11

Lehmbruch, G., *Parteienwettbewerb im Bundesstaat*, Stuttgart etc.: Kohlhammer 1976

Locke, J., *Two Treatises on Government* (1690)

Luhmann, N., *Legitimation durch Verfahren*, Neuwied, Berlin: Luchterhand 1969

Mez, L., Wolter, U. (Hrsg.), *Die Qual der Wahl*, Berlin: Olle und Wolter 1980

Nadel, M. V., „The Hidden Dimension of Public Policy; Private Governments and the Policy-making Process", *The Journal of Politics* 37 (1975), 2—34

Naujoks, R., Art. Mehrheit, Mehrheitsprinzip, *Historisches Wörterbuch der Philosophie*, Band 5, Darmstadt: Wiss. Buchgesellschaft 1980

Nairn, T., *Nationalismus und Marxismus: Anstoß zu einer notwendigen Debatte*, Berlin: Rotbuch Verlag 1978

Novy, K., *Strategien der Sozialisierung*, Frankfurt: Campus 1978

Offe, C., „Die Logik des kleineren Übels", in: *Die Zeit* Nr. 46 v. 9. Nov. 1979

Offe, C., „Konkurrenzpartei und kollektive politische Identität", in: Roth, R., (Hrsg.), *Parlamentarisches Ritual und politische Alternativen*, Frankfurt: Campus 1980, 26—42

Offe, C., „Überlegungen und Hypothesen zum Problem politischer Legitimation, in: Ebbighausen, R. (Hrsg.), *Bürgerlicher Staat und politische Legitimation*, Frankfurt: Edition Suhrkamp 1976, 80—105

Pateman, C., *Participation and Democratic Theory*, Cambridge 1970

Rae, D. W., H. Daudt, „The Ostrogorski Paradox: A Peculiarity of Compound Majority Decision", *European Journal of Political Research* 4 (1976), 391—398

Riker, W. H., „Implications of the Disequilibrium of Majority Rule for the Study of Institutions", *The American Political Science Review* 74 (1980), 432—458

Riker, W. H., A Reply to Ordeshook and Rae, ibid. 456—458

Rucht, D., *Planung und Partizipation*, München: tuduv 1982

Rustin, M., „Different Conceptions of Party: Labour's Constitutional Debates", *New Left Review* Nr. 126 (March/April) 1981, 17—42

Scheuner, U., *Das Mehrheitsprinzip in der Demokratie*, Opladen: Westdeutscher Verlag 1973

Schmitter, P. C., Lehmbruch, G. (eds.), *Trends Toward Corporatist Intermediation*, Beverly Hills, London: Sage 1979

Schumpeter, J., *Kapitalismus, Sozialismus und Demokratie* (1942), 3. Auflage, München 1972

Therborn, G., „The Rule of Capital and the Rise of Democracy", *New Left Review* No. 103 (May—June 1977), 3—41

Thränhardt, D., „Das Eigeninteresse der Deutschen am Wahlrecht für Ausländer", Ms. Münster 1981

Thurow, L., *The Zero Sum Society*, New York: Basic Books 1980

Tocqueville, A. de, *De la Démocratie en Amérique*, Paris 1836

Tullock, G., „Problems of Majority Voting", *Journal of Political Economy*, 67 (1959), 571—579

Usher, D., *The Economic Prerequisite to Democracy*, Oxford: Basil Blackwell 1981 (dt. Campus 1983)

Varain, H. J., „Die Bedeutung des Mehrheitsprinzips im Rahmen unserer politischen Ordnung", *Zeitschrift für Politik* 11 (1964), 239—250

Wagenbach, K., „Anfrage eines Freibeuters angesichts der Bundestagswahl", *Freibeuter* H. 4, 1980, 170—173

Walser, M., „Händedruck mit Gespenstern", in: J. Habermas (Hrsg.), *Stichworte zur „Geistigen Situation der Zeit"*, Frankfurt: Suhrkamp 1979 Bd. 1, 39—50

Bernd Guggenberger

An den Grenzen der Mehrheitsdemokratie*

Wir nähern uns in vielen von der Politik mitzuentscheidenden Fortschrittsfeldern — bei der Kernenergie nicht weniger als bei der modernen Waffentechnologie und den neuen Medien, bei der Umweltchemie nicht anders als bei der Gentechnologie, bei Flughafenplanungen nicht anders als bei großflächigen Stadtsanierungsvorhaben[1] —, wir nähern uns allenthalben politischen Patt-Situationen, Situationen des entscheidungspolitischen „Nichts geht mehr" — jedenfalls nicht allein nach Maßgabe und unter Berufung auf das Prinzip mehrheitlicher Entscheidungsfindung. Auch wo keine Steine fliegen und keine Fensterscheiben bersten — die Zweifel an der Weisheit der Regierenden sitzen tief, die Folge- und Gehorsamsbereitschaft der Herrschaftsunterworfenen schwinden, die Motive der Fügsamkeit bei den Entscheidungsbetroffenen schrumpfen. Was vielleicht am bedenklichsten ist: Die Befürwortung von Gewalt nimmt zu.[2] Wir haben — unter dem Dach der einen — längst zwei Gesellschaften, die miteinander immer weniger zu tun haben, vielfach nicht mehr dieselbe Sprache sprechen, die die Wirklichkeit an jeweils anderen Maßstäben bemessen und in jeweils andere Kategorien auslegen, die von gänzlich unvereinbaren Sehnsüchten, Erwartungen und Aspirationen umgetrieben werden.[3]

Es gibt kaum ein öffentliches Problem, ein politisches Vorhaben von einigem Rang, zu dem sich nicht Bürger auf dem Weg über die „Bürgerinitiative" zu Worte meldeten.[4] Dabei ist gar nicht so sehr die absolute Zahl dieser Initiativen (die sich zwischen zehn- bis zwanzigtausend bewegen dürfte) das Erstaunliche, sondern vielmehr die Tatsache, daß mittlerweile mehr Bürger in Initiativen tätig sind, als alle im Bundestag vertretenen Parteien, zusammengenommen, Mitglieder aufweisen.[5] Erstaunlich ist also die Tatsache, daß mittlerweile so viele Bürger ihre Meinung, ihre Interessen und Besorgnisse nicht mehr auf der Parteischiene, über Abgeordnete und Parteigremien, in den politischen Prozeß einbringen, sondern sich unmittelbar und selbst aktiv artikulieren — auf einem Weg, den die Funktionslogik der repräsentativen Parteiendemokratie keineswegs untersagt, der jedoch als „Regel-AusnahmeFall" eher quer zu ihr liegt; erstaunlich ist also, daß so viele schon vom „Modell" Bürgerinitiative „sozialisiert" sind, von den hier gemachten Erfahrungen her Politik beurteilen und sie an den hier gewonnenen Maßstäben bemessen. Viele haben die Mitwirkung in Bürgerinitiativen als das ganz Andere der herkömmlichen Parteiarbeit erlebt, bei vielen hat sich der soziale Lerneffekt so ausgewirkt, daß sie für die Parteiarbeit auf seiten der „Etablierten" „verloren" sind.

Um Mißverständnissen vorzubeugen: Keiner einzelnen Initiative liegt die „Herausforderung" des Systems der parlamentarischen Parteiendemokratie und der mehrheitlichen Entscheidungsfindungsregel explizit zugrunde. Keine ist ursprünglich gegen „die Parteien" oder gegen die gesamtstaatliche Repräsentativverfassung gerichtet. Aber in der Summierung der vielen tausend disperaten Einzelinitiativen, gleichsam im Rücken der handelnden Akteure, wird in Umrissen so etwas wie eine Alternativprogrammatik zum jenseits aller demonstrativen Streitbefangenheit vorherrschenden Allparteienkonsens der parlamentarischen „Sachmehrheiten" sichtbar.[6]

Die neue Thematik ist in den überkommenen politischen Kategorien nicht mehr abzubilden. Das ist auch der Grund dafür, weshalb wir mit Blick auf die Ökologiethematik keine „geborene" Zuständigkeit einer der gegenwärtigen Parteien zu erkennen vermögen. Sie entstammen alle der Industriewelt des ausgehenden 19. Jahrhunderts und „dogmatisieren" bei aller äußeren Flexibilität und Auflockerung die dort gewonnenen Erfahrungen und Einstellungen bezüglich ihrer politischen Positionsbestimmungen.

Die anfänglichen Gegensätze und Fronten hatten sich sehr bald zu Fronten und Gegensätzen innerhalb der gemeinsam verfolgten wirtschaftlich-wissenschaftlich-technischen Fortschrittsidee und des hierauf begründeten politisch-institutionellen Einigungs- und Entscheidungssystems des modernen Verfassungsstaates vermindert. Im Medium allgemeiner Fortschrittsbejahung hatten sich die unversöhnlichen Positionen von einst Schritt für Schritt genähert, sind nach dem Prinzipien des „compromise and bargain" handelbar geworden. Die Differenzierung nach „progressiv" und „konservativ" kennzeichnete schon bald nicht mehr, wie zu Beginn der parteipolitischen Formierungsphase im 19. Jahrhundert, die unterschiedliche Stellung zum Produktionsprozeß selbst, sondern nur noch die jeweils unterschiedliche Interessenlage innerhalb dieses Prozesses.

Unser Parteien- und Regierungssystem war und ist hervorragend geeignet, Gruppenkonflikte und Verteilungskämpfe zu dämpfen und zu schlichten.[7] Dies erfordert nämlich keinen weitreichenden Konsens, wohl aber eine annähernde Konfliktfreiheit im Grundsätzlichen. Tiefgreifende Wertkonflikte und meinungspolarisierende Richtungsentscheidungen von historischer Tragweite sind auf der Basis dieses Systems jedoch kaum auszufechten. Wird um die Überzeugung in den letzten Dingen und nicht mehr nur um Geld, Macht, Einfluß und Privilegien gerungen, so könnten die Grenzen seiner Integrationsfähigkeit sehr schnell erreicht sein.

Der Parteienstaat ist vor allem deshalb in wachsendem Maße mit dem Problem des Entzuges von Zustimmung konfrontiert, weil die Politik an neuen Legitimitätskriterien gemessen wird, für die weder die Wirtschafts- noch die Staatsordnung primär die Legitimationsgrundlage abgeben: Weder die Errungenschaften und Garantien des demokratischen Verfassungsstaates, noch die materielle Leistungskraft der Wirtschaftsordnung verbürgen als solche schon humanverträgliche politische Problemlösungen.

Die Erfahrung, daß man auch „in Freiheit", „demokratisch" und sogar wohlstandsgesegnet in die Katastrophe schlittern kann, daß die politischen und institutionellen Grund- und Menschenrechtsgarantien noch längst nicht die bedrohlichen Schatten neuzivilisatorischer Inhumanität, ja des gattungsweiten Rückfalls in die Barbarei zu bannen vermögen, diese Erfahrung hat im ideenpolitischen Einzugsbereich der neuen sozialen Bewegungen eine demokratiepolitische Verunsicherung, genauer: eine Verunsicherung des demokratischen Verfassungsbewußtseins entstehen lassen.

Gewiß, die bequeme Gedankenlosigkeit der Vielen haben wohl immer nur die wenigen unbequemen Nachdenklichen durchbrochen. Gedankt hat man es ihnen selten. Wer verleiht Defätisten und Unglücksboten schon einen Orden? Auch heute sind es unbequeme Minderheiten, die vor den selbstzerstörerischen Folgen des Rüstungswettlaufs und vor weiteren, die Lebensbedingungen aller gefährdenden Umweltverschlechterungen warnen und sich auf ihre tieferen Einsichten, ihre größere Sensibilität, ihren fundierten Sachverstand und ihre höhere Verantwortung berufen.

Sie würden sich indes Schillers degoutantes Demetrius-Wort, ganz im elitären Geist des deutschen Idealismus gesprochen, gewiß nicht zu eigen machen: „Was ist Mehrheit? Mehrheit ist der Unsinn, Verstand ist stets bei wenigen nur gewesen."[8]

Im Unterschied zur vordemokratischen Kritik am Mehrheitsprinzip berufen sie sich gerade auf die „Basis", auf die vor Ort „Betroffenen". Ihre Kritik richtet sich auf die aktuelle Handhabung der parlamentarischen Mehrheitsentscheidung: auf die Mißachtung der ungeschriebenen Funktionsvoraussetzungen, auf die „Abriegelung" des politischen Kosmos gegenüber Sozialaktiven und problembewußten Partizipanten. Ihre Kritik zielt eher auf die Funktionsdefizite der repräsentativen Demokratie als auf das Mehrheitsprinzip. Zwar kritisieren sie auch die „gedankenlosen Mehrheiten", aber mehr noch deren unverantwortliche Repräsentanten, die sich unentwegt darauf berufen, bestimmte Einsichten seien noch nicht „mehrheitsfähig"; diesen Verantwortlichen fehle es bloß am Mut, dem Bürger das Zumutbare auch zuzumuten.[9]

Wer wollte da widersprechen? In der repräsentativen Demokratie sind, soll sie funktionieren, auch Überzeugungstäter gefragt. Parteien, die es gewohnt sind, politische Gegensätze nach dem Tarifvertragsmodell zu schlichten („Gib jedem etwas, doch keinem ganz so viel, wie er fordert"), könnten bei den aktuellen Wertkonflikten leicht den kürzeren ziehen. Die vor allem auf Mehrheitsfähigkeitserhaltung spezialisierten Erwartungserfüllungspolitiker der Volksparteiendemokratie eignen sich naturgemäß wenig als Wanderprediger einer Ethik des Verzichts und der Wohlstandsbegrenzung.

Obwohl also nicht ursprünglich auf die verfassungspolitische Dimension bezogen, setzen die Mechanismen latenten Legitimitätszweifels die Relativierungs- und Pazifizierungsfunktion verfassungspolitischer Gemeinüberzeugung zumindest partiell außer Kraft.[10] Es droht der Abbruch demokratischer Auseinandersetzung, obwohl keineswegs prinzipielle Zweifel an Sinn und Wert demokratischer Konfliktkanalisierung die ursprüngliche Stoßrichtung bezeichnen.

Wer heutzutage laut über das Prinzip mehrheitlicher Entscheidungsfindung nachdenkt, gerät geradezu unvermeidlich in die Schußlinie gegensätzlicher ideenpolitischer Verdächtigungsfronten. Die intellektuelle Redlichkeit indes sollte es gebieten, den Seismographen nicht für das Beben verantwortlich zu machen. Zumal an die Adresse so gerichteter Antikritik scheint der Hinweis am Platz, daß im Rahmen des demokratischen Verfassungsstaates Mehrheit keineswegs als das alle Argumente aufwiegende Argument gehandelt wird, ja daß unsere politische Kultur nirgends das Mehrheitsprinzip in

„Reinkultur" praktiziert. (Die vielbeschworene schweizerische Urkantons-
demokratie entspricht in ihrem uneinholbaren Exotismus eher der Ausnahme,
welche diesen Regelbefund bestätigt!)

Im Gegenteil: Unser Modus parlamentarisch-repräsentativer Parteiendemokratie ist im Kern nichts anderes als Institution gewordenes Mißtrauen gegen die ungeteilte Mehrheitsherrschaft.[11] . Das Repräsentativsystem, gekoppelt mit Gewaltenteilung und einer „indirekten" Bestellung des staatspoliti-
schen Führungspersonals (des Bundespräsidenten ebenso wie des Regierungschefs), ist schwerlich anders denn als Mehrheitsmißbrauchsvermeidungssy-
stem zu beschreiben. Das Nämliche gilt für die vielfältigen Mediatisierungen
des Volkswillens durch den Parteiwillen im Parteienstaat. Und selbst im Parteienstaat ist, wie wir wissen, das Mehrheitsprinzip im Sinne beschlußfassen-
der Parteitagsmehrheiten alles andere als unumstritten.

Im politischen „Normalfall" ist die Mehrheit als Mehrheit ebensowenig
„präsent" wie die Minderheit als Minderheit. Die Mehrheit „latent" zu halten ist geradezu die Voraussetzung für politische Aktionsfähigkeit. Daß man
sich expressis verbis auf die hinter einem stehende Mehrheit beruft, ist schon
ein Indiz für den unheilschwangeren Ausnahmefall. Minderheiten sind das
Schwungrad des politischen Prozesses; im „Normalfall" wurde und wird der
politische Prozeß stets von ihnen in Gang gesetzt und gehalten.

Das Mißtrauen gegen die Herrschaft der größeren Zahl findet sich schon
zu einem sehr frühen Zeitpunkt in der kanonischen Lehre von der maior et
sanior pars, welche die Stimmen nicht nur addierte, sondern sie auch hinsichtlich ihrer Qualität („sanioritas") und der Lauterkeit ihrer Motive wür-
digte.[12] Diese Argumentationsfigur mit der ihr zugrunde liegenden doppelten Rechtfertigungsstrategie, dem numerischen und dem inhaltlichen Auf-
weis, hat Jurisprudenz und Verfassungsrechtsdenken der Folgejahrhunderte
beeinflußt. Man kann in der gewiß nicht reibungsfreien verfassungspolitischen Zuordnung und wechselseitigen Ergänzung von Majoritätsprinzip und
Repräsentationsidee, die ja das Mißtrauen wider die ungebremste Mehrheitsherrschaft bündelt, bis auf unsere Tage die Fernwirkung dieses Gedankens
verfolgen.

Wir haben bislang in der politischen Philosophie wie in der politischen
Praxis viel zu wenig beachtet, daß das Mehrheitsprinzip kein voraussetzungsfreies, gleichsam selbstevidentes politisches Formprinzip darstellt. Die politische Herausforderung durch den wachsenden Bürgerprotest der letzten
Jahre zwingt uns, die Voraussetzungen, an welche Akzeptanz und Rechtfertigungsfähigkeit der Mehrheitsregel gebunden sind, wieder deutlicher ins Bewußtsein zu heben.[13]

Dabei sollen keineswegs Idee und Prinzip mehrheitlicher Entscheidungsfindung in Zweifel gezogen werden. Um es unmißverständlich zu sagen: Wir
haben „nichts Besseres", sprich: unter gegenwärtigen Bedingungen keine
akzeptablere und effektivere Methode der Entscheidungsfindung als den
Mehrheitsentscheid.

Gewiß: Die Mehrheitsentscheidung ist nur ein Modus der Entscheidungsfindung unter anderen (wie dem Befehl, dem Los, dem Orakel, dem
qualifizierten Minderheiten- und Expertenvotum, dem Ausdiskutieren bis
zur Einstimmigkeit oder vertrags- und proporzförmigen Regelungen) — sie ist

jedoch das gewiß beste aller unbefriedigenden Konzepte, verbindliche Entscheidungen „herzustellen".

Wie so oft, wenn die politische Entwicklung unversehens „alte" Grundsatzfragen virulent werden läßt, zeigt sich, daß es so gut wie keine abrufbare sozialwissenschaftliche „Reflexion auf Vorrat"[14] gibt. Sind mangelnde Phantasie und fehlendes providentielles Engagement der Sozialwissenschaften eine Erklärung für den themenpolitischen „Dornröschenschlaf"[15] der Mehrheitsproblematik? Gewiß auch, doch allenfalls eine halbe. Die andere Hälfte der Erklärung besteht wohl einfach in der Tatsache, daß die Entscheidung durch das Stimmenmehr alternativlos erscheint: Mehrheitsentscheidung — was sonst?[16]

Versteht das Selbstverständliche sich jedoch wirklich von selbst? Über die Stringenz der Relativitätstheorie oder über die Qualitäten eines Kunstwerks würden wir kaum ein allgemeines Mehrheitsvotum einholen. Wir orientieren uns also keineswegs bedingungslos am Prinzip Mehrheit. Dennoch ist dieses Prinzip unverkennbar zu einem universalen Rechtfertigungsmuster geworden weit über den engeren Bereich der Staatsorgane und der in den Staat hineinreichenden Großorganisationen (Parteien, Verbände) hinaus. Einem zahlengläubigen Publikum, dem das Dezimalsystem längst zur geistigen Leitwährung geworden ist, scheint der numerische Rechtfertigungsmodus seinerseits selbst nicht mehr rechtfertigungsbedürftig. Die Mehrheitsdemokratie im Zeichen der allgegenwärtigen repräsentativen Meinungsforschung[17] ist nichts anderes als die konsequente Mathematisierung des Politischen. Was mehr als die „Voreingenommenheit" für die Macht der größeren Zahl adelt den Teilwillen der Mehrheit zum Gesamtwillen? Die Verständigung aufs Mehrheitsprinzip ist zunächst nichts anderes als die Verständigung auf eine rechtstechnische Fiktion: Der qualifizierte Teil (die Mehrheit) gelte so viel wie das Ganze.[18] Mit dieser verfassungspolitisch höchst folgenreichen, wenngleich eher äußerlichen Begründung wurde schon von den römischen Juristen argumentiert: „Quod major pars curiae efficit pro eo habetur, ac si omnes egerint", lesen wir bei Scaevola (I. 19 D ad municipalem 56,1). Und ähnlich heißt es bei Ulpian: „Refertur ad universos quod publice fit per majorem partem." (I. 160 § 1 D. de R. J.)

Ist es aber wirklich so fraglos offenkundig, durch ein „Rechenexempel"[19] das Verbindliche vom Unverbindlichen zu scheiden? Leuchtet es denn so ohne weiteres ein, daß dem, was fünfzig Prozent plus eine Stimme beschließen, ein höherer Rang zukommt als dem, was fünfzig Prozent minus eine Stimme wollen? Ist, was als vergleichbar suggeriert wird, in der politischen und sozialen Realität wirklich vergleichbar? Übertreffen tausend matte Jas wirklich hundert leidenschaftliche Neins um das Zehnfache? Ebendies leugneten implicit etwa die „primitiven", auf sinnliche Wahrnehmung abgestellten Beschlußfassungsmodalitäten in der altgermanischen Volksversammlung, wie sie uns vor allem Tacitus überliefert hat: Waffenrührung und Beifallsruf auf der einen, lautes Murren auf der anderen Seite. Wenn die versammelten Menschen „mit gesamter Hand" und mit „gemeinem Munde" ihren Willen kundtat[20], wurden keine Stimmen gezählt, wohl aber war die Intensität des Dafür oder Dagegen sinnlich wahrnehmbar.

Wo es dagegen allein die mathematische Operation ist, die einem Beschluß die Anerkennung sichert, steht jede Entscheidung auf politisch schwachem Fundament. Die Anerkennung gilt im Zweifelsfall dem Verfahren, und erst der Verfahrenskonsens verpflichtet auf einen bestimmten Inhalt. Die Grenzen dieses Modus der Entscheidungsproduktion sind offensichtlich: Sie liegen im Einzelfall dort, wo der Vorzug, ein eindeutiges Verfahren zu haben, leichter wiegt als der unterstellte oder tatsächliche Nachteil im Falle einer unwillkommenen Entscheidung. Die Verpflichtungsfähigkeit des Majoritäts-prinzips gilt also nicht gegenüber jeder Entscheidung gleichermaßen. Der Mehrheitswille wird nur dort dauerhaft als Gemeinwille akzeptiert, wo für die jeweils überstimmte Minderheit nicht zuviel auf dem Spiel steht — und wo es nicht immer dieselben sind, die überstimmt werden.

Nicht das Mehrheitsprinzip wird also im folgenden in Frage gestellt, sondern es soll die schleichende Erosion der diesem Prinzip immanenten Geltungsbedingungen analysiert werden, der ungeschriebenen Voraussetzungen, die erfüllt sein müssen, damit dieses Prinzip seine legitimierende Kraft entfalten kann. Zum ersten[21] : Die Mehrheit darf keineswegs über alles und nach Belieben entscheiden. Der Verfahrenskonsens erfordert eine Verständigung darüber, auf welche Entscheidungsbereiche das Mehrheitsprinzip überhaupt Anwendung finden kann und auf welche nicht. Je mehr sich Staat und Gesellschaft wechselseitig durchdringen (,,Verstaatlichung der Gesellschaft"; ,,Vergesellschaftung des Staates"), um so mehr muß, in der Tendenz, die Grundsatzfrage virulent werden, ob die entsprechende Materie überhaupt der Mehrheitsregel unterworfen werden darf oder nicht.

Vor allem aber dürfen aktuelle Mehrheiten ihre einmal erreichte politische Überlegenheit nicht festschreiben, etwa indem sie für zukünftige Entscheidungen das Mehrheitsprinzip selbst suspendieren, oder aber durch Manipulation der Wettbewerbschancen es der Minderheit von heute über Gebühr erschweren, die Mehrheit von morgen zu werden. Das hört sich so selbstverständlich an, doch gibt es bei näherem Zusehen Tatbestände genug, die es verdienten, unter diesem Aspekt einmal beleuchtet zu werden: Dies reicht vom ,,Amtsbonus" über die medien- und verbandspolitischen Wettbewerbsvorteile der etablierten Parteien bis hin zur Fünf-Prozent-Klausel und den vielfältigen oligopolistischen Tendenzen des modernen Parteienstaates, welche dem parteipolitischen ,,newcomer" das Leben so schwer machen, ja ,,Außenseiterparteien" bisher im Bund wie in den Ländern stets konsequent am politischen ,,Überleben" gehindert haben.

Zum zweiten: Eng mit dem Erfordernis der strukturellen Offenheit des Verfahrens verbunden ist die Grundvoraussetzung der Korrigierbarkeit beziehungsweise Revidierbarkeit von Entscheidungen durch neue Mehrheiten; eine Funktionsvoraussetzung der Mehrheitsentscheidung, welche durch die neue Qualität politischer Entscheidungen, ihre zeitliche wie räumliche Reichweite, zunehmend außer Kraft gesetzt wird. Es gilt, daran zu erinnern, daß das Mehrheitsprinzip, wie das ergänzende ,,Gegenprinzip", die Repräsentationsidee, dem Gedanken der Mäßigung verpflichtet ist. Es findet in totalitären Staatsformen keine grundsätzliche Anerkennung. Nur dort, wo auch der überstimmte Part aus übergeordneten Erwägungen heraus noch zustimmen kann, kommt der mehrheitlichen Entscheidungsfindung legitimierende Funktion zu.

Das Mehrheitsprinzip darf keine dauerhaften, ,,strukturellen" Minderheitenpositionen festschreiben. Den Sprachenstreit zwischen Flamen und

Wallonen kann man ebensowenig per Mehrheitsentscheid lösen wie andere ethnische, konfessionelle oder grundsätzliche soziale Konflikte. Das Mehrheitsprinzip verträgt, nach Reichweite und Zumutungsgrad gegenüber den betroffenen Bevölkerungsschichten, keine „unmäßigen" Entscheidungen. Vor allem müssen Entscheidungen reversibel bleiben, korrigierbar durch jeweils neue Mehrheiten.

Wir stehen heute jedoch in vielen politisch mit zu entscheidenden Fortschrittsfeldern, wie beispielsweise im Bereich der Kernenergie, der Genbeeinflussung, der Datenerfassung und Kommunikationssteuerung, der Verkehrs- und Städteplanung, der Expansion in den Weltraum, der Waffentechnologie, der psychologisch-pharmakologischen Einwirkungen vor politischen Entscheidungen eines historisch neuen Typs. Die hier zu treffenden Entscheidungen sind infolge ihrer historisch unvergleichlichen Reichweite von vornherein auf seiten der Überstimmten mit dem Bewußtsein der Irreversibilität befrachtet. Jedermann weiß, daß gegen Kernkraftwerke, wenn sie erst mal stehen, „neue Mehrheiten" nichts mehr nützen. Es ist gewiß kein Zufall, daß wir den spektakulärsten Fall schwindender Verpflichtungsfähigkeit der mehrheitlichen Entscheidungsregel gegenwärtig im Bereich der Durchsetzung und des Baus kerntechnischer Anlagen erleben.

Insgesamt ginge es hier wohl um eine Verbreiterung des bereits in der Erklärung der Menschen- und Bürgerrechte zur französischen Verfassung vom 24. Juni 1793 ausgesprochenen Grundsatzes, daß eine Generation ihren eigenen Gesetzen, Bedürfnissen und Lebensgewohnheiten nicht künftige Generationen einfach unterwerfen kann;[22] es ginge um eine stärkere Betonung des Zukunftsrechts der Nachfolgenden gegenüber dem Gegenwartsrecht der aktuell Lebenden, um so etwas wie eine providentielle Ethik, eine Zukunftsethik, — die Erweiterung gleichsam des Kantschen kategorischen Imperativs um die Zukunftsdimension: Eine Generation darf den nachfolgenden nicht mehr an irreversiblen Festlegungen hinterlassen, als sie selbst vorgefunden hat.[23]

Drittens werden Mehrheitsentscheidungen, auf Dauer gesehen, dort auf Widerspruch stoßen, wo zwischen Entscheidungsbefugten und Entscheidungsbetroffenen keine Übereinstimmung besteht, dort also, wo die formale Entscheidungszuständigkeit und die tatsächliche Reichweite der Entscheidung zeitlich und räumlich weit auseinanderklaffen. Zu denken wäre hier etwa an die grenzüberschreitenden Betroffenheiten durch Blei-, Kali- und Kernkraftwerke entlang des Rheins, welche die territorialstaatliche Entscheidungssouveränität längst als anachronistisch erscheinen lassen; ebenso aber auch an die — in der subjektiven Wahrnehmung — schicksalhaft erfahrene exklusive Betroffenheit regional begrenzter Bevölkerungteile durch Entscheidungen, die fernab in Brüssel, in Bonn oder auch — wie zum Beispiel im Falle der Funktional- und Verwaltungsreform — in den jeweiligen Ländermetropolen getroffen wurden. Ganz eindeutig ist eine zunehmende Auflehnungs- und Protestbereitschaft bei Gruppen zu erkennen, die sich in konkreten Lebensfeldern durch Entscheidungen immer höherer, anonymerer und fernerer Gremien betroffen sehen. Wo man sich aber — noch dazu weitgehend exklusiv — von den belastenden Entscheidungsfolgen schicksalhaft betroffen weiß, ohne gefragt worden zu sein, verfängt auch der Hinweis auf „unabdingbare Erfordernisse des Gemeinwohls" nicht mehr.

Eine weitere denkbare Diskrepanz betrifft die innergesellschaftliche Ebene; hier werden zunehmend Entscheidungen zum Ärgernis, die privat gefällt, deren Folgen aber öffentlich zu verantworten sind, weil sie infolge ihrer Reichweite einen die Allgemeinheit betreffenden Charakter haben, wie zum Beispiel umwelt-, arbeitsplatz- oder infrastrukturrelevante Investitionsentscheidungen großer Firmen.

Der vierte Bereich, in welchem sich Funktionsvoraussetzungen für die Gültigkeit der Mehrheitsentscheidung benennen lassen, schließt hier unmittelbar an: der Bereich der Entscheidungsmotivation, der Teilhabevoraussetzungen für die Entscheidungsbeteiligten. Das Mehrheitsprinzip arbeitet ja mit einer „Fiktion", der Fiktion abstrakter (Teilhabe-)Rechtsgleichheit: „one man, one vote". Die Stimmen werden gezählt, nicht gewogen. Die ideale Voraussetzung wäre, daß jede Stimme auch etwa gleich wöge, daß in etwa die gleiche Sachkenntnis, das gleiche Engagement, die gleiche Verantwortlichkeit jeweils dahinterstünde. Daß dies ein frommer Wunsch bleibt, leuchtet unmittelbar ein – zumal unter den Bedingungen hochgradiger Interdependenz und wachsender Komplexität. Was für die Hochzeiten des nur wenig intervenierenden „Nachtwächterstaates" noch problemlos war, verdichtet sich unter der Prämisse des politisch heillos überforderten, allgegenwärtigen Wohlfahrts-, Leistungs- und Daseinsvorsorgestaates zu einem institutionenpolitischen Dilemma: Je mehr der Staat und die Politik für alles zuständig werden, um so häufiger treffen wir auf die Konstellation, daß apathische, schlecht informierte und mangels ersichtlicher persönlicher Betroffenheit auch völlig desinteressierte Mehrheiten engagierten, sachkundigen und hochgradig betroffenen Minderheiten gegenüberstehen. So bleiben auf dem Schlachtfeld politischer Entscheidungen, die mit dem „Sieg" schlecht- oder desinformierter, meinungspolitisch eher indifferenter, meist den Weg des geringsten Widerstands und der kurzfristigen Interessenorientierung beschreitender Mehrheiten verbunden sind, massiv betroffene Minderheiten zurück, die der Mehrheit in den Bereichen ihres erstrangigen Interesses den Gehorsam verweigern: umwelt- und nachweltbesorgte Kernkraftprotestler, aber auch jugendliche Stadtsanierungsgegner mit altersspezifischen Autonomieforderungen („selbstverwaltetes Jugendzentrum"), soziale Randgruppen, Behinderte, von der öffentlichen Planung aufgeschreckte Anwohner eines Flughafens, einer Schnellstraße, einer Mülldeponie, eines Einkaufszentrums, Frauen, Studenten, um den Erhalt ihrer angestammten Heimat und ihrer Identität besorgte Dorf- oder Regionalgemeinschaften. Sie alle neigen in wachsendem Maße zum zivilen Ungehorsam und zu separatistischen Verhaltensweisen, die sich gelegentlich auch in korporatistisch agierenden Vetomachtgruppen verdichten. Hinter solcher bereichs-, berufs- und betroffenheitsspezifischer Verweigerung von Minderheiten und ihrer Fall-zu-Fall-Ausgliederung aus der Rechtsgemeinschaft droht unübersehbar die Gefahr einer Deinstitutionalisierung der politischen Entscheidungsprozesse, ja einer Dekomposition des Politischen überhaupt: Wachsende Minderheiten sehen sich nicht mehr zuerst als Mitglieder und Beiträger des sozialen Ganzen, sondern vor allem als Angehörige einer engen Gruppe mit ganz spezifischen, für die eigene Lebenssituation elementaren Betroffenheiten. Aus Staatsbürgern werden Partisanen „gruppenegoistischer Besonderung".

Fünftens: Ihre ordnungspolitische Sprengkraft entfalten diese Tendenzen erst auf dem Hintergrund des letzten, politische Ordnung überhaupt erst ermöglichenden Bedingungskomplexes politisch-kultureller Übereinkunft in den zentralen Grundfragen des Zusammenlebens: Aus Vielheit muß Einheit werden können — keine totale zwar, aber doch eine Form politischer Einheit, die zur Produktion und Durchsetzung politischer Entscheidungen befähigt. Hierzu bedarf es eines krisenüberdauernden, konfliktfesten gemeinsamen Überzeugungsminimums zwischen den einzelnen Gruppen und Mitgliedern eines Gemeinwesens, es bedarf gemeinsamer kultureller Werte und Grundüberzeugungen, ja einer gemeinsamen Geschichte und des sie begleitenden Bewußtseins, um aus der nur formalen Rechts- und Sicherheitsgemeinschaft, der materiellen Wohlfahrts- und „Zugewinnsgemeinschaft" eine partielle „Schicksalsgemeinschaft" zu schmieden.[24]

Bereits John Locke, einer der ersten großen Theoretiker des modernen Verfassungsstaates, hat in seinen „Two Treatises"[25] mit einer wohl seither nicht erreichten Klarheit und Schärfe diese verfassungsrechtlich nicht normierbare Prämisse für die Gültigkeit der Mehrheitsregel herausgestellt: das Vorhandensein einer öffentlichen Kultur, die Existenz eines Fundaments an vorpolitischer Bürgergemeinsamkeit und lebenspraktisch verankerter politisch-kultureller Homogenität des Gesellschaftskörpers, die es, von allen geteilt, in jedem Augenblick als lohnend erscheinen lassen, auch im Falle einer unwillkommenen Entscheidung innerhalb der Rechtsgemeinschaft zu verbleiben. Am Beginn des modernen Verfassungsstaates steht also die deutliche Einsicht, daß der Wille der Mehrheit nur dann sich mit der Chance zur Anerkennung dauerhaft als Wille der Gesamtheit würde behaupten können, wenn auch für die im Einzelfall unterliegende Minderheit noch ein genügend breites „Polster" gemeinsamer Interessen und Grundüberzeugungen verbliebe, welches, trotz entgegenstehender Neigungen, Meinungen und Interessen im Einzelfall, die grundsätzliche Anerkennung und Respektierung der Mehrheitsentscheidung verbürgt. Der zwangsschlichtende, mangelverwaltende, mit Mitteln machtgestützter Hoheitlichkeit die lebens- und arterhaltende Vernunft herbeizwingende „Leviathan" (oder, in den Worten vom Konrad Lorenz: die „Schreckensherrschaft der Guten", sprich: der ökologisch Einsichtigen) jedenfalls lauert in Zeiten der Selbstgefährdung des Menschen durch katastrophennah arbeitende Technologien, in Zeiten tiefgreifender Wert- und Willensgegensätze, in Zeiten bürgerkriegsähnlicher Richtungskämpfe um Recht und Unrecht, Gut und Böse weit ausgreifender staatlicher Planungen stets im Hintergrund.

Mit den belastbaren Gemeinsamkeiten einer gelebten politischen Kultur ist es gewiß nicht weit her. Im Zeichen der Säkularisierung und Positivierung sozialer Normen leben wir wohl eher von Restbeständen. Die kulturellen, historisch gewachsenen Besonderheiten verschwinden auf dem Wege zur Welteinheitskultur. Die weltweite Dynamik von Wirtschaft, Wissenschaft und Technik hat einen alles überwabernden uniformen Zivilisationskonsens heraufgeführt, uns eine „Ökumene der Ideologien" beschert, welche die Ausbildung jener kulturellen „Besonderung" gerade verhindert, die die Voraussetzung für regionale wie nationale „Identität" darstellt. Schrumpfen aber die Gemeinsamkeiten, verliert eine Gemeinschaft ihre Identität, so liegt es nahe, daß sich ihre Mitglieder einen Ausgleich in neuen Bindungen suchen. Die verlorene Besonderung im Großen wird so durch die kleinere Besonderung mit gleichartig Betroffenen kompensiert: „Wir Bauern von Wyhl!", „Wir Bewohner des Frankfurter Westend!", „Frauen gegen Atomraketen!"

Je mehr sich die überkommenen Gemeinsamkeiten mit der übergeordneten politischen Gemeinschaft verflüchtigen, um so attraktiver werden neue Gemeinsamkeiten und Affinitäten qua Betroffenheit, Problembewußtsein, Gruppenzugehörigkeit, Teilhaberschaft an einer sozialen Bewegung.[26]

Die Respektierung der Mehrheitsentscheidung beruht jedoch letztlich gerade darauf, daß allen Beteiligten der „Sinn" des Gemeinsamen vertraut ist. Wird durch die Praxis der Meinungs- und Willensbildung der Weg zu neuen Mehrheiten zusätzlich erschwert, oder verurteilen gar „unmäßige" politische Entscheidungen jenseits einer korrigierbaren und überschaubaren Größenordnung das Bemühen um alternative Mehrheiten von vornherein zum Scheitern, herrschen unter den Abstimmungsbeteiligten große Sachverstandsdifferenzen, besteht ein unausgleichbares Intensitätsgefälle zwischen „apathischen Akklamationsmehrheiten"[27] und hochgradig einbezogenen Minderheiten, und sind schließlich die gemeinsamen Grundüberzeugungen auf einen nicht mehr belastbaren Rest zusammengeschmolzen, so ist, zumal im Konfliktfall, die Hinnahme von Mehrheitsentscheidungen nicht mehr verbürgt. Im Gegenteil: Vieles spricht dafür, daß sich die isolierten Widersetzlichkeiten und die Verweigerungen des Einzelfalls zur organisierten Systemopposition gegen die herrschende Mehrheit bündeln und aufsummieren.

Was man unter Berufung auf die Mehrheit von gestern heute politisch veranlassen und ins Werk setzen darf und was nicht — ohne erneut (in Neuwahlen) den Souverän zu fragen —, ist eine nur politisch, also mit Blick auf die jeweils aktuellen Gesamtumstände entscheidbare Frage. Als politisches Brecheisen eignet sich die Mehrheitsberufung jedoch nicht. Sie ist ein Instrument, das einer sensiblen Hand bedarf, soll es nicht mehr Schaden als Nutzen bringen. Im Fall des Falles, also dort, wo die Bewahrung des inneren Friedens gefährdet erscheint, ist die alleinige Berufung auf den Satz „Mehrheit ist Mehrheit" ein demokratischer Sprengsatz (wenn vielleicht auch mit Zeitzünderwirkung). Die Mehrheitsregel wird dort erkennbar ad absurdum geführt, wo gerade die einseitige Berufung auf sie das ihr zugrundeliegende verfahrenspolitische Ziel selbst, den Erhalt des Bürgerfriedens einer Rechtsgemeinschaft, aufs Spiel setzt. Wenn über das Verfahren selbst keine Einheit mehr gestiftet werden kann, dann ist zur Vermeidung von Schlimmerem noch mehr als im politischen Normalfall zunächst die inhaltliche Begründung aufgerufen, unter Umständen auch die Einbeziehung alternativer Entscheidungsmuster wie Konsens, Proporz oder vertragsähnliche Vereinbarungen zur Berücksichtigung dissentierender Minderheiten, die einer „offenen" Gesellschaft nicht minder gut zu Gesicht stehen wie die „ungebremste" Herrschaft des Stimmenmehr.[28] Die Mehrheitsregel vermag nur in der Situation des Normalzustandes, des „pouvoir constitué", ihre legitimitätsstiftende Kraft zu entfalten. In der Situation des „pouvoir constituant", in welcher der Friedensrahmen der Verfassung verblaßt, läuft sie leer.

Wo Entscheidungen ihre Legitimationskraft, ihre Bindekraft für alle, aus der Rückführbarkeit auf die jeweilige Mehrheit beziehen sollen, heißt es Abschied nehmen vom Mythos erkennbarer und politisch exekutierbarer Wahrheiten, von der Vision der volonté générale, die keinen Widerspruch duldet und die Gesellschaft als Ganzes ins Visier zwingt.[29]

Auch wenn diese Parallelisierung verblüffen mag: Gibt es nicht Tendenzen der großtechnischen Entwicklung und ihrer politischen Durchsetzungsstrategie — auch wo sie auf Samtpfoten einherschreitet und sich mit dem Pathos gewollter Schmucklosigkeit: mit „Sachzwängen", „Pflichten", der Macher- mehr als der Missionarsattitüde bestückt —, gibt es nicht Tendenzen latent totalitären Zuschnitts, eben weil durch sie die Kette gesellschaftlicher Festlegungen straffer gezurrt wird, und sie den zunächst schleichenden, dann immer schnelleren Verlust der Wandlungsfähigkeit, der Adaptivität und Reversibilität der Gesellschaft bewirken?[30]

Wo es um die prinzipielle Offenheit der Zukunft geht, wo es, in der Nah- wie in der Fernperspektive, für die Beteiligten um „Leben oder Tod" geht, da greift die Mehrheitsregel nicht mehr: „Man läßt sich allenfalls in den subjektiv zweit- und drittwichtigsten Fragen überstimmen."[31]

Dafür zu sorgen, daß es, auch in der Perzeption aller Entscheidungsbetroffenen, im politischen Normalfall jedenfalls immer nur um die vorletzten, besser noch: die vor-vorletzten Fragen geht, also gelegentlich auch Selbstbescheidung, Mäßigung und rechtzeitiges Ausklammern — dies wäre Aufgabe und Tugend der Politik.

Anmerkungen

*   Dieser Aufsatz ist die überarbeitete und erweiterte Fassung eines Artikels in der F.A.Z. vom 30. Okt. 1982.

1 Vgl. K.-W. Brand, Ökologiebewegung und technisch-industrielle Entwicklung, in: Technik und Gesellschaft, Jahrbuch 2, hrsg. v. Bechmann, Gotthard u.a., Frankfurt, New York 1983.

2 Vgl. F.A.Z. vom 4. Juni 1982.

3 K.-W. Brand, D. Büsser, D. Rucht, Aufbruch in eine andere Gesellschaft. Neue soziale Bewegungen in der Bundesrepublik, Frankfurt, New York 1983.

4 Vgl. B. Guggenberger, Bürgerinitiativen: Krisensymptom oder Ergänzung des Systems der Volksparteien?, in: J. Raschke (Hrsg.), Bürger und Parteien, Opladen 1982, 190ff.

5 U. Kempf, Der empirische Befund, in: B. Guggenberger/U. Kempf (Hrsg.), Bürgerinitiativen und repräsentatives System, 2. Aufl., Opladen 1984, S.

6 Zum Aspekt der alternativen „Gegenprogrammatik" vgl. H. Bossel, Bürgerinitiativen entwerfen die Zukunft, Frankfurt 1978; ebenso: B. Guggenberger, Bürgerinitiativen in der Parteiendemokratie, Stuttgart u.a. 1980, bes. S. 7ff. u. S. 30ff.

7 W.D. Narr, C. Offe (Hrsg.), Wohlfahrtsstaat und Massenloyalität, Köln 1975.

8 1. Aufzug, 1. Szene; vgl. auch ders., Maria Stuart, 2. Aufzug, 3. Auftritt: „Nicht Stimmenmehrheit ist des Rechtes Probe".

9 Vgl. P.C. Mayer-Tasch, Die Bürgerinitiativbewegung, 4. Auflage, Reinbek b. Hamburg 1981, S. 40ff.

10 Zum folgenden: B. Guggenberger, Krise der repräsentativen Demokratie?, in: ders., U. Kempf (Hrsg.), a.a.O.

11 Grundlegend H. Kelsen, Vom Wesen und Wert der Demokratie, 2. Aufl., Tübingen 1929, S. 53ff.; U. Scheuner, Das Mehrheitsprinzip in der Demokratie, Opladen 1973; H.J. Varain, Die Bedeutung des Mehrheitsprinzips im Rahmen unserer politischen Ordnung, in diesem Band; N. Bobbio, Die Mehrheitsregel: Grenzen und Aporien, in diesem Band.

12 Vgl. bes. O. v. Gierke, Über die Geschichte des Majoritätsprinzips, in diesem Band, S. 213; ebenso: F. Elsener, Zur Geschichte des Majoritätsprinzips (Pars maior und Pars sanior), insbesondere nach schweizerischen Quellen, in: Savigny Zeitschrift für Rechtsgeschichte, Kanonist. Abt., Bd. 73 (1956), S. 73 ff. und 560 ff. (Nachtrag).

13 Vgl. hierzu bes. U. Scheuner, a.a.O.; ferner: C. Offe, Politische Legitimation durch Mehrheitsentscheidung?, in diesem Band.

14 P. Häberle, Das Mehrheitsprinzip als Strukturelement der freiheitlich demokratischen Grundordnung, in JZ, Nr. 8, vom 15. April 1977.

15 Ebd.

16 Vgl. H. J. Varain, a.a.O.

17 Zu deren Problematik noch immer treffend: W. Hennis, Meinungsforschung und repräsentative Demokratie, in: ders., Politik als praktische Wissenschaft, München 1968, S. 125 ff.

18 Vgl. G. Simmel, Exkurs über die Überstimmung, in diesem Band.

19 O. v. Gierke, a.a.O., in diesem Band, S. 113 (auch die Hinweise, S.)

20 Vgl. ebd., S.

21 Zu den nachfolgenden Gesichtspunkten vgl. bes. C. Offe, a.a.O., in diesem Band; W. Rucht, Planung und Partizipation, München 1982, S. 216 ff; sowie eine frühere Systematik des Verfassers, Krise der repräsentativen Demokratie?, a.a.O.

22 Vgl. hierzu U. K. Preuß, Die Zukunft: Mülchalde der Gegenwart, in diesem Band, S. 226.

23 Zu diesem Aspekt auch H. Jonas, Das Prinzip Verantwortung, Frankfurt 1979.

24 Vgl. hierzu auch die Einleitung dieses Bandes.

25 (1690), ed. by P. Laslett, Cambridge 1964, bes. II, 98 (S. 350 f.).

26 Vgl. J. Hirsch, Der Sicherheitsstaat. Das ,,Modell Deutschland``, seine Kosten und die neuen sozialen Bewegungen, Frankfurt 1980; W. Behr, Jugendkrise und Jugendprotest, Stuttgart 1982.

27 R. Vogt (MdB, DIE GRÜNEN), Das Konzept der Grünen Listen greift zu kurz, in: Frankfurter Rundschau vom 5. Mai 1978, S. 14.

28 Völlig zurecht wirft N. Bobbio (a.a.O.) (im Anschluß an einen Gedanken von H. Kelsen) die Frage auf, ,,ob das Prinzip freier Verhandlung oder das Mehrheitsprinzip ,demokratischer` ist``. Vgl. hierzu auch grundsätzlich: Federalist Papers, New York 1961 (hrsg. v. C. Rossiter), bes. Federalist No. 51.

29 Vgl. hierzu die Fronten im Disput zwischen Guggenberger/Offe und C. Graf von Krockow, in: Aus Politik und Zeitgeschichte, B 5 (1984), S. 41 ff.

30 Vgl. K. F. Müller-Reißmann, Die schwindende Wandlungsfähigkeit der Industriegesellschaft, in: Frankfurter Hefte 34 (1979) 5, S. 13 ff.

31 C. Offe, a.a.O.

Iring Fetscher

Wieviel Konsens gehört zur Demokratie?

Die klassische Definition der amerikanischen Demokratie lautet „Government of the People, for the People by the People". Es handelt sich also um eine Herrschaft — Government — über das Volk, die im Interesse des Volks durch das Volk selbst ausgeübt wird. In dieser Zauberformel sind zugleich alle Hoffnungen und alle Probleme der Demokratie als politischer Form des menschlichen Zusammenlebens verborgen. Einmal daß es sich um eine Herrschaft handelt, was ja auch im griechischen Namen Demokratie enthalten ist, der von Demos, das Volk, und Kratein — Herr über etwas sein, herrschen — abgeleitet ist. Zum anderen, daß das Subjekt der Herrschaft hier mit dem Objekt der Herrschaft identisch ist — beides Mal nämlich das Volk. Der Mittelteil der amerikanischen Definition — nämlich Herrschaft im Interesse des Volkes — „for the People" — erscheint demgegenüber beinahe wie eine überflüssige Zutat. Wenn es doch das Volk selbst ist, das über sich herrscht, wie sollte es da ein anderes Interesse sich zum Ziele setzen, als sein eigenes? Konsequenterweise fällt daher auch dieser Zusatz in der anderen klassischen Demokratiedefinition — der von Jean Jacques Rousseau — unter den Tisch. Demokratie, bei Rousseau übrigens Republik genannt, ist für ihn die Identität der Herrschenden und der Beherrschten. Nimmt man diese klassische Definition ernst, dann ist die Antwort auf die von mir formulierte Frage schon festgelegt: Konsensus ist Voraussetzung von Demokratie. Noch stärker formuliert, nur in dem Maße, wie Konsens unter den Personen herrscht, die das Volk, das politische Volk, die politische Gemeinschaft bilden, ist Herrschaft des Volkes über das Volk ohne Unterdrückung von Freiheit des Einzelnen möglich. Rousseau fordert daher auch eine ganze Reihe von Maßnahmen, die zu einer möglichst weitgehenden Übereinstimmung unter den Bürgern führen können: wirtschaftspolitische, religionspolitische, patriotisch-erzieherische usw. Kein Zweifel, die ideale Republik Rousseaus würde uns heutigen Menschen äußerst unfreiheitlich vorkommen, weil sie von jedem Einzelnen ein extrem hohes Maß von Konformität verlangt. Die moderne, pluralistische Gesellschaft mit ihren Unterschieden an Interessen, Überzeugungen, religiösen Gemeinschaften, politischen Idealvorstellungen kann daher auch nicht ohne Vergewaltigung jener „klassischen Auffassung von Demokratie" angepaßt werden, wie sie in den beiden genannten Definitionen zum Ausdruck kommt.

Das Verlangen, daß jeder Citoyen sich ganz und gar mit dem „Gemeinwillen" identifizieren müsse, wie er in den Gesetzen zum Ausdruck kommt, erscheint uns heute eher als eine Überforderung. Das heißt ja nicht nur, daß man — selbstverständlich — den Gesetzen Gehorsam leisten müsse, sondern daß man sie nicht mehr als von außen kommende Forderungen, sondern als

Ausdruck des eigenen Willens — eben des Gemeinwillens, mit dem man sich identifiziert hat — zu begreifen habe. Eine solche Identifikation — nicht mit dem von Rousseau gemeinten Gemeinwillen — aber doch mit dem Staat als solchem hat im 19. Jahrhundert und vielfach bis in das unsere herein allein der Nationalismus zustandegebracht. In Ländern wie Frankreich und — wenn auch in geringerem Grade — England stellt der national gefärbte Patriotismus bis heute eine solche Konsensbasis dar. In England bezieht sich der Konsens stärker auf die nationalen Institutionen von der Krone und dem Unterhaus angefangen bis hin zum Common Law; in Frankreich in erster Linie auf die Stärke und Prosperität des eigenen Landes, dessen Rüstung von allen Parteien ebenso positiv eingeschätzt wird wie der Ausbau der Kernenergie und die Fortschritte der Industrialisierung.

Eine solche Verbindung von demokratischen Institutionen und nationalem Selbstbewußtsein hat es — aufgrund unserer unglücklichen Geschichte in den letzten 150 Jahren — in Deutschland nicht gegeben. Thomas Mann meinte einmal, schuld daran sei das Fehlen der Erinnerung an eine gemeinsame politische Tat, auf die man mit Recht stolz sein könne. Er dachte hier an die Große Französische Revolution oder an den Jahrhunderte währenden Auf- und Ausbau des vorbildlichen englischen Verfassungssystems mit Parlamentsherrschaft, verantwortlicher Regierung und lediglich symbolische Bedeutung habender Krone. Zum Versuch, nationalen Konsens durch die gemeinsame Erinnerung an historische Taten herzustellen, hat im Kaiserreich die Sedanfeier und gelegentlich das Gedächtnis der Befreiungskriege gegen Napoleon herhalten müssen. Beide Ereignisse haben aber nie den gleichen Stellenwert für alle Gesellschaftsschichten erhalten können wie die revolutionären Traditionen in Frankreich oder in den USA.

Der Versuch, unter Bedingungen einer komplexen Gesellschaft dennoch das politische Leben nach dem Muster der klassischen Demokratietheorie zu gestalten, muß heute mit Notwendigkeit zur Unterdrückung der Freiheit führen. Man kann die totalitären Systeme des 20. Jahrhunderts als perverse Versuche einer solchen Verwirklichung ansehen. Auch sie behaupteten und behaupten ja von sich, Demokratie realisiert zu haben. Durch die totale Herrschaft, die ein Führer oder ein unfehlbares Zentralkomitee über die gesamte Gesellschaft ausübten, so wird erklärt, werde der wahre Wille des Volkes — oder der Arbeiterklasse — zum Ausdruck gebracht. Das Volk herrscht sozusagen mit Hilfe des Führerwillens über sich selbst. Mit Hilfe der modernen Mittel der Massenbeeinflussung ist es vielfach sogar gelungen, diese Übereinstimmung einer Bevölkerungsmehrheit erfolgreich zu suggerieren. Die radikale Diskrepanz zwischen dem Wollen des „Führers" und dem Willen, sowie den realen Interessen der Bevölkerung kam im Falle Deutschlands erst im Laufe der Niederlagen des Krieges allmählich mehr und mehr Menschen zum Bewußtsein.

Nicht zuletzt die Erfahrung der totalitären Systeme hat dazu geführt, daß die moderne Politikwissenschaft die klassischen Demokratietheorien nicht mehr benützt. Man bedient sich heute bescheidenerer Definitionen für die Demokratie, die den Vorteil haben, weniger mißbrauchbar zu sein. So hat z.B. Adolf Arndt in der ersten Nachkriegszeit die Formel geprägt, Demokratie herrsche in einem Staat mit legaler Opposition. Damit war der Gegensatz zu den totalitären Systemen mit ihren absolute Wahrheitsansprüche erhebenden Staatsparteien klar zum Ausdruck gebracht. Wenn man den Begriff Legalität weit genug auslegt und damit auch effektive Betätigungsmöglichkeiten — Werbung und Kritik durch Wort und Schrift, Demonstration usw. — meint, kann diese Formel für den Alltagsgebrauch als ausreichend angesehen werden. Jedenfalls kann dann weder die Herrschaftsordnung des Dritten Reiches noch die der Sowjetunion Anspruch auf die Bezeichnung „demokratisch" machen.

Über die Formel von Adolf Arndt geht die Demokratietheorie hinaus, die von Joseph Schumpeter erstmals entworfen, heute vor allem durch Antony Downs vertreten wird. Es ist die sogenannte Markt- oder Konkurrenztheorie der Demokratie. Diese Theorie bemüht sich um weitgehend wertfreie Beschreibung der Funktionsweise der zeitgenössischen parlamentarischen oder präsidialen Demokratie. Demokratie herrscht nach dieser Definition überall dort, wo mindestens zwei Teams von Politikern sich an Wahlen um die Gewinnung der Stimmenmehrheit der Bevölkerung bewerben, um sodann auf eine begrenzte Zeit sich im Eigeninteresse in den Besitz der Regierungsgewalt zu setzen. Entscheidend ist hier das Moment des freien Wettbewerbs, das — nach Auffassung Schumpeters und Antony Downs' — bis zu einem gewissen Grade garantiert, daß die Bürger wenigstens ungefähr diejenigen staatlichen Leistungen geliefert bekommen, die ihnen im Wahlkampf versprochen worden sind, und auf die sie in ihrer Mehrheit Wert gelegt haben. Von den konkurrierenden Politiker-Teams (also den Parteien, oder genauer gesagt den Berufspolitikern an der Spitze der Parteiorganisationen) wird nicht erwartet, daß sie besonders uneigennützig oder moralisch sind, es genügt, daß sie — aufgrund ihres Eigeninteresses an einem möglichst langen Besitz der Regierungsmacht — dazu gezwungen sind, Bevölkerungswünsche weitgehend zu respektieren. Einzige Voraussetzung für das zuverlässige Funktionieren dieses Mechanismus ist die Freiheit der Wahlen und eine ungefähr gleiche Stärke der konkurrierenden Teams.

Die Analogie mit dem Marktmechanismus ist freilich nicht ganz eindeutig, da ein Markt mit nur zwei, drei Anbietern kaum als ausreichend frei angesehen werden würde, wenn es sich um einen Wirtschaftssektor handelte. Praktisch hat das darüber hinaus zur Folge, daß die Wähler-Konsumenten gezwungen sind, zwischen Politik-„Paketen" zu wählen, in denen Produkte ganz unterschiedlicher Art miteinander verbunden sind: z. B. eine bestimmte Finanz-, Wirtschafts-, Sozial-, Außen-, Justiz-, Kulturpolitik usw. Es könnte ja sein, daß der eine oder andere die Außenpolitik der A-Partei, aber die Finanzpolitik der B-Partei und die Kulturpolitik der C-Partei wählen möchte. Dazu hat er jedoch keine Chance, er muß sich für eines der Kompaktangebote entscheiden, wenn er nicht durch Stimmenthaltung der ohnehin stärkeren Partei eine zusätzliche Prämie verschaffen möchte. Mit anderen Worten, er ist — selbst wenn er nicht wählt — zu einer Entscheidung gezwungen, bei der er kaum alle seine individuellen Präferenzen in gleicher Weise berücksichtigen kann. So muß er z. B. — wenn er rational wählen will — festlegen, ob ihm die Außen- und Rüstungspolitik oder die Wirtschafts- und Finanzpolitik wichtiger ist, wenn er seine idealen Präferenzen bei verschiedenen Anbietern „untergebracht" sieht.

Ein weiterer Mangel der Markttheorie der Demokratie ist zweifellos die Tatsache, daß in ihr der Staatsbürger ausschließlich als passiver Konsument

(„Käufer" sagen die Amerikaner ganz ungeniert) von Politik erscheint, nicht
als aktiver Mitgestalter. Zur Verteidigung der Markttheorie der Demokratie
wird man aber sagen können, daß es ja jedem freisteht, durch Engagement in
einer politischen Partei aktiv Einfluß zu nehmen, auch wenn der Einfluß
eines Nichtprofessionellen angesichts der immer weiter gehenden Professionalisierung der Politik heute kaum sehr groß sein kann. Die Markttheoretiker
der Demokratie unterstellen in diesem Zusammenhang meist ein rationales
Interessenkalkül der Bürger, das sie dann motiviert, jedenfalls nicht mehr Zeit
und Geld auf aktive Gestaltung von Politik zu verwenden, als dem zu erwartenden persönlichen Nutzen für sie korrespondiert. Die Bereitschaft, im Interesse der Allgemeinheit oder auch nur einer größeren sozialen Gruppe
„Opfer" zu bringen, wird dabei als minimal eingeschätzt. Die Tatsache, daß
unsere politischen Parteien ihre Tätigkeit nicht mehr in ausreichendem Maße
aus Mitgliedsbeiträgen finanzieren können, kann man als einen Beweis für die
Triftigkeit dieser Aussagen ansehen. Die Finanzierung der Wahlkampfkosten
politischer Parteien aus Steuermitteln bedeutet faktisch nichts anderes als
daß die Bürger ungefragt — entsprechend dem relativen Stärkeverhältnis der
Parteien bei den Wahlen — die Parteien finanzieren und zwar jeweils auch die
anderen Parteien, denen sie selbst nicht ihre Präferenz gegeben haben. Auch
die halblegalen und illegalen Hilfen für die Abschreibung von Parteispenden
gehören in den Zusammenhang fehlender Opferbereitschaft für die Mitgestal-
tung der Politik. Offenbar mußte manchen Spendenwilligen sozusagen noch
ein zusätzlicher Bonus versprochen werden, um sie zu einer Unterstützung
der von ihnen doch wohl geschätzten Partei gewinnen zu können.

Abgesehen von diesen Einwänden, die weniger die Theorie als die von
ihr ziemlich exakt abgebildete Realität treffen, hat die parlamentarische Demokratie in der Bundesrepublik bisher wenigstens in der angegebenen Weise
zur Zufriedenheit der großen Mehrheit der wahlberechtigten Bevölkerung
funktioniert. Auch wenn in dieser Konkurrenztheorie der Demokratie von
Konsensus keine Rede war, muß es aber offenbar einen Konsens darüber
gegeben haben und geben, daß auf die angegebene Weise die Zusammensetzung von gesetzgebenden Körperschaften und Regierungen bestimmt werden
sollte. Es gab — so dürfte es die Fachsprache ausdrücken — einen Konsens
hinsichtlich der Spielregeln. Dieser Grundkonsens bestand in erster Linie in
der Ablehnung eines totalitären Systems. Die Erfahrung mit dem sogenannten „Dritten Reich" und seiner totalen Unterdrückung persönlicher Freiheit
sowie die Schrecken der Besetzung durch sowjetische Truppen stellte für
viele Deutsche — sicher jedenfalls für die große Mehrheit der erwachsenen
Bevölkerung — eine ausreichende Abschreckung vor dem Totalitarismus dar.
Das hat dem zweiten deutschen Versuch zum Aufbau einer freiheitlichen
Demokratie erheblich bessere Startbedingungen verschafft als dem ersten. In
ihrer Ablehnung des Totalitarismus konnten sich sogar die aus der Emigra-
tion heimgekehrten und aus den Lagern entkommenen Antinazis mit Mitläu-
fern des Naziregimes treffen. Während die einen in erster Linie an das Dritte
Reich dachten, bezogen sich die anderen vor allem auf das kommunistische
Regime. Der anti-totalitäre Konsens hatte aber auch seine Schattenseiten. Er
konnte nämlich dazu benutzt werden, um soziale und innenpolitische Konflikte zu unterdrücken, oder radikale Kritik, noch ehe sie auf ihre sachliche
Berechtigung hin untersucht worden war, zu diffamieren. Allzu rasch wurde

zuweilen mit dem Argument „Aufkündigung des Grundkonsens" operiert. Hinter solchen Anschuldigungen verbarg sich eher ein zu großes Bedürfnis nach Konsens und Harmonie als ein angemessenes Verfassungsverständnis. Ralf Dahrendorf hat angesichts dieses Defizits der politischen Kultur der Bundesrepublik wiederholt und mit Nachdruck auf den Konfliktcharakter der modernen Gesellschaft verwiesen und die politischen Institutionen der Demokratie als Modus friedlicher Konfliktaustragung nicht jedoch der Konfliktelimierung charakterisiert.

Jenseits des antitotalitären Konsens gab es aber einen vermutlich noch weit wirksameren Konsens hinsichtlich der Notwendigkeit des Strebens nach wirtschaftlicher Prosperität, Wirtschaftswachstum, technologischem Fortschritt. Vor allem konservative Kritiker der bundesdeutschen Demokratie sprachen gerne von einer „Schönwetterdemokratie", die ja die Probe einer ernsthaften wirtschaftlichen Krise noch gar nicht bestanden habe. Kein Zweifel, die Erfahrung, daß Demokratie und steigender Wohlstand erstmals so eindeutig und für viele Bürger Deutschlands zusammenfielen, hat die Zustimmung zur Demokratie gefestigt. Nicht nur in der Bundesrepublik – in allen westlichen Industrieländern – wurde die Massenloyalität für Verfassung und Regierungssystem durch das Wirtschaftswachstum und die Steigerung des Wohlstandes stabilisiert. Alle Parteien – von den Rechten bis zur Linken – waren sich darin einig, daß Wirtschaftswachstum die unabdingbare Voraussetzung aller anderen „Güter" sei. Der amerikanische Soziologe Luther Carpenter hat diesen stillschweigenden und lange Zeit unsichtbar gebliebenen Konsensus wie folgt beschrieben:

„Seit 1945 war das rasche Wachstum des Bruttosozialprodukts das Hauptziel westlicher Regierungen. Es war die Grundlage des Wohlfahrtsstaats-Kompromisses, die Antwort auf soziale Spannungen und auf Forderungen nach sozialer Gerechtigkeit bei der Verteilung von Reichtum und Einfluß. Schnelles Wachstum erlaubte es, die Reallöhne der Arbeiter und die sozialen Dienstleistungen (des Staates) zu verbessern, ohne die ökonomischen Privilegien der großen Unternehmungen anzutasten."

Was die Wünschbarkeit industriellen Wachstums anlangt, gab es sogar noch Übereinstimmung zwischen so unterschiedlichen Parteien wie den englischen Konservativen und den französischen Kommunisten, auch wenn die Mittel für die Realisierung von Wirtschaftswachstum und Industrieentwicklung natürlich in diesem Fall nicht unterschiedlich, sondern sogar gegensätzlich aussehen. Auf der Basis eines Konsensus hinsichtlich der Wünschbarkeit von Wirtschaftswachstum konnten – in der Bundesrepublik – die politischen Kontroversen auf ein pragmatisches Maß reduziert werden. Es ging lediglich um ein Mehr oder Weniger an sozialstaatlicher Kompensation für einzelne Bevölkerungsgruppen, die beim ökonomischen Wachstum zu kurz gekommen waren oder besondere Lasten zu tragen hatten, nicht um das wichtigste Ziel „Wachstum" als solches. Solange Wachstum als die ermöglichende Grundlage des Wohlfahrtsstaatskompromisses und der internationalen Stellung der Bundesrepublik von allen akzeptiert wurde, konnten auch Schäden und Belastungen, die infolge des industriellen Wachstums von Einzelnen oder Bevölkerungsteilen getragen werden mußten, als Kosten des Wohlstands hingenommen und gerechtfertigt werden. Ganz ähnlich wie im 19. Jahrhundert Eisenbahnbau und der Bau von Industrieanlagen zwar für die Bewohner bestimmter Gebiete ein Mehr an Lärmbelastung, Umweltverschmutzung usw. gebracht hatte, aber durch die Einsicht in die Notwendigkeit des industriellen Fortschritts als unvermeidlich gerechtfertigt wurde, so lange Zeit auch in der Bundesrepublik und anderen Industrieländern nach dem Zweiten Weltkrieg.

Die ökologische Bewegung unterscheidet sich dadurch radikal von den parteipolitischen Richtungen, die bisher das Feld in den Industriestaaten beherrschten, daß sie diesen Grundkonsens hinsichtlich des Wachstums nicht mehr teilt. Sie ist nicht mehr davon überzeugt, daß quantitatives Wachstum in der bisherigen Form für die Menschen reale Verbesserungen ihrer Lebensverhältnisse garantiert. Sie sieht — wie es am entschiedensten Fred Hirsch gezeigt hat — daß die Glücksversprechungen eines stets wachsenden Warenangebots notwendig enttäuschen müssen, weil „Luxus"-güter in dem Augenblick ihren Wert für den Käufer verlieren, wo sie aufhören, exklusiv zu sein, und weil andere notwendig immer nur für eine Minderheit erreichbar bleiben. Sie sieht aber auch mit Ivan Illich, daß die technisierte Medizin, die verschulte Erziehung, die immer abstrakter werdende Arbeit in vieler Hinsicht gegenproduktiv sind. Endlich kündigt sie die Bereitschaft zur Hinnahme kollektiver Risiken durch Umweltzerstörung und -belastung und atomare Unfälle usw. auf, weil sie nur dann gerechtfertigt wären, wenn Wachstum der alleinige Ausweg aus allen aktuellen Schwierigkeiten wäre. Als positive Ziele setzt sie sinnvolle Formen von Arbeit und menschlichem Zusammenleben, umweltfreundliche Technologien, Abbau von Aggressionen und Dezentralisierung gegen den Primat des Wachstums des Bruttosozialprodukts, der Arbeitsproduktivität, der Vernetzung und Computerisierung des gesamten Lebens.

Es kommt mir in diesem Zusammenhang nicht auf eine Rechtfertigung der ökologischen Kritik an der eingebauten Wachstumsdynamik des Industriesystems an. Klar scheint mir jedoch, daß es hier um eine weit grundsätzlichere Kritik geht als in bisherigen Positionen, und daß diejenigen, die von der Berechtigung dieser Kritik und der Forderung nach einer entschiedenen Kurskorrektur überzeugt sind, ihre Ziele außerordentlich ernst nehmen. Es handelt sich — kurz gesagt — auf beiden Seiten, sowohl bei den Ökologen als auch bei den Verteidigern der Industriegesellschaft und ihrer Wachstumsdynamik um feste Überzeugungen, die keine Seite gern dem Spiel wechselnder Mehrheitsentscheidungen ausgesetzt wissen möchte. Man kann sich jedenfalls einen Zickzack-Kurs der Wirtschafts- und Industriepolitik, der abwechselnd von Ökologen und Wachstumsanwälten bestimmt wird, ohne daß es zu schweren sozialen Konflikten kommen würde, nicht gut vorstellen.

Die Einsicht, daß die ökologische Kritik auf eine säkulare kulturelle Wende zielt, daß von einer wachsenden Minderheit der Bevölkerung hochindustrieller Staaten — vor allem in der Bundesrepublik, in den USA und in den nordischen Ländern — der Grundkonsens, daß das Wachstum des Bruttosozialprodukts die Voraussetzung „guten Lebens" und daher das Ziel jeder Regierungstätigkeit zu sein habe, aufgekündigt wird, müßte von den Repräsentanten der Demokratie in ihrer vollen Tragweite erkannt und berücksichtigt werden. Wäre das einmal der Fall, dann könnte die Opposition gegen den Bau von Kernkraftwerken, Großchemiefabriken, Wiederaufbereitungsanlagen, Autobahnen usw. nicht mehr als bloß vorübergehender lokaler Störfaktor unter Verweis auf die nach wie vor existierenden, am Wachstum orientierten Mehrheiten beiseite geschoben werden. Auch wenn Protestgruppen selbst sich nicht immer über den Stellenwert und die Richtung ihrer Opposition im klaren sein dürften, sind sie doch in meinen Augen die Indikatoren einer allmählich an Boden gewinnenden Umorientierung, die keinesfalls leicht genommen werden darf.

Eduard Heimann, der sich vor vielen Jahren schon um den Nachweis bemüht hat, daß eine freiheitliche Demokratie nicht ohne ethische Grundlage existenzfähig bleibt, und der auf die Bedeutung des Christentums für diese Grundlage hingewiesen hat, umschreibt die angemessene Haltung von Mehrheit und Minderheit in der Demokratie wie folgt: „Wenn die politische Demokratie die freie Zusammenarbeit der freien Bürger ist, so besteht sie auf dieser Ebene in der unauflöslichen Einheit zweier Elemente: Mehrheitsherrschaft und Minderheitenschutz. Ohne das zweite Element würde das erste nicht vollständig sein; ja man könnte niemals feststellen, ob es wirklich Mehrheitsherrschaft ist, wenn die Minderheit nicht alle Rechte besäße, die notwendig sind, um in einem freien Wettkampf für die Wähler immer die Mehrheit zu erlangen. Daher erfordert die Einrichtung der demokratischen Regierung zweierlei: den Gehorsam der Minderheit gegenüber den von der Mehrheit erlassenen Gesetzen und die respektvolle Duldung der Minderheit durch die Mehrheit. Mit anderen Worten: Selbstbeschränkung im Gebrauche der Macht wird sowohl von der Mehrheit wie von der Minderheit erwartet. Wo solche Selbstbeschränkung fehlt, würde die freie Gesellschaft durch den Interessenkonflikt in Stücke gerissen, und nur autoritäre Gewaltanwendung könnte den physischen Bestand der Gesellschaft sicherstellen, aber niemals ihre Freiheit. Selbstbeschränkung in der Ausübung der Freiheit ist eine notwendige Bedingung der Freiheit, die Alternative zu obrigkeitlicher Herrschaft." „Stets fordert die Freiheit in einer freien Gesellschaft die Selbstbeschränkung der Starken: ihre Entschlossenheit, die Unterdrückung der Schwachen zu vermeiden; und ebenso fordert sie die Selbstbeschränkung der Schwachen an Stelle von Sabotage und Rebellion, in dem zuversichtlichen Bewußtsein, daß der Weg zur Reform durch friedliche Änderung offenliegt" (Vernunftglaube und Religion in der modernen Gesellschaft, Tübingen 1955, S. 265). Anschließend verfehlt Heimann es nicht, auf die gefährliche Macht zahlreicher sozialer Gruppen hinzuweisen, die, an Schlüsselstellen des komplizierten technologischen Systems sitzend, imstande wären, die Gesellschaft zu erpressen. Ohne deren ethisch motivierte Bereitschaft zur Selbstbeschränkung sei die moderne Gesellschaft nicht lebensfähig. Man denkt unwillkürlich an Streiks der Fluglotsen oder des Krankenhauspersonals, die Heimann 1955 noch gar nicht kennen konnte.

Respektierung der Mehrheitsentscheidung und Toleranz gegenüber der Minderheit reichen aber auf die Dauer nicht aus, um das Problem der dissentierenden ökologischen Minderheit zu lösen. Ähnlich wie im konfessionellen Bürgerkrieg des 17. Jahrhunderts geht es dieser Minderheit um eine Überzeugungsfrage, die sie offenbar nicht dem Spiel demokratischer Mehrheitsentscheidungen überlassen möchte. Die Gefahr des ständig drohenden Bürgerkrieges wurde im 17. Jahrhundert dadurch überwunden, daß sich der moderne, weltanschaulich neutrale Staat schließlich aus den Konflikten der Konfessionen herauszog und den Bürgern die Freiheit der religiösen Überzeugungen überließ. Für den Puritaner war der Zwang, sich der anglikanischen Kirche zu unterwerfen, ebenso unerträglich wie für den Lutheraner des Kontinents oder den Französischen Calvinisten die Aufforderung, katholisch zu werden.

Der moderne Staat machte die Religion zur Privatsache. Eine analoge Haltung des Staates gegenüber dem Streit zwischen Ökologen und Wachstumsapologeten ist aber schon deshalb nicht möglich, weil der Staat als energischer Förderer der technologischen Entwicklung oder als Subjekt ökologischer Eingriffe aufs engste mit dieser Streitfrage verbunden ist. Ohne die staatliche Vorfinanzierung der kerntechnologischen Forschung, ohne den staatlichen Versicherungsschutz und die Übernahme der Risiken wäre die Entwicklung und der Bau von Kernreaktoren kaum möglich gewesen. Er kann sich aber auch nicht aus dem Gebiet der Diskussion um künftige Energiesysteme und die Richtung der industriellen Entwicklung wieder herauslösen. Angesichts dieses Dilemmas erscheint mir der Vorschlag der Enquête-Kommission des deutschen Bundestages in der Tat sinnvoll, nämlich der Vorschlag, ein Moratorium hinsichtlich des weiteren Reaktorbaus zu akzeptieren, währenddessen eine offene und breite Diskussion stattfinden kann, die, wenn irgend möglich, zu einem neuen Konsens führen müßte. Ein solches Vorgehen erscheint vor allem deshalb als begründet, weil mit der Entscheidung zum zügigen Ausbau von Kernenergie − die hier nur als zentrales Beispiel für industrielle Projekte überhaupt stehen kann − die künftige Entwicklung auf Jahrzehnte hinaus, ja das Leben zahlreicher künftiger Generationen präjudiziert wäre. Jedenfalls wären dann andere Optionen in 10 oder 20 Jahren außerordentlich erschwert.

Vor allem sollte klar sein, daß in dieser Frage − weil hinter ihr gegensätzliche Grundeinstellungen hinsichtlich der Wünschbarkeit quantitativen unbegrenzten Wachstums stehen − der Hinweis auf die Legalität von Verfahren allein nicht mehr ausreicht, um generell Legitimitätsüberzeugungen zu vermitteln. So wenig sich die religiösen Minderheiten im 18. Jahrhundert − in England oder Frankreich − durch Beschlüsse der Regierungen von ihren Glaubensüberzeugungen abbringen ließen, lassen sich heute ökologische Gegner des Ausbaues der Nukleartechnologie − die sich ja ebenso wie deren Anwälte auf gewichtige Fachgutachten berufen können − davon überzeugen, daß sie sich vorbehaltlos dem Mehrheitsvotum beugen müßten.

Das mit der politischen Kultur einer lebendigen Demokratie am besten vereinbare Moratorium in bezug auf den weiteren Ausbau von Kernenergie könnte ergänzt werden durch die gleichgewichtige staatliche Förderung alternativer Formen der Energiegewinnung und der Energieeinsparung.

Warum ist die Frage nach der Entwicklung unseres Industriesystems, der Energiegewinnung, des wirtschaftlichen Wachstums auf einmal zu einer eminent politischen geworden? Weil Wachstum nicht mehr ohne staatliche Hilfe sich vollzieht, weil der Staat als Förderer von Technologien immer unentbehrlicher geworden ist, weil z. B. Kernkraft von privaten Unternehmungen weder allein zu entwickeln, noch deren Risiken allein zu tragen wären. Damit sind aber auch Entscheidungen, die früher von der Anonymität des Marktmechanismus erzwungen wurden, zu verantworteten politischen Entscheidungen geworden, auch wenn das noch nicht von allen so gesehen wird. Nach einer älteren Auffassung von Helmut Schelsky müßten derartige staat-

liche Entscheidungen, da sie ein extrem hohes Maß an Spezialwissen auf na-
turwissenschaftlich-technologischem und wirtschaftlichem Gebiet erfordern,
mehr und mehr kompetenten Experten überlassen werden. Für den „technischen Staat" wäre daher die Expertokratie — nicht die Demokratie — die angemessene politische Form. Zum Glück hat sich diese Auffassung aber schon
dadurch als illusorisch erwiesen, daß die Experten selbst untereinander kaum
je einig sind. Wenn aber der „Souverän", das heißt in der Demokratie das
Volk, über komplizierte Sachfragen mitentscheiden soll, dann muß es — in
einem weit höheren Maß als bisher — selbst zum „Experten" werden. Allerdings zu einem Experten, der für Zusammenhänge zuständig ist, nicht zu
einem bloßen Spezialisten für Details. Wenn das demokratisch verfaßte Volk
selbst über die Zukunft der industriellen Entwicklung entscheiden soll, dann
können solche Entscheidungen weder dem Selbstlauf des Marktes noch der
unkontrollierten Dezision von Experten überlassen bleiben, dann müssen
Formen der Mitbestimmung gefunden werden, die sicherstellen, daß sich
künftig Entwicklungen, unter deren Folgen alle zu leiden haben würden,
nicht mehr über die Köpfe der Betroffenen hinweg vollziehen.
    Nicht nur entsprechende Bürgerbefragungen und Anhörungen, sondern
auch stärkere föderale Zuständigkeiten sind für eine solche Mitbestimmung
notwendig. So müßten z.B. die unmittelbar als Bewohner einer Region betroffenen Bürger ein gewichtiges Wort mitzureden haben, wenn es um den
Bau von industriellen oder Verkehrsanlagen geht, die ihre Region in besonderem Maße in Mitleidenschaft ziehen.
    Eine solche Forderung könnte als Verteidigung des St. Florianprinzips
mißverstanden werden, nach dem Grundsatz: Mag man doch den umweltbe-
lastenden Chemiebetrieb bauen, wo man will, jedenfalls nicht vor unserer
Nase! Die stärkere Berücksichtigung lokaler Interessen und Wünsche könnte
freilich auch dazu führen, daß am Bau umweltbelastender Anlagen interessierte Regierungen oder Unternehmungen die lokale Zustimmung durch entsprechende Geldkompensationen sich „erkaufen". In den USA ist das offenbar schon in erheblichem Umfang geschehen, mit dem Erfolg, daß arme Gemeinden und Gegenden mit Bevölkerungsteilen niedrigen Durchschnittsein-
kommens (weil deren „Kauf" billiger ist) weit eher Standorte für Kernkraftwerke und umweltbelastende Industrieanlagen werden als wohlhabende.
    Zugunsten der lokalen Mitbestimmung oder gar eines lokalen Veto-
rechts spricht aber die Tatsache, daß sich „unmittelbar Betroffene" in der
Regel sehr viel eher zu Experten machen als die Bewohner von Gemeinden,
die unmittelbar nicht betroffen sind. In Gegenden, die als Standorte von
Entsorgungseinrichtungen oder Kernkraftwerken ins Auge gefaßt worden
sind, pflegen in der Regel rasch Bürgerinitiativen zu entstehen, die sich auch
um Informationen durch Experten bemühen und dann — wie Bundestags-
abgeordnete bestätigen — ihren Abgeordneten mit einem weit höheren Fach-
wissen gegenübertreten als die Angehörigen anderer Gemeinden. Die Betroffenheit animiert zur Information und erhöht damit auch die Kompetenz von
Bürgern, wenn das auch gewiß nicht für alle gilt. So gesehen kann man das
erhöhte Gewicht der Mitsprache für „Betroffene" auch dadurch rechtfertigen, daß sie — Mancur Olson und Antony Downs würden dem zustimmen —
auf Grund ihres erhöhten persönlichen Interesses die „Kosten" für vermehrte
Information übernehmen und stellvertretend für die minder informierten

Mitbürger in den nichtbetroffenen Gemeinden votieren. Die vermehrte Berücksichtigung wäre dann durch den höheren Informationsgrad und nicht allein durch die direkte Betroffenheit gerechtfertig. Durch ihren Informationsvorsprung hätten die Betroffenen gleichsam ein Mandat erhalten, stellvertretend auch für andere Mitbürger zu sprechen. Der Vorwurf des St. Florians-Denkens könnte so gesehen geradezu umgekehrt werden. Die Nicht-Betroffenen, die es scheuten, die Kosten und Anstrengung vermehrter Information auf sich zu nehmen und — gleichgültig um die Konsequenzen — der Errichtung neuer industrieller Anlagen zustimmten, wären die St. Florians-Leute, weil sie sich sagten: Was kümmern mich die Auswirkungen für die Betroffenen, mich jedenfalls gehen sie nichts an.

Theoretisch wäre nur dann eine derartige Entscheidung, die einzelnen Regionen oder Gemeinden vermehrte Belastungen zumutet, legitim, wenn sie — nach dem Gesichtspunkt der sozialethischen Theorie von John Rawls — unter dem „Schleier der Unwissenheit" erfolgte. Das heißt, wenn alle im gleichen Umfang damit rechnen müßten, daß ein neues Kernkraftwerk, eine neue chemische Fabrik, eine neue Autobahn unmittelbar in ihrer Nähe errichtet wird. Diese Bedingung ist nun freilich in der Praxis nicht herstellbar. Aus diesem Grunde läßt sich m.E. die vermehrte Berücksichtigung der Bedürfnisse der unmittelbar Betroffenen (und deshalb in der Regel auch besser Informierten) legitimieren. Wenn ihre Lage verallgemeinert wäre — so ließe sich argumentieren —, würde überall ähnlich votiert werden.

Je weniger quantitatives Wachstum generell als höchstes Ziel und Bedingung erwünschten Fortschritts anerkannt wird, desto größer wird der nicht mehr nur lokale Widerstand gegen die Hinnahme umwelt- und gesundheitsschädigender industrieller Produktionsanlagen werden. Wenn aber erst einmal in einigen Staaten — vielleicht zunächst in den kleinen Staaten des europäischen Nordens und Nordwestens — ein Durchbruch zur Orientierung in dieser neuen Richtung gelungen wäre, könnte sich sehr wohl — unter den Industrieländern — ein Konkurrenzkampf in dieser Richtung — in der Richtung auf bessere Luft-, Wasser- und Bodenverhältnisse, gesündere, unverfälschte Lebensmittel, schönere Bauten und Wohnverhältnisse, sinnvollere Arbeit ermöglichende Technologien usw. — entwickeln. Wettbewerb braucht ja nicht für alle Zeiten ein Wettbewerb um ständiges industrielles Wachstum zu sein. Um erste Schritte in Richtung auf eine Abkehr von einer rund zweihundertjährigen Entwicklung zu tun, sind Freiheit, Mut, Phantasie und Lernbereitschaft nötig. Wenn sie auf friedlichem Wege getan werden sollen, dann ist darüber hinaus Bereitschaft zur Selbstbeschränkung und Toleranz vor allem auch auf der Seite der politisch und ökonomisch Mächtigen erforderlich.

Die ökonomische Theorie der Demokratie erweckt den Anschein, als sei Konsensus für die Erhaltung des demokratischen Systems gar nicht nötig. Nach F. A. von Hayek brauchen sich die Menschen in einer Marktorganisation nur über die Mittel, nicht über die Ziele einig zu sein. „Sie müssen den verfügbaren Vorrat an Ziegelsteinen untereinander und unter ihre jeweiligen Zielsetzungen aufteilen, schulden sich aber gegenseitig keinerlei Rechenschaft darüber, ob sie eine Kirche oder eine Fabrik oder ein Wohnhaus damit zu bauen gedenken. Das Leben in der Gesellschaft fordert zwar immer einen gewissen Grad von Übereinstimmung und der einheitlichen Form. Übereinstimmung in den Zielen ist das Zeichen der Herrschaft, Übereinstimmung über bloße Mittel läßt die Ziele unbestimmt und überträgt die Auswahl der Ziele der freien Entscheidungen der Individuen in den Grenzen der ihnen verfügbaren Mittel" (Eduard Heimann, a.a.O., S. 23). Die Markttheorie der Demokratie möchte, ganz im Sinne der Hayekschen Marktdefinition, Entscheidungen über die Ziele auch aus dem Bereich der Politik, d.h. der Herrschaft ausklammern. Das läßt sich nur dann bewerkstelligen, wenn man unterstellt, daß Politik dem gleichen Zwecke dient wie der Markt: nämlich der optimalen Versorgung mit Waren und Dienstleistungen. Der Staat, von dem die Markttheorie der Demokratie redet, ist der Wohlfahrts- und Versorgungsstaat, wie er auf der Basis des kontinuierlichen Wirtschaftswachstums sich als funktionsfähig erwiesen hat, ein Staat, der sich damit begnügt, die Ergebnisse des quantitativen Wachstums durch Steuern, Subventionen und Renten umzuverteilen. Andere Aufgaben des Staates bleiben dabei ausgeblendet, vor allem aber wird diese Theorie in dem Augenblick unanwendbar, wo der Wohlfahrtsstaatskompromiß auf der Basis kontinuierlichen Wachstums fragwürdig geworden ist. In dieser Lage suchen die Anhänger von Margaret Thatcher in England und Ronald Reagan in den USA durch eine Rückkehr zu den Tugenden des älteren Bürgertums eine neue Konsensbasis zu stiften. Ich zweifle an der Realisierbarkeit dieses Vorgehens, bin aber davon überzeugt, daß ebensowenig eine Rückkehr zu der alten Wohlfahrtsstaats-Formel möglich sein wird. Angesichts der Notwendigkeit einer tiefgehenden Umorientierung darf der Konsens, ohne den Demokratien nicht lebensfähig sind, nicht erzwungen werden. Um ihn herzustellen, brauchen wir weitgehende Offenheit, Lernbereitschaft und Toleranz. Diese Haltung kann — wie ethische Haltungen überhaupt — nicht durch Belehrung und Zwang, sondern nur durch Vorbild verbreitet werden. Wenn aber Macht — nach Deutsch — mit „nicht Lernen müssen" definiert werden kann, dann können jene Mächtigen nur durch Einbußen ihrer Macht lernfähig gemacht werden. Die Bedrohung durch radikal dissentierende Minderheiten könnte diese heilsame Wirkung zeitigen.

Bernd Guggenberger

Die neue Macht der Minderheit*

Ist David wieder einmal dabei, über Goliath zu triumphieren? Erleben wir eine Neuauflage des mythischen Schaukampfes zwischen dem Starken und dem Schwachen? Der Schwache, bis zur Karikatur Erbärmliche, dessen Sieg über den Starken um so fürchterlicher ausfällt, weil es diesen Sieg eigentlich gar nicht geben kann; der Starke, dessen Niederlage der wahrhaften Vernichtung gleichkommt, ihn an der Wurzel seines Selbstwertgefühls trifft, weil es kein Gegner war, der sie ihm beibrachte, — haben nicht auch die aktuellen Schau-Kämpfe der Schwachen gegen den Starken etwas davon? Leben die schlagzeilenträchtigen Duelle um Mülldeponien, Autobahnen, Flughafenerweiterungen, Kernkraftwerke, Abschußrampen, die sich ad-hoc zusammengewürfelte Bürgerhaufen mit der organisierten Staatsmacht liefern, nicht alle auch von diesem bis zum Sensationellen ungleichgewichtigen Stärkeverhältnis? Und begründet nicht, nebenbei bemerkt, nach dem allgemeinen Kaufkraftschwund des Ideologischen gerade die strukturelle Ungleichgewichtigkeit und scheinbare Hoffnungslosigkeit solcher Gegnerschaftsverhältnisse, für Beteiligte wie für Betrachter, eine Attraktivität sui generis?

Wie aber kommt es zu dieser Offensive der Ohnmächtigen, zu dieser Mobilmachung der Machtlosen? Wie kommt es zu dieser psychologischen und strategischen Situationsumkehr im „Krieg" der Schwachen mit den Starken? Worin ist die neue Macht der Minderheiten begründet? Was bläht den vielen tausend Bürgerinitiativen, Widerstandsgruppen, den sozialen Einspruchs- und Verteidigungsbewegungen der Umwelt- und Friedensbesorgten, der Jugendlichen, der Frauen, der Hausbesetzer und nicht zuletzt auch der neuen ökologischen Parteibewegung die Segel?[1]

Die Minderheit ist stark nicht trotz sondern wegen ihrer Schwäche! Schwäche ist ein Pfund, mit dem sich ungeniert wuchern läßt. Nicht nur, daß die Siege des Schwachen lauter bejubelt werden als die des Starken, nein, sie werden in gewisser Weise auch wahrscheinlicher, als sie es nach Lage der äußeren Stärkeverhältnisse sein dürften. Der Schwache ist es, die an der Ohnmachtsgrenze operierende Minderheit, welche exklusiv die Prämie des psychologischen Meistbegünstigungseffektes einstreicht: Nur sie profitiert von der mobilisierenden Kraft des Ausschließlichen, von jener das Widervernünftige streifenden Radikalität à tout prix; nur aus der Augenperspektive der Minderheit, die nichts zu verlieren, alles dagegen zu gewinnen hat, ist jene Entfesselung bergeversetzender Willensenergien zu begreifen, die schließlich auch die Umkehr im Verhältnis von Macht und Ohnmacht bewirkt und die vage Hoffnung zur tragenden Gewißheit der prophetischen Paradoxie verdichtet: Die Letzten werden die Ersten sein.

Waren es nicht in den Augen fast aller „die Letzten", deren erste trotzig-widersetzliche Reaktionen 1973 am Kaiserstuhl noch durchaus plausibel mit dem Hinweis auf das „notorische Querulantentum einiger Unbelehrbarer" zu diskreditieren waren?[2] Wer hätte damals, an den Anfängen der badisch-elsässischen AKW-Aufmüpfigkeit, dem lächerlich-hoffnungsmutigen David mit der „Kernenergie-Nein-danke"-Schleuder schon eine wirkliche Chance gegen den selbstgewissen Betreiber-Goliath mit der Heerschar der ihm gewogenen Landespolitiker aller parteipolitischer Farben im Rücken eingeräumt? Und heute, da laut einer unlängst publizierten Meinungsumfrage jeder 10. Australier (!) mit der medienträchtigen Widerstandschiffre „Wyhl" etwas anfangen kann, wer weiß heute noch sicher auszumachen, wer mittlerweile „David" ist und wer „Goliath"?

Wir kennen nur aus der Geschichte der Guerilla-Bewegungen die ähnlich abrupte Verkehrung von Kräfteverhältnissen in ihr Gegenteil.[3] Auch in der Guerillasituation, im „Kleinen Krieg", ist es der hoffnungslos Unterlegene, der widersetzliche Besiegte, der sich beharrlich weiterhin zu Wort meldet und schließlich gar in die Offensive geht. Das Geheimnis des Erfolgs im zermürbenden Kleinkrieg liegt darin, daß der Guerilla-Kämpfer dem übermächtigen Gegner die Wahl der Waffen nimmt, ihm, der nur zum großen Krieg an der äußeren Linie fähig ist, den zermürbenden Kleinkrieg an der inneren „Front" aufzwingt.[4] Diese „Front" aber zerfällt in täglich beliebig zu vermehrende Abschnitte. Auch wenn die nie im Vorhinein auszumachenden „Nadelstiche" den großen Gegner nicht verbluten lassen — er kommt nie zur Ruhe, muß ständig auf der Hut sein; „Schlaflosigkeit", nervöse Überreiztheit, Gesichtsverlust, ständige Verunsicherung sind seine Begleiter.

Proben nicht auch heute im Inneren einer ratlosen Mehrheitsgesellschaft an immer neuen Frontabschnitten Minderheiten mit erstaunlichem Erfolg ihre hinhaltenden Widerstandstaktiken? Ist die Mehrheitsgesellschaft nicht längst in einen „Kleinkrieg" mit nicht mehr zu übersehenden Abnutzungseffekten verwickelt, der es ihr ob der Unterschiedlichkeit der Kampfplätze und Streitobjekte gar nicht mehr möglich macht zu erkennen, daß den Angriffen eine einheitliche Stoßrichtung zugrundeliegt?

„Gorleben" sei im Moment politisch nicht durchsetzbar, so hat seinerzeit Ministerpräsident Albrecht in Niedersachsen formuliert und die ambitiösen Pläne für eine Wiederaufbereitungsanlage zunächst zu den Akten gelegt; in Wyhl sagt jeder Dritte der dort am Widerstand Beteiligten, der Kampf gehe für ihn weiter, er sei nicht bereit, sich in den abschließenden Spruch des Mannheimer Verwaltungsgerichts zu fügen; und welcher Preis über den partiellen Verlust des inneren Friedens hinaus in Hessen für Holger Börners „heroischen Nonkonformismus" (Richard Löwenthal) beim geplanten Ausbau der Startbahn-West noch zu entrichten sein wird, muß die Zukunft zeigen.

Auch wo keine Steine fliegen und keine Fensterscheiben bersten, — die Zweifel an der Weisheit der Regierenden sitzen tief, die Folge- und Gehorsamsbereitschaft auf Seiten von betroffenen Minderheiten schwinden, die Befürwortung von Gewalt nimmt zu.[5]

Die Pflicht zur Mäßigung

Die Pflicht der Mehrheit ist die Mäßigung, Rigorismus und Radikalismus sind das Vorrecht der Minderheit. Dabei hat es keineswegs mit höherer Moral oder angeborener Zurückhaltung zu tun, wenn die Mehrheit nichts zu sehr begehrt, wenn sie sich moderat gibt und kompromißbereit. Nein, ihre „Bescheidenheit" ist, wo wir sie antreffen, Funktionstugend: Bestandserhaltungsstrategische Verhaltensklugheit lehrt die Mehrheit, daß sie, um Mehrheit zu bleiben, maßvoll sein muß, stets bereit und fähig, Minderheiten zu integrieren; daß sie bei der Verfolgung ihrer Interessen nicht zu viel Lärm machen darf, wenn sie nicht schlafende (Minderheiten-)Hunde wecken will.

Gibt es für die Mehrheit eine Art Systemzwang zur Mäßigung, zum stets erneuten Bemühen um Konsens und Integration, so gibt es für die Minderheit eher einen Systemzwang zum Radikalismus, zur ständigen Konfliktbereitschaft und zum bedingungslosen Angriff. Wohlgemerkt: Wir sprechen nicht vom parlamentarischen und parteitaktischen Wechselspiel zwischen Regierung und Opposition. Dieses ist unter den Wettbewerbsbedingungen der Volksparteiendemokratie eher durch die heimliche Allparteienkonvenienz und einen Orientierungstrend an der diffusen „Mitte" des politischen Spektrums als durch unversöhnliche Polarisierung gekennzeichnet. Unsere Aussagen beziehen sich auf das historische Wechselspiel zwischen Mehrheit und Minderheit, auf die Kämpfe zwischen der Mehrheit von heute und der Minderheit, die möglicherweise Mehrheit von morgen ist; auf die Kämpfe also, welche um die themenpolitische Rangfolge auf der historischen Tagesordnung geführt werden. Und hier wird deutlich, daß die handlungspsychologischen Verhaltensmaximen der Minderheit, die Mehrheit werden will, grundsätzlich andere sind als die der Mehrheit, die Mehrheit bleiben will.

Letztere hat, im wesentlichen, was sie will; sie verwaltet, verteidigt und vermehrt Besitzstände; sie vermeidet Risiken, wo immer sie es vermag. Die Minderheit dagegen muß sich bemerkbar machen. Sie kommt nicht auf Samtpfoten sondern auf polternden Stiefeln einher. Sie steht unter „Ideologisierungszwang"[6], betont schrill und überlaut, was sie von der herrschenden Mehrheit unterscheidet. Die Mehrheit dagegen neigt eher dazu, ideologische Barrieren abzubauen und das Einigende in den Vordergrund zu rücken. Für sie ist die Welt zwar verbesserungsbedürftig, jedoch im großen und ganzen in Ordnung. Für die Minderheit dagegen zeigt die Gattungsuhr im aktuellen Glaubenskampf ums Atom etwa kurz vor zwölf. Bedeckt sich die Mehrheit mit dem Mehltau der Normalität, so schöpft die Minderheit ganz aus dem Geist der Apokalypse. Setzt die Mehrheit auf den Konsens, so ist der Konflikt das Medium der Minderheit — und dies jeweils funktionslogisch mit gutem Grund!

Will man die Chancen der Minderheit nicht über Gebühr beschränken, dann ist eine gleichmäßige Verpflichtung aufs Mäßigungsgebot nicht akzeptabel. Toleranz wird leicht zum Schutzzaun des ohnehin schon Mächtigen und Einflußreichen, da sie demjenigen mehr nützt, der in der Verfolgung seiner Absichten schon deutlich in Front liegt. Mäßigung gilt zunächst für „oben", nicht gleichermaßen für „unten". Oft bedarf es erst der symbolischen Regelverletzung, um den Wettbewerb der Argumente in Gang zu setzen und die Toleranz aus der wohlfeilen Passivität in einen aktiven Zustand

zu überführen.[6a] Mäßigung, Toleranz und Rechtsstaatsgebot sind primär die
Hürden, die der Staat und die verfaßten Mehrheiten nicht überspringen dürfen, nicht umgekehrt.[7]

Es läßt sich unschwer zeigen, daß die Machtteilungsregeln der intakten,
selbstgewissen Mehrheitsdemokratie durchaus auch die unterschiedliche In-
anspruchnahme des Rechtsstaatsprogramms nahelegen. Denn häufig reklamieren Minderheiten nicht nur eigene Abwehr- und Selbstschutzrechte, sondern betreiben — gewollt oder ungewollt — auch präventiven Mehrheits-
schutz. Nicht nur, daß Mehrheiten in Gestalt von Minderheiten mit den eigenen Fehlern und Versäumnissen von gestern und vorgestern konfrontiert
werden; sie nehmen im respektvollen und großzügigen Umgang mit der jeweiligen Minderheit häufig auch ein Stück eigener notwendiger „Daseinsvor-
sorge" wahr.

Wie anmaßend ist das Auftreten dieser Minderheiten? Berufen sie sich
gegenüber den „apathischen Akklamationsmehrheiten" zurecht auch auf
höheren Sachverstand, wachere Sensibilität für mögliche Gefährdungen, auf
schärfere Urteilskraft, entschiedenere Bereitschaft zur Verantwortung, stren-
gere sozialethische Maßstäbe, einen die Erkenntnisfessel der engen Eigeninteressen sprengenden „Partner"- und „Zukunftshorizont"?[8] In der Überzeugung von der eigenen tieferen Einsicht und der besseren Urteilsfähigkeit treffen sich die fortschrittsdefensiven Minderheiten mit der konservativ-vorde-
mokratischen Kritik am Konzept der Mehrheitsherrschaft. Auch der ökologische Wertprotektionismus der um- und nachweltbesorgten Widerstands-
eliten zielt ja letztlich auf die partielle Errichtung einer vormundschaftlichen
Gewalt gegenüber den für sich selbst nicht sprech- und urteilsfähigen Massen.

Dennoch gibt es erhebliche Unterschiede: So ist die Gemeinwohlberu-
fung von Bürgerinitiativen und Umweltschutzgruppen sehr plausibel zu vermitteln: Sie vertreten ganz überwiegend „Inklusiv"-, nicht „Exklusivinteres-
sen"[9]: Das Bedürfnis nach sauberer Luft, gesunder Ernährung, intakter Umwelt, unverbauter Landschaft, kleineren Schulklassen, humanerer und wirk-
samerer Krankenversorgung kann jedermann teilen, auch wenn er nicht im
Einzelfall betroffen ist. Die vorliegenden empirischen Untersuchungen bestätigen übereinstimmend, daß Initiativen in diesen Bereichen in der großen
Mehrzahl wichtige verallgemeinerungsfähige Bedürfnisse geltend machen und
nur in den seltensten Fällen egoistische Sonderinteressen verfechten.[10] (Ersichtlich anders verhält es sich mit der „Bürgerinitiative" bayerischer Schank-
wirte zur Abschaffung der Getränkesteuer!)

Ein weiteres kommt hinzu: Was die globale Gefährdung allgemeiner Lebensinteressen anlangt, existiert bezüglich der Schrecken des Jahres 2000 ein
in allen denkbaren Vergleichsfällen völlig unbekanntes Maß an Übereinstimmung zwischen Wissenschafts- und Laienkritik. „Global 2000", der längst
zum weltweiten Bestseller avancierte „Bericht an den Präsidenten" der Vereinigten Staaten, bestätigt auf systematischer Basis und im Großen letztlich
auch nur, was im Kleinen Bürgerinitiativen, Lebens- und Umweltschutzgruppen, z.T. auch die Dritte Welt- und Friedensbewegung seit einiger Zeit schon
— wenngleich weniger geschlossen und systematisch — geltend machen. Das
Schreckenspanorama an der Schwelle zum 21. Jahrhundert ist also keineswegs „handgestrickt". Es sind und waren gewiß keine notorischen Querulan-

ten und endzeitlichen „Überzeugungstäter", die unserer Gesellschaft in den letzten 10 Jahren den Spiegel der Kritik vor Augen hielten, um vor energieverzehrendem Wachstumswahn, weltweiter Umweltverschmutzung, katastrophalem Rohstoffschwund, globalem Wettrüsten und der grotesken Gefahren- und Risikenballung durch katastrophennah operierende Großtechnologien zu warnen.

Ginge es nur um die postpubertären Ergüsse fortschrittsfrustgeplagter Askesefreaks und zivilisationsmüder, vaterlandsloser Alternativgesellen, so könnte die offizielle Gesellschaft der grassierenden Rüstungsangst und dem ubiquitären Fortschrittsskeptizismus der neuen Minderheiten leicht die kalte Schulter zeigen. Stünde einer intakten, selbstgewissen bürgerlichen Mehrheitskultur nur eine mäkelnde antibürgerliche, kulturpessimistisch angehauchte Avantgardekultur gegenüber, so wäre kein Grund zum Dramatisieren. Doch Krise und Krisenbewußtsein reichen längst tiefer. Die Unterschiede in der Zeitgeiststimmung der Zeitgenossen reduziert sich vielfach nur noch auf die unterschiedlich ausgeprägten Fähigkeiten zur Erzeugung von Verdrängungsleistungen.

Minderheiten mit Mehrheitsanspruch

Zumal bei den in der Nuklear- und Umweltkontroverse auftretenden Minderheiten[11] handelt es sich nicht um statisch abgeschlossene Vetogruppen, sondern um expansive Minderheiten, die eine Abkehr vom „lebensbedrohlichen" Fortschrittsprogramm und eine umkehrverbürgende Sensibilisierung des Mehrheitsbewußtseins erreichen wollen.

Anders als die elitären Kritiker des Mehrheitsprinzips[12] setzen sie ihre Hoffnung gerade auf Demokratisierung und umfassende politische Teilhabe. Sie bejahen das Prinzip „Mehrheit", kritisieren aber die Bedingungen, unter denen parlamentarische Mehrheitsentscheidungen zustandekommen.[13] Für diese Minderheiten sind zentrale Geltungsbedingungen außer Kraft gesetzt, die erfüllt sein müssen, damit die „Kröte" der Mehrheitsentscheidung auch von abweichenden Minderheiten geschluckt werden kann. Die wichtigste dieser Voraussetzungen lautet: Mehrheitsentscheidungen dürfen keine irreversiblen, durch nachfolgende neue Mehrheiten nicht mehr korrigierbaren Festlegungen beinhalten. Entscheidungen, die einen Teil der Bürger wider seinen erklärten Willen in seinen Lebensinteressen und seinen elementaren Lebensäußerungen betreffen und über Generationen hinweg festlegen, sind durch die Berufung auf aktuelle Mehrheiten schwerlich zu rechtfertigen: Es könnte ja durchaus sein, daß diese aktuelle Mehrheit gegenüber den morgen und übermorgen „Betroffenen" nur eine verschwindende Minderheit darstellt.[14]

Die Forderung meist konservativer Philosophen und Sozialethiker nach einer neuen Verteilung der Beweislast bei „expansionistischen Eingriffen"[15] ist Wasser auf die Mühlen widersetzlicher Minderheiten. Genau dies empfinden und fordern sie ja: daß die Mehrheit kein Recht habe, für eine umstrittene Entscheidung Gehorsam zu verlangen, solange nicht zweifelsfrei geklärt sei, daß diese Entscheidung keine irreversiblen Gefahren, Schädigungen und Festlegungen nach sich ziehe.

Die Minderheiten, die sich heute als Initialminoritäten so erfolgreich in die Erörterung der großen gesellschaftlichen Zukunftsfragen einschalten, sind in der Regel keine strukturellen sondern dynamische, expansive Minderheiten, Minderheiten mit präsumtivem Mehrheitsanspruch. Die strukturelle Minderheit zeichnet sich vor allem dadurch aus, daß ihr Minderheitenstatus im großen und ganzen unveränderlich ist; daß sie selbst durch ein festumrissenes Eigeninteresse bezeichnet ist; und daß es häufig gar nicht im Sinne ihrer Minderheitenidentität liegt, ihre Ansprüche und Interessen zu verallgemeinern. De Tocqueville weist ausdrücklich darauf hin, daß die Erweiterung der aristokratischen Minderheit zur Mehrheit, aus der Augenperspektive der betroffenen Minderheit, gewiß kein erstrebenswertes Resultat wäre.[16]

Anders als solche abgeschlossenen „Exklusivminderheiten" setzen expansive „Inklusivminoritäten" einen Prozeß gesellschaftsweiter bewußtseinspolitischer Neuformierung in Gang. Sie betrachten sich als Fokus und Avantgarde des neuen Mehrheitsbewußtseins. Diese Mehrheitsambition war für die aus der historischen Diskussion um Mehrheit und Minderheit geläufige individuelle oder Gruppenabweichung gerade nicht typisch.[17] Das berüchtigte „Liberum Veto" des polnischen Reichstags etwa, mit dem jederzeit durch einen beliebigen Einzelnen ein mühsam erzielter Kompromiß wieder zu Fall gebracht werden konnte, oder das Einstimmigkeitserfordernis der deutschen Markgenossenschaft bezeugen eher das Gegenteil. Sie künden von einem starken Individualvorbehalt gegen den Zwang gemeinverbindlicher Entscheidungen überhaupt. Das Erfordernis der Einstimmigkeit ist immer ein Indiz für die Mächtigkeit individueller Vorbehalte — im Stammesrat der Irokesen nicht anders als in der altenglischen Adelsversammlung.[18]

Ganz anders die Motive der dissentierenden Minderheiten, von denen hier die Rede ist: Sie sind Minderheiten, weil sie neue Mehrheiten initiieren sollen. Dies ist für die Bürgerinitiativbewegung und die Parteigrünen ebenso offensichtlich wie für große Teile der Frauen-, Friedens- und Ökologiebewegung. Aber auch dort, wo Minderheiten, wie z.B. im Bereich der Alternativszene[19], sich zunächst „abkoppeln", separieren, auf Distanz gehen zur übrigen Gesellschaft, wo sie auf Autonomien und Freiräumen beharren, wird der Anspruch auf Mehrheitsrelevanz nicht preisgegeben. Die degoutante Abkehr von der Bühne der Mehrheitsgesellschaft sollte da nicht täuschen: Der „exemplarische" Alternative überwintert nur, solange der Spielplan nicht geändert ist, in den Mauselöchern der „autonomen" Gegenkultur.[20] Dort erprobt er, stellvertretend für die vielen, die ihm nicht oder noch nicht auf dem Pfad alternativer Lebenstugend folgen mögen, alt-neue Formen des Zusammenlebens in der Großfamilienkommune, der Nahrungsmittelproduktion und der Ernährung, des biologisch-dynamischen Landbaus, bringt alte Handwerks- und Gewerbetugenden wieder zu Ehren, sucht sich in eigenbestimmter Nicht-Erwerbsarbeit jene zur Autarkie befähigenden elementaren Lebens- und Überlebenstechniken wieder anzueignen, über welche sich in der offiziellen Gesellschaft längst ein Heer hochbezahlter Dienstleistungsspezialisten hergemacht hat. Er lebt also, in exemplarischer Weise, mögliche bessere Zukünfte vor und stellt so der Gesellschaft lebensvolle Modelle anderer, besser angepaßter Lebensweisen vor Augen, von denen er sich breite Resonanz und Ausstrahlung, weit über den engeren Bereich der Alternativszene hinaus, erhofft. Es geht ihm nicht nur um einen individuell gangbaren „way of life", um eine

Robinsoninsel für den eigenen Hausgebrauch; sein Ziel ist, verallgemeinerungsfähige Lösungsmöglichkeiten zu erkunden.[21]

Sachkompetenz — Betroffenheit als Lehrmeister

Die neue Macht der Minderheiten liegt jedoch auch in ihrer weit überdurchschnittlichen Sachkompetenz, genauer: in ihrer Fähigkeit und Bereitschaft zu lernen.[22] Die Bereitschaft von „Betroffenen", sich sachkundig zu machen, ist signifikant höher als die der nicht betroffenen „Normalbürger". Dem Intensitätsgefälle im Dafür oder Dagegen entspricht daher in der Regel auch ein Kompetenzgefälle aufgrund der durch die Betroffenheit angestoßenen Bereitschaft zum Informationserwerb. Der hohe Grad an Sach- und Zusammenhangswissen, auf den man in jenen Regionen trifft, die als Standorte gefürchteter großtechnologischer Projekte ausersehen sind bzw. waren, rechtfertigt zugleich das erhöhte Gewicht der politischen Mitsprache: Warum sollten nicht die Bewohner um Wyhl und Gorleben gute, in gewisser Hinsicht gar ideale „Repräsentanten" der Gesamtbevölkerung sein? Was spräche für das Gegenteil: daß sie egoistischer, engstirniger, weniger gemeinwohlfähig und weniger einsichtig seien gegenüber dem Notwendigen als die übrigen Bürger? Spricht nicht vielmehr alles dafür, daß sie nicht besser und nicht schlechter sind als die große Mehrheit auch, daß sie sich gerade so verhalten, wie sich die anderen alle, wären sie an der Stelle der betroffenen Minderheit, auch verhalten würden? Stehen sie damit nicht stellvertretend für eben jene Haltung, welche einer verantwortungsbewußten, wachen Mehrheit eigentlich zukäme? Und wäre nicht, wenn überhaupt, der Vorwurf der Gedankenlosigkeit und der verantwortungsfernen Gleichgültigkeit an eben jene schweigende und indifferente Mehrheit zu richten, die, unbekümmert um die Auswirkungen für die Minderheit der Betroffenen, dieser Lasten und Risiken aufbürdet, die sie selbst zu übernehmen nicht bereit ist?[23]

Um sichtbar zu machen, wie sehr das Maß der inneren Anteilnahme und der direkten Betroffenheit auf das Entscheidungsverhalten einwirkt, machten Bürgerinitiativen schon vor geraumer Zeit den von allgemeinen Billigkeitserwägungen John Rawls[24] inspirierten listigen Vorschlag, man möge doch die Gesamtbevölkerung unmittelbar zur Kernenergieproblematik befragen, solle jedoch auf jedem Abstimmungszettel vermerken, daß diejenige Region mit der größten Zustimmungsdichte auch vorrangig damit rechnen müsse, zu Standortehren zu gelangen. Dahinter stand die Überlegung, daß einer Mehrheitsentscheidung nur dann wirklich höhere Dignität zukommt, wenn jeder Abstimmende gleichermaßen „Risikoträger" ist, wenn keiner von vornherein sicher sein kann, u. U. nicht auch selbst direkt von den belastenden Folgen einer Schnellstraße, einer Mülldeponie, eines Flughafens oder eines Kernkraftwerks betroffen zu sein.

Da sich solche „offenen" Entscheidungssituationen in der Wirklichkeit nur sehr begrenzt simulieren lassen, bleibt allein das zu vermutende Entscheidungsverhalten als hypothetisches Argument. Doch dies immerhin könnte ausreichen, jene Prämie auf Engagement und Intensität zu rechtfertigen, welche den aktiven Minderheiten des ökologischen Widerstands häufig tatsächlich zugutekommt.[25]

Es ist gewiß kein Zufall, daß, historisch gesehen, der verfassungspolitischen Errungenschaft des allgemeinen, gleichen Wahlrechts die kulturpolitische Errungenschaft der allgemeinen Schulpflicht voranging. Letztere ist die zweifellos notwendige (wenngleich keineswegs hinreichende) Bedingung der ersteren. Die Erkenntnis, daß die bevölkerungsweite Verbreitung von Informationen und Kenntnissen eine innere Dynamik auch in Richtung politischer Demokratisierung aufweist, hatte schon Katharina die Große, mit Blick auf ihre Untertanen, zu dem klassischen Stoßseufzer veranlaßt: „Wehe uns, wenn die einmal alle lesen und schreiben können!" Man könnte heute, im Zeichen längst verwirklichter demokratischer Mehrheitsherrschaft, diesen Stoßseufzer aktuell „fortschreiben", indem man formulierte: „Wehe uns, wenn wir nicht bald mehr als nur lesen und schreiben können!"

Wenn in einer gleichsam „über Nacht" so ungeheuer kompliziert gewordenen Welt wie der unseren der „Souverän", das Volk, sich das Mitspracherecht über seine eigene Zukunft erhalten will, dann muß er sich Sachkompetenz, Urteil und moralische Sensibilität in einer bis dato ganz beispiellosen Weise erwerben. Wissen und Urteilsfähigkeit werden zu unverzichtbaren Voraussetzungen für politische Teilhabe, weil die Politik selbst zum entscheidenden Förderer und Garanten der technologischen Entwicklung geworden ist. In den Fragen von Fortschritt und Wachstum ist der Daseinsvorsorgestaat Partei. Er übernimmt einen Großteil der Risiken, finanziert die Grundlagenforschung und schafft die allgemeinen infrastrukturellen Voraussetzungen für den technischen Fortschritt. Der weltanschaulich „neutrale" Staat ist in Fragen der naturwissenschaftlich-technischen Entwicklung wie der ökonomischen Verwertung gegenüber den engagierten Fortschrittskeptikern ebensowenig neutral, wie es der katholische Staat des absolutistischen Frankreichs einst gegenüber den Calvinisten war. Nahezu sämtliche großtechnologischen Schwellenentscheidungen sind heute von der Politik mitzuverantworten. Dies gilt für die Waffentechnologie ebenso wie für die Neuen Medien, für die Umweltchemie ebenso wie für den Bau von Supertankern, für die Energiegewinnung ebenso wie für die Genchirurgie.

Solche Entscheidungen erfordern bis zu einem gewissen Grad „Experten".[26] Nicht den engen Experten freilich, der nur die vermeintlichen Sachzwänge exekutiert. Wir haben keinen Bedarf an zusätzlichen Stückwerks-, wohl aber an Zusammenhangsexperten. Es gibt auch in der Politik schon viel zu viele, die von immer weniger immer mehr verstehen. Doch versteht, wer nur von Agrarpolitik etwas versteht, wirklich etwas von Agrarpolitik? Man darf dies unter den Bedingungen hochgradiger Interdependenz der einzelnen Politikfelder mit Recht bezweifeln. Was wir brauchen, sind sachkundige, engagierte und urteilsfähige Partizipanten, die imstande sind, die mit technischen Fragen unweigerlich verknüpften politischen Wertungen transparent zu machen:[27] Was anderes verbirgt sich etwa hinter dem scheinbar so wissenschaftlich-distanzierten Ausdruck „Bedarfsgröße", als eine selbst nicht diskutierte Aussage darüber, wie wir in der Zukunft leben sollen?

Wenn die Demokratie in einer wissenschaftlich bestimmten Welt nicht der unkontrollierbaren Expertendezision weichen soll, dann bleibt nur eins: Die Demokraten selbst müssen sich mit Sachkunde wappnen. Nur so vermögen sie auf Dauer jenem grauen Heer von Spezialisten und Experten, das längst angetreten ist, sie zu beerben, ein Schnippchen zu schlagen. Hier ge-

hen die dissentierenden Minderheiten der Bürgerinitiativ-, der Lebensschutz-
und Umweltbewegung mit gutem Beispiel voran. Allerdings weniger aus eigenem Verdienst, als vielmehr, weil die Schubkraft der persönlichen Betroffenheit diese Kompetenzerweiterung hervorzwingt. Wer die Auseinandersetzungen der letzten Jahre an ihren Brennpunkten in Wyhl, in Brokdorf, in Gorleben und in Frankfurt sich vergegenwärtigt, wird kaum umhin kommen
festzustellen, daß es schwerlich einen besseren „Lehrmeister" gibt, als die
persönliche Betroffenheit. Diese Feststellung gilt auch gegenüber einer noch
so gut gemeinten staatsbürgerlichen Bildungsarbeit. Die sachpolitischen
Lerneffekte von Wyhl und Gorleben etwa oder das, was die Bürgerinitiativbewegung zur Steigerung der Kompetenz wie des Kompetenzbewußtseins
vieler hunderttausender Bürger beigetragen hat,[28] wäre auch mit noch so
hohem professionellem Bildungsaufwand nicht annähernd erreichbar gewesen.

Um es unmißverständlich zu sagen: Ohne die großen Volksbildungsmaß-
nahmen des vergangenen Jahrhunderts hätte es nie ein allgemeines und gleiches Wahlrecht gegeben. Und ohne vervielfachte Anstrengungen, das bestehende Bildungs- und Kompetenzgefälle auszugleichen, läßt sich die Idee der
politischen Gleichberechtigung und der auf ihr fußenden verbindlichen Mehrheitsentscheidung nicht aufrechterhalten. Die Mehrheitsdemokratie wägt
nicht die Stimmen, sie zählt sie. Daß alle Stimmen in etwa das gleiche Gewicht auf die Waagschale brächten, soll heißen: daß ungefähr die gleiche
Sachkompetenz, das gleiche Engagement und die gleiche politische Urteilskraft in sie einginge, — dies muß gewiß ein frommer Wunsch bleiben. Indes
ist unverkennbar, daß allzu krasse Diskrepanzen demokratiepolitisch auf
Dauer nicht durchzustehen sind. Die Mehrheitsherrschaft wird nur bestehen,
wenn das Kompetenzgefälle zwischen den einzelnen (bzw. den Gruppen der)
Entscheidungsbeteiligten nicht so groß wird, daß es die politische Gleichberechtigung aller ad absurdum führt.

Selbstausbürgerung von Minderheiten

Je homogener eine Gesellschaft ist, je unbedeutender die Unterschiede hinsichtlich der Kenntnisse und Fähigkeiten ihrer Mitglieder sind, um so mehr
spricht für gleiche Beteiligung aller an der Produktion gemeinverbindlicher
Entscheidungen. Und wenn obendrein ein hoher Grad an Übereinstimmung
in den zentralen Grundfragen des Zusammenlebens gegeben ist, dann spricht
alles für die Mehrheitsherrschaft. Der Mehrheitsentscheid ist unter solchen
Rahmenbedingungen der effektivste und akzeptabelste Modus der Entscheidungsfindung. Und umgekehrt gilt: Je unterschiedlicher Interessen, Fähigkeiten, Kenntnisstand und Engagement der Mitglieder, um so lauter werden
die Einwände gegen die gleiche Teilhabe aller an der Entscheidungsfindung.
Im Falle extremer Fähigkeitsunterschiede der beteiligten Mitglieder: in der
Klinik, im Passagierflugzeug, im Forschungslabor und im Architekturbüro ist
sie erkennbar fehl am Platz. Und je krasser die Meinungsdifferenzen in zentralen Fragen, um so schwerer sind Mehrheitsentscheidungen durchzusetzen.
Will man, zumal im staatlichen Verband, an der Mehrheitsentscheidung festhalten, so geht dies nur, wenn sich die Mehrheit mit den dissentierenden

Gruppen auf ein System wechselseitiger Garantien einigt, welches der Mehrheitsentscheidung selbst Grenzen setzt.[29]

Die „Selbstausbürgerung" von Minderheiten, welche den Kreis konfliktüberdauernder Mindestgemeinsamkeit verlassen und die politische Einheit des Ganzen aufs Spiel setzen, sollte, ganz unabhängig davon, wie wir dieses Verhalten im Einzelfall politisch bewerten, zu denken geben. Die Sezession von Minderheiten ist ein Alarmsignal für die nachlassende Fähigkeit eines Verbandes, die Einheit des Ganzen gegenüber dem Antagonismus der Überzeugungen erfolgreich als eigenen Wert zu behaupten. Sezession ist nichts anderes als der Versuch, aus einem Volk zwei Völker zu machen; der Versuch, das, was sich nicht mehr vereinbaren läßt, in zwei Teile auseinanderzulegen, die, jeder für sich, ein hinreichendes Maß an Homogenität aufweisen, um politische Gleichberechtigung und Mehrheitsentscheidung wieder zu schätzen.

Je mehr Staat und Politik für alles zuständig werden, um so häufiger treffen wir auf die Konstellation, daß apathische, schlecht informierte und mangels ersichtlicher persönlicher Betroffenheit auch völlig desinteressierte Mehrheiten engagierten, sachkundigen und hochgradig betroffenen Minderheiten gegenüberstehen.[30] Diese neigen in wachsendem Maße zum zivilen Ungehorsam und zu separatistischen Verhaltensweisen; eine Haltung, die der Gefahr einer Deinstitutionalisierung der politischen Entscheidungsprozesse Nahrung gibt, ja einer Dekomposition des Politischen überhaupt: Wachsende Minderheiten begreifen sich nicht mehr in erster Linie als Mitglieder und Beiträger des Gesamtverbandes, sondern vor allem als Angehörige einer engen Gruppe mit ganz spezifischen, für die eigene Lebenssituation elementaren Betroffenheiten. Aus Staatsbürgern werden Partisanen gruppen-„egoistischer" Besonderung.

Wir sehen: Als Brecheisen gegenüber abweichenden Minderheiten eignet sich die Mehrheitsregel nicht. Grundkonflikte, die nicht befriedbar, Wertkonflikte, die nicht kompromißfähig sind, lassen sich durch Mehrheitsberufungen nicht aus der Welt schaffen. Im Extremfall bedeutet das den Rückfall hinter die symbolische Sublimierung arithmetischer Stärkeermittlung, welche Abstimmung und Mehrheitsvotum im Funktionszusammenhang des demokratischen Verfassungsstaates verkörpern, — den Rückfall in die meist blutige Unmittelbarkeit realen Kräftemessens.

Nicht-befriedbare Konflikte müssen ausgefochten, beigelegt oder extrakonstitutionell überwunden werden — erst dann kann (wieder) nach dem Mehrheitsprinzip entschieden werden. In den letzten Fragen läßt man sich nicht überstimmen. Nur zweit- und drittrangige Konflikte sind über geregelte, konstitutionell gefaßte Entscheidungsprozeduren zu überwinden. Die Mehrheitsregel vermag nur unter den Bedingungen des politischen Normalzustands, in der Atmosphäre der rechtlich-befriedeten „pouvoir constitué", ihre legitimierende Wirkung zu entfalten. In der Situation der umkämpften „pouvoir constituant", wenn die ultima ratio des Bürgerkriegs den Friedensrahmen der Verfassung verblassen läßt, läuft sie leer.

Homogene Minderheiten — diffuse Mehrheit

Was die Macht der Minderheit vielleicht am nachhaltigsten fördert, ist der Verlust der „aggregativen" Fähigkeiten[31] der Mehrheit. In der „Volksparteiendemokratie" gibt es keine kompakten, meinungspolitisch geschlossenen Mehrheiten. Die „Mehrheit" in Fragen der Verteidigungspolitik ist keineswegs identisch mit der Mehrheitszusammensetzung in sozial- oder bildungspolitischen Fragen. Gleichwohl läßt man seine Interessen u. U. von ein- und derselben Partei „bearbeiten". Durchgängige Positionsmehrheiten, deren Zustimmung zu oder deren Ablehnung von politischen Parteien auf ein gemeinsames Motiv zurückzuführen wäre, sind unter den Wettbewerbsbedingungen der Volksparteiendemokratie die rare Ausnahme von der Regel. Die Mehrheiten, die sich hier bilden, eint weder ein entschiedenes Nein, d. h. eine benennbare Vorstellung von dem, was man in jedem Fall vermeiden möchte, noch gar ein ungeteiltes Ja zu einem wesentlichen Zusammenhang politisch zu entscheidender Fragen, von einem einheitlichen Lebensgefühl, wie es für die meisten Minderheiten typisch ist, ganz zu schweigen.

Der Mehrheitsgesellschaft ist der vorpolitische „Bindekitt" abhanden gekommen; sie kann sich ihres Zusammenhalts nicht mehr sicher sein. Über einen Zweck jenseits des Zweckmäßigen, über einen Sinn jenseits des Interessenmäßigen verfügt sie nicht.[32] Was anderes hält sie zusammen als Gewohnheit gewordene Ansprüche, unreflektierte Ressentiments und die Angst, das Erreichte zu gefährden?

Die mehrfach gebrochenen, höchst fluiden Tages- und Stimmungsmehrheiten sind wenig mehr als lockere Koalitionen, die sich nach dem Gesetz der geringsten Abstoßung formieren, aber selbst der politischen und geistigen Mitte beraubt sind. Von einer repräsentativen Formung und Zusammenführung des Disparaten in der Staatswillensbildung kann unter solchen Bedingungen nicht mehr die Rede sein, allenfalls noch von taktisch mehr oder weniger klugen Verknüpfungsarrangements und wahlpsychologisch ausgefeilten Vermeidungsstrategien.[33]

Die Volksparteien „stabilisieren" Mehrheiten vor allem durch Konfliktfragmentierung und einfache Problemaddition.[34] Sie bevorzugen additive und vermeiden kompetitive Konfliktlösungsmuster. Für die Schönwetterperioden der Politik, in denen um nichts Weltbewegendes gerungen wird, ist dies allemal plausibel. Für die Zeiten einer umkämpften Mehrheitslegitimität und für das erfolgreiche Bestehen tiefgreifender Wert- und Willenskonflikte ist das Polster belastbarer Gemeinsamkeiten zu dünn. Die diffuse, verunsicherte, stets vom Auseinanderfallen bedrohte Mehrheit, die weder weiß, wogegen, noch wofür sie eigentlich steht, sieht sich einer wert- und absichtspolitisch weitgehend geschlossenen Minderheit gegenüber, die über ein einheitsstiftendes politisches „Paradigma" verfügt[35] und damit über klare Kriterien für gut und böse, nützlich und schädlich. Zwar ist das große Ja dieser zunächst disparaten Einspruchsbewegungen auch aus vielen einzelnen Neins zusammengesetzt: zur Kernenergie und zu Atomraketen, zum Waldsterben und zur Datenerfassung, zur Frauendiskriminierung und zur Umweltchemie, zur wohnraumvernichtenden Stadtsanierung und zu überflüssigen Autobahnen, zum blindwütigen Bodenverbrauch und zu unkontrollierbaren Großtechnologien, — doch sind die Kräfte, die heute gegen die herrschenden Mehrheiten in Opposition stehen, nicht mehr einfach nur minoritär, sie sind dabei, sich zu einer Konstellation von Minoritäten jenseits der Mehrheitsgesellschaft zu verdichten.

Die These von der „Heterogenisierung sozialer Konflikte"[36] trifft nur die jedermann sichtbare Außenfläche einer viel dramatischeren Innenwelt des Konflikts. Hinter den vielen einzelnen, scheinbar zusammenhangslosen Kleinkonflikten wirkt die große Gemeinsamkeit des Einspruchs unbeugsamer Minoritäten wider das gültige Fortschritts- und Zivilisationsprogramm. Sie machen, was Sache der vielen sein sollte, entschieden zu der ihren. Sie haben sich mit Haut und Haaren einer Aufgabe verschrieben, die letztlich nichts Geringerem gilt als der Rettung der Natur und der Menschheit. Von dieser überragenden Zielbenennung her fügt sich ihnen auf wunderbare Weise auch die Welt des Politischen wieder zu einem sinnvollen Kosmos, mit eigenen Gravitationsgesetzen, ohne die politische Urteile ebenso wie moralische Verdikte ziel- und richtungslos bleiben. Gewiß: Sie leben motivationspsychologisch von der Schubkraft des Apokalyptischen, von der Faszination der totalen Revolte, die sich der „herrschenden Destruktivität" entgegenstemmt. „Wer alles unerträglich fand, war stets glaubwürdig!" Das wußte schon Thukydides, der erste große Psychologe der Macht.

Und in der Tat: Nicht nur die No-future-Generation mit ihren bilderstarken aggressiven Assoziationen findet die „Packeis-Gesellschaft" unerträglich, jene emotional unerhebliche Welt der Mehrheit, die in ihren Augen durch wenig mehr zusammengehalten wird als durch Stahlbeton und Statusängste. Hat sie damit so völlig unrecht?

Die geistige Schwäche, die affektive Unerheblichkeit der Wachstums- und Wohlstandsoption traten solange nicht klar zutage, solange die Fernwirkungen des Fortschrittsglaubens noch trugen, solange der Fortschritt nicht nur materielle Bedürfnisse stillte, sondern auch das schlechte Gewissen zum Schweigen brachte. Denn Fortschritt, als man noch an ihn glauben konnte, war stets mehr als Naturbeherrschung und materielle Güterfülle. Auch wo die Sache der Zukunft allein auf die Zukunft der Sachen gegründet war (wie im Sozialismus und Liberalismus), galt die eigentliche Hoffnung dem letztendlichen Umschlag ins Humane, welcher der Aufsummierung schierer Quantitäten und der damit verbundenen Arbeitsmühsal erst Sinn verleihen sollte.

Heute jedoch, da uns dieser Prozeß nicht auf die Pfade des Glücks geführt, sondern in die konsumgütergesäumte Sackgasse des bloßen Erwerbsglücks getrieben hat, wird die geistige und emotionale Haltlosigkeit dieses Lebensentwurfs sichtbar.

Es ist gewiß kein Zufall, daß sich in der glatten Einheitsgeometrie der gesellschaftlichen Großstrukturen vor allem minoritäre Widerstandskerne festsetzen, deren Aktivisten mehr durch ihre „Natur" als durch ihre Ziele und Tätigkeiten bezeichnet sind. Das irreale Kollektiv der atomistisch fragmentierten Mehrheitsgesellschaft sieht sich mehr und mehr von jenen realen Kollektiven widersetzlicher Vitalität umstellt, die sich häufig um Elemente eines übertragenen, nicht eines erworbenen Status gruppieren: Regionalgemeinschaften, Frauen, Jugendliche, Alte und Alteingesessene, Gastarbeiter, Kranke, vom Moloch Stadt und den unablässigen Anpassungszwängen des sozialen Wandels psychisch heillos Überforderte.

Ob es tröstlich ist oder befremdend festzustellen, daß sich hier nicht nur einzelne wehren, sondern daß gleichsam die Natur aufsteht, die durch die Produktionsgesellschaft zurückgewiesen war, ausgeschlossen und entwertet?

Mißtrauen als „Einbahnstraße"

Nur zu gern wird in der aktuellen Diskussion die Tatsache, daß „am Ende"
die Mehrheit verbindlich für alle entscheide, als Markenzeichen der Demokratie gehandelt. Dies ist nicht falsch, führt jedoch gleichwohl in solcher Einseitigkeit die Debatte ins Abseits.[37] Denn die zweite, nicht minder bezeich-
nende Eigenheit unserer Demokratie wird darob vernachlässigt: So lautstark
in Sonntagsreden das Recht der Mehrheit beschworen wird, – den grauen
Alltag der Politik beherrschen prinzipielle Vorbehalte gegenüber ihrer politischen Urteilsfähigkeit. Was ist denn das vielgliedrige System der „Repräsentation" anderes als Institution gewordenes Mißtrauen wider die ungebremste
Macht der empirischen Bevölkerungs-Mehrheit? Ist eigentlich ein vernichten-
deres Urteil über die Urteilsfähigkeit der Massen denkbar, als jenes, welches
unser Grundgesetz spricht, welches bei Sachentscheidungen – sieht man vom
inzwischen obsoleten Art. 29, Abs. 2 GG (Länderneugliederung) einmal ab –
ausschließlich auf die Urteilskraft parlamentarischer Parteieliten vertraut? Es
geht hier zunächst gar nicht darum, zu hinterfragen, ob ein so weitgehend
reduziertes Vertrauen angemessen und demokratisch erträglich ist. Es geht
zunächst nur darum, den Widerspruch sichtbar zu machen, der darin besteht,
daß es gerade die Repräsentativ-Eliten der parlamentarischen Parteiendemokratie sind, welche den widersetzlichen Minderheiten Arroganz und elitäre
Massenverachtung vorwerfen, während sie selbst ihre eigene herausragende
Stellung dem zum Selektionsprinzip gesteigerten Zweifel an Zuverlässigkeit,
Urteilsvermögen und Sachverstand der empirischen Bevölkerungsmehrheit
verdanken.

Wenn es richtig ist, daß in den „fiebrigen Veränderungswünschen" und
den „angstvollen Endzeitvisionen" der alternativen Bewußtseinseliten gelegentlich Ungeduld, ja Verachtung gegenüber der „ignoranten Mehrheit" mit-
schwingt,[38] dann muß man fairerweise hinzufügen, daß dem allzu berüh-
rungsängstlichen Repräsentationspurismus unseres Grundgesetzes durchaus
vergleichbare vordemokratische Ressentiments zugrundeliegen. Die politische
Anthropologie, an der sich andere westliche Systeme wie etwa die Schweiz
oder die skandinavischen Länder bemessen, kommt nicht zu annähernd so
pessimistischen, beteiligungsfeindlichen Konsequenzen: Mehrheiten kommen
im Prozeß repräsentativer Willensformung – vom Personalplebiszit der Wahl
einmal abgesehen – nur als „verfaßte", parlamentarisch „gereinigte" Mehrheiten vor. Die spontane empirische Mehrheitsbekundung ist nicht vorgesehen.

Während das Mißtrauen des Staates wider den wankelmütigen Bürger
sich auf allen Ebenen geradezu systemnotorisch behauptet, existieren für das
reziproke Mißtrauen des Bürgers in den Staat keine vergleichbaren institutionellen Dauervorkehrungen. Zwar gibt es die Grundrechte, gibt es Verwal-
tungs- und Verfassungsgerichte – doch diese Schutzeinrichtungen für den
Bürger haben erkennbar die Affinität zum „Ausnahmefall". Er muß den
Nachweis führen, konkret geschädigt worden zu sein, um etwa die verwal-
tungsgerichtliche Klageberechtigung zuerkannt zu bekommen.

Auch wenn diese Schutzvorkehrungen ihre gewiß nicht zu unterschät-
zenden präventiven Wirkungen haben, weit unterhalb der Schwelle ihrer faktischen Appellabilität, – im politischen Normalfall ist das Mißtrauen als Ein-

bahnstraße organisiert: von oben nach unten. Das Mißtrauen des Bürgers wider den Staat dagegen muß ohne institutionelle Hegung auskommen.

Die widersetzlichen Minderheiten, die erbarmungslos den Finger in die Wunden gedankenloser, u. U. ökologisch und waffentechnologisch lebensbedrohender Mehrheitsentscheidungen legen, räumen nicht zuletzt auch auf mit dem Mythos von der Mehrheit, die sich nicht irren kann. „The king can do no wrong" — lautet ein altehrwürdiger Verfassungsgrundsatz aus den Zeiten der (absolutistischen) Monarchie. Und wenn der Monarch nun doch irrte oder was Böses tat? Dann traf nicht ihn die Schuld, sondern andere: die schlechten Ratgeber, den Adel, die Kirche, am Ende gar das Volk selbst. Und so konnte man, so illustriert de Tocqueville diesen Grundsatz, gegen ein drückend empfundenes Gesetz murren, ohne die Weisheit des Gesetzgebers zu bezweifeln.[39]

Auch der neue „Souverän", die Mehrheit, umgibt sich gern mit der Aura der Unfehlbarkeit, jedenfalls aber mit der einer schneidenden Dignität, die alle weiteren Diskussionen unterbindet: die Mehrheit hat gesprochen . . . Zweifellos befriedigt der „Mehrheitsmythos" eine weit verbreitete heimliche Sehnsucht nach einem interessen- ebenso wie irrtumsfreien Gemeinwohlparadies.

Dabei ist eigentlich nichts selbstverständlicher, als eben dies: daß Mehrheiten sich genauso irren können wie einzelne; und daß eine Entscheidung, die auf einen Mehrheitswillen zurückgeht, nicht einfach deshalb schon weiser, gerechter, klüger oder nützlicher ist als eine beliebig sonstwie zustandegekommene. Es verwundert, daß nach den speziellen deutschen demokratiegeschichtlichen Erfahrungen in der ersten Hälfte dieses Jahrhunderts die Mehrheit noch immer als das alle Argumente aufwiegende Argument gehandelt wird. Gerade vor dem Horizont des von Mehrheiten sanktionierten „legalen" Massenunrechts Hitlers sollten wir verständnisvoller reagieren, wenn von Minderheiten Mehrheitsentscheidungen verstärkt an „überpositiven" Kriterien bemessen werden. Ist es wirklich so unverständlich, wenn jene unbequemen Wenigen in den Entscheidungen jener Vielen, die nur zu gern den jeweiligen Weg des geringsten Widerstands zum alleinigen Pfad der Tugend adeln, nicht von vornherein Weisheit, Weitsicht, Lebens- und Umweltbesorgung am Werke sehen?

Zeiten des tiefgreifenden Wert- und Orientierungswandels können für die Anwendbarkeit der Mehrheitsregel als Pazifizierungsinstrument sehr enge Grenzen ziehen. Wenn eine Gesellschaft sich in Teilkörperschaften aufspaltet, gewinnen regelmäßig zusätzliche „Konfliktlösungsstrategien" jenseits der Mehrheitsentscheidung an Aktualität, von vertrags- und proporzförmigen Regelungen bis hin zur Eskalation wechselseitiger Gewalt.

Ist die Mehrheitsdemokratie also gar nicht jene finale Errungenschaft, zu der sie gerne stilisiert wird? Fristet das Mehrheitsprinzip nur noch als eine morsch gewordene Säule im Mausoleum der Moderne, diesem unvollendet altgewordenen Projekt (Habermas), ihr Kümmerdasein? Gewiß nicht. Doch wird die Mehrheitsdemokratie ihre institutionenpolitische Bewährungsprobe nur bestehen, wenn es gelingt, auch ohne „biokratische" Diktatur, ohne die „Schreckensherrschaft der Guten" (K. Lorenz), soll heißen: der ökologisch Einsichtigen, der Verzichtsfähigen und Opferbereiten die langfristigen Bedingungen des Lebens zu sichern.

Es geht also um den Nachweis, daß nicht nur die Diktatur den Handlungsspielraum besitzt, das Notwendige rechtzeitig und effizient in Angriff zu nehmen. In der Demokratie kann die Mehrheit der Bürger ja nur, wenn sie sich selbst bindet, auch gebunden werden, in Diktaturen wird sie nicht gefragt.

Was rechtfertigt aber die Hoffnung auf solche „selbstverleugnende" spätbürgerliche Herkulestaten? Können Gemeinwohlinteressen angesichts knapper Zeitfristen wirklich freiheitlich, unter Verzicht auf zentrale politische Mobilisierungsapparaturen, durchgesetzt werden? Können wir warten, bis die verfaßte Mehrheit — beim Waldsterben wie bei der Waffentechnologie — das Offenkundige nicht mehr ignoriert? Können wir warten, bis die Parlamentsparteien aus dem Zirkel mehrheitsorientierter Risikovermeidung wirklich ausbrechen? Hält die Erdoberfläche solange stand, bis die Mehrheit ihr endlich zu Hilfe eilt? Hat der Umweltschutz die Zeit, auf Mehrheiten zu warten? Was — wenn's am Ende dann nichts mehr zu schützen gäbe? Und schließlich: Kann man Minderheiten verurteilen, die in dieser Situation nicht mehr zu warten bereit sind?

Gewiß ist nach Lage der Dinge Widerstand die falsche Losung.[40] Doch bedarf ein „Recht auf Widerstand", wenn es denn als geschriebenes Verfassungsrecht schon sein muß, vor dem Hintergrund historisch neuer Grundkonflikte nicht zwingend einer zeitgemäßen Fortschreibung? Sollten wir es nicht in naher Zukunft um Tatbestandsmerkmale ökologischer und lebensweltlicher Politikgefährdung ergänzen?

Seit Jahren gibt es in verschiedenen politischen Lagern Überlegungen, ökologische Lebens- und Unversehrtheitsrechte im Grundrechtsteil der Verfassung zu verankern. Wie „utopisch" solche Erwägungen auf dem Hintergrund der an der Legalitätsprüfung ausgerichteten juristischen Subsumptionslogik auch im einzelnen erscheinen mögen — sie spiegeln letztlich die Erfahrungen des atomaren Zäsurbewußtseins wider: daß nämlich das schlimmste denkbare Übel, die gattungsweite Selbstvernichtung, heute *diesseits* der verfassungsmäßigen Ordnung droht. Das Widerstandsrecht der voratomaren Ära war ganz konsequent als „die ultima ratio des verfassungstreuen Bürgers"[41] entworfen. Die Erfahrung, daß wir uns mit ultimativen Gefahrennötigungen auch aus einer funktionierenden Ordnung heraus konfrontiert sehen können, daß wir auch freiheitlich, demokratisch und sozial abgesichert in lebens- und bestandsbedrohende Katastrophen schlittern können, diese Erfahrung erfordert Berücksichtigung in einem erweiterten Widerstandsdenken, welches die „ultima ratio" des um die Erhaltung menschenwürdiger Lebensbedingungen existenziell besorgten Bürgers miteinbezieht.

Vielleicht sind wir heute dabei, wieder zu lernen, daß es einen Besitz gibt, der jenem der Freiheit noch vorausliegt: „die Integrität der Natur, in deren ökologischer Nische Leben und Freiheit selbst angesiedelt sind".[42]

Es wird auf Dauer nur gelingen, Widerstand und Ungehorsam zur Opposition zu mildern, wenn es möglich ist, die Unversehrtheit der physischen und kulturellen Bestände, die dem zweckrationalen Zugriff vorenthalten sind, im gemeinsamen Überzeugungsminimum zu verankern.

Anmerkungen

* Teile dieses Aufsatzes sind erschienen in: Merkur (1983) 2, S. 49 ff.

1 Vgl. K.-W. Brand, D. Büsser, D. Rucht, Neue soziale Bewegungen in der Bundesrepublik, Frankfurt a.m. 1981; zu Anliegen und Aktionsbedingungen der Bürgerinitiativbewegung vgl. P. C. Mayer-Tasch, Die Bürgerinitiativbewegung, 4. Aufl., Reinbek b.
Hamburg 1981 und B. Guggenberger, Bürgerinitiativen in der Parteiendemokratie,
Stuttgart u.a. 1980.

2 Vgl. N. Gladitz (Hrsg.), Lieber heute aktiv, als morgen radioaktiv, Berlin 1976.

3 Vgl. B. Guggenberger, „Guerilla" – Mythos und Wirklichkeit, in: K. E. Becker, H.P.
Schreiner (Hrsg.), Anti-Politik. Terrorismus, Gewalt, Gegengewalt, Hannover 1979,
S. 51 ff.

4 Vgl. E. Che Guevara, Der Partisanenkrieg – eine Methode, München 1968.

5 Vgl. F.A.Z. vom 4. Juni 1982 (Mehr als ein Drittel der Bevölkerung soll nach der hier
zitierten Umfrage bereits „Gewalt als Mittel der Politik" akzeptieren).

6 Vgl. O. Rammstedt, Die Bürgerinitiativbewegung unter Ideologisierungszwang, in:
V. Hauff (Hrsg.), Bürgerinitiativen in der Gesellschaft, Villingen 1980, S. 481 ff.

6a Hierzu vor allem H. Marcuse, Repressive Toleranz, in: R. P. Wolff, B. Moore, H. Marcuse, Kritik der reinen Toleranz, 6. Auflage, Frankfurt a.M. 1968, S. 91 ff.

7 Grundlegend: G. Jellinek, Das Recht der Minoritäten, Wien 1898.

8 H. Bossel, Grundwerte und Orientierung, in: G. Altner u.a., Anders Denken – anders
Handeln (Öko 1), Freiburg 1978, S. 22.

9 Vgl. P. C. Mayer-Tasch, a.a.O., S. 125 ff.

10 Ebd.

11 Vgl. H. Kitschelt, Kernenergiepolitik. Arena eines gesellschaftlichen Konflikts, Frankfurt 1980.

12 Als „locus classicus" elitärer Kritik an der „Mehrheitstyrannei" vgl. A. de Tocqueville, De la Démocratie en Amérique, Paris 1836.

13 Exemplarisch noch immer: J. Agnoli, Die Transformation der Demokratie, Frankfurt
a.M. 1968; vgl. auch: R. Roth (Hrsg.), Parlamentarisches Ritual und politische
Alternativen, Frankfurt a.M. 1980, bes. die Arbeiten von W. D. Narr, C. Offe und
H. Kitschelt.

14 Zu diesem Aspekt bes. die Arbeit von U. K. Preuß in diesem Band.

15 So R. Spaemann in diesem Band; vgl. auch H. Lübbe, Zukunft ohne Verheißung?,
Hrsg. v.d. Freiherr-vom-Stein-Gesellschaft e.V., Köln 1975; und W. Hennis („Der Bau
von Kernkraftwerken ist nicht zu verantworten"), F.A.Z. vom 30. April 1977.

16 A.a.O.

17 Bes. O. v. Gierke, Über die Geschichte des Majoritätsprinzips, in diesem Band.

18 Vgl. G. Simmel, Exkurs über die Überstimmung, in diesem Band.

19 Bes. J. Huber, Wer soll das alles ändern. Die Alternativen der Alternativbewegung,
Berlin 1980.

20 Vgl. B. Guggenberger, Art. „Alternativbewegung", in: R. Voigt (Hrsg.), Handwörter-
buch zur Kommunalpolitik, Stuttgart 1984.

21 G. Kurz, Alternativ leben? Zur Theorie und Praxis der Gegenkultur, 2. Aufl. Berlin
1979.

22 Exemplarisch hierfür die zum „Modell" gewordene „Volkshochschule Wyhler Wald";
vgl. W. Beer, Lernen im Widerstand, Hamburg 1978.

23 Vgl. hierzu auch die Arbeit von I. Fetscher, Wieviel Konsens braucht die Demokratie?;
in diesem Band.

24 Ders., A Theory of Justice, London, Oxford, New York 1972.

25 Hier hätten auch konsequenterweise Überlegungen einer „regionalen Stimmengewichtung" anzusetzen; wenn überhaupt, wären sie durch die o.g. Argumente zu rechtfertigen. Vgl. hierzu auch den Beitrag von C. Offe in diesem Band.

26 Vgl. Die „klassische" Rechtfertigung bei H. Schelsky, Der Mensch in der wissenschaftlichen Zivilisation, Köln u. Opladen 1961.

27 Hierzu: D. Birnbacher (Hrsg.), Ökologie und Ethik, Stuttgart 1980.

28 Vgl. die Auswertung der vorliegenden empirischen Befunde bei W. Rüdig, Bürgerinitiativen im Umweltschutz. Eine Bestandsaufnahme der empirischen Befunde, in: V. Hauff (Hrsg.), a.a.O., S. 119ff.; ebenso: U. Kempf, Der empirische Befund, in: B. Guggenberger, U. Kempf (Hrsg.), Bürgerinitiativen und repräsentatives System, 2. Aufl., Opladen 1984.

29 Vgl. hierzu N. Bobbio, Die Mehrheitsregel: Grenzen und Aporien, in diesem Band.

30 Vgl. B. Guggenberger, An den Grenzen der Mehrheitsdemokratie, in diesem Band.

31 Zu diesem Aspekt: B. de Jouvenel, Über Souveränität. Auf der Suche nach dem Gemeinwohl, Neuwied und Berlin 1963.

32 Zu dieser Kritik ausführlich B. Guggenberger, Wem nützt der Staat?, Stuttgart u.a. 1974.

33 Zur Kritik vgl. bes. W. Streeck, S. Streeck, Parteiensystem und Status quo, Frankfurt a.M. 1971; W.D. Narr, C. Offe (Hrsg.), Wohlfahrtsstaat und Massenloyalität, Köln 1975.

34 Vgl. J. Weber, Die Interessengruppen im politischen System der Bundesrepublik Deutschland, Stuttgart 1977.

35 Zur Anwendung des Paradigmenkonzepts auf die neuen sozialen Bewegungen vgl. J. Raschke, Politischer Paradigmenwandel in den westlichen Demokratien, in: Aus Politik und Zeitgeschichte, B 80/1982.

36 J. Hirsch, Alternativbewegung — eine politische Alternative, in: R. Roth (Hrsg.), a.a.O.

37 Vgl. N. Bobbio, a.a.O.

38 So die Kritik von H. Oberreuther, Die Bundesrepublik Deutschland vor einer neuen Epoche, in: W. Dettling (Hrsg.), Deutsche Parteien im Wandel, München 1983, S. 118f.

39 A.a.O.

40 Vgl. W. Däubler, Rechtsprobleme des Widerstands gegen die Stationierung, in: Vierteljahresschrift für Sicherheit und Frieden (S u. F), 1(1983)1, S. 14ff.; B. Guggenberger, An den Grenzen der Verfassung, in: F.A.Z. vom 3. Dezember 1983.

41 R. Herzog, zit. nach H. Waffenschmidt, Rechtsstaat und Widerstandsrecht, in: Vierteljahresschrift für Sicherheit und Frieden (S u. F.), 1(1983)1, S. 29.

42 R. Spaemann, Technische Eingriffe in die Natur als Problem der politischen Ethik, in diesem Band.

Ulrich K. Preuß

Die Zukunft: Müllhalde der Gegenwart?*

No future?

Wir erleben eine paradoxe Verkehrung der Fronten im politischen Diskurs: die Linke beginnt an der ihr von Marx hinterlassenen Utopie zu zweifeln, daß die allseitige Entfesselung der Produktivkräfte und des Reichtums der menschlichen Natur auch tatsächlich das Reich der Freiheit verheißt und nicht vielmehr die buchstäblich physische Unbewohnbarkeit der Erde. Es scheint, daß die *Fesselung* der Produktivkräfte auf dem Niveau des Status quo, womöglich des Status quo ante, ihre historische Mission sei. Liegt ihre Utopie in der Gegenwart oder gar in der Vergangenheit? Umgekehrt scheint den heute herrschenden Kräften nichts mehr am Herzen zu liegen als die Zukunft. Die berühmt gewordene Parole der Regierungserklärung von 1980: „Mut zur Zukunft" wird im Zusammenspiel von Staat und Industrie durch die Förderung, Erprobung und schrittweisen Installierung von „Zukunftstechnologien" vollzogen, welche die Zukunft „unserer Gesellschaft" sichern sollen. Die Lebensansprüche der gegenwärtigen Menschen liegen hier offenbar in der Zukunft, um deretwillen ihre heutige Befriedigung aufgeschoben werden soll — macht sich die spätkapitalistische Industriegesellschaft zur Vollstreckerin der Marxschen Utopie, indem sie sie technisch möglich macht? Die Zukunftsrhetorik auf beiden Seiten des Kampfes um den einzuschlagenden Weg unserer gegenwärtigen Zivilisation verhüllt nur notdürftig, daß diejenigen, die zu Kronzeugen aufgerufen werden und die Destinatäre der jeweiligen Verheißungen sein sollen — die zukünftigen Generationen —, keinen anderen Status haben als den, den in unserer säkularisierten Sprache Gott zu haben pflegt: allgegenwärtig und daher gleichbedeutend mit abwesend. Die Zukunft dient dazu, die Gegenwart zu interpretieren und sie für die Gegenwärtigen zu rechtfertigen: die überkommene linke Utopie stellt sich die Befriedigung der Bedürfnisse und die Erfüllung der Sehnsüchte des *heutigen* Menschen in der *Zukunft* vor, auch wenn sie natürlich impliziert, daß erst zukünftige Generationen in den Genuß ihrer Erfüllung gelangen werden. Die Verheißungen der heute herrschenden Zukunftsvision einer technologisch entfalteten Gesellschaft gehen dagegen umgekehrt davon aus, daß die *zukünftigen* Generationen so leben werden, wollen und sollen, wie es die *gegenwärtige* tut — lediglich auf einem höheren, durch die lineare Verlängerung der Gegenwart in die Zukunft bedingten technologischen und Konsumniveau. Um es pointiert auszudrücken: in dem einen Entwurf lebt der gegenwärtige Mensch in der Zukunft, in dem anderen der zukünftige Mensch in der Gegenwart.

Ich will hier nicht erörtern, ob es legitim ist, die Zukunft und das Schicksal zukünftiger Generationen als Kampfinstrument in den gesellschaftlichen Auseinandersetzungen der Gegenwart zu gebrauchen. Man sollte aber zumindest wissen, daß eben dies geschieht und daß man damit der anderen Frage aus dem Wege geht: wie werden *zukünftige* Generationen in der *Zukunft* leben können?

Die Rechte der Ungeborenen

Angesichts der heute zur Verfügung stehenden technischen Möglichkeiten, die Erde und die sie umgebende Atmosphäre grundlegend umzugestalten und für menschliches Leben gänzlich unbewohnbar zu machen, ist diese Frage natürlich keine Herausforderung an unsere Prognosefähigkeiten, sondern an unsere Ethik. Müssen wir heute Lebenden Rücksicht auf künftige Generationen nehmen? Genauer: haben zukünftige Generationen Rechte gegen uns, die wir zu erfüllen verpflichtet sind? Oder, wenn wir derartige Rechte verneinen, haben wir jedenfalls Verpflichtungen ihnen gegenüber? Worauf könnten sie gegründet sein, und welche politischen Formen könnten gewährleisten, daß wir sie auch einhalten? In einer Welt, die nicht einmal in der Lage ist, die elementarsten Bedingungen des physischen Überlebens für Hunderte von Millionen Menschen der gegenwärtigen Generation zu gewährleisten, klingen diese Fragen zweifellos luxuriös, gewissermaßen aus dem Übermut der in ihrem Reichtum erstickenden entwickelten Industriegesellschaften geboren. Aber wenn es — und sei es nur in Teilen — so ist, daß das Elend unserer räumlichen Nachbarn und das zu befürchtende Elend unserer „Nachbarn in der Zeit" (G. Anders) dieselbe Ursache in den Strukturen der hochindustrialisierten Gesellschaften haben? Dann wären Fragen der Zukunftsethik keine Flucht aus der Gegenwart und vor ihrem schreienden Unrecht gegenüber dem größten Teil der mit uns lebenden Menschheit.

Ein weiteres Argument könnte gegen die Legitimität der Frage sprechen, ob sich die gegenwärtige Generation etwaigen Ansprüchen kommender Generationen zu unterwerfen habe. Widerspricht nicht eine wie immer geartete und begründete Fremdbestimmung der heute Lebenden durch zukünftige Generationen dem demokratischen Prinzip der Volkssouveränität, welches dem heute lebenden Volk das Recht einräumt, ausschließlich selbst und für sich zu entscheiden, wie es leben will? Jede Norm, die ihren Urheber nicht in dem Willen des Volkes hat, beschränkt die Volkssouveränität, und nimmt man hinzu, daß ja etwaige Rechte zukünftiger Generationen von gegenwärtigen Institutionen vollzogen werden müssen, um effektiv zu werden, so liegt die Gefahr auf der Hand, daß soziale Mächte unter Berufung auf die Verpflichtungen gegenüber zukünftigen Generationen das Volk entmündigen und hinter dem Schleier empirisch nicht verifizierbarer Zukunftsinteressen um so handgreiflicher ihre eigenen durchsetzen.

In der Verfassungsgeschichte der bürgerlichen Gesellschaften ist das Mißtrauen gegen diese Möglichkeit notorisch, freilich in umgekehrter Richtung: vergangene Generationen sollten kein Recht haben, zukünftige Generationen durch „ewige" Normen zu binden. In der ersten bürgerlichen Verfassung, der Virgina Bill of Rights vom 12. Juni 1776, heißt es in Artikel 1, daß

226 _Ulrich K. Preuß_

alle Menschen gleicherweise von Natur frei und unabhängig seien und gewisse angeborene Rechte hätten, deren sie auch nicht, wenn sie in den Zustand der Gesellschaft eintreten, ihre Nachkommen durch irgendwelche Vereinbarungen berauben können. In Art. 28 der Erklärung der Menschen- und Bürgerrechte zur französischen Verfassung vom 24. Juni 1793 heißt es bündig, daß ein Volk stets das Recht habe, seine Verfassung zu revidieren, zu verbessern und zu ändern. „Eine Generation kann ihren Gesetzen nicht die künftigen Generationen unterwerfen." Bereits in der Erklärung der Menschen- und Bürgerrechte vom November 1789 hatte es in Art. 2 geheißen, daß das Ziel der politischen Vereinigung die natürlichen und unverjährbaren Rechte des Menschen sei. In all diesen Konstitutionalisierungen forderte das gegenwärtige Volk – das mit dem Bürgertum identisch war –, seine Lebensform selbst festzulegen, ohne durch Festlegungen vergangener Generationen gebunden zu sein. Diese wurden gewissermaßen als Verträge zu Lasten Dritter aufgefaßt, und wenn die Franzosen von der „Unverjährbarkeit" der Menschenrechte sprachen, so stellten sie damit fest, daß auch die Tradition der Geschichte gewisse elementare Rechte des Volkes nicht verschütten könne.

Wenn danach die Vergangenheit kein Recht gegen die Gegenwart haben sollte, hat es die Zukunft? Zwar sprechen die Verfassungen der bürgerlichen Gesellschaften von Anbeginn von den „unveräußerlichen" Menschenrechten und beziehen sich damit dem Wortlaut nach auch auf die Rechte zukünftiger Menschen, welche heutige Menschen nicht veräußern dürfen, aber bereits die Geschichte ihrer Entstehung und Durchsetzung zeigt, daß die unveräußerlichen Menschenrechte in erster Linie polemische Kampfbegriffe gegen die Übermacht aus der Vergangenheit in die Gegenwart hineinragender sozialer Mächte waren, mit denen die lebende Generation ihr Gegenwartsrecht durchsetzen wollte. Auch sind keine Vorkehrungen ersichtlich, die die Unveräußerlichkeit der Menschenrechte zukünftiger Generationen gewährleisten könnten.

Wie sollte man sich auch Rechte von noch gar nicht existierenden Menschen vorstellen? Die uns geläufigen Methoden der Erzeugung von Rechten führen sämtlich zu negativen Ergebnissen: bindende Versprechen, ausdrückliche oder stillschweigende Zustimmung oder aus gemeinsamen Unternehmungen resultierende wechselseitige Rechte und Pflichten setzen jeweils eine Reziprozität der Beziehungen der Beteiligten voraus, die gerade in bezug auf noch nicht Geborene nicht gegeben ist. David Hume sprach davon, daß eine Bedingung der Gerechtigkeit – und damit der Existenz von Rechten und Pflichten – darin bestehe, daß die Beteiligten wechselseitig verwundbar seien; zwar können zukünftige Generationen durch die gegenwärtige geschädigt werden, nicht aber ist die gegenwärtige Akten zukünftiger Geschlechter ausgesetzt. Selbst dort, wo die Reziprozität durchaus asymmetrisch ist – wie in der Beziehung der Eltern zum Säugling – ist doch jedenfalls ein Subjekt vorhanden, welches Träger von Rechten sein und folglich Verpflichtungen Dritter auslösen kann.

Wir können also nur fragen, ob es jenseits des Prinzips der Reziprozität Verpflichtungen der jetzt lebenden Generation in bezug auf zukünftige Generationen geben kann. Sie könnten nur aus einer Ethik der Verantwortung abgeleitet werden, die sich entweder aus Verpflichtungen uns selbst oder künftigen Generationen gegenüber ergeben.

Als Verpflichtung uns selbst gegenüber könnte man den Satz begründen, daß es uns schlechthin verboten sei, uns selbst als Gattung durch einen einmaligen Akt oder durch einen allmählichen Prozeß zu vernichten. Aber dies läßt sich mit Regeln der Ethik, die Kriterien für unser richtiges Handeln aufstellt und begründet, nicht mehr begründen, so daß ich mich damit hier nicht weiter beschäftigen will. Aber eine uns selbst treffende „Pflicht zur Zukunft" (H. Jonas) ließe sich auf die uns allen geläufige Intuition gründen, daß wir unser gegenwärtiges Leben nur sinnvoll einrichten können, wenn wir wissen, daß es überhaupt eine menschliche Zukunft gibt. Jonas verwirft die Zulässigkeit der Frage: „Was hat die Zukunft je für mich getan? Respektiert sie denn meine Rechte?"; aber warum sollte sie sich nicht bejahend beantworten lassen? Allein dadurch, daß es mit Gewißheit eine Zukunft des Menschen gibt, wir uns also nicht am Ende, sondern inmitten einer Generationenfolge wissen, ist die Offenheit des geschichtlichen Prozesses gewährleistet, die die Voraussetzung menschlicher Freiheit und Selbstbestimmung ist. Jedes Handeln wird objektiv und subjektiv sinnlos und unfrei, wenn ich weiß, daß es keine Zukunft gibt.

Erkennt man die Notwendigkeit der Existenz zukünftiger Generationen als notwendige Bedingung unseres eigenen Lebens an, so könnte man den Kantschen kategorischen Imperativ von der räumlichen auf die zeitliche Dimension übertragen. „Handle nur nach derjenigen Maxime, durch die du zugleich wollen kannst, daß sie ein allgemeines Gesetz werde"; das bedeutet dann, daß wir unser gegenwärtiges Handeln so einzurichten haben, daß nicht nur jeder andere Zeitgenosse, sondern auch die Zukünftigen noch dieselben Handlungsmöglichkeiten haben, die wir für uns selbst in Anspruch nehmen. Man könnte dann durchaus auch Art. 6 der Erklärung der Menschen- und Bürgerrechte von 1793 einen aktuellen Sinn abgewinnen: „Die Freiheit ist die Macht, die dem Menschen erlaubt, das zu tun, was den Rechten eines anderen nicht schadet; sie hat als Grundlage die Natur, als Maßstab die Gerechtigkeit, als Schutzwehr das Gesetz. Ihre moralische Begrenzung liegt in dem Grundsatz: ‚Was du nicht willst, das man dir tu, das fügt auch keinem anderen zu'." Hier wird zwar auch, wie ich oben bereits sagte, Reziprozität als Grundlage jeglicher Verpflichtung vorausgesetzt, aber die „Grundlage der Natur" implizierte die prinzipielle Gleichartigkeit und Ewigkeit der biologischen und physikalischen Bedingungen der menschlichen Existenz schlechthin und schloß damit jeden Gedanken daran aus, daß andere Menschen als die eigenen Zeitgenossen durch menschliche Freiheit verletzlich sein könnten. Entfällt die „Grundlage der Natur", weil wir heute durch genetische Manipulation, durch grundlegende Veränderungen der Erdoberfläche, durch Klimaveränderungen und nicht zuletzt durch die nukleare Verseuchung der Erde und ihrer Atmosphäre die elementaren natürlichen Bedingungen menschlichen Lebens dauerhaft und z.T. irreversibel verändern können, dann bedeutet der aus Art. 6 zitierte Grundsatz jeder universalistischen Ethik nichts anderes, als daß die moralische Grenze unserer Freiheit gegenüber zukünftigen Generationen in dem Satz liegt: ‚Beschränke die Freiheit zukünftiger Generationen zur eigenen Selbstbestimmung nicht mehr als du selbst durch die Hinterlassenschaft der vor dir lebenden Generationen an Beschränkung deiner Freiheit hinzunehmen bereits bist'. Das bedeutet natürlich keine Pflicht zur Konservierung einmal gegebener historischer Zustände, die gleichsam wie ein

Museum unberührt jeweils von Generation zu Generation weiterzugeben wären. Dann nämlich würde von der Freiheit jeder Generation zur Selbstbestimmung nichts mehr übrig bleiben. Vergegenwärtigt man sich die Tatsache, daß z.B. das in bestimmten Reaktortypen produzierte Plutonium eine Halbwertszeit von 24 390 Jahren hat und mithin die Kenntnis seiner toxischen Qualitäten sowie die Techniken seiner Bezähmung über diesen Zeitraum tradiert werden müssen, so wird deutlich, daß wir zukünftigen Generationen praktisch eine irreversible gesellschaftliche und technische Entwicklung aufzwingen, wie sie uns selbst durch vergangene Generationen nicht hinterlassen worden ist. So wissen wir heute möglicherweise bereits alles über die Eigenschaften der von den Kernreaktoren zurückgelassenen Stoffe ebenso wie über die technische Beherrschbarkeit ihrer gefährlichen Auswirkungen — aber wir kennen keine Verfahren, durch die sichergestellt werden könnte, daß unser heutiges Wissen überhaupt verläßlich an zukünftig lebende Generationen tradiert werden kann. Der Literatur läßt sich entnehmen, daß eine sichere Aufbewahrung und Tradierung schriftlicher Aufzeichnungen und die Beachtung der darin enthaltenen Verhaltensmaßregeln über keinen längeren Zeitraum möglich ist als 100 Jahre.

Unkorrigierbare Entscheidungen

So können wir als Folge einer uns selbst treffenden „Pflicht zur Zukunft" ebenso wie auch auf der Grundlage eines zeitlich dimensionierten kategorischen Imperativs — der ja nur den elementaren Grundsatz der für die westliche Zivilisation verbindlichen universalistischen Ethik formuliert — durchaus nicht nur spekulativ von Verpflichtungen der jetzt lebenden gegenüber zukünftigen Generationen sprechen. Durch die totale und historisch beispiellose Verfügbarkeit der natürlichen Lebensbedingungen der Spezies Mensch haben wir die Zukünftigen zu den Genossen unseres moralischen Diskurses gemacht.

So plausibel wir den Gedanken machen mögen, *daß* wir Verpflichtungen gegenüber zukünftigen Generationen haben, so schwierig ist die Frage zu beantworten, *wie* wir sie einzulösen vermögen. Die Kenntnis der wirklichen und der möglichen Folgen meiner Handlungen begründet meine Verantwortlichkeit und bestimmt ihre Reichweite, aber sie *begrenzt* sie auch. In der Hegelschen Rechtsphilosophie finden wir die Qualifizierung der Handlung als die „Äußerung des Willens als subjektiven oder moralischen", und die moralische Verantwortung für sie umfaßt auch ihre Folgen „als die eigene immanente Gestaltung der Handlung". Aber durch das Hinzutreten und Intervenieren anderer, äußerer Faktoren, ist die Handlung auch dem Zufälligen ausgesetzt. „Handeln heißt daher nach dieser Seite, sich diesem Gesetz preisgeben" (Rechtsphilosophie, § 118). Was hier vom Hauch des Tragischen umweht ist, ist jedenfalls in der bürgerlichen Gesellschaft durchaus bewußtes Sozialprinzip. Die Entdeckung und Zelebrierung der ‚invisible hand' durch Adam Smith ist ja zuallererst gar nicht ein ökonomisches, sondern ein ethisches Faktum: jedermann ist moralisch gerechtfertigt, wenn er sein eigenes Interesse verfolgt, während er für die Folgen seiner Handlungen nicht mehr zur Verantwortung gezogen werden kann, weil aus dem Zusammenspiel der vielen Handlungen der einzelnen egoistischen Individuen gesellschaftliche Zustände entstehen, die niemand vorhersehen und damit niemand verantworten kann. Die Sozialethik des Marktes und der individuellen Konkurrenz besteht geradezu in dem Prinzip, daß jeder einzelne zu schwach und zu unwissend ist, um die wirtschaftlichen Folgen seines Handelns beeinflussen und vorhersehen zu können – seiner marktmäßigen Machtlosigkeit korrespondiert seine begrenzte ethische Verantwortlichkeit.

In der Ökonomie und in der Verteilungspolitik ist die ‚invisible hand‘ längst durch den ‚visible hand-shake‘ einflußreicher sozialer Mächte abgelöst worden, und folgerichtig haben sich die Formen sozialer Verantwortlichkeit gewandelt. Aber im Verhältnis zwischen Gegenwart und Zukunft gilt nach wie vor die Regel, daß die Grenzen des Wissens auch die Grenzen der Verantwortlichkeit bestimmen. Das Bundesverfassungsgericht hat in seinem Kalkar-Beschluß, in dem es um die rechtlichen Voraussetzungen der Zulässigkeit des Schnellen Brüters ging, festgestellt, daß die neuesten wissenschaftlichen Kenntnisse bei der Feststellung möglicher Schadensfolgen und bei der Vorsorge gegen sie zu berücksichtigen seien. Es hat allerdings ein gewisses Restrisiko anerkannt, dessen Unbestimmtheit, „das bei solchen Risikobeurteilungen unentrinnbar verbleibt, ... in der Natur des menschlichen Erfahrungswissens begründet (ist)“. Über jenes Restrisiko könnte daher nur nach den Regeln „praktischer Vernunft“ entschieden werden. Ungewißheiten über die Folgen neuer Techniken seien „unentrinnbar und insofern als sozial-adäquate Lasten von allen Bürgern zu tragen“.

Diese Sätze suggerieren, als würden die heute lebenden Menschen die Kosten ihrer mangelnden Kenntnis der zukünftigen Entwicklung bezahlen. Tatsächlich aber werden die sozialen Kosten einer Großtechnik, die nach heutigem Erkenntnisstand beherrschbar erscheint, in dem Maße, in dem ihre Folgen heute unbekannt sind, auf die Zukunft überwälzt. Wir hinterlassen der Zukunft also nicht nur die uns heute bereits bekannten Folgen dieser Technik – ohne zu wissen, ob zukünftige Generationen diese für sie weitgehend irreversiblen Folgen überhaupt tragen wollen und ob unser heutiges Wissen über den z.T. jahrtausendelangen Zeitraum, in dem diese Folgen Gefahren heraufbeschwören, tradierbar ist –, sondern zusätzlich die uns selbst noch unbekannten Folgen. Wir genießen demnach heute Güter, deren Abfall wir auf zukünftige Generationen abladen. Die Zukunft als Müllhalde der Gegenwart.

Hier muß man allerdings unterscheiden. Wenn ich oben davon sprach, daß ein bedeutungsvolles Leben in der Gegenwart nur auf dem Horizont einer offenen Zukunft möglich ist, so heißt das natürlich auch, daß wir gegenwärtig ungelöste und unlösbare Probleme der Zukunft hinterlassen. Insofern ist unser Wissen stets notwendig begrenzt, und in der Tat wird auf viele Gegenwartsfragen erst die Zukunft eine Antwort wissen. Es liefe also auf eine nicht gerechtfertigte Beschränkung der gegenwärtigen Generation hinaus, wenn wir fordern wollten, daß sie ihre Lebensverhältnisse ausschließlich auf der Grundlage gesicherten Wissens über die Zukunftsfolgen ihrer Handlungen einrichten müsse. Das Problem ist nicht, daß es Ungewißheit gibt, sondern wie man mit ihr umgeht. Was die bisherige Geschichte der Menschheit angeht, können wir von so etwas wie einer prinzipiellen Kongruenz von Naturbeherrschung, Wissen und Haftung für die Folgen entfesselten techni-

schen Wissens sprechen: die Folgen trafen die jeweils lebende Generation der
Erfinder, und ihr technisches Wissen reichte immerhin so weit, daß mit ihm
die unerwünschten und unvorhergesehenen Folgen korrigiert werden konn-
ten; die technische Entwicklung war prinzipiell umkehrbar. Selbst wenn die
Folgen auch die zukünftigen Generationen trafen, so wurde ihnen doch das
notwendige technische Kontrollwissen und vor allem die Möglichkeit der
Umkehrbarkeit tradiert. Insbesondere aber kamen sie auch in den Genuß der
Vorteile der von den vorausgehenden Generationen initiierten technischen
Entwicklung.

    Keine dieser Bedingungen trifft für die heute betriebene Kernspaltung
als Mittel friedlicher Energieerzeugung zu: zukünftige Generationen werden
mit größter Wahrscheinlichkeit nicht in den Genuß dieser „friedlichen Nutzung der Kernenergie" kommen, weil der dazu erforderlich Uranvorrat als
nicht-regenerierbarer Rohstoff erschöpft sein wird; vor allem aber werden
zukünftige Generationen − vielleicht bereits die nächste − die Technik der
Kernfusion kennen, die das Problem der Lagerung des nuklearen Abfalls aus
dem Prozeß der Kernspaltung nicht hat − wenn auch hier das Problem der
thermischen Aufladung der Erde Grenzen der Nutzbarkeit setzt. Darüber
hinaus hinterlassen wir zukünftigen Generationen Probleme eines globalen
Ausmaßes und einer zeitlichen Ausdehnung, deren Beherrschung − wie die
Zerstörung der Erdoberfläche und der Atmosphäre oder die Lagerung von
nuklearem Abfall − uns selbst heute nicht möglich ist, geschweige denn die
begründete Zuversicht erlauben, daß zukünftige Generationen sie lösen können. Wir erlauben ihnen auch gar nicht, ihre Lösung wegen der damit verbundenen Kosten an humanen Lebensmöglichkeiten zurückzuweisen, weil
die von uns initiierte technische Entwicklung praktisch irreversibel ist.

    Will unsere Zukunftsrhetorik, die bei jeder sich bietenden Gelegenheit
vom Generationenvertrag und der Solidarität gegenüber den zukünftigen
Generationen spricht, ernst genommen werden, so müssen wir zuallererst von
etwas Abstand nehmen, was unsere Gegenwartsethik umstandslos als ungerechtfertigt verwirft, nämlich von Sozialkontrakten zu Lasten Dritter, die
keine Chance haben, an diesem Kontrakt beteiligt zu sein. Konkret heißt
das, daß wir das, was für uns Heutige ein Risiko, also die Ungewißheit über
das Eintreten schädlicher Folgen der Technik ist, als das erkennen, was es für
die Zukünftigen ist, nämlich Gewißheit. Denn abgesehen davon, daß die Hinterlassenschaft von stark toxischen Stoffen mit einer Halbwertszeit von mehreren tausend Jahren bereits heute feststeht, besagen ja auch alle heutigen
Wahrscheinlichkeitsrechnungen über das Eintreten katastrophaler Unfälle
lediglich, daß nur *wir* mit dem jeweils errechneten winzigen Grad an Wahrscheinlichkeit mit ihnen nicht zu rechnen haben. Wir können aber heute gar
nicht wissen, welche uns heute entweder noch unbekannten oder in Zukunft
noch hinzutretenden Faktoren diese auf der Grundlage von ceteribus-pari-
bus-Annahmen aufgemachten Wahrscheinlichkeitsrechnungen für zukünftige
Generationen zu einer unmittelbaren und wahrscheinlichen oder gar unab-
wendbaren Gewißheit machen.

    Die Redeweise, daß die Ungewißheiten über die Folgen neuer Techni-
ken „unentrinnbar und insofern als sozial-adäquate Lasten von allen Bürgern
zu tragen" seien, verbirgt daher nur den Tatbestand, daß wir in unseren Ko-
sten-Nutzen-Kalkulationen bei der Einführung neuer Techniken den Nutzen

auf unser Konto, die Kosten im wesentlichen auf das der zukünftigen Generationen verbuchen. Jede Güterabwägung als ernsthafter Versuch der gerechten Entscheidungsfindung verlangt aber, daß die Vor- und Nachteile einer Entscheidung bei ein- und derselben Person auftreten, wenn anders diese Methode nicht zu einer plumpen Bereicherung zu Lasten Unbeteiligter degenerieren soll. Man könnte hier einwenden, daß die gegenwärtige Generation den folgenden ja nicht *nur* eine vergiftete Erde hinterläßt, sondern gleichzeitig den über die bisherigen Generationen akkumulierten zivilisatorischen Reichtum der Menschheit einschließlich des Anteils am selbst produzierten Reichtum, den sie zugunsten der folgenden Generation gespart hat. Damit seien gewissermaßen die Verpflichtungen gegenüber den nachfolgenden Generationen erfüllt. Ohnehin — so könnte man das Argument weiterspinnen — seien die späteren Generationen gegenüber den früheren bevorzugt, weil sie ihre Existenz auf den mühsam von früheren Generationen erarbeiteten Fundamenten errichten könnten, und so sei es nicht zumutbar, ihnen das Recht zuzugestehen, zusätzlich zum Erwerb ihres Erbes auch noch zu bestimmen, wie dieses Erbe auszusehen habe und damit die Art der Lebensgestaltung der vorangegangenen Generation festzulegen. Solange jede Generation die ihr der folgenden gegenüber obliegende Sparrate hinterläßt, ist in der Tat nicht leicht eine Rechtfertigung für eine Herrschaft der zukünftigen über die gegenwärtige Generation zu finden. Zutreffend schreibt Rawls, daß Generationen ebensowenig einander untergeordnet sind wie Individuen. Das Verhältnis der Generationen zueinander werde durch dieselben Gerechtigkeitsprinzipien bestimmt wie das der Zeitgenossen untereinander, keine Generation habe stärkere Ansprüche als jede andere. Auf diesem Grunde gibt es keinen zwingenden ethischen Satz, demzufolge die heutige Generation nicht-regenerierbare Stoffe wie Öl oder Kohle nicht verbrauchen dürfte. „Denn diejenigen, denen wir diese Güter hinterlassen würden, könnten damit auch nichts anderes machen als sie zu verbrauchen" (Spaemann). Bewirkt freilich unser Verbrauch dieser Substanzen irreversible Folgen im ökologischen System der Erde, dann fällt das nicht mehr in die prinzipielle Freiheit jeder Generation, selbst zu bestimmen, in welcher Weise sie die ihr obliegende Sparrate den folgenden Generationen hinterläßt. Denn damit wird das Erbe mit einer Hypothek belastet, durch welche die der Generationenfolge gemeinsame natürliche Grundlage intergenerativer Gerechtigkeit zerstört wird.

Grenzen der Mehrheitsherrschaft

Die entscheidende Frage ist natürlich, ob wir politische Formen institutionalisiert haben, durch welche die Anwendung und Durchsetzung der hier angedeuteten Gerechtigkeitsprinzipien gegenüber den nachfolgenden Generationen gewährleistet werden kann. Man könnte meinen, es gehe hier um das der politischen Theorie seit mindestens 300 Jahren bekannte Problem, ob ein Machthaber tun *darf*, was er mit seinen Machtmitteln tun *kann*. Die Antwort darauf gibt das uns ebenfalls hinlänglich bekannte Konzept des Rechtsstaats, dessen institutionelle Vorkehrungen der Machtbegrenzungen und Machtteilungen den Überschuß an Handlungsmöglichkeiten über das gesollte Handeln zu absorbieren trachten. Aber dieses alt-liberale Ideal der Bändigung der Macht durch das Recht muß versagen, wo im Zeitalter der Massendemokratie das Volk die Macht hat, das Recht zu setzen und wo wir den Gedanken der Evidenz einer dem Volke vorgegebenen überzeitlichen Rechtsidee zurückweisen müssen. Gerechtigkeit, die nur gegen den Volkswillen und seine rechtsschöpfende Macht etabliert werden kann, ist keine — sie zerstört den Rechtsstaat *und* die Demokratie.

Wir sind dann freilich in dem oben bereits angedeuteten Dilemma: wenn das Prinzip der Volkssouveränität versagt, daß das Volk sich selbst regiert, indem es ohne Fremdbestimmung durch vergangene oder zukünftige Generationen die für seine gegenwärtige Lebensweise gültigen Normen aufstellt, so enthält es keine systematische Garantie dafür, daß Gerechtigkeitsverpflichtungen gegenüber den folgenden Generationen erfüllt werden. Wollten wir dagegen eben diese Garantie in die Funktionsweise unserer demokratischen Institutionen einbauen, so müßte dies — so scheint es — notwendigerweise um den Preis einer Beschränkung der Volkssouveränität geschehen. Auf das zusätzliche Risiko einer Usurpation von Ansprüchen zukünftiger Generationen zur Legitimierung handfester Gegenwartsinteressen habe ich auch bereits hingewiesen.

Wir müssen uns hüten, zum Opfer einer Begriffsverwirrung zu werden. Eine verbreitete Meinung — zumal unter Linken — versteht unter Demokratie eine möglichst photographische Wiedergabe des jeweils vorhandenen empirischen Volkswillens in den politischen Entscheidungen des Gesetzgebers, weil auf diese Weise das demokratische Ideal verwirklicht werden könne, daß der Wille des Volkes unmittelbar Gesetz werde. Hier wirkt die Rousseausche Lehre nach, daß der Wille des ganzen Volkes ein Souveränitätsakt ist und Gesetz schafft, vor allem aber, daß er „immer recht hat und immer auf das Gemeinwohl zielt". Die jederzeitige Rückrufbarkeit von „Volksvertretern" und das imperative Mandat sind nach dieser Konzeption lediglich Vorkehrungen, die in großen Flächenstaaten unvermeidliche Trennung von Volk und gesetzgebender Volksvertretung zu minimisieren. Das Ideal bleibt die Identität von Herrschern und Beherrschten und die Identität von Volkswillen und Gesetz.

Hierin liegt bereits insofern ein innerer Widerspruch, als der empirische Wille des Volkes sich jederzeit ändern, sich in neuen Situationen in je neuer Weise artikulieren können muß, um souverän zu sein, während das Gesetz, zu dem sein Wille werden soll, notwendigerweise ein Element von Dauerhaftigkeit und Kontinuität impliziert; indem der Volkswille im Gesetz auf Dauer gestellt — institutionalisiert — wird, tritt gleichsam eine erste politische Entfremdung ein, die die vollständige Identität von Volkswillen und Gesetz beseitigt. Aber abgesehen hiervon lohnt es sich, der inneren Logik des Konzepts der Identitätsdemokratie nachzugehen. Es ist gewiß nicht ohne Interesse, sich daran zu erinnern, daß es ausgerechnet Carl Schmitt war, der in der Weimarer Republik den Grenzfall einer totalen Identität von Herrschern und Beherrschten zum Kriterium der Demokratie unter den Bedingungen des 20. Jahrhunderts erklärte. Erst als wirklich versammeltes Volk sei es in der reinen Demokratie mit dem möglichen Höchstmaß von Identität vorhanden. Und es ist bemerkenswert, in welcher Weise das Volk in diesem Höchstmaß an Identität sich selbst regiert: „Es kann *akklamieren*, d.h. durch einfachen Zuruf seine Zustimmung oder Ablehnung ausdrücken, Hoch oder Nieder rufen, einem Führer oder einem Vorschlag zujubeln, den König oder irgendeinen anderen hochleben lassen, oder durch Schweigen oder Murren die Akklamation verweigern". Man wird der inneren Logik dieses Gedankens schwerlich widersprechen können: das Volk als wirklich versammeltes Volk kann — und soll — nicht beraten, argumentieren, Kompromisse zwischen widersprechenden Interessen aushandeln etc., weil dies mit eherner Notwendigkeit zu Formen der Vertretung und infolgedessen zur Minderung der Identität führen würde. Denn ohne z. B. die Wahl von Sprechern, Verhandlungsführern, Rednern und Personen, welche den konkreten Willen der Versammelten formulieren und dadurch erst einen Austausch von Argumenten und die Anmeldung von Interessen ermöglichen, d. h. also ohne die Einschaltung von *Vertretern des Volkes* ist das wirklich versammelte Volk in der Tat auf ein kollektives Ja oder Nein, Hoch oder Nieder, also auf politische Sprachlosigkeit beschränkt. In dem Zustand reinster Identität und damit unmittelbarster Volksherrschaft ist das Volk am handlungsunfähigsten und damit ohnmächtigsten.

Der Volkswille, der herrschen und zum Gesetz werden soll, bedarf also der Institutionalisierung, welche ihm über die Flüchtigkeit von Akklamationen Festigkeit und Beständigkeit verleiht, ihm aber gleichzeitig notwendigerweise die Unmittelbarkeit und Spontaneität einer Volksversammlung nimmt. Institutionalisierung bedeutet, daß der Volkswille noch vorhanden und wirksam ist, wenn sich die Volksversammlung längst aufgelöst hat, und in der bisherigen Geschichte der Demokratie wird sie dadurch bewirkt, daß gewählte Vertreter des Volkes in Abwesenheit des Volkes selbst *ihren* Willen zum Gesetz werden lassen. Diese Feststellung gilt unabhängig davon, ob wir eine plebiszitär-identiäre oder eine repräsentative Verfassung vorfinden. In jedem Fall — und darauf kommt es in dem hier erörterten Zusammenhang an — bedeutet allein die Periodizität der verbindlichen Willensbekundung, daß es nicht der aktuelle und aktualisierbare Wille des empirischen Volkes ist, der Gesetz wird, sondern der zu einem bestimmten Zeitpunkt festgestellte, der bis zum nächsten Entscheidungsakt verbindlich ist. Daraus ist zu folgern, daß die Verbindlichkeit vom Volke beschlossener Gesetze nicht, jedenfalls nicht ausschließlich, darin liegt, daß alle Menschen, für die das Gesetz gilt, auch an seinem Beschluß beteiligt gewesen sein müssen, denn es gilt auch für die späteren Hinzugeborenen, politisch mündig Gewordenen oder durch Einbürgerung Hinzugekommenen, und es gilt übrigens auch für die Geisteskranken, die überhaupt nicht in der Lage sind, einen vernünftigen — oder genauer gesagt: auf die Rationalität unseres politischen Systems bezogenen — Willen zu äußern. Aber die Institutionalisierung des Volkswillens hat noch eine andere Konsequenz. Durch das Element der Dauerhaftigkeit unterscheidet es sich von dem empirischen Willen des Volkes, der nun nicht mehr zu jeder beliebigen Gelegenheit und zu jeder beliebigen Zeit Verbindlichkeit als Souveränitätsakt beanspruchen kann. Durch die dadurch bedingte Verbindlichkeit des periodisch (und in geregelten Verfahren) geäußerten Volkswillens auch für Personenkategorien, die an diesem Akt der Willensäußerung nicht beteiligt waren, verliert dieser Souveränitätsakt den Charakter eines Sozialkontraktes des empirischen Volkes mit sich selbst, denn er bindet auch Unbeteiligte. Sein Inhalt bezieht sich also auf eine Gesamtheit, die nicht identisch ist mit der Summe derjenigen, deren Wille zum verbindlichen Gesetz wird. Wir stoßen hier auf die Rousseausche Unterscheidung zwischen dem Gesamtwillen (volonté de tous) und dem Gemeinwillen (volonté générale). Der Gesamtwille ist die gleichsam photographische Wiedergabe des empirischen Willens der Summe aller Individuen des Volkes, und in einer radikal-identitären Demokratiekonzeption dürfte er stets nur für die jeweils beteiligten Individuen Verbindlichkeit beanspruchen. Der Gemeinwille dagegen ist der durch den Prozeß der Institutionalisierung von dem empirischen Willen der Masse der Individuen geschiedene, auf Dauer gestellte, Unbeteiligte bindende und dadurch auch inhaltlich qualifizierte Wille des Volkes als einer politisch-kulturellen Einheit, welche nicht nur die Abstimmenden, sondern auch Kinder und Geisteskranke und vor allem auch die noch nicht Geborenen umfaßt.

Eine Beschränkung der Volkssouveränität liegt mit anderen Worten nicht in dem Tatbestand, daß es nicht der empirische Volkswille ist, der nach dem Konzept der Volkssouveränität zur Herrschaft gelangt und zum Gesetz wird. Im Gegenteil führt gerade der uninstitutionalisierte empirische Volkswille zur politischen Ohnmacht des Volkes, während umgekehrt der institutionalisierte Volkswille das Interesse des Volkes als einer die abstimmenden Individuen übergreifenden, auch Zukünftige erfassenden Einheit zur Geltung bringt. Nichts anderes besagt der scheinbar so leerformelhafte Begriff des „öffentlichen Interesses" (public interest, interêt public; populus = populicus = publicus).

Natürlich ist die bloße Tatsache der Institutionalisierung des Volkswillens noch keine Garantie dafür, daß auch tatsächlich jenes „öffentliche Interesse" im Sinne einer Einbeziehung der an der Abstimmung nicht Beteiligten, insbesondere zukünftig Geborener, zur verbindlichen Norm wird. Im Gegenteil, die Geschichte der radikalsten Institutionalisierung, die repräsentative Demokratie, zeigt, daß Mißtrauen durchaus angebracht ist. Denn ist erst einmal durch die Institutionalisierung des Volkswillens — zumal durch eine repräsentative — der Schritt getan, den Willen des Volkes als einer ideell-kulturellen Einheit an die Stelle des empirischen Willens der Bevölkerung zu setzen, so ist es ja auch nicht ausgeschlossen, daß der Wille vergangener Generationen, die ebenfalls zum Volk in dieser institutionellen Bedeutung gehören, über den der aktuell lebenden Generation dominiert. Auch die gegenwärtigen Theorien der repräsentativen Demokratie sind mit wenigen Ausnahmen in erster Linie darum besorgt, den repräsentativ institutionalisierten Volkswillen gegen den aktuell-empirischen abzuschirmen und z.B. zu begründen, warum Parteitagsbeschlüsse keinen Einfluß auf Parlamente und Regierungen gewinnen sollen. Einer der ersten und scharfsinnigsten Theoretiker der Repräsentation, Edmund Burke (1729—1797), ging sogar so weit, Repräsentation des Volkes durchaus auch ohne die Wahl der Repräsentanten durch das Volk für möglich, ja sogar einer Repräsentation auf der Grundlage der Wahl für überlegen zu erklären; er nannte dies die virtuelle im Gegensatz zur aktuellen Repräsentation. „Das Volk kann in seiner Wahl irren; aber das gemeinsame Interesse und das gemeinsame Gefühl irren sich selten". Von Burke über den französischen Staatsmann des 19. Jahrhunderts Guizot bis hin zu Carl Schmitt im 20. Jahrhundert hat die Theorie der Repräsentation eine konservative bis reaktionäre Geschichte, in der die Begriffe Demokratie und Repräsentation in unversöhnlichem Gegensatz stehen. Wir brauchen dies hier nicht zu vertiefen; es sei nur darauf hingewiesen, daß die stark von Rousseauschen Ideen beeinflußte französische Verfassung von 1791 eine radikal repräsentative Verfassung war, Demokratie und Repräsentation also hier eine durchaus tragfähige Verbindung eingegangen waren. Denn welche Geschichte die repräsentative Demokratie auch immer gehabt haben mag, wir müssen uns den in dem Prinzip der virtuellen Repräsentation enthaltenen Gedanken zunutze machen, daß auch nicht aktuell Abstimmungsfähige wie zukünftige Generationen ihre Lebensinteressen in unseren gegenwärtigen politischen Institutionen wiederfinden können.

Nimmt man das Prinzip der virtuellen Repräsentation aus seinem historisch reaktionären Zusammenhang heraus und bezieht sich auf seine Substanz, so verlangt es, die Interessen gesellschaftlich schwacher, weil unter den heutigen Bedingungen nicht oder nur schwach organisationsfähiger Gruppen dergestalt an die Interessen mächtiger Gruppen zu koppeln, daß diese ihre Interessen nicht ohne Berücksichtigung auch jener durchsetzen können. Oben habe ich festgestellt, daß es durchaus auch *unser* Interesse ist, daß wir eine Zukunft haben, daß es darüber hinaus aber auch davon unabhängig berücksichtigungsbedürftige Interessen der zukünftigen Generationen gibt. *Unser* Interesse ist aus Gründen, die ich hier nicht ausführen kann, wegen seiner Allgemeinheit unter den gegebenen Bedingungen des gesellschaftlich-politischen Systems kaum organisationsfähig — immerhin haben die Lebenden in periodischen Abständen eine Wahlstimme. Zukünftige Generationen haben nicht einmal diese.

Praktisch würde dies bedeuten, daß wir die von der französischen Revolution proklamierte Unverjährbarkeit der Menschen- und Bürgerrechte nicht nur als Bastionen gegen Übergriffe der Vergangenheit auf die Gegenwart, sondern auch als Schutzschilde gegen Angriffe der Gegenwart auf Lebensinteressen der Zukunft begreifen. Das Grundrecht auf Leben und körperliche Unversehrtheit schützt dann nicht nur gegen historisch überkommene sowie gegen heute drohende Verfügungs- und Schädigungsrechte, sondern verbietet auch die Herbeiführung von Bedingungen, welche dieses auch zukünftigen Generationen zustehende Recht beeinträchtigen oder gänzlich beseitigen. Nicht zu Unrecht hat Hasso Hofmann auch das Recht auf nationale Selbstbestimmung mit dieser Zukunftsdimension ausgestattet, indem er fordert, daß auch zukünftige Generationen das uns heute selbstverständliche Recht haben müssen, die politischen Formen ihres gesellschaftlichen Lebens frei zu bestimmen, ohne durch irreversible Entscheidungen der heute lebenden Generation wesentlicher Alternativen beraubt zu werden. Für die praktische Durchsetzung jedenfalls subjektiver Rechte hätte dies zur Konsequenz, daß die Klagebefugnis nicht nur gegeben sein dürfte, wenn jemand *sein eigenes* Recht geltend macht, sondern auch dann, wenn er Rechte zukünftiger Individuen und damit so etwas wie ein öffentliches Interesse einklagt, weil die Grundrechte in ihrer Zukunftsdimension als Funktionsprinzipien einer über die aktuelle lebenden Menschen hinausgreifenden öffentlichen Ordnung wirken.

Die Verkoppelung von schwachen mit durchsetzungsfähigen Interessen als das Prinzip der virtuellen Repräsentation läge damit in dem Umstand, daß Zukünftige an den Rechten der heute Lebenden teilhaben; das ist sicherlich nicht sehr viel, denn die umweltbezogenen Rechte der heute Lebenden selbst sind nur schwach institutionalisiert und zudem durch ein notorisches „Voll-

zugsdefizit" gekennzeichnet. Es ist daher wichtig, an die Grenzen jener Entscheidungsregel zu erinnern, die üblicherweise als Legitimation für die Beschränkung von Rechten gegenwärtiger und natürlich auch zukünftiger Individuen herbeizitiert wird: des Mehrheitsprinzips. Daß in einer zur Entscheidung stehenden Frage die Mehrheit entscheidet und nicht eine von Eliten
verwaltete Weisheit oder ein von Schamanen gehütetes Offenbarungswissen,
ist eine wichtige demokratische Errungenschaft.

Aber den demokratischen Wert des Mehrheitsprinzips erkennen und befürworten, schließt nicht aus, seine Funktionsbedingungen und damit auch
die Grenzen seiner Funktionsfähigkeit zu benennen. Es ist nachgerade trivial
festzustellen, daß die Mehrheit nicht notwendigerweise „Recht hat", eine
Mehrheitsentscheidung und eine „richtige Entscheidung" begrifflich nicht
identisch sind. Allerdings erlaubt ein mit Mehrheitsentscheidung abschlie-
ßendes Verfahren mehr als jedes andere die Einbeziehung der unterschied-
lichsten und umfassendsten Entscheidungsgesichtspunkte, so daß Mehrheitsentscheidungen durchaus die Vermutung der Richtigkeit in Anspruch nehmen können.

Allerdings gilt dies nur unter bestimmten Bedingungen, welche die
Funktionsweise des Mehrheitsprinzips eingrenzen:

1. Wenn auch historisch das Mehrheitsprinzip durchaus in vordemokratisch
organisierten Gesellschaften angewendet worden ist, so ist es doch heute untrennbar mit dem Prinzip der demokratischen Gleichheit verknüpft. ‚One
man, one vote' ist die ebenso schlichte wie in langen und schweren politischen Kämpfen durchgesetzte Voraussetzung für Mehrheitsentscheidungen in
politischen Angelegenheiten, die die Berücksichtigung natürlicher und gesellschaftlicher Unterschiede im Volke bewußt außer Betracht läßt. Das bedeutet, daß jedermann das gleiche Recht an der Teilhabe politischer Entscheidungen hat und davon auch nicht durch den Umstand ausgeschlossen ist, daß
er in einer entschiedenen Frage zur Minderheit gehört. Auch die Minderheit
nimmt an der politischen Entscheidung teil und legitimiert durch ihre Teilnahme das von ihr inhaltlich mißbilligte Ergebnis; dessen Legitimität liegt
in der Prozedur, nach der alle die gleiche Chance haben, ihrer Vorstellung
von der richtigen Entscheidung zur Mehrheit zu verhelfen. Die Mehrheitsregel funktioniert also als ein Mechanismus der Herstellung einer legitimen
Entscheidung nur, wenn die überstimmte Minderheit die Chance hatte,
Mehrheit zu werden. Dies setzt einen politischen Prozeß voraus, dessen
Struktur sicherstellt, daß nicht bestimmte Interessen und Meinungen privile-
giert und andere gleichsam weggefiltert werden, weil dadurch im Vorfeld der
Mehrheitsentscheidung bereits die Zulassung bestimmter Entscheidungsalter-
nativen präjudiziert wird und sich die Chance der Minderheit, Mehrheit zu
werden, nur noch auf diejenigen Meinungen und Interessen bezieht, die den
Filterungsprozeß erfolgreich überstanden haben.

2. Die Bedingung, daß die Minderheit auch die Mehrheit werden kann, hat
nicht nur diese prozedurale, sondern darüber hinaus auch eine inhaltliche
Dimension: wo nur *eine* richtige Entscheidung möglich und denkbar ist, da
ist kein Raum für eine Mehrheitsentscheidung. Eine wissenschaftliche Frage
kann daher nicht durch Mehrheitsentscheidung geklärt werden, ebensowenig

z. B. die Frage, ob ein Angeklagter schuldig ist oder nicht. Umgekehrt formuliert: die Anwendung der Mehrheitsregel setzt voraus, daß es *mehrere* mögliche richtige Entscheidungen gibt und daß sich daher die überstimmte Minderheit nicht *geirrt* hat oder ihre Meinung *falsch* ist, sondern lediglich, daß ihre Auffassung nicht *verbindlich* geworden ist. Das bedeutet, daß die Minderheitsmeinung durch ihre Niederlage im Abstimmungsprozeß nicht ihren Charakter als mögliche richtige verloren hat. Mehrheitsentscheidungen dürfen nicht irreversibel sein. Eine irreversible Mehrheitsentscheidung nimmt der Minderheit nicht nur die Möglichkeit, Mehrheit zu werden, sondern verleiht sich selbst den Charakter einer *definitiv richtigen* Entscheidung.

3. Durch Mehrheitsentscheidung kann das Verfahren, kraft dessen alle Staatsbürger die gleiche Chance erhalten, ihre Meinung zur allgemeinverbindlichen zu machen, nicht in der Weise geändert werden, daß es der Mehrheit ermöglicht wird, dauerhaft Mehrheit zu bleiben. Dem Verbot, sachlich irreversible Entscheidungen zu treffen und damit die Minderheit der Chance zu berauben, Mehrheit zu werden, entspricht die Bedingung, daß die Regeln prozeduraler Gleichheit nur mit Zustimmung der Minderheit geändert werden dürfen.

4. Diese Bedingungen der Legitimität des Mehrheitsprinzips als Funktionsprinzip des politischen Entscheidungsprozesses lassen sich in dem Satz zusammenfassen, daß die Mehrheit die Minderheit weder prozedural noch sachlich aus dem politischen Gemeinwesen ausgrenzen darf, sondern darauf bedacht sein muß, jenes Minimum politisch-kultureller Homogenität zu wahren, das es der Minderheit noch erlaubt, den inhaltlich abgelehnten Mehrheitsentscheidungen den Gehorsam nicht zu versagen.

Die Funktionsgrenzen des Mehrheitsprinzips beziehen sich natürlich in erster Linie auf die Beziehungen heutiger Mehrheiten zu heutigen Minderheiten, und es fällt nicht schwer, die Verletzung zumindest einiger von ihnen zu konstatieren: die Verkoppelung der Fragen über die Anwendung nuklearer Energie mit dem ökonomischen Imperativ des industriellen Wachstums suggeriert die Alternativlosigkeit der Entscheidung; und dem Mehrheitsprinzip entzogene ökonomische Entscheidungen über Kapitalinvestitionen haben eine Wirkung auf die verbliebenen politischen Entscheidungen, die man nur als präjudiziell im Sinne ökonomischer Machtgruppen bezeichnen kann. Die Kartellierung des politischen Prozesses und seine filternde Wirkung gegenüber Außenseitern ist zu häufig beschrieben worden, als daß hierzu etwas gesagt werden müßte. Die seit Jahren laufende Produktion nuklearen Abfalls ohne die hierfür notwendigen Lagerungsmöglichkeiten hat bereits heute irreversible Fakten geschaffen.

Zukünftige Generationen sind noch stärker als die heutige auf die Einhaltung der Funktionsbedingungen des Mehrheitsprinzips angewiesen, weil sie nicht einfach überstimmt werden, sondern überhaupt keine Stimme haben. Die dem Mehrheitsprinzip implizit zugrundeliegende Annahme, daß die Risiken einer Mehrheitsentscheidung sowohl die Mehrheit wie auch die Minderheit gleicherweise zu tragen haben, gilt für sie nicht, und gegen irreversible Risikoabwälzungen können sie nicht einmal Einspruch erheben. Die Grundlagen der Verbindlichkeit von Mehrheitsentscheidungen – das Prinzip der Repräsentation, kraft dessen auch die Interessen von Unbeteiligten berücksichtigt werden, sowie die Beachtung der Funktionsbedingungen des Mehrheitsprinzips — sind ihnen gegenüber aufgekündigt worden, ohne daß sie Möglichkeiten der Gegenwehr besitzen.

Es ist zuzugeben, daß es nicht das Problem heutiger Mehrheiten zu sein braucht, ob zukünftige Generationen ihren heute gefällten Entscheidungen gerne den Gehorsam verweigern würden, wenn sie dazu in der Lage wären; denn die Gegenwart ist durch die Zukunft nicht verletzbar. Vielleicht bekümmert es sie auch nicht, daß zukünftige Generationen vielleicht die heutige verfluchen werden. Aber dennoch haben sie Anlaß, über die Grenzen ihrer legitimen Macht nachzudenken, soweit sie sie bereits heutigen Minderheiten gegenüber verletzen. Bisher wurde nämlich noch nicht von der wohl zentralen Voraussetzung des Mehrheitsprinzips gesprochen, die indessen zunehmend an Aktualität gewinnt: die Chance der Minderheit, Mehrheit zu werden und ihre Richtigkeitsvorstellungen bis zu einer etwaigen Revision durch eine neue Mehrheit allgemeinverbindlich zu machen, berechtigt die Mehrheit zu der Forderung an die Minderheit, auf gewaltsamen Widerstand gegen die von ihr abgelehnten Mehrheitsentscheidungen zu verzichten. Solange die Legitimität der Mehrheitsentscheidung — und die daraus folgende Verpflichtung zum Gehorsam — nicht aus der Behauptung der *inhaltlichen* Richtigkeit, sondern aus dem *Verfahren* der Entscheidungsbildung und der gleichberechtigten Teilnahmechance aller resultiert, beruht die Gehorsamsverpflichtung aller Staatsbürger gegenüber Mehrheitsentscheidungen auf dem Gehorsam gegenüber diesen Verfahrensregeln. Gehorsam kann nur solange verlangt werden, wie diese Regeln auch in Zukunft eine andere inhaltliche Entscheidung ermöglichen. Werden in diesem Verfahren indessen irreversible Entscheidungen getroffen, so wird die Offenheit der Entscheidungssituation und damit die Grundlage des Verfahrens selbst beseitigt; ihre prozedurale Legitimität entfällt gewissermaßen rückwirkend, und sie kann fortan nur noch wegen ihrer inhaltlichen Qualität ihre Anerkennungswürdigkeit behaupten. Für dissentierende Minderheiten entbehrt sie damit aber jeglicher Legitimation.

Rechtsstaatlich geprägte Verfassungen — so auch das Grundgesetz — gehen davon aus, daß das *Widerstandsrecht* durch das in ihnen enthaltene *legale Widerspruchsrecht* überflüssig geworden oder doch jedenfalls auf die äußersten Fälle der Gegenwehr gegen die Beseitigung der verfassungsmäßigen Ordnung beschränkt sei. Das Widerspruchsrecht impliziert die Möglichkeit des friedlichen Machtwechsels von Mehrheit und Minderheit, der Revisibilität von Mehrheitsentscheidungen, es unterstellt die fortdauernde Integrität der Verfahrensregeln, kurz: es beruht auf dem Typus prozeduraler Gerechtigkeit, der die staatsbürgerlichen Pflichten nicht auf die prekäre Basis inhaltlicher Richtigkeit stellt. Wird dieser prozedurale Charakter der Legitimität durch irreversible Mehrheitsentscheidungen aufgehoben, so entbindet die Mehrheit damit — sicherlich ungewollt — die Minderheit von ihren Gehorsamsverpflichtungen gegenüber diesen Akten.

Anmerkung

* Dieser Beitrag wurde erstmals publiziert in: Freibeuter 9/1981, S. 83 ff.

Literatur

G. Anders, *Endzeit und Zeitende*, München 1972.

H. Hofmann, *Langzeitrisiko und Verfassung. Eine Rechtsfrage der atomaren Entsorgung*, in: „Scheidewege. Vierteljahresschrift für skeptisches Denken", Jg. 10 (1980), S. 448 ff.

D. C. Hubin, *Justice and Future Generations*, in: „Philosophy and Public Affairs", Vol. 6 (1976), S. 70 ff.

H. Jonas, *Das Prinzip Verantwortung. Versuch einer Ethik für die technologische Zivilisation*, Frankfurt/M. 1979.

J. Rawls, *Eine Theorie der Gerechtigkeit*, Frankfurt/M. 1979, Kap. 5, Abschn. 44.

U. Scheuner, *Das Mehrheitsprinzip in der Demokratie*, Opladen 1973.

R. Spaemann, *Technische Eingriffe in die Natur als Problem der politischen Ethik*, in: „Scheidewege. Vierteljahresschrift für skeptisches Denken", Jg. 9 (1979), S. 476 ff.

Robert Spaemann

Technische Eingriffe in die Natur als Problem der politischen Ethik*

Vorbemerkung: Moderne Technologien auf physikalischem und biologischem Gebiet, insbesondere Atomspaltung und genetische Manipulation, stellen moralische Probleme, für deren Lösung traditionelle philosophische und theologische Argumentationen nur dann Hilfe bieten, wenn wir sie in ihrer abstraktesten und allgemeinsten Form heranziehen. Dies gilt insbesondere dort, wo die moralischen Probleme sich mit den politisch-rechtlichen überschneiden, d.h. mit der Frage nach der Verantwortlichkeit des Staates für die möglichen Folgen und Nebenfolgen der Anwendung dieser Technologien. Um hier zu Ergebnissen zu gelangen, die allgemeine Einsichtigkeit beanspruchen können, ist es deshalb erforderlich, sich der Grundlagen der Argumentation Schritt für Schritt zu versichern. Ich beginne daher mit einer Erörterung des allgemeinen moralphilosophischen Problems der Zumutbarkeit von Nebenwirkungen, um in einem zweiten Teil Gesichtspunkte zur Beurteilung technischer Eingriffe in die natürliche Umwelt zu entwickeln.

Es liegt im Wesen menschlicher Handlungen, daß sie Nebenwirkungen hervorbringen. Dieser Satz ist nur die Kehrseite des anderen, daß Handeln auf Zwecke gerichtet ist. „Zweck" heißt jene Folge, die der Handelnde aus der Gesamtheit der Handlungsfolgen intentional heraushebt und im Verhältnis zu welchen er alle anderen Folgen zu Nebenfolgen, zu Mitteln oder zu Kosten herabsetzt. Nur durch solche Selektion wird Handeln überhaupt möglich, und nur durch sie wird es von „blinden" Naturereignissen unterscheidbar. Der Unterschied zwischen „Mitteln" und „Nebenwirkungen" liegt darin, daß Mittel selbst als diese gewollt werden müssen, also Unterzwecke sind, während Nebenwirkungen nicht gewußt, gewollt und herbeigeführt, sondern „in Kauf genommen" werden. So etwa ist die Zerstörung einer Kaserne im Krieg ein Mittel zur Erreichung des Kriegszieles, die Zerstörung der benachbarten Wohnhäuser aber eine Nebenwirkung, die mangels ausreichender Begrenzungsmöglichkeit der Sprengwirkung einer Bombe „in Kauf genommen" wird. Allerdings kann der Terroreffekt von Angriffen auf zivile Objekte auch selbst als Kriegsmittel beabsichtigt sein.

Daß der Handelnde in der Wahl der Mittel nicht frei ist, daß also nicht „der Zweck jedes Mittel heiligt", ergibt sich aus einer einfachen Überlegung. Die Zwecke der Menschen sind verschieden. Die Mittelwahl des einen kann für den anderen Vereitelung seines Zweckes sein. Das Recht eines jeden, jeden anderen in seiner Zweckverfolgung nach Maßgabe der eigenen Zwecke beliebig zu behindern, würde den Begriff des Rechtes selbst unmittelbar aufheben. Eine solche Befugnis wäre gleichbedeutend mit dem Ende einer Rechtsordnung überhaupt. Andererseits heißt „Mittel anwenden", oder „Kosten aufwenden" immer: die Möglichkeit der Verfolgung anderer Zwecke einschränken. Diese anderen Zwecke können sowohl die des Handelnden selbst als auch die Zwecke anderer sein. Die Kosten einer Ferienreise können den Bau eines Hauses verzögern. Und in einem sehr allgemeinen Sinne behindert auch jede Zielverfolgung eines Menschen mögliche Zielerreichungen eines anderen. Wenn die Ressourcen knapp sind, steht das Verbrauchte nicht mehr zur Verfügung, weder für den Verbraucher selbst noch für einen anderen.

In beiden Fällen kann sich ein moralisches Problem stellen. Es gibt Pflichten des Menschen gegen sich selbst. Wer für einen Augenblicksgenuß seine Gesundheit ruiniert, verletzt eine solche Pflicht. Dies zu begründen würde über unser Thema hinausführen. Den Pflichten gegen sich selbst korrespondieren nämlich keine einklagbaren Rechte. Das Verhältnis zu sich selbst ist kein durch Regeln der Gerechtigkeit normiertes Verhältnis. Volenti non fit iniuria (Dem, der bekommt, was er will, geschieht kein Unrecht). Wo es hingegen um das Verhältnis des Handelnden zu Betroffenen geht, die mit ihm nicht identisch sind, da entsteht das Problem der Gerechtigkeit, d.h. der Zumutbarkeit der Nebenfolgen des Handelns, und zwar stellen sich in diesem Zusammenhang vor allem zwei Fragen: 1. Welches sind die Kriterien der Zumutbarkeit? 2. Wer trägt die Verantwortung für die Zumutung von Handlungsnebenfolgen?

1. Kriterien der Zumutbarkeit

Hinsichtlich der Frage der Zumutbarkeit gibt es zwei extreme Auffassungen. Die erste ist die *anarchistische*. Sie geht davon aus, daß es kein anderes Kriterium für Zumutbarkeit gibt als die wirkliche Zustimmung der Betroffenen. Dahinter steht folgende richtige Erkenntnis: Die Freiheit des Menschen besteht gerade darin, daß nicht andere über den Wert und Rang seiner Wünsche und Interessen zu entscheiden haben. Zur Freiheit gehört, daß ich den Dingen für mich die Bedeutung geben kann, die ich selbst ihnen zu geben wünsche. Der Bereich, in dem die individuellen Präferenzen ohne Bevormundung den Ausschlag geben, ist der freie Markt.

Als Lösung des Gerechtigkeitsproblems stößt der Anarchismus jedoch auf einige grundsätzliche Schwierigkeiten.

a) Da jedes Handeln Nebenfolgen zeitigt, durch welche andere in Mitleidenschaft gezogen werden, würde jedes Handeln vereitelt werden können, wenn nur einer der auch noch so entfernt in Mitleidenschaft Gezogenen Widerspruch erhöbe. Niemand könnte mehr bauen, wenn jeder die Beeinträchtigung seines subjektiven Wohlbefindens durch den Bau des anderen geltend machen könnte, ohne die Unzumutbarkeit dieser Beeinträchtigung nach allgemeinen Kriterien für Zumutbarkeit aufzeigen zu müssen. Unterlassung jeden Handelns aber ist erst recht unzumutbar für ein freies Wesen.

b) Die anarchistische Forderung muß deshalb wenigstens eine von zwei Hilfsannahmen machen. Sie muß entweder voraussetzen, daß die menschlichen Wünsche „von Natur" mit den vorhandenen begrenzten Mitteln zu ihrer Befriedigung in prästabilierter Harmonie stehen. Oder sie muß voraussetzen, daß alle Menschen ihre Ansprüche von sich aus auf ein „gerechtes

Maß" zurückschrauben. Die eine Voraussetzung macht den Menschen zum Tier, die andere zum Heiligen. Die erste Annahme wird durch die Geschichte widerlegt. Gäbe es jene prästabilierte Bedürfnisstruktur, dann hätten die Menschen nicht alles darangesetzt, durch Entfaltung der Produktivkräfte die Befriedigungsmöglichkeiten zu vermehren, und sie hätten nicht in Funktion dieser Vermehrung die Bedürfnisse selbst ausgeweitet. Die Widerlegung der zweiten Annahme folgt logisch aus der ersten. Mit der Bereitschaft zu einer „gerechten Lösung" von Interessenkonflikten könnte man nur dann mit Sicherheit rechnen, wenn sie angeboren wäre. Sie würde dann eine Art von „natürlichem Bedürfnis" sein, was wiederum durch den Gang der Geschichte widerlegt wird. Die Bereitschaft, „gerechte Lösungen" zu akzeptieren, setzt die Tugend der Gerechtigkeit voraus. Für Tugenden aber gilt das Wort Spinozas: „Alles Vortreffliche ist ebenso schwierig wie selten."

(Wegen der unter a) und b) genannten Schwierigkeiten des Anarchismus ist dieser historisch selten in Reinform aufgetreten, sondern öfter in einer sozialistischen Variante, die eine vorgängige Verschmelzung von Einzelinteressen und Kollektivinteressen ins Auge faßt. So fordert z.B. Proudhon, politisches Leben und private Existenz, gesellschaftliche und individuelle Interessen müßten zunächst miteinander identisch werden, „dann wird deutlich werden, daß aller Zwang verschwunden ist und wir uns in der vollen Freiheit der Anarchie befinden". Marx hat richtig gesehen, daß eine solche Identität nur unter der Bedingung möglich ist, daß das Grundphänomen allen bisherigen Wirtschaftens beseitigt ist, das Phänomen der Knappheit. Da indessen, wie wir heute wissen, Knappheit aus ökologischen, physikalischen und anthropologischen Gründen prinzipiell unaufhebbar ist, bleibt die definitive Aufhebung des Dualismus von Individualinteresse und Allgemeininteresse eine Fiktion, der nur durch Zwang allgemeine Geltung verschafft werden kann, so daß der Anarchismus sich selbst aufzuheben genötigt ist.)

c) Die dritte Schwierigkeit, die der anarchistischen Lösung im Wege steht, ist die folgende: Wirklich zustimmen können den jeweiligen Handlungsfolgen nur die zur Zeit der Handlung existierenden mündigen Mitmenschen. Betroffen sind aber auch Unmündige und unter Umständen auch noch gar nicht geborene Menschen. Die Frage der Zumutbarkeit für diese muß also von anderen als von ihnen selbst entschieden werden. Die Kriterien für die Gerechtigkeit solcher Entscheidungen, also die Kriterien der Zumutbarkeit künftiger Zustimmung, müssen daher von der wirklichen Zustimmung der Betroffenen verschieden sein, oder es gibt gar keine Kriterien der Gerechtigkeit.

Die zweite Lösung des Problems der Zumutbarkeit ist das *konsensuelle Verfahren*. Dabei wird die Frage auf eine abstraktere Ebene verlegt. Angesichts der Unmöglichkeit, in jedem Einzelfall die faktische Zustimmung der Betroffenen zu einer Handlung mitsamt ihren Folgen zu erreichen, werden Verfahren eingeführt, mittels deren die Frage nach der Zumutbarkeit im Einzelfall entschieden wird. Nicht die Einzelentscheidungen selbst, sondern diese Verfahren bedürfen nun der allgemeinen Zustimmung. Im Unterschied zu der anarchistischen Konstruktion kann daher jederzeit ein Konflikt ausbrechen zwischen der allgemeinen Zustimmung zum Verfahren und dem Widerstand eines Betroffenen gegen eine bestimmte, für ihn nachteilige Lösung, die aufgrund des vereinbarten Verfahrens zustandekam. Für diesen Fall muß eine Zwangsgewalt installiert sein, die der auf legitime Weise zustandegekommenen Lösung zur Durchsetzung verhilft. In dieser, der rechtsstaatlichen Konzeption, gilt also als zumutbar, was in einem konsensuellen Verfahren für zumutbar erklärt wurde.

Auch diese Lösung stößt auf Schwierigkeiten, wenngleich nicht auf unüberwindliche. Es sind vor allem die beiden folgenden. Erstens: Der einstimmige Konsens aller bei der Errichtung von Verfahren — also bei der Verabschiedung einer Verfassung — ist zwar nicht so unmöglich wie der Konsens bezüglich bestimmter Einzelentscheidungen. Er ist aber ebenfalls normalerweise nicht zu erwarten. Eine Diskussion des Für und Wider kann nicht so lange dauern, bis der Letzte überzeugt ist. Es kann nicht für jeden neu Hinzukommenden die Verfassungsdebatte neu eröffnet werden. Zweitens: Es kann nicht ausgeschlossen werden, daß einzelne ungerecht sind, d.h. solche Verfahren begünstigen, durch die sie aufgrund bestimmter natürlicher oder sozialer Startbedingungen begünstigt werden. Zumindest kann nicht ausgeschlossen werden, daß einzelne sich durch die von der Mehrheit beschlossenen Verfahren benachteiligt fühlen. Damit der rechtsstaatliche Weg, Zumutbarkeit festzustellen, seinerseits für jedermann zumutbar ist, müssen daher bestimmte zusätzliche Bedingungen erfüllt sein:

a) Verfahren und Debatte über die Verfahren müssen institutionell getrennt sein. Die Verabschiedung von Gesetzen kann das Ende von Debatten nicht abwarten, sie darf dieses Ende aber auch nicht dekretieren. Der Grund ist der folgende: Es ist einleuchtend, daß Nichthandeln oft ebenso weitreichende Konsequenzen hat wie Handeln, ja daß es manchmal schlimmere Folgen hat als falsches Handeln. Es ist ferner einleuchtend, daß Handeln meistens unmöglich wäre, wenn dem abwägenden Für und Wider nicht ein Ende durch eine Entscheidung gesetzt würde. Es ist aber damit nicht gesagt, daß die Entscheidung stets richtig ist. Es gibt keine apriorische Identität von Machthabern und Rechthabern. Gehorsam gegenüber der Entscheidung des legitimen Machthabers, also z.B. auch der Mehrheit, ist also nur zumutbar, wenn es nicht mit der Zumutung verbunden ist, dem Machthaber auch in der Sache recht zu geben. Daß der Machthaber sich bei seiner Entscheidung von dem leiten ließ, was er für das Wohl der Gesamtheit hält, kann aber nur dann unterstellt werden, wenn er sich nicht weigert, in der Sache selbst weitere Belehrung zu erhalten. Daraus folgt: die Debatte über die Richtigkeit einer Entscheidung muß weitergehen dürfen. Jeder muß das Recht haben, frei über politische Gegenstände zu sprechen, und die fortgesetzte Debatte muß die Möglichkeit haben, die Verfahren zu einem späteren Zeitpunkt zu beeinflussen: Rahmenentscheidungen dürfen nicht irreversibel sein.

b) Das letzte Wort, die Ordnung der Entscheidungsverfahren betreffend, muß bei der Mehrheit des Volkes liegen. Wo aber eine Minderheit die Entscheidung trifft, da muß die Mehrheit die Möglichkeit besitzen, über die Kriterien zu entscheiden, aufgrund deren jemand Mitglied dieser Minderheit ist. Dieses Recht der Mehrheit beruht nicht auf der irrigen Annahme, die Mehrheit hätte immer in der Sache recht. Sie beruht auch nicht auf der Annahme, es gäbe eine natürliche Autorität einer Gruppe von Menschen über eine andere, nur weil die erstere zahlreicher ist. Es beruht vielmehr umgekehrt auf der Abwesenheit von so etwas wie einer höheren Ermächtigung, wie wir sie etwa in bestimmten Institutionen, vor allem in Stiftungen, vor uns haben. Die Legitimität ihrer qualitativen Differenzierung kann auf verschiedene Art begründet werden. Solche Begründungen sollten normalerweise nicht voluntaristisch sein, sondern aus inhaltlichen Gesichtspunkten folgen, also aus ihrer „Vernünftigkeit". Wo diese inhaltliche Begründung allerdings nicht einleuchtet, wo sie bestritten und wo gefragt wird, wer denn die Vernünftigkeit derer garantiere, die eine bestimmte Ordnung für vernünftig halten, da bedarf jede Legitimität letzten Endes der Verankerung in der Zustimmung der Mehrheit. Freilich kann eine Mehrheit nur dann beanspruchen, Repräsentant der Gesamtheit zu sein, wenn die Gesamtheit durch ein hohes Maß an Homogenität gekennzeichnet ist, so daß jeder prinzipiell die Chance hat, seine Meinung als Mehrheitsmeinung zu erleben. Ethnische oder religiöse Konflikte, aber auch fundamentale Gewissensfragen können nicht durch Mehrheitsentscheidungen legitimitätsstiftend gelöst werden.

c) Wem die Ordnung des Verfahrens oder eine bestimmte Entscheidung über Zumutbarkeit als für ihn selbst unzumutbar erscheint, der muß die Möglichkeit haben, sich den Auswirkungen dieser Entscheidungen durch Auswanderung zu entziehen. Der Grund hierfür liegt im Folgenden: Zwar gehört es zum Menschen, in einer politischen Ordnung zu leben; aber jede bestimmte politische Ordnung und alle bestimmten Landesgrenzen bleiben deshalb doch „zufällig". Der Aufenthalt in einem Land kann nur dann als stillschweigende Loyalitätserklärung interpretiert werden, wenn es jedermann freisteht, das Land, auch unter Mitnahme seines Eigentums, zu verlassen. Der Direktion eines Gefängnisses, in das man ohne eigene Schuld geraten ist, schuldet man keine Loyalität.

Aber auch, wenn alle diese Bedingungen erfüllt sind, garantiert die Gründung der Entscheidungsprozesse auf konsensuelle Verfahren noch nicht deren Gerechtigkeit, d.h. die Zumutbarkeit für jedermann, ihre Ergebnisse zu akzeptieren. Die Nebenwirkungen menschlicher Handlungen können nämlich Menschen betreffen, die an der Statuierung der Verfahren, in welchen über deren Zulässigkeit entschieden wird, prinzipiell nicht mitwirken können, weil sie zu diesem Zeitpunkt unmündig sind oder weil sie noch gar nicht existieren. Ihre Zustimmung muß also antizipiert werden. Dies kann nur geschehen, wenn wir, unabhängig von der wirklichen oder mit Gründen präsumierten Zustimmung zu den Entscheidungen oder Verfahren, über inhaltliche Kriterien verfügen, die die Grenzen des Zumutbaren markieren.

Alle Theorien, die die Rechtsphilosophie aufstellt, gründen auf dem Gedanken einer diskursiven Vermittlung von Interessen; sie finden ihre Grenze erstens in dem Umstand, daß wir es in der Gesellschaft auch mit Kindern und Geisteskranken zu tun haben, die an diesem Diskurs nicht teilnehmen können. Auch über diese dürfen die Diskursteilnehmer jedoch nicht beliebig disponieren. Warum nicht? Warum dürfen die Menschenrechte nicht an das Vorliegen bestimmter Voraussetzungen geknüpft werden, z.B. daran, daß jemand imstande ist, die Menschenrechte überhaupt zu verstehen und geltend zu machen? Deshalb nicht, weil jede inhaltliche Definition von Menschsein jene bestimmte Zahl von Menschen privilegieren würde, welche die Befugnis hätte, die Definition festzulegen und über das Vorliegen der Merkmale zu entscheiden. Es gäbe gar keine Menschenrechte, wenn es in das Belieben bestimmter Menschen gestellt wäre, darüber zu entscheiden, ob jemand Träger solcher Rechte ist oder nicht. Daher bleibt nur die biologische Zugehörigkeit zur Species des Homo sapiens als Kriterium. Solange Menschen nicht mit Affen gekreuzt werden können, ist die Frage, wer Träger von Menschenrechten ist, so, aber auch nur so, zweifelsfrei entscheidbar. Die zweite Grenze der Diskurstheorie der Gerechtigkeit liegt in dem Umstand, daß die Nebenfolgen unserer Handlungen und also auch unserer politischen Entscheidungen Menschen treffen, die zur Zeit unserer Handlungen und Entscheidungen noch gar nicht leben. Die menschliche Gemeinschaft übergreift die Generationen. Aber kein Instinkt begrenzt unsere Handlungsmöglichkeiten auf das Maß, das durch die Lebensbedürfnisse der später Lebenden gesetzt ist. Wir müssen dieses Maß selbst setzen. Wir haben unsere Handlungen vor künftigen Geschlechtern zu verantworten. Andererseits freilich haben wir durch Erziehung, durch „Einstimmung" der folgenden Generation in unseren Wertschätzungen dafür zu sorgen, daß diese imstande sind, in der Vergangenheit, deren Folgen sie zu tragen haben, etwas anderes als bloße Fremdbestimmung zu sehen, nämlich ihre eigene Geschichte. Diese Verantwortung gegenüber den Späteren folgt aus einer elementaren Billigkeitserwägung. Jeder Handelnde kann nur insoweit handeln, als andere zuvor ihm nicht seinen Handlungsspielraum durch exzessive Ausdehnung des ihren genommen haben. Ohne daß sich jede Generation als Glied in einer solidarischen Gemeinschaft der Generationen betrachtet — mit Schuldigkeiten nach hinten und nach vorn —, gibt es gar kein menschliches Leben auf der Erde. Um zu bestimmen, was diese Schuldigkeiten im einzelnen bedeuten, sind freilich weitere Überlegungen erforderlich.

2. Das Subjekt der Verantwortung

Ehe wir uns der Frage nach den inhaltlichen Kriterien der Zumutbarkeit für Betroffene, die selbst nicht zu Wort kommen, zuwenden, haben wir zunächst die Frage nach dem Subjekt der Verantwortung zu stellen. Es scheint, als trage von Natur jeder Handelnde die volle Verantwortung für die Nebenfolgen seiner Handlungen. Eine einfache Überlegung kann uns jedoch darüber belehren, daß das nicht möglich ist, und zwar deshalb nicht, weil es Handeln überhaupt unmöglich machen würde. Müßten wir stets versuchen, uns die unendlich komplexe Gesamtheit der langfristigen Folgen unseres Tuns vor Augen zu halten, ja darüber hinaus sogar die Folgen unserer Unterlassung, d.h. die mutmaßlichen Folgen aller alternativen Handlungsmöglichkeiten, dann würde die selektive Funktion der Zwecksetzung hinfällig und damit Handeln selbst illusorisch. Darum gehören zu den Voraussetzungen verantwortlichen Handelns Institutionen, die den Bereich der Nebenfolgen genau umschreiben, den das handelnde Individuum zu verantworten hat. Das „Erzeugerprinzip" bedarf der gesetzlichen Festsetzung und Definition. Nur durch eine solche Festsetzung eines beschränkten Bereichs der Verantwortung kann dann auch Unterlassung definiert werden, ohne daß dazu der Vergleich mit allen alternativen Handlungsmöglichkeiten erforderlich wäre. Solche institutionellen Vorgaben sind übrigens nicht nur bezüglich der Nebenfolgen erforderlich, sondern auch bezüglich der Zielsetzungen des Handelns und seiner konkreten Gestalt. Nur wo durch kulturelle „Selbstverständlichkeiten" der größte Teil unseres Handelns vorgezeichnet ist, findet jene Entlastung statt, die es überhaupt möglich macht, innerhalb des gegebenen Rahmens freie Entscheidungen zu treffen oder auch den vorgegebenen Rahmen selbst — nicht generell, aber mit bestimmter begrenzter Zielsetzung — in Frage zu stellen. Sind es vor allem die informellen, kulturellen, sittlichen und religiösen Traditionen, die diese Vorgabe leisten, so ist es vor allem Sache des Staates, die Verantwortung für die Nebenfolgen zu tragen, zu definieren und zu verteilen. Ja, dies ist seine wichtigste Aufgabe überhaupt. Für den Staat gilt nicht, wie für das Individuum, daß das Handeln nur durch partielle Blindheit gegen entferntere Folgen ermöglicht wird. Der Staat hat, im Unterschied zum Individuum, die Pflicht, so weit zu sehen, wie es unter Zuhilfenahme aller in einer bestimmten Epoche zur Verfügung stehenden Mittel möglich ist. Gerade deshalb kann er sich selbst nicht, ohne seine eigentliche Aufgabe zu verfehlen, als Verwirklicher von „Zielen", von „Programmen" verstehen wollen. Er kann seiner primären Aufgabe, die unerwünschten Nebenfolgen menschlicher Zweckhandlungen zu neutralisieren, nur genügen, wenn er nicht selbst als der größte Realisierer von Zwecken auch die größten, und dann von niemandem mehr kontrollierten Nebenfolgen produziert. In Familie, Gemeinde und Staat, nicht im Individuum konkretisiert sich die Pflicht des Menschen, seine Zweckverfolgung so einzuschränken, daß nicht Risiken auf andere, insbesondere aber auf kommende Generationen abgewälzt werden.

Die Frage, welche Handlungsfolgen ihrer Natur nach unzumutbar sind, ist deshalb eine Frage der politischen Moral. Angesichts der ökologischen Probleme der Gegenwart, insbesondere der Frage der Nutzung der Kernenergie, sind wir dabei auf elementare Überlegungen angewiesen, denn die ökologische Situation stellt uns vor moralische Fragen, die ohne Beispiel sind. Die „Natur" im Ganzen war von der Antike bis zur Gegenwart nicht Gegenstand menschlichen Handelns, sondern Voraussetzung desselben. Das Handeln hatte sich in der traditionellen Ethik zwar nach der Natur zu richten, aber nicht deshalb, weil die Natur verletzlich wäre, sondern weil ein naturwidriges Handeln sich selbst zum Scheitern verurteilt. Der Mensch kann, das war die Überzeugung der Alten, nicht glücklich werden, wenn er sein Glück gegen die Natur zu erreichen sucht. Bis zum 16. Jahrhundert betrachtete der Mensch sich selbst als Teil der Natur, und zwar als deren Spitze. Die Lehre von der menschlichen Seele gehört für die ältere philosophische Tradition zur „Physik". Das setzte voraus, daß die Natur ihrerseits nach Analogie menschlichen Lebens und Handelns verstanden wird, Naturprozesse also als zielgerichtete Prozesse. Naturbeherrschung ist deshalb im klassischen Verständnis selbst ein natürliches Verhältnis. Es ist eine Form von Symbiose. Natur wird von vornherein unter dem praktischen Gesichtspunkt ihrer Nützlichkeit für den Menschen gesehen. Aber diese Perspektive spricht der Natur nicht das Selbstsein ab. Zum Selbstsein der Natur gehört vielmehr ihre Dienlichkeit für Zwecke des höchsten Naturwesens, des Menschen.

Die Natur als ganze bleibt in diesem Weltverhältnis stets das Umgreifende. Sie kann den zerstören, der sich gegen sie und ihre Ordnung vergeht. Sie selbst bleibt immer dieselbe. Wir haben ihr So- und-nicht-anders-Sein nicht zu verantworten. Von diesem Hintergrund her ist es zu verstehen, wenn z.B. Thomas von Aquin in seiner Handlungstheorie die libertas specificationis, die Freiheit, so oder anders zu handeln, unterscheidet von der libertas exercitii, der Freiheit zu handeln oder nicht zu handeln. Wir sind heute, von einem totalen Begriff der Praxis her, geneigt, jedes Nichthandeln nur als eine andere Form von Handeln zu verstehen, die wir auf jeden Fall verantworten müssen. So etwa pflegt man zu sagen: Wer nicht wählt, wählt die stärkere Partei. Thomas von Aquin geht davon aus, daß wir zwar einen gewissen begrenzten Bereich pflichtmäßiger Verantwortung haben, innerhalb dessen wir zu handeln verpflichtet sind und innerhalb dessen Nichthandeln schuldhaftes Unterlassen sein kann. Darüber hinaus aber haben wir nicht zu verantworten, daß die Welt ist, wie sie ist. Wo uns ein eindeutig richtiges Handeln nicht möglich ist, da bleibt die Unterlassung des Handelns immer ein legitimer Ausweg, für dessen Konsequenzen wir keine Verantwortung zu tragen haben.

Die Dynamisierung menschlicher Lebensverhältnisse in der Neuzeit hat diesen Gedanken fraglich gemacht. Mit Bezug auf gesellschaftliche Verhältnisse sind wir heute geneigt, jeden Zustand als einen von uns zu verantwortenden anzusehen; wenn er uns nicht der bestmögliche zu sein scheint, sind wir geneigt, eine Pflicht zu seiner Verbesserung zu unterstellen, was immer wir darunter verstehen mögen. Ob wir uns mit einer solchen generellen Optimierungspflicht nicht übernehmen, möchte ich hier dahingestellt sein lassen.

Die neuzeitliche Denkweise hängt eng zusammen mit der Dynamisierung der Naturbeherrschung. Sie hat gegenüber allen früheren Perioden der Menschheit eine qualitativ neue Dimension erreicht. Entscheidend ist, daß sie nicht mehr einen hierarchischen Aufbau der Natur mit dem Menschen an der Spitze voraussetzt, sondern einen dynamischen Prozeß progressiver Unterwerfung der Natur unter den Menschen, dem sich die Natur als Objekt entgegenstellt. Bis vor kurzem war der Prozeß noch dadurch charakterisiert, daß er einerseits zwar Natur fortschreitend menschlichen Zwecksetzungen unterwarf, sie andererseits aber doch noch als unendlich Umgreifendes betrachtete, dessen Regenerationsfähigkeit und dessen Kapazität, menschliche Handlungsfolgen zu neutralisieren, prinzipiell unbegrenzt ist. Herrschaft über die Natur besagte nicht: Verantwortung für die Erhaltung und Reproduktion der Natur, Verantwortung für die Erhaltung der elementaren Randbedingungen der menschlichen Existenz. Archaische Kulturen verhielten sich demgegenüber in diesem Sinne partiell verantwortlich; so etwa, indem sie diejenige Tierrasse, von deren Bejagung sie lebten, vor der Ausrottung schützten. Solche partielle Verantwortung zur Erhaltung der ökonomischen Basis eines Berufszweiges, z.B. der Fischerei, wird bis in die Gegenwart hinein wahrgenommen.

3. Der Zusammenhang der ökologischen Systeme und die Pflicht gegenüber der Natur

Erstmals aber tritt heute die Interdependenz *aller* ökologischen Systeme ins Bewußtsein. Diese Interdependenz ist von der Art, daß sie zwar von den verschiedensten partiellen Systemperspektiven aus wahrnehmbar ist und so etwas wie den Charakter eines Gesamtsystems hat, daß aber der funktionale Zusammenhang dieses Gesamtsystems, das ja den Menschen mit umgreift, wegen seiner hohen Komplexität nicht vollständig theoretisch faßbar und abbildbar ist. Schon die Anwendung des Systembegriffs wird hier problematisch, weil jedes System eine Umwelt voraussetzt, von der es sich abhebt, während die Natur als ganze gerade umweltlos ist. Die Unmöglichkeit einer wissenschaftlichen Theorie vom Ganzen der Natur wiederum hat zur Folge, daß Nebenfolgen unserer Handlungen mit Bezug auf die Natur als Ganzes nicht prinzipiell vorhersehbar sind. Die moderne Planungsforschung hat vielmehr gezeigt, daß jeder Versuch, durch Ausweitung planender und geplanter Eingriffe die Nebenfolgen in den Griff zu bekommen, nur neue und noch schwerer zu bewältigende Nebenfolgen erzeugt. [...]

Noch aus einem anderen Grund ist der Gesamtzusammenhang der Natur für uns kein möglicher Gegenstand kontrollierbarer Eingriffe. Das menschliche Wohlbefinden oder Glück ist nicht in der Weise mit Naturbedingungen verknüpft, daß die Faktoren, durch die es bedingt wird, eindeutig fixierbar wären. Aristoteles sagt, die menschliche Seele sei „in gewisser Weise alles". Wir können schon keinen Katalog derjenigen Tiere und Pflanzen aufstellen, die für die menschliche Ernährung nützlich sind, denn wir kennen nicht die Möglichkeiten für Ernährung und Heilung, die noch in Lebewesen verborgen sind, welche uns im Augenblick nichts bedeuten. Viel weniger noch läßt sich eine funktional eindeutige Zuordnung von natürlichen Arten und menschlichem Glück herstellen. Warum sind wir denn traurig, wenn wir erfahren, daß irgendwo in der Welt eine Vogelart ausgerottet wurde, die wir wahrscheinlich ohnehin nie zu Gesicht bekommen hätten? Es ist offenbar so, daß das Glück des Menschen gerade mit dem nicht auf ihn bezogenen Reichtum des Wirklichen zusammenhängt. Die Reduktion der Welt auf das, was wir im Augenblick wahrzunehmen und zu genießen vermögen, würde jeden Genuß zerstören; denn zu diesem gehört ein Hintergrund der „Unerschöpflichkeit". Zu Wissen, daß das Wißbare und Sichtbare immer *mehr* ist als das aktual Gewußte und Gesehene, ist eine Bedingung dafür, daß der Mensch in der Welt heimisch sein kann.

Wenn wir jedoch nicht unsere augenblicklichen Bedürfnisse oder die von uns voraussehbaren Bedürfnisse unserer Nachkommen als letzten Maßstab zugrunde legen, verfügen wir über kein Kriterium der Selektion, nach welchem wir „lebenswerte" und „lebensunwerte" Arten unterscheiden könnten. Es ist deshalb vernünftig und konsequent, daß die Vereinigten Staaten angesichts der wachsenden Bedrohung des Lebens auf der Erde ein Gesetz verabschiedet haben, wonach es unter keinen Umständen mehr erlaubt ist, eine Tierart zu vernichten. Vor kurzem wurde es gerichtlich untersagt, einen Staudamm in Tennessee in Betrieb zu nehmen, weil dadurch eine bestimmte kleine Fischspecies, die nur an dieser Stelle existiert, vernichtet worden wäre. Man hat versucht, an diesem Beispiel die Absurdität des Verbotes zu erweisen. Das

Gegenteil ist richtig. In der Tat haben wir nicht das Recht, unsere augenblicklichen Wertschätzungen, also das, was uns wichtig erscheint, zum Maßstab dafür zu machen, was wir künftigen Generationen als natürliches Erbe hinterlassen. Da wir dieses Erbe nicht vermehren und nicht ergänzen können, können ja unsere Eingriffe in den Bereich des Lebens immer nur auf Herbeiführung eines status quo minus hinauslaufen. Darum ist es falsch, bei Entscheidungen dieser Art das Prinzip der Güterabwägung statt eines unbedingten Verbotes einführen zu wollen.

Da wir selbst keine natürlichen Arten neu schaffen können, haben wir die Pflicht, die natürlichen Arten in einer für die Arterhaltung erforderlichen Anzahl von Exemplaren weiterzugeben. Es gibt zwar ein natürliches Aussterben von Arten. Aber die Kapazität des Menschen, dieses Aussterben zu bewirken, ist so unverhältnismäßig und unbegrenzt, daß er nur dann verantwortlich handelt, wenn er sich als bewußter Beschützer der Natur versteht. Das ist die einzig mögliche Konsequenz aus seiner ambivalenten Lage, einerseits aufgrund seiner Instinktungebundenheit und Vernunft „über der Natur" zu stehen, andererseits aber doch natürliches Wesen, mit seiner Existenz an natürliche Voraussetzungen gebunden zu bleiben. Weder ist die Natur bloßes Ausbeutungsobjekt für den Menschen, noch ist der Mensch so Teil der Natur, daß er ungestraft und ohne Schaden für das Ganze seinen natürlichen Expansionsbedürfnissen einfach freien Lauf lassen dürfte. Der biblische Herrschaftsauftrag an die Menschen wird im Bericht der Genesis zunächst dadurch realisiert, daß der Mensch den Tieren Namen gibt. Die Namensgebung hat eine doppelte Funktion. Einerseits macht sie das Benannte für den Menschen verfügbar. Andererseits aber unterscheidet sich Benennen von bloßem Verwerten dadurch, daß das Benannte gerade in seinem Selbstsein bezeichnet wird. Man kann die Hegung der Natur anthropozentrisch verstehen. Der Mensch zerstört, wenn er die Natur zerstört, seine eigene Existenzgrundlage. Insofern geht es, wenn es um die Natur geht, stets um den Menschen. Dennoch, oder besser eben deshalb, ist es notwendig, die anthropozentrische Perspektive heute zu verlassen. Denn solange der Mensch die Natur ausschließlich funktional auf seine Bedürfnisse hin interpretiert und seinen Schutz der Natur an diesem Gesichtspunkt ausrichtet, wird er sukzessive in der Zerstörung fortfahren. Er wird das Problem ständig als ein Problem der Güterabwägung behandeln und jeweils von der Natur nur das übrig lassen, was bei einer solchen Abwägung im Augenblick noch ungeschoren davonkommt. Bei einer solchen Güterabwägung im Detail wird der Anteil der Natur ständig verkürzt.

Die Sprache des heutigen Umweltschutzes bleibt noch weitgehend in solchem Funktionalismus befangen. So z.B. wenn in ihr Natur nur als Umweltträger von „Umweltqualitäten" vorkommt, die ihrerseits einzig durch den Bezug auf menschliche „Bedürfnisse" qualifiziert werden. Die hier vorgetragene Argumentation ist zwar selbst funktionalistisch. Argumente können überhaupt nur funktionalistisch sein. Die Frage ist nur, was ein nur argumentatives Denken leisten kann und was nicht. Es kann viel leisten. Das Maximum seiner Möglichkeiten hat schon Platon aufgewiesen: es kann an seine eigene Grenze, d.h. an den Rand von Einsichten führen, die nicht mehr argumentativ, d.h. funktional herleitbar sind. Ein dem Wesen des Menschen gemäßer Funktionalismus kann zeigen, daß eine nichtfunktionale Ethik der dreifachen Ehrfurcht vor dem, was über uns, was unseresgleichen und was unter uns ist, auch unter Nützlichkeitspunkten aufs Ganze und auf die Länge gesehen für den Menschen das Beste ist. Freilich hat man so diese Ehrfurcht noch nicht. Sie bedarf anderer als argumentativer Grundlegungen. Aber daß Nützlichkeit und absolute Wertgesichtspunkte letztlich konvergieren, ist selbst Bestandteil eines sich nicht funktional begründenden Schöpfungsglaubens.

Nur wenn der Mensch heute die anthropozentrische Perspektive überschreitet und den Reichtum des Lebendigen als einen Wert an sich zu respektieren lernt, nur in einem wie immer begründeten religiösen Verhältnis zur Natur wird er imstande sein, auf lange Sicht die Basis für eine menschwürdige Existenz des Menschen zu sichern. Der anthropozentrische Funktionalismus zerstört am Ende den Menschen selbst.

Wieweit eine solche Pflicht gegenüber der Natur um der Natur willen auch die anorganische Materie einschließt, muß hier offenbleiben. Auch hier gibt es so etwas wie ein Selbstsein der Natur, so etwas wie substantielle Einheiten, die sich unter Bindung einer gigantischen Energiemenge in ihrer Identität behaupten. Zur Ausführung dieser naturphilosophischen Perspektive ist jedoch hier nicht der Raum. In unserem Zusammenhang kommt es nur darauf an, daß es eine Pflicht des Menschen gibt, die Welt in einem Zustand zu hinterlassen, in welchem Leben und Freiheit der Nachkommenden nicht auf eine Weise beeinträchtigt werden, von der wir billigerweise nicht erwarten können, daß sie von den Nachkommenden selbst als zumutbar akzeptiert wird. Das bedeutet erstens, daß keine irreversiblen Transformationen in relevanten Mengen in der Nähe der Erdoberfläche hinterlassen werden. Die Erde darf den Kommenden nicht als Kunststoffmüllplatz übergeben werden. Die späteren Generationen müssen die Möglichkeit haben, unsere Spuren entweder zu beseitigen oder das, was wir ihnen hinterließen, wiederum zu transformieren in das, was ihnen gut scheint. Wir müssen Substanzen hinterlassen, die weiterhin solche Transformationen möglich machen, und dies ohne Spekulation auf ungeahnte technische Fortschritte. Denn zu diesen können wir unsere Nachkommen nicht verpflichten. Das Zweite aber ist dies: Wir haben nicht das Recht, über die Gefahren hinaus, die der Natur innewohnen — Erdbeben, Vulkanausbrüche, Wirbelstürme usw. —, durch unsere Transformation von Material zusätzliche Gefahrenquellen in unseren Planeten einzubauen. Die natürlichen Lebensmöglichkeiten, die die bewohnbare Welt bietet, sind die notwendige Voraussetzung für die Realisierung von Freiheit und Autonomie, also auch für so etwas wie Recht. Angesichts der Endlichkeit der Welt müssen deshalb diese Lebensmöglichkeiten wie ein Kapital betrachtet werden, von dessen Zinsen wir leben, das wir jedoch selbst nicht angreifen dürfen, ohne eine Pflicht gegen unsere Nachkommen zu verletzten, da ja das Grundkapital prinzipiell nicht wieder aufgefüllt werden kann. Jeder Einbau einer irreversiblen Gefahrenquelle kommt aber einem Anbrauchen eines Grundkapitals gleich. Natürlich spielt hier immer das Mengenproblem hinein. Unterhalb bestimmter Größenordnungen kann man die Fragen nach ihrer Zulässigkeit vernachlässigen, so wie ja auch Mundraub sich von Diebstahl durch die Geringfügigkeit unterscheidet. Im Unterschied zu archaischen Kulturen haben jedoch die Eingriffe der modernen Technik nicht mehr den Charakter des Mundraubs.

Während die Größenordnung bei der Beurteilung der hier anstehenden Frage eine Rolle spielt, kann es auf den Grad der Wahrscheinlichkeit künftiger Katastrophen nicht ankommen. Wahrscheinlichkeit ist eine subjektive Qualifikation künftiger Ereignisse. Wenn ein Ereignis eintritt, dann ist es gleichgültig, wie wahrscheinlich es zu einem früheren Zeitpunkt war. Die Qualifikation eines Ereignisses als mehr oder weniger wahrscheinlich dient nur als Orientierung beim Eingehen eigener Risiken. Entscheidend dabei ist, daß derjenige, den Gewinn und Verlust betreffen, derselbe ist. Auch eine Gesellschaft kann konsensuell Risiken eingehen, z. B. beim Autoverkehr, solange die vom Risiko Betroffenen prinzipiell dieselben sind wie die, die die Vorteile genießen. Das schließt nicht aus, daß dieses Risiko ungerechtfertigt und unvernünftig ist, wie dies beim heutigen Autoverkehr der Fall ist. Niemals aber kann es erlaubt sein, daß eine bekannte und feststehende Zahl von Menschen sich Vorteile verschafft auf Kosten des Risikos anderer Menschen, die überhaupt nicht gefragt werden. Wahrscheinlichkeitskalkül ist hier fehl am Platz. Niemand darf das Leben eines anderen verwetten, nur weil die Wahrscheinlichkeit eines günstigen Wettausganges sehr hoch ist.

Was nun die Gewinnung von Energie durch Kernspaltung betrifft, so ist alles, was ihre Befürworter gegenüber den Warnungen zu erwidern haben, der Hinweis auf die Unwahrscheinlichkeit möglicher Katastrophen. Eben dieses Argument aber zählt nicht. Und es zählt auch nicht der Hinweis auf die genügenden Sicherheitsvorkehrungen für den gelagerten radioaktiven Abfall. Die schädigende Potenz bleibt über Jahrtausende erhalten. Wir wissen nicht, ob die wissenschaftlich-technische Zivilisation mit ihrer Kenntnis der Natur dieser Gefahren die nächsten Jahrhunderte überleben wird. Wir wissen nicht, ob unseren Nachfahren an diesen Kenntnissen gelegen ist. Wir wissen nicht, wie lange die staatlichen Einrichtungen existieren, die den Schutz vor Einbrüchen in die Gefahrenzone gewährleisten. Wir haben nicht das Recht, unseren Nachkommen die Erprobung alternativer Formen gemeinschaftlichen Lebens unmöglich zu machen durch den Einbau nichttransformierbarer Sachzwänge. In diesem Zusammenhang ist auch darauf hinzuweisen, daß der prozentuale Anteil derjenigen, die über die theoretischen Voraussetzungen zur Erkenntnis und Bewältigung der genannten Gefahren verfügen, an der Weltbevölkerung ständig sinkt. Eine Wiederholung des zivilisatorischen Niedergangs nach Analogie der Völkerwanderungszeit ist daher nicht ausgeschlossen.

Es wird in diesem Zusammenhang nun darauf hingewiesen, daß ohne diese zusätzliche Energiequelle unser Wirtschaftssystem nicht zu erhalten sei, und daß eine Konsumeinschränkung soziale Konflikte erzeugen würde, die vielleicht nicht gebändigt werden können. Das aber heißt doch: um in den nächsten 30 Jahren nicht unseren Konsum einschränken oder unsere Gesellschaftssystem modifizieren zu müssen, unterwerfen wir für Jahrtausende die kommenden Generationen dem Zwang, ihr Gesellschaftssystem so zu gestalten, daß es die von uns geschaffenen neuen Gefahrenquellen unter Kontrolle zu halten vermag. Diese Zumutung kann auf keine Weise gerechtfertigt werden. Der Hinweis auf die tödlichen Gefahren, die sich aus Energieverknappung und daraus resultierenden sozialen Konflikten in nationalem und internationalem Maßstab ergeben, und die gegen jene anderen abgewogen werden müßten, ist unberechtigt.

Es gibt eine Tendenz, soziale Systemzwänge zu objektivieren und mit Naturzwängen gleichzusetzen. Eine solche Gleichsetzung provoziert aber geradezu revolutionäre Bestrebungen. Sie ist nämlich gleichbedeutend mit der Behauptung, das soziale System, in dem wir leben, sei nicht ein frei gewähltes und anderen vorgezogenes, daher auch nach Maßgabe von Einsichten modifizierbares, sondern das Ergebnis von naturwüchsigen Zwängen. Wenn das stimmt, entfällt jedes sittliche Argument gegen den Versuch, ein solches System durch eines zu ersetzen, das in Aussicht stellt, Ausdruck objektiver menschlicher Selbstbestimmung zu sein. Spätere Generationen müßten urteilen: man hat uns neue Naturzwänge hinterlassen, weil man den eigenen Willen, so und nicht anders zu leben, unehrlicherweise für einen Naturzwang ausgegeben hat. Der Freiheitsspielraum, wenn er bewußt realisiert wird, muß im übrigen bei Verzicht auf atomare Energiegewinnung keineswegs zu einer Aufgabe der rechtsstaatlichen Ordnung führen. Die Leugnung dieses Spielraums geht nämlich im allgemeinen Hand in Hand mit einer nahezu mythologischen Annahme über eine prästabilierte Harmonie menschlicher Bedürfnisse und bestimmter wissenschaftlicher Entdeckungen. Daß in dem Augenblick, wo die traditionellen Brennstoffe der Welt zur Neige gehen, die Atomspaltung erfunden wurde, ist und bleibt ein kontingentes Faktum. Es muß erlaubt sein, gegenüber solchen nicht innerlich notwendigen Verknüpfungen die Frage zu stellen: Was wäre, wenn man diese Erfindung nicht gemacht hätte? Vermutlich wäre es nicht das Ende der Menschheit oder das Ende der Zivilisation gewesen. Gerade freie Gesellschaftssysteme haben eine ungeheure Kapazität, natürlichen Herausforderungen zu begegnen. Diese Kapazität liegt heute brach, weil der Ausweg der Atomenergie, in dessen Erarbeitung bereits viel investiert wurde, den Druck der Herausforderung beseitigt und damit auch die Nötigung zu jener intellektuellen Energieentfaltung, die erforderlich ist, um langfristig das Energieproblem auf eine die Nachwelt weniger belastende Weise zu lösen. Es ist daher nötig, an die Stelle der weggefallenen Nötigung durch akute Notlage eine Nötigung durch sittliche Verantwortung zu setzen.

4. Grenzen der Loyalitätspflicht gegenüber dem Staat?

Ein Letztes ist noch zu bedenken. Die Legitimität des Staates und die Loyalitätspflicht der Bürger sind nicht unbedingt und unbegrenzt. Im ersten Teil dieser Ausführungen waren einige Minimalbedingungen genannt worden, denen ein Staat genügen muß, um für seine Zumutungen an seine Bürger Gehorsam zu verlangen. Nicht jede Mehrheitsentscheidung erfüllt diese Bedingung. Nur wo die Subjektstellung der Betroffenen durch die Entscheidung nicht negiert wird, kann auch der Gehorsam der Dissentierenden verlangt werden. Wo irgend jemandes Subjektstellung negiert wird, da steht es jedermann frei, diesem Betroffenen und aus der Loyalitätspflicht Entlassenen beizustehen und seinerseits die Loyalität aufzukündigen. Wo Juden von Staats wegen zum Mord freigegeben werden, da sind nicht nur Juden ihrer Loyalitätspflicht ledig, sondern jedermann, der diesen beizustehen wünscht. Für diejenigen, die in der industriellen Nutzung der Kernspaltung einen Angriff auf die Integrität des menschlichen Lebens sehen, stellt sich daher die Loyalitätsfrage. Es kann niemandem zugemutet werden, Mehrheitsentscheidungen zu akzeptieren, wo diese seiner Überzeugung nach Tod oder schwere gesundheitliche Schädigung seiner Kinder bedeuten.

[...] Die Entfesselung radioaktiver Strahlung schafft einen Umstand, der durch keinerlei spätere Entscheidung ungeschehen gemacht werden kann. Die kommenden Generationen haben das Faktum als ein unveränderbares und als solches unfruchtbares Datum in ihr Leben aufzunehmen. Wer sich mit diesen künftigen Generationen in einer geschichtlichen Solidarität weiß, kann daher einen solchen Mehrheitsentscheid nicht einfach akzeptieren, weil er ihn als Überschreitung der Kompetenz einer Mehrheit betrachten muß, die doch gegenüber den Betroffenen stets in der Minderheit bleibt. Wo es sich aber um einen Fall handelt, bei welchem Dissens Aufkündigung der Loyalität zur Folge haben kann und wo zur dissentierenden Minderheit sachkundige Fachleute gehören, da hat der Staat den Legitimitätsverlust selbst zu verantworten, wenn er das Ende der Debatte unter den Sachkundigen nicht abwartet, sondern vorschnell vollendete Tatsachen schafft.

Der sachkundige Laie bildet sich sein Urteil, indem er die Argumente der Fachleute anhört und abwägt. Dabei muß er heute angesichts des Ausmaßes und der Irreversibilität der Schäden eine neue Beweislastverteilung fordern. Nicht die Schädlichkeit, sondern die Unschädlichkeit muß glaubhaft gemacht werden. Wann ist sie glaubhaft gemacht? Für den Laien dann, wenn praktisch alle Fachleute sich haben überzeugen lassen. Der Laie hat das Recht, der Überzeugungskraft eines Argumentes so lange zu mißtrauen, wie eine durch Qualifikation oder Zahl nennenswerte Minderheit von Fachleuten durch das Argument nicht überzeugt wurde. [...]

Wir sind uns heute bewußt geworden, daß es einen Besitz gibt, der jenem der Freiheit voraufliegt: die Integrität jener Natur, in deren ökologischer Nische Leben und Freiheit selbst angesiedelt sind. Damit aber kehren sich Präsumption und Beweislast erneut um. Die Begründungspflicht trägt wiederum der, der *diesen* Besitz antasten will. Der Beweis für die Notwendigkeit und die Harmlosigkeit des Eingriffs aber kann erst dann als erbracht gelten, wenn kein Sachverständiger mehr widerspricht. Die probabilistische Argumentationsfigur führt also in dieser unvermeidlichen Umkehrung notwendigerweise zu einem neuen Tutiorismus, der plausibler ist als der alte. Angesichts der Anforderungen, die wir an einen solchen Beweis zu stellen verpflichtet sind, kann ein solcher zur Zeit nicht als erbracht gelten. Das ist das Mindeste, was jeder wird zugeben müssen. Daher ist die Inbetriebnahme von Kernkraftwerken zur Zeit ethisch auf keinen Fall gerechtfertigt. Und da der Staat das Subjekt der Verantwortung für die langfristigen Nebenfolgen menschlicher Handlungen ist, muß er die Inbetriebnahme verhindern.

Anmerkung

* Dieser Beitrag wurde in geringfügig abweichender Fassung erstmals veröffentlicht in: Scheidewege 9 (1979), S. 476 ff.

Dieter Rucht

Recht auf Widerstand?*

Aktualität, Legitimität und Grenzen „zivilen Ungehorsams"

Einleitung

„Wo Recht zu Unrecht wird, wird Widerstand zur Pflicht!" So oder ähnlich lautet der Appell auf zahlreichen Aufrufen zu Demonstrationen, Blockade- und Boykottaktionen im Rahmen der gegenwärtigen Protestbewegungen. Auch Günter Grass hält den Zeitpunkt für gekommen, über „Das Recht auf Widerstand" nachzudenken. Angesichts eines drohenden Überwachungsstaates und des Risikos eines Nuklearkrieges sei die Grenze des Zumutbaren erreicht:

„Wer bereit ist, jene Einsicht zu teilen, die uns vom 30. Januar 1933 für die Notlage unseres politischen Alltags vermittelt wird, der wird dem demokratisch legitimierten Rechtsbruch nicht weiter nur fröstelnd zusehen können." (in: DIE ZEIT v. 4.2.1983, S. 39)

Doch Fragezeichen sind angebracht, wo allzu schnell apodiktische Ausrufezeichen gesetzt werden. Wo beginnt und wo endet das Recht zum Widerstand? Was sind die Maßstäbe für Recht und Unrecht? Und welche Schlichtungsverfahren können bindende Wirkung erzielen, wenn die Interpretationen von Recht und Unrecht auseinanderdriften?

Hinter den neuen politischen Fronten und ihren Anlässen, heißen sie nun Wyhl, Gorleben, Instandbesetzung, Startbahn West oder Stationierung neuer Mittelstreckenraketen, stehen strukturelle Wandlungen. Die gemeinsamen Aufgaben und Wertgrundlagen, die noch bei allen ideologischen Differenzen die Nachkriegsgeneration zusammenhalten und einen grundlegenden Konsens stiften konnten, sind vor allem für Teile der Jüngeren nicht länger Orientierungsmarken und Wegweiser. Andere existenzielle Voraussetzungen, andere Erfahrungs„werte", andere Deutungsmuster und vor allem qualitativ neue Problemlagen entfalten prägende Kraft. Die Gleichzeitigkeit des Ungleichzeitigen und damit wechselseitige Verständnislosigkeit kommen in den aktuellen Konflikten zum Ausdruck. Erscheint den einen das Erreichte als verteidigenswerter Besitzstand, so gilt dieser den anderen als Anachronismus oder gar als Quelle der Bedrohung.

In spektakulären Aktionen, aber auch in stummen Rückzugsbewegungen manifestiert sich immer deutlicher die Kluft zwischen dem herrschenden Politikbetrieb und seinen Spielregeln und den neuen Protestbewegungen. Vielen erscheinen die Kräfte, denen einst die Sicherung des Fortschritts anvertraut wurde, heute als eine „große Koalition für die Aufrüstung, für die

Kaputtindustrialisierung und für die Verelendung der halben Menschheit"
(Bahro, Tageszeitung vom 3.11.1982, S. 9). Die Abgrenzung von der bürokratisch-industriellen Wachstumsallianz beinhaltet gleichermaßen die Distanzierung vom (Neo-)Konservatismus wie auch von der traditionellen Sozialdemokratie. Wer jedoch heute, wie etwa Rudolf Bahro, allen Ernstes den Rückzug
aus der Industriegesellschaft und der internationalen Arbeitsteilung propagiert und Autarkie zu einem angemessenen Prinzip erklärt, wird von seinen
politischen Gegnern nicht mehr ernst genommen. Ungleich empfindlicher
sind dagegen die Reaktionen auf die *konkrete* Infragestellung der Entscheidungskompetenz repräsentativer Organe und der Anwendung des staatlichen
Gewaltmonopols.

Solange untergehakte Bauplatzbesetzer „Wehrt euch, leistet Widerstand!" singen und sich relativ mühelos abräumen lassen, ist ihnen — wie in
Gorleben oder bei der Startbahn West — selbst der Dank der Polizeiführung
für ihr friedfertiges Verhalten gewiß (wenn auch zunehmend Strafanzeigen
und Rechnungen für Einsatzkosten folgen mögen). Und solange Professoren
in der Enklave des akademischen Elfenbeinturms historische Abhandlungen
über das Widerstandsrecht der Monarchomachen verfassen, mag ihnen auch
die Druckkostenbeihilfe einer (halb-)staatlichen Instanz zugestanden werden.
Wenn freilich die Praxis ideenreich und das Reich der Ideen praktisch zu werden beginnt, kommen auch die Apologeten des Status quo in Bewegung. Die
Schärfe und Gereiztheit, mit der Vertreter der etablierten Politik auf jeden
Versuch einer Rechtfertigung des „zivilen Ungehorsams" oder eines „Widerstands" zu reagieren pflegen[1], mag auf eine defizitäre demokratische Kultur
in Deutschland oder auch auf die Fixierung der Nachkriegsdebatte um das
Widerstandsrecht auf den Modellfall des 20. Juli 1944 zurückgeführt werden.
Aber die Reaktionen zeigen doch, daß hier ein Nerv des repräsentativ-demokratischen Verständnisses schlechthin getroffen wird.

Die Häufung von begrenzten und zuweilen massenhaften Regelverletzungen im Rahmen der gegenwärtigen Protestbewegungen ist nicht nur ein
Indiz für strukturelle Defizite der politischen Interessenrepräsentation angesichts der qualitativ neuen Voraussetzungen und Dimensionen heutiger
Entscheidungslagen. Diese Praxis ist auch rechtstheoretisch weithin unbegriffen. Während sich die Aktionisten zumindest in der Bundesrepublik eher naiv
auf ein Recht zum Widerstand berufen, so hinterlassen selbst die mit dem
Protestphänomen befaßten Wissenschaften ein eigentümliches Vakuum. Sozialwissenschaftler liegen ohnehin abseits der rechtstheoretischen Fragen, indem sie sich vorrangig auf die Motive, Strukturen und Wirkungen der Protesthandlungen einlassen; Strafrechtler fixieren sich auf die Legalitätsfrage
und unterlaufen damit die Legitimitätsfrage; Staats- und Verfassungsrechtler
wiederum ignorieren die Problematik, indem sie mit guten Gründen darauf
verweisen, daß den aktuellen Protesten weder der Sachverhalt des allgemeinen Widerstandsrechts (etwa im Hinblick auf den Tyrannenmord oder die
„gerechte Revolution") noch der des legalisierten Widerstandsrechts nach
Art. 20 IV des Grundgesetzes zugrundeläge; Sozialphilosophen schließlich
schweben derart hoch über den Niederungen konkreter Protestaktionen, daß
sie lediglich zu abstrakten Postulaten gelangen: sei es in Form eines aus dem
Telos und dem Eigenrecht der Natur deduzierten „Prinzip Verantwortung"
(Hans Jonas) oder eines naturrechtlich gebotenen Verzichts auf „expansioni-

stische", in ihren Folgen nicht abschätzbare Eingriffe (Robert Spaemann).
Dabei bleibt jedoch die praktische Frage offen, wie denn einer Politik Ein-
halt geboten werden solle und könne, die eben diese Postulate schlichtweg
zu ignorieren sich anschickt. Oder die Frage wird – wie im Falle von Jonas –
mit der kaum verhüllten Option einer „guten" Diktatur beantwortet.[2]

Im folgenden soll versucht werden, die zwischen dem Legalitätsgebot
und dem übergesetzlichen Widerstand angesiedelte Praxis des zivilen Ungehorsams theoretisch einzuholen. Dazu will ich zunächst den Anwendungsbereich und die Anwendungskriterien des allgemeinen Widerstandsrechts
aufzeigen (I.). Anschließend wird das Konzept des „zivilen Ungehorsams"
vorgestellt (II.) und unter einigen systematischen Gesichtspunkten hinsichtlich seiner möglichen Legitimität diskutiert (III.). Auf dieser Grundlage sollen abschließend einige derzeit relevante Vorschläge und Positionen zu diesem Themenbereich kritisch beurteilt werden (IV.).

I. Die Bedingungen eines Rechts auf Widerstand

Wer nicht a priori die Stimme seines Gewissens als untrügliche und ausreichende Quelle eines möglichen Widerstandsrechts betrachtet, oder umgekehrt,
unter den heutigen Voraussetzungen *jede* ethisch und/oder politisch motivierte Mißachtung gesetzlicher Regeln als illegitim abqualifiziert, der wird
sich mit den Bedingungen, Motiven und Argumenten derer auseinandersetzen
müssen, die sich auf ein Widerstandsrecht berufen. Dabei ist es nützlich, sich
auch die historische Dimension des Widerstandsrechts zu vergegenwärtigen
und möglichst präzise Grenzziehungen zwischen den Bedingungen klassischer
Widerstandsformen (etwa dem Tyrannenmord oder der „gerechten Revolution") und den hier und heute geltenden Voraussetzungen politischen Widerstands anzustreben.

1. Das allgemeine Widerstandsrecht[3], sei es in Form der individuellen passiven Verweigerung gegenüber der Obrigkeit oder der kollektiven gewaltsamen
Erhebung, speist sich aus biblischen Quellen, dem antiken Verständnis von
Gerechtigkeit, den religiösen Lehren des Mittelalters und der Neuzeit, dem
modernen Naturrecht, marxistischen und anarchistischen Theorien. Die historische Antwort auf die Ausgangsfrage, wo denn das Recht zum Widerstand beginne und ende, schien lange eindeutig. Das moderne Naturrecht
bildete den nicht hintergehbaren, überpositiven Grund allen Rechts. Die verbindliche Auslegungsinstanz dieses Rechts sind in der Regel bestimmte Organe des Staates. Nur im äußersten Grenzfall, nämlich dann, wenn der Staat
selbst elementare Menschen- und Bürgerrechte systematisch mißachtet und
auch mit rechtsstaatlichen Mitteln nicht mehr in seine Schranken verwiesen
werden kann, tritt das „natürliche" Recht auf Widerstand in Kraft. Empirisch jedoch gilt: Nicht *das* Volk, sondern lediglich Teile davon sprechen der
pervertierten staatlichen Herrschaft die Legitimität ab. Da der Staat auch
und gerade in dieser Situation nicht als leere Hülse, sondern getragen von einzelnen Interessengruppen existiert, beginnt ein innerer Kampf, in letzter
Konsequenz der Bürgerkrieg. Wer, wie etwa Thomas Hobbes, die Schrecken
des Bürgerkriegs unmittelbar vor Augen hat, neigt dazu, nicht für Gerechtig-

keit und Wahrheit, sondern für die Stärke des Staates einzustehen: Auctoritas non veritas facit legem.

War die Absolutheit, die ungebrochene und ungeteilte Macht des Leviathan für Hobbes die Voraussetzung, um das Widerstandsrecht zu dispensieren[4], so bildete eben dieser Charakter des Staates den Angriffspunkt der bürgerlichen Revolution. Der über den Absolutismus triumphierende bürgerlich-liberale Staat wurde allmählich auf demokratische Essentiale und Formprinzipien verpflichtet, an die seine Legitimität untrennbar gekoppelt bleibt. Doch mit der Säkularisierung der Weltbilder und der Positivierung des Rechts fallen Wahrheit (Moral) und Autorität auseinander.

Mit dem Durchbruch des modernen Gesetzesstaates im 19. Jahrhundert verschwand das Widerstandsrecht aus der Staatstheorie dieser Epoche:

„An die Stelle eines unbestimmbaren Widerstandsrechts, dessen Stärke allein seine Verankerung im Volksbewußtsein — und das heißt gleichzeitig seine substantielle Grenzenlosigkeit — war, trat der rationalisierte Gesetzesbegriff." (Kirchheimer 1967: 9)

Kirchheimer definiert den modernen Staat geradezu durch „das Fehlen des Widerstandsrechts, durch dessen Degradierung zu einem Katalog konstitutioneller Freiheitsrechte" (ebd.). Ebenso sieht Ulrich K. Preuß, ein entschiedener Verteidiger des vielfach als „bloß formal" gescholtenen Rechtspositivismus, „die wichtigste Leistung des Legalitätssystems ... in der Beseitigung des Widerstandsrechts" (1977: 451). Nach dieser Auffassung beinhaltet der Rückgriff auf materiale — aufgrund ihrer notwendigen Abstraktheit auch sehr dehnbare — Rechtsgrundsätze eher die Gefahr eines gezielten politischen Mißbrauchs (z.B. zur Abwehr neuer sozialer Ordnungsformen). Allerdings enthält m.E. auch der „progressiv" gewendete Rechtspositivismus ein materiales Substrat (das Kriterium „eines ‚fairen Verfahrens' der Repräsentation des souveränen Volkswillens", ebd. 544), dessen gezielte und dauerhafte Verletzung — und es sei in legalen Bahnen — ein Widerstandsrecht unabweisbar aufleben läßt. Gewiß ist der ursprünglich sichere naturrechtliche Grund durch den reinen Rechtspositivismus (Kelsen) und den Rechtsfunktionalismus (Luhmann) schwankend geworden. Doch ethisch verankerte, materiale Gerechtigkeitsansprüche sind auch heute nicht gänzlich neutralisiert, sondern treten lediglich im legalistischen Routinebetrieb in den Hintergrund.

Wo sich die Justiz generell auf die Seite der Herrschenden schlägt, wo sich diese relevante parlamentarische und justizielle Regeln selbst auf den Leib schneidern und damit über die Verfahrensstruktur auch die Ergebnisse präformieren können, wo das formelle Angebot pluralistischer Interessenrepräsentation faktisch zu einer höchst einseitigen Interessenselektion verkommt, da wird Herrschaft illegitim. Demagogische Instrumente können gleichwohl Massenloyalität erzeugen. Inwieweit dies gelingt, ist jedoch nicht nur eine Frage des manipulativen Geschicks, sondern des allgemeinen Rechtsbewußtseins und des Muts, für seine Überzeugungen einzutreten.

2. Selbst wenn die vorgelagerte Frage der Notwendigkeit („Erforderlichkeit") des Widerstands gegen staatliche Maßnahmen oder gegen eine staatliche Herrschaftsform positiv beantwortet werden kann, wenn somit „normale Rechtsbehelfe" faktisch versperrt sind oder erfolglos ausgeschöpft wur-

Dieter Rucht

den und außergesetzlicher Widerstand als ultima ratio erscheint, so steht die Wahl der Mittel und Formen des Widerstands keineswegs zur beliebigen Disposition. Aus dem modernen Legitimitätsverständnis entwickelten sich regulative Prinzipien der Mittelwahl bei staatlichen Maßnahmen, die jedoch auch für Widerstandshandlungen gegen einen Unrechtsstaat Geltung besitzen. Diese These mag zunächst überraschend erscheinen. Ist nicht Widerstand von allen Bedingungen entbunden, sofern sich Herrschaftsgewalt in bedingungslose Gewaltherrschaft verwandelt hat? So gesehen ist es auch nicht erstaunlich, daß die christliche Tradition des Widerstandsrechts nicht nur den passiven Widerstand bis hin zur Selbstaufgabe kennt (so bei den Kirchenvätern bis hin zu Augustinus; vgl. Bertram 1970), sondern in der Folgezeit auch die Anwendung von Waffengewalt in Grenzsituationen billigt.

Zwar haben die klassischen Grenzsituationen — weltweit gesehen — bis heute nicht ihre grundsätzliche Aktualität verloren, doch unter den Bedingungen einer repräsentativen Demokratie und rechtsstaatlicher Garantien, also der „bürgerlichen Legitimität" (Sternberger), wäre es abwegig, die Voraussetzungen für einen übergesetzlichen Notstand als gegeben anzunehmen. Jeder Versuch, unter den hier und heute bestehenden Verhältnissen einen politischen Konflikt durch einen Angriff auf Leib und Leben der jeweiligen Gegner rechtfertigen zu wollen, ignoriert die unumgänglichen und strengen Geltungsgründe für eine legitime Gewaltanwendung. Über diese prinzipiellen Voraussetzungen herrscht in der politischen Philosophie seit der Aufklärung, in der staatsrechtlichen Literatur und in der höchstrichterlichen Rechtsprechung weitgehende Einigkeit. Arthur Kaufmann hat jüngst in einem brillianten, wenngleich kritikwürdigen Essay über „Das Widerstandsrecht der kleinen Münze" (SZ v. 31.12.1981/1.1.1982, S. 45 f.) noch einmal diese Bedingungen in Erinnerung gerufen. Demnach bedarf das auf den Grenzfall zugeschnittene Widerstandsrecht
— eines krassen Mißbrauchs der Staatsgewalt,
— der vorausgehenden und erfolglosen Ausschöpfung aller (noch) zur Verfügung stehender legaler und friedlicher Mittel der Abhilfe und
— der begründeten Hoffnung auf das Gelingen des Widerstandes.
Nun läßt sich zeigen, daß diese Bedingungen nicht speziell für Extremsituationen des Widerstands reserviert sind, sondern daß ihnen allgemeine Maßstäbe der Gerechtigkeit und Vernunft zugrundeliegen, die weithin als ungeschriebene Regeln alltägliche Interaktionen (z.B. die Sanktionen im Rahmen der elterlichen Erziehungsgewalt) und politisches Handeln steuern. Explizit werden diese Kriterien an alle staatlichen Aktivitäten angelegt. So soll der Mißbrauch staatlicher Gewalt durch die Bindung an Recht und Gesetz verhindert werden. Weiterhin wird die Wahl angemessener Mittel, also solcher mit den „geringsteinschneidenden Folgen" (Scheidle 1969: 31) gefordert. Schließlich können nur solche Maßnahmen als sinnvoll erachtet werden, die überhaupt eine Abhilfe oder Linderung eines für dringend erachteten Problems versprechen. Insbesondere bei schwerwiegenden staatlichen Interventionen, etwa der Einschränkung von Grundrechten, werden diese Kriterien explizit als verfassungsrechtliche Maßstäbe herangezogen. So versteht das Bundesverfassungsgericht den Grundsatz der Verhältnismäßigkeit (im weiteren Sinne) als eine „übergreifende Leitregel" für alle staatlichen Maßnahmen, die sowohl aus dem Rechtsstaatprinzip als auch aus dem Wesen der

Grundrechte hervorgehe. In verschiedenen Urteilsbegründungen konkretisierte das Gericht den Grundsatz der Verhältnismäßigkeit i.w.S. durch die Gebote der Geeignetheit, der Erforderlichkeit und der Verhältnismäßigkeit i.e.S., ohne jedoch letztlich zu einer einheitlichen, in sich stimmigen und präzisen Begriffsverwendung zu gelangen (vgl. Grabitz 1973: 571).

In einer anderen, inhaltlich nicht ganz deckungsgleichen Systematik werden unter dem Oberbegriff des Übermaßverbots die Anforderungen der Erforderlichkeit und der Verhältnismäßigkeit zusammengefaßt, während dem Grundsatz der Geeignetheit ein eigener logischer Status eingeräumt wird (vgl. Lerche 1961; Wittig 1968).

Ohne auf diese unterschiedlichen terminologischen Konzepte und ihre kontroverse, aber durchaus folgenreiche Konkretisierung einzugehen, sollen die in der Literatur weithin eingebürgerten Kriterien der Geeignetheit, der Verhältnismäßigkeit i.e.S. („Proportionalität", Grabitz) und der Erforderlichkeit grob umrissen werden. Ein Mittel gilt dann als *geeignet*, wenn durch seine Anwendung der gewünschte Erfolg erreicht oder zumindest gefördert wird. Es ist *erforderlich*, wenn kein anderes, weniger einschneidendes oder einschränkendes Mittel dem beabsichtigten Zweck genügt (Subsidiaritätsklausel). Es entspricht dem Grundsatz der Verhältnismäßigkeit oder ist *angemessen*, wenn es der Allgemeinheit oder einer besonderen Gruppe zugemutet werden kann. Während jedoch die beiden erstgenannten Prinzipien ein oder mehrere Mittel in Relation zu einem als *gegeben* unterstellten Zweck setzen und damit der Zweckrationalität in Max Webers Sinne entsprechen, werden unter dem Gesichtspunkt der Verhältnismäßigkeit Mittel *und* Zweck als kontingent betrachtet. Demnach kann auch ein „an sich" legitimer Zweck dann illegitim werden, wenn er nur durch einen „unverhältnismäßig" großen Mittelaufwand erreicht werden kann. In diesem Sinne folgt der Grundsatz der Verhältnismäßigkeit einer umfassenderen Rationalität. Diese erstreckt sich nicht nur auf eine optimale Organisation der Mittel, sondern verbindet auch das Verhältnis von Kosten und Nutzen mit dem Aspekt der Zumutbarkeit (meist in Form einer Abwägung von Gemeinwohlinteressen und Individualrechten/Minderheitenschutz), um möglicherweise eine vordergründig als geboten erscheinende Maßnahme zu verwerfen zugunsten eines höherrangigen Rechtsguts.

Hinter diesen durchaus sinnvoll anmutenden Kriterien verbergen sich jedoch im konkreten Fall beträchtliche Untiefen. So kann z.B. zumindest ex ante die Eignung bzw. Erfolgsaussicht nahezu jeder Widerstandshandlung bestritten und damit als illegitim qualifiziert werden. Daß selbst der Bundesgerichtshof die aus politischen und moralischen Gründen erfolgte Verweigerung des Kriegsdienstes unter dem nationalsozialistischen Regime nicht als gerechtfertigte Widerstandshandlung anzuerkennen bereit war, da eine derartige Einzelaktion nicht „den Keim des Erfolgs" in sich berge und die Unrechtsherrschaft nicht zu beseitigen vermöge (vgl. NJW 1962, 195 ff.), zeigt nur, zu welchen Konsequenzen die juristische Auslegung der Geltungsvoraussetzungen eines Widerstandsrechts führen kann (kritisch dazu Arndt 1972: 525 ff.; Schneider 1970: 229 ff.).

3. Wer von der Positivierung des Widerstandsrechts — dem 1968 eingefügten Art. 20 IV GG[5] — und den daran anknüpfenden Kommentaren und Abhand-

lungen aufschlußreiche Antworten zur Beurteilung aktueller Protesthandlungen erwartet, sieht sich enttäuscht.

Zum einen sind grundsätzliche Zweifel an der Notwendigkeit und am Sinn eines legalisierten Widerstandsrechts angebracht. Viele Autoren halten es aus guten Gründen für abwegig, den Ausnahmezustand par excellence rechtstechnischen Regeln unterwerfen zu wollen. Die Reihe der Skeptiker und Kritiker eines solchen Unterfangens reicht von J. K. Bluntschtli, K. Wolzendorf über C. Schmitt bis hin zu „fest auf dem Boden des Grundgesetzes stehenden" Staatsrechtlern wie G. Dürig, J. Isensee, A. Kaufmann, K. Kröger oder H. Krüger. So gilt denn im Rückblick die Positivierung des Widerstandsrechts nicht als Ausfluß rechtsphilosophischer Vernunft, sondern als politisches Verhandlungsergebnis, „als verlegene Zugabe für den verschärft in Pflicht genommenen Bürger, als taktisches Zugeständnis an die Gegner einer Notstandsregelung, namentlich die beunruhigten Gewerkschaften" (Kröger 1971: 8). Ein positiv gefaßtes Widerstandsrecht dramatisiere die Normallage und verharmlose den Ausnahmezustand (vgl. Schneider 1956: 149).

Zum anderen treffen die hier zur Debatte stehenden Protesthandlungen im Rahmen der neuen sozialen Bewegungen nicht den Sachverhalt, auf den das im Grundgesetz verankerte Widerstandsrecht zugeschnitten ist. Die im folgenden (II.) schärfer eingegrenzten Widerstandsaktionen sind nicht als versuchtes oder vollendetes Unternehmen (vgl. Herzog 1980: 336) anzusehen, die freiheitlich demokratische Grundordnung zu beseitigen. In aller Regel berufen sich ja gerade die hier betrachteten Protestgruppen auf die Intention und die normative Geltung der freiheitlich-demokratischen Grundordnung und auf einzelne Abwehr- oder Teilhaberechte, um eine nach ihrer Auffassung davon abweichende Praxis anzuklagen.

Allgemeines wie positiviertes Widerstandsrecht[6] zielen auf die Abschaffung bzw. Wiederherstellung einer gesamten Staatsordnung, nicht auf die symbolisch-politische Kritik (und sei sie auch in illegalen Formen) einzelner politischer oder juristischer Entscheidungen[7]. Das Widerstandsrecht kann somit nicht zur Begründung aktueller Protestformen bemüht werden, zumal auch konstituierende Legitimitätsprinzipien der Volkssouveränität, des Regierungswechsel qua Mehrheitsentscheid und der Rechtsstaatlichkeit im Grundsatz verwirklicht sind. Noch weniger kann von Protestgruppen auf eine positivierte *Pflicht* zum Widerstand verwiesen werden, die gemäß Art. 147 der Hessischen Verfassung im Falle eines „Staatsstreichs von oben" geboten ist.

II. Ziviler Ungehorsam: Konzept, Prämissen und historische Aktualität

1. Wenn im weiteren von „Widerstand" oder „Recht auf Widerstand" die Rede ist, so handelt es sich weder um die Extremsituation des allgemeinen Widerstandsrechts noch um das bereits erwähnte „Widerstandsrecht der kleinen Münze". Dieses hat nicht nur „nichts mit Revolution zu tun" (Kaufmann 1982: 45); es ist nicht nur eine Absage an die Gewalt, an die „Auflehnung gegen die staatliche Autorität und gegen gültige Gesetze", an „lautstarke Umtriebe", „Krawall" und „äußere Unruhe", sondern ist eine Aufforderung zur „Zivilcourage", zur „geistigen Unruhe" und zur „Geduld". Kauf-

mann unterstellt jedoch, einzig und allein die von ihm gepriesenen Formen der Zivilcourage unter strikter Beachtung des legalen Rahmens eröffneten „einen Ausweg aus dem fatalen Zirkel von Aktion und Reaktion, von zerstörerischem Aufruhr und lähmender Obrigkeitsideologie, der für unsere Lage so kennzeichnend ist." (ebd.) Diese Dichotomie verdeckt freilich die Bandbreite von möglicherweise legitimen und effektiven Widerstandshandlungen, wie sie etwa im Rahmen der „gewaltfreien Aktion" oder des „zivilen Ungehorsams" thematisiert werden. Eine derartige Blickverengung[8] mag im Kreise der juristischen Fachkollegen und der politisch-administrativen Funktionseliten längst internalisiert sein, aber sie kehrt die Probleme unter den Teppich. Wer Legitimität auf Legalität reduziert und allenfalls unter den Bedingungen einer Willkürherrschaft einen möglicherweise illegalen, aber legitimen Widerstand anzuerkennen bereit ist, erspart sich die Auseinandersetzungen mit der in anderen Ländern lebendigen Tradition des zivilen Ungehorsams, aber auch mit den Motiven und Argumenten der Protestgruppen im eigenen Land, die immerhin von einzelnen Rechtsphilosophen, Staatsrechtlern, Sozialwissenschaftlern sowie relevanten Minderheiten nachvollzogen werden können.

Im folgenden werden genau jene rechtstheoretisch interessanten wie politisch brisanten Widerstandsformen der *begrenzten Regelverletzung* im Mittelpunkt stehen. Bei zahlreichen Konflikten der letzten Jahre geht es nicht nur um die verbale Artikulation eines Widerspruchs und um die konsequente Ausschöpfung legaler Verfahrenswege, schon gar nicht um (anonyme) Gewaltakte und deren gebetsmühlenhafte „Rechtfertigung" im Rahmen eines Kampfes gegen den „Polizeistaat", den „Imperialismus", den „Faschismus" oder das „Schweinesystem". Vielmehr häufen sich jene „disruptiven Aktionen" (vgl. Specht 1973) dicht vor oder hinter der Schwelle zur Illegalität, bei denen — mehr oder weniger erfolgreich — an das allgemeine Rechtsbewußtsein der Öffentlichkeit appelliert wird. In allen diesen Fällen ist die Rechtslage im juristischen Sinne relativ eindeutig. Dennoch glauben protestierende Gruppen im Namen eines höheren Rechtsguts zu illegalen Handlungen greifen zu können oder zu müssen; sei es durch den (öffentlich bekundeten) Bruch des Abtreibungsgesetzes, durch eine Platzbesetzung zur Verzögerung oder Behinderung der Baumaßnahmen für ein Großprojekt, durch die Verletzung eines privatrechtlichen Vertrages („Stromteilzahlungsboykott"), des Eigentumsrechts („Instandbesetzungen") oder einer anderen gesetzlichen Verpflichtung („Totalverweigerung" des Militärdienstes *und* des Zivildienstes), durch die Blockade von öffentlichen Verkehrswegen in demonstrativer Absicht.

2. Begriff[9] und Konzept des zivilen Ungehorsams sind keineswegs eindeutig. Zwar werden im historischen Rückblick immer mehr Ahnväter dieser Widerstandsform ausgemacht. Doch erst mit den Schriften und dem praktischen Wirken von Mahatma Gandhi (der von Henry David Thoreau wie auch von dem christlichen Anarchisten Leo Tolstoi beeinflußt war) entstand im Rahmen des Anti-Kolonialismus ein erstes Konzept des zivilen Ungehorsams. Gandhi beharrte strikt auf dem Prinzip der Gewaltfreiheit („nonviolence", „ahimsa"). Charakterisierte er ursprünglich seine Aktionsformen als „passive resistance", so bevorzugte er später den Begriff „Satyagraha" (oder „truthforce"), um jede Assoziation mit gewaltsamen und haßerfüllten Methoden

auszuschließen (vgl. Bay 1968: 478). Für Gandhi bedeutete „vollständiger ziviler Ungehorsam" eine „Rebellion ohne den Bestandteil der Gewalt", die freilich ohne konstruktive Elemente „bloßes Abenteurertum (mere bravado) und schlimmer als nutzlos" sei (zit. nach Ebert 1978: 41 und 37).

Gandhis Konzept wurde bereits in den 30er Jahren in den USA im Rahmen pazifistischer und bürgerrechtlicher Strömungen unter dem Einfluß von R. Gregg, A. Huxley und Shridharami aufgegriffen und erfuhr in den 60er Jahren mit der erstarkenden Bürgerrechtsbewegung, der Studentenrevolte und der Opposition gegen den Vietnam-Krieg eine enorme Renaissance. In dieser Zeit standen Theorie und Programmatik wie auch die praktischen Aktionen in einem dichten Zusammenhang. Dagegen wurde in den europäischen Studentenbewegungen wohl aufgrund der stark marxistischen Orientierungen und des klassenkämpferischen Pathos[10] das Konzept des zivilen Ungehorsams kaum rezipiert. Erst im Rahmen der zunächst eher theoriefernen Widerstandsformen der neuen sozialen Bewegungen wird zunehmend ein Bedürfnis nach einer konzeptionellen Untermauerung der Handlungspraxis erkennbar. Hierbei spielen die (noch) zahlenmäßig kleinen „gewaltfreien Aktionsgruppen" eine entscheidende Vermittlerrolle. Ihre Spuren lassen sich bis in die Studentenbewegung zurückverfolgen. Die geistigen und politischen Wurzeln dieser Gruppen liegen im christlichen Humanismus, im Pazifismus, im Anarchismus, im libertären Sozialismus und in der „Neuen Linken". Wichtigste Periodika sind die „graswurzelrevolution" und die „gewaltfreie aktion" (Mitherhausgeber Theodor Ebert).

In verschiedenen Systematisierungsversuchen (vgl. die Zusammenfassung bei Miller 1964) wird eine verwirrende Fülle von Begriffen angeboten und geordnet, die um die Idee des zivilen Ungehorsams zentriert sind. Für Miller selbst bedeutet „ziviler Ungehorsam oder ziviler Widerstand ... eine Form gewaltloser direkter Aktion, die das Übertreten von Gesetzen einschließt" (1971: 63). Diese Formulierung (und auch der erläuternde Text) läßt offen, ob der Gesetzesbruch als Möglichkeit oder als unabdingbares Merkmal des zivilen Ungehorsams angesehen wird. Hier gibt Bay eine klare Antwort: „The act of disobedience must be illegal, or at least be deemed illegal by powerful adversaries, and the actors must know this if it is to be considered an act of civil disobedience (...)" (1968: 473). Allerdings sieht er keine prinzipielle Koppelung dieses Konzepts an das Prinzip der Gewaltfreiheit und trennt somit zwischen „civil disobedience" und „nonviolent action" (ebd. 474). Unter ersterem versteht er

> „any act or process of public defiance of a law or policy enforced by established governmental authorities, insofar as the action is premeditated, understood by the actor(s) to be illegal or of contested legality, carried out and persisted in for limited public ends and at the way of carefully chosen and limited means." (Ebd., 473)

Bay verweist zu Recht auf die Vieldeutigkeit von „civil". Zieht man jedoch die Lehren der wichtigsten Promotoren des zivilen Ungehorsams (v.a. Tolstoi, Gandhi und Martin Luther King) heran, berücksichtigt man weiter die Konnotationen Gandhis zum Begriff „civil" („höflich, wahrheitsliebend, bescheiden, klug, hartnäckig, doch wohlwollend, nie verbrecherisch und haßerfüllt", zit. nach Ebert 1978: 41), den Kontext der Begriffsverwendung im englisch-amerikanischen und deutschen Sprachraum und schließlich die unmißverständliche Rezeption des Konzepts durch „gewaltfreie Aktionsgruppen" in der Bundesrepublik, so erscheint es nicht sinnvoll, auch gewaltsame Aktionen unter den Begriff „ziviler Ungehorsam" zu subsumieren.

Eine breit angelegte Systematik bietet Ebert. Ähnlich wie Bay versteht er unter zivilem Ungehorsam „die offene und gewaltlose Mißachtung von Gesetzen und Anordnungen durch die Bürger" (1978: 40 f.). Ziviler Ungehorsam ist hierbei ein Sonderform von gewaltfreien, direkten Aktionen, deren Ziel es ist, „in ihrem Verlauf die gesellschaftlichen Bedingungen für eine systemüberwindende Gegenmacht zu schaffen, die auf dem Wege der partizipierenden Demokratie die gesellschaftlichen Verhältnisse gerecht regeln kann." (1978: 33) Allein maßgebliche Bedingung „für den gewaltfreien Charakter einer Aktion ist, daß sie erstens den Gegner nicht verletzt, daß sie zweitens sich durch die konkrete Utopie einer repressionsfreien, sozialen Demokratie legitimiert und daß sie drittens allen Teilnehmern die Chance egalitärer Partizipation bietet." (Ebd., 34) Wegen den gegenwärtigen Kontroversen um das Verständnis von Gewaltfreiheit[11] sei hier die Auffassung Eberts wörtlich zitiert. Gewaltfreiheit verbietet es,

„ ... auf Personen physischen Zwang auszuüben und sie zu verletzen; oder die Ausübung von Dienstleistungen und die Herstellung und Verteilung von Gütern zu verhindern, wenn daraus eine unmittelbar lebensbedrohende Notlage entsteht. Sachbeschädigungen sind spätestens dann nicht mehr mit einer gewaltfreien Grundhaltung zu vereinbaren, wenn in ihrem Verlauf Personen verletzt werden können. Sie sollten in allen Fällen vermieden werden, in denen der emanzipatorische Charakter der Zerstörung einer breiten Öffentlichkeit nicht unmittelbar einsichtig ist." (1978: 34)

Den systematischen Ort zivilen Ungehorsams verdeutlicht folgende Übersicht (Quelle: Ebert 1978: 37).

Schema der Eskalation gewaltfreier Aktionen

Eskalationsstufe	Subversive Aktion	Konstruktive Aktion
1	Protest	funktionale Demonstration
2	legale Nichtzusammenarbeit	legale Rolleninnovation
3	ziviler Ungehorsam	zivile Usurpation

In dieser Version ist ziviler Ungehorsam eine negatorische Aktionsform, die erst durch ihr konstruktives Pendant, die zivile Usurpation, eine weiterreichende Perspektive findet. Bei beiden Handlungstypen unterscheidet Ebert zwischen einer reformbedachten und einer revolutionären Version:

„Der reformbedachte zivile Ungehorsam wendet sich gegen einzelne Gesetze, nicht gegen das Herrschaftssystem als Ganzes. Die Träger solch reformbedachter Gehorsamsverweigerungen sind meist Minderheiten, die sich entweder Sonderrechte erkämpfen oder gegen Diskriminierungen wehren wollen. Der revolutionäre zivile Ungehorsam dagegen wendet sich gegen das gesamte Herrschaftssysten — selbst dann, wenn (zunächst) nur einzelne Gesetze und Verordnungen mißachtet werden. Der Träger dieser Aktionen ist eine Mehrheit — zumindest potentiell." (Ebd., 41)

Als Aktionsbeispiele für zivilen Ungehorsam werden Steuerverweigerungen, Generalstreik, Blockade des Verkehrs durch Sitzstreik und die Aufforderung an Heer und Polizei zur Meuterei genannt.

Diese Konzeptualisierung Eberts findet weithin Anerkennung, obgleich sie nicht unproblematisch ist, insofern sie m. E. (a) das konstitutive Merkmal der Illegalität zu streng faßt[12], (b) durch die definitorische Verpflichtung gewaltfreier Aktionen auf das Ziel einer gerechten Gesellschaft die Frage der Legitimität bereits auf theoretischer Ebene vorentscheidet und (c) gewaltfreie Aktionen im allgemeinen und zivilen Ungehorsam im besonderen in ein teleologisches Modell einbettet, das in gesamtgesellschaftlichen Veränderungen[13] seinen Endpunkt findet und somit alle weniger weit reichenden Formen lediglich als Vorstufen einer revolutionären Usurpation erscheinen läßt.

Im Unterschied zu Eberts Verortung zivilen Ungehorsams innerhalb einer Dynamik *gesamt*gesellschaftlicher Veränderung stehen John Rawls' Überlegungen zum zivilen Ungehorsam im Rahmen einer Theorie der Gerechtigkeit. Betont Ebert Fragen der Taktik und Strategie, so bewegt sich Rawls zwischen den Polen von Pflicht und Verpflichtung und ordnet seinen Ausführungen nicht von ungefähr einen Abschnitt zur Stellung der Mehrheitsregel vor. Unter zivilem Ungehorsam versteht Rawls in einer bündigen Formulierung eine

„öffentliche, gewaltlose, gewissensbestimmte, aber politische gesetzwidrige Handlung, die gewöhnlich eine Änderung der Gesetze oder der Regierungspolitik herbeiführen soll. Mit solchen Handlungen wendet man sich an den Gerechtigkeitssinn der Mehrheit der Gesellschaft und erklärt, nach eigener wohlüberlegter Ansicht, seien die Grundsätze der Zusammenarbeit zwischen freien und gleichen Menschen nicht beachtet worden." (1975: 401)

Rawls differenziert folgerichtig zwischen zivilem Ungehorsam und der „Weigerung aus Gewissensgründen" — wenn auch in Widerspruch zum obigen Adjektiv „gewissensbestimmt", da die Berufungsinstanz des (individuellen!) Gewissens einen anderen Status hat als eine (intersubjektive!) Gerechtigkeitsvorstellung. Aus dieser Differenz läßt sich auch, über Rawls hinausgehend, die These entwickeln, daß ziviler Ungehorsam eine voraussetzungsreiche historische Kategorie ist, die an eine bürgerlich-liberale Öffentlichkeit und an eine reflexive Moral gebunden ist, während die Gehorsamsverweigerung aus Gewissensgründen historisch „offener" ist und z.B. überall dort auftreten kann, wo religiöse Überzeugungen mit nicht-religiösen Bindungen kollidieren. Der zivile Ungehorsam appelliert öffentlich an allgemeine Legitimitätsvorstellungen und hofft auf öffentliche Rückendeckung. Der Gewissensentscheid ist monologisch. Er verfehlt auch ohne den öffentlichen Rahmen und ohne einen (irdischen) Adressaten keineswegs seinen Sinn, weil sich der Handelnde vor sich selbst (und/oder vor Gott) rechtfertigt.

III. Legalitätsgebot und ziviler Ungehorsam

Unter den Rahmenbedingungen repräsentativer Demokratien und damit der Anerkennung prozedural erzeugter Legitimität (vgl. Luhmann 1975²) konzentriert sich jede Diskussion um ein Recht auf Widerstand oder Gehorsamsverweigerung auf die Geltungsvoraussetzungen von Mehrheitsentscheidungen. Diese stützen ihre prima facie gegebene Überlegenheit gegenüber dem Minderheitsvotum auf die prinzipielle Vermutung, daß sie (a) eher das Gemeinwohl zum Ausdruck bringen und (b) eine größere Akzeptanz finden. Jedoch: Mehrheiten können gründlich irren; partikulare Interessen werden häufig erfolgreich als allgemeine ausgegeben oder gegen solche durchgesetzt. Mehrheiten können ihre augenblickliche Dominanz mißbrauchen, indem sie Interessen und Rechte von Minderheiten gravierend verletzen oder gar die Bedingungen der politischen Auseinandersetzung zu ihren Gunsten abändern, also die Schwelle zum Machterwerb hinter sich aufmauern.

Fernab von allen taktischen Erwägungen und vorgeschobenen Gründen: Wann immer dissentierende Minderheiten das im Prinzip als unverzichtbar anzusehende Legalitätsgebot brechen, so können, abgesehen von existenziellen Bedrohungen, allein die individuelle Instanz des Gewissens und/oder die soziale Idee einer gerechten Ordnung als nicht mehr hintergehbare, aber gleichwohl *interpretationsbedürftige* Bezugspunkte tragfähig bleiben. Akzeptiert man die vorgeschlagene Trennung zwischen zivilem Ungehorsam und der Verweigerung aus Gewissensgründen, so geht es im ersten Fall nicht — wie Franz Neumann meint — um ,,das Dilemma zwischen Gewissen und sozialer Ordnung'', sondern um den Widerstreit zwischen der Achtung demokratischer Mehrheitsentscheidungen (und damit das Wissen um den Sinn des Legalitätsgebots) auf der einen Seite und eine materielle Rechtsidee auf der anderen Seite. Dabei ist die Entgegensetzung von formellem Recht versus materiale Gerechtigkeit eher vordergründig, zumindest unvollständig, sofern man die These teilt, daß auch dem demokratischen Repräsentationsprinzip ein materialer Rechtskern innwohnt. Damit ist auch die Schwierigkeit jeder allgemeinen, vom Einzelfall abstrahierenden Debatte dieses Themas angezeigt. Was Neumann am Schluß seines Essays ,,Über die Grenzen berechtigten Ungehorsams'' für das Dilemma zwischen Gewissen und sozialer Ordnung feststellt, gilt ebenso für die hier vorgeschlagene Modifizierung des Problems von Legalität und Legitimität:

,,Dies Dilemma ... kann keine Theorie lösen. Gibt sie vor, es zu können, so wiederholt sie lediglich leere, abstrakte Formeln, die, weil eben nicht konkret, nur die Unmöglichkeit der Quadratur des Kreises verschleiern ...'' (1967: 205)

1. Zur Geltung des Mehrheitsprinzips

Die Anwendung des Mehrheitsprinzips[14] bei turnusmäßigen Wahlen und bei Abstimmungen bedeutet nichts anderes als die Operationalisierung der (liberalen) Idee des Gemeinwohls. Die Vorteile dieses Verfahrens, insbesondere seine Schnelligkeit und Eindeutigkeit, sind bestechend. Zugleich spricht für den Mehrheitsentscheid die prinzipielle Vermutung einer hohen Folgebereitschaft. Gerade die Aussicht, daß Mehrheitsentscheide durch *neue* Mehrheiten revidierbar sind, veranlaßt überstimmte Minderheiten in aller Regel zu konstruktiven Bemühungen in der Erwartung, daß bei erfolgreich geänderten Konstellationen auch künftige Minderheiten den jeweiligen Entscheidungen sich beugen werden. Je gravierender jedoch die von Minderheiten in Kauf zu

nehmenden Nachteile, desto dringender wird auch das Problem, die Folgebereitschaft der Benachteiligten zu sichern. Um die Entartung von Mehrheitsentscheidungen zu einer „Tyrannei der Mehrheit" zu verhindern und um
mögliche Konflikte zu kanalisieren und zu entschärfen, haben rechtsstaatliche Systeme eine ganze Reihe von Strukturprinzipien, Schutzräumen, Appellationsinstanzen und Schlichtungsverfahren ausgebildet. Föderalistische
Organisation und Subsidiaritätsprinzip sollen eine „Feinsteuerung" von
Mehrheitsentscheidungen im Sinne einer Betroffenennähe ermöglichen; in
der Tradition des religiösen Toleranzgebots werden Gewissensentscheidungen
unter bestimmten Voraussetzungen respektiert (v. a. Recht auf Kriegsdienstverweigerung); die formelle Zuständigkeit von Entscheidungsgremien wie
auch das korrekte Zustandekommen von Entscheidungen kann durch besondere Verfahren überprüft werden (Verfassungs- und Verwaltungsgerichtsbarkeit, parlamentarische Untersuchungsausschüsse, Petitionen usw.); in bestimmten Fällen kann eine Offenlegung der sachlichen und informationellen
Entscheidungsgrundlagen sowie der Folgelasten erwirkt werden (parlamentarische Auskunfts- und Kontrollrechte, Hearings, freedom of information
act); schließlich können Entscheidungen repräsentativer Organe in Einzelfällen durch Plebiszite (Volksentscheid, Bürgerentscheid) revidiert werden.

Der Befund, daß sich heute Minderheiten trotz eines (radikal-)demokratischen Selbstverständnisses und trotz dieser ausgeklügelten Formen des
Minderheitenschutzes und der institutionalisierten Konfliktaustragung Mehrheitsentscheidungen zunehmend widersetzen, lenkt die Aufmerksamkeit auf
die Geltungsbedingungen des Mehrheitsverfahrens[15]. Diese wurden bereits im
Rahmen der liberalen Theorie formuliert, rücken jedoch erst mit den aktuellen Konflikten erneut in den Blickpunkt. Es ist das Verdienst von Guggenberger (1980) und Offe (1982), diese von den Protestbewegungen eher intuitiv angesprochenen Voraussetzungen explizit und systematisch auf gegenwärtige Konfliktlagen bezogen zu haben. In weitgehendem Anschluß an diese
Vorgaben habe ich in einer etwas abgewandelten Systematik vier allgemeine
Bestandsvoraussetzungen des Mehrheitsentscheids benannt, die einem Erosionsprozeß unterliegen (Rucht 1982: 142 ff.). Dies sind
– die strukturelle Offenheit des Verfahrens,
– die Kongruenz von (formeller) Entscheidungskompetenz und faktischer
  Reichweite der Entscheidung,
– die ausschließliche und ausnahmslose Anwendung der Mehrheitsregel auf
  öffentliche Angelegenheiten,
– die allgemeine Anerkennung bestimmter Basisprinzipien auf dem Hintergrund eines wechselseitigen Vertrauens bzw. einer gemeinsamen ethischen
  Bindung und/oder kulturellen Identität.
Im Widerspruch zu diesen Voraussetzungen stehen folgende Bedingungen
und Tendenzen, die hier nur angedeutet werden können:
– Das System der Interessenrepräsentation, die Bedingungen der Parteienfinanzierung oder vorgeschaltete Hürden wie die Fünf-Prozent-Klausel
  gewährleisten nur einen ungleichen Zugang zu den relevanten Entscheidungsverfahren. Noch gravierender ist die Tatsache, daß neue technologische Weichenstellungen irreversible Fakten schaffen und damit die Bedin-

gungen des Lebens und die Freiheit künftiger Generationen gravierend einzuschränken vermögen (vgl. Spaemann 1977, Preuß 1981).

— Zentralistische Tendenzen unterminieren die föderale Struktur und das Subsidiaritätsprinzip mit dem Effekt, daß häufig sachlich nicht betroffene, mehr oder weniger gleichgültige Mehrheiten über massive Eingriffe in die Lebensbedingungen und Rechte von Minderheiten entscheiden (vgl. Fetscher 1982). Zudem klaffen formelle Entscheidungskompetenz und tatsächliche Wirkung von Entscheidungen (z. B. bei der Meeresverschmutzung, den grenzüberschreitenden Schadstoffemissionen — Saurer Regen —, der Ansiedlung von Atomkraftwerken in Grenzregionen) oft weit auseinander, so daß die Betroffenen formal oder faktisch keine Rechte geltend machen können.

— Die historische Tendenz des Interventionsstaates zu fortschreitender Bürokratisierung und Verrechtlichung kollidiert mit dem wachsenden Bedürfnis nach sozialer Individuierung, nach Autonomie und Selbstbestimmung sowie einem reflexiven, autoritätskritischen Rechtsbewußtsein. Im Widerstand gegen Einzelmaßnahmen (z. B. § 218, Boykottaufruf anläßlich der ursprünglich geplanten Volkszählung 1983, Totalverweigerung) kommen häufig auch anti-institutionelle Affekte zum Tragen. Wird einerseits das Recht auf Selbstbestimmung extensiver interpretiert, so wächst andererseits zugleich die Kritik daran, daß öffentliche Angelegenheiten, etwa die wirtschaftliche Gesamtsituation, vorrangig durch private Entscheidungskalküle bestimmt werden.

— Schließlich mehren sich vor dem Hintergrund einer generellen Erschütterung der Fortschrittsidee und eines Wertwandels die Stimmen, die bestimmte militärische und technologische Optionen prinzipiell für verantwortungslos, amoralisch oder (selbst-)zerstörerisch halten. Dies gilt — neben den Bewegungsaktivisten — für Kulturphilosophen (G. Anders, H. Jonas, R. Spaemann), kirchliche Kreise (Evangelische Kirche Deutschlands, katholische Bischöfe in den USA), Wissenschafts- und Technodissidenten und auch Minderheiten innerhalb des etablierten Politikbetriebs.

Mehrheitsentscheidungen werden am entschiedensten mißachtet, wenn für die eigene Person, für eine Minderheit oder Mehrheit von „Betroffenen" oder gar für die gesamte Gattung ein nicht kompromißfähiges „Lebensprinzip" reklamiert wird. In diesem Extremfall verlieren auch die rechtsstaatlichen Prozeduren des Einspruchs und der Entscheidungsüberprüfung ihre hinhaltende und bindende Wirkung. Daß in der allen anderen Problemen vorgelagerten Frage der Existenzerhaltung ein Recht auf Widerstand nicht mehr prinzipiell bestritten werden kann, war selbst für Thomas Hobbes evident, dem ansonsten die Unbedingtheit des staatlichen Gewaltmonopols und des bürgerlichen Gehorsams über alles ging: „Niemand hat die Freiheit, gegen den Staat die Waffen zu heben — selbst wenn es zur Verteidigung eines Unschuldigen wäre." (Hobbes 1965: 171). Aber zugleich heißt es: „Die Untertanen sind dem Herrscher nur so lange verpflichtet, wie der Herrscher die Macht hat, sie zu beschützen. Das natürliche Recht, sich selbst zu verteidigen, wenn niemand anders sie zu verteidigen vermag, kann durch keinen Vertrag aufgehoben werden." (Ebd., 173) So konkurrenzlos die Legitimität des Lebensrechts auch sein mag — solange keine akute Notwehrsituation besteht und die Bedrohung des Lebens nicht für jedermann evident ist, muß sie erst plausibel gemacht werden.[16] Die Betroffenen werden sich jedoch nur dann auf einen Diskurs einlassen, wenn der Widerstand einen Aufschub duldet, wenn also in ihren Augen noch „Zeit zum Reden" bleibt.

2. Gemeinwohl versus Partikularinteresse

Das Konzept des zivilen Ungehorsams ist nicht primär zugeschnitten auf den Grenzfall der Verletzung eines Rechts auf Leben (und damit das Aufleben des allgemeinen Widerstandsrechts), sondern auf die Bedrohung der *Qualität* des Lebens, also die Verletzung von Freiheits- und Gleichheitsrechten, von „legitimen" Ansprüchen und Bedürfnissen. Hinter der modischen Formulierung von der Lebensqualität verbirgt sich jedoch die umfassendere Frage nach dem „guten Leben". Dieser Topos des klassischen Denkens wurde im Liberalismus in das Problem des „größtmöglichen Glücks der größtmöglichen Zahl" umdefiniert. Die inhaltliche Füllung dessen, was unter Glück zu verstehen sei, war nicht länger eine gemeinsame, also öffentliche Sache. Im Unterschied zur Antike und zur christlichen Lehre des Mittelalters behauptete der Liberalismus, die Summe der individuellen Nutzenkalküle, lediglich eingegrenzt durch die staatlich sanktionierte Beachtung der für dieses Individualinteresse konzipierten Freiheits- und Eigentumsrechte, ergäbe nichts anderes als *die* optimale Sozialordnung, also das Gemeinwohl. Diese Prämisse wurde auch vom Pluralismus nicht preisgegeben, sondern lediglich unter veränderten gesamtgesellschaftlichen Bedingungen relativiert.

So ist es nicht erstaunlich, daß die Kategorie des Gemeinwohls auch heute trotz ihrer wissenschaftlichen Diskreditierung als „Leerformel" eine ungebrochene Vitalität aufweist:

„Sie wird offenbar ‚gebraucht', sie erfüllt wesentliche Funktionen sowohl im Bereich der theoretischen und praktischen Politik als auch im Verfassungs- und Verwaltungsrecht. Sie wirbt um Loyalität und verschafft Legitimität, sie hat Integrationswirkung, sie vereinfacht und entlastet (Gehlen, Luhmann). Wer sie glaubwürdig für sich in Anspruch nehmen kann, hat in der politischen Auseinandersetzung eine günstige Position besetzt." (Stolleis 1978: 37)

Turnusmäßige Wahlen und repräsentativ-demokratische Entscheidungsprozeduren, kurz: demokratische *Methoden*[17] stehen heute als symbolische Chiffre für das zugrundeliegende Gemeinwohlverständnis samt seiner liberal-individualistischen Prämisse. Wenn jedoch diese Voraussetzung zu entfallen droht, wenn also der Gemeinwohleffekt qua individueller oder interessenpluralistischer Nutzenkalküle fragwürdig wird oder die materiellen Definitionen des Gemeinwohls auseinanderklaffen, so verfehlen auch die Verfahren ihren sozialintegrativen und Minderheiten befriedenden Zweck: An die Stelle von „Legitimation durch Verfahren" tritt eine „Politisierung der Verfahren"[18] unter dem Verweis auf strukturelle Verfahrensdefizite und dem Rückgriff auf ein *materiales* Rechtsverständnis.

Um genau diesen Politisierungsprozeß zu unterlaufen, lautet das erste und wichtigste Argument gegenüber den Kritikern von industriellen Großprojekten, einzelnen Gesetzen oder Programmen, daß die Entscheidung legal

und *deshalb* legitim zustandegekommen sei. Durch diese systematische Um-
definition der Diskussion*sebene* werden die Protestenergien auf die Prüfung
der *formellen* Entscheidungsgrundlagen, auf die Ausschöpfung von Ein-
spruchs- und Klagerechten gelenkt. Je intensiver dieser Prozeß, je weniger Vorbehalte hinsichtlich der Verfahrensbeteiligung, desto höher ist prima facie —
und ganz im Sinne der Luhmannschen „Legitimation durch Verfahren" — die
Bindungswirkung der letztinstanzlichen Entscheidung auch für oppositionelle
Gruppen. Komplexe und abgestufte Genehmigungsverfahren beinhalten zudem in den ersten Phasen einen Vertröstungseffekt in der Weise, daß die Gegner des jeweiligen Projekts auf die abschließende Planfeststellung verwiesen
werden. Die Erfahrung lehrt jedoch, daß bis dahin planerisch und finanziell
aufwendige Vorhaben längst ihre Eigendynamik entfaltet haben. Die politischen und administrativen Entscheidungen sind meist gefallen, aufwendige
Vorleistungen erbracht. Wer wollte die gesamtwirtschaftliche Bedeutung des
zugrundeliegenden Investitionsvolumens, seinen Multiplikatoreffekt und vor
allem die damit verbundenen Arbeitsplätze in Frage stellen?

Die zunächst abgedrängte inhaltliche Dimension rückt nun erneut — jedoch auf Seiten der Projektbefürworter — ins Blickfeld. Neben der formalen
Kompetenz der Entscheidungsgremien werden nun inhaltliche Gründe oder
gar „Sachzwänge" angeführt, um die Unabweisbarkeit des jeweiligen Projekts
zu unterstreichen. Die Betroffenen erscheinen nun als eine Gruppe, die aus
zwar verständlichen, aber im „übergeordneten Interesse" doch nachrangigen
Gründen ihr „partikulares" Anliegen verfechten.

Folgerichtig versuchen die opponierenden Gruppen, entweder (a) ein
legitimes, besonders schutzwürdiges Interesse der betroffenen Minderheiten
auszuweisen, das die Mehrheit zu einer moralisch gebotenen Selbstbeschränkung ihrer Kompetenzen veranlassen soll, oder aber (b) sich als der bessere
Anwalt des *wohlverstandenen* Gemeinwohls zu präsentieren. In aller Regel
berufen sich dabei beide Seiten auf Interessen und Güter, die rechtlich nicht
kommensurabel sind. Wie sollte beispielsweise prinzipiell der Anspruch auf
den Erhalt einiger Tausend Arbeitsplätze gegen den Anspruch auf eine lärm-
und giftfreie Umwelt abgewogen werden? Und was ist davon zu halten, wenn
gewählte Kommunalvertretungen — gegen den erklärten Widerstand einer
Minderheit oder Mehrheit einer Gemeinde oder eines Kreises — ein Projekt
samt seiner Nachteile in Kauf nehmen, um sich dieses Entgegenkommen
durch von dem Projektbetreiber finanzierte Infrastrukturleistungen honorie-
ren zu lassen, die wiederum einer Minderheit oder Mehrheit der Bevölkerung
zugute kommen? Der Hinweis, die Wahlbevölkerung jeder Gebietskörperschaft hätte im Rahmen der turnusmäßigen Wahlen Gelegenheit, Repräsentanten zu bestellen, deren Position in der jeweiligen Sache sich mit der Mehrheitsmeinung deckt, verfängt erst, wenn die spezifische Betroffenheit durch
die in Frage stehende Entscheidung eindeutig alle sonstigen Bindungen, Themen und Programme überlagert. Erst dann würde über den Umweg einer gerichteten Personalentscheidung eine Sachentscheidung determiniert. Solche
Grenzfälle sind jedoch unwahrscheinlich, und ihr Wahrscheinlichkeitsgrad
sinkt, je größer die Gebietskörperschaft und je komplexer und heterogener
die Palette der in einer Wahlperiode potentiell oder konkret anstehenden
Entscheidungen ist.

Ergänzend zu den meist wenig erfolgreichen Bemühungen um eine „angemessene" Repräsentation im Rahmen herkömmlicher Verfahren tritt somit das Verlangen nach zielgerichteteren Formen einer themen- und betroffenenspezifischen Interessenwahrnehmung (z. B. durch den Ausbau partizipatorischer und plebiszitärer Verfahrenselemente). Ebenso wird angesichts des Paradoxons, daß die Organisationsfähigkeit von Interessen vielfach mit dem Grad ihrer Allgemeinheit schwindet, nach Möglichkeiten gesucht, ein zumeist nur „*partikular* empfundenes *Allgemein*interesse auf politisch aussichtsreiche Weise in die zentralen politischen Willensbildungsprozesse einzubringen." (Mayer-Tasch 1980: 215) Sind jedoch diese Wege versperrt, so gewinnen Formen des zivilen Ungehorsams an Attraktivität und Legitimität. Hierbei richtet sich der Ungehorsam direkt oder indirekt gegen einen bestimmten Mehrheitsentscheid und trägt damit — neben dem Risiko von Sanktionen — auch eine hohe „Beweis"last.

3. *Kompetenz, Betroffenheit und Glaubwürdigkeit*

Das Mehrheitsprinzip ist derart eng mit unseren demokratischen Konventionen verknüpft, daß sich jede bewußte Infragestellung dem Verdacht elitärer, reaktionärer oder totalitärer Neigungen aussetzt. Wer gegen geltende Gesetze und Urteile höherrangige Prinzipien reklamiert, muß, solange er um die Anerkennung seines Handelns ringt, (a) die Realität bzw. Wahrscheinlichkeit einer Rechtsverletzung oder gar existenziellen Bedrohung aufweisen, sich somit frei von Wahnvorstellungen und Wahrnehmungstäuschungen zeigen („Vernüftigkeitstest"). Auf dieser Grundlage wird er (b) eine persönliche oder — in advokatorischer Funktion — indirekte Betroffenheit geltend machen, die jedoch in theoretisch unlösbare Dilemmata münden kann („Nachweis der Betroffenheit"). Schließlich muß er, über diese Schritte hinausgehend, (c) glaubwürdig machen, daß die von ihm genannten Beweggründe nicht nur vorgeschoben bzw. nachrangig, sondern handlungsleitend sind („Wahrhaftigkeitstest").

a) Üblicherweise wird direkt oder indirekt gewählten Entscheidungsorganen unseres Verfassungstypus ein doppelter Vorteil zugesprochen: Sie sind nicht nur demokratisch legitimiert, sondern sie versprechen auch sachlich „angemessene" Entscheidungen zu fällen: Durch eine relative Entkoppelung der Entscheidungsträger von der jeweiligen Wählerschaft soll der Einfluß von Meinungsschwankungen, Borniertheiten und Sonderinteressen neutralisiert werden; durch eine weitgehende Professionalisierung, Spezialisierung und die Bereitstellung organisatorischer und informatorischer Ressourcen sollen sachlich fundierte Entscheidungen zustandekommen, wie sie in der Regel vom Wähler nicht erwartet werden können. Nun ist offenkundig, daß auch professionelle Politiker in vielen heutigen Entscheidungssituationen überfordert sind. Erst durch zusätzliche, meist formalisierte Verfahren müssen komplexe Materien für die formell kompetenten Entscheidungsgremien „aufbereitet" und „entscheidungsreif" gemacht werden, sei es durch Gutachten, ständige Fachbeiräte, Ausschüsse, Enquête-Kommissionen, Anhörungen usw.

Ungeachtet dieser Brückenschläge zwischen der zunehmenden Diskrepanz von formeller Entscheidungskompetenz und inhaltlicher Kompetenz (Sachkompetenz) gibt es heute kaum Entscheidungslagen von größerer Tragweite, deren Grundlagen, Nebeneffekte, Folgelasten auch von fachlich-wissenschaftlicher Seite einhellig beurteilt würden. Typischerweise gehören gerade die Konflikte, in denen ein „Recht auf Widerstand" geltend gemacht wird, zu jenen Materien, die fachlich stark umstritten sind. Da die Frage der Wissenschaftlichkeit einer Aussage nicht ebenso direkt über ein Mehrheitsvotum entschieden werden kann, wie in der Politik das „empirische Gemeinwohl" ermittelt wird, kommen Kriterien wissenschaftlicher *Reputation* ins Spiel. Wer freilich die Praxis von Lehrstuhlberufungen, der Ausformung wissenschaftlicher Schulmeinungen, von Zitierkartellen kennt, weiß, daß „der eigentümlich zwanglose Zwang des besseren Arguments" (Habermas) nur als eines von mehreren Steuerungskriterien Wirksamkeit entfaltet. Zudem versperren sich meist Ablauf und Qualität eines innerwissenschaftlichen Disputs einer Vermittlung von außen, so daß ohnehin nur das trivialisierte Ergebnis Bedeutung erlangt. Unter diesen Bedingungen werden die politischen Kontrahenten, soweit sie überhaupt auf diskursive Vermittlung — und sei es auch nur symbolisch — ihrer Positionen Wert legen (müssen), sich darauf konzentrieren, möglichst viele und möglichst reputierte Fachleute an ihrer Seite aufzubieten. In den hier betrachteten Konflikten sind dabei zwei Tendenzen bemerkenswert. Zum einen gewinnt die Scheidung zwischen abhängigen und unabhängigen („kritischen") Wissenschaftlern an Gewicht. Haben Regierungen, große Parteien und Unternehmen im allgemeinen wenig Mühe, renommierte Fachleute aufzubieten, so nützt sich der beabsichtigte Beweischarakter jedoch in dem Maße ab, wie direkte oder indirekte Abhängigkeitsverhältnisse vermutet oder nachgewiesen werden können. Zudem dürfte auch das Ansteigen eines generellen „Systemmißtrauens" die legitimierende Wirkung wissenschaftlicher Auftritte und Aufgebote beeinträchtigen. Zum zweiten ist abzusehen, daß auch der äußerliche Eindruck, daß immer mehr Wissenschaftler in immer mehr Fragen zerstritten sind, das Renomme der Zunft weiter untergraben wird. Die Tendenz, daß Parteien und Interessengruppen immer stärker auf hauseigene oder zumindest nahestehende Institute zurückgreifen, vergrößert nur den ohnehin bestehenden Neutralisierungseffekt einer wissenschaftlichen Flankierung der Politik als Mittel der Konsensbeschaffung. Dieser Entwertungseffekt durch konkurrierende Aufgebote von Fachleuten erschwert es langfristig *beiden* Seiten, ihre jeweilige Position als begründet erscheinen zu lassen. Die damit in Aussicht stehende Renaissance des „gesunden Volksempfindens" wäre jedoch prekärer Natur, insofern die Differenzierung zwischen „gekaufter" und „engagierter", d.h. kritischer Wissenschaft unter den Tisch fallen könnte.

b) Protestgruppen widersetzen sich Mehrheitsentscheidungen nicht nur aufgrund fachlicher Einwände, sondern auch durch den Hinweis auf ihre — tatsächlich oder vermeintlich — tangierten Rechte als Betroffene. Der Status der Betroffenheit wird in der politischen Rhetorik gleichsam als eine material verstandene Legitimationsquelle eingesetzt, um die Leichtfertigkeit oder gar Verantwortungslosigkeit der formell berechtigten, aber eben nicht betroffenen Entscheidungsträger zu unterstreichen. Betroffenheit soll Legitimität

auch und gerade dann erheischen, wenn sie in juristischem Sinne anders und
enger definiert wird.

Auf den ersten Blick erscheint die Klasse der Betroffenen eindeutig. Es
sind diejenigen, die von den Folgen einer Entscheidung oder eines Projekts
direkt tangiert sind. Doch betroffen können auch jene sein, die *möglicherweise*, wenn auch mit geringer Wahrscheinlichkeit, mit Folgen zu rechnen
haben. Und sind nicht die, die sich betroffen *fühlen*, die in advokatorischer
Funktion für die Rechte derer kämpfen, die mit geringen und unzureichen-
den Mitteln der Selbsthilfe ausgestattet sind, als Betroffene anzusehen? Praktisch gesprochen: Welchen Stellenwert hat die Betroffenheit der Einwohner
von Wyhl, die sich mehrheitlich *für* ein Atomkraftwerk entschieden haben,
im Vergleich zur Mehrheit in den umliegenden Orten und (vielleicht) des
Kaiserstühler Raums, die sich *gegen* das Projekt wendet? Und selbst wenn
sich diese Mehrheit der Region eindeutig ausgewiesen hätte – wiegt sie
schwerer als eine (möglicherweise) entgegengerichtete Mehrheit der Gesamtbevölkerung Baden-Württembergs? Oder: Gilt die Betroffenheit einer schwan-
geren, aus sozialen oder finanziellen Gründen zur Abtreibung entschlossenen
Frau mehr als die Betroffenheit des ungeborenen Kindes? Und gehört nicht
auch z. B. der für das Kind votierende (und zu den für ihn relevanten Konsequenzen bereite) Freund oder Ehemann gleichfalls zum Kreis der Betroffenen? „Recht des ungeborenen Lebens" versus „Mein Bauch gehört mir"
versus „Unser Kind gehört uns". Oder: Wer sind Betroffene, wenn über die
Ausrottung der Wale entschieden werden soll? Die Wale, die beteiligten Fischer, die Verwertungsindustrien, die wenigen Nationen, die Walfangflotten
unterhalten, die Gemeinschaft aller Nationen, unsere Nachwelt? Wer ist ent-
scheidungsbefugt, wer sachkompetent und wer gehört zum Kreis der Betroffenen? Angesichts dieser Fragen erscheint die Fixierung auf formaljuristische
Kategorien unzureichend. Ebenso problematisch ist freilich der Rekurs auf
einen Betroffenenstatus, der oft nur einen bloßen Mythos darstellt.

c) Je weniger der Nachweis der Betroffenheit auf diskursiver Ebene gelingt,
desto bedeutsamer wird die Notwendigkeit, Betroffenheit *handelnd* zu demonstrieren. Glaubwürdigkeit und Wahrhaftigkeit lassen sich weder zurei-
chend durch Beteuerungen noch die Qualität der vorgetragenen Argumente,
sondern nur durch die ergänzende Einbeziehung des Lebens- und Handlungs-
kontexts der „Betroffenen" erbringen. Je größer deren bisheriger Leidens-
druck, je gradliniger und stimmiger ihre Haltung in vorangegangenen, wenn
auch weniger gravierenden Situationen, und je offenkundiger ihre Bereitschaft, für ihre Überzeugungen Opfer in Kauf zu nehmen, desto eher werden
auch die Zweifel an der Glaubwürdigkeit derer zerstreut werden, die sich auf
ein „Widerstandsrecht" berufen. Dieser Beweisdruck führt immer häufiger zu
demonstrativen Bekundungen der Ernsthaftigkeit und Wahrhaftigkeit in
Form sympolischer Handlungen (Ankettungsaktionen; demonstrierende
Frauen beschmieren Aktenunterlagen mit Blut), zur Inkaufnahme von Ge-
sundheits- und Lebensrisiken (z. B. die Aktionen der Umweltschutzorganisa-
tion „Greenpeace" gegen atomare Tests oder die Versenkung radioaktiver
Abfälle im Meer), zum Rückgriff auf den Hungerstreik (vgl. Spiegel v. 9.11.
1982) und schließlich in letzter Konsequenz zum Suizid als einem Mittel der
Anklage.

Aktionen dieser Art, aber auch die Bereitschaft zur argumentativen Auseinandersetzung, haben nur solange einen Sinn, wie zumindest implizit gemeinsame moralische Grundüberzeugungen unterstellt werden. Erst wo diese Voraussetzung entfällt, verlieren nicht nur alle Schranken der Legalität, sondern auch beidseitige Appelle an ein Rechtsbewußtsein Sinn und Wirkung. Es gilt nicht länger die normative Kraft des Faktischen. Dies bedeutet in letzter Konsequenz den Bürgerkrieg.

Wer jedoch diesen Grenzfall mit dem gegenwärtigen Aufleben des zivilen Ungehorsams in Verbindung bringt, verkennt die „zivilen" Selbstbindungen dieser Widerstandsform. Sie appelliert ja gerade an ein öffentliches Rechtsbewußtsein und beharrt emphatisch auf dem Gewaltverzicht. Unter dieser Prämisse wird es sinnvoll und aussichtsreich, die konkrete *Anwendung* des staatlichen Gewaltmonopols, jedoch nicht seine *prinzipielle* Geltung zu kritisieren. Gerade weil die Theorie des zivilen Ungehorsams das staatliche Gewaltmonopol anerkennt, verpflichtet sie die revoltierenden Aktivisten, die juristischen Sanktionen ihres Widerstands (jedoch nicht die den Widerstand auslösende Entscheidung oder Maßnahme) zu erdulden. Somit ist ziviler Ungehorsam — im Anschluß an die Bestimmungen von Gandhi, Martin Luther King oder Bedeau —

„... Ungehorsam gegenüber dem Gesetz innerhalb der Grenzen der Gesetzestreue ..., wenn er sich auch an derem Rande bewegt. Das Gesetz wird gebrochen, doch die Gesetzestreue drückt sich im öffentlichen und gewaltlosen Charakter der Handlung aus, in der Bereitschaft, die gesetzlichen Folgen der Handlungsweise auf sich zu nehmen. Diese Gesetzestreue trägt dazu bei, der Mehrheit zu verdeutlichen, daß die Handlung tatsächlich gewissenhaft und aufrichtig ist und sich an den Gerechtigkeitssinn der Öffentlichkeit wendet." (Rawls 1975: 403)

Nach dem Vollzug der jeweiligen Sanktion wird der Widerstand erneut aufleben, um gerade durch seine Beharrlichkeit *und* Duldsamkeit an Überzeugungskraft zu gewinnen suchen. Wer in Verkennung dieses *notwendigen* Widerspruchs „gewaltfreie Aktionen" einer inneren Unstimmigkeit bezichtigt oder sie als Vorform des Bürgerkriegs denunziert, wäre gut beraten, seine Vorurteile zu überprüfen.

4. Die Dialektik von Mitteln und Zweck — Zur Begründung gewaltfreien Widerstands

An der Extremsituation der „gerechten Revolution" scheiden sich die Geister. So kommen z.B. zeitgenössische, mit dieser Frage direkt konfrontierte Theologen zu völlig konträren Ergebnissen: Teile der revolutionären Priesterschaft in Lateinamerika billigen in Anknüpfung an die christliche Widerstandslehre den gewaltsamen Befreiungskampf; andere, oft nicht minder revolutionär gesonnene Priester beharren strikt auf dem Prinzip der Gewaltlosigkeit. Ohne der Unabweisbarkeit dieser prinzipiellen Alternative entgehen zu können, gibt es weiterhin Zwischenpositionen, die jedoch im Endergebnis auf eine mögliche Billigung von Gewaltanwendung hinauslaufen, freilich anspruchsvolle Voraussetzungen postulieren, um jeder allzu leichtfertigen

Rechtfertigung von Gewaltakten vorzubeugen (vgl. dazu McAfee Brown 1982).

Ob die auch noch so voraussetzungsvolle Bereitschaft, einer Gewaltherrschaft in letzter Konsequenz mit Gewalt zu begegnen, nicht nur in eine wechselseitige Eskalation von Gewalt und Gegengewalt mündet und somit das „berechtigte" Anliegen pervertiert, ist keine Frage des Rechtsempfindens oder des Gewissens, sondern eine empirische Frage, die sich ausschließlich auf historische Erfahrungswerte und Plausibilitätsargumente stützen kann. Sofern jedoch eine derartige Annahme als tragfähig erscheint, entbehrt selbst die „legitime" Gewaltanwendung im Namen eines höherrangigen Rechtsguts, an deren absehbaren Ende ein noch höheres Maß an Inhumanität, Unrecht und Leid stehen würde, jeglicher Vernunft. Somit kann auch nicht mehr von legitimer Gewaltanwendung gesprochen werden. Diese Überlegung unterstreicht die bereits an anderer Stelle formulierte These, daß die Berechtigung eines Widerstands nicht völlig losgelöst von Erfolgskriterien beurteilt werden kann.

Dies gilt ebenso für Formen des „zivilen Ungehorsams". Zwar mögen sich die hieran anknüpfenden Aktivisten auf subjektive Gewißheiten, etwa eine durch ihr Gewissen gebotene prinzipielle Ablehnung jeder Gewalt, berufen. Doch wo „ziviler Ungehorsam" nicht als Glaubensbekenntnis, sondern mit Begründungsansprüchen verteidigt wird, werden zwei zentrale Erfahrungen bzw. Vermutungen geltend gemacht, die als Quasi-Prinzipien firmieren, jedoch nur empirisch gestützt werden können: die Gewaltspirale und die Zweck-Mittel-Dialektik.

— Der lateinamerikanische katholische Bischof Dom Camara hat das Prinzip der Gewaltspirale prägnant veranschaulicht. Ausgangspunkt und erste Manifestation von Gewalt ist die Ungerechtigkeit („Gewalt 1"), die letztlich eine Revolution („Gewalt 2") hervorruft, welche wiederum Anlaß zur Repression („Gewalt 3") bietet. Diese Repression beinhaltet ein gesteigertes Maß an Ungerechtigkeiten, die eine erneute Folge von Revolten, Repressionen, Ungerechtigkeiten usw. nach sich ziehen. Der Teufelskreis der Gewaltspirale könne nur unterbrochen werden, indem man der Gewalt absage, sich jedoch mit allen Kräften ihrer Wurzel, der Ungerechtigkeit zuwende, um diese anzuprangern und mit friedlichen Mitteln zu bekämpfen.[19]

— Die zweite Prämisse besagt, daß in sozialen Interaktionen die Mittel zur Erreichung eines Zieles nicht nur einen rein instrumentellen, „zweckneutralen" Charakter haben, sondern selbst eine inhaltliche Dimension besitzen. Konkreter: Die Anwendung von Gewalt zur Verwirklichung einer gewaltfreien, friedlichen Gesellschaftsordnung kann den ihr zugedachten Zweck nicht erfüllen. Die Bereitschaft zur Gewaltanwendung forciert nicht nur Gegengewalt, sondern sie korrumpiert das Bewußtsein und die Glaubwürdigkeit derer, die die Gewalt gewaltsam abzuschaffen suchen. Gewaltfreiheit kann nicht das befreiende Ende einer durch Gewaltakte markierten Wegstrecke sein, sondern sie muß gleichsam unterwegs ständig eingeübt und untermauert werden, aber auch gegenüber dem jeweiligen Widersacher eingeklagt werden. Nur so kann die Idee einer friedlichen und gerechten Ordnung praktisch wirksam werden und als gelebte Idee Überzeugungskraft ausstrahlen. Gewaltfreie Mittel und Formen des Widerstands sind also zugleich *Inhalt* gewaltfreier Politik. Zugespitzt: Der Weg ist das Ziel. Der Gewaltverzicht ist eine subtile „Waffe", die einen gewaltsam agierenden Gegner nicht physisch bezwingen, aber moralisch unter Druck setzen soll. Die Gewaltanwendung durch den Gegner mag juristisch korrekt sein, aber sie macht doch unmiß-verständlich klar, von wem die Gewalt ausgeht.

Eine solche Strategie ist jedoch an bestimmte Randbedingungen ge-knüpft. Sie setzt voraus, daß sich ein Herrschaftssystem zumindest auf lange Sicht nicht auf erzwungenen Gehorsam stützen kann, sondern seine Legitimi-tät einsichtig machen muß. Sie bedarf weiter des Mediums der Öffentlichkeit (im Falle von autoritären Regimen einer externen (Welt-)Öffentlichkeit) und somit eines gewissen Maßes an kommunikativer Liberalität. Zugleich wird bereits eine spezifische Qualität dieser Öffentlichkeit vorausgesetzt: das Vorhandensein einer reflexiven, „postkonventionellen" Moral (vgl. Kohlberg 1974). Ohne die Fähigkeit zur Differenzierung zwischen Legalität und Legiti-mität und deren begründeter Vor- und Überordnung bliebe jeder Appell an ein allgemeines Rechtsbewußtsein fruchtlos. Erst unter den Bedingungen ei-ner aufgeklärten (Teil-)Öffentlichkeit und eines Bedarfs an demokratischer Legitimität besteht somit eine *Chance* für den Erfolg zivilen Ungehorsams.

IV. Irrwege und Auswege

1. Der zivile Ungehorsam hat in der Bundesrepublik keine Tradition. Oft ist er selbst für diejenigen, die sich hierzulande darauf berufen, nicht mehr als ein politischer Kampfbegriff. Das wohlverstandene Konzept des zivilen Unge-horsams ist kein Freibrief für jeden politisch motivierten Gesetzesbruch, schon gar nicht ein Aufruf oder ein erster Schritt zur Beseitigung des staat-lichen Gewaltmonopols. Dieses Mißverständnis, das auch bei einigen führen-den Repräsentanten der Bundespartei „Die Grünen" anzutreffen ist[20], ent-springt einer abstrakten, d.h. schlechten Utopie einer gewaltfreien Gesell-schaft. Das staatliche Gewaltmonopol und das Legalitätsgebot sind histori-sche Errungenschaften, die preiszugeben nichts anderes als den Weg zum Bür-gerkrieg ebnet. Formen der Selbstjustiz im Namen „progressiver" Ziele (z.B. die Verwüstung eines Redaktionsraumes in der linkspluralistischen Berliner „Tageszeigung" oder das von Aktionisten „erlassene" Fotografierverbot an-läßlich einer Anti-Atomdemonstration bei Braunschweig) finden ihr Pendant in selbsternannten „Bürgerwehren" gegen Instandbesetzer oder militanten Aktionen zur Abwehr der „Überfremdung Deutschlands" durch türkische Gastarbeiter.

Die Geringschätzung des Legalitätssystems bei Teilen der neuen sozialen Bewegungen mag auf die historische Verknüpfung des bürgerlich-liberalen Rechtsstaates mit kapitalistischen Verkehrsformen und auch auf konkrete Erfahrungen mit einer parteiischen Justiz zurückgeführt werden, aber sie ist nicht entschuldbar. Auch wer eine „freie Assoziation aller Individuen" für möglich hält, sollte auf dem Weg dahin nur dann „staatsfreie" Räume for-dern, wenn Gewißheit herrscht, daß am Ende nicht das Faustrecht, sondern der kategorische Imperativ — oder auch Nächstenliebe und Brüderlichkeit — das entstehende Vakuum füllen.

Dieter Rucht

2. Neben der politischen Naivität im Umgang mit Kategorien wie „Widerstandsrecht" und „Gewaltmonopol" ist auf der anderen Seite eine politisch interessierte Diskreditierung des zivilen Ungehorsams festzustellen. Dieser erscheint dann als eine „Tyrannei der Minderheit" und wird mit Kriminalität und Vorformen des Bürgerkriegs gleichgesetzt. Doch hinter der vorgeblichen Sorge um die Legalordnung verbirgt sich nicht selten das Interesse an der Erhaltung von Privilegien und an „law and order". Der berechtigte Einwand, daß die Voraussetzungen für das allgemeine und für das legalisierte Widerstandsrecht nicht gegeben sind, erspart nicht die Auseinandersetzung darüber, ob angesichts prekärer technologischer Weichenstellungen und fragwürdiger Voraussetzungen bestimmter Mehrheitsentscheide ziviler Ungehorsam geboten ist. Die übliche, bereits der amerikanischen Bürgerrechtsbewegung entgegengestellte Frage, wo wir denn hinkämen, wenn sich jedermann unter Berufung auf eine bessere Einsicht einen Freibrief zum Gesetzesbruch ausstellen wollte (Wasserstrom 1969: 256; Waldman 1969: 110), verdient es jedoch, ernst genommen zu werden.

3. Wenn sich heute Aktionsformen des zivilen Ungehorsams mehren, so bedeutet dies nicht, daß alle Dämme der Legalität zu reißen beginnen und die Gesellschaft in den Hobbesschen Naturzustand, den „Krieg aller gegen alle", zurückzufallen droht. Die meisten der gegenwärtigen Protesthandlungen zeugen nicht von Neid, Mißgunst und Machthunger, sondern eher von einem entwickelten Gefühl für soziale Gerechtigkeit und politische Verantwortung. Diese Verantwortung kommt bei Aktionen des zivilen Ungehorsams u.a. darin zum Ausdruck, daß
— die Handlungen keinen militanten, sondern einen gewaltfreien, politischsymbolischen Charakter tragen,
— die Handlungen unter den Augen der Öffentlichkeit stattfinden und die Akteure öffentlich für ihre Ziele einstehen und argumentieren,
— die Aktionen den Prinzipien der Erforderlichkeit, der Geeignetheit und der Verhältnismäßigkeit zu genügen suchen, also dem spielerischen Aktionismus wie dem blinden Abenteurertum absagen,
— die Akteure die Legalordnung im Prinzip akzeptieren und demzufolge auch die mit der kalkulierten Regelverletzung verbundenen Sanktionen erdulden,
— die Akteure in einem vorbereitenden Training gewaltfreie Aktionen einüben, um einer unkontrollierten Eskalation von Konflikten zu begegnen,
— die Akteure sich um Glaubwürdigkeit bemühen, indem sie generell ihre Mittel und Ziele, ihr Reden und Handeln in Einklang zu bringen suchen und dabei auch zu hohen persönlichen Opfern bereit sind.
Diese strengen Selbstbindungen stehen auch dem Argument entgegen, daß mit der Billigung zivilen Ungehorsams sich jedermann ermuntert fühlen müsse, geltende Gesetze zu ignorieren, und daß damit eine Lawine von Rechtsbrüchen losgetreten würde.

4. Wenn trotz dieser Voraussetzungen derartige Protest- und Verweigerungsformen zunehmen, so ist dies ein Indiz für strukturell ungelöste Probleme der Interessenrepräsentation. Eine bloße Verschärfung der Sanktionen von Regelverletzungen würde die Probleme bestenfalls verdrängen, aber nicht lösen.

Die bisherigen Instrumente des Interessenausgleichs und des Minderheiten-schutzes sind nicht wertlos geworden, aber sie reichen im Hinblick auf quali-tativ neue Problemlagen nicht mehr aus. Damit richtet sich die Aufmerksam-keit auf die Vorschläge und Verfahren, die (a) die Interessen von betroffenen und bedrohten Minderheiten angemessener zur Geltung bringen und (b) die wohlverstandenen Interessen von Mehrheiten und Gesamtheiten stärker ins allgemeine Bewußtsein heben. Dies bedeutet konkret, daß
- trotz mancher Nachteile plebiszitäre und partizipatorische Verfahren aus-zugestalten sind und dabei auch das Subsidiaritätsprinzip stärker zu be-rücksichtigen ist,
- bei problematischen technologischen Weichenstellungen die Beweislast für die Begrenzbarkeit der Risiken von der Befürworterseite zu tragen ist,
- konkurrierende (Fach-)Meinungen in Forschungsprojekten, öffentlichen Hearings und in den Massenmedien gleichberechtigt zur Geltung kommen,
- bei stark umstrittenen Entscheidungen von großer Tragweite ein Entschei-dungsverzicht an Stelle des ,,Niederstimmens'' geboten sein kann.
Angesichts der Eingriffstiefe und der zeitlichen Reichweite heutiger Ent-scheidungslagen erscheinen die überschaubaren Nachteile eines Entschei-dungsverzichts oder eines Moratoriums erträglicher als das unkalkulierbare Maß an ökologischen, politisch-sozialen und psychischen Folgelasten, das sich hinter manchen Verheißungen des technologischen Fortschritts verbirgt. Der Rückgriff auf Formen des zivilen Ungehorsams sollte von den Mehrhei-ten als Signal verstanden werden, den Bogen ihrer formellen Kompetenz nicht zu überspannen.

Anmerkungen

* Für eine kritische und konstruktive Diskussion der Rohfassung dieses Aufsatzes danke ich Karl-Werner Brand, Günter Frankenberg und Detlef Büsser. Das Manuskript wurde bereits Mitte März 1983 abgeschlossen. Somit konnte die gerade ab diesem Zeitpunkt anlaufende intensive Diskussion zum zivilen Ungehorsam in der Bundesre-publik nicht mehr einbezogen werden.

1 Vgl. z. B. den Briefwechsel zwischen einem Bonner Ministerialbeamten und dem Soziologen Claus Offe in: Mez/Wolter (Hrsg.) 1980 oder zwischen dem hessischen Kultusminister Hans Krollmann und dem Politologen Egbert Jahn in: Frankfurter Rundschau v. 22.5.1982, S. 14 f.

2 Jonas verwirft ein autoritäres System im Prinzip, jedoch nicht im Ausnahmefall. So ist ,,in der kommenden Härte einer Politik verantwortlicher Entsagung'' die Demo-kratie (bei der notwendig ,,die Gegenwartsinteressen das Wort führen'') mindestens zeitweise untauglich (Jonas 1979: 269). Zwar wäre es ,,natürlich'' besser, ,,sittlich und pragmatisch erwünschter, die Sache der Menschheit einem sich verbreitenden ,wahren Bewußtsein' anvertrauen zu können'', aber es könnte doch ,,ein neuer Machiavelli nötig werden, der aber seine Lehre streng esoterisch vortragen müßte'' (ebd., S. 267). Jonas schreckt ausdrücklich ,,nicht vor dem Gedanken zurück'', gegebenenfalls ,,das gefährliche Spiel der Massentäuschung'' (ebd., 266) ins Auge zu fassen, um der Vernunft der Eliten zur Geltung zu verhelfen. Im Gespräch mit Jonas werden derartige Überlegungen nachdrücklich (und unverblümter!) bekräftigt.

3 Eine umfassende Abhandlung zur Geschichte des Widerstandsrechts bietet Wolzen-dorf (1916). Eine knappe Zusammenfassung gibt Bertram (1970). Neuere Schriften

zum Widerstandsrecht sind nachgewiesen in der Bibliographie von Backmann in:
Kaufmann/Backmann (1972).

4 „Die Überlegung, daß Eintracht und Friede nur dort zu gedeihen vermögen, wo *ein*
Wille herrscht, erhellt Hobbes Weg zum Absolutismus. Sie führt ihn zur Lehre vom
omnipotenten Leviathan." (Mayer-Tasch 1965, 78) Insofern ist auch die Rede von
einer „widerstandsfeindlichen Grundtendenz der Lehre" (ebd., 122) gerechtfertigt.
Mayer-Tasch macht zugleich auf einen unaufgelösten Widerspruch der Hobbesschen
Widerstandslehre aufmerksam. Die absolutistische Grundkonzeption wird durch
einen „individualistischen Vorbehalt" konterkariert. Demnach müßte das Widerstandsrecht nicht nur dann aufleben, wenn der Staat seine Schutzfunktion für Leib
und Leben aller Bürger verfehlt, sondern wenn er auch ein angenehmes Leben unter
der Herrschaft der natürlichen Gesetze nicht mehr zu gewährleisten vermag. (vgl.
ebd., 122 ff.)

5 „Gegen jeden, der es unternimmt, diese Ordnung zu beseitigen, haben alle Deutschen
das Recht zum Widerstand, wenn andere Abhilfe nicht möglich ist."

6 Nach Auffassung angesehener Kommentatoren steht Art. 20 IV des Grundgesetzes
„nach wie vor *selbständig* und *autonom* neben der immer noch umstrittenen Lehre
von einem allgemeinen Widerstandsrecht." (Herzog 1980: 330) Zu den vom Bundesgerichtshof und vom Bundesverfassungsgericht entwickelten Grundsätzen des allgemeinen Widerstandsrechts vgl. Scheidle (1969: 38 ff.).

7 So betonte das Bundesverfassungsgericht in dem KPD-Urteil von 1956 den fundamentalen Unterschied zwischen einer intakten Verfassungsordnung, die trotz einzelner Rechtsverletzungen im Prinzip nicht ausgehöhlt ist, und einer insgesamt illegitimen Ordnung, in welcher das Widerstandsrecht auflebt. Zu den praktischen Schwierigkeiten dieser Unterscheidung vgl. Kirchheimer 1967a: 132 ff.

8 Die Dichotomie von legalen Formen der Zivilcourage und manifester Gewalt bei
Kaufmann ist um so erstaunlicher, als der Autor in früheren Beiträgen zum Widerstandsrecht ein emphatisches Bekenntnis für Martin Luther King abgibt (vgl. 1972:
326 ff.), ohne freilich das Problem der Illegalität zivilen Ungehorsams zu thematisie-
ren. Gleichzeitig wendet sich Kaufmann entschieden gegen den Gesetzespositivismus
(z. B. von Hans Ulrich Evers), der jedes Widerstandsrecht zu dispensieren sucht (vgl.
ebd., 334 ff.), und macht klar, daß Legitimität nicht in Legalität aufgehen muß.

9 Die Bezeichnung „civil disobedience" fand zunächst durch den gleichnamigen Essay
von Henry David Thoreau im angloamerikanischen Raum Verbreitung. (Der ursprüngliche Titel der Abhandlung lautete allerdings „The Resistance to Civil Government",
1849) In der Schrift selbst findet sich weder der Begriff noch ein Entwurf oder eine
ausgearbeitete Begründung für ein klares Handlungskonzept. Die Bezugspunkte des
idealistischen Individualisten Thoreau, das „Gewissen" oder die „absolute Wahrheit",
bleiben diffus. Zur Theorie und Praxis der „gewaltfreien Aktion" vgl. die Literatur-
hinweise bei Carter u. a. (1970).

10 „Wir handeln nicht nach Gandhi, sondern nach Marx, Engels, Lenin, Mao Tse Tung,
und wir befürworten eindeutig die revolutionäre Gewalt." (Jürgen Krahl, zit. nach
Kaufmann 1972: 328)

11 Es sei daran erinnert, daß Eberts Begriff der Gewaltfreiheit und auch das Konzept der
„strukturellen Gewalt" (J. Galtung) quer zu juristischen Definitionen der Gewalt stehen, welche z. B. bereits die lautstarke „Sprengung" einer Vorlesung unter den Ge-
waltbegriff subsumieren.

12 Zwar sind Aktionsformen des zivilen Ungehorsams in der Regel illegal (und scheinen
somit auch erfreulich präzise abgrenzbar). Doch sollten prinzipiell auch solche Handlungen eingeschlossen werden, deren formalrechtlicher Status zweifelhaft ist (z. B.
aufgrund widersprüchlicher Urteile), oder die sich nach einer (abschließenden) richterlichen Prüfung als (noch) legal herausstellen. Ebenso sind solche Aktionen einzubeziehen, die zwar illegal sind, aber durch die Strafverfolgungsbehörden faktisch tole-

riert werden, oder die durch eine Amnestie rückwirkend eine neue Rechtsqualität erlangen.

13 Indem Ebert gewaltfreien Aktionen generell das Ziel zuordnet, ein neues System vorzubereiten und zu schaffen (vgl. 1978: 36), erscheinen Formen des zivilen Ungehorsams, die nicht über die Änderung von einzelnen „Gesetzen und Anordnungen der Herrschenden" hinausführen, per definitionem als defizitär. Damit verfehlt Ebert die Möglichkeit, zivilen Ungehorsam als eine in sich abgeschlossene, also nicht auf weitergreifende Ziele orientierte Handlungsform mit eigenständiger Qualität zu begreifen. So entsteht der Eindruck, daß die Systematik Eberts durch einen Bias geprägt ist, dessen normativer Fixpunkt sich hinter dem Endziel der „usurpatorischen Bildung eigener legislativer, exekutiver und judikativer Institutionen" (1978: 43) verbirgt.

14 Einen historischen und begriffsgeschichtlichen Überblick mit weiteren Literaturangaben bietet Wolfgang Jäger (1982).

15 Vgl. dazu vor allem Jellinek (1898); Varain (1964); Scheuner (1973); Gusy (1981) und Offe (1982).

16 Anders als in vergangenen Epochen bergen heute technologische Weichenstellungen (potentielle) Gefahren in sich, über die in aller Regel nur Wahrscheinlichkeitsaussagen möglich sind. Dabei ergibt sich insbesondere das Problem der Bewertung und Hinnahme von sog. „Restrisiken", die gegenwärtigen und künftigen Generationen von Seiten der politischen Entscheidungsträger und der Justiz zugemutet werden (vgl. dazu Mayer-Tasch 1979; Hofmann 1980). Angesichts der Hypotheken, mit denen die Zukunft durch heutige Entscheidungen belastet wird, ist es nur folgerichtig, „den Kantschen kategorischen Imperativ von der räumlichen auf die zeitliche Dimension zu übertragen" (Preuß 1981: 86) und zu postulieren: „Beschränke die Freiheit zukünftiger Generationen zur eigenen Selbstbestimmung nicht mehr als du selbst durch die Hinterlassenschaft der vor dir lebenden Generationen an Beschränkung deiner Freiheit hinzunehmen bereit bist." (ebd.)

17 Diese Auffassung findet sich explizit bei Joseph Schumpeter 1975[4] und — in systemtheoretischer Perspektive — pointiert bei Niklas Luhmann: „Demokratie ist keine *Herrschaftsform,* sondern eine Technik der Systemsteuerung, die als Folge der Positivierung des Rechts zwangsläufig wird." (1971: 48 f.)

18 Günter Frankenberg hat im November 1982 im Rahmen eines Workshops zum Thema „Soziale Bewegungen und Konservatismus" am Max-Planck-Institut für Sozialwissenschaften (München) das Phänomen der „Politisierung der Verfahren" erläutert. Demnach ist für den Erfolg dieser Strategie u. a. maßgeblich, daß größere Gruppen kollektiv — und sei es auch nur symbolisch — als Kläger bzw. Angeklagte auftreten, daß eine gemeinsame Vorbereitung, Begleitung und Auswertung des Verfahrens gewährleistet ist sowie der Stand und die Ergebnisse des Verfahrens an das weitere Umfeld der Protestgruppen vermittelt werden. Als typische Beispiele können die Klage der feministischen Zeitschrift „Emma" gegen die Illustrierte „Stern", die Verwaltungsgerichtsprozesse um die Genehmigung des Atomkraftwerks bei Wyhl oder der Prozeß gegen die Herausgeber des „Buback-Nachrufes" gelten.

19 Offen bleibt allerdings, ob nicht bereits die friedliche Anprangerung von Unrecht mit Gewalt beantwortet wird und wie dieser Gewalt dann begegnet werden kann.

20 So z. B. Dieter Burgmann: „Das Gewaltmonopol des Staates bleibt auch in der Demokratie das Mittel der Beherrschung für die herrschenden Kräfte. Doch selbst in einer idealen Demokratie, d. h. also dort, wo die Mehrheit der Bevölkerung ihren Willen wirklich durchsetzt, bleibt das Gewaltmonopol ein falscher Ansatz ... Eine gewaltfreie Gesellschaft kann nur erreicht werden, wenn das Gewaltmonopol des Staates abgeschafft wird." (1982: 3) Die Tatsache, daß Burgmanns Text in Flugblattform verbreitet wird und sich auch Sprecher des Bundesvorstandes der Grünen wie Marion Maren-Griesebach zustimmend darauf beziehen, zeigt an, daß es sich hierbei um keine Einzelmeinung handelt.

Literatur

Arndt, Adolf, 1972: AGRAPHOI NOMOI (Widerstand und Aufstand) (1962), in: Kaufmann, Arthur/Backmann, Leonhard E. (Hg.), Widerstandsrecht, Darmstadt, S. 525 –538

Backmann, Leonhard E., 1972: Bibliographie zum Widerstandsrecht, in: Kaufmann, Arthur/Backmann, L. (Hg.), Widerstandsrecht, Darmstadt, S. 561–614

Bahro, Rudolf, 1982: Der hündische SPD-Bezug und die Identität der Grünen, in: Tageszeitung v. 3.11.1982, S. 9

Bay, Christian, 1968: Civil Disobedience, in: International Encyclopedia of Social Sciences, Vol. 2, S. 473–487

Bertram, Karl F., 1970: Das Widerstandsrecht des Grundgesetzes, Berlin

Burgmann, Dieter, 1982: Das Gewaltmonopol des Staates verhindert die gewaltfreie Gesellschaft, in: Die Grünen v. 23.10.1982, S. 3

Carter, April u.a., 1970: Non-Violent Action. A Selected Bibliography (revised and enlarged edition), London

Ebert, Theodor, 1978: Gewaltfreier Aufstand. Alternative zum Bürgerkrieg, Waldkirch

Fetscher, Iring, 1982: Ökologie und Demokratie – ein Problem der „politischen Kultur“, in: Physik, Philosophie und Politik. Festschrift für Carl F. v. Weizsäcker zum 70. Geburtstag, hrsg. v. Meyer-Abich, Klaus M., München, S. 89–105

Grabitz, Eberhard, 1973: Der Grundsatz der Verhältnismäßigkeit in der Rechtsprechung des Bundesverfassungsgerichts, in: Archiv des öffentlichen Rechts 98 (4/1973), S. 568–616

Grass, Günter, 1983: Vom Recht auf Widerstand (Rede zur Gedenkveranstaltung der SPD zum 50. Jahrestag von Hitlers Machtergreifung in der Frankfurter Paulskirche am 30.1. 1983), in: Die Zeit v. 4.2.1983, S. 39

Guggenberger, Bernd, 1980: Bürgerinitiativen in der Parteiendemokratie, Stuttgart u.a.

Gusy, Christoph, 1981: Das Mehrheitsprinzip im demokratischen Staat, in: Archiv des öffentlichen Rechts 3/1981, S. 329–354

Herzog, Roman, 1980: Grundgesetz. Kommentar, Art. 20 IV, in: Maunz/Dürig/Herzog/Scholz, München (Loseblattausgabe)

Hofmann, Hasso, 1980: Langzeitrisiko und Verfassung. Eine Rechtsfrage der atomaren Entsorgung, in: Scheidewege. Vierteljahreszeitschrift für skeptisches Denken, Jg. 10, S. 448–479

Jäger, Wolfgang, 1982: Mehrheit, Minderheit, Majorität, Minorität, in: Geschichtliche Grundbegriffe. Historisches Lexikon zur politisch-sozialen Sprache in Deutschland, hrsg. v. Brunner, Otto/Conze, Werner/Kosellek, Reinhart, Bd. 3, Stuttgart, S. 1021 –1062

Jahn, Egbert, 1982: Briefwechsel mit Hans Krollmann, in: Frankfurter Rundschau v. 22.5.1982, S. 14 f. („Immer noch Verwirrung um den Begriff des Widerstandes“)

Jellinek, Georg, 1898: Das Recht der Minoritäten, Wien

Jonas, Hans, 1979: Das Prinzip Verantwortung. Versuch einer Ethik für die technologische Zivilisation, Frankfurt/M.

Kaufmann, Arthur, 1982: Das Widerstandsrecht der kleinen Münze. Eine Ermahnung zur Zivilcourage, in: Süddeutsche Zeitung v. 31.12.1981/1.1.1982, S. 45 f.

Kaufmann, Arthur, 1972: Rechtsphilosophie im Wandel, Frankfurt/M.

Kirchheimer, Otto, 1967: Legalität und Legitimität (1932), in: ders., Politische Herrschaft. Fünf Beiträge zur Lehre vom Staat, Frankfurt/M., S. 7–26

Kirchheimer, Otto, 1967a: Über den Rechtsstaat, in: ders., Politische Herrschaft. Fünf Beiträge zur Lehre vom Staat, Frankfurt/M., S. 122–149

Kohlberg, Lawrence, 1974: Zur kognitiven Entwicklung des Kindes, Frankfurt/M.

Kröger, Klaus, 1971: Widerstandsrecht und demokratische Verfassung, Tübingen

Krollmann, Hans, 1982: Briefwechsel mit Egbert Jahn, in: Frankfurter Rundschau v. 22.5.1982, S. 14 („Immer noch Verwirrung um den Begriff des Widerstandes“)

Lerche, Peter, 1961 Übermaß und Verfassungsrecht, Köln u. a.

Luhmann, Niklas, 1971: Funktionen der Rechtsprechung im politischen System, in: ders., Politische Planung. Aufsätze zur Soziologie von Politik und Verwaltung, Opladen, S. 46—52

Luhmann, Niklas, 1975[2]: Legitimation durch Verfahren, Darmstadt und Neuwied

McAfee Brown, Robert, 1982: Von der gerechten Revolution. Religion und Gewalt, Stuttgart

Mayer-Tasch, Peter C., 1965: Thomas Hobbes und das Widerstandsrecht, Tübingen

Mayer-Tasch, Peter C., 1979: Atomenergie – und sie bedroht uns doch. Bemerkungen zur Unvereinbarkeit von Rechtsstaat und Atomstaat, in: Zeitschrift für Rechtspolitik 3/1979, S. 59—63

Mayer-Tasch, Peter C., 1980: Gemeinwohl und Partikularinteressen, in: ders. (Hrsg.), Münchener Beiträge zur Politikwissenschaft, Freiburg, S. 202—219

Mez, Lutz/Wolter, Ulf (Hrsg.), 1980: Die Qual der Wahl. Ein Wegweiser durch die Parteienlandschaft zur Bundestagswahl 1980, Berlin

Miller, William, R., 1971: Nonviolence. Grundlagen einer christlichen Theorie der Gewaltlosigkeit (1964), Wuppertal

Neumann, Franz, 1967: Über die Grenzen berechtigten Ungehorsams (1952), in: ders., Demokratischer und autoritärer Staat. Studien zur politischen Theorie, Frankfurt/ Wien, S. 195—206

Offe, Claus, 1982: Politische Legitimation durch Mehrheitsentscheidung? In: Journal für Sozialforschung 3/1982, S. 311—335

Preuß, Ulrich K., 1977: Legalität—Legitimität—Loyalität, in: Leviathan 4/1977, S. 450 —466

Preuß, Ulrich K., 1981: Die Zukunft: Müllhalde der Gegenwart? Skizze zum Zusammenhang von Technik, Ethik und Demokratie, in: Freibeuter 9/1981, S. 83—97

Rawls, John, 1975: Eine Theorie der Gerechtigkeit (1971), Frankfurt/M.

Rucht, Dieter, 1982: Planung und Partizipation. Bürgerinitiativen als Reaktion und Herausforderung politisch-administrativer Planung, München

Scheidle, Günther, 1969: Das Widerstandsrecht. Entwickelt anhand der höchstrichterlichen Rechtsprechung in der Bundesrepublik Deutschland, Berlin

Scheuner, Ulrich, 1973: Das Mehrheitsprinzip in der Demokratie, Opladen

Schneider, Peter, 1956: Die heutige Position – staatsrechtlich, in: Pfister, Bernhard/ Hildmann, Gerhard (Hrsg.), Widerstandsrecht und die Grenzen der Staatsgewalt, Berlin, S. 143—150

Spaemann, Robert, 1977: Zur Kritik der politischen Utopie, Stuttgart

Specht, Harry, 1973: Disruptive Taktiken in der Gemeinwesenarbeit (1969), in: Müller, C. Wolfgang/Nimmermann, Peter (Hrsg.), Stadtplanung und Gemeinwesenarbeit. Texte und Dokumente, München, S. 208—227

Stolleis, Michael, 1978: Gemeinwohl und Minimalkonsens, in: beilage zur wochenzeitung das parlament 3/1978, S. 37—45

Thoreau, Henry D., 1973: Über die Pflicht zum Ungehorsam gegen den Staat und andere Essays (The Resistance to Civil Government, 1849), Zürich

Varain, Heinz, 1964: Die Bedeutung des Mehrheitsprinzips im Rahmen unserer politischen Ordnung, in: Zeitschrift für Politik 3/1964, S. 239—250

Waldmann, Louis, 1969: Civil Rights – Yes; Civil Disobedience – No (1965), in: Bedeau, Hugo A. (Hrsg.), Civil Disobedience: Theory and Practice, New York, S. 106—115

Wasserstrom, Richard A., The Obligation to Obey the Law (1963), in: Bedeau, Hugo A. (Hrsg.), Civil Disobedience: Theory and Practice, New York, S. 256—262

Wendt, Rudolf, 1979: Der Garantiegehalt der Grundrechte und das Übermaßverbot, in: Archiv des öffentlichen Rechts 104 (9/1979), S. 414—474

Wittig, Peter, 1968: Zum Standort des Verhältnismäßigkeitsgrundsatzes im System des Grundgesetzes, in: Die öffentliche Verwaltung, Dezember 1968, S. 817—825

Wolzendorf, Kurt, 1968: Staatsrecht und Naturrecht (1916), Aalen

Wolfgang Sternstein

Keine Macht für niemand!

Die Herausforderung der parlamentarischen Demokratie durch das basisdemokratische Modell

Es gibt in der Bundesrepublik ein wachsendes Unbehagen der Bürger am Parteien-, Verbände- und Verwaltungsstaat[1]. Bei einem Teil namentlich der jungen Bürger hat es sich zu offener Ablehnung, ja zu radikaler Gegnerschaft zum gesellschaftlichen und politischen System der BRD gesteigert. Es wird durchgängig als korrupt, ausbeuterisch, ungerecht und gewalttätig empfunden und – nicht zuletzt aufgrund solchen Vorurteils – auch so erfahren. Das Mehrheitsprinzip als Verfahrensregel im demokratischen Willensbildungs- und Entscheidungsprozeß wird als Diktatur der Mehrheit über die Minderheit, mit anderen Worten als Vergewaltigung und Unterdrückung der Minderheit durch die Mehrheit, denunziert. Gesucht wird nach Formen herrschaftsfreier Willensbildung und Entscheidung. An die Stelle des Mehrheitsprinzips soll das Konsensprinzip, d.h. die freiwillige Übereinkunft aller Betroffenen oder Beteiligten als Verfahrensregel treten. Das Konsensprinzip, so die Theorie, erlaube es der Minderheit, ja dem Einzelnen, ihre bzw. seine Interessen und Vorstellungen zu artikulieren und, soweit als irgendmöglich, im Entscheidungsprozeß berücksichtigt zu finden. Am Ende eines derartigen herrschafts- und gewaltfreien Willensbildungsprozesses stehe dann eine Entscheidung, der die meisten, im Idealfall sogar alle Beteiligten, zustimmen können.

Von dieser basisdemokratischen Infragestellung des Mehrheitsprinzips muß seine Infragestellung durch die Gewissensentscheidung von Einzelnen oder Gruppen unterschieden werden. Hier geht es um die Frage, ob Einzelne oder Gruppen das Recht, ja die Pflicht haben, sich Mehrheitsentscheidungen zu widersetzen, wenn sie der Überzeugung sind, die Mehrheit tue unrecht. In einer Basisdemokratie würde sich ziviler Ungehorsam, d.h. die absichtliche und offene Übertretung von durch die Mehrheit legitimierten Gesetzen, weitgehend erübrigen, da eine Minderheit, ja im Extremfall ein Einzelner, durch sein Veto die Entscheidung blockieren könnte. Völlig undenkbar ist ziviler Ungehorsam allerdings auch in einer Basisdemokratie nicht. Er kann geboten sein, wenn denen, die einem Beschluß zugestimmt haben, nachträglich bewußt wird, daß er gegen fundamentale Rechtsgrundsätze verstößt. Mein Beitrag beschränkt sich folglich auf zwei aktuelle Infragestellungen des Mehrheitsprinzips:
- durch die Gewissensentscheidung von Einzelnen oder Gruppen;
- durch die basisdemokratischen Formen politischer Willensbildung und Entscheidung.

Gibt es eine Pflicht zum zivilen Ungehorsam gegen den Staat?

Das Grundgesetz erwähnt die Gewissensfreiheit, d. h. die Freiheit des Einzelnen, dem Gebot des eigenen Gewissens zu folgen, in den Artikeln 4 und 38. Der Kontext von Artikel 4, der die Freiheit des Glaubens und die Freiheit des religiösen und weltanschaulichen Bekenntnisses garantiert, macht deutlich, daß es sich hierbei um Handlungen oder Unterlassungen handelt, die dem Einzelnen aufgrund religiöser oder weltanschaulicher Überzeugungen als unabdingbar erscheinen, sofern sie nicht die Grundrechte anderer verletzen. Ausdrücklich wird in diesem Zusammenhang in Art. 4 III festgestellt, niemand dürfe „gegen sein Gewissen zum Kriegsdienst mit der Waffe gezwungen werden", offensichtlich eine Konkretisierung der allgemeinen Gewissensfreiheit.

Das gilt wohl auch für Art. 38 I: „Die Abgeordneten des Deutschen Bundestages werden in allgemeiner, unmittelbarer, freier, gleicher und geheimer Wahl gewählt. Sie sind Vertreter des ganzen Volkes, an Aufträge und Weisungen nicht gebunden und nur ihrem Gewissen unterworfen."
Die Formulierung „und nur ihrem Gewissen unterworfen" muß wohl so verstanden werden, daß der Abgeordnete von niemandem, auch nicht von der Fraktion, gezwungen werden darf, seinem Gewissen zuwiderzuhandeln. Das Grundrecht der Gewissensfreiheit wird hier sozusagen noch einmal ausdrücklich für den Bundestagsabgeordneten reklamiert.

Das Spannungsverhältnis zwischen dem Art. 38 I und dem Fraktionszwang oder Parteitagsbeschlüssen soll hier nicht thematisiert werden, ebensowenig die Problematik des imperativen Mandats oder der Ämterrotation.

Die Gewissensfreiheit, wie sie das Grundgesetz definiert, schützt den Einzelnen oder die religiöse Gemeinschaft vor dem Mehrheitswillen. Sie ist, so verstanden, Teil des verfassungsrechtlich garantierten Minderheitenschutzes. Davon zu unterscheiden ist die *Infragestellung der Mehrheitsentscheidung durch Einzelne oder Gruppen*. Sie verhält sich zum Mehrheitswillen nicht defensiv, wie die im Grundgesetz kodifizierte Gewissensfreiheit, sondern offensiv. Sie stellt mit anderen Worten die Mehrheitsentscheidung infrage, will sie verändern oder aufheben.

Gesetzt den Fall, einzelne Bürger oder Gruppen glauben, erkannt zu haben, daß die Mehrheit bzw. die durch sie legitimierte Regierung unrecht tut. Was sollen sie tun? Die Antwort lautet gewöhnlich, alle legalen Möglichkeiten nutzen, um das von der Mehrheit angeblich begangene Unrecht zu verhindern oder rückgängig zu machen. Hierfür bietet das politische System der Bundesrepublik zahlreiche Möglichkeiten in Gestalt von

- politischer Beeinflussung (Briefe an Abgeordnete, Petitionen usw.)
- demonstrativen Protest (Unterschriftensammlungen, Märsche, Kundgebungen, Mahnwachen usw.)
- Wahl einer Oppositionspartei, die die Mehrheitsentscheidung zu revidieren verspricht. Agitation für diese Partei, Gründung einer Oppositionspartei,
- Anrufung der Gerichte.

Sind alle diese legalen Möglichkeiten der politischen Einflußnahme ausgeschöpft, so ist weiterer Widerstand nach herrschender Lehre nicht gerechtfertigt. Im Konflikt zwischen Legalität und Legitimität hat die Legalität das letzte Wort. Die Entscheidung des Bundesverfassungsgerichts ist zu respektieren, auch wenn sich das Gewissen des Einzelnen dagegen auflehnt[2].

Diese Lehre ist jedoch nicht unbestritten. Hitler kam bekanntlich auf legalem Weg an die Macht und mißbrauchte sie dazu, den Rechts- und Verfassungsstaat systematisch zu zerstören. Widerstand gegen das Naziregime, in welcher Form auch immer, gilt heute als legitim, auch da, wo er illegal war. Im Rückblick auf das „Dritte Reich" wird somit die Legitimität über die Legalität gestellt, während im Dritten Reich dem Widerstand selbstverständlich beides bestritten wurde. Das in Art. 20 IV kodifizierte Widerstandsrecht, so wird behauptet, sei innerhalb der geltenden freiheitlich-demokratischen Grundordnung unserer Verfassung ohne Belang. Es greife erst, wenn eine erkennbar verfassungsfeindliche Partei oder Bewegung die Macht erobern wolle oder bereits erobert habe und andere Abhilfe nicht möglich sei.

Auf die Absurdität dieser Art von kodifiziertem Widerstandsrecht ist oft genug hingewiesen worden. Solange die als verfassungsfeindlich vermutete Partei oder Bewegung noch nicht an der Macht ist, wird es kaum möglich sein, den Nachweis zu führen, daß sie verfassungsfeindlich und andere Abhilfe nicht möglich ist. Das ist ja auch Hitler gegenüber nicht gelungen. Ist sie aber erst einmal an der Macht, so wird sie die Berufung auf das in der Verfassung verankerte Widerstandsrecht niemals anerkennen.

Desgleichen wäre es eine Illusion, darauf zu hoffen, die Berufung auf das Widerstandsrecht mit der Begründung, die militärische und die zivile Atomenergienutzung verletze den in Art. 79 III und 19 II als unveränderbar erklärten Kern der Verfassung und andere Abhilfe sei nicht möglich, könne von der Regierung, gegen die es sich richtet, als legitim anerkannt werden. Dazu werden allenfalls spätere Generationen, wenn es sie gibt, bereit sein. So warnte denn auch der ehemalige Bundesjustizminister Jürgen Schmude in einem Interview, das die Frankfurter Rundschau am 7.5.1982 veröffentlichte, davor, „mit dem Gerede vom bürgerlichen Ungehorsam den Anfängen des Chaos das Tor zu öffnen". Er sah die Gefahr „bürgerkriegsähnlicher Auseinandersetzungen" in diesem Land, bei denen das Recht auf bürgerlichen Ungehorsam zur Rechtfertigung von Zwang und Gewalt gegen Mitbürger und staatliche Organe benutzt werde. Ein Recht auf bürgerlichen Ungehorsam gegenüber Gesetzen und Verordnungen, die nach demokratischen Regeln korrekt zustande gekommen seien, könne es nicht geben[3].

Neben dieser eher sophistisch anmutenden Diskussion um ein legitimes Widerstandsrecht in der BRD gibt es in den angelsächsischen Ländern eine lebendige Tradition des zivilen Ungehorsams gegen einen Staat, der Unrecht tut. Sie setzt ein mit dem Amerikaner Henry David Thoreau, der uns einen brillanten Essay „über die Pflicht zum zivilen Ungehorsam gegen den Staat" hinterließ[4].

Thoreau lebte in Concord, Massachusetts, und verdiente sich seinen Lebensunterhalt als Lehrer an einer Abendschule. Aus Protest gegen die Sklaverei und den Raubkrieg der USA gegen Mexiko von 1846—48, in dem Mexiko die späteren Bundesstaaten Texas, Californien, Nevada, Utah, Arizona und Neu-Mexiko entrissen wurden, verweigerte er die Steuerzahlung mit der Begründung: „... wenn aber das Gesetz so beschaffen ist, daß es notwendigerweise aus dir den Arm des Unrechts an einem anderen macht, dann, sage ich dir, brich das Gesetz". Thoreau verstand die Steuerverweigerung nicht als einen Akt individueller Gewissensberuhigung, sondern als eine Aktion, die darauf abzielte, staatliches Handeln zu beeinflussen. „Ich weiß ganz genau, wenn nur tausend Menschen, hundert, zehn, ja sogar wenn nur *ein* Ehrenmann im Staat Massachusetts, weil er keine Sklaven mehr halten will, nicht mehr an dieser Gemeinschaft teilhaben wollte und dafür ins Gefängnis gesperrt würde: es wäre das Ende der Sklaverei in Amerika. Denn es spielt keine Rolle, wie gering die Anfänge zu sein scheinen: was einmal wohlgetan ist, ist für immer getan[5]." Und an anderer Stelle schreibt er: „Eine Minderheit ist machtlos, wenn sie sich der Mehrheit anpaßt; sie ist dann nicht einmal eine Minderheit; unwiderstehlich aber ist sie, wenn sie ihr ganzes Gewicht einsetzt. Vor der Wahl, ob er alle anständigen Menschen im Gefängnis halten oder Krieg und Skalverei aufgeben soll, wird der Staat mit seiner Antwort nicht zögern. Wenn tausend Menschen dieses Jahr keine Steuern bezahlen würden, so wäre das keine brutale und blutige Maßnahme — das wäre es nur, wenn sie sie zahlten und damit dem Staat erlaubten, Brutalitäten zu begehen und Blut zu vergießen[6]."

Ein locus classicus für das Verhältnis von Minderheit und Mehrheit ist der folgende Abschnitt aus Thoreaus Essay: „Der praktische Grund, warum die Mehrheit regieren und für längere Zeit an der Regierung bleiben darf, wenn das Volk die Macht hat, ist schließlich nicht, daß die Mehrheit das Recht auf ihrer Seite hat, auch nicht, daß es der Minderheit gegenüber fair ist, sondern ganz einfach, daß sie physisch am stärksten ist. Aber eine Regierung, in der die Mehrheit in *jedem* Fall den Ausschlag gibt, kann nicht auf Gerechtigkeit gegründet sein, nicht einmal soweit Menschen Gerechtigkeit verstehen. Könnte es nicht eine Regierung geben, in der nicht die Mehrheit über Falsch und Richtig befindet, sondern das Gewissen? — In der die Mehrheit nur solche Fragen entscheidet, für die das Gebot der Nützlichkeit gilt? Muß der Bürger auch nur einen Augenblick, auch nur ein wenig, sein Gewissen dem Gesetzgeber überlassen? Ich finde, wir sollten erst Menschen sein und danach Untertanen. Man sollte nicht den Respekt vor dem Gesetz pflegen, sondern vor der Gerechtigkeit. Nur eine einzige Verpflichtung bin ich berechtigt einzugehen, und das ist, jederzeit zu tun, was mir recht erscheint. Man sagt, daß vereinte Masse kein Gewissen hat — und das ist wahr genug; gewissenhafte Menschen aber verbinden sich zu einer Vereinigung *mit* Gewissen. Das Gesetz hat die Menschen nicht nur ein Jota gerechter gemacht; gerade durch ihren Respekt vor ihm werden auch die Wohlgesinnten jeden Tag zu Handlangern des Unrechts[7]."

Thoreaus Essay hatte eine nachhaltige Wirkung in der Geschichte des zivilen Ungehorsams. Gandhi las ihn in Südafrika und sah sich durch ihn in der von ihm entwickelten Strategie der Nichtzusammenarbeit und des zivilen Ungehorsams gegen die rassendiskriminierenden Gesetze der südafrikanischen Regierung bestätigt. Teils durch die Vermittlung Gandhis, teils direkt hat er auch auf die amerikanische Bürgerrechtsbewegung unter Martin Luther King und die Steuerverweigerungskampagne als Protest gegen den Vietnamkrieg eingewirkt.

Aber auch in der Gegenwart fehlt es nicht an Beispielen des bürgerlichen Ungehorsams gegen den Staat — vornehmlich im Land Thoreaus. So verweigert der Erzbischof von Seattle, Raymond Hunthausen, 50 % seiner Einkommenssteuer aus Protest gegen die Atomrüstung. Die katholischen Priester Daniel und Philip Berrigan, beide bereits im Widerstand gegen den Vietnamkrieg aktiv, drangen am 9. September 1980 mit sechs Gleichgesinnten in eine Atomwaffenfabrik ein, zerstörten mit Hämmern zwei Atomsprengköpfe und gossen Blut über Konstruktionszeichnungen. Das sind nur zwei prominente Beispiele aus der großen Menge der Unbekannten und Ungenannten. Sie alle glaubten sich zum zivilen Ungehorsam gegen eine Mehrheit oder einen Staat, der unrecht tut, nicht nur berechtigt, sondern sogar verpflichtet. Sie formulierten allerdings sehr strenge Bedingungen, die erfüllt sein müssen, damit eine Aktion des bürgerlichen Ungehorsams als gerechtfertigt gelten kann:

1. Das Unrecht des Staates muß schwerwiegend und offensichtlich sein.
2. Bürgerlicher Ungehorsam ist kein Aufruf zu Gesetzlosigkeit und Chaos. Ganz im Gegenteil, er setzt die Achtung vor dem Gesetz voraus. Wer zivilen Ungehorsam gegen Gesetze leistet, die er für ungerecht hält, ist verpflichtet, alle Gesetze, die er für gerecht hält, freiwillig und nicht aus Angst vor Strafe zu beachten.
3. Die Gesetzesübertretung muß offen geschehen. Wer bürgerlichen Ungehorsam leistet, muß bereit sein, die dafür vorgesehene Strafe auf sich zu nehmen. Er wird deshalb nicht versuchen, sich der Bestrafung zu entziehen. Er wird jedoch die Rücknahme des Gesetzes, das er für ungerecht hält, fordern.
4. Alle legalen Möglichkeiten, Abhilfe zu schaffen, sollten ausgeschöpft sein.

Was die erste Bedingung anbetrifft, so ist sie nicht so unproblematisch, wie es auf den ersten Blick scheinen mag. Selbstverständlich war der nationalsozialistische oder der stalinistische Staat ein Unrechtsstaat. Selbstverständlich sind Rassendiskriminierung, willkürliche Freiheitsberaubung, Sklaverei, Folter, Exekution usw. Unrecht, auch wenn sie von staatlichen Organen begangen oder geduldet werden. Aus dem geschichtlichen Rückblick, aus der zeitlichen und räumlichen Distanz erkennen wir das sehr klar. In der Situation selbst ist es jedoch meist umstritten. Fragt man einen südafrikanischen Rassisten, ob er sich des Unrechts bewußt ist, das er tut, er wird es entrüstet von sich weisen. Hätte man einen Nationalsozialisten oder einen Stalinisten gefragt, ob er sich des Unrechts bewußt ist, das er tut, er hätte es nachdrücklich bestritten.

Man mag einwenden, wer sagt denn, daß diejenigen, die zivilen Ungehorsam leisten, recht haben? Selbstverständlich können sie irren, so wie jeder Mensch, jedes Gericht, jede Organisation und Institution irren kann. Daraus ergeben sich zwei klare Folgerungen:

— die Bereitschaft, die eigene Überzeugung ständig neu zu überprüfen, sie in Frage stellen zu lassen und selbst in Frage zu stellen.
— Verzicht auf Gewalt bei der Verfolgung politischer Ziele, da Gewalt irreversible Fakten schafft und zu den angestrebten Zielen im Widerspruch steht.

Man mag mit Jürgen Schmude weiterhin einwenden: In einem totalitäten System oder einer Diktatur kann es eine Rechtfertigung für bürgerlichen Ungehorsam geben, aber nicht in einer Demokratie. Nun, Thoreau, King, die Brüder Berrigan, Erzbischof Hunthausen und andere lebten bzw. leben in einer Demokratie. Für sie stand dennoch fest, auch ein demokratischer Staat kann unrecht tun, der Einzelne kann folglich auch dem demokratischen Staat gegenüber zum zivilen Ungehorsam verpflichtet sein.

Bürgerlicher Ungehorsam, so wird schließlich behauptet, sei undemokratisch, weil hier eine Minderheit versuche, der Mehrheit ihren Willen aufzuzwingen. Von den Befürwortern des zivilen Ungehorsams wird dem entgegengehalten, das sei falsch, wo immer die Mehrheit beschließe, unrecht zu tun, habe der Einzelne oder die Minderheit die Pflicht, sich diesem Beschluß zu widersetzen, da er andernfalls an diesem Unrecht mitschuldig werde. Der gewaltfreie Widerstand appelliere mit Argumenten an Vernunft und Einsicht. Er appelliere aber auch durch die Bereitschaft, für die eigene Überzeugung Unannehmlichkeiten und Nachteile auf sich zu nehmen, an das Gefühl. „Ich habe herausgefunden," schreibt Gandhi, „daß der bloße Appell an die Vernunft überall da keinen Widerhall findet, wo die Vorurteile jahrhundertealt sind oder auf vermeintlicher Autorität beruhen. Die Vernunft muß durch Leiden gestärkt werden, und Leiden öffnet die Augen zum Verstehen[8]."

Gewaltfreier Widerstand zielt letztlich darauf ab, durch massenhaften Widerstand das von der Mehrheit beschlossene Unrecht undurchführbar zu machen und durch bereitwillig auf sich genommene Nachteile die Mehrheit davon zu überzeugen, daß sie Unrecht tut. Sein Ziel ist es also, *die Mehrheit zu gewinnen*. Bürgerlicher Ungehorsam und Demokratie schließen sich also keineswegs aus, sie ergänzen sich vielmehr. Gandhi erhebt das Recht auf zivilen Ungehorsam geradezu in den Rang eines unveräußerlichen Menschenrechts.

„Ich wünschte, ich könnte jedermann davon überzeugen, daß ziviler Ungehorsam das angeborene Recht jedes Bürgers ist. Er kann es nicht preisgeben, ohne sein Menschsein preiszugeben. Ziviler Ungehorsam führt niemals zu Chaos und Gesetzlosigkeit. Krimineller Ungehorsam hingegen kann dazu führen. Jeder Staat unterdrückt kriminellen Ungehorsam mit Gewalt. Andernfalls würde er zugrunde gehen. Doch zivilen Ungehorsam zu unterdrücken heißt, das Gewissen in Ketten legen zu wollen. Ziviler Ungehorsam kann nur zu Stärke und Lauterkeit führen. Ein Anhänger des zivilen Widerstands greift niemals zu den Waffen und ist deshalb für einen Staat, der zumindest bereit ist, der Stimme der öffentlichen Meinung sein Gehör zu schenken, keine Gefahr. Zur Gefahr wird er jedoch für ein autokratisches Staatswesen, denn dessen Sturz betreibt er, indem er die öffentliche Meinung für die Sache interessiert, derentwegen er dem Staat Widerstand leistet. Deshalb wird ziviler Ungehorsam zu einer heiligen Pflicht, wenn der Staat den Boden des Rechts verlassen hat, oder, was dasselbe ist, der Korruption anheim gefallen ist. Und ein Bürger, der sich mit einem solchen Staat auf Tauschhandel einläßt, macht sich mitschuldig an dessen Korruption oder Unrechtmäßigkeit.

Es läßt sich also darüber streiten, ob die Anwendung von zivilem Ungehorsam auf ein bestimmtes Gesetz ratsam ist; auch kann man zu Aufschub und Vorsicht bei seiner Anwendung raten. Doch das Recht auf zivilen Ungehorsam selbst darf auf keinen Fall in Frage gestellt werden. Es handelt sich um ein angeborenes Recht, das man nicht aufgeben kann, ohne seine Selbstachtung aufzugeben.

Aber ebenso, wie wir auf unserem Recht auf zivilen Ungehorsam bestehen, so müssen wir auch seiner Anwendung mit allen erdenklichen Einschränkungen vorbeugen. Es sollten alle möglichen Vorkehrungen getroffen
werden, um den Ausbruch von Gewalttätigkeiten oder einer allgemeinen
Rechtlosigkeit zu verhindern. Auch sollten das Gebiet und der Umfang seiner Anwendung auf die unmittelbaren Erfordernisse des jeweiligen Falles
beschränkt werden."[9]

Das basisdemokratische Modell

Seit Mitte der siebziger Jahre wird in der Ökologie- und Friedensbewegung
mit neuen Formen basisdemokratischer Willensbildung und Entscheidung
experimentiert. Die Wurzeln des erstmals bei den Bauplatzbesetzungsver-
suchen des Atomkraftwerks Seabrook (USA)[10] erprobten Bezugsgruppen-
modells reichen jedoch sehr viel weiter in die Vergangenheit zurück. Es läßt
deutlich anarchistische, aber auch christliche Einflüsse erkennen. Von spanischen Anarchisten soll es zum ersten Mal erprobt worden sein. Das für
das Modell so charakteristische Konsensverfahren bei der Willensbildung
findet sich aber auch bei den Quäkern.
    Über die Graswurzelgruppen fand es Eingang in die Alternativszene
der Bundesrepublik. Die vorwiegend aus jungen Menschen bestehenden
Graswurzelgruppen streben eine gewaltfreie, herrschaftslose Gesellschaft
an[11], die sie jedoch nicht durch eine revolutionäre Umwälzung der gesellschaftlichen Verhältnisse nach der Eroberung der Macht, sondern durch die
Verwirklichung der angestrebten Ziele in kleinen Gruppen und Lebensge-
meinschaften erreichen wollen. Statt die Gesellschaft von oben her aus dem
Zentrum der Macht zu verändern, soll sie von unten, von der gesellschaftlichen Basis her verändert werden. Wie Graswurzeln ein dichtes Geflecht
im Boden, so sollen auch die alternativen Wohn-, Arbeits- und Lebensge-
meinschaften ein dichtes gesellschaftliches Geflecht ohne Über- und Unterordnung bilden. Das Organ dieser rund achtzig Gruppen ist die Monatszeit-
schrift „Graswurzelrevolution"[12].
    In den Graswurzelgruppen und ihren bundesweiten Zusammenschluß
„Graswurzelrevolution − Föderation Gewaltfreie Aktionsgruppen" ist das
Konsensverfahren anstelle des Mehrheitsverfahrens bei der Willensbildung
fest verankert. In den „Arbeitsrichtlinien für die Zusammenarbeit in der
Föderation Gewaltfreier Aktionsgruppen" heißt es unter Punkt 5: „In der
Regel werden alle Entscheidungen im Konsens gefällt. Nur in Ausnahmefällen dürfen Mehrheitsentscheidungen gefaßt werden, wobei mindestens
50 % der Koordinationsrats-(Korats)-Mitglieder dafür und weniger als 15 dagegen sein müssen bzw. dürfen."[13] Bemerkenswert an dieser Regelung ist,
daß das Konsensprinzip offenbar aufgrund schlechter Erfahrungen nicht
zum Dogma erhoben wurde, sondern in Ausnahmefällen durch eine qualifizierte Mehrheitsregelung ersetzt werden kann.

Basisdemokratie und gewaltfreie Aktion

Bei der Verbreitung und Durchführung gewaltfreier Aktionen wurde das Bezugsgruppenmodell auch in der BRD bereits mehrmals praktiziert, so bei der Besetzung der Bohrstelle 1004 bei Gorleben (Republik Freies Wendland) im Mai 1980[14], den Blockadeaktionen in Brokdorf im Februar, April und Juni 1981[15], der Blockade der Zufahrtsstraße zum Atomwaffenlager bei Großengstingen vom 1.–8. August 1982[16], den Blockadeaktionen am 12.12.1982[17] – dem 3. Jahrestag des NATO-Doppelbeschlusses – und schließlich den Blockadeaktionen an Ostern 1983[18].

Das Bezugsgruppensystem versucht, dem Einzelnen in der Gruppe bzw. der Gruppe im Verband ein Maximum an Mitsprache- und Mitwirkungsrechten einzuräumen. Es will Herrschaftsstrukturen jedweder Art ersetzen durch das Zusammenwirken gleichberechtigter Einzelner oder Gruppen. Die Bezugsgruppen sollen 10 bis 15 Personen umfassen, die alle sie betreffenden Fragen gemeinsam erörtern und entscheiden.

Das Mehrheitsprinzip bei Abstimmungen wird durch ein Konsensverfahren ersetzt, d.h. es wird angestrebt, daß möglichst alle Mitglieder der Bezugsgruppe sich einig sind. Da sich das nur selten erreichen läßt, gibt es auch hier Zwischenlösungen. So lassen.sich vier Stufen des Konsenses bzw. Dissenses unterscheiden:

Konsens: vorbehaltlose Zustimmung
Bedenken: trotzdem Teilnahme.an der Aktion
starke Bedenken: deshalb keine Teilnahme an der Aktion
Veto: die Aktion kann nicht stattfinden, solange das Veto nicht zurückgenommen wird[19].

Die Mitglieder einer Bezugsgruppe sollten sich gemeinsam auf die Aktion vorbereiten, während der Aktion und nachher (falls es zu Gerichtsverfahren kommt) möglichst zusammenbleiben. Sie bestimmen aus ihrer Mitte ein oder zwei *Sprecher*, die sie im Sprecherrat vertreten und einen *Beobachter*, der an der Aktion selbst nicht teilnimmt, sondern ein Protokoll anfertigt, Anwälte und Angehörige informiert, sich um liegengebliebene Sachen kümmert usw. Die Ergebnisse der Gruppensitzungen werden von einem *Protokollanten* in das Gruppenbuch eingetragen. In dieses Buch tragen die Sprecher auch die Ergebnisse der Sprecherratssitzungen ein. Auch kann die Bezugsgruppe weitere Funktionen (*Diskussionshelfer*, *Diskussionsbeobachter*, *Zeitnehmer*, *Pressesprecher*, *Polizeisprecher* u.a.) schaffen. Ein regelmäßiger Wechsel der Ämter (Ämterrotation) wird angestrebt, um zu verhindern, daß sich Spezialisten oder Funktionäre herausbilden.

Die Sprecher der Bezugsgruppen bilden einen Sprecherrat, der je nach Bedarf in unterschiedlichen Intervallen zusammentritt. Jede Gruppe entsendet einen, besser zwei Mitglieder in den Sprecherrat. Bei zwei Mitgliedern übernimmt eines die Funktion des Sprechers, das andere die des Protokollanten. Beim nächsten Sprecherratstreffen wird der Protokollant zum Sprecher und das neue Mitglied protokolliert. Der Sprecherrat soll kein Entscheidungsgremium sein, sondern lediglich dem Informationsaustausch dienen, mit anderen Worten, die Sprecher der Bezugsgruppen sollen die Entscheidungen ihren Gruppen bekanntgeben und begründen. Das auf diese Weise ermittelte Meinungsspektrum soll dann, ergänzt durch Kompromißvorschläge, von den Sprechern in die Gruppen zurückgetragen werden, um dort erneut diskutiert zu werden, wobei die erste Entscheidung der Gruppe bestätigt, modifiziert oder widerrufen werden kann. Die Sprecher tragen die Gruppenentscheidung dann erneut in den Sprecherrat usw.

Zwei Merkmale sind für das Bezugsgruppensystem — das übrigens vielfältig variiert werden kann — charakteristisch:

— das Bestreben, eine möglichst breite — im Idealfall einstimmige Unterstützung für eine Entscheidung zu erreichen;
— die Entscheidungsfindung auf niedrigster, d.h. auf Bezugsgruppenebene stattfinden zu lassen. Die Sprecherräte dienen im Idealfall lediglich dem Informationsaustausch.

Der Einwand, wie denn bei diesem System die Vereinheitlichung unterschiedlicher Interessen oder Meinungen zustandekommen soll, ist berechtigt. Die Antwort der Basisdemokraten lautet: Der Wunsch, zu einer gemeinsamen Entscheidung zu gelangen, die von möglichst vielen getragen wird, reicht im allgemeinen aus, um auf dem Wege des Austauschs von Argumenten und Gefühlen zu einer Annäherung der Standpunkte zu gelangen. Frage: Und wenn das nicht gelingt? Antwort: Dann muß die Entscheidung bzw. die Aktion eben unterbleiben.

Das wichtigste Merkmal des basisdemokratischen Modells ist — zumindest seinem theoretischen Anspruch nach — der Verzicht auf Entscheidungen, die Einzelnen oder Minderheiten ein Verhalten aufzwingen, das sie nicht akzeptieren können. Mit anderen Worten, dieses System verzichtet auf jede Art von Zwang. Es ist seinem Anspruch nach ein gewaltfreies System der politischen Willensbildung.

In der Theorie fasziniert das basisdemokratische Modell zweifellos. Ich habe an anderer Stelle versucht, anhand der Großengstinger Blockadeaktion die praktischen Erfahrungen damit zu beschreiben[20]. Sie bieten Anlaß zur Ernüchterung. Wenn das Problem der Repräsentation in der Entfremdung zwischen Wählern und Gewählten besteht, dann besteht das Problem der Basisdemokratie in der mangelnden Effizienz. Die Schwäche der repräsentativen Demokratie liegt darin, daß die Repräsentanten in der Regel alle möglichen Interessen vertreten — vornehmlich ihre eigenen Karriereinteressen oder Verbandsinteressen — nur nicht die ihrer Wähler. Da mehr oder weniger alle Repräsentanten und Parteien diesem Entfremdungsprozeß unterliegen, hat der Wähler keine Möglichkeit, durch seine Wahlentscheidung eine bessere Vertretung seiner Interessen zu erreichen. Es bleibt ihm sozusagen nur die Wahl zwischen Pest und Cholera. Andererseits droht die Basisdemokratie an der Fülle der zur Entscheidung anstehenden Fragen und der Schwerfälligkeit des Entscheidungsprozesses zu ersticken. Wenn die These Ernst Fraenkels zutrifft, „daß in seiner reinen Form sowohl das repräsentative als auch das plebiszitäre System den Keim der Selbstvernichtung in sich tragen[21]", dann gilt sie umsomehr für das basisdemokratische System, das ja eine extreme Ausprägung des plebiszitären Prinzips darstellt. In ihm entscheidet ja nicht nur die *Mehrheit über alles*, sondern *alle entscheiden über alles*.

Als besonders problematisch erwies sich in der Praxis das Vetorecht. Ursprünglich gedacht als „Notbremse", wenn Aktionsteilnehmer den Grund-

charakter der Aktion oder fundamentale moralische Werte gefährdet sehen, erlebte es einen tiefgreifenden Funktionswandel. Es wurde gebraucht
— als Druckmittel, um einen sich abzeichnenden Konsens zu blockieren,
— um eine sich hinziehende Diskussion zu beenden (Guillotine); ursprünglich bedeutete das Veto ja nur, daß die Diskussion noch einmal eröffnet wird;
— um persönliche Mißbilligung zum Ausdruck zu bringen;
— um Macht auszuüben, Beachtung oder Zuwendung zu erzwingen.

Theoretisch gibt das Veto dem Einzelnen eine ungeheure Macht. Er kann eine Entscheidung, der alle anderen zustimmen, durch sein Veto in der Bezugsgruppe blockieren. Seine Gruppe ist dann verpflichtet, das Veto im Sprecherrat einzubringen. Das Schicksal der Aktion liegt gewissermaßen in der Hand jedes einzelnen Teilnehmers. Das bedeutet eine kolossale Versuchung zum Machtmißbrauch. Der Unbeachtete, Geringgeschätzte, stets Überstimmte sieht sich nun plötzlich im Mittelpunkt eines — freilich gereizten — Interesses. Wenn das Mehrheitsprinzip die Gefahr einer *Diktatur der Mehrheit über die Minderheit* in sich birgt, dann das Konsens- bzw. Dissensprinzip die Gefahr der *Diktatur der Minderheit über die Mehrheit*.

Den Basisdemokraten blieb das nicht verborgen. Sie suchten dem Machtmißbrauch durch eine Reihe von Maßnahmen entgegenzuwirken:
— durch soziale Ächtung (wer zu oft ein Veto einlegte, machte sich unbeliebt);
— durch strenge Verfahrensvorschriften (Veto nur von Gruppen, nur schriftlich mit Begründung in fünffacher Ausfertigung);
— wiederholte Appelle, das Veto nur einzulegen, wenn Fundamentales auf dem Spiel stehe.
Dennoch hat sich das Konsensprinzip nach meiner Beobachtung grundsätzlich bewährt. Es zwingt in ganz anderer Weise als das Mehrheitsprinzip dazu, auf Minderheiten einzugehen und deren Position im Willensbildungsprozeß zu berücksichtigen mit dem Ergebnis, daß die Zahl derer, die die Entscheidung mittragen, wächst. Das ist vor allem dann wichtig, wenn auf äußere Zwangsmittel gegen abweichendes Verhalten bewußt verzichtet wird. Vor allzu hochgespannten Erwartungen muß freilich gewarnt werden. So heißt es im Aktionshandbuch: ,,Da die guten Ideen und möglichen Gesichtspunkte aller berücksichtigt werden und die Vorschläge einfließen können, erhöht sich die Wahrscheinlichkeit, daß neue und bessere Lösungsmöglichkeiten gefunden werden. Aber nicht nur bessere Lösungen sollen erreicht werden, sondern es soll auch Vertrauen und Gemeinschaft wachsen können.''[22] In der Realität hat sich keineswegs stets der bessere Vorschlag durchgesetzt. Statt des Vertrauens in die Gemeinschaft wuchs dann auch oftmals der Ärger über sie.

Das Bezugsgruppensystem ist in der Form, wie es in Großengstingen praktiziert wurde, nicht der Weisheit letzter Schluß. Es hat beachtliche Vorteile, aber auch große Schwächen. Es verleiht dem Einzelnen enorme Mitwirkungsrechte, setzt aber verantwortungsbewußte, tolerante, erfahrene, mit einem Wort reife Menschen voraus. Die größte Schwäche des Systems ist seine Langsamkeit und Schwerfälligkeit. Je höher die Entscheidungsebene, je größer der Entscheidungsdruck und je grundsätzlicher die Meinungsverschiedenheiten, desto ineffizienter war das System. Für rasche Entscheidungen ist es ungeeignet. Es gibt aber Situationen, wo rasch entschieden werden muß. Mein Vorschlag, für diesen Fall einen „Vertrauensrat" zu schaffen, wurde bisher nirgends aufgegriffen. Dennoch halte ich ihn auch heute noch für bedenkenswert[23].

Parlamentarische Demokratie versus Rätedemokratie

In der aktuellen Diskussion um den Parlamentarismus gibt es zwei dogmatische Positionen: Die eine verteidigt die repräsentative parlamentarische Demokratie der BRD als beste aller politischen Welten und sieht in jedem Versuch, plebiszitäre, basis- oder rätedemokratische Elemente in die Länderverfassungen und das Grundgesetz einzuführen, einen kommunistischen oder anarchistischen Angriff auf die Verfassung, die andere verwirft die parlamentarische Demokratie als verschleierte Form kapitalistischer Klassenherrschaft in Bausch und Bogen und erhofft das Heil von der Rätedemokratie.

Die ideologischen Schlammschlachten zwischen den Verteidigern und den Angreifern des gesellschaftlichen Systems der Bundesrepublik bringen uns, fürchte ich, in der Sache keinen Schritt weiter. Sie machen die einen blind für die Strukturmängel der rein repräsentativen parlamentarischen Demokratie und die anderen taub für die Probleme des von ihnen erträumten rätedemokratischen Systems. Eine wasserdichte Trennwand zwischen den beiden Konzepten, wie sie Karl Marx in seiner enthusiastischen Beschreibung der Pariser Commune von 1871 wahrnehmen zu können glaubte, gibt es nicht. Es wäre schon viel gewonnen, gelänge es, behutsam die ideologischen Bretter von den Köpfen der Dogmatiker zu lösen.

Was verschlägt es, wenn junge Menschen die Formen ihres Zusammenlebens und Zusammenwirkens selbst bestimmen? Warum soll in Teilbereichen der bundesrepublikanischen Gesellschaft nicht mit neuen Formen demokratischer Willensbildung und Entscheidung experimentiert werden? Was sich in solchen Experimenten bewährt, sozusagen den Test der Verwirklichung besteht, mag auch im größeren Rahmen versuchsweise erprobt werden und damit unser politisches System bereichern, es funktionsfähiger, demokratischer und humaner machen.

Churchill soll gesagt haben: „Die parlamentarische Demokratie ist die schlechteste Regierungsform — außer den übrigen." Ich verstehe diese mit viel englischem Humor und common sense vorgetragene Bemerkung so, daß die parlamentarische Demokratie nach Meinung Churchills Stärken und Schwächen hat. Sie ist verbesserungsfähig und verbesserungsbedürftig. Wir haben aber gegenwärtig kein besseres Regierungssystem, zumindest keines, das den Test der Realisierung bestanden hätte. Das eröffnet einen Freiraum für Experimente zur Verbesserung der parlamentarischen Demokratie oder ihre Ersetzung durch eine bessere Regierungsform. Die parlamentarische Demokratie bedarf, will sie nicht degenerieren und korrumpieren, der permanenten Reform. Die Einführung plebiszitärer und basisdemokratischer Elemente in das politische System der Bundesrepublik könnte seine Qualität durchaus verbessern, ohne seine Funktionsfähigkeit wesentlich zu vermindern. Schließlich ist nur motiviert, sich zu informieren und verantwortlich mitzureden, wer auch mitbestimmen und mitentscheiden kann.

Selbst diejenigen, die überzeugt sind, das politische System der Bundesrepublik sei die beste aller politischen Welten, sollten Experimente mit anderen Formen demokratischer Willensbildung und Entscheidung ermutigen, denn nur sie sind geeignet, ihre These zu verifizieren. Sollte sie jedoch falsifiziert werden, desto besser, dann ist es ein Gewinn für alle, die sich dem Ideal des liberalen, demokratischen Rechts- und Verfassungsstaats verpflichtet fühlen. Aktive Toleranz und wohlwollende Unterstützung könnte sich geradezu als der beste Weg erweisen, Menschen für die parlamentarische Demokratie zurückzugewinnen, die andernfalls vielleicht für immer für sie verloren wären. So habe ich beispielsweise in Großengstingen beobachtet, wie die in der „Szene" so verachteten Begriffe Kompromiß und Verfahren aufgrund schmerzlicher Erfahrungen plötzlich völlig neu bewertet wurden. Wer nicht völlig blind war, mußte einfach erkennen, daß der Willensbildungsprozeß ohne die Bereitschaft zum Kompromiß schon nach kurzem blockiert war. Er mußte weiterhin erkennen, daß Unklarheit und Nachlässigkeit in Verfahrensfragen der Manipulation und dem Chaos die Tür öffneten. Aufgrund persönlicher Erfahrungen kann ich mir eine bessere Schule der Demokratie als das basisdemokratische System kaum vorstellen. Wer in ihr Toleranz, Verständnis für Andersdenkende, Geduld, Verantwortungsbewußtsein und Fähigkeit zur Zusammenarbeit nicht lernt, lernt sie nie.

Während in der kapitalistischen Konkurrenzgesellschaft der Starke sich auf Kosten des Schwachen durchsetzt, ist hier der Starke gleichsam gezwungen, den Schwachen auf die Schultern zu nehmen und ein Stückweit mitzutragen. Während in der parlamentarischen Demokratie die Mehrheit bzw. ihre Repräsentanten ein zeitlich begrenztes Mandat zur Herrschaftsausübung besitzen, ist die Mehrheit in der Basisdemokratie gezwungen, den Interessen der Minderheit soweit Rechnung zu tragen, daß sie zustimmen kann. Es gibt zwar auch in der parlamentarischen Demokratie eine Vielzahl von Einflußmöglichkeiten von Minderheiten auf die politische Willensbildung etwa in Gestalt der Parlamentsausschüsse, des Lobbyismus, der Öffentlichkeitsarbeit, der Anrufung der Gerichte usw. Der Unterschied besteht wohl eher darin, daß sich die Mehrheit über die Argumente der Minderheit — sieht man vom Rechtsweg einmal ab — hinwegsetzen kann, während sie das beim basisdemokratischen Modell nicht kann. Ein gewisser Zwang zur Berücksichtigung von Minderheitsinteressen besteht allerdings auch in der parlamentarischen Demokratie, da ihre Mißachtung die Oppositionsparteien stärkt oder zur Gründung neuer Parteien führt.

Ist es denn ein Wunder, daß dieses System, das der herrschenden kapitalistischen Konkurrenzgesellschaft diametral entgegengesetzt ist, mit extremen Anfangsschwierigkeiten zu kämpfen hat? Hier sind Verhaltensweisen gefordert, die in der Konkurrenzgesellschaft nie gelernt wurden: statt Egoismus Altruismus, statt Durchsetzungswille Rücksichtnahme, statt Rechthaberei Toleranz, statt Überordnung oder Unterordnung Gleichberechtigung. Bedenkt man, wie tief wir alle in unserem Charakter durch die gesellschaftliche Erfahrung von Macht, Zwang und Gewalt geprägt sind, so ist es nachgerade ein Wunder, daß das basisdemokratische Modell überhaupt ansatzweise funktioniert. Es hat, wo es experimentell erprobt wird, eine gleichsam sozialtherapeutische Funktion. Wenn sich beispielsweise der Geringgeschätzte, der stets Überstimmte und Zurückgesetzte aufgrund seines

Vetos im Mittelpunkt des allgemeinen Interesses sieht, mit anderen Worten: seine ganze Macht auskostet, so mag eben das heilsam sein. Er lernt auf diese Weise, welche Verantwortung er mit der von ihm blockierten oder durchgesetzten Entscheidung für das Gelingen oder Scheitern der Aktion übernehmen muß. Vielleicht bedarf es solcher Erfahrung, um ihm die Kehrseite politischer Machtausübung zum Bewußtsein zu bringen und ihn auf diese Weise zu einem freien und gleichberechtigten Glied der Gesellschaft zu machen.

Fazit

Ob freilich die basisdemokratischen Strukturen mit der modernen hochtechnisierten, extrem arbeitsteiligen, hierarchischen und zentralistischen Industriegesellschaft vereinbar sind, scheint mir mehr als zweifelhaft. Sie können meines Erachtens nur in einer weitgehend gewaltfreien, dezentralen ökologischen und sozial gerechten Gesellschaft auf die Dauer funktionieren. Für die Basisdemokraten gibt es folglich nur einen Weg: Aufbau kleiner, basisdemokratischer Gemeinschaften, die das angestrebte Ideal modellhaft zu verwirklichen versuchen. Im Vertrauen auf die Faszination dieser Modelle für Menschen, die an den gesellschaftlichen Verhältnissen der Bundesrepublik leiden, hoffen sie auf ihre allmähliche Ausbreitung. Auf diese Weise ließe sich, so die Theorie, die Gesamtgesellschaft von der Basis her verändern.

Die Versuche der Grünen, das basisdemokratische Modell als Partei zu verwirklichen, scheinen mir dagegen zum Scheitern verurteilt. Sie machen sich denn auch überwiegend negativ bemerkbar — als Mißtrauen, Gängelei und Bevormundung der Abgeordneten. Selbst wenn man die Anfangsschwierigkeiten und manche Übertreibung in Rechnung stellt, hat der grüne Abgeordnete Joschka Fischer mit seiner Situationsbeschreibung sicherlich nicht ganz unrecht. „Du hast das Gefühl, 28 Abgeordnete plus einer noch nicht näher fixierten Zahl von Nachrückern beginnen einen gewaltigen Kampf untereinander, jeder gegen jeden, manche gegen manche, Stunde für Stunde. Tag für Tag.

Um eine Entscheidung durchzubringen, mußt du bis zur vollständigen physischen und psychischen Erschöpfung von dir selbst und den anderen gehen und dann noch ein Quentchen Reserve haben, damit du die Entscheidung noch schaffst. Du mußt den Konsens AUSSITZEN. Wenn von den Grünen nichts bleibt, dann bleibt für die Bundesrepublik Deutschland zumindest eines übrig, ein Potential von Unterhändlern für die EG in Brüssel, denn ich kann mir vorstellen, nach 2 oder 4 Jahren grüner Fraktionsarbeit sitze ich jeden in Brüssel aus.

Der Bundeshauptausschuß ist ein Gremium, das nur immer wieder mal tagt. Im Moment tagt es in wilder Hektik alle 6 Wochen und fällt Unterhosenbeschlüsse. Welche Unterhosen in welcher Farbe und welcher Beschaffenheit muß der grüne Abgeordnete tragen, damit er dem durch den Bundeshauptausschuß definierten Basiswillen entspricht. Beschlüsse, mit denen er nur ein Interesse verfolgt, nämlich die Beschlußkompetenz bei sich zu behalten — und dafür gibt er die Ebene der Realität preis. Anbindungslosigkeit nenne ich das.‟[24]

Die Grünen werden sich an die vorgegebenen Strukturen der parlamentarischen Demokratie anpassen müssen oder sie werden nach kurzem wieder aus den Parlamenten verschwinden. Die Anhänger der parlamentarischen Demokratie sollten die Experimente mit Formen basisdemokratischer Willensbildung und Entscheidung als eine Herausforderung begreifen, bei der sie nur gewinnen können, sei es, daß diese schlechteste aller Regierungsformen sich wieder einmal als besser erweist als alle übrigen, sei es, daß sie durch die Integration plebiszitärer und basisdemokratischer Elemente zum Nutzen aller verbessert wird.

Anmerkungen

1 Dazu P. C. Mayer-Tasch: Die Bürgerinitiativbewegung. Der aktive Bürger als rechts- und politikwissenschaftliches Problem. Reinbek 1976
2 Abweichend P. C. Mayer-Tasch: Recht auf bürgerlichen Ungehorsam? In: Amery, Mayer-Tasch, Meyer-Abich: Energiepolitik ohne Basis. Vom bürgerlichen Ungehorsam zu einer neuen Energiepolitik. Frankfurt 1978, S. 40—45, bes. S. 44
3 Vgl. dazu meine Auseinandersetzung mit Jürgen Schmude und Roman Herzog, in: Friedensbewegung zwischen Gewalt und Gewaltfreiheit. Argumente und Erfahrungen. Hrsg. vom Komitee für Grundrechte und Demokratie. An der Gasse 1, 6121 Sensbachtal, März 1983, S. 35—41
4 H. D. Thoreau: Über die Pflicht zum zivilen Ungehorsam gegen den Staat und andere Essays, Zürich 1973
5 Thoreau, a.a.O. S. 19
6 Thoreau, a.a.O. S. 20
7 Thoreau, a.a.O. S. 8 f.
8 M. K. Gandhi: Sarvodaya (Wohlfahrt für alle). Bellnhausen über Gladenbach/Hessen o. J., S. 93
9 M. K. Gandhi: Young India 5.1.1922
10 Ulfried Kleinert (Hg.): Gewaltfrei widerstehen. Brokdorf-Protokolle gegen Schlagstöcke und Steine, Reinbek 1981, S. 166—170
11 Günter Saathoff: „graswurzelrevolution" — Praxis, Theorie und Organisation des gewaltfreien Anarchismus in der Bundesrepublik 1972—1980, Marburg 1980 (Selbstverlag)
12 Redaktionsanschrift: Nernstweg 32, 2000 Hamburg 50
13 Arbeitsrichtlinien der FöGA. Zu beziehen über: Graswurzelwerkstatt, 34 Göttingen, Rote Straße 40
14 Dieter Halbach und Gerd Panzer: Zwischen Gorleben und Stadtleben. Erfahrungen aus drei Jahren Widerstand im Wendland und in dezentralen Aktionen, Berlin 1980
15 Kleinert, a.a.O.
16 Handbuch Sommer 1982 (zur Blockadeaktion bei Großengstingen) und Handbuch 2 — Auswertung, beides zu beziehen über: AK Engstingen, Seelhausgasse 3, 7400 Tübingen. Siehe auch meinen Bericht über die Großengstinger Blockadeaktion in: gewaltfreie aktion 52/53, S. 15—36
17 Dokumentation zum 12.12.82 — gewaltfreier Widerstand gegen Atomwaffen. Selbstverlag Nürnberg 1983 sowie graswurzelrevolution Nr. 71 (Jan. 83)
18 Sonderausgabe des friedenspolitischen kurier (Nr. 17). Zu beziehen über: Informationsbüro für Friedenspolitik, Postfach 140368, 8000 München 5 sowie graswurzelrevolution 75 (Mai 83)
19 Im Handbuch (S. 34) und im Infodienst für gewaltfreie Organisatoren 56, S. 6 finden sich noch differenziertere Skalen

20 Handbuch S. 35
21 Zitiert in: Horst Zilleßen: Bürgerinitiativen und repräsentative Demokratie, in: B. Guggenberger, U. Kempf (Hrsg.): Bürgerinitiativen und repräsentatives System, Opladen 1978, S. 112–132, hier S. 127
22 Handbuch S. 33
23 gewaltfreie aktion 47/48, S. 43–56, bes. S. 51
24 Aus einem Interview mit der Frankfurter Zeitung Pflasterstrand, abgedruckt in: Der Spiegel vom 11.4.1983, S. 17

Urs Müller-Plantenberg

Mehrheit und Minderheiten zwischen Macht und Markt*
Formen der Abwertung des Mehrheitsprinzips

Für Norbert und Paulina

In Max Webers Klassifikation der möglichen Formen legitimer Geltung von Ordnungen erscheint der Legalitätsglaube als heute geläufigste Form. Insoweit dieser Glaube an die Legalität einer positiven Satzung nicht auf einer einmütigen Vereinbarung der Interessenten beruht, kann es sich nach Weber nur um einen Oktroi handeln, dem sich die abweichend Wollenden tatsächlich fügen. Eine Ordnung, die durch einen „Mehrheitsbeschluß" zustandegekommen ist, dem sich die Minderheit fügt, ist also in diesem Sinne ebenfalls eine oktroyierte Ordnung.[1]

Von diesem Mehrheitsbeschluß zur Oktroyierung einer Ordnung sind sorgfältig die Wahl- und Sachentscheidungen zu trennen, die nach einem in der als legitim geltenden Ordnung selbst verankerten Mehrheitsprinzip mit einfacher oder qualifizierter Mehrheit gefällt werden. Wie Otto von Gierke[2] und in jüngerer Zeit Ulrich Scheuner[3] gezeigt haben, reicht die historische Entwicklung und Ausprägung dieses Mehrheits- oder Majoritätsprinzips weit in vordemokratische Epochen zurück. Angesichts der Selbstverständlichkeit, mit der es von der demokratischen Bewegung des 19. Jahrhunderts als conditio sine qua non jeder demokratisch verfaßten Gesellschaft betrachtet wurde, sah beispielsweise Max Weber keinen Anlaß, das Verhältnis zwischen Demokratie und Mehrheitsprinzip weiter zu problematisieren.

In den folgenden Betrachtungen geht es nun weder um eine Untersuchung des logischen Geltungsgrundes und der internen Konsistenz des Mehrheitsprinzips, wie sie etwa Wolfgang Fach[4] versucht hat, noch um eine rechts- und verfassungstheoretische Erörterung seiner Geltungsgrenzen und konkreten Ausformulierung angesichts der notwendigen Sicherung von Minderheitenschutz und individuellen Freiheitsrechten, noch schließlich um eine sozialwissenschaftliche Analyse der konkreten Chancen, in demokratisch verfaßten kapitalistischen Gesellschaften Mehrheitsinteressen wirksam durchzusetzen oder Minderheitsinteressen — unter Umständen sogar mittels des Mehrheitsprinzips — wirksam zu verteidigen.[5] Vielmehr sollen hier nur aus der Sicht der politischen Soziologie bestimmte Versuche dargestellt werden, die mit dem Anspruch wissenschaftlicher Autorität darauf zielen, die widerspruchslose Durchführbarkeit von Mehrheitsbeschlüssen zu bestreiten oder ihre Legitimität für weite Geltungsbereiche zu bezweifeln.

Die Anregung zu diesem Thema ergab sich aus der Beobachtung, daß die neoliberalen Kritiker des Keynesianismus und der auf den Wohlfahrtsstaat gerichteten Wirtschaftspolitik sich nicht damit begnügen, konkrete

wirtschaftspolitische Gegenmaßnahmen zu verlangen oder generell eine ordnungspolitische Neuorientierung zu fordern, sondern eindringlich und in
zunehmendem Maß eine Änderung der verfassungsrechtlichen Grundlagen
der modernen Demokratie propagieren. In Buchtiteln wie „Democracy in
Deficit. The Political Legacy of Lord Keynes" (James Buchanan und Richard
Wagner)[6] oder „The Political Order of a Free People" (Friedrich August von
Hayek)[7] kommt dieser Tatbestand ebenso deutlich zum Ausdruck wie in
der Forderung nach einer wirtschaftlichen „Bill of Rights", mit der Milton
und Rose Friedman ihr Buch „Chancen, die ich meine" abschließen.[8]
    Im Kern zielen alle diese Angriffe gegen die Funktionsweise der mo-
dernen westlichen Massendemokratie auf das Mehrheitsprinzip im allgemeinen und auf den Geltungsbereich von Mehrheitsentscheiden im besonderen. Eine nähere Beschäftigung mit dem Thema ergab nun, daß die verfassungsrechtlichen Forderungen der Neoliberalen keineswegs der willkürlichen Meinung einzelner Autoren entstammen, sondern das schlüssige Produkt einer umfassenden Theorie der Politik sind, an deren Ausarbeitung
viele Jahre lang von vielen Akademikern — vor allem in den USA — gear-
beitet worden ist. Der wichtigste Kompilator und Propagandist der neoliberalen Wissenschaftsströmung in den USA, der französische Wirtschafts-
journalist Henri Lepage hat in seinen beiden Büchern „Demain le capitalisme"[9] und „Demain le liberalisme"[10] aufgezeigt, daß diese Theorie der
Politik wiederum nur ein Teil eines noch umfassenderen Versuchs ist, das
ganze Universum der Human- und Sozialwissenschaften im Rückgriff auf
die klassische Politische Ökonomie des späten 18. Jahrhunderts und unter
strenger Beschränkung auf die Methoden mikroökonomischer Analyse neu
zu definieren und zu bearbeiten.
    Die Diskussion und Auseinandersetzung mit den Vertretern anderer
Denkrichtungen in den nichtökonomischen Disziplinen wird dabei von den
Anhängern dieses „ökonomischen Imperialismus" — so der Titel eines programmatischen Aufsatzes von Gordon Tullock — kaum gesucht. Selbst wo
bestimmte Thesen von Soziologen wie Max Weber oder Robert Michels
unmittelbar in die Argumentation aufgenommen werden könnten, sucht
man Hinweise darauf vergebens. Auseinandersetzung findet allenfalls mit
Thomas Hobbes als dem Theoretiker der Souveränität und Jean Jacques
Rousseau als dem Theoretiker der volonté générale statt. Daß die Vertreter anderer Disziplinen ihrerseits die Theorien der „ökonomischen Impe-
rialisten" kaum zur Kenntnis genommen haben, erklärt Gordon Tullock im
Rahmen seiner Theorie folgerichtig mit den Kosten, die die Aneignung der
Methoden der politischen Ökonomie verlange.[11]
    Wer nun das Spannungsverhältnis zwischen kapitalistisch organisier-
ter Wirtschaft und demokratisch verfaßter Gesellschaft als ein zentrales
Problem der heutigen Soziologie begreift und in der Auseinandersetzung
über den Begriff der Demokratie einen Teil dieses Spannungsverhältnisses
sieht, wird nicht umhinkönnen, die von Tullock genannten Kosten zu tragen und die neoliberale Politiktheorie zur Kenntnis zu nehmen. Dabei müssen wir uns notgedrungen auf die zentralen Argumente der wichtigsten Vertreter dieser Theorie in ihrer historischen Ausgestaltung beschränken. Um
das Folgende besser verstehen zu können, scheint es nützlich zu sein, das
Ergebnis bereits hier vorwegzunehmen:

In ihrem Bemühen, die Voraussetzungen einer in ihrem Sinne „freien" Gesellschaft und deren Sicherung zu klären, schreitet die neoliberale Theorie der Politik allmählich von der
- Forderung nach möglichst weitgehender Beschränkung des Geltungsbereichs des Mehrheitsprinzips über die
- Ablehnung von Ordnungen, die durch Mehrheitsbeschluß oktroyiert sind, vor bis zur
- Forderung nach Ersetzung des Mehrheitsprinzips durch andere Verfahren kollektiver Entscheidungsfindung.

Die Folgerichtigkeit dieser drei Schritte soll nun am Beispiel der sogenannten „Public-Choice"-Schule gezeigt werden, von deren Vorläufern und führenden Vertretern vor allem Anthony Downs, Kenneth Arrow, James Buchanan, Gordon Tullock und Nicolaus Tideman hier herangezogen werden sollen. Mit anders (und insbesondere weniger mathematisch) formulierten Begründungen ist Friedrich August von Hayek zu ganz ähnlichen oder gleichen Schlußfolgerungen gelangt.

Das organisatorische Zentrum der Public-Choice-Schule ist leicht zu orten: In Blacksburg (Virginia) existiert am Virginia Polytechnic Institute und der State University ein „Center for Study of Public Choice", von dem auch die Zeitschrift „Public Choice" herausgegeben wird, die bereits im 36. Jahrgang erscheint. Früher nannte sich diese Zeitschrift allerdings „Papers on non-market decision making". Dieser Name war weniger irreführend als der Name „Public Choice", ließ er doch das Selbstverständnis der Herausgeber deutlicher erkennen: Entscheidungen, die nicht von Individuen auf dem freien Markt getroffen werden, sind grundsätzlich problematisch, und ihre Zulässigkeit bedarf jeweils einer besonderen Prüfung und Rechtfertigung. Besonders deutlich wird dieses Selbstverständnis auch in einem programmatischen Gedicht des schweizer Ökonomen Peter Bernholz, das die Zeitschrift 1980 unter dem Titel „Public Choice" veröffentlicht hat. Die ersten Zeilen dieses Gedichtes lauten:

„Public Choice should be restricted,
Human beings should be free,
For no harm should be inflicted
On God-born creativity."[12]

Um Mißverständnisse zu vermeiden, mag darauf hingewiesen werden, daß die Berufung auf Gott einen Einzelfall darstellt. Gewöhnlich hat Gott zwischen den mathematischen Formeln und Kurven in den Werken der „Public-Choice"-Schule keinen Platz.

Das Zentrum hält enge Verbindungen zu vielen nordamerikanischen Universitäten, wobei vor allem die ökonomischen Fakultäten der Universitäten von Chicago und Los Angeles (UCLA) hervorzuheben sind. Inzwischen gibt es aber auch eine europäische Gesellschaft für das Studium von Public Choice, und seit 1980 existiert in Santiago de Chile, gegründet und tatkräftig unterstützt von den großen Wirtschaftsgruppen und den einschlägigen Ministerien der Militärdiktatur, ein eigenes „Centro de Estudios Públicos", das sich mit seiner Zeitschrift „Estudios Públicos" die Verbreitung der Ideen von Hayeks und der „Public-Choice"-Schule in spanischer Sprache zum Ziel gesetzt hat.

Wir wollen nun die Höhepunkte der Argumentation dieser Schule zum Problem des Mehrheitsprinzips verfolgen.

Ironischerweise (oder paradoxerweise) hat diese Argumentation ihren Ausgangspunkt bei einer Definition von Demokratie, die die periodische Bildung von Mehrheiten und die Entscheidungsfreiheit der Mehrheitsführer geradezu zum einzigen Kriterium für das Vorhandensein von Demokratie erklärt hatte. Gemeint ist hier Joseph Schumpeter, der in seinem Buch „Kapitalismus, Sozialismus und Demokratie" (zuerst 1942 erschienen) den Demokratiebegriff aller weitergehenden inhaltlichen Bestimmungen zu entkleiden versuchte und Demokratie nur noch definierte als „Ordnung der Institutionen zur Erreichung politischer Entscheidungen, bei welcher einzelne die Entscheidungsbefugnis vermittels eines Konkurrenzkampfes um die Stimmen des Volkes erwerben."[13] Solange die freie Konkurrenz auf dem Markt der Stimmen gesichert ist, bedarf es nach dieser Definition keiner besonderen definitorischen Beschränkung des Bereichs politischer Entscheidungen. Schumpeter hielt sogar seine „demokratische Methode" für prinzipiell, wenn auch schwerlich vereinbar mit einer sozialistischen Wirtschaftsordnung.[14] In dieser Vereinbarkeit von Demokratie und Sozialismus sah er im Grunde angesichts der pessimistischen Prognosen für die Zukunft des Kapitalismus so etwas wie eine letzte Hoffnung. Zu diesen für alle Liberalen schwer verdaulichen Vorstellungen trat schließlich noch Schumpeters starke Betonung des Elements der Führung in der Demokratie.

Trotzdem wurde Schumpeters Demokratie-Begriff zu einem wichtigen Ausgangspunkt der neuen „ökonomischen" Theorie der Politik, und zwar weil die in ihm enthaltene Konzentration des politischen Prozesses auf die Stimmenmaximierung durch politische Parteien es erlaubte, diesen Prozeß analog dem Marktprozeß zu untersuchen, in dem Individuen ihren Nutzen zu maximieren trachten. Das war die Grundidee der (zuerst 1957 erschienenen) „Ökonomischen Theorie der Demokratie"[15] von Anthony Downs.

Obwohl auch Downs wie selbstverständlich am Mehrheitsprinzip auf der Grundlage des gleichen Wahlrechts festhielt, war doch eine ganze Reihe seiner Argumente von großer Bedeutung für die spätere Behandlung unseres Problems durch die „Public-Choice"-Schule.

Erstens nämlich bestimmt Downs den Eigennutzen der Regierenden bzw. der Führer und Mitglieder politischer Parteien als den Beweggrund ihres politischen Handelns. Der einzelne Wähler kann nur insofern eine Steigerung seines individuellen Nutzens und seiner Wohlfahrt erwarten, als die Regierenden und ihre Konkurrenten zur Verfolgung ihres Eigennutzen auf seine Stimme angewiesen sind. Damit werden alle inhaltlichen Aussagen über einen objektiven Maßstab zur Messung des sozialen Nutzens oder der sozialen Wohlfahrt hinfällig. Sie würden einen interpersonalen Vergleich des Wohlergehens nötig machen, der nach den Ökonomen dieser Denkrichtung nicht in den Bereich der positiven Wissenschaft, sondern in den der Ethik gehört. Um es mit den Worten Max Webers zu sagen: Mit der Analogie zwischen individueller Nutzenmaximierung und politischer Stimmenmaximierung unterstellt die Modellkonstruktion von Downs schon im Ansatz auch für den politischen Bereich eine rein formale Rationalität im Sinne einer „absoluten Indifferenz ... gegen alle, wie immer gearteten, *materialen*

Postulate".[16] Die Partei- und Wahlprogramme können deshalb von Anfang an nur als Ideologien analysiert werden.

Das zweite Argument von Downs, das in die spätere Debatte der „Public-Choice"-Schule eingeht, betrifft das Verhalten des wählenden Stimmbürgers. Downs betont, daß in das rationale Kalkül des Bürgers nicht nur die Kosten und der Nutzen der zu erwartenden Regierungsmaßnahmen der jeweiligen Parteien für ihn selbst eingehen, sondern auch die Kosten, die es macht, sich darüber zu informieren und zur Wahl zu gehen. Im Falle zu hoher Informations- und Entscheidungskosten verhält sich also gerade der Bürger rational, der nicht zur Wahl geht.[17]

Das für die weitere Diskussion wichtigste Argument von Downs ist aber das dritte. In seinem Modell zeigt die Politik jeder auf Stimmenmaximierung zielenden demokratischen Regierung die Tendenz, eine Einkommensumverteilung zugunsten der Empfänger niedriger Einkommen vorzunehmen, und zwar umso stärker, je geringer die Informationskosten sind und je größer die Gewißheit aller Beteiligten ist. Damit aber greift die demokratische Regierung auf eine Weise in den Markt ein, die eine Allokation der Produktionsfaktoren nach dem Kriterium der Pareto-Optimalität verhindert.[18]

An dieser Stelle scheint es erforderlich, eine Definition dieses Kriteriums einzuführen, weil es für die gesamte weitere Diskussion der „Public-Choice"-Schule von entscheidender Bedeutung ist:

Eine Veränderung oder Handlung ist dann Pareto-optimal oder „eindeutig gut", wenn durch sie die Lage wenigstens einer Person verbessert wird, ohne daß sich die irgendeiner anderen Person verschlechtert. Ein Zustand ist ein Pareto-Optimum, wenn keine Pareto-optimale Veränderung möglich ist, das heißt, wenn es nicht möglich ist, die Lage von Personen zu verbessern, ohne die Lage mindestens einer Person zu verschlechtern. Darüber, was eine Verbesserung oder Verschlechterung ihrer Lage ist, entscheiden die betroffenen Personen selbst.[19]

Es wird nun angenommen, daß sich auf einem vollkommen freien Markt dieses auf Vilfredo Pareto zurückgehende, extrem individualistische „Wohlfahrts"-Kriterium automatisch erfüllt, weil alle Pareto-optimalen Transaktionen sofort ausgeführt werden und somit immer neu der Zustand des Pareto-Optimums erreicht wird. Downs stellt nun fest, daß dieser vollkommen freie Markt in der Regel nicht existiert und daß deshalb sogar nur Regierungseingriffe für die Herstellung eines Pareto-Optimums sorgen könnten. Wegen des Zwangs zur Stimmenmaximierung wird die Regierung aber stattdessen eher Maßnahmen ergreifen, die dazu führen, daß sich die Wirtschaft stets in einem suboptimalen Zustand im Sinne Paretos befindet.[20] Theoretisch ließe sich zwar dieses Problem durch die Herstellung eines freien Marktes auch für die Wählerstimmen, das heißt: durch die Erlaubnis eines freien Kaufs und Verkaufs der Stimmen lösen, doch sieht Downs darin die Möglichkeit einer Gefährdung der verfassungsmäßig garantierten politischen Freiheit.[21]

Downs ist immerhin zugutezuhalten, daß er seinen ohnehin schon sehr formalisierten Demokratiebegriff nur an dem Kriterium der Pareto-Optimalität gemessen hat, ohne das Ergebnis sofort zum Anlaß zu nehmen, nach einer Einschränkung der Demokratie zu rufen. Es bedarf keines be-

sonderen Beweises, um festzustellen, daß dieses Kriterium mit allen Vorstellungen von sozialer Gerechtigkeit, ökonomischer Gleichheit, Einkommensumverteilung etc. prinzipiell unvereinbar ist. Wie Amartya Sen festgestellt hat, wurde das Konzept der Pareto-Optimalität „genau deswegen
entwickelt, um an der Notwendigkeit von Verteilungsurteilen vorbeizu-
kommen".[22] Der graduelle Unterschied zwischen verschiedenen Vertretern
der neoliberalen Ökonomie besteht nur darin, daß die einen — nämlich beispielsweise die Protagonisten der „Public-Choice"-Schule Buchanan und
Tullock — so tun, als handele es sich um ein rein technisches und gesellschaftlich neutrales Kriterium, gegen das niemand etwas haben könne, während andere — wie beispielsweise von Hayek[23] oder George Gilder[24] — aus ihrem Kampf gegen soziale Gerechtigkeit, gegen Einkommensumverteilung
und für ökonomische Ungleichheit nicht nur keinen Hehl, sondern sogar
noch eine Tugend machen und deshalb dieses Kriterium gar nicht zum Ver-
steckspiel brauchen. Gordon Tullock aber meint ganz unschuldig, daß
„Wohlfahrtsökonomen" — zu denen er sich selber zählt — „sich in ihren
Berechnungen so sehr daran gewöhnt haben, Pareto-Optimalität zu suchen,
daß sie der Vorschlag, dieses Kriterium wegzuwerfen und etwas anderes
an seine Stelle zu setzen, buchstäblich wahnsinnig machen würde"[25].

Bevor wir aber auf Buchanan und Tullock als die Hauptsprecher der
„Public-Choice"-Schule zu unserem Problem eingehen, ist es nötig, noch
kurz einen anderen Beitrag zu erwähnen, der in der Diskussion über das
Mehrheitsprinzip und seine Anwendbarkeit eine große Rolle spielt. Kenneth
Arrow hat 1951 ein Paradox wiederentdeckt, das schon 1785 von Condorcet
beschrieben worden ist, und dem wir bei Präferenzentscheidungen in kleineren Gremien wahrscheinlich alle schon einmal selbst begegnet sind. Es
handelt sich um Folgendes: Hat eine Gruppe über die Rangfolge dreier
Alternativen zu entscheiden und wählt ein Drittel der Gruppe die Rangfolge A-B-C, ein zweites Drittel die Rangfolge B-C-A und das letzte Drittel
die Rangfolge C-A-B, so ergibt sich daraus keine eindeutige und rationale
Entscheidung der ganzen Gruppe, weil eine Mehrheit A einen höheren Rang
zuweist als B, eine andere Mehrheit B einen höheren Rang als C, weswegen
eigentlich die Gruppe als ganze auch A einen höheren Rang zuweisen müßte
als C. Eine Mehrheit tut aber das Gegenteil.[26] Ausgehend von diesem einfachen Beispiel hat Arrow dann Folgendes zeigen können: Wenn die meisten Entscheidungssituationen mehr als zwei Alternativen aufweisen und
wenn die Präferenzordnung der Individuen genügend verschieden sind,
dann läßt sich keine ausschließliche und transitive allgemeine Wohlfahrts-
funktion konstruieren, es sei denn, ein Teil der Gesellschaft diktiert den
übrigen.[27] Wenn auch häufig gezeigt worden ist, daß die Voraussetzungen,
unter denen eine rationale Mehrheitsentscheidung in diesem Sinne nicht
möglich ist, viel seltener eintreffen, als man zunächst annehmen möchte,[28]
so bleibt doch der Beweis von Arrow in sich logisch schlüssig, und es gibt
Situationen, in denen keine rationale Mehrheitsentscheidung in diesem
Sinne möglich ist. Daraus ein Argument gegen das Mehrheitsprinzip überhaupt zu machen, blieb Sache der „Public-Choice"-Schule und solcher Pro-
pagandisten des Neo-Liberalismus wie Henri Lepage.[29] Es ist kaum vorstellbar, daß eine Gruppe nur aufgrund der Kenntnis des Condorcet-Paradox'
beschließt, das Mehrheitsprinzip aufzuheben. Dagegen ist häufig zu beob-

achten, wie Abstimmungsleiter — bewußt oder unbewußt — entweder durch die Art ihrer Fragestellung über das Vorliegen einer solchen Paradox-Situation hinwegtäuschen oder durch die Einführung zusätzlicher Alternativen die Paradox-Situation erst hervorrufen. In solchen Fällen kommt es natürlich zum punktuellen oder zeitweiligen Diktat einer Minderheit. Aber nur die Beibehaltung des Mehrheitsprinzips kann die dauerhafte Verfestigung dieses Diktats einer Minderheit verhindern.

Kommen wir nun zu Buchanan und Tullock. Ihr Buch „The Calculus of Consent" (erschienen 1962) soll nach dem Untertitel „logische Grundlegungen konstitutioneller Demokratie" liefern.[30] Dabei knüpfen sie zwar an das Werk von Anthony Downs an, gehen aber entscheidende Schritte darüber hinaus. Sie befleißigen sich nämlich eines rigorosen methodologischen Individualismus, den sie selbst für wertfrei halten. Wo Downs noch die Existenz einer demokratischen Verfassung mit Mehrheitsprinzip als vorgegeben betrachtete und daraus einen Widerspruch zwischen individueller Nutzenmaximierung und politischer Stimmenmaximierung (oder zwischen Pareto-Optimalität und politischer Freiheit) entwickelte, da soll jetzt die demokratische Verfassung einer „freien" Gesellschaft aus dem Prinzip der individuellen Nutzenmaximierung selbst entwickelt werden. Zum Ausgangspunkt ihrer mathematischen Modellkonstruktionen nehmen Buchanan und Tullock eine relativ homogene Gesellschaft. Der Leser wird aufgefordert, sich etwa die Grundeigentümer-Gesellschaft der USA um das Jahr 1787 vorzustellen.[31] (Er muß sich allerdings die Frauen und die Sklaven aus dieser Gesellschaft wegdenken.)

Ist sich nun diese Gesellschaft darüber einig, daß bestimmte Aufgaben (etwa Verteidigung, Straßenbau etc.) von einem öffentlichen Sektor übernommen werden, so verlangt der methodologische Individualismus danach, daß bei der konkreten Regelung eine Lösung gefunden wird, die dem individuellen Kosten-Nutzen-Kalkül jedes einzelnen Beteiligten entspricht und deshalb von jedem Einzelnen gebilligt werden könnte. Daraus würde sich ein Einstimmigkeitsideal ergeben, dessen volle Durchsetzung aber erhebliche Kosten für Information und Entscheidungsfindung bedeuten würde. An dieser Stelle erscheint dann das Verfahren des Mehrheitsentscheids nicht als Ausdruck der Volkssouveränität, nicht als Ergebnis des demokratischen Kampfes einer Mehrheit gegen die traditionelle Herrschaft einer Minderheit, sondern als Ergebnis des Kosten-Nutzen-Kalküls der Einzelnen: Das Verfahren senkt die Entscheidungskosten.

Damit aber entsteht für Buchanan und Tullock erst das eigentliche Problem. Bei einem Entscheid durch einfache oder qualifizierte Mehrheit wird nicht mehr automatisch verhindert, daß die Kosten einer öffentlichen Maßnahme für jeden Einzelnen seinen individuellen Nutzen übersteigen. Mit anderen Worten: Das Mehrheitsprinzip sichert keine Pareto-optimalen Lösungen. Und außerdem hindert das Condorcet-Paradox bisweilen daran, Mehrheiten zu finden, so daß das Diktat einer Minderheit droht. Ein großer Teil des Buches beschäftigt sich deshalb mit der Frage, ob und wie diese Probleme durch Einschränkungen des Mehrheitsprinzips oder mittels Ergänzung durch marktkonforme Mechanismen behoben werden können. Dazu gehören die Forderung nach qualifizierten Mehrheiten, das sogenannte „log-rolling" (Verknüpfen mehrerer Entscheidungen, „Feilschen"), die

Einführung von Seiten- und Kompensations-Zahlungen und der freie Kauf und Verkauf von Stimmen.[32] Nun zeigt sich aber, daß auch diese Methoden keine Pareto-optimalen Lösungen garantieren, wenngleich sie bisweilen Annäherungen fördern können. Damit bleibt als (vorletztes) Mittel nur die Möglichkeit, die Anwendung von Mehrheitsentscheiden auf die Entscheidungen zu beschränken, bei denen jeder Einzelne erwarten kann, daß sich durch eine Niederlage seine Situation nicht verschlechtern würde. Da nun aber alle öffentlichen Entscheidungen mindestens mit einfacher Mehrheit getroffen werden sollen, ergibt sich daraus erstens eine wesentliche Einschränkung des Geltungsbereichs des Mehrheitsprinzips und zweitens eine entsprechende Einschränkung des Bereichs der Tätigkeiten des öffentlichen Sektors. Alle anderen Angelegenheiten müssen dem Pareto-optimal operierenden Markt überlassen bleiben. (Wir erinnern uns: „Public Choice should be restricted, Human beings should be free".)

Um nun dieses Ergebnis zu sichern, bedarf es einer Verfassung, die den Ausdehnungsbereich des öffentlichen Sektors genau begrenzt und für jede staatliche Tätigkeit festlegt, welches Quorum erforderlich ist. Diese Verfassung selbst und jede Änderung im Sinne der zusätzlichen Aufnahme einer Tätigkeit des öffentlichen Sektors bedürfen nach dieser Argumentation notwendig der Zustimmung jedes Einzelnen. Einstimmigkeit ist unbedingt erforderlich, der Webersche Oktroi durch Mehrheitsbeschluß kann nicht erlaubt werden.[33] Buchanan und Tullock bestehen darauf, daß man aus dieser Einstimmigkeitsregel nicht ableiten dürfe, daß eine Minderheit, die die Ausweitung des öffentlichen Sektors ablehnt, „herrsche". Positive Entscheidung für eine Aktivität sei grundsätzlich zu unterscheiden von der Blockierung einer solchen positiven Entscheidung. Im ersten Fall finde Herrschaft statt, im zweiten nicht.[34] Wie aber, wenn ein Einzelner oder eine Minderheit zu der Auffassung kommt, eine Aktivität müsse wieder aus dem öffentlichen Sektor herausgenommen und dem privaten zugeführt werden? Nach dem Kriterium der Pareto-Optimalität müßte jeder Einzelne die Regeln der Verfassung in dieser Richtung ändern können. Die Verfasser müssen deshalb als letztes Mittel das „Recht auf Revolution" zulassen.[35] Und Tullock fügt noch in einem Nachwort hinzu, daß „dem Staat niemals soviel Macht gegeben werden sollte, daß er in der Lage ist, einen genuinen Volksaufstand zu verhindern"[36]. Will sagen: Putsch ist legitim, aber nur zur Beschränkung des öffentlichen Sektors.

Mit diesen Bemühungen von Buchanan und Tullock, die konstitutionelle Demokratie durch Einschränkungen des Geltungsbereichs des Mehrheitsprinzips wieder zur „Zwillingsschwester der Marktwirtschaft" zu machen,[37] hatte die „Public-Choice"-Schule noch nicht ihr letztes Wort zu unserem Thema gesprochen. Ende 1976 traten Nicolaus Tideman und Gordon Tullock mit dem Vorschlag an die Öffentlichkeit, das Mehrheitsprinzip überhaupt abzuschaffen und durch eine rationellere politische Technologie zu ersetzen, den „Nachfrageoffenbarungsprozeß" (Demand Revealing Process).[38]

Das Grundprinzip dieses Prozesses ist relativ einfach: Der Wähler soll nicht mehr gefragt werden, ob er für oder gegen eine Maßnahme ist oder für welche von mehreren Alternativen er eintritt, sondern er soll den Preis angeben, den er zu zahlen bereit ist, damit die von ihm bevorzugte Option als kollektive Problemlösung akzeptiert wird. Als „gewählt" gilt dann die Alternative, die den höchsten Gesamtpreis erzielt hat. Danach wird für jeden Wähler einzeln festgestellt, ob sein Votum für den Ausgang des Prozesses entscheidend war. War es entscheidend, so hat er eine Steuer zu entrichten, deren Höhe dem Preis entspricht, der notwendig gewesen wäre, um die Entscheidung für eine andere Alternative zu verhindern. (In der Darstellung am Beispiel kann man das verfolgen.)

Der Nachfrageoffenbarungsprozeß

	Individuelle Nachfragewerte			Gesamtpreise ohne den jeweiligen Einzelwähler			Steuer
Optionen	A	B	C	A	B	C	
Wähler							
1	0	35	40	60	75	<u>95</u>	0
2	50	0	30	10	<u>110</u>	105	5
3	10	55	0	50	<u>55</u>	135	0
4	0	20	65	60	<u>90</u>	70	20
Summe	60	110	<u>135</u>				

Natürlich ist es bei größeren Wählerzahlen notwendig, zur Feststellung der Gesamtpreise und der zu zahlenden Steuern einen Computer zu benutzen. Darin liegt eben das Fortschrittliche dieser politischen Technologie.

Man darf den Urhebern dieses Verfahrens vertrauen, wenn sie sagen, daß es den bisherigen Wahl- und Entscheidungsverfahren in bezug auf ihre Kriterien überlegen ist. Weil es Pareto-optimale Problemlösungen von sich aus garantiert, bedarf es keiner Unterscheidung mehr zwischen Verfassungs- und Sachfragen. Und die Situation des Condorcet-Paradox wird auch vermieden, weil die Intensität der Präferenzen in das Entscheidungsergebnis eingeht. So hat Tullock sich bereits überlegt, daß man dieses Verfahren auf die jeweils übliche Weise in den Ländern der Welt einführen könnte, das heißt: in den USA durch einen Verfassungszusatz, in Südamerika durch Putsche.[39] Vom gleichen Wahlrecht, vom Mehrheitsprinzip und von der Demokratie ist jetzt keine Rede mehr. Der Markt entscheidet alles. Es dürfte leicht zu zeigen sein, daß auch die Abstimmungsverfahren in den Hauptversammlungen von Aktiengesellschaften oder im Internationalen Währungsfonds gute Annäherungen an Pareto-optimale Lösungen erbringen. Oder auch ein Mehrklassenwahlrecht. Bei genauer Analyse wird man feststellen, daß der Nachfrageoffenbarungsprozeß nicht weit davon entfernt ist.

Die Vertreter der reinen freien Marktwirtschaft sind wieder da angekommen, wo ihre liberalen Lehrer vor zweihundert Jahren schon einmal waren: bei einem grundsätzlichen Mißtrauen gegen demokratische Entscheidungen. Von wertfreier Analyse kann keine Rede sein, der Markt ist A und O, Anfang und Ende, Start und Ziel der Analyse. Politik löst sich auf in Angebot und Nachfrage, Grenznutzen und Preise, wird selbst Teil des Marktes. Das so gefeierte Individuum, zu dessen persönlicher Entfaltung das Ergebnis der Analyse beitragen sollte, hat keine andere Chance der Vergesellschaftung mehr als über den Markt. Zur Marktvergesellschaftung aber hat Max Weber schon alles gesagt:

„Die Marktgemeinschaft als solche ist die unpersönlichste praktische
Lebensbeziehung, in welche Menschen miteinander treten können. Nicht
weil der Markt einen Kampf unter den Interessenten einschließt. ... Sondern weil er spezifisch sachlich, am Interesse an den Tauschgütern und nur
an diesen orientiert ist. Wo der Markt seiner Eigengesetzlichkeit überlassen
ist, kennt er nur Ansehen der Sache, kein Ansehen der Person, keine Brüder-
lichkeits- und Pietätspflichten, keine der urwüchsigen, von den persönlichen
Gemeinschaften getragenen menschlichen Beziehungen. Sie alle bilden Hemmungen der freien Entfaltung der nackten Marktvergemeinschaftung...''[40]
	Von Hayek kann man zumindest keinen Mangel an Konsequenz vor-
werfen, wenn er ausdrücklich die volle Marktvergesellschaftung in diesem
Sinne als die eigentliche Leistung der Zivilisation und als Voraussetzung des
Fortschritts in der Großen Gesellschaft ansieht. Von den persönlichen Gemeinschaften getragene menschliche Beziehungen sind für ihn primitive und
atavistische Verhaltensweisen aus der barbarischen Frühzeit des Menschen,
die nur durch die Verallgemeinerung einer „kommerziellen Moral" überwunden werden können.[41]
	Im Anknüpfen an diese atavistischen Verhaltensweisen entwickeln
Demokratie und Sozialismus nach von Hayek notwendig totalitäre Tendenzen, die nur durch eine Verfassung gebändigt werden können, die als Gesetze nur allgemeine Regeln zuläßt, „die auf unbekannte Personen in einer
unbekannten Anzahl künftiger Fälle anzuwenden sind".[42]
	Um zu sichern, daß keinerlei Gesetze entstehen, die mit Rücksicht
auf Sonderinteressen einen Eingriff in den freien Markt bedeuten, schlägt
schließlich auch von Hayek vor, das Mehrheitsprinzip an der zentralen Stelle
zu beseitigen. Er verlangt nämlich, daß die gesetzgebende Versammlung
nicht mehr vom Volk gewählt wird, sondern daß ihre Mitglieder jeweils im
Alter von 45 Jahren von ihren Jahrgangsklassen für einen Zeitraum von
fünfzehn Jahren gewählt werden.[43] Die Mitwirkung der Bürger an der Gesetzgebung würde sich also auf einen einzigen Wahlakt beschränken, an
dem sie aber auch nur teilnehmen können, wenn sie überhaupt das 45. Le-
bensjahr erreichen.
	Hier zeigt sich das grundsätzliche Mißtrauen, das die orthodoxen Li-
beralen nicht nur gegen diesen oder jenen Mehrheitsentscheid, sondern gegen die Demokratie überhaupt hegen. Auch in diesem Punkt ist von Hayek
offen, ehrlich und konsequent: „Eine Demokratie kann totalitäre Gewalt
ausüben, und es ist vorstellbar, daß eine autoritäre Regierung nach liberalen
Prinzipien handelt."[44]
	In einer Zeit, in der der Schutz von Minderheiten und individuellen
Freiheitsrechten durch stark bürokratisierte Apparate in Regierung und
Verwaltung, Parteien und Verbänden, die sich auf Mehrheitsentscheidungen berufen können, immer mehr bedroht erscheint, mag es paradox wirken, wenn hier so vehement das Mehrheitsprinzip als ein Grundprinzip demokratisch verfaßter Gesellschaft gegen die neoliberalen Attacken verteidigt wird.
	Wenn ein Ministerpräsident einer großen Bevölkerungsgruppe nichts
anderes entgegenzusetzen hat als das Argument, in einer Demokratie entscheide die Mehrheit und die Minderheit habe sich zu fügen, und alles andere zu einer Sache der Polizei erklärt, müssen dann nicht Zweifel an der

legitimatorischen Kraft des Mehrheitsprinzips aufkommen? Müssen dann nicht andere, weiterreichende Prinzipien dem Mehrheitsprinzip vorgelagert oder übergeordnet oder zumindest entgegengestellt werden wie etwa ein „Lebensprinzip" oder ein „Freiheitsprinzip"?

Müssen, um weiter zu fragen, nicht auch die Argumente der Neo-Liberalen daraufhin geprüft werden, ob sie nützlich sind, um gegen die Erstarrung des politischen Lebens zu kämpfen, die sich aus den „Sachzwängen" eines korporativ ausgehandelten, im Parlament mehrheitlich abgesegneten und bürokratisch verwalteten öffentlichen Sektors ergeben?[45] Chantal Mouffe[46] und Elmar Altvater[47] haben gezeigt, wie die Übernahme dieser Argumente durch breite Schichten bereits allmählich zur wachsenden Strömung eines neoliberalen „Populismus" geführt hat.

Es mag unter diesen Umständen verständlich sein, daß auch ein Soziologe wie Claus Offe, dem die Herkunft aus einer neoliberalen Tradition kaum nachzuweisen wäre, in einem 1980 in Italien gehaltenen Vortrag zur politischen Legitimation durch Mehrheitsentscheidung[48] sehr stark neoliberale Argumente aufgreift, ohne sie allerdings als solche zu kennzeichnen.

Das fängt damit an, daß er als erstes Argument für die Mehrheitsregel die im Vergleich zur Einstimmigkeitsregel niedrigeren Entscheidungskosten anführt.[49] So auch Buchanan und Tullock. Das geht damit weiter, daß Offe bedauernd feststellt, daß es kein zuverlässiges Verfahren gebe, die Intensität der Präferenzen der Abstimmenden im Abstimmungsergebnis zum Ausdruck zu bringen.[50] Der „Nachfrageoffenbarungsprozeß" ist ein solches Verfahren. Weiter besteht Claus Offe darauf, daß Legitimation durch Mehrheitsentscheid nur unproblematisch sei, wenn der sachliche Geltungsbereich von Mehrheitsentscheidungen präzise definiert sei.[51] Das ist gewissermaßen der erste Hauptsatz des Liberalismus. Nur wer trifft die Definition? Die Neoliberalen haben eine Antwort auf diese Frage: Alle und also jeder Einzelne.

Der Hauptteil von Claus Offes Ausführungen gilt schließlich einer „sozialwissenschaftlichen Analyse der Bedingungen der Geltung der Mehrheitsregel" in der Massendemokratie des kapitalistischen Interventionsstaates.[52] Diese Analyse soll nach seiner Ansicht zeigen, „daß die Legitimitätsfunktion des Mehrheitsprinzips in modernen kapitalistischen Demokratien durchaus problematisch und bestreitbar ist". Mit diesem Nachweis solle und könne jedoch „noch keineswegs die unmittelbar anschließende Frage geklärt werden, welche alternativen Entscheidungsverfahren eventuell ein höheres Maß an Legitimationsfähigkeit aufweisen"[53]. Liest man diese Sätze genau, dann ergibt sich daraus die Annahme, daß solche alternativen Entscheidungsverfahren in modernen Demokratien zumindest existieren könnten und daß vor, über, neben oder gegen das Mehrheitsprinzip andere Prinzipien treten könnten, die ebenfalls Legitimitätsfunktion haben. Ein solches alternatives Entscheidungsverfahren existiert in der kapitalistischen Demokratie immer in der Form der individuellen Entscheidung auf dem freien Markt. Das aber kann Claus Offe ganz offenbar nicht gemeint haben.

Der Widerspruch klärt sich auf, wenn wir den Unterschied zwischen Mehrheitsentscheid und Mehrheitsprinzip herausstellen. Um es an einem extremen Beispiel klarzumachen: Es gibt Entscheidungen (wie etwa das

Ermächtigungsgesetz von 1933), die mit großer Mehrheit getroffen werden und sich auf die Abschaffung des Mehrheitsprinzips richten. Für diese Entscheidungen kann natürlich die Legitimitätsfunktion des Mehrheitsprinzips nicht in Anspruch genommen werden. Der demokratische Widerstand gegen solche Mehrheitsentscheidungen richtet sich nicht gegen das Mehrheitsprinzip, sondern er nimmt gerade das Mehrheitsprinzip für künftige mögliche Mehrheiten gegen die aktuelle Mehrheit in Anspruch.

Die Bedingungen, die Claus Offe für die legitimierende Wirkung von Mehrheitsentscheidungen formuliert, sind denn auch alle sehr überzeugend, insoweit sie als Bedingungen für politische Legitimation durch bestimmte, konkrete, einzelne Mehrheitsentscheidungen verstanden werden. Für eine Problematisierung des Mehrheitsprinzips geben sie schon deshalb nichts her, weil sie alle direkt oder indirekt aus dem Mehrheitsprinzip heraus entwickelt werden. Daß Minderheiten zumindest eine formelle Chance haben müssen, selbst einmal zur Mehrheit zu werden, oder daß Mehrheitsentscheidungen jedenfalls im Prinzip korrigierbar und reversibel sein müssen, sind keine Geltungsbedingungen des Mehrheitsprinzips,[54] sondern notwendige inhaltliche Bestimmungen. Ein Prinzip kann nämlich niemals nur für einen gegebenen Moment gelten. Daß diese inhaltlichen Bestimmungen, wie Offe richtig anzeigt, immer häufiger in den modernen kapitalistischen Demokratien durch Mehrheitsentscheidungen verletzt werden, kann nur für den Liberalen eine Problematisierung des Mehrheitsprinzips bedeuten. Der Demokrat antwortet darauf mit der Forderung nach voller Durchsetzung des Mehrheitsprinzips, mit dem Ruf nach mehr Demokratie. Ulrich Preuß hat in einem jüngst erschienenen Aufsatz gezeigt, daß zukünftige Generationen sogar noch stärker als die heutige auf die Einhaltung der Funktionsbedingungen des Mehrheitsprinzips angewiesen sind, „weil sie nicht einfach überstimmt werden, sondern überhaupt keine Stimme haben"[55].

Die wirtschaftlich und gesellschaftlich Starken können auf das Mehrheitsprinzip verzichten. Der Kampf aller gegen alle ist immer auch ein Kampf der Mächtigen gegen die Ohnmächtigen, bei dem man schon sicher sein kann, wer der Sieger bleibt. Und auf dem Markt, der, wie Max Weber sagt, sowieso den Kampf einschließt, sind sie ohnehin die Größten. Die wirtschaftlich und gesellschaftlich Schwachen und die noch Ungeborenen würden mit einem Verzicht auf das Mehrheitsprinzip ihre besten Argumente und ihre wichtigste Waffe für eine bessere Welt verlieren. Diese Waffe kann ihnen allerdings nur nützen, wenn sie wissen, daß der politische Prozeß mehr ist als nur eine Kette von formalisierten Entscheidungsprozessen.

Anmerkungen

* Dieser Aufsatz wurde erstmals abgedruckt in: Leviathan 10 (1982), S. 239 ff.
1 Vgl. Max Weber, Wirtschaft und Gesellschaft, Tübingen 1972⁵, S. 19 f., 27
2 Otto von Gierke, Über die Geschichte des Majoritätsprinzipes, in: Schmollers Jahrbuch, 39. Jahrgang, 1915, S. 565 ff.
3 Ulrich Scheuner, Das Mehrheitsprinzip in der Demokratie, Opladen 1973
4 Wolfgang Fach, Demokratie und Mehrheitsprinzip, in: Archiv für Rechts- und Sozialphilosophie, Bd. LXI/2, 1975, S. 201 ff.

5 Die sozialpsychologischen Voraussetzungen dieser Möglichkeit beleuchtet auf überzeugende Weise Norbert Lechner in seinem Aufsatz Poder y orden. La estrategia de la minoría consistente, in: Revista Mexicana de Sociología, 1978, S. 1201 ff.

6 James M. Buchanan und Richard E. Wagner, Democracy in Deficit, The Political Legacy of Lord Keynes, New York-San Francisco-London 1977

7 F. A. Hayek, Law, Legislation and Liberty, Band 3: The Political Order of a Free People, London 1979

8 Milton Friedman und Rose Friedman, Chancen, die ich meine, Berlin-Frankfurt/M.-Wien 1980, S. 318 ff.

9 Henri Lepage, Der Kapitalismus von morgen, Frankfurt/M. 1979

10 Henri Lepage, Demain le liberalisme, Paris 1980

11 Gordon Tullock, Economic Imperialism, in: James M. Buchanan und Robert D. Tollison (Hrsg.), Theory of Public Choice, Ann Arbor 1972, S. 320

12 Peter Bernholz, Public Choice, in: Public Choice, Jahrgang 35, The Hague-Boston-London 1980, S. 121

13 Joseph A. Schumpeter, Kapitalismus, Sozialismus und Demokratie, München 1950², S. 428

14 A.a.O., S. 477

15 Anthony Downs, Ökonomische Theorie der Demokratie, Tübingen 1968

16 Max Weber, a.a.O., S. 59

17 Anthony Downs, a.a.O., S. 202 ff., 255 ff.

18 A.a.O., S. 199

19 Vgl. James M. Buchanan und Gordon Tullock, The Calculus of Consent, Ann Arbor 1962, S. 171 ff., Amartya Sen, Ökonomische Ungleichheit, Frankfurt-New York 1975, S. 19, Anthony Downs, a.a.O., S. 170

20 Anthony Downs, a.a.O., S. 167 ff.

21 A.a.O., S. 199

22 Amartya Sen, a.a.O.

23 Vgl. F. A. von Hayek, Recht, Gesetzgebung und Freiheit, Band 2, Die Illusion der sozialen Gerechtigkeit, Landsberg am Lech 1981

24 Vgl. George Gilder, Reichtum und Armut, Berlin 1981

25 Gordon Tullock, The Demand Revealing Process as a Welfare Indicator, in: Public Choice, Band XXIX/2, Sonderheft, S. 63

26 Kenneth J. Arrow, Social Choice and Individual Values, New Haven-London 1963², S. 2 f.

27 Vgl. a.a.O., S. 46 ff.

28 Vgl. etwa Gordon Tullock, The General Irrelevance of the General Impossibility Theorem, in: derselbe, Toward a Mathematics of Politics, Ann Arbor 1967, S. 37 ff. oder Eberhard Wesche, Arrows Allgemeines Unmöglichkeits-Theorem im Lichte einer Methodologie normativer Erkenntnis, in: Wolfgang Fach und Ulrich Degen (Hrsg.), Politische Legitimität, Frankfurt 1978

29 Henri Lepage, Der Kapitalismus von morgen, S. 120 f.

30 James Buchanan und Gordon Tullock, a.a.O.

31 A.a.O., S. 14

32 Vgl. a.a.O., S. 119 ff.

33 A.a.O., S. 92 ff.

34 A.a.O., S. 258

35 A.a.O., S. 262

36 A.a.O., S. 339

37 A.a.O., S. 306

38 Nicolaus T. Tideman und Gordon Tullock, A New and Superior Process for Making Social Choices, in: Journal of Political Economy 84, Dezember 1976. Vgl. auch Henri Lepage, Autogestion et Capitalisme, Réponses à l'anti-économie, Paris-New

York-Barcelona-Mailand 1978, S. 345 ff. und das bereits zitierte Sonderheft von Public Choice.

39 Vgl. Gordon Tullock, Practical Problems and Practical Solutions, in: Public Choice, Sonderheft, a.a.O., S. 27

40 Max Weber, a.a.O., S. 382 f.

41 Vgl. F. A. von Hayek, Wissenschaft und Sozialismus, Tübingen 1979, S. 6 ff.

42 F. A. von Hayek, Drei Vorlesungen über Demokratie, Gerechtigkeit und Sozialismus, Tübingen 1977, S. 20

43 A.a.O., S. 19 f. Vgl. auch von Hayek, Law, Legislation and Liberty, Band 3, a.a.O., S. 111 ff.

44 F. A. von Hayek, Die Verfassung der Freiheit, Tübingen 1971, S. 125

45 So die Frage von Klaus Wagenbach, Über das geistige Befinden der Republikaner angesichts eines Landesfürsten, in: Freibeuter 3, Berlin 1980, S. 18 ff.

46 Chantal Mouffe, Die Demokratie und die neue Rechte, in: Prokla 44, S. 41 ff.

47 Elmar Altvater, Der gar nicht diskrete Charme der neoliberalen Konterrevolution, in: Prokla 44, S. 5 ff.

48 Claus Offe, Politische Legitimation durch Mehrheitsentscheidung?, Manuskript, Gallarate 1980

49 A.a.O., S. 1

50 A.a.O., S. 12, ähnlich auch Ekkehart Krippendorf, Legitimität als Problem der Politikwissenschaft, in: Wolfgang Fach und Ulrich Degen (Hrsg.), a.a.O., S. 30 ff.

51 Claus Offe, a.a.O., S. 9

52 A.a.O., S. 7

53 A.a.O., S. 3

54 A.a.O., S. 11

55 Ulrich K. Preuß, Die Zukunft: Müllhalde der Gegenwart?, in: Freibeuter 9, Berlin 1981, S. 96

V. Literaturverzeichnis

Abromeit, H.: „Die Funktion des Bundesrates und der Streit um seine Politisierung", Zeitschrift für Parlamentsfragen 13, 1982, S. 462—472

Agnoli, J.: Die Transformation der Demokratie, Frankfurt a.M. 1968

Anders, G.: Endzeit und Zeitende, München 1972

Anderson, C. W.: „Political Design and the Representation of Interest", Comparative Political Studies 10, Nr. 1, 1977, S. 127—152, Neudruck in: Schmitter/Lehmbruch (Hg.), Trends toward Corporatist Intermediation, S. 271—297

Antoni, M.: „Grundgesetz und Sperrklausel", Zeitschrift für Parlamentsfragen, 11, 1980, S. 93—109

Arndt, A.: Agraphoi Nomoi (Widerstand und Aufstand), in: Kaufmann, A./Backmann, L. E. (Hg.), Widerstandsrecht, Darmstadt 1962, S. 525—538

Avondo, E. R.: Il Principio maggioritario nelle elezioni dei re e Imperatori romano-germanici, Atti della Reale Academia delle Scienze di Torino, Turin, vol. LX (1925), S. 392 ff., 441 ff., 549 ff., 557 ff.

— Il principio maggioritario nella storia del Diritto Canonico, Archivio Giuridico (Fillippo Serafini), Quarta Serie vol. OX (= Nr. 93), modena 1975, S. 15 ff.

Backmann, L. E.: Bibliographie zum Widerstandsrecht, in: Kaufmann, A./Backmann, L. (Hg.), Widerstandsrecht, Darmstadt 1972, S. 561—614

Basso, L.: Rosa Luxemburgs Dialektik der Revolution, Frankfurt/M., Europäische Verlagsanstalt 1972

Baty, T.: The History of Majority Rule, Quarterly Review 1912, Nr. 430, S. 1 ff., London

Bay, Ch.: Civil Disobedience, in: International Encyclopadia of Social Sciences, Vol. 2, 1968, S. 473—487

Benjamin, R.: The Limits of Politics, Collective Goods in Postindustrial Societies, Chicago, University of Chicago 1980

Berg, E.: Democracy and the Majority Principle, A Study in Twelve Contemporary Political Theories, Akademieförlaget 1965

Bernholz, P.: Publik Choice, Jahrgang 35, The Hague-Boston-London 1980, S. 121

Bertram, K. F.: Das Widerstandsrecht des Grundgesetzes, Berlin 1970

Birnbacher, D. (Hg.): Ökologie und Ethik, Stuttgart 1980

Birnbaum, P. et al. (eds.): Democracy, Consensus and Social Contract, London etc.: Sage 1978

Bossel, H.: Grundwerte und Orientierung, in: Altner, G. u.a., Anders Denken — anders Handeln (Öko 1), Freiburg 1978, S. 22

Brand, K.-W./Büsser, D./Rucht, D.: Neue soziale Bewegungen in der Bundesrepublik, Frankfurt/M. 1981

Bridel, M.: Réflexions sur le principe majoritaire dans les démocraties, in: Menschenrechte, Föderalismus, Demokratie, Festschrift Werner Kägi, Zürich 1979, S. 45 ff.

Brocke, E.: Einstimmigkeit, Mehrheitsprinzip und schiedsrichterliche Entscheidung als Mittel der Willensbildung, Diss. Marburg 1948

Buchanan, J.M./Tullock, G.: The Calculus of Sonsent, Ann Arbor 1962

Buchanan, J.M./Wagner, R.E.: Democracy in Deficit, The Political Legacy of Lord Keynes, New York/San Francisco/London 1977

Burgmann, D.: Das Gewaltmonopol des Staates verhindert die gewaltfreie Gesellschaft, in: Die Grünen v. 23.10.1982, 1982, S. 3

Commager, H.S.: Die Rechte der Minderheit im Rahmen der Mehrheitsherrschaft, 2. Aufl. Wiesbaden 1953

Däubler, W.: Rechtsprobleme des Widerstandes gegen die Stationierung, in: Vierteljahres-schrift für Sicherheit und Frieden (S u. F) 1, 1983, S. 14 ff.

Dahl, R.A.: A Preface to Democratic Theory, Chicago 1962

—: Dilemmas of Pluralist Democracy. Autonomy vs. Control, New Haven, Yale UP 1982

Dahl, R.A./Lindblom, E.E.: Politics, Economics and Welfare, New York 1953

Dahl, R.A./Tufte, Size and Democracy, Stanford University Press 1973

D'Alimonte, R.: Regola di maggioranza, stabilità e equidistribuzione, Revista Italiana de Scienza Politica, 4, 1974, S. 43 ff.

Daudt, H./Rae, D.W.: „Social Contract and the Limits of Majority Rule", in: Birnbaum, P. et al. (eds.), Democracy, Consensus, and Social Contract, London etc.: Sage 1978, S. 335–357

Downs, A.: In Defence of Majority Voting, Journal of Political Economy, Vol. 69, 1961, S. 192 ff.

—: Ökonomische Theorie der Demokratie, Tübingen 1968

Dworkin, R.: Taking Rights Seriously, London, Duckworth, 1977

Ebert, Th.: Gewaltfreier Aufstand. Alternative zum Bürgerkrieg, Waldkirch 1978

Edwards, Sir G.: The Emergence of Majority Rule in the procedure of the House of Commons, in: Transactions of the Royal Historical Society, 5. Series vol. 15, 1965, S. 165 ff.

—: The emergence of Majority Rule in English Parliamentary Elections, in: Transactions of the Royal Historical Society, 5. Series vol. 14, 1964, S. 175 ff.

Elsener, F.: „Zur Geschichte des Majoritätsprinzips", in: Zeitschrift der Savigny-Stiftung für Rechtsgeschichte, Kanonistische Abteilung, XLII, 1956, S. 73 ff.

Elster, J.: „Risk, Uncertainty and Nuclear Power", Social Science Information 18, 1979, S. 371–400

—: Three Lectures on Constitutional Choice, unv. Ms., Oslo, Juni 1981

Eschenburg, T.: Der Mechanismus der Mehrheitsentscheidung, München 1970

Esposito, C.: La maggioranza nel referendum, in: Giurisprudenza italiana, Teil I, 1. Ab-schnitt, 11. Auflage, 1946

Fach, W.: „Demokratie und Mehrheitsprinzip", Archiv für Rechts- und Sozialphilosophie, 61, 1975, S. 200–222

Fach, W./Degen, U. (Hg.): Politische Legitimität, Frankfurt/M. 1978

Fabritius, G.: Wechselwirkungen zwischen Landtagswahlen und Bundespolitik, Meisen-heim am Glan 1978

Fetscher, I.: Ökologie und Demokratie – ein Problem der „politischen Kultur", in: Physik, Philosophie und Politik, Festschrift für Carl F. v. Weizsäcker zum 70. Geburts-tag, hg. von K.M. Meyer-Abich, München 1982, S. 89–105

Friedrich, C.J.: Trends of Federalism in Theory and Practice, London 1968

Galganos, F.: Il principio di maggioranza nelle società personalia, Padua, Cedam, 1960

Gandhi, M.K.: Sarvodaya (Wohlfahrt für alle). Bellnhausen über Gladenbach/Hessen, o.J.

Gierke, O. von: Über die Geschichte des Majoritätsprinzipes, in: Schmollers Jahrbuch, 39, 1915, S. 565 ff.

Gitermann, V.: „Jean Jacques Rousseau und die Problematik der modernen Demokratie", Deutsche Universitätszeitung 13, 1958, S. 85–97

Gladitz, N. (Hg.): Lieber heute aktiv, als morgen radio-aktiv, Berlin 1976

Grabitz, E.: Der Grundsatz der Verhältnismäßigkeit in der Rechtsprechung des Bundes-verfassungsgerichts, in: Archiv des öffentlichen Rechts 98, 4/1973, S. 586–616

Grass, G.: Vom Recht auf Widerstand (Rede zur Gedenkveranstaltung der SPD zum 50. Jahrestag von Hitlers Machtergreifung in der Frankfurter Paulskirche am 30.1.1983), in: Die Zeit v. 4.2.1983

Guggenberger, B.: Krise der repräsentativen Demokratie: Die Legitimität der Bürgerini-tiativen und das Prinzip der Mehrheitsentscheidung, in: B. Guggenberger/U. Kempf (Hg.), Bürgerinitiativen und repräsentatives System, Opladen 1978, S. 18 ff. (überarb. Neufassung 1984)

—: Bürgerinitiativen in der Parteiendemokratie, Von der Ökologiebewegung zur Umweltpartei, Stuttgart etc.: Kohlhammer 1980

—: Value Conflict and Majority Decision: Citizen Action Groups in Representative Party Democracy, in: Richard W. Taylor (ed.), Linking the Governors and the Governed, Kent (Ohio) 1981, S. 127–146

—: Die neue Macht der Minderheit, in: Merkur, 1983, 2. S. 49 ff.

—: An den Grenzen der Mehrheitsdemokratie, in: Zeitschrift für Evangelische Ethik 27, 1983, 3, S. 257 ff.

—: An den Grenzen der Verfassung, in: F.A.Z. vom 3.12.1983

Guggenberger, B./Veen, H.-J./Zunker, A. (Hg.): Parteienstaat und Abgeordnetenfreiheit. Zur Diskussion um das imperative Mandat, München 1977

Guggenberger, B./Offe, C.: Politik aus der Basis — Herausforderung der parlamentarischen Mehrheitsdemokratie, in: Aus Politik und Zeitgeschichte, B 47, 1983, S. 3 ff.

—: Parlamentarische Mehrheitsdemokratie. Kommentar und Replik, in: Aus Politik und Zeitgeschichte, B 5, 1984, S. 43 ff.

Häberle, P.: Das Mehrheitsprinzip als Strukturelement der Demokratie, JZ 1977, S. 241 ff., auch in: Verfassung als öffentlicher Prozeß, Berlin 1978, S. 565 ff.

Halbach, D./Panzer, G.: Zwischen Gorleben und Stadtleben. Erfahrungen aus drei Jahren Widerstand im Wendland und in dezentralen Aktionen, Berlin 1980

Hamm-Brücher, H.: „Aktuelle Probleme der demokratischen Entwicklung", Bulletin des Presse- und Informationsamts der Bundesregierung Nr. 81 v. 22.9.1981, S. 716 ff.

Hayek, F. A. von: Die Verfassung der Freiheit, Tübingen 1971

—: Drei Vorlesungen über Demokratie, Gerechtigkeit und Sozialismus, Tübingen 1977

—: Law, Legislation and Liberty, Band 3: The Political Order of a Free People, London 1979

Haymann, F.: Die Mehrheitsentscheidung. Ihr Sinn und ihre Schranken, in: Festgabe für Rudolf Stammler, Berlin und Leipzig 1926, S. 395 ff.

Heinberg, J.G.: Theories of Majority Rule, APSR 26, 1932, S. 452 ff.

—: History of the Majority Principle, APSR 20, 1926, S. 52 ff.

Herzog, R.: Mehrheitsprinzip, Evangelisches Staatslexikon, 2. Aufl. Stuttgart 1975, Sp. 1547 ff.

—: Grundgesetz. Kommentar, Art. 20 IV, in: Maunz/Dürig/Herzog/Scholz, München (Loseblattausgabe), 1980

Heun, W.: Das Mehrheitsprinzip in der Demokratie, Berlin 1983

Hilferding, R.: „Das historische Problem", Zeitschrift für Politik 1, 1954, S. 293 ff.

Hirschmann, A.O.: Shifting Involvement, Princeton 1982

Höpker, H.: Grundlagen, Entwicklung und Problematik des Mehrheitsprinzips und seine Stellung in der Demokratie, Kölner Diss. 1957

Hofmann, H.: „Langzeitrisiko und Verfassung. Eine Rechtsfrage der atomaren Entsorgung", Scheidewege, Heft 4, 1980, S. 449–479

Homann, B.: „Das Konkordanzsystem der Schweiz", in: PVS 4/1982, S. 418–438

Honoré, A.M.: Die menschliche Gemeinschaft und das Prinzip der Mehrheitsregel. Recht und Gesellschaft, Festschrift Helmut Schelsky, Berlin 1978, S. 229 ff.

Horn, G.H.: Wählerspezialisierung. Ein Langzeitproblem der Demokratie, Frankfurt/M. 1980

Hubin, D.C.: Justice and Future Generations, in: Philosophy and Public Affair, vol. 6, 1976, S. 70 ff.

Hüglin, T.O.: Tyrannei der Mehrheit, Bern/Stuttgart 1977

Jäger, W.: Mehrheit, Minderheit, Majorität, Minorität, in: Geschichtliche Grundbegriffe. Historisches Lexikon zur politisch-sozialen Sprache in Deutschland, hg. v. Brunner, O./Conze, W./Kosellek, R., Bd. 3, Stuttgart 1982, S. 1021–1062

Jahn, E.: Briefwechsel mit Hans Krollmann, in: Frankfurter Rundschau v. 22.5.1982, S. 14 ff.

Jellinek, G.: Das Recht der Minoritäten, Wien 1898

Jonas, H.: Das Prinzip Verantwortung. Versuch einer Ethik für die technologische Zivilisation, Frankfurt/M. 1979

Jouvenel, B. de: Über Souveränität, Auf der Suche nach dem Gemeinwohl, Neuwied und Berlin 1963

Kaufmann, A.: Das Widerstandsrecht der kleinen Münze. Eine Ermahnung zur Zivilcourage, in: Süddeutsche Zeitung v. 31.12.1981/1.1.1982

—: Rechtsphilosophie im Wandel, Frankfurt/M. 1972

Kelsen, H.: Vom Wesen und Wert der Demokratie, 2. Aufl. 1929

Kendall, W.: Prolegomena to any Future Work Majority Rule, in: the Journal of Politics, XII, 1951, S. 694—713

—: John Locke and the Doctrine of Majority Rule, Illinois Studies in the Social Sciences, vol. 26, No. 2, Urbana 1941

Kielmansegg, P. Graf: Volkssouveränität. Eine Untersuchung der Bedingungen demokratischer Legitimität, Stuttgart 1977

Kirchheimer, O.: „Wandlungen der politischen Opposition", in: ders., Politik und Verfassung, Frankfurt/M. 1964, S. 123 ff.

—: Legalität und Legitimität (1932), in: ders., Politische Herrschaft. Fünf Beiträge zur Lehre vom Staat, Frankfurt/M. 1967, S. 7—26

—: Über den Rechtsstaat, in: ders., Politische Herrschaft. Fünf Beiträge zur Lehre vom Staat, Frankfurt/M. 1967, S. 122—149

Kitschelt, H.: Kernenergiepolitik. Arena eines gesellschaftlichen Konflikts, Frankfurt/M. 1980

Kleinert, U. (Hg.): Gewaltfrei widerstehen. Brokdorf-Protokolle gegen Schlagstöcke und Steine, Reinbek 1981

Konopczyński, L.: Le liberum veto, Etude sur le dévélopment du principe majoritaire, Paris 1930

Kopp, M.: Die Geltung des Mehrheitsprinzips in eidgenössischen Angelegenheiten vom 13. Jh. bis 1848, Berner jur. Diss., Winterthur 1959

Kriele, M.: Einführung in die Staatslehre, Reinbek 1975

Krippendorf, E.: Legitimität als Problem der Politikwissenschaft, Zeitschrift für Politik 9, 1962, S. 1—11

Krockow, P. Graf: Parlamentarische Mehrheitsdemokratie, in: Aus Politik und Zeitgeschichte, B 5, 1984, S. 41 ff.

Kröger, K.: Widerstandsrecht und demokratische Verfassung, Tübingen 1971

Krollmann, H.: Briefwechsel mit Egbert Jahn, in: Frankfurter Rundschau v. 22.5.1982, S. 14

Lamp, S.: Das Problem der negativen Parlamentsmehrheit, Jur. Diss. Mainz 1950

Laun, R.: Mehrheitsprinzip, Fraktionszwang und Zweiparteiensystem, in: Gedächtnisschrift für Walter Jellinek, München 1955, S. 175 ff.

Lechner, N.: Poder y orden. La estrategia de la minoria consistente, in: Revista Mexicana de Sociologia, 1978, S. 1201 ff.

Leclercq, C.: Le principe de la majorité, Paris/Colin 1971

Lehmbruch, G.: Parteienwettbewerb im Bundesstaat, Stuttgart etc. 1976

Lehner, F.: Grenzen des Regierens, Königstein 1979, S. 167 ff.

Leoni, B.: Decisioni politiche e regola di maggioranza, in: Il politico, 1960, Nr. 4, S. 711—722

Lerche, P.: Übermaß und Verfassungsrecht, Köln u.a. 1961

Lindblom, C.E.: The intelligence of Democracy: Decision Making Through Mutual Adjustment, 1965

Locke, J.: Two Treatises on Government (1690)

Luhmann, N.: Funktionen der Rechtsprechung im politischen System, in: ders., Politische Planung. Aufsätze zur Soziologie von Politik und Verwaltung, Opladen 1971, S. 46—52

—: Legitimation durch Verfahren, Darmstadt und Neuwied 1975²

Majewski, J. J.: Verbindlichkeit und Grenzen von Mehrheitsentscheid in Staat und Völkergemeinschaft, Diss. Marburg 1959

Mandt, H.: „Responsible Government" und kontinentale Demokratietheorie, in: Civitas, XIII (1974), S. 84—103

—: Tyrannislehre und Widerstandsrecht, Frankfurt/M. 1972

Mayer-Tasch, P. C.: Thomas Hobbes und das Widerstandsrecht, Tübingen 1965

—: Die Bürgerinitiativbewegung. Der aktive Bürger als rechts- und politikwissenschaftliches Problem, Reinbek 1976

—: Recht auf bürgerlichen Ungehorsam?, in: C. Amery, P.C. Mayer-Tasch, K.M. Meyer-Abich: Energiepolitik ohne Basis. Vom bürgerlichen Ungehorsam zu einer neuen Energiepolitik, Frankfurt 1978, S. 40—45

—: Atomenergie und sie bedroht uns doch. Bemerkungen zur Unvereinbarkeit von Rechtsstaat und Atomstaat, in: Zeitschrift für Rechtspolitik 3/1979, S. 59—63

—: Gemeinwohl und Partikularinteressen, in: ders. (Hg.), Münchener Beiträge zur Politikwissenschaft, Freiburg 1980

McAfee Brown, R.: Von der gerechten Revolution. Religion und Gewalt, Stuttgart 1982

McClosky, H.: The Fallacy of Absolute Majority Rule, JoP 11, 1949, S. 638 ff.

Mez, L./Wolter, U. (Hg.): Die Qual der Wahl, Berlin 1980

Miller, W. R.: Nonviolence. Grundlagen einer christlichen Theorie der Gewaltlosigkeit (1964), Wuppertal 1971

Moulin, L.: Sanior et maior pars dans les ordres religieuses du VIᵉ au XIIIᵉ siècle, Revue Historique du Droit Francais et Etranger 1958, S. 368 ff., 491 ff.

—: Les origines religieuses des techniques électorales et deliberations modernes, Revue Internationale d'Histoire politique et constitutionnelle, Nouv. Série, t.III, Paris 1953, S. 106 ff.

Nadel, M. V.: „The Hidden Dimension of Public Policy, Private Government and the Policy-making Process", in: The Journal of Politics 37, 1975, S. 2—34

Narr, W.-D./Offe, C. (Hg.): Wohlfahrtsstaat und Massenloyalität, Köln 1975

Naujoks, R.: Art. Mehrheit, Mehrheitsprinzip, in: Historisches Wörterbuch der Philosophie, Band 5, Darmstadt 1980

Neumann, F.: Über die Grenzen berechtigten Ungehorsams (1952), in: ders., Demokratischer und autoritärer Staat, Studien zur politischen Theorie, Frankfurt/Wien 1967, S. 195—206

Novy, K.: Strategien der Sozialisierung, Frankfurt 1978

Oberreuter, H.: „Abgesang auf einen Verfassungstyp?", in: Aus Politik und Zeitgeschichte B 2/83, S. 23 ff.

Offe, C.; „Die Logik des kleineren Übels", in: Die Zeit Nr. 46 v. 9. Nov. 1979

—: „Konkurrenzpartei und kollektive politische Identität", in: Roth, R. (Hg.), Parlamentarisches Ritual und politische Alternativen, Frankfurt: Campus 1980, S. 26—42

—: „Überlegungen und Hypothesen zum Problem politischer Legitimation", in: Ebbighausen, R. (Hg.), Bürgerlicher Staat und politische Legitimation, Frankfurt 1976, S. 80—105

—: „Politische Legitimation durch Mehrheitsentscheidung?", in: Journal für Sozialforschung 3/1982, S. 311—335

Pateman, C.: Participation and Democratic Theory, Cambridge 1970

Pennock, J. R.: Responsiveness, Responsibility and Majority Rule, APSR 46, 1952, S. 790 ff.

—: „Majority Rule", in: International Encyclopedia of the Social Sciences, London 1968, Vol. 9, S. 536 ff.

Pole, J. R.: The emergence of the majority principle in the american revolution, in: Etudes sur l'Histoire des Assemblées d'Etats (Travaux et Recherches de la Faculté de Droit et des Sciences économiques de Paris, Série Sciences Historiques No. 8), Paris 1966, S. 63 ff.

Popp, W.: Soziale Mathematik der Mehrheitsentscheidung, in: Podlech, A. (Hg.), Rechnen und Entscheiden, Berlin 1977, S. 25 ff.

Prausnitz, O.: Representation and the Majority Principle, Politicy 1, London 1934/35, S. 15 ff.

Preuß, U. K.: Legalität — Legitimität — Loyalität, in: Leviathan 4/1977, S. 450 ff.

—: Die Zukunft: Müllhalde der Gegenwart? Skizze zum Zusammenhang von Technik, Ethik und Demokratie, in: Freibeuter 9/1981, S. 83—97

Rae, D. W./Daudt, H.: „The Ostrogorski Paradox: A Peculiarity of Compound Majority Decision", European Journal of Political Research 4, 1976, S. 391—398

Ranney, A.: Postlude to the Epilogue, JoP 23, 1961, S. 566 ff.

Raschke, J.: Politischer Paradigmenwandel in den westlichen Demokratien, in: Aus Politik und Zeitgeschichte, B 80/1982

Rausch, H.: Mehrheitsprinzip, in: Röhring, H.-H./Sontheimer, K., Handbuch des Deutschen Parlamentarismus, München 1970, S. 279 ff.

Rawls, J.: Eine Theorie der Gerechtigkeit, Frankfurt/M. 1979

Riker, W. H.: The Theory of Political Coalition, New Haven/London 1962

—: „Implications the Disequilibrium of Majority Rule for the Study of Institutions", in: The American Political Science Review 74, 1980, S. 432—456

—: A Reply to Ordeshook and Rae, ibid., S. 456—458

Rotenstreich, N.: Rule by Majority or by Principles, Social Research 21, 1954, S. 411 ff.

Roth, R. (Hg.): Parlamentarisches Ritual und politische Alternativen, Frankfurt 1980

Rucht, D.: Planung und Partizipation, München 1982

Ruffines, E.: Il principio maggioritario (1927). Neuauflage Adelphi, Mailand 1976

—: La ragione dei più. Sammlung der Schriften von 1925—1927, mit neuer Einleitung wiederveröffentlicht Bologna, Il Mulino 1977

Rustin, M.: „Different conceptions of Party: Labour's Constitutional Debates", New Left Review Nr. 126 (March/April) 1981, S. 17—42

Saathoff, G.: „graswurzelrevolution" — Praxis, Theorie und Organisation des gewaltfreien Anarchismus in der Bundesrepublik 1972—1980, Marburg 1980 (Selbstverlag)

Sartori, G.: „What is Politics?", Political Theory, Feb. 1973, S. 5—26

—: Techniche decisionali e sistemi di comitati, in: Rivista italiana di scienza politica IV, 1974, S. 22 ff.

Schatz, K.: Prinzip, Grenzen und Konsequenzen der Majorität, Phil. Diss. Heidelberg 1951

Scheidle, G.: Das Widerstandsrecht. Entwickelt anhand der höchstrichterlichen Rechtsprechung in der Bundesrepublik Deutschland, Berlin 1969

Scheuner, U.: Das Mehrheitsprinzip in der Demokratie, Opladen 1973

—: Der Mehrheitsentscheid im Rahmen der demokratischen Grundordnung, in: Menschenrechte, Föderalismus, Demokratie, Festschrift Werner Kägi, Zürich 1979, S. 301 ff.

Schmitt, C.: Verfassungslehre (1928), 5. Aufl. Berlin 1970

—: Legalität und Legitimität, München/Leipzig 1932

Schmitter, P. C./Lehmbruch, G. (eds.): Trends Toward Corporatist Intermediation, London 1979

Schmude, J./Herzog, R.: Friedensbewegung zwischen Gewalt und Gewaltfreiheit. Argumente und Erfahrungen; hg. vom Komitee für Grundrechte und Demokratie, An der Gasse 1, 6121 Sensbachtal, März 1983, S. 35—41

Schneider, K. G.: Die Abstimmung unter besonderer Berücksichtigung der verschiedenen Mehrheitsbegriffe, Jur. Diss. Heidelberg 1951

Schneider, P.: Die heutige Position — staatsrechtlich, in: Pfister, B./Hildemann, G. (Hg.), Widerstandsrecht und die Grenzen der Staatsgewalt, Berlin 1956, S. 143—150

Schumpeter, J.: Kapitalismus, Sozialismus und Demokratie (1942), 3. Aufl., München 1972

Schwarz-Liebermann v. Wahlendorf, H.A.: Mehrheitsentscheid und Stimmenwägung. Eine Studie zur Entwicklung des Völkerverfassungsrechts, Tübingen 1953

Seliger, K.: Macht und Mehrheit. Die kommunistische Ideologiekonferenz von Tihany, Osteuropa 30, 1980, S. 379 ff.

Spaemann, R.: Technische Eingriffe in die Natur als Problem der politischen Ethik, in: Scheidewege, 9, 1979, S. 476 ff.

—: Zur Kritik der politischen Utopie, Stuttgart 1977

Starosolskyj, W.: Das Majoritätsprinzip, Wiener wissenschaftliche Studien, 13, 2. Heft, Wien und Leipzig 1916

Stawski, J.: Le principe de la majorité (son histoire, son fondement et les limites de son application) études sur la formation de la volonté de Genève, Gedani: Ex Officina Boenigiana, 1920

Stolleis, M.: Gemeinwohl und Minimalkonsens, in: Aus Politik und Zeitgeschichte, B 3/1978, S. 37–45

Streeck, W./Streeck, S.: Parteiensystem und Status quo, Frankfurt/M. 1971

Szabó, M.: (Die Macht der Mehrheit und das Recht der Minderheit), in: Világosság (Budapest) 1981, 12 (Diskussionsbeiträge von I. Makó, I. Kerékgyártó (1982) 5; F. Lendvai (1982) 6; T. Kozma (1982) 7; J. Bayer/I. Forgács (1982) 11; M. Szabó (1983) 3; Schlußwort der Redaktion (1983) 3)

Therborn, G.: „The Rule of Capital and the Rise of Democracy", New Left Review No. 103 (May-June 1977), S. 3–41

Thoreau, H.D.: Über die Pflicht zum zivilen Ungehorsam gegen den Staat und andere Essays, Zürich 1973

Thorson, T L.: Epilogue on Absolute Majority Rule, JoP 23, 1961, S. 557 ff.

Thränhardt, D.: „Das Eigeninteresse der Deutschen am Wahlrecht für Ausländer", Ms. Münster 1981

Thurow, L.: The Zero Sum Society, New York 1980

Tidemann, N.T./Tullock, G.: A New and Superior Process for Making Social Choices, in: Journal of Political Economy 84, Dezember 1976

Tocqueville, A. de: De la Démocratie en Amérique, Paris 1836

Tullock, G.: „Problems of Majority Voting", Journal of Political Economy, 67, 1959, S. 571–579

—: The Demand Revealing Process as a Welfare Indicator, in: Public Choice, Band XXIX/2, Sonderheft

—: The General Irrelevance of the General Impossibility Theorem, in: ders., Toward a Mathematics of Politics, Ann Arbor 1967, S. 37 ff.

—: Economic Imperialism, in: J.M. Buchanan und R.D. Tollison (Hg.), Theory of Public Choice, Ann Arbor 1972

Tullock, G./Buchanan, J.M.: The Calculus of Consent, Ann Arbor 1965

Usher, D.: The Economic Prerequisite to Democracy, Oxford 1981 (dt. 1983)

Varain, H.: Die Bedeutung des Mehrheitsprinzips im Rahmen unserer politischen Ordnung, in: Zeitschrift für Politik 3/1964, S. 239–250

Waffenschmidt, H.: Rechtsstaat und Widerstandsrecht, in: Vierteljahresschrift für Sicherheit und Frieden (S. u. F.), 1, 1983, S. 29 f.

Waldmann, L.: Civil Rights — Yes; Civil Disobedience — No, in: Bedeau, H.A. (Hg.), Civil Disobedience: Theory and Practice (1965), New York 1969, S. 106–115

Wendt, R.: Der Garantiegehalt der Grundrechte und das Übermaßverbot, in: Archiv des öffentlichen Rechts 104, 9/1979, S. 414–474

Wittig, P.: Zum Standort des Verhältnismäßigkeitsgrundsatzes im System des Grundgesetzes, in: Die öffentliche Verwaltung, Dezember 1968, S. 817–825

Wolzendorf, K.: Staatsrecht und Naturrecht (1916), Aalen 1968

Zellentin, G./Nonnenmacher, G.: Abschied vom Leviathan, Hamburg 1979

VI. Sachregister

Abstimmung, Abstimmungsverfahren 10,
39, 41, 45, 62 f., 101, 113, 134
Akklamation 9, 36, 86, 114 f., 232 f.
Alternativbewegung 212 f.
Anarchie 108
Anarchismus 241 ff.
Antizipierte Reaktion 96
Arbeiterbewegung 155
auctoritas 11, 28, 257
Autonomie 169 f., 178 f., 191, 212
Autorität 122

Basisdemokratie 132, 282, 288 ff., 294
Befehl 117, 152
Beschlußfähigkeit 29
Betroffenheit 83, 85, 132, 144, 160, 181,
190 f., 193, 204 f., 211, 213 ff., 243,
269 ff.
Bezugsgruppenmodell 289 ff.
Bürgerinitiativen 132, 184, 207, 210
Bürgerkrieg 14, 202, 216, 256, 273
Bundesrat 142 ff.

communis consensus 28
Condorcet-Paradox 302 ff.

Demokratie, Demokratietheorie 12, 49 f.,
54, 61 ff., 65 f., 70, 72, 97 f., 108 ff.,
111, 113, 118, 133 f., 150, 166, 186,
196 ff., 221, 232, 279, 292 f., 301 f.
– repräsentative 66 f., 75, 105, 186 f.,
217, 233, 290
Demokratisierung 49, 154, 214
Demoskopie 173 f.
Dezentralisierung (Zentralisierung) 178
Differenzierung (strukturelle und/oder
funktionale) 9
Diskussionsfähigkeit – Kriterium der 121

Einheit (vs. Vielheit) 8 ff., 39, 42, 53, 54,
65, 192, 234
Einstimmigkeit 11 f., 24 f., 31, 38, 40 f.,
43, 58, 66, 92 f., 113, 115, 132, 136,
138 f., 169, 212, 307
Einstimmigkeitsprinzip (s. Konsensprinzip)
Elite 9, 18, 161, 165, 177, 219

Entscheidungsalternative 72 f., 75
Entscheidungsbeteiligung 87 f., 191
Entscheidungsblockade 92, 103, 140, 172,
176, 184, 282
Entscheidungskompetenz 162, 178 f.
Entscheidungskontext 90, 94
Entscheidungskosten 84 ff., 103 ff., 106,
136, 138 f., 145, 152
Entscheidungsrisiken 84 ff., 102
Ernstfall (auch Ausnahmezustand) 17,
219, 260
Erzeugerprinzip 245
Ethik
– politische 240 ff., 246
– nicht-funktionale 249 f.
Eventualstimmen 179, 181
Exclusivinteressen (vs. Inclusivinteressen)
210
Exclusivminderheit 212
Expertenurteil 121, 204, 214

Fachwählerschaft 179
Föderalismus 12, 132 ff., 178
– kooperativer 141 f.
Fortschritt, Fortschrittsprogramm 15,
69 f., 184 f., 218
Freiheit 10 f., 40, 55, 59, 76, 111 f., 119,
158
Freiheitsanspruch 8
Frieden 14, 18, 193
Fünf-Prozent-Klausel 77, 160, 179, 189
Fundamentalopposition 132
Fundamentalpolarisierung 171

Gehorsam 10, 168 f., 184, 196, 202, 243
Gelegenheitsmehrheit 92
Gemeinschaftsaufgaben 141 f.
Gemeinwille, Gesamtwille 22, 26, 34 f.,
43, 49, 54, 56, 111, 113, 117, 136, 189,
192, 196 f., 233 f.
Gemeinwohl 190, 220 f., 232, 259, 268 f.
Genossenschaft, Genossenschaftsrecht 23,
26, 33, 36 f., 110
Genossenschaftstheorie 33
Gerechtigkeit 241 f., 245, 256 f., 285
Germanisches Recht 23 ff., 27, 41

Gesamtheit 11, 18, 23, 27, 44, 64, 101
Gesamtperson, reale 33
Gesamtvielfalt 23
Geschworenengericht 25
Gesellschaftsbildung 8, 11, 39
Gesellschaftsvertrag 32, 168
Gewalt 208, 222, 274, 286
– „absteigende" 115
– „aufsteigende" 115
Gewaltenteilung 12
Gewaltfreie Aktion (s. ziviler Ungehorsam)
Gewaltfreier Widerstand (s. ziviler Unge-
    horsam)
Gewaltfreiheit 261 ff., 273 ff., 278, 288
Gewissen 122, 244, 264, 274, 283
Gewißheit 28
Gleichheit 54 f., 66, 76, 81, 91, 111 f.,
    134, 158, 174 ff.
– des Einflusses auf das Ergebnis 175
– der Verfahrensbeteiligung 175, 191
Global 2000 210
Gremien (Committees) 83 ff., 90, 93 f.,
    97
Grundrechte 10, 15, 76, 119, 178, 219,
    235
Grundwerte 48
Gruppenentscheidungen 83 f., 86, 116
Guerillakrieg 208

Handlungsbedarf, kollektiver 9
Herrschaft
– durch Exclusion 155
– durch Inclusion 155
– politische 10 f.
Homogenität 12, 71, 135 f., 139, 215 f.,
    237

Identität, kollektive 9, 16, 170 f., 192,
    196, 232
– politisch-kulturelle 11
Illegalität 263 f., 278
Inclusivminorität 212
Individualwillen 42, 56, 106
Individuum/Individualrecht 30, 39, 44 f.,
    59
Integrität 17, 221
Interessen 9, 43, 71, 232, 235, 242, 266,
    270, 297
Intra-Organkontrolle 73
„invisible hand" 228 f.

Kanonisches Recht 27 ff.
Kernenergie 18, 190, 201, 203, 207, 228,
    230, 237, 240 ff., 246, 251 ff.

Klassenkonflikt 155
Körperschaft 11, 26, 29, 49, 56, 64, 72,
    86, 110
Kompromiß 12, 117, 136, 138, 173
Komplexität 191
Konflikt (s. auch Wertkonflikt) 12, 200
Konkordanzdemokratie 145
Konkurrenzdemokratie 136 f., 142 f., 198
Konsens 10, 31 f., 64, 67, 80, 113, 144 ff.,
    185, 192 f., 196 ff., 199 f.
– vorpolitischer 11 f., 15, 217
Konsensprinzip 132, 138 f., 141 f., 146,
    152, 282, 289, 291, 294
Kontrakt (s. Vertrag)
Kontrolle 73 ff., 76, 98, 179
Korporation, Korporationsbeschluß 23,
    27, 29 f., 35, 37
Korporative Entscheidungsverfahren 173
Krise 16, 211
Krisenmanagement, informelles 12

Landständische Versammlungen 24 f.
Lebensqualität 268
Lebensrecht 267 ff.
Legalität 58, 198, 203, 220, 257, 264 ff.,
    268 f., 275, 283 f., 197
Legitimität, Legitimitätszweifel 12, 14,
    54 f., 58, 185 f., 225, 258, 264, 267,
    283 f.
Lernbereitschaft 213 ff.
Lernfähigkeit 12
liberum veto 11, 57, 110, 115, 212
„local tyranny" 140
logrolling 94 f., 96, 167, 303
Loyalität 244
– Grenzen der 252

Macht 231 f.
– politische 84, 206
– ökonomische 84
Machtlosigkeit 207 f.
Mäßigung 12, 19, 190, 194, 202, 209 f.
major et sanior pars 28 f., 37, 115, 129,
    153, 166 f., 187
Majorisierung der Majorität 40
Majorität/Majoritätsprinzip (s. Mehrheit/
    Mehrheitsprinzip)
Marktgenossenschaften 24
Markttheorie der Demokratie 198 f., 206,
    299 ff.
Mehrheit
– absolute 55
– apathische 132, 137, 210, 216
– Authentizität der 163 f.

– diffuse 53 f., 216 ff.
– einfache 133, 160
– Grundgesamtheit der 51 ff., 63 f.,
  125 f.
– „intensive ‘ 91 ff.
– Irrtum der 220
– negative 53, 64
– numerische 9, 51 f., 188
– qualifizierte 66
– Recht der 10 f., 33
– Rechte gegen die 120
– und Minderheit 11 f., 25, 39 ff., 43, 53,
  56, 70, 76, 117, 136 ff., 154, 187, 191,
  209, 211, 285, 287, 291
– Tyrannei der 27, 50, 58, 77, 134, 266
Mehrheitsprinzip/M.-regel/M.-entscheid
– Änderbarkeit des 71 f., 76, 80 f., 122 f.
– als technisches Instrument 10 f., 54,
  113 f.
– Alternative zum 138
– Alternativlosigkeit des 11, 48, 102,
  151, 187 f.
– Anerkennung/Akzeptanz des 57, 132
– Anwendbarkeit des 61, 63 ff., 70 f.
– Aporien der 124 ff., 129 f., 176
– Ausdehnung des Anwendungsbereichs
  der 178 f.
– Ausgestaltung der 35
– Begründungszusammenhang des 10
– Durchsetzbarkeit der 66 f.
– Einfachheit des 9
– Einschränkung des Anwendungsbereichs
  des 178
– Gefährdung der 13 f.
– Geltungsbedingungen der 12, 15,
  157 ff., 189, 211, 237
– Geschichte des 22 ff., 109 ff., 188 f.
– Grenzen der 8, 35, 49 ff., 54 ff., 59 ff.,
  95, 108 ff., 118 ff., 123 ff., 151 f.,
  158 f., 180, 237, 252 f., 299
- im Völkerrecht 67
– in der Antike 22 f.
– Intensität von Präferenzen der 90 ff.,
  135, 167 ff., 179, 188 f., 213
– Kriterium der Sachkundigkeit 134, 191,
  193, 204, 213 f., 253, 270 f.
– Kritik des 76, 134, 166 ff., 186 f., 211
– Legitimation durch 9, 14, 109 ff.,
  150 ff., 156, 175 f., 177
– limitierter Zugang zum 77 f.
– quantitative und qualitative Aspekte des
  10 f., 50, 152 f., 162, 187
– Rechtfertigung des 22, 67, 70, 72 f.,
  237

– Reichweite der 169 f., 191, 266
– Reversibilität der 124, 135, 164 f., 190,
  194, 211, 227 ff., 253, 266 f., 308
– sachlicher Geltungsbereich des 159 f.,
  189, 298, 304
– Schrankenlosigkeit des 50 f.
– Selbstaufhebung des 18
– und Zeit 79, 135, 140, 157, 164 ff.,
  190, 210, 221
– Vernünftigkeit des 29, 133, 153
– Voraussetzungen der 13, 18, 53, 79 f.,
  134 f.
– Wertrationalität des 111
– Zweckrationalität der 111
Mehrheitsbeschaffung 165
Mehrheitswahl 10, 168, 180
Mehrheitswille, irrender 133, 49
Menschenrechte 10, 15, 226, 235, 244 f.,
  256
Minderheit 13, 17, 24, 38 ff., 43, 50, 56,
  62, 67, 71 f., 134, 168, 191, 207 ff.,
  236, 238, 243, 285, 308
– dissentierende 11, 58, 70, 76, 206
– homogene 216 f.
– „intensive“ 91 ff.
– regionale 139 ff.
– strukturelle 135, 137, 158, 160,
  189 f., 212
Minderheitenschutz 56 f., 61, 70, 76,
  122 f., 135, 137, 142, 144, 178, 202,
  259, 265, 277, 293, 306
Minorität (s. Minderheit)
Mißtrauensvotum 74, 109
Modernisierung 154 f.
Modernität 9
Moratorium 181, 203, 277

Nachfrageoffenbarungsprozeß 302, 304 f.
Natur 246 ff.
Naturbeherrschung 247
Naturrecht 31 ff., 67
Naturzustand 13, 32, 276
Naturzwang 252
Negativkatalog 178, 181
Neokorporatismus 12
Neue Soziale Bewegungen 15, 193, 207,
  210
Nichtabstimmung 51, 126 ff.
Normalität 16 ff., 187, 209, 260
Null-Summen-Spiel 89 ff., 99 ff., 117
Nutzen 85

Öffentlichkeit 12, 55, 74, 103, 159,
  171 f., 179

Ökologie 185
Ökologiebewegung 201
Ökonomische Theorie der Politik 300 ff.
Oligarchie 10, 108
omnes ut singuli 29
omnes ut universi 29
Opposition 65, 70, 73 f., 76, 78, 81
Organ, Organbildung 33 ff.
Original compact (Urvertrag) 11, 42
Ostrogorski-Paradox 163

Pareto-Optimum 138, 301 f., 304
Parlament 52, 57, 76, 78, 98, 103, 157
Parlamentarische Demokratie 292 f.
Parlamentarische Mehrheit 52
Parlamentsmehrheit 52
Parteien 9, 12, 51, 65, 73, 77, 140, 142,
    157, 163 f., 184 f., 189, 199
Parteienstaat 136, 185, 189
Parteienwettbewerb 143 f.
Partialgesellschaften 116 f.
Partizipation 97 f., 99, 105, 137, 179,
    219, 236
persona ficta 30, 37
Plebiszit 266, 270
Pluralität, Pluralismus 9, 17, 54, 65, 71,
    76, 113
Politie 48
Politisierung der Politik 103
Positiv-Summen-Spiel 89 ff., 100
Pouvoir constituant 150 f., 193, 216
Pouvoir constitué 150, 193, 216
Pression 172
Privatheit 158 ff., 171 f.
Proporz 193, 220

Quorum 57, 77, 136, 167, 174, 178,
    180 f.

Rätedemokratie 292 f.
Recht der Ungeborenen 225 ff., 272
Rechtspositivismus 116
Referendum 146
Regelverletzung, begrenzte 261 ff.
Religion 203, 214, 244
Repräsentation (s. auch Demokratie,
    repräsentative) 32 f., 68, 98, 146,
    213, 219, 234
Repräsentativität 89
Revisibilität 75, 79
Risiko 102, 229, 251, 279
Risikoträger 213
Römisches Recht 23, 27, 48 f., 109 f.

Selbstvervollkommnung des Bürgers 162
Senat 10
Separatismus 54, 191, 215 f.
Sicherheit 13
Souveränität 14, 17, 298
Sperrminorität 180
Spielregel 120, 155
Staatsform 130
Stimmberechtigung 35, 51, 63 f., 125
Stimmengleichheit 112
Stimmenthaltung 127 ff.
Stimmengewichtung 222
Subsidiarität 132

Technischer Eingriff 240 ff., 250
Technokratie 121
Teilgesamtheit 24
Toleranz 12, 206, 266, 293
Totalitarismus 199
Tyrannenmord 255 f.

Überleben, Überlebensgarantie 13 f.
Überstimmung 39 ff., 55, 64
Umwelt, Umweltbedingungen 13 f., 145,
    186, 201, 205, 211, 249
Umweltrecht 14
Unitarisierung 142 f.
„Unterlassungsphänomen" 172
Urteil, politisches 12, 157, 215, 219
Usurpation, revolutionäre 263 ff.

Verallgemeinerungsfähigkeit 205, 227
Verantwortung 19, 226, 228, 245, 247,
    255
Verband, politischer und/oder gesellschaft-
    licher 10, 22, 31, 33, 42, 173
Verbandsperson 34
Verbindlichkeit (Verbindlichkeitsanspruch)
    8, 11, 62, 69 f., 237
Verfahren, konsensuelles 242 ff.
Verfahrensentscheidung 150 ff., 180 f.,
    189, 238, 243, 266, 260
Verfassung 52 ff., 151
Verfassungsstaat, moderner/demokatischer
    14 ff., 192, 216
Verhältnismäßigkeit 258 f.
Verhältniswahl 169, 180
verkehrte Mehrheiten 52
Vernünftigkeit 244
Verpflichtung 43
Vertrag 31 f., 116, 193, 220
Vertragstheorie 31, 49, 59, 118
Verwaltungsgericht, Verwaltungsgerichts-
    barkeit 18, 219

Vetorecht 290 f., 293 f.
voice 139
Volksbegehren 145, 181
Volksentscheid 266
Volkspartei 156, 186, 216 f.
Volkssouveränität 14, 62, 134, 225, 232, 260
volonté de tous 32, 158, 234
volonté générale 32, 42 f., 133, 158, 194, 234, 298

Wachstum, Wachstumspolitik 16, 135, 171, 200, 202, 206, 214, 218
Wählerautonomie 164
Wählerspezialisierung 179
Wahl 22, 34, 48, 62 f., 72, 78, 101, 120, 161, 163, 166, 174, 180, 198, 219, 265, 268 ff., 300 ff.
Wahlrecht, allgemeines 49, 52, 112 f., 125, 130, 134, 153 f., 172, 176, 178, 180, 214, 300 ff., 314 f.
− proportionale Komponenten im 178
Wahrheit 9, 40, 67 f., 121 f., 133, 153, 193 f., 197 f., 237, 257
wechselnde Mehrheiten 52

Wechselwähler 165 f.
Wertkonflikt 12, 185 f., 192, 216 f., 221
Wertsystem 9
Wertwandel 11, 135, 184, 267
Widerstand 24, 46, 132, 190, 193, 208, 217 f., 221, 238
Widerstandsrecht 238, 254 ff., 270, 284
− Erweiterung des 221
Willensbildung 10, 13, 74, 167, 293
Wohlstand 16, 200, 218
Wyhl 17 f., 144, 193, 208, 213, 215, 254, 279

Zäsurbewußtsein 13
Zentralisierung (Dezentralisierung) 267
Ziviler Ungehorsam 216, 255, 260 ff., 268 ff., 284 ff.
Zukunft 224 ff.
− Pflicht zur 227
Zumutbarkeit 241 ff., 245 ff.
Zustimmung 36
„Zweck" 240
Zweidrittelmehrheit 28 f., 57, 66
Zweikammersystem 142 f.

VII. Personenregister

Abromeit 147, 174, 178, 182
Achenwall 32, 37
Achternberg 81
Agnoli 82, 222
Albrecht 18
Alexander III. 28
Altvater 307, 310
Anders 225, 239, 267
Anderson 150, 182
Antoni 160, 182
Aristoteles 48, 68, 91, 108, 130
Arndt 197 f., 259, 280
Arnim 82
Arrow 299, 302, 309
Augustinus 258

Badura 81
Backmann 280
Bacon 15
Bärsch 81
Bahro 255, 280
Bartolus 27
Basso 182
Baum 162
Bay 262 f., 280
Beer, W. 222
Benjamin 169, 182
Berg 175 f., 182
Bernholz 299, 309
Berrigan 286
Bertram 258, 277, 280
Birnbacher 223
Binder 50, 60
Bluntschli 260
Bobbio 194 f., 223
Böckenförde 172
Bolze 36
Bossel 194, 222
Brand 194, 222
Brunner 36
Brown 274
Buchanan 106, 146, 298 f., 302 f., 307, 309
Bucharin 122
Büsser 194, 222
Burgmann 279 f.
Burke 234

Camara 274
Carpenter 200
Cato 11
Chlodwig 36
Churchill 292
Commager 59
Condorcet 302

Däubler 223
Dahl 107, 146 f., 152, 166 f., 173, 178, 182
Dahrendorf 200
Daries 38
Daudt 160, 163, 182
Degenhardt 82
Demetrius 186
Denninger 81
Deutsch 206
Downs 198, 204, 299 ff., 303
Dürig 260
Dworkin 131

Ebert 262 f., 280, 278
Eckertz 81
Eichenberger 81
Elsener 59, 195
Elster 152, 162, 182
Esposito 131
Etzioni 107
Evers 278 f.

Fabritius 147
Fach 130, 182, 297, 308
Ferrero 58
Fetscher 222, 267, 280
Fichte 33, 38
Fischer 294
Fraenkel 56, 290
France 51
Frankenberg 279
Friedmann 298, 309
Friedrich 96, 147
Frowein 80

Galganos 130
Galtung 278
Gandhi 261 f., 273, 285, 287

Gehlen 268
Gerlich 81
Gierke 48 f., 110, 182, 195, 222, 297, 308
Gilder 302, 309
Gitermann 168, 182
Gladitz 222
Grabitz 259, 280
Grass 254, 280
Gregg 262
Grimm 36
Grossmann 60
Grotius 32, 37, 41
Guevara 222
Guggenberger 146, 170, 182, 194 f., 222 f., 266, 280
Guizot 234
Gundling 32, 37
Gunsteren 182
Gusy 279 f.

Habermas 220, 271
Häberle 80 ff., 152, 159, 195
Halbach 295
Hamm-Brücher 151, 182
Hartmann 80
Hayek 165, 205 f., 299, 302, 306, 309 f.
Haymann 59
Hegel 68, 116, 122, 125, 228
Heimann 202, 206
Hennis 222
Herzog 82, 223, 260, 278, 280, 295
Hesse 81, 142
Hilferding 155, 182
Hippel 60
Hirsch 195, 201, 223
Hirschmann 182
Hobbes 11, 13, 32, 37, 116, 256 f., 267, 278, 298
Höpker 53, 59, 80
Hofmann 164, 182, 235, 239
Homann 147
Honoré 81
Horn 179, 182
Huber, J. 222
Huber, U. 32, 37
Hubin 239
Humboldt 60
Hume 226
Hunthausen 285 f.
Huxley 262

Ickstatt 37
Illich 201

Innocenz IV. 30, 37
Isensee 260

Jäger 279 f.
Jahn 280
Jarass 81
Jefferson 49, 55
Jellinek 50, 56 ff., 80, 116, 146, 158, 182, 222, 279 f.
Jonas 19, 195, 227, 239, 255, 267, 277, 280

Kägi 80
Kant 37, 190, 227
Kaufmann 58, 258, 260, 278, 280
Kelsen 55, 80 f., 122 f., 116 ff., 123, 130, 136, 146, 194, 257
Kempf 194, 223
Kendall 130
Keynes 298
Kielmansegg 157 f., 166, 177, 182
King 262, 273, 278, 285
Kitschelt 150, 182, 222
Kirchheimer 161, 182, 257, 278, 281
Kleinert 295
Kohlberg 275
Krahl 278
Krauch 182
Kriele 81 f., 182
Krippendorf 167, 183, 310
Kröger 260, 280
Krollmann 280
Krüger 81, 260
Kurz 222

Lamp 60
Lamprecht 36
Landau 36
Laslett 195
Laufer 147
Laun 50 f., 59
Lechner 309
Lehmbruch 143, 147, 174, 178, 183
Lehner 145, 147
Leibholz 53 f., 81
Leibholz-Rinck 81
Lenin 155
Leoni 130
Lepage 298, 302, 309
Lerche 259, 280
Lincoln 170
Lindblom 107, 152, 182
Locke 10 f., 32, 37, 42, 49, 116, 134, 170, 183, 192

Löwenthal 208
Lorenz 192, 220
Lübbe 155

Machiavelli 277
Maitland 36
Mantl 80
Marcuse 222
Martov 131
Marx 57, 84, 224, 242, 292
Maurer 36
Mayer-Tasch 194, 222, 270, 281, 278, 295
McAfee 274, 281
McClosky 130
Mez 182, 281
Michels 155, 157
Mill 133 f., 146, 151, 162
Miller 262, 281
Mouffe 307, 310
Müller-Reißmann 195
Mutius 80

Nadel 171, 183
Naine 131
Nairn 170, 183
Narr 194, 222, 223
Naujoks 183
Nettelbladt 37
Neumann, F. 265, 281
Neumann, M. 147
Nonnenmacher 146
Novy 162, 183

Oates 147
Oberreuter 14, 146, 223
Odofredus 27
Offe 146, 152, 157, 164, 183, 194 f., 222 f., 266, 281, 307 f., 310
Olson 204
Ostrogorski 163

Panzer 295
Pareto 301, 304
Pateman 162, 183
Paul 60
Pizzorno 169
Platon 91, 249
Pollock 36
Popper 81
Preuß 195, 222, 257, 267, 281, 308, 310
Przeworski 172
Proudhon 242
Pufendorf 32 37 f.

Rae 160, 163, 183
Rammstedt 222
Raschke 223
Rausch 80
Rawls 205, 213, 231, 239, 264, 273, 281
Rettelbladt 32
Riker 146 f., 176, 183
Rokkan 173, 175
Roncali 130
Roth 222
Rousseau 32, 37, 42 f., 49, 62 f., 67, 81, 106, 116, 133, 146, 158, 168, 196 f., 232, 234 f., 298
Rucht 183, 194 f., 222, 266, 281
Rüdig 223
Ruffius 130
Rustin 156, 174, 183

Saathoff 295
Sartori 106, 130
Savigny 30
Scaevola 23, 188
Schatz 60
Scheidle 258, 278, 281
Schelsky 203, 223
Scheuner 80 ff., 143, 147, 158 ff., 174, 183, 194, 239, 279, 281, 297, 308
Schiller 186
Schlözer 33, 38
Schmitt 17, 50, 54, 90, 134, 136, 142, 146, 232, 234, 260
Schmitter 183
Schmude 284, 286, 295
Schneider, H.P. 81
Schneider, K.G. 60
Schneider, P. 259, 260, 281
Schumpeter 82, 134, 155, 183, 198, 279, 300, 309
Sen 302, 309
Shridharami 262
Simmel 35, 53, 58 f., 80, 195, 222
Smith 228
Sommer 16, 19
Spaemann 222 f., 239, 256, 267, 281
Specht 261, 281
Spinoza 242
Starosolskyj 55, 59 f.
Stegmüller 81
Stern 80
Sternberger 258
Stolleis 268, 281
Stoltenberg 147
Streeck, S. 223

Streeck, W. 223
Stuby 81

Tacitus 23
Therborn 154, 183
Thomas v. Aquin 247
Thomasius 32, 37
Thoreau 261, 278, 281, 284 ff., 295
Thränhardt 183
Thurow 169, 183
Tideman 299, 304, 309
Tocqueville 50, 60, 77, 158, 162, 183,
   212, 220, 222
Tolstoi 261 f.
Topitsch 81
Tufte 107
Tullock 106, 146, 167, 183, 298, 302 ff.,
   307, 309
Tur 36

Ulpian 23, 188
Usher 158, 183

Varain 80, 82, 151, 160, 168, 183, 194 f.,
   279, 281

Vogt 12, 195

Waffenschmidt 223
Wagenbach 179, 181, 183, 310
Wagner, E. 309
Wagner, R. 298
Waldmann 276, 281
Walser 170, 183
Wasserstrom 276, 281
Weber, J. 223
Weber, M. 110, 155, 157, 259, 297 f., 300,
   304 f., 308 ff.
Wendt 281
Widukind 36
Wittig 259, 281
Wolff 32
Wolter 176
Wolzendorf 260, 277, 281

Zagaria 130
Zellentin 146
Zilleßen 296
Zimmer 81

Karl-Werner Brand
Neue soziale Bewegungen
Entstehung, Funktion und Perspektive neuer Protestpotentiale. Eine Zwischenbilanz
1982. 206 S. 12,5 X 19 cm. Br.

Seit den 70er Jahren erlangen, parallel zum Bedeutungsverlust der traditionellen Linken, neue Protestpotentiale (autonomistische Bewegungen, Frauen-, Ökologie-, Alternativ- und Friedensbewegung) ein zunehmendes politisches Gewicht und haben daher an öffentlicher Bedeutung gewonnen. Welche Bedeutung ist diesen Protestpotentialen beizumessen? Was ist das spezifische Neue an ihnen? Wie läßt sich ihre Entstehung und rasche Verbreitung in den 70er Jahren erklären? Die Arbeit unternimmt den Versuch, die sehr disparaten Erklärungsansätze zu systematisieren und kritisch zu sichten. Auf dieser Grundlage stellt der Verfasser eine eigene Erklärungsperspektive der neuen sozialen Bewegungen in der Bundesrepublik zur Diskussion.

Albrecht Funk/Heinz Gerhard Haupt/Wolf-Dieter Narr/Falco Werkentin
Verrechtlichung und Verdrängung
Die Bürokratie und ihre Klientel
1984. 324 S. 15,5 X 22,6 cm. Br.

Wie gehen staatliche Behörden mit Leuten um, die nicht das Glück hatten, gesund und erwachsen zu sein, über deutsche Staatsbürgerschaft und einen guten Arbeitsplatz verfügen? In diesem Band wird untersucht, wie die zuständigen Institutionen arbeiten und warum sie die Bedürfnisse ihrer „Klienten" geradezu systematisch verfehlen. Deshalb enthält der Band neben einer Kritik an der Bürokratie als Bearbeitungsform von Problemen an der Professionalisierung und der Verrechtlichung auch einen Versuch, Kriterien und den Horizont menschlicher Gestaltung abzustecken.

Richard Stöss (Hrsg.)
Parteien-Handbuch
Die Parteien in der Bundesrepublik Deutschland 1945–1980

Band 1: AUD bis EFP. 1983. 1310 S. 15,5 X 23,5 cm. (Schriften des Zentralinstituts für sozialwissenschaftliche Forschung der FU Berlin, Bd. 38.) Gbd.

Band 2: FDP bis WAV. 1984. Ca. 1250 S. 15,5 X 23,5 cm. (Schriften des Zentralinstituts für sozialwissenschaftliche Forschung der FU Berlin, Bd. 39.) Gbd.

Dieses zweibändige Handbuch ist als Nachschlagewerk für den politisch interessierten Benutzer und als wissenschaftliches Hilfsmittel für die sozialwissenschaftliche Forschung konzipiert. Es gibt erstmalig umfassende Auskunft über die Entwicklung der Parteien in der Bundesrepublik seit 1945. 45 Parteien werden nach einem einheitlichen Raster in gesonderten Beiträgen ausführlich dargestellt. Über weitere ca. 80 Parteien findet man knappe „Steckbriefe" bzw. wichtige Kurzinformationen.
In einem zusammenfassenden Einleitungsaufsatz werden die Grundzüge der deutschen Parteienforschung sowie die Entwicklungstendenzen des Parteiensystems vor dem Hintergrund der wirtschaftlichen und politischen Verhältnisse der Bundesrepublik behandelt. Ein detailliertes Register im 2. Band, der 1984 erscheinen wird, erleichtert das rasche Auffinden der gewünschten Informationen.

Westdeutscher Verlag

Johan Galtung

Es gibt Alternativen!

Vier Wege zu Frieden und Sicherheit

Mit einem Vorwort von Robert Jungk. 1984. 276 S. 14,8 X 21 cm. Br.

In diesem Buch diskutiert der bekannte Friedensforscher die Möglichkeiten für politische Lösungen des Ost-West-Konflikts sowie den Vorschlag, ein stabiles Gleichgewicht der Macht zu finden und eine ausgewogene und kontrollierte Abrüstung herbeizuführen. Ergebnis: eine politische Lösung ist unwahrscheinlich, die beiden anderen Vorschläge sind unrealistisch. Unter solchen Bedingungen würde man normalerweise einen größeren Krieg erwarten. Dieser Krieg kann immer noch verhindert werden, wenn mit einer alternativen Sicherheitspolitik begonnen wird.

Hans Günter Brauch (Hrsg.)

Kernwaffen und Rüstungskontrolle

Mit einem Vorwort von Egon Bahr. 1984. 511 S. 12,5 X 19 cm. Br.

Während die Literatur zum NATO-Doppelbeschluß kaum mehr überschaubar ist, fehlt noch immer ein interdisziplinärer Sammelband, der wissenschaftlich abgesicherte Informationen allgemeinverständlich für wissenschaftlich interessierte Laien präsentiert. Diese Lücke wird mit dem Sammelband: Kernwaffen und Rüstungskontrolle geschlossen. Dieser Band vereinigt in Beiträgen bekannter Experten die naturwissenschaftliche, die historische, die militärische, die rüstungskontrollpolitische und die politische Betrachtungsweise.

Wolfgang Beer

Frieden · Ökologie · Gerechtigkeit

Selbstorganisierte Lernprojekte in der Friedens- und Ökologiebewegung

1983. 190 S. 12,5 X 19 cm. Br.

Das Buch stellt 12 selbstorganisierte Lernprojekte vor, deren Wirkungsfeld die politische Vermittlungsarbeit der Friedens-, Ökologie- und 3. Welt-Bewegung ist; sie wird eingangs als eine gemeinsame, umfassende Überlebensbewegung dargestellt und untersucht. Die Entwicklungsgeschichte, das Selbstverständnis, die praktische Arbeit und die jeweiligen Verknüpfungen der Projekte mit der „Überlebensbewegung" sowie strukturelle historische Analogien zur Entwicklung der Arbeiterbildung um 1900 werden beschrieben und analysiert.

Westdeutscher Verlag